THE MODERNIZATION OF
THE COTTON INDUSTRY IN CHINA,
1862–1937

中国棉业现代化转型研究

（1862~1937）

李佳佳　著

社会科学文献出版社
SOCIAL SCIENCES ACADEMIC PRESS (CHINA)

序

　　对中国人来说，谈论晚清民国时期的现代化（或近代化）是一个沉重的话题，因为自19世纪后期以来中国的现代化成绩实在是乏善可陈。大清王朝在经历了与太平天国长达十几年的拉锯战，尤其在遭受了英法联军的重创后，才勉强开始了学习"洋务"的运动，在这片经受无数苦难的古老大地上才出现了一丝现代化的曙光。在此后半个多世纪的时间里，不仅中国人民经历了无数战乱，而且政权也是频繁更换，这使中国的现代化道路更加异常艰难。尽管如此，中国人依然进行了艰难的探索和努力，并取得了一点点的现代化成绩。呈现在读者面前的这部《中国棉业现代化转型研究（1862～1937）》，就是中国现代化艰难转型的典型写照。

　　众所周知，英国是现代化的源发地，棉纺织业是英国现代化的龙头产业。可以这么说，英国的现代化大半是建立在棉纺织业基础之上的，其技术改进、机器制造、海外贸易等无不以棉纺织业为根本。从世界现代化发展历程来看，棉纺织业在世界各国现代化过程中往往是处于核心地位的产业。就此而言，考察棉纺织业发展史是研究现代化历史的一个枢纽，是我们解开现代化密码的一把金钥匙。研究中国现代化的历史，同样可以将棉纺织业作为一个关键线索，因为中国在逐渐开启现代化进程后，棉纺织业同样是中国最重要的产业，中国棉纺织业发展的水平代表了中国现代化发展和达到的水平。因此，李佳佳博士倾注多年心血重点研究中国近代棉业发展史，其研究成果使棉业研究与棉纺织业研究均更加系统化，并以此视角审视中国近代化的进程，是很有眼光的。

　　棉花产业和棉纺织业是一个庞大而复杂的生产链条和体系，大致可分为前段产业和后端（终端）产业。棉花种植及棉花的初加工（如轧花等）为前段产业，棉纺织及棉布市场为后端（终端）产业。李佳佳博士关注的重点是中国棉纺织业的前段产业，这样做不仅使论题更为集中，而且也弥补了此前研究的不足。因为在此前的棉业研究中，学术界普遍重视棉纺织制造环节和棉布市场的研究，而对棉业的前端产业重视不够。

　　本书有以下几个突出的特点：

首先，将中国近代的棉业置于全球化背景下进行思考。

作者开宗明义说，本书的研究内容在一定程度上是对哈佛学派冲击与反应模式的回应，具体做法就是将近代中国置于全球化背景之下，通过完整描述中国近代棉花产业及棉花市场的发展历程，尤其是通过棉业中技术的引进和吸收、制度的生成及演变等，看中国近代是如何应对来自国际社会方方面面的挑战，及后者如何影响了中国传统的棉花产业和棉花市场。可以说，本书立意高远，试图解决中国近代社会经济史研究中的一些核心问题，并回答中国近代化道路为何比较艰难而独特的问题。

中国的棉纺织业具有悠久的历史传统，在近代棉纺织业技术传入之前，中国的棉花种植及棉花加工都有自己的特点，与印度一样是传统的棉纺织业大国。1860年代后，中国传统的棉花种植、棉花加工和棉花市场开始受到国际棉业市场的严峻挑战。在国际棉业市场的压力和外在驱动下，中国人一方面积极借鉴外国经验，努力学习国外的技术和制度，另一方面又注意融合、坚持自己的传统、发扬自己的特色，所以棉业在短时期内得到了迅速的发展。因此，中国近代棉业的发展受国际因素影响很大，其中积极参与棉业全球化的进程是中国近代棉业取得些许成绩的关键。但因为中国毕竟是后发现代化国家，在积极参与的过程中，深受欧美棉业市场的影响，其依附性、追赶型的特点非常突出。但同时，中国棉业又自成系统，中国官方、棉业团体和商人在发展本国棉业、促进棉业现代化转型、与外国争夺利源等方面付出了长期和多方面的努力。因此，中国棉业的发展充满了艰辛和各种不确定性。本书着重指出，中国近代棉业市场是在积极应对及整合国际市场的过程中逐步形成的，尤其与英、美、日三个国家的棉业发展密切相关。

其次，对中国近代棉业市场做了深入全面的分析。

本书重点考察了中国最重要的三大棉花种植区域及棉花市场，向读者展示了中国棉花经济地理的特点。作者的研究表明，中国近代棉花生产主要有长三角、华中和华北三大区域，这三大棉产区有三个突出特点：一是都受国际棉业发展的影响，是全球经济一体化的产物。比如，长三角受国际棉业市场影响最早，影响也最大，所以发育较为成熟。二是这三大地区既各有自己的特点，又相互联系，比如长三角地区有自己的传统，但同时受国际棉业市场的影响最深，华北则受影响较晚。三是各大区都有自己的棉花核心市场，其中长三角的核心棉花市场是上海，华中是武汉，华北则是天津。这些核心城市既是自开埠以来地区经济发展的龙头，也是各地区棉业市场运行的关键枢纽。

再次，对中国近代的棉检、打包及轧棉技术等进行了专门研究。

本书的着力点是作者拟定的狭义棉业范畴，事实上，此狭义棉业即为近代棉纺织业的前端产业，但即使在前端产业中，依然有一个复杂的产业体系，这是近代棉纺织业区别于传统棉纺织业非常重要的地方。作者指出，从科学技术层面来说，中国近代棉业前段产业链中有三个非常关键的现代性要素：棉花生产技术中现代轧花机的应用，棉花质检体系的建立，及与质检相关联的棉花打包业的发展。如果以上三个关键性的要素不能顺利解决，中国的棉花不仅很难进入国际市场，也影响当时现代纺纱厂的纺纱质量。

中国传统的棉业生产及加工技术在 19 世纪之前进步较慢，尤其是轧棉技术几乎没有任何重要改进，而要应对激烈的国际棉业市场的挑战，就不得不全面向西方及近邻日本学习。本书通过考察中国近代轧花技术的改进，尤其是以湖北为中心的华中地区轧花技术的进步及其对区域经济的带动，审视了中国近代对外国先进技术的吸收和利用。

我曾经说过："与茶叶、鸦片、咖啡、糖、瓷器等商品的生产和贸易比较，只有棉织品生产和贸易的历史才真正暗含着现代世界诞生的密码，因为只有棉织品才是真正全球性的商品，只有棉织品才引致了生产与加工环节持续不断的技术革新，只有棉织品能够调动全世界的资本、土地和劳动力。"［见斯文·贝克特著《棉花帝国：一部资本主义发展史》（序）］因此，研究棉纺织业的近代化全过程是理解现代化的关键。关于中国棉纺织业的近代化过程，目前尽管有了很多的研究成果，但总的来看，既有研究大多侧重于棉纺织业的"后端"产业，而把同等重要的"前端"产业如轧花、质检、打包和棉花市场等作为棉纺织业的附属部分，这大大影响了我们对近代棉纺织业发展的整体认识。就此而言，本书的贡献是极其重要的，可以说大大弥补了此前相关研究的不足。当然，有很多问题仍然值得深入研究，我期待作者在此基础上进一步拓展，更加完整地揭示中国棉业的现代化进程。

仲伟民

2024 年 12 月 7 日于金华

目　录

导　论

一　中国棉业现代化转型之意义

本书的研究内容在一定程度上是对哈佛学派冲击 反应模式的回应，通过较为完整地描述中国近现代棉花业及棉花市场的发展历程，尤其通过棉花业中技术的引进和吸收、制度的生成及演变等内容，回应中国如何应对来自西方的科学、技术及与之相适应的制度等诸多方面的影响，并重点阐述其中所蕴含的中国本土特点，从而分析论证中西碰撞后技术与制度在本土融合的若干特点。

选取中国棉花业和棉花市场作为研究对象是解释诸多问题的合适标的，因为中国近代棉花市场的发展恰是中国传统商业因素与西方科技和制度融合的典型，棉花市场同时也是联结农业、工业、商业三者最充分、最直观的商品市场之一。中国棉花业和棉花市场的发展离不开国际棉花市场的影响。因在 19 世纪的国际市场上，西方已经通过其强大的军事、科技和制度影响力，基本控制了工农业制造标准及定价权，故以中国视角考察，再辅以国际视角观察中国棉花市场的现代化转型，是解释中国近现代棉花市场转型的必要前提和必要框架。

本研究的目的还包括注重分析中国近代不同经济区的差异。对中国经济区的分析，冀朝鼎先生早有论述，主要包括中国古代历史中各经济区的形成过程，并重点阐述了土地制度和赋税方法在地理上的差异、商业资本分布的差异、高利贷资本发展程度的差异等。为了延续经济区的视角，本书以华中之武汉、华北之天津、长三角之上海为例，分别考察中国近现代经济转型中不同经济区的发展特征与差异，这些差异同时也蕴含着社会特性与各种地方统治集团的权力差异、转型力度与方式的差异、转型联动系统的差异等。这些差异及特征在三大经济区棉花市场发展中均有体现。

此外，中国近现代棉花业和棉花市场的发展对中国近现代棉纺织业的发展及参与国际竞争至关重要。棉业和棉纺织业同时是棉业构成的主体，探究中国近现代棉花业和棉花市场的转型问题是深刻理解中国近现代棉纺织业发展的重要参量，同时也是细化和完整呈现中国近现代棉业发展的必要基础。本书力图将棉业和棉纺织史的相关重要概念加以具体分析，并深度发掘棉花业和棉花市场中的现代化因素，尤其是新技术和新制度因素，对这些问题的清晰梳理有助于立体化勾勒促进棉业发展的关键环节。

中国近现代棉纺织工业的建立和发展促进了棉花从以个人消费市场为主转变为以组织市场消费为主，在这一过程中，棉花商品率提高，棉花市场结构发展渐趋完善，尤其是新技术与新制度的引进及适用度的提高和调整，对促进及塑造中国近现代棉业体系的发展具有极其重要的作用。但无论是国外还是国内，关于中国棉花市场的描述与研究，均呈现一定程度的附属性，在国外棉业研究中，对中国棉业的研究多处于点到为止的程度；在国内棉业研究中，植棉和棉业改良等研究一直是研究主体，并且长期以来，在整个棉业研究体系中，有关棉花业和棉花市场的研究一直处在棉纺织业研究的附属地位。这种研究路数或面貌的出现有其深刻的历史背景。

首先从地位上讲，棉纺织业是近现代全球工业体系中处于核心地位的产业，也是棉业产业链的终端，其发展的强弱最能体现一个国家或地区整体棉业的成败。故棉纺织业处于最显性的地位。从国际视角看，棉纺织业的发展不仅是18世纪晚期英国工业革命的引擎，同时也是对美国南北经济分道并对南北政治军事力量重新布局产生重要影响的产业。18世纪晚期，英国工业革命的开启、国际联盟组织的成立带来了一系列经济发展、技术革新、制度创造的潮流。接下来，整个东亚的经济发展似乎都处在追随地位，在东亚各国中，除了日本快速地跟上了西方的步伐外，其他国家都不同程度地处在与固有传统撕裂的挣扎中，顺从或艰难地结合着内生动力来适应西方所带来的新技术、新制度、新经济发展方式的入侵。

在中国近现代棉业发展中，既有对中国传统棉业的继承，也有与西方现代棉纺织业技术制度的接轨。回溯传统，在中国明清时期棉纺织业发展过程中，已经孕育了初期的工业制度文化，江南地区的棉布字号便是此种工业制度文化的载体，其孕育出的贸易组织和劳动分工不仅促成了新的工业制度的生成，也促进了中国古代传统商品经济的繁盛和资本主义经济因素的出现。棉布字号这种商业组织逐渐发展成实质上的工业组织，在劳资关系、产销结构、经济法律、质检验收等工作方面都有创新，尤其是贾师在看布和配布的过程中，形成了写账和质检验收制度。在古代棉纺织业质检验收的过程中，贾师群体的出现标志着中国古代兼具知识技术与工业质量监管于一体的管理人员的诞生，贾师需要掌握不同程度的棉布生产技术、理解棉布市场价格变动的相关知识、具备通晓棉布行情变动相关讯息的市场敏锐度、具备公平正直的品格等。贾师群体对棉布质量的监督反映出中国古代棉纺织业发展过程中所蕴含的工业诚信和制度文化因素。

对中国近现代棉业发展而言，在建立及完善棉业结构的过程中，中国与美国、英国、日本均存在重大差异。以英国为例，英国并不大量生产棉花，英国的棉纺织业率先利用了工业技术及组织形态进行创新。而在近现代棉业发展中，中国大量生产棉花，同时棉纺织业还初步具备现代工业组织形式，在中国棉花种植业发展时，有关植棉等诸多问题是英国所不需要面对的。日本与中国的同质性颇多，日本因国土面积问题，在棉花种植方面所面临的转型与压力要比中国小得多；美国盛产棉花，纺织业发达，因而中国的棉花种植与改良和棉纺织业的发展从美国学到了不少经验，但在整个棉农动员与实际生产售卖组织方式上却与之大相径庭，中国固有的诸多传统也是太平洋彼岸的美国棉农及政府所未知晓的。中国近代棉业市场的形成和整合是在中国近代参与国际市场中逐渐形成的，并与英、美、日三个国家的棉业发展密切相关。

总体而言，1860 年后，面对被迫加入国际市场后的外在驱动，中国在棉业发展的整个环节中，须向西方学习，吸收外国新的技术和制度，然而在实际发展过程中，中国同时又须尊重本国固有的特点。以西方为参照，中国近现代棉业发展集传承性、独特性于一体。探究中国近现代棉业发展的传承性、独特性和对西方棉业发展技术和管理制度的吸收等内容有其学术价值及社会意义。

二　相关概念与界说

在本书中，有两个概念需要加以说明，首先是关于经济区概念的阐述，本书遵循两个原则，第一，对于经济区概念在不同时期的说明以冀朝鼎先生的《中国历史上的基本经济区》一书为参考，冀先生的经济区概念建立的时间基础是在鸦片战争之前，本书的经济区概念建立的时间基础是中国近代时段，中国近现代经济区的发展既有对传统经济区的继承，也有更新和发展。促进发展的新因素有很多，包括工商业的发展、对外贸易的发展、科技的吸收以及对现代制度的消化等，这些都成为代表中国近现代经济区发展特征的核心因素，以往的公共水利工程作为政治武器的作用已大为降低，作为政治与军事力量衡量尺度的农业生产也失去了支配意义。

第二个原则是将经济区限定于一种特定的物产范围中，本书主要探讨棉花业和棉花市场，故本书的经济区主要是指在近代植棉和棉花市场范围内的经济区，即棉业经济地理。发展至全面抗战前，中国近现代棉花产地主要包括12

个省份，分别是河北、山东、山西、河南、陕西、湖北、湖南、江西、安徽、江苏、浙江、四川，从分布来看，主要属于华北、华中、长三角三个经济区。中国近现代经济区伴随着西方的政治势力、资本和技术的进入，出现了新的地方分裂，起到经济与政治行动基地作用的商埠，成了强有力的经济与政治中心，每一个中心控制并引导着一个主要经济区域的发展，不同的中心如上海、武汉、广州、天津等把经济区引向了不同的发展方向。

其次是关于棉业和棉纺织业概念的厘清。在中国近现代有关棉业的著作中可以看出棉业有广义和狭义之分，狭义的棉业主要涵盖植棉、棉种、棉产、棉种改良、运销、轧花、打包、弹花等内容，是针对棉花而形成的一个完整的生产、运销、加工、交易体系的经济概念。这一点在晚清民国时期的众多文献中可以得到印证，如晚清著名的棉业典籍《棉业图说》一书主要介绍了辨种、治畦、用器、选种、播种、灌溉、云苗、施肥、治虫、摘心、收获、留种、轧花、弹絮等内容，[①]民国时期的《中国棉业调查录》[②] 一书对中国 11 个省份的棉业情况进行了调查，调查的内容包括植棉、棉种、棉产、棉花运销、轧花、打包、棉花贸易等内容。不仅如此，民国时期著名的棉业专家胡竟良先生著有《胡竟良先生棉业论文选集》一书，书中所收录的论文[③]主要涵盖植棉、棉产、棉花运销、棉作推广、轧花打包、棉花分级等内容。故而发展到民国时期，狭义的棉业是专门针对棉花产业而言。

而广义上的棉业概念除了包括上述的狭义棉业概念外，还包括棉纺织业。之所以会有这样的广义所指，是因为到了民国时期，随着棉纺织业在国民经济中的地位愈发重要后，棉纺织业逐渐成为政府、棉业领域专家关注的焦点，棉纺织业的研究逐渐成为显学。民国时期的学者研究棉业时，常将棉纺织业的内容纳入棉业中，如 1949 年由中国棉业出版社出版的《中国棉业文献索引》一书，就将棉纺织纳入棉业研究的范围中；民国时期，由严中平撰写的《中国棉业之发展》一书也是将棉纺织纳入棉业研究框架；[④] 新中国成立后，陈钟毅、赵冈在《中国棉业史》一书中，同样将植棉、棉产、棉纺织等内容都纳入棉业的研究内容中。每当读者阅读此类文献时，便会以一种更加宽泛的视角来理解棉业一词的含义。同时也会从更加宏大的视野看待棉花产业。

---

① 农工商部：《棉业图说》，四川劝业公所，1908。
② 整理棉业筹备处：《中国棉业调查录》，华新印刷局，1922。
③ 胡竟良：《胡竟良先生棉业论文选集》，中国棉业出版社，1948。
④ 严中平：《中国棉业之发展》，商务印书馆，1943。

通过以上分析不难发现，民国时期的棉业含义同晚清时期棉业的含义相比，发生了变化，在晚清时期，中国政府和学人眼中的棉业主要包含棉花种植、栽培、治虫、收获等内容。而到了民国时期，随着棉花商品率的提高及全国棉花市场的形成和棉花市场逐渐增强的一体化趋势，棉业有了更加丰富的内涵和多层次的外延，如在此过程中形成的棉花产销体系、加工体系、服务体系、质检体系以及新的交易体系等，都是中国近现代棉业发展过程中产生的新的内涵和外延。而这些新的棉业内涵和外延又集中体现在棉花市场体系中。因此，厘清并发掘中国近现代棉花市场的发展特点不仅是全面理解棉业概念的重要基础，也是揭示和构建中国近现代棉业发展体系的关键。本书的研究内容为狭义的棉业，且注重探讨中国近现代棉业发展中的新生内容，如棉花加工、打包、质检等，这些也是以往研究中被忽视的内容。

棉纺织业的概念源于纺织业，纺织业是利用手工或机器将丝、麻、棉等原材料织成一块完整的布料，经过印染等一系列加工后再出售棉纺制成品的产业。纺织业所包含的具体内容和理论内涵极其广泛，从纺织对象来讲，可分为棉纺织、丝织、麻纺织、混纺、人造材料纺织如人造棉、人造丝等化纤纺织。纺织业细分下来包括棉纺织业、化纤业、麻纺织业、毛纺织业、丝绸纺织业、纺织品针织行业、印染业等。而棉纺织业就是以棉花作为原材料，利用手工或机器将其织成一块完整的布料，经过印染等一系列加工后，出售棉纺制品的产业。

棉纺织业历史悠久，最早诞生在印度、埃及、中国等文明古国。工业革命后，棉纺织行业在众多西欧国家和亚洲的中国、日本、印度等国的国民经济发展历程中都扮演着重要角色。从产业上讲，棉纺织业包括上、下游产业环节。上游环节包括原材料的获得，其中包括棉花的生产、购买等上游配套，下游环节包括纺纱、织布、印染、销售、检测等环节，以上环节是棉纺织业的核心链条。接下来是为这个中心链条提供服务的服务性部门，包括相关棉纺教育组织团体、与棉纺织业发展相关的经济管理制度等。最后一个是制约棉纺织业发展的外部环境，如国家产业政策、税收、相关科学技术等。上述各个环节的相继完成与正向互动才构成了一个完整的现代化棉纺织产业。学术史中的棉纺织业更强调棉纺织业的中心链条，尤其是纺纱、织布、贸易等内容，因此在以往的研究成果中，关于纺纱厂、纺织厂及相关贸易的研究成果最多。

新中国成立以后，在棉业研究中，一条暗含的线索是比较清晰的，即总体来看，学界多把狭义棉业的研究和棉花市场作为棉纺织业的附属部分，如严中平先生的《中国棉纺织史稿》和方显廷先生的《中国之棉纺织业》等重要著作，对棉纺织制造环节和棉纺织市场的研究是主体内容，而对棉花的相关研究处于附属地位，类似于背景的铺垫或为了完整勾勒棉纺织业而补充的必要旁白。在当代学者的研究成果中，这种研究特点更为明显。

在中国近现代和当代棉纺织研究中，学者们之所以逐渐更加重视棉纺织的研究和意义，是因为人们对生产历史认知的延续。一方面，人们对技艺或技术的重视古已有之，另一方面，人们已经习惯了重视功能性的结果，也就是说人们更容易看到工业生产的终端产品，进而探究其发展过程。工业革命的引擎是现代棉纺织业的诞生，广义棉业中的各个环节的现代化，事实上是棉纺织领域率先实现现代化，这足以引起学者们对棉纺织研究的高度重视。分析了狭义棉业、广义棉业、棉纺织业的概念之后，就不难理解新中国成立后学者们缘何会重点研究棉纺织业了。

目前学界少有学者从产业学的角度或市场学的角度专门系统论述狭义棉业的发展和棉花市场的组织、构成、转型等问题，尤其是对狭义棉业和棉花市场中的新经济制度、新生产技术和转型中出现的新服务部门的研究稍显薄弱。而实际上，在全球近现代经济发展过程中，就广义的棉业发展而言，事实上恰恰是各个环节的逐渐完善，才使得棉纺织业可以持续发展，并向全世界持续输出棉纺织产品，是棉业中各个环节的密切配合才促使现代棉纺织业的效率和品质不断提升，使其创造的经济和社会价值开启了全球经济史的现代之锚。本著作的研究内容为狭义的棉业，且注重探讨中国近现代棉业发展过程中的新生内容，如棉花加工、打包、质检等这些在以往研究中被忽视的内容。

三 学术史回顾及价值钩沉

广义上讲，棉业内涵既广且延，完整的棉业产业链横跨农、工、商三大领域，原材料领域的棉花种植、棉花加工，棉制造业领域的纺纱、织布、印染均属棉业范畴。棉业发展历时几千余年，至近代，自工业革命起，棉业在其现代化转型过程中不断吸纳新的科学与技术元素，既包括科学和技术的运用，也包括制度与法律的融合，不仅实现了生产技术的螺旋式上升发展，同时还酝酿出逐渐覆盖全球的新式商业组织、商品销售模式及商品质量管理体系。全球近代棉业发展历时两百余年，在近代棉业全球化过程中，农业自然资源禀赋、国际生产技术格局和政治经济实力三者共同影响全球棉业发展趋势，在棉业全球化过程中，国际格局和国家间的复杂关系同样也是影响棉业全球化的重要因素。

自19世纪初期至今，国内外学者对棉业的研究和关注从未间断，研究内容不仅涵盖多个方面，其意义的重要性和多面性也值得后辈学人及社会改革家深思。为了较为清晰地反映国内棉业研究动态及趋势，本书从中国古代棉业研究、中国近代棉业研究两个时段进行阐述。

（一）中国古代棉业研究评述

从全球角度看，在探讨由传统农业经济向现代工业经济转型等问题时，棉业是最具代表性的产业之一。近年来，棉业再次成为研究热点。中国古代棉业研究意义重大，主要有三。一是中国古代棉业是外国学界探讨中国古代经济发展水平的重要参照，并在此基础上形成了影响较大的理论或学派。二是中国古代棉业与近现代棉业发展一脉相承，中国古代棉业中蕴含的发展内涵是中国近现代棉业发展的基础，厘清中国古代棉业发展特点对未来中国棉业研究的创新具有重要意义。三是棉花在当今依然是国家重要的精细化工原料和战略物资，棉业发展与粮食安全一样具有举足轻重的地位，贯通中国古代与近现代的棉业研究是将其历史价值转化为当今价值的重要手段。

中华人民共和国成立后，学界对中国古代植棉、棉种传入、棉业生产部门分工、棉纺织发展史及棉业对社会经济的影响等内容展开深入探究，成果丰硕，呈现逐层深入、研究区域广等特点。

1. 全局视角

中华人民共和国成立后，国内学者从全局视角对棉业的传入路径、植棉史分期、植棉、纺织、技术、意义等一系列问题进行探索，并取得了系列成果，奠定了中国学界对古代棉业史研究的基础。

（1）棉花传入路径研究

在考察我国棉花传入路径问题时，国内学者的研究主要集中在两个方面，分别是对传入棉种的区分和对棉花传入路线的研究。早在 20 世纪 50 年代，卢农就指出了棉花最早是作为贡品而非贸易品进入中国。[①] 在棉种方面，学界基本达成共识，认为最早进入中国的棉花品种是白叠和吉贝，白叠系非洲草棉，吉贝是印度木棉。此二棉种通过西路和南路传入中国。其中西路是指非洲草棉于秦汉时期经丝绸之路和巴基斯坦进入新疆，后入甘肃、陕北等地，因传播路径位于中国西部，故称西路棉。[②] 南路是指印度的吉贝木棉由印度传至越南、广西和海南等地，后在南北朝至北宋时期，又通过海上丝绸之路传至福建及广

---

① 卢农：《论我国棉业史的几个问题》，《华中农业科学》1957 年第 5 期。
② 赵冈、陈钟毅：《中国棉业史》，台北联经出版事业公司，1977。

东沿海地区，后又向江南西路、两浙路和江南东路扩展，直至传播到江南地区，因传播路径在中国南部，故有南路棉之称。① 还有学者进一步拓展南路棉传播的内涵，指出在海上丝绸之路背景下，也存在着棉花及棉纺织技术的"海上棉花之路"。②

（2）棉业相关技术研究

学界对棉业技术的关注主要集中在植棉技术、棉花加工技术、棉纺织技术等方面。在植棉技术方面，学者大都利用古代棉业文献，或从宏观角度叙述古代植棉技术发展概貌，或从微观角度专注揭示某一项技术的发展。

在宏观角度方面，王缨从选种、栽培、灌溉、增减产等方面对古代植棉业加以论述。③ 伍国强对元、明时期植棉业中的择地、整地、择种、下种、种法、田间管理技术加以探讨。④ 同时，伍国强和龚春生还从播种、种子处理、整地、施肥、防虫几个方面对中国古代植棉技术加以宏观考察。⑤ 此外，古代棉花栽培技术还得到了相关科研院所的重视，中国农业科学院棉花研究所编《中国棉花栽培学》一书系统介绍了古代棉花栽培技术的发展。⑥

在微观角度方面，卢惠民和王缨分别对中国古代的选种技术加以阐述。⑦ 胡星儒也对清代的棉花杂种技术加以探析。⑧ 学者对某一项技术的深究也反映了古代植棉技术中的重点问题。棉花加工和棉纺织技术是学者重点关注的内容。杜君立指出明清时期中国棉业在去籽、弹花、纺织等技术方面取得革命性进步，正是技术的进步才使得棉纺织迅速发展并实现出口。⑨ 此外，在研究棉纺织技术发展方面，学界研究的重点集中在棉花加工、印染、棉纺织工具的进步与发展方面，且重视长时段研究，如《中国古代纺织印染工程技术史》、《图说中国古代纺织技术史》、《中国纺织科学技术史（古代部分）》等著述，

① 漆侠：《宋代植棉考》，《求实集》，天津人民出版社，1982。
② 赵红艳等：《海上丝绸之路视域下中国南路棉花传播研究》，《丝绸》2019 年第 8 期。
③ 王缨：《我国古代主要植棉业文献评介》，《华中农业科学》1956 年第 4 期。
④ 伍国强：《关于我国古代植棉业的发展和元、明时代植棉技术的研究》，《江西棉花》1987 年第 3、4 期。
⑤ 伍国强、龚春生：《中国古代植棉技术的浅究》，《农业考古》2011 年第 1 期。
⑥ 中国农业科学院棉花研究所编《中国棉花栽培学》，上海科学技术出版社，2019。
⑦ 卢惠民：《我国古代棉花播种保苗技术》，《农业考古》1991 年第 1 期；王缨：《我国古代的棉花品种及选种技术》，《华中农业科学》1956 年第 5 期。
⑧ 胡星儒：《由〈御题棉花图〉谈中国古代对杂种优势的认识和利用》，《社科纵横》2005 年第 6 期。
⑨ 杜君立：《明清时期的棉花革命》，《企业观察家》2015 年第 11 期。

均是系统梳理中国古代棉纺织技术的重要成果。①

（3）棉业发展阶段及特征研究

早在 20 世纪 80 年代就有学者撰文对棉业发展阶段进行探讨，王缨将中国植棉史分为边疆植棉时期、岭南植棉时期、长江黄河流域植棉时期、现代植棉时期（《对我国植棉史分期的探讨》，《棉花》1980 年第 4 期）。② 后经过多年探索，学界以植棉扩张和棉纺织工艺的发展水平及生产组织部门的专业化程度作为划分依据，厘清了棉业的发展阶段及特点，认为宋元以前、宋元时期和明清时期是中国古代棉业发展的三个重要历史阶段。

其中，宋元以前棉业发展可以说是中国古代棉业发展的起航期，其发展主要集中在南部边省及西部新疆地区，在这一阶段，相关技术发展缓慢，对植棉和棉纺织发展贡献较大的是少数民族。③ 宋元时期是中国古代棉业发展的转折期，其发展变化特征主要体现在两个方面：一是种植区域的扩展，这一时期，棉业不仅在上海及长江流域发展迅速④；南宋时期，植棉在江浙地区也不断扩张。⑤ 二是政策及技术方面，元代政府在长江以南设木棉提举司，对植棉给予奖励，促进了植棉业的发展；棉花加工工具的诞生和棉纺织工具的革新提高了棉业生产率，促进了棉业发展。⑥

明清时期是中国古代棉业发展的高峰阶段，其特征主要体现在以下几个方面，一是棉花和棉纺织品总产量持续增高、从业人数大幅增加、生产工具和生产工艺继续提高。⑦ 二是明清时期棉纺织品产地扩大，产品种类丰富。⑧ 三是棉纺织业的分工与专业化及商业化趋势不断增强。⑨ 四是棉业的流通范围及市场进一步扩大。⑩ 五是商人组织形成，其中江南商人、徽商、福建商人等在整

① 黄赞雄、赵翰生：《中国古代纺织印染工程技术史》，山西教育出版社，2019；李强、李斌：《图说中国古代纺织技术史》，中国纺织出版社，2018；陈维稷：《中国纺织科学技术史（古代部分）》，科学出版社，1984。

② 王缨：《对我国植棉史分期的探讨》，《棉花》1980 年第 4 期。

③ 曹秋玲、王琳：《基于文献记载的元代以前棉花在我国的利用》，《纺织科技进展》2015 年第 4 期。

④ 刘咸、陈渭坤：《中国植棉史考略》，《中国农史》1987 年第 1 期。

⑤ 漆侠：《宋代植棉续考》，《史学月刊》1992 年第 5 期。

⑥ 洪用斌：《元代的棉花生产和棉业》，《中国社会经济史研究》1984 年第 3 期。

⑦ 李伯重：《江南的早期工业化（1550—1850）》，社会科学文献出版社，2000。

⑧ 李仁溥：《中国古代纺织史稿》，岳麓书社，1983。

⑨ 方行：《论清代前期棉纺织的社会分工》，《中国经济史研究》1987 年第 1 期。

⑩ 邓亦兵：《清代前期棉花棉布的运销》，《史学月刊》1999 年第 3 期。

合国内棉业市场方面起到了重要作用。① 六是出现了棉布字号、踹布业等代表中国古代棉业发展高级形态的生产组织部门。高王凌系统研究了棉布字号的组织结构特点及发展规模，并指出棉布字号是中国传统经济发展序列中的高发展经济类型。② 踹布业即棉布加工业，彭雨新指出踹布业脱胎于染布业，后逐渐独立，实行包头制，并被纳入棉布字号系统经营模式内（集棉布生产、加工、销售、质检、验收于一体）。③ 杜黎认为踹布业的经营方式具有资本主义工场手工业的基本特征。④

综上所述，以全局视角考察中国古代棉业的发展主要聚焦于棉花传入、棉业相关技术、棉业发展阶段及特征等问题，且集中了农业科学及历史学领域的众多学者。其研究角度既有探源性的考证，也兼具微、宏观考察；既有时代研究的连续性，又呈现重点突出的研究理路。

2. 区域视角

学界以全局视角研究中国古代棉业发展，考察其发展阶段及特征，勾勒中国棉业发展概貌，同时，学界也以区域为界探索不同经济区域的棉业发展，以微观视角较全面地揭示棉业发展的内在逻辑与趋势。宋元以前，棉业的发展主要集中在新疆和南部等省。宋元以后，黄河流域和长江流域都成为中国重要的经济区，中国棉业才在长江流域及黄河流域逐步成为社会经济与农业发展的重要组成部分。明清时期，棉业及其市场在江南地区发育较成熟后，江南棉业市场的经济功能逐渐辐射其他经济区域，使经济区之间的交流与互补趋势愈加明显。从其区域发展流变及特征来看，宋元以后至明清的江南地区、明清时期的华北地区是学界关注的重点，边疆及其他地区次之。

（1）江南地区棉业研究

宋元以后直至明清时期，棉花种植和棉纺织在江南快速兴起，兴起的区域集中在松江、上海和太湖流域，由于其发展速度快且孕育出新的生产及贸易部门，故为学界重视。学界从多个角度对江南地区的棉业进行研究，主要包括对植棉扩张的研究，对棉纺织及贸易发展的探索，对新的生产组织部门，如棉布字号、踹布业的探讨，对新制度及其影响的考察。这几个方面研究成果丰富，

---

① 范金民：《明清江南商业的发展》，南京大学出版社，1998。
② 高王凌：《中国传统经济的发展序列》，《史学理论研究》1994 年第 3 期；高王凌：《中国传统经济的发展序列（续）》，《史学理论研究》1994 年第 4 期。
③ 彭雨新：《从清代前期苏州的踹布业看资本主义萌芽》，《江汉论坛》1959 年第 12 期。
④ 杜黎：《关于鸦片战争前苏松地区棉布染踹业的生产关系》，《学术月刊》1962 年第 12 期。

意义深远，为学界探索中国古代工商业发展理论奠定了坚实基础。江南地区的植棉发展方面，较具代表性的成果有何泉达的《明代松江地区棉产研究》，该文认为松江地区在明代成为全国棉业中心。① 侯杨方进一步估算出明清时期上海的植棉面积占耕地面积的一半左右。② 钱克金则更加具体指出了常州府、苏州府、松江府、湖州府等地的植棉分布。③ 江南地区的棉纺织及贸易发展方面，段本洛和张圻福对 1522～1840 年苏州地区棉纺织的发展和经营状况进行了研究。④ 在资本方面，范金民指出棉纺织品贸易的资本额巨大，富商巨贾所操资本动以数万计。⑤ 棉纺织的商品化程度较高，如松江地区的土布商品率发展到高达 80% 以上。⑥ 有的学者则以土布为例，具体分析了上海、江阴、常熟、常州、无锡、苏州、南通、慈溪、平湖、硖石镇等地区土布的发展情况。⑦ 阐述江南地区植棉及棉纺织的发展情况后，学者们进一步从多个角度分析了植棉及棉纺织的发展原因。马万明指出位置优越、劳力充裕、政府提倡、精细分工、种植得法等是太湖地区棉业兴盛的原因，⑧ 王廷元则认为江南本地商人和徽商的作用较大。⑨ 徐旻萍认为生产技术和交通运输地理优势是重要条件。⑩ 樊红爽则认为较高的劳动力素质是重要原因。⑪

在棉布字号、踹布业和新制度的探索等方面，棉布字号和踹布业的发展及其孕育出的新制度是研究重点。关于棉布字号的研究成果比较系统。杜玛蕾率先关注了康熙乾隆年间的南翔。⑫ 21 世纪后，有关江南棉布字号的研究更加深入。范金民撰文多篇，分析了棉布字号的地理分布和资本规模及经营年限，并

① 何泉达：《明代松江地区棉产研究》，《中国史研究》1993 年第 4 期。
② 侯杨方：《明清上海地区棉花及棉布产量估计》，《中国史研究》1997 年第 1 期。
③ 钱克金：《明清太湖流域植棉业的时空分布——基于环境"应对"之分析》，《中国经济史研究》2018 年第 3 期。
④ 段本洛、张圻福：《苏州手工业史》，江苏古籍出版社，1986。
⑤ 范金民：《明清江南商业的发展》，南京大学出版社，1998。
⑥ 萧国亮：《关于清前期松江府土布产量和商品量问题》，《清史研究通讯》1985 年第 6 期。
⑦ 徐新吾主编、上海社会科学院经济研究所编写《江南土布史》，上海社会科学院出版社，1992。
⑧ 马万明：《宋代以后太湖地区棉业兴盛的原因》，《中国农史》2002 年第 2 期。
⑨ 王廷元：《明清徽商与江南棉织业》，《安徽师范大学学报》（哲学社会科学版）1991 年第 1 期。
⑩ 徐旻萍：《明代松江府农村棉纺织业形成的基础条件》，《黑河学刊》2010 年第 8 期。
⑪ 樊红爽：《明代上海地区棉纺织业的形成原因和历史特点》，《黑龙江史志》2013 年第 7 期。
⑫ 杜玛蕾：《康熙乾隆年间南翔诸镇布商字号经营方式的变革》，《上海经济研究》1982 年第 6 期。

指出信誉和商品质量是棉布字号的无形资产；① 范金民和罗晓翔指出棉布字号面对竞争时，通过选聘布师、联号经营、品牌战略等措施提升市场竞争力。② 除此以外，范金民还从商人群体角度分析了徽州布商及徽州棉布字号在江南棉布业发展中的作用。③

端布业是始见于清代江南地区新的棉布加工产业，因此也受到学界重视。李仁溥指出了染、端的专业化分工及在江南地区的分布情况。④ 李伯重指出在清代棉业生产组织体系中，江南地区端坊被纳入了棉布字号管理。⑤ 洪成和考察出苏州地区的端匠身份主要是移民；端布业实行棉布商人、包头、端匠三级管理组织架构；端布业因需求幅度变化大，具有不稳定性。⑥ 棉布字号和端布业的发展孕育出了新的工商管理制度，学者对这些新制度的研究，不仅深化了古代棉业的内涵，同时也加深了其外延性意义的探究。王廷元分析了江南地区标布的尺寸及重量的演变，认为其体现了中国古代官方与民间合力促成商品标准化的完善过程。⑦ 这是中国学者对古代商品生产标准化探索的代表之作。

棉布字号的发展则孕育出民间质检制度。邱澎生剖析了苏州棉布字号中质检制度的产生过程，认为棉布字号将长期合作的染坊、端坊纳入字号资本的经营范围，使原本分散在染坊和端坊的染匠与端匠，逐渐成为这类棉布商业组织雇用的工人。棉布字号中的贾师在看布和配布（检查验收布匹质量）的过程中形成了写账和质检验收制度，贾师更像是中国古代民间质检专业技术人员。⑧ 此文在探索中国古代工商业质检制度的诞生和发展方面具有重要的学术价值。

（2）华北地区棉业研究

华北地区的棉业发展始于明清时期，与江南等其他地区形成了规模较大的贸易互动。学界对华北地区的棉业研究也主要集中在发展表现、原因及影响方面。其中，研究发展表现是重点，成果较多。比较有代表性的成果如陈冬生系

---

① 范金民：《清代江南棉布字号探析》，《历史研究》2002 年第 1 期。
② 范金民、罗晓翔：《清代江南棉布字号的竞争应对之术》，《安徽史学》2009 年第 2 期。
③ 范金民：《明清时代的徽商与江南棉布业》，《安徽史学》2016 年第 2 期。
④ 李仁溥：《中国古代纺织史稿》，岳麓书社，1983。
⑤ 李伯重：《江南的早期工业化（1550—1850）》，社会科学文献出版社，2000。
⑥ 洪成和：《清朝前中期苏州地区端匠的存在形态》，《中国社会历史评论》2008 年第 9 卷。
⑦ 王廷元：《论明清时期江南棉织业的劳动收益及其经营形态》，《中国经济史研究》1993 年第 2 期。
⑧ 邱澎生：《18 世纪苏松棉布业的管理架构与法律文化》，《江海学刊》2012 年第 2 期。

统梳理了明代以来山东植棉的发展趋势。① 李令福发现明清时期山东形成鲁西、鲁北两大商业化产棉区，且长距离贩运大幅增加。② 陈冬生则将研究范围缩小，指出山东西部运河区的棉花种植和棉纺织不仅发展快速，且专业化分工加强。③ 张谢指出明清时期河北多地成为棉纺织业中心的趋势。④ 马雪芹指出明代中后期至清代，河南全省八府一州均把棉花作为重要农产物。⑤ 权伟东阐述明初至清代，山西植棉呈现出从洪洞一带沿汾河中下游及黄河三角地带广泛分布的趋势。⑥

在分析原因方面，张诗波认为专业化分工是棉业发展的主因。⑦ 权伟东则主张政府的推动和农民的需求是促进山西棉业发展的重要原因。⑧ 在阐述影响方面，王兴亚的观点是对华北棉业发展而言，棉产品销路更广，打破了南布北运的格局。⑨ 李辅斌则认为河北和山西的植棉发展对当地粮食作物和蚕桑业产生了冲击。⑩

（3）其他地区的棉业研究

与江南和华北地区相比，学界对其他地区的棉业研究稍显薄弱，主要是因边疆及其他地区在棉业发展史上的延续性和地位不同。其中新疆、广西、福建地区的棉业发展的重要性主要体现在宋元以前，陕西是宋元以后西北地区棉业发展唯一较繁盛的地区，华中地区棉业发展虽始于宋元，兴于明清，但其地位和影响力无法与江南棉业相比。在这些地区的研究成果中，学界关注点同样也聚焦在发展表现、原因和影响三个方面。

其中，发展表现是研究重点。沙比提分析了新疆棉花种植、棉纺织业发展

① 陈冬生：《明代以来山东植棉业的发展》，《中国农史》1992 年第 3 期。
② 李令福：《明清山东省棉花种植业的发展与主要产区的变化》，《中国历史地理论丛》1998 年第 1 期。
③ 陈冬生：《明清山东运河地区经济作物种植发展述论——以棉花、烟草、果木的经营为例》，《东岳论丛》1998 年第 1 期。
④ 张谢：《明清时期河北棉业述略》，《河北学刊》1982 年第 1 期。
⑤ 马雪芹：《明清时期河南省棉花的种植与地理分布》，《农业考古》2000 年第 3 期。
⑥ 权伟东：《棉花入晋考》，《农业考古》2014 年第 6 期。
⑦ 张诗波：《清代直隶手工棉纺织业发展原因探析》，《北京史学论丛》2017 年第 1 期。
⑧ 权伟东：《棉花入晋考》，《农业考古》2014 年第 6 期。
⑨ 王兴亚：《明清时期北方五省棉纺织业的兴起与发展》，《郑州大学学报》（哲学社会科学版）1999 年第 1 期。
⑩ 李辅斌：《清代直隶山西棉花种植和蚕桑业的变化及分布》，《中国历史地理论丛》1996 年第 4 期。

及技术应用情况。[1] 林琳和卢美松等学者研究了广西和福建的棉业发展情况。[2] 俞智法则指出贵州棉业起于明代，在清代形成规模经营。[3] 梅莉指出湖北植棉主要集中在江汉平原、鄂中、鄂北地区。[4] 常青指出清代陕西植棉大发展，由关中向南北普及。[5] 耿占军进一步发现清代陕西棉产量甚巨，除供本地使用外，亦大量外运。[6] 分析原因和影响的成果也较多，李阳和杨富学指出了新疆地区植棉对中原植棉业发展的影响。[7] 俞智法认为植棉技术进步和利润的刺激促使贵州棉业出现规模经营。[8]

由上可知，学者从区域视角研究中国古代棉业发展，无论研究哪一区域，其研究重点均集中在植棉扩张和棉纺织史发展等方面，并较为清晰地呈现出不同区域棉业发展的差异。宋元之际，江南地区开始发展棉业；明清时期，江南地区成为中国最重要的棉业中心。其间华北、华中、西北的陕西也不断发展，至清代，逐渐形成了覆盖三大经济区的棉业布局。

3. 棉业发展意义的发掘

棉业是中国古代农工商经济发展中最重要的产业之一，其孕育出的新贸易形式和劳动分工在一定程度上反映了中国传统商品经济发展的最高级形态。国内学者不仅重视对中国古代棉业发展的表象和内因进行分析，同时也注重探索棉业发展在变革与演进过程中对当时的社会经济产生的影响，进而深入发掘棉业发展的意义。

（1）对社会经济的影响

古代棉业发展对社会经济诸多方面都产生了重要影响，学者对此进行了深入探讨，主要包括农业结构、贸易网络、市场的组织构建和经济性质等。在农业结构方面，李三谋认为明代植棉的扩张及棉纺织业的发展，使原本大范围的蚕桑业逐渐转为局部性的生产活动，苎麻业也被棉纺织业逐渐取代，因棉纺织

① 沙比提：《从考古发掘资料看新疆古代的棉花种植和纺织》，《文物》1973 年第 10 期。
② 林琳：《古代广西的棉花种植与纺织》，《学术论坛》1983 年第 1 期；卢美松：《福建植棉的历史》，《农业考古》1991 年第 1 期。
③ 俞智法：《清代贵州棉业规模经营及其原因探微》，《古今农业》2018 年第 2 期。
④ 梅莉：《清代湖北纺织业的地理分布》，《湖北大学学报》（哲学社会科学版）1993 年第 2 期。
⑤ 常青：《近三百年陕西植棉业述略》，《中国农史》1987 年第 2 期。
⑥ 耿占军：《清代陕西经济作物的地理分布》，《中国历史地理论丛》1992 年第 4 期。
⑦ 李阳、杨富学：《高昌回鹘植棉业及其在世界植棉史上的地位》，《石河子大学学报》（哲学社会科学版）2018 年第 1 期。
⑧ 俞智法：《清代贵州棉业规模经营及其原因探微》，《古今农业》2018 年第 2 期。

技术发展不平衡，形成了区域重点发展态势。① 在贸易格局方面，其影响有二，一是对国内贸易的影响。高王凌认为明代多省出现驰名品牌，棉花和棉纺织品进行跨省区交易，同时也促进了粮食产品的跨省区贸易；至清代，棉作布局愈广，除江苏外，山东、河北、湖北等地相继崛起，形成了棉花和粮食等生活必需品贯穿东西和南北的跨区域经济交流。② 二是促进了中国棉纺织产品出口。方显廷统计了1786~1833年出口土布的情况，在一定程度上说明了棉业发展带来的影响。③ 在棉业市场的组织构建及分工方面，多位学者对此进行了研究。张海英认为在江南地区棉花市场中，花农（棉花生产者）、棉花购买者（商人、织户）、中介（牙人和牙行）是棉花市场组织的主体。④ 高建刚认为，在分工方面，棉纺织业逐步进化出纺、织、印染、踹、轧花等行业，棉商、印染、踹匠、客商、牙人等共同构成棉纺织业生产与销售组织。在交易体系内，存在着牙行的垄断与侵占；在组织体系内，布匠与踹坊的冲突等影响着棉纺织市场的正常运行。⑤ 此外，邱澎生还指出苏州棉布字号在通过放料制对棉布加工业进行整合的过程中，实现了"交易成本"和"法律制度"相互影响，优化了产销结构。⑥ 李伯重还指出明清以来江南地区的妇女通过纺织业获得较高收入，其地位发生了变化。⑦

（2）对探讨中国经济形态演进的贡献

20世纪，众多学者从棉纺织业入手探讨中国古代是否诞生资本主义萌芽问题，并形成了几种不同的观点，对深入分析中国古代经济形态的演进做出了重要贡献。综合分析相关研究成果，可以看出，棉纺织业中是否具有资本主义萌芽主要集中在经济形态演进的三个关键点，分别是雇佣关系、资本去向和产业分工。认为明清时期棉纺织业中出现了资本主义萌芽的主要学者有吴晗、许大龄等。吴晗认为江南棉纺织业中存在自由雇佣关系，标志着江南棉纺织业中

---

① 李三谋：《明代耕织政策下的种棉织棉业及其贸易活动》，《古今农业》1996年第2期。
② 高王凌：《棉业历史与清代农村经济结构》，《清史研究》1997年第4期。
③ 方显廷：《中国之棉纺织业》，商务印书馆，2011。
④ 张海英：《明清江南地区棉花市场分析》，《上海社会科学院学术季刊》1992年第2期。
⑤ 高建刚：《垂直分工、官牙制与明清棉纺织业的效率》，《华南农业大学学报》（社会科学版）2007年第1期。
⑥ 邱澎生：《由放料到工厂：清代前期苏州棉布字号的经济与法律分析》，《历史研究》2002年第1期。
⑦ 李伯重：《"上海现象"与明清以来江浙地区纺织业的发展》，《光明日报》2002年8月15日。

出现了资本主义萌芽。① 许大龄认为晚明时期，商业资本在染坊和踹坊实现结合，表明棉纺织业中的资本主义萌芽在缓慢发展。② 在棉纺织业中的产业分工方面，韩大成认为明代棉纺织业出现了轧花、纺纱、织布、染布、踹布等专门行业，各个工序相互独立，具有资本主义萌芽性质。③

认为在整个棉纺织业中并未存在资本主义萌芽的学者主要有徐新吾、方行等。方行认为商人出于对风险和利润的担忧，不愿意投资生产过程，无论是小生产者身份的转化，还是商人对生产的投资都没有出现资本主义萌芽。④ 从分工与生产角度看，徐新吾认为棉纺织业中的纺与织分离程度低，棉业商人的资本属于封建商业资本，并无具有资本主义性质的手工作坊和手工业工厂。⑤ 其他学者如彭泽益对只要出现雇佣关系就认定棉纺织业具有资本主义性质这一看法提出质疑，并重新考证史料《织工对》，认为《织工对》中所反映的是封建行会手工业，并不是具有资本主义性质的雇佣关系。⑥ 在资本去向方面，洪焕椿主张民间棉商并没有工商业权力，致使棉纺织业的民间商业资本转向土地兼并而非扩大再生产。⑦ 此外，还有学者从封建剥削方面考察了棉纺织业中未诞生资本主义萌芽的原因，包括地租剥削严重，⑧ 牙行的封建垄断性等都阻碍了棉纺织业资本主义萌芽的产生。⑨

总而言之，明清时期的棉纺织业发展是中国古代工商业发展的高峰，对当时的农业结构、贸易网络、市场组织构建等都产生了深远的影响。其中棉布字号和踹布业中的专业化趋向，是学者思考中国古代工商业发展理论及探讨中国古代是否出现资本主义经济的重要分析案例和基础。

中华人民共和国成立后，学界在植棉史、棉纺织史、棉业技术、棉业贸易

① 吴晗：《明初社会生产力的发展》，《历史研究》1955 年第 3 期。

② 许大龄：《十六世纪十七世纪初期中国封建社会内部资本主义的萌芽》，《北京大学学报》（人文科学）1956 年第 3 期。

③ 韩大成：《对黎澍同志"关于中国资本主义萌芽问题的考察"一文的几点意见》，《历史研究》1956 年第 7 期。

④ 方行：《中国封建社会的经济结构与资本主义萌芽》，《历史研究》1981 年第 4 期。

⑤ 徐新吾：《中国和日本棉纺织业资本主义萌芽的比较研究》，《历史研究》1981 年第 6 期。

⑥ 彭泽益：《"织工对"史料能说明中国手工业资本主义萌芽的问题吗？——兼论中国资本主义萌芽研究在运用史料与论证方法上存在的问题》，《中国资本主义萌芽问题讨论集续编》，三联书店，1960。

⑦ 洪焕椿：《明清封建专制政权对资本主义萌芽的阻碍》，《历史研究》1981 年第 5 期。

⑧ 王仲荦：《明代苏松嘉湖四府的租额和江南纺织业》，《文史哲》1951 年第 2 期。

⑨ 徐新吾：《关于对〈木棉谱〉中所记布商业资本性质的商讨》，《社会科学》1980 年第 1 期。

及其对社会经济影响等多个方面都取得了丰硕的成果。但从中国棉业的重要价值和整体发展脉络看，在以下几个方面仍存在继续探索的空间和价值。首先，棉业发展对农业结构和贸易的影响。宋元以后，由于江南地区棉业发展势头强劲，不仅影响了粮食产业的布局，也影响了其他资源性互补贸易，如清代南北花糖贸易格局的转变就反映了经济作物对农业生产布局的冲击。同理，古代南北花糖贸易的发展是否也受棉业发展的影响，这些都是值得深入探讨的问题。其次，在挖掘传统棉业与现代棉业相衔接因素方面，有待持续深入研究。棉业是一个贯穿古今、遍布全球的行业，挖掘我国传统棉业中的特色和传承性，既可以进一步揭示中国棉业近代化转型问题，也为学者探讨传统棉业受外国棉业冲击时，明晰哪些传统因素能被继承发展，哪些能被淘汰提供了借鉴。再次，在棉业组织探究方面，虽然学界对古代商帮的研究较充分，但对棉业团体的研究较少。因组织团体是推动产业发展壮大的重要因素，故对中国古代棉业组织进行探索，对完善棉业研究具有重要价值。棉业金融及税收也是探究中国棉业发展的重要内核，此方面研究成果较少，有待学者进一步考察。此外，在棉业资料运用方面，文书运用较少，文书是棉业研究的重要资料之一，如《晋商史料集成》中的棉花文书，具有重要研究价值。最后，随着全球史研究逐渐增热，以国际视野考察中国古代棉业发展也非常重要。在此方面，虽然已有学者探讨了中印棉花贸易情况，[①] 也有学者探讨了鸦片战争以前中日古代棉纺织业资本主义萌芽的差异，[②] 还有学者就纺织业中的耕、织、造、缝等进行了中西对比，[③] 但此方面研究还有待进一步深化。21 世纪初，李伯重在此方面进行创新性探索，以棉纺织业为例，分析东西工业化路径，并将其概括为江南经济与英国模式，为后学提供了宝贵的借鉴。[④] 总之，棉业作为中国古代与近代经济发展中最重要的制造业之一，是在全球化过程中，中国经济融入全球经济的关键连接点。在此方面，学界具有深远和广袤的探索空间。

（二）近代棉业研究述评

中国步入近代后，棉业发展逐渐向现代化转型，其产业结构、技术应用、制度建设等均发生了根本性的变化，由此，棉业的内涵也随之扩展及延伸，呈

---

① 郭卫东：《印度棉花：鸦片战争之前外域原料的规模化入华》，《近代史研究》2014 年第 5 期。
② 徐新吾：《中国和日本棉纺织业资本主义萌芽的比较研究》，《历史研究》1981 年第 6 期。
③ 吴承明：《论男耕女织》，载山西省社会科学研究所编《中国社会经济史论丛》（第 1 辑），山西人民出版社，1981。
④ 李伯重：《英国模式、江南道路与资本主义萌芽》，《历史研究》2001 年第 1 期。

现出更加丰富、多元、与其他领域严密相关的特点。

与学界对古代棉业研究的内容相比，当代学者对近代棉业的探索呈现两个显著特征，一是延续传统研究的侧重，继续将植棉、棉纺织业、植棉技术，棉业贸易等这些传统研究主题向前推进，尤其在近代植棉扩张、近代棉纺织业发展等方面着墨甚多。一是发掘新的研究主题，并对其进行系统化阐述，如对近代棉业技术应用、近代棉业组织、近代棉业企业、近代交通与近代棉业、近代税务与近代棉业、近代棉业重要人物、近代棉业产销等主题进行开创性研究。总之，新的与棉业相关的研究主题不断涌现，并取得了较为丰硕的阶段性成果。正是这些新老领域研究工作的共同推进，使近代棉业研究的结构逐渐完整，也使当代学界对整个棉业产业链的研究更加清晰具体。为了较为全面地梳理近代棉业研究情况，笔者以研究主题为框架，拟在近代棉业贸易发展、植棉与改良、近代交通与近代棉业等研究主题方面择其要者加以述论，希冀为学界同仁提供粗浅的线索。

1. 近代棉业贸易发展

近代棉业贸易发展为近代棉业研究之大端，众多学者对其深耕研索，内容包括棉花、棉纱、棉布贸易研究，也有学者以区域或省为研究界限，对近代棉业贸易进行考察，在此方面，长江三角洲的棉业贸易研究最为深入，于新娟在此方面着墨甚多，产出了系列成果。

2009 年，于新娟对 1912~1936 年的长江三角洲棉业进口贸易的价值和产品结构进行整体评估，并分析了棉业进口贸易的发展趋势。[①] 次年，于新娟对 1912~1936 年长江三角洲的棉花对外贸易进行考察，该文以南京、镇江、上海、苏州、杭州、宁波诸港的海关统计数据为依据，分析了长江三角洲棉花进出口贸易的数量、价值变化及出入超状况。[②] 2012 年，于新娟从国际视角出发，探讨了长三角洲棉业发展中存在的问题，指出中国近代原棉品质低劣、产量不足、原棉交易不规范、流通环节繁杂、运输不便、对外棉倾销有利的税收政策等都是造成近代中国棉业危机的原因。[③] 此后，于新娟的研究更为深入，尤其在棉商群

① 于新娟：《长江三角洲棉业进口贸易的整体评估（1912-1936）》，《安徽史学》2009 年第 2 期。

② 于新娟：《长江三角洲棉花对外贸易态势考察（1912-1936）》，《中国经济史研究》2010 年第 3 期。

③ 于新娟：《国际背景下的近代中国棉业危机——以民国初年长江三角洲为例》，《厦门大学学报》（哲学社会科学版）2012 年第 2 期。

体研究方面。2016 年，于新娟分析了中外棉商群体在近代江南棉花市场发展中所起到的作用，指出外国棉商在华棉出口、加工、贸易规范等方面占据主导力量，但同时也肯定了中国的江南棉商在建立棉花检验机构、制定棉花检验制度、设立公估局、解决重量纠纷、建立棉花产销供需直营机制等方面的探索。[①] 2019 年，于新娟以近代江南乡镇民营棉业为研究对象，揭示了在原料供给、经营方式、商业资本等方面，海外贸易与民营经济的关系。并指出近代江南民营棉业面对竞争压力，尊重区域特点，采取土洋结合的发展模式。[②] 在长三角地区棉业发展过程中，浙江棉业亦是重要组成部分，陈梅龙介绍了浙江地区棉花生产情况，分析了近代浙江棉花出口及价格波动情况，并分析了波动原因。[③]

在华北棉业贸易研究方面，张利民对近代华北棉花流通系统进行了研究，着重阐述了天津终点市场的成因、组织形式和规模，并指出了华北棉花流通体系的构建加速了华北商品经济发展和近代工业的勃兴。[④] 李佳佳分析了 1890～1937 年，河北棉花市场分工与扩大的两个阶段，并指出了轧花厂、棉花仓库、打包厂、棉花检验的开展等都是影响河北棉花市场分化的因素。[⑤]

学界除了对近代中国国内棉业贸易多有研究外，对近代中国与国外的棉业贸易也颇为关注，刁莉等对近代中俄棉布贸易情况加以分析。[⑥] 日本现代棉纺织业于 19 世纪晚期发展成熟，甲午战争后，日本棉制品大举进军中国市场，给本土手工棉纺织业带来了严峻挑战和冲击，于新娟以江浙沪为中心，分析了20 世纪初至抗战前，作为对外经贸中心和传统产业发达的江浙沪地区如何应对日本在棉纺织业领域给中国带来的挑战，深入分析了近代江浙沪地区手工棉纺织业在内外双重压力下的转型发展。[⑦]

① 于新娟：《挑战与机遇：近代国际化背景下的江南棉商》，《厦门大学学报》（哲学社会科学版）2016 年第 2 期。

② 于新娟：《海外贸易与近代江南乡镇民营经济的发展——以棉业为例》，《厦门大学学报》（哲学社会科学版）2019 年第 6 期。

③ 陈梅龙：《试论近代浙江的棉花出口》，《史林》2005 年第 4 期。

④ 张利民：《试论近代华北棉花流通系统》，《中国社会经济史研究》1990 年第 1 期。

⑤ 李佳佳：《棉花市场的分工与扩大分析（1890-1937）——以河北棉花市场为视角》，《中国经济史评论》2018 年第 1 期。

⑥ 刁莉、金靖壹、胡娟：《全球化视野下的近代中俄贸易：以棉布和茶叶为中心》，《清华大学学报》（哲学社会科学版）2019 年第 2 期。

⑦ 于新娟：《20 世纪初期中日贸易下手工棉纺织业之境遇——以江浙沪为中心》，《厦门大学学报》（哲学社会科学版）2014 年第 5 期。

2. 棉花业技术之发展

随着中国棉业逐渐被迫融入国际棉业发展结构中，中国近代棉花业也开始成体系的步入现代化转型阶段，其中植棉改良、轧花、打包、物流、仓储等领域均发生前所未有的变化，学界对此研究颇深，且呈现为探索中的研究阶段。

在棉种改良方面，庄维民从山东近代棉花栽培技术和棉花品种改良两个角度探究了近代山东植棉的发展，同时也指出这种技术进步对社会环境的要求较高。① 梁娜从棉业科技管理及相关政策、棉业试验场、棉种改良、植棉技术等方面，阐述了 1916~1936 年山西省棉业的发展。② 李唐、程虹用计量经济学的方法论证了中国近代棉业发展出现了品种质量与农业生产率"双改进、双提高"的发展趋势，认为棉业通过品质改进以及产品结构与产业结构的优化，生产效率与经济收益获得一定程度的提高，提出"温和但真实"的增长结论。③ 苑朋欣对以往认为清末引进美国棉种最终失败的观点提出质疑，作者用较为翔实的数据描述了晚清各省引进美国棉种的情况，指出山东省引进美国棉种较为成功，且具有代表性。认为美棉种植和推广进一步改变了清末乡村社会的封闭状态，推动了棉花商品化结构的变动，促使封闭的农家生产和工业市场联系在一起，形成了棉花流通的新格局，进而促进了中国近代棉纺工业的发展。④

除了在传统植棉改良研究领域方面取得丰硕成果外，近年来学界在棉花业近代转型之打包、轧花、检验方面也开始有所突破。在棉花打包方面，李佳佳论述了 1924~1935 年民国时期华商机器打包业的发展实况。⑤ 李茂盛、梁娜以山西棉花打包机厂筹建为例，分析了民国时期内地棉花打包技术和设备引进的特点，着重分析了政府交易主导权的强弱以及选择标准等。⑥

---

① 庄维民：《近代山东棉花科学试验改良的发展及其影响》，《中国科技史料》1999 年第 1 期。
② 梁娜：《1916-1936 年间国民政府棉业政策与绩效——基于技术创新的视角》，《经济问题》2016 年第 5 期。
③ 李唐、程虹：《品种质量改进与农业生产率提高——基于近代棉业调查的实证研究》，《湖北大学学报》（哲学社会科学版）2016 年第 3 期。
④ 苑朋欣：《清末美棉的引种、推广及其影响》，《中国社会经济史研究》2010 年第 2 期。
⑤ 李佳佳：《民国时期华商棉花打包业探究（1920-1937）》，《中国社会经济史研究》2019 年第 4 期。
⑥ 李茂盛、梁娜：《打包民国内地棉花技术设备引进中的近代化趋势——以山西棉花打包机厂筹建为例》，《中国社会经济史研究》2017 年第 2 期。

2020 年，在棉花检验方面，李佳佳对民国时期中国收回棉花检验权的全过程进行了梳理和考证。① 次年，李佳佳从国际视角出发，论述了棉花检验制度的诞生、发展及棉花检验标准制度确立权的转移过程，并分析了其对全球棉花市场运行产生的重要影响。作者同时也分析了中国在 19 世纪 70 年代至 1929 年间，吸收外国棉花检验制度并建立本国棉花检验制度的过程。② 在轧棉业方面，赵文榜论述了中国近代轧棉业的发展。③ 谢振声介绍了中国第一家民营轧花厂的背景及发展情况。④ 贾丝婷和张莉分析了古代新疆地区轧花机的传入对当地棉业发展的影响。⑤ 李佳佳论述了轧花机的发展历程，将中国轧花机的引进和应用置于全球视野中，考察中国轧棉业发展的背景和历史意义，并指出轧花机引进中国后，棉商群体、匠人、教育机构、政府部门等合力促进轧花机的改良和应用。⑥ 在厘清轧花机的发展历程及中国对现代轧花机的引进和应用后，李佳佳和牛青叶分析了晚清民国时期湖北省轧棉业的发展及遇到的困境。⑦

3. 植棉发展趋势研究

对植棉的研究历来是学界研究的重点，国内已有众多学者对古代植棉情况加以论述，有的从全国视角出发，有的则是分区域进行论述。对近代植棉的研究也不例外，此方面研究依然为重点。近代植棉出现诸多新变化和新因素，例如外国因素的刺激和美国棉种的引进等，学界在这些方面进行了新的拓展性研究。

在全局视角下的研究方面，苑朋欣阐述了清末植棉发展的原因，作者指出清末国内外市场对棉花需求的增加、铁路的开通、清政府的禁烟运动，地方政府的倡导与推动、棉花商品化发展和较高的经济收益等因素都是清末新政时期促进植棉业发展的原因。⑧

① 李佳佳：《中国收回棉花检验权始末》，《史林》2020 年第 6 期。
② 李佳佳：《近代农业生产技术全球扩散与中国的协同应对——以轧花机为视角》，《清华大学学报》（哲学社会科学版）2022 年第 6 期。
③ 赵文榜：《中国近代轧棉业的发展》，《中国纺织大学学报》1994 年第 3 期。
④ 谢振声：《宁波工业化的起点：通久源轧花厂》，《宁波职业技术学院学报》2009 年第 1 期。
⑤ 贾丝婷、张莉：《吐鲁番"洋车"的传入及其社会经济影响——基于民国档案的分析》，《中国农史》2020 年第 3 期。
⑥ 李佳佳：《近代农业生产技术全球扩散与中国的协同应对——以轧花机为视角》，《清华大学学报》（哲学社会科学版）2022 年第 6 期。
⑦ 李佳佳、牛青叶：《晚清民国时期湖北省轧棉业发展探究》，《中国农史》2023 年第 2 期。
⑧ 苑朋欣：《论清末新政时期植棉业发展的原因》，《河北师范大学学报》（哲学社会科学版）2016 年第 2 期。

在区域视角下的研究方面，学界的研究比较全面，几乎涵盖了民国时期所有的产棉省份。鉴于此，笔者以经济区为区域界限，阐述中国近代植棉发展情况。在对华北地区植棉发展的研究方面，贾中福指出民国初年至1936年，华北棉田增长数倍，1936年比1914年增长3倍，且具有两个特点，一是棉花生产商品率提高，初步形成棉花专业区。二是棉花生产带有很强的半殖民地性质。① 李靖莉论述了黄河三角洲地区的棉业改良，包括棉花育种试验及棉花栽培试验的发展过程和结果，指出山东在此基础上形成两大棉花专业产地，并带动黄河三角洲棉纺织业的发展，使棉花生产与加工逐步发展为黄河三角洲区域的特色行业并具有领先地位。② 井园园阐述了20世纪以后豫北棉花市场的扩大，指出市场的刺激和农民对利益的追求促使豫北棉花商品化生产出现增长，依据棉花运销的中转市场划分，豫北棉区被划分为安阳棉区和新乡棉区。但作者同时也分析了豫北地区其他县份棉花种植并不普遍的现象和原因。③ 武俊杰分析了近代华北棉田增长的原因，指出国内、国际棉纺织工业的发展、植棉收益超过其他作物、政府的扶持与奖励、棉种的改良与新棉种的引进、化肥农药的使用、近代农业科学的推广和应用、铁路和灌井的开凿等都是促进华北棉田增长的原因。④ 另外也有学者对地处华北的单一省份进行研究，刘洁、李立涛对近代河北植棉迅速发展的原因进行了分析。⑤

学界对华中地区的植棉研究主要集中在湖北地区，徐凯希以甲午战争、20世纪20年代中后期以及30年代为时间区间，分析了近代荆沙地区植棉业发展趋势及特点。⑥ 徐凯希指出销售市场扩大、棉花品质提高、外国商行渗入等是甲午战后湖北植棉业兴起的表现，但同时也指出湖北植棉业呈现出生产区域分散、集约化生产程度偏低、品种退化严重、水旱灾害频繁、生产水平极不稳定等劣势。⑦

---

① 贾中福：《近代华北棉田的增长及其特点》，《古今农业》2002年第3期。
② 李靖莉：《黄河三角洲近代棉业改良及其影响》，《齐鲁学刊》2005年第6期。
③ 井园园：《豫北的棉花种植与农业商品化困境（1900-1937）》，《河南大学学报》（社会科学版）2018年第5期。
④ 武俊杰：《近代华北棉田增长原因探析》，《山西大学学报》（哲学社会科学版）2000年第2期。
⑤ 刘洁、李立涛：《近代河北植棉迅速发展原因探析》，《河北大学学报》（哲学社会科学版）2005年第4期。
⑥ 徐凯希：《近代荆沙地区植棉业的发展和演变》，《荆州师专学报》（哲学社会科学版）1990年第3期。
⑦ 徐凯希：《近代湖北植棉业初探》，《中国农史》1991年第2期。

在长三角地区植棉研究方面，张丽对近代江苏植棉业的发展趋势加以分析，作者将江苏省分为苏北、江南、徐淮三个地区，分别阐述了三个地区的植棉发展情况。指出江苏省近代植棉在一战期间达到发展高峰，20世纪30年代以后，江苏逐渐失去在全国棉产业中的主导地位。①

学界除了关注中国近代华北、华中、长三角地区植棉情况外，针对中国近代西部及边疆地区的植棉研究成果亦较丰富，其中陕西植棉研究成果主要有以下几个方面。卢徐明从"产业内部"、"区域内部"、"传统内部"三个层次阐述了抗战时期陕西棉业的发展实态和特征。② 此外，卢徐明还另撰文梳理了陕西两次禁烟改棉的过程及效果，其间分析了改烟植棉的必要性和可能性，并将二者在种植环境、种植技术、综合收益等方面进行对比，清晰地勾勒出了经济作物的发展趋势。③ 石涛对全面抗战时期的陕西植棉情况加以研究，主要介绍了1938年10月成立的陕西省农业改进所在推广优良棉种、防治棉花病虫害、开展棉作试验研究等方面的工作。并分析了战时陕西植棉发展的资金来源、管理成效、发挥的作用等问题。④ 郭海成则分析了近代关中地区的植棉发展，尤其着重分析了陇海铁路开通前后，关中地区植棉的阶段性发展特点。⑤

学界也关注边疆地区植棉的发展情况，庞雪晨探究了云南在19世纪末至20世纪40年代致力于引进美国棉种但失败的全过程，并分析了失败的原因。⑥ 苏秋月亦从自然条件方面分析了近代云南植棉运动失败的原因。⑦ 刘玉皑从棉花种植、棉纺织及棉产品流通三个方面阐述了清代民国时期新疆棉业的发展历程。⑧ 秦际芬论述了抗战时期四川棉业的发展情况，指出战时四川通过颁布棉业法规、调整农事机构、推行棉贷、设立棉种管理区、设立轧花厂，培养棉业技术推广人员、宣传植棉新技术等措施提升了四川棉业推广的绩效与作用。⑨

① 张丽：《江苏省近代植棉业概述》，《中国经济史研究》1991年第3期。
② 卢徐明：《抗战时期陕西棉业研究》，《中国经济史研究》2019年第4期。
③ 卢徐明：《改烟植棉：近代陕西禁烟与作物替代》，《农业考古》2018年第1期。
④ 石涛：《从农业资源配置看全面抗战时期的陕西植棉业》，《陕西师范大学学报》（哲学社会科学版），2021年第5期。
⑤ 郭海成：《近代关中棉业发展论析》，《安徽农业科学》2010年第21期。
⑥ 庞雪晨：《近代云南美棉改植木棉缘由的考证》，《云南农业大学学报》（社会科学版）2009年第2期。
⑦ 苏秋月：《近代云南植棉运动失败原因初探》，《云南农业大学学报》（社会科学版）2020年第3期。
⑧ 刘玉皑：《清代民国时期新疆棉业发展》，《农业考古》2016年第4期。
⑨ 秦际芬：《抗战时期四川棉业推广述论》，《农业考古》2016年第1期。

4. 棉花产销合作研究

20世纪30年代，中国农村合作运动在政府的带领下全面发展，棉花产销合作是20世纪30年代中国农村合作运动的重要组成部分，也是南京国民政府复兴农村的重要举措。多年来，学界对产销合作的研究逐渐深入，在棉花产销合作研究方面同样取得了较为丰硕的成果。

针对华北地区的棉花产销合作，李靖莉、王爱民阐述了鲁北棉花产销合作组织的兴起与发展，撰文介绍了鲁北棉花产销合作的组织形式、管理模式、主要业务、资金来源等。[①] 徐畅分析了1933年以前河北棉花运销中面临的问题及1933年以后河北棉花生产和运销改进的情况。[②] 康金莉分析了抗战前河北棉花产销合作社及联合社的发展概况，指出河北指导棉花产销合作事业的机构主要有华洋义赈会、华北农产研究改进社、河北棉产改进会等，其中以华洋义赈会起步最早，规模最大。作者还分析了河北棉花产销合作贷款情况，并对产销合作贷款机制与特点进行分析，指出信用与产销联合发展、贷款设计密切结合棉花产销、金融机构插手运销是三个重要的发展手段。[③] 此外，康金莉还撰文着重分析了抗战前华北农业合作事业委员会在棉产运销方面的业务，包括协助植棉、棉种贷放、棉花产销贷款、协助棉花产销等。[④]

由于陕西省棉花品质几为全国之最，鉴于20世纪30年代国际原棉对国内原棉市场的强势竞争与侵占，南京国民政府和国内纱厂均希冀中国长绒细棉产量提升，陕西为中国长绒细棉的主要产地，故成立于1933年的统筹全国棉业发展的棉业统治委员会极其重视陕西棉业发展，尤其是在植棉和产销方面。当代学者对陕西棉业发展亦比较重视，徐畅较为全面地分析了抗战前陕西棉花产销合作的缘起和发展，并指出陕西棉花产销合作社组织结构特点，认为与其他类型合作社和其他地区棉花产销社相比，陕西棉花产销合作社具有社员多、合作社地域范围广、植棉面积大等特点。作者进一步指出产销合作的具体内容，包括生产和运销、借款、收花、轧花、分级、打包、结算。此外，作者还总结

---

① 李靖莉、王爱民：《20世纪30年代中国农村合作运动的典型范例——论鲁北的棉花产销合作》，《东岳论丛》2017年第9期。

② 徐畅：《抗战前河北棉花生产和运销改进述析》，《河北大学学报》（哲学社会科学版）2003年第4期。

③ 康金莉：《20世纪30年代前期河北棉花产销合作贷款探析》，《河北师范大学学报》（哲学社会科学版）2012年第3期。

④ 康金莉：《抗战前华北农业合作事业委员会业务活动述略》，《河北师范大学学报》（哲学社会科学版）2014年第6期。

了陕西棉花产销合作社的绩效与不足，认为合作社规模过于庞大，难以管理、资金短缺、当地管理机构并未能充分发挥职能等都是存在的问题。[①] 石涛则从资金支持方面分析了银行机构对陕西棉花产销合作的支持。指出在 1934 年以前，上海商业储蓄银行（简称上海银行）、中国银行、交通银行、农民银行、金城银行对陕西棉产合作均开展贷款活动，1934 年以后，上海银行业开始联合起来组建银行团与陕西棉产改进所合作，在提供低利贷款缓解农村金融枯竭、促进棉花产销合作事业发展、增加棉花生产、提高棉产品质、简化销售模式等方面起到了积极作用。[②]

学界除了关注陕西棉业产销合作外，还对推动产销合作的棉业统制委员会进行研究。刘阳分析了抗战前棉业统制委员会在改良棉花品种、推广优质棉种、成立棉花运销合作社、取缔棉花掺水掺杂方面所做的努力与取得的成效。[③] 徐畅从整体上分析了抗战前中国棉花产销合作的发展情况，阐述了中国棉花产销合作的背景、从无到有的发展历程、覆盖范围，并对各省的棉花产销合作社的组织方式、社员责任和权利、资金来源和主要业务等进行细致的分析。[④] 此外，王志军也对抗战前河南省棉花产销合作社进行了研究。[⑤]

5. 交通对棉业影响研究

近代交通的发展对农业和工业的重新布局产生了决定性的影响，棉业亦不例外，公路和铁路的不断扩张改变了原来依赖水运运销的格局，尤其是铁路的不断建设直接影响了棉业布局和流通，这种影响的突出性在内地表现尤为明显，其中以河南与陕西铁路交通的发展对当地棉业的影响尤显。在此方面，不少学者对其进行探析，刘晖指出河南植棉及棉业市场的转变以平汉（1906）、道清（1907）、汴洛（1909）铁路的通车为转折点，在铁路运输系统发挥作用之前，水陆运输对河南棉植布局起决定性作用。铁路运输系统完善后，促进了郑县棉花转运、堆栈、打包业、金融业的兴起。发展到 1923 年前后，郑县成

① 徐畅：《抗战前陕西棉花产销合作》，《中国农史》2004 年第 3 期。
② 石涛：《上海银行业与抗战前的陕西棉业——以棉花产销合作贷款为中心的考察》，《青海民族研究》2017 年第 2 期。
③ 刘阳：《抗战前棉业统制委员会改进棉花产销事业述评》，《华东理工大学学报》（社会科学版）1999 年第 3 期。
④ 徐畅：《抗战前中国棉花产销合作述论》，《中国社会经济史研究》2004 年第 3 期。
⑤ 王志军：《1934-1937 年河南棉花产销合作析论》，《兰台世界》2016 年第 21 期；王志军：《抗战前河南省棉花产销合作社研究》，《洛阳理工学院学报》（社会科学版）2016 年第 3 期。

为中国近代中部主要棉花市场，1930 年前后，在河南全省 108 个县中，植棉县达 90 余县，铁路交通的发展为郑县棉业的起步奠定了重要基础。① 刘晖还指出了铁路推动了河南省棉花生产的区域化与专业化，促进了河南棉花种植结构由传统中棉向现代美棉的转变，推动了河南省棉花生产的商品化转型。② 马义平也撰文阐述了平汉（1906）、道清（1907）、汴洛（1909）三条铁路的开通对河南棉业发展的影响。③

铁路的建设不仅使河南棉业发展产生巨大变化，同样也改变了山西和陕西的棉业发展布局情况。曹杰指出 1907 年开通的正太铁路对晋中与晋南的农产品运输起了关键的桥梁作用，1914 年开通的平绥铁路延伸至大同地区，晋北的农产品尤其是棉麻制品可以通过这条铁路运抵外省；1936 年，同蒲铁路开通。这些铁路的开通刺激了棉花种植规模的扩大，促进棉业的发展；加速了棉花的商品化进程，加深了农业市场化联系，并促使出现新的商品中转地。④ 郭海成论述了陇海铁路对陕西棉业现代转型的影响，认为陇海铁路推动了陕西棉花种植的规模化和陕西棉花生产的商品化；促成了陕西棉花运输的专业化，货栈的建立促进了潼关、渭南、西安三大棉花集散市场的形成；促进了陕西棉花交易的专门化，包括棉花交易环节减少，棉花交易成本降低，机器打包业的发展等。⑤ 此外，黄华平分析了铁路交通促进了淮河流域植棉的区域化和美棉的引进和推广。⑥

6. 棉业组织研究

在现代工业体系的建立和完善过程中，组织功能的现代化转型与现代技术发展组成同样重要的经纬线，在经济史学术研究体系中，在建立技术标准与现代经济管理制度方面，商业团体组织具有举足轻重的地位。在中国乃至世界近代棉业发展过程中，棉业组织发挥的作用甚为关键，国内学界对棉业组织的研究主要集中在官方组织与民间组织两方面。

---

① 刘晖：《铁路与近代郑州棉业的发展》，《史学月刊》2008 年第 7 期。
② 刘晖：《略论铁路与民国时期河南省植棉业的现代转型》，《历史教学》2009 年第 8 期。
③ 马义平：《铁路与近代河南的棉业发展（1906-1937）》，《中国历史地理论丛》2010 年第 1 期。
④ 曹杰：《浅析近代铁路敷设对山西农业发展的历史意义——以三晋棉业发展情况为例》，《山西青年职业学院学报》2019 年第 3 期。
⑤ 郭海成：《陇海铁路与民国时期陕西棉业的现代转型》，《农业考古》2011 年第 4 期。
⑥ 黄华平：《铁路交通与淮河流域农业近代化（1897-1937）》，《淮北师范大学学报》（哲学社会科学版）2018 年第 3 期。

　　李义波、王思明对长三角地区的棉业组织进行了分类，按功能将其分为行政管理、教学科研、行业团体和企业经营四大类别，作者着重介绍了棉业行政管理组织、棉业教学科研单位、棉业行业团体的构成、组织特征、工作业绩等。① 在《中国近代纺织史（1840-1949）》（《中国近代纺织史》编辑委员会，中国纺织出版社，1997 年）等著作中，也有对近代棉业行政管理、教学科研和行业团体组织的研究。②

　　苑朋欣对清末最重要的促进农业生产的行政部门——商部（1903 年成立，1906 年改称农工商部）的棉业改良活动进行研究，梳理出其在调查国内外棉业、编发《棉业图说》、制订奖励政策、引进美种棉等方面的工作内容。此外，作者还分析了商部（农工商部）改良棉业的动因、成效和影响，指出棉业改良活动推动了民族纺织业的发展，增强了市场竞争力，挽回了部分利权，促进了农业种植结构和棉产品商品化的发展。③ 民国时期重要的官方棉业组织部门更加受到学者重视，刘阳分析了棉业统制委员在改良棉花品种、推广优质棉种、成立棉花运销合作社、取缔棉花掺水掺杂等方面的工作，尤其在成立棉花运销合作社方面，棉业统制委员起到了作为银行与棉农之间的中介、纱厂与棉农之间的中介、棉花交易市场与棉农之间的中介的作用，为提升棉花市场流通效率做出了贡献。作者还论述了棉业统制委员在其他方面起到的作用，如使国产棉花品质进一步提升，棉田面积继续增加，全国棉纺厂销用国产棉率上升等。④

　　在对棉商团体组建的各类棉业组织进行的研究中，华商纱厂联合会是研究重点。施正康全面归纳了上海华商纱厂联合会对国内棉纺业发展起到的作用，认为其首先起到了团结棉业界力量，建立价格联盟，自设交易所，承担信息调查、收集和预报的责任，协助纱厂改良棉种，提高原料质量，增强华商纱厂抗风险能力等诸多作用；其次是处理与其他行业和外资企业的关系，对内起到了保护华商纱厂利益的作用，对外尽量遏制了外资的欺诈与吞并；

---

① 李义波、王思明：《民国时期长三角棉业组织研究》，《中国农史》2012 年第 3 期。
② 中国近代纺织史编辑委员会编著《中国近代纺织史（1840-1949）》，中国纺织出版社，1997。
③ 苑朋欣：《商部——农工商部与清末棉业的改良》，《南京农业大学学报》（社会科学版）2008 年第 2 期。
④ 刘阳：《抗战前棉业统制委员会改进棉花产销事业述评》，《华东理工大学学报》（社会科学版）1999 年第 3 期。

最后是在与政府交涉中争取减税。① 樊卫国进一步解析了华商纱厂联合会在成立之初应对关税的情况，作者指出华商纱厂联合会采取近代社团的建制（董事会制），在国内纺织业行业市场化发育程度较低，日本借关税改革提出纱花进出口免税要求的情况下，推出了行业整合、出品标准、行业规范、职业培训、信息交流等"公共产品"，以达到聚同业，抗风险，伸权益的目的。② 此外，魏上吼也对华商纱厂联合会和"中华民国"机器棉纺织工业同业公会联合会两个棉业组织进行研究，介绍了二者的发展背景、宗旨、主要活动及贡献等。③

孙炳芳和张学军对直隶商会加以研究，指出直隶商会在整合棉业力量，组织农会，建立棉业公会，加强农商会之间的联络，配合并协助政府推广棉业改良技术，规范棉花流通市场，推行棉花检验，对抗不合理征税等方面的工作。作者还指出了直隶商会在棉业改良方面的成效与影响，即促使植棉面积、产量、质量均有提升。④ 宋晓轩介绍了中华棉产改进会的成立、主要工作内容及目标等。⑤ 郭赛飞介绍了河南棉产改进所通过棉种试验与植棉研究、施行棉种管理区制度、宣传美棉优势及栽培办法、抵制棉花掺水掺杂、培养人才等途径，提升了棉业生产技术，推动了河南植棉业的发展。⑥

此外，还有一些学者对棉业教育机构进行研究。沈志忠以金陵大学农学院、中央大学农学院为中心，阐述了中美近代农业科技交流与合作的社会背景，分析了中美近代农业科技交流与合作的多种途径。⑦ 接着，沈志忠对金陵大学农学院、中央大学农学院引进和利用美国农作物改良技术的基本途径加以分析，指出此二校通过从事育种工作的留美生、美国来华育种专家、校际之间的合作项目等引进外国先进的棉种改良技术。⑧

① 施正康：《近代上海华商纱厂联合会与棉纺业的自救》，《上海经济研究》2006年第5期。
② 樊卫国：《华商纱厂联合会成立与民初关税会议》，《社会科学》2006年第12期。
③ 魏上吼：《近代中国的纺织行业团体》，《中国纺织大学学报》1994年第3期。
④ 孙炳芳、张学军：《直隶商会与近代棉业的发展（1903-1937）》，《河北学刊》2008年第4期。
⑤ 宋晓轩：《20世纪30年代我国棉产改进工作概述——中华棉产改进会概略》，《中国棉花》2005年第12期。
⑥ 郭赛飞：《抗战前棉业的改良与推广研究——以河南棉产改进所为例》，《农业考古》2018年第6期。
⑦ 沈志忠：《近代中美农业科技交流与合作初探——以金陵大学农学院、中央大学农学院为中心》，《中国农史》2002年第4期。
⑧ 沈志忠：《美国作物品种改良技术在近代中国的引进与利用——以金陵大学农学院、中央大学农学院为中心的研究》，《中国农史》2004年第4期。

7. 棉业人物及刊物研究

学界除了从上述几个层面对棉业进行研究以外，还关注了中国近代棉业人物研究、棉业传媒刊物研究，这些研究是进一步深化棉业研究的重要补充。

在论述近代棉业中的重要人物方面，张謇和穆藕初最受学界关注。李中庆以经济史视域重新审视张謇的棉铁主义思想，分析了中国近代工业发展中棉铁主义的局限性，指出工业发展是一个综合的系统，棉铁只为二端，在贸易结构上，张氏忽视了出口贸易对重工业发展的哺育作用。在棉铁联营模式中，棉铁主义在实践中逐渐演化为棉业主义，重工业发展是失败的。[①] 夏如兵和由毅论述了晚清民国时期穆藕初在棉种改良方面的贡献，包括建立众多棉种改良试验场、与教育机构合作、对棉纺织业新技术的探索等。[②] 夏如兵和由毅还对穆藕初的留学教育背景和实践方面加以阐述，尤其着重分析了穆藕初在科学育种和创办企业方面的贡献和作用，并指出了晚清民国时期棉业改良和棉纺织业发展与棉业人才的内在联系。[③] 2022 年，吴鹏程对纺织技术专家朱仙舫加以研究，并指出了朱仙舫对民国时期棉纺织业发展政策的贡献。[④]

在棉业传媒刊物研究方面，东华大学的吴川灵教授贡献颇多。吴川灵先对中国近代众多的纺织期刊进行统计和分类，指出中国近代纺织期刊可分为纺织原料、纺纱织造、印染、服装、综合性五大类，并分析了中国近代纺织类期刊的发展趋势，指出中国近代纺织类期刊由 20 世纪头十年的几种，发展至 20 年代的二十几种，于 30 年代达到顶峰，此后有所回落。刊物的出版方包括官方机构、企业、学校团体、行业组织、学术团体、杂志社等，出版地以上海为主。此外，他还指出这些期刊对研究近代纺织工业的兴起、纺织业科技的进步、民族品牌的振兴、纺织教育的发展等都具有重要的意义。[⑤] 随后，吴川

---

① 李中庆：《近代中国工业化路径在试错中探索：张謇棉铁主义思想再审视》，《清华大学学报》（哲学社会科学版）2019 年第 4 期。
② 夏如兵、由毅：《科学与企业的耦合：穆藕初与中国近代植棉业改良》，《中国农史》2021 年第 3 期。
③ 夏如兵、由毅：《科学与企业的耦合：穆藕初与中国近代植棉业改良》，《中国农史》2021 年第 3 期。
④ 吴鹏程：《民国纺织专家朱仙舫棉纺织业发展对策述论》，《武汉纺织大学学报》2022 年第 6 期。
⑤ 吴川灵：《中国近代纺织期刊统计分析及其研究意义》，《东华大学学报》（自然科学版）2018 年第 3 期。

灵、施敏俊另撰文对比较重要的《纺织时报》《棉市周报》《纺织新闻》《纺织快讯》《纱布日报》等纺织报纸加以整理，介绍其主要内容。① 同时，吴川灵和施敏俊进一步对上海近代纺织报刊的数量与种类做了精确统计，指出此类报刊在数量上共计 123 种，其中纺纱织造类报刊最多，包括原料、纺纱、织造、印染、服装，管理、教育等多方面的综合性报刊次之。② 肖爱丽和杨小明分析了《申报》对棉纺织业发展的刊登情况。③ 郭世佑对研究中国近代棉纺织业史与近代经济史的重要资料——《上海机器织布局》做出评价，认为《上海机器织布局》的价值不限于研究上海机器织布局本身，还有助于整个近代工业史、经济史和相关人物的研究。④

8. 其他研究

除了上述论文研究成果以外，继前辈学人方显廷、⑤ 严中平⑥ 赵冈、陈锺毅⑦等先生之后，一大批当代学者继续深耕中国近代棉纺织业研究，在撰写棉业著作方面取得了较为丰硕的成果。

《中国之棉纺织业》和《中国棉纺织史稿》是研究中国近代棉业发展史最重要的两本著作，这两本著作第一次把中国近代纺织业的现代化结构清晰地展现出来，第一次划分了中国近代棉业市场层级，界定了终端市场、中转市场、初级市场的概念，依据功能分类，将具体的现代化转型因素如棉花检验、轧棉技术、打包技术、纱厂技术进步等一一呈现，为当代学者研究中国近代棉业发展奠定了重要的学术基础。赵冈、陈锺毅的《中国棉业史》⑧ 则从整体上论述了棉业的发展情况，也是当代学者研究棉业的重要基础。

此外，大量当代学者接续前辈学人的工作，持续在棉业研究领域深入耕耘，其中，江南地区、上海、武汉等地的棉业研究最为丰富。羌建的《1884-1938 代南通棉业变革与地区社会变迁研究》⑨、于新娟的《长江三角

---

① 吴川灵、施敏俊：《中国近代纺织报纸整理与研究》，《武汉纺织大学学报》2022 年第 2 期。
② 吴川灵、施敏俊：《上海近代纺织报刊的行业分布与影响》，《纺织科技进展》2022 年第 5 期。
③ 肖爱丽、杨小明：《〈申报〉有关我国近代纺织业的史料发掘》，《理论探索》2012 年第 2 期。
④ 郭世佑：《研究中国近代棉纺织业史与近代经济史的重要资料——〈上海机器织布局〉评介》，《中国社会经济史研究》2002 年第 4 期。
⑤ 方显廷：《中国之棉纺织业》，国立编译馆，1934。
⑥ 严中平：《中国棉纺织史稿》，商务印书馆，2011（此版本根据科学出版社 1955 年版排印）。
⑦ 赵冈、陈锺毅：《中国棉业史》，台北联经出版事业公司，1977。
⑧ 赵冈、陈锺毅：《中国棉业史》，台北联经出版事业公司，1977。
⑨ 羌建：《近代南通棉业变革与地区社会变迁研究（1884-1938）》，中国农业科学技术出版社，2013。

洲棉业外贸研究》①、李义波的《民国时期长江三角洲棉业研究》②、王菊的《近代上海棉纺业的最后辉煌（1945-1949）》③、汪时维主编的《上海纺织工业一百五十年》④ 等都是关于长江三角洲地区棉业和棉纺织业发展的重要参考著作。刘岩岩的《民国武汉棉纺织业问题研究 1915-1938》⑤ 是研究华中棉纺织发展的重要著作。也有部分学者对战时上海棉业和日本在华纺织业进行了研究，如森时彦的《中国近代棉纺织业史研究》⑥、王萌的《战时环境下日本在华棉纺织业研究（1937-1941）》等著作。

　　除了棉业著作以外，相关棉业研究综述也不断涌现。于新娟对近代长江三角洲棉业外贸研究进行了述评，⑦ 梁玉振对第一次世界大战与中国棉纺织业发展进行了综述，⑧ 彭南生对新中国成立 50 余年以来的中国近代乡村手工业史研究进行了述评，其中棉纺织业是述评的重点，并总结了现有研究中的主要观点及分歧。⑨ 冯小红和光梅红也对 20 世纪 80 年代至 20 世纪末的近 20 年的中国近代手工业史研究进行了述评。⑩ 2019 年，由毅对清末和民国时期的农学界、棉纺织企业、政府、乡绅农民等开展的植棉改良进行了综述。⑪

　　由于本研究主要以棉业发展的原料——棉花为中心，故在介绍棉业研究成果时，主要以棉业中有关棉花业的研究为主。但事实上，无论从目前已发表的论文数量上看，还是从著作出版的分量上看，新中国成立以后，棉业中的棉纺织研究依然占主体地位，关于棉花业研究的内涵及外延虽已在原有研究主体继续突破的情况下逐渐清晰、深入、完整，但尚未有针对整个棉花业的近代化转型及产业链的研究成果。

　　近年来，关于棉花业的研究呈现三个特征。一是各产棉省或经济区植棉、改良棉种梳理方面的研究较为充分，并分析其原因和影响。二是出现了一定数

① 于新娟：《长江三角洲棉业外贸研究》，上海人民出版社，2010。
② 李义波：《民国时期长江三角洲棉业研究》，中国社会科学出版社，2015。
③ 王菊：《近代上海棉纺业的最后辉煌（1945-1949）》，上海社会科学院出版社，2004。
④ 汪时维主编《上海纺织工业一百五十年》，中国纺织出版社，2014。
⑤ 刘岩岩：《民国武汉棉纺织业问题研究 1915—1938》，中国社会科学出版社，2016。
⑥ 森时彦：《中国近代棉纺织业史研究》，袁广泉译，社会科学文献出版社，2010。
⑦ 于新娟：《近代长江三角洲棉业外贸研究述评》，《史林》2008 年第 5 期。
⑧ 梁玉振：《第一次世界大战与中国棉纺织业发展综述》，《黑龙江史志》2014 年第 15 期。
⑨ 彭南生：《近 50 余年中国近代乡村手工业史研究述评》，《史学月刊》2005 年第 11 期。
⑩ 冯小红、光梅红：《近 20 年来中国近代手工业史研究述评》，《河北大学学报》（哲学社会科学版）2004 年第 4 期。
⑪ 由毅：《关于近代我国植棉业改良的研究综述》，《西部学刊》2019 年第 17 期。

量且具有创新性的探析棉花业结构和产业链方面的研究成果。如在对生产性服务部门的发掘方面，棉花打包业、轧棉业、仓储等领域均出现了较为扎实的研究成果，论证服务业中棉花包装技术和棉花仓库的发展同样是研究中国棉花市场近代化转型过程的重要组成部分。三是在交叉领域中，学界在有关棉花业的研究中，引出了新的问题意识，尤其是在新经济制度建设方面，棉花业所包含的内容和折射出的问题不容小觑。如棉花检验管理制度的建立和发展等问题，既是构成中国近代棉业发展中现代性的重要因素，也是中国近代商品检验史中的重要内容，还是中国近代新制度建设研究中具有代表性的标的，不仅如此，科学与技术应用也蕴含其中，实为典型的经济史、制度史、技术史、社会史交叉性研究主题。在国内，有关棉花商品检验史的研究是近些年才开始起步的，虽然此方面的关注最早可以追述至民国时期，但彼时的论述多为当时从事检验工作的专家、教授等梳理商品检验事业原委。如邹秉文的《二年来之检政》①、狄建庵的《我国棉花检验之沿革》②、陈天敬的《我国各口岸棉花检验略史》③、叶元鼎和顾鹤年的《二十年来之棉业》④ 等都梳理了当时中国商品检验的缘起及发展，这些珍贵的文章为当今学者研究中国近代商品检验和棉花检验提供了宝贵的线索和史料。

棉花检验制度的完善不仅是中国近代商品市场现代化转型的重要组成部分，也是理解近代中国商品市场在国际市场中地位的关键因素，对探索当今中国商品在全球市场中的转型和升级仍然具有重要的借鉴意义。总体来看，当代学界对近代棉花检验制度或体系方面的研究缺少全面和翔实的专门论述，研究还有待继续深入。

此外，从中国棉花市场的角度考察，中国近代棉纺织工业的建立，促进了棉花以个人消费市场为主转变为以组织市场消费为主，在这一过程中，棉花商品率提高，棉花加工业和中间商市场发展渐趋完善。服务业中之棉花包装技术和棉花仓提升了棉花质量以及进入国际市场的顺畅性。在考察农产品市场的近代转型问题时，这些因素同样是中国棉花市场近代化转型中的重要组成部分，可惜研究成果并不丰富。关于晚清民国时期的棉花仓储、棉花运

---

① 邹秉文：《二年来之检政》，《国际贸易导报》1931 年 4 月，第 2 卷第 1 期。

② 狄建庵：《我国棉花检验之沿革》，《国际贸易导报》1933 年 7 月 31 日，第 5 卷第 7 期。

③ 陈天敬：《转录：我国各口岸棉花检验略史》，《河北工商月报》1929 年 8 月 15 日，第 1 卷第 10 期。

④ 叶元鼎、顾鹤年：《二十年来之棉业》，《国际贸易导报》1931 年 2 月，第 2 卷第 1 期。

输、棉花税等方面的研究成果也较少。总之,在棉业及棉花市场研究领域,
还有很大的探索空间。从社会经济角度,把棉花市场从一直以来的附属地位
剥离出来,进而研究在棉花市场发生近代转型时诞生的新生产技术、新经济
管理制度,所引发的社会力量(个人及社会团体)的整合及国家力量的介入
所带来的影响,关注不同产棉大国之间的对比研究,这些都是棉业研究领域
具有创新价值的探索。

第一章　长三角地区植棉及棉花市场发展
（1862~1920）

　　长三角经济区①也被称为华东经济地区，包括江苏、浙江、安徽三省和上海市，东面临海，北、西、南三面与华北、华中、华南接壤，处在沿海地区中央。区内各省市的历史发展条件大致相同，经济联系密切，在经济地理上有不少共同的特征。在中国近现代棉花市场体系中，长三角经济区的棉花市场辐射范围广，处于转承链接中国与国际棉花市场的重要枢纽地位。传统棉花市场成熟于明清时期，第二次鸦片战争后，长三角经济区的棉花市场开启现代化转型，在生产、加工、经济管理制度、技术应用以及市场功能方面均逐渐与国际接轨。

　　历史上华东地区的开发比华北晚，从西晋末年到南北朝三百多年间，中原人口大量南迁，经济迅速发展。至唐宋时代，长江流域已盛产稻米、蚕丝、茶叶、鱼盐，成为"耕有余粮、织有余衣"的富庶地区。明代，资本主义萌芽开始出现，随着商品市场的发展，以纺织为主的工场手工业逐渐发达，纺织产品远销国内外，与此同时，桑、棉、麻等经济作物亦开始被大量推广种植。

　　鸦片战争以后，沿海沿江的港埠如上海、宁波、温州、镇江、南京、芜湖等地均先后被开辟为通商口岸，外国资本随之入侵，位于长江入海口的上海成为帝国主义对中国进行经济侵略的前沿据点。在上海，最先兴起的是为进出口服务的金融贸易和运输业，随后出现了现代工业企业，其中主要是轻工业，重工业只有一些为进口机器设备进行修理装配的机械厂，这些现代工业多集中在以上海为核心的北至南通、西至常州、南至杭州的长江三角洲地区。②

　　冀朝鼎先生对经济区的论述，更多的是从其发展动态、主要因素的相互作用中，阐述经济区的演变及历史地位。从市场的历史发展过程中观察，传统中国商业发展水平从来都没有达到能克服农业经济地方性和狭隘的闭关状态的程度。③

---

① 长三角地区或长三角经济区在本书中均指的是长三角地区的棉业经济，后面华中经济区和华北经济区亦同。
② 孙敬之编《华东地区经济地理》，科学出版社，1959，第1页。
③ 冀朝鼎：《中国历史上的基本经济区》，商务印书馆，2016，第11页。

各经济区之间是否能够贯通与融合是中央集权能否真正有效渗透到地方的重要因素之一。长三角经济区的形成既得益于长江、淮河流域的发展，也得益于大运河的开凿与应用。可以说，水运网络的形成和完善极大地影响了长三角经济区农业与商业的发展及规模。

近代以来，长三角地区的经济发展环境与需求发生转型，其对国内与国际的链接性、融合性再次为长三角地区的经济发展注入了新的压力与动力。现代棉业作为18世纪最重要的全球性产业之一，其营销及发展链条延伸至中国，并通过此时的国际窗口城市上海，对中国传统棉业发起了系列挑战。对此，以上海为中心的长三角经济区的棉业商人，逐渐吸收外来技术与制度，在此地区掀起了一系列棉业产业的改革和革新，并带动华中和华北两个重要产棉经济区的棉业现代化转型。学界对长三角地区的棉纺织业研究已比较深入，成果比较丰富，[①] 专门研究棉花市场的成果相对较少。[②] 本章主要以棉花市场为研究主体，探讨长江三角洲地区的棉花市场演进情况，以期进一步充实关于中国近代棉花市场的研究。

第一节　晚清时期长三角地区棉花市场发展

晚清时期长三角地区棉花市场的发展窗口是上海，上海的棉花市场走向国际的契机是美国内战。美国在1861年爆发内战以前，其棉花种植和棉花市场的发展已经极具规模。自1793年起，棉花逐渐取代烟草，成为美国南部的主要经济作物，其种植范围逐渐从大西洋沿岸扩大至墨西哥湾，棉花产量以惊人的速度增长。据统计，以一百万磅为单位，1791~1801年美国南部棉花产量从2百万磅增加到40百万磅；1801~1821年从40百万磅增加到182.2百万磅；1834年增加到457百万磅；1834年时的棉花产量是1791年的228.5倍。[③] 美

---

① 较早期的研究主要有徐新吾、黄汉民：《上海近代工业史》，上海社会科学院出版社，1998。新世纪后，关于长三角地区的棉纺织业，学界的研究成果非常丰富，比较新的研究成果有李义波：《民国时期长江三角洲棉业研究》，中国社会科学出版社，2015；杨敬敏：《中国近代棉纺织进口替代工业研究（1867-1936））》，齐鲁书社，2020；于新娟：《以上海为中心的长三角城乡经济互动研究（1912-1936）》，学林出版社，2021；等等。

② 赵文榜：《中国近代棉花生产的发展及其在世界上的地位》，《中国纺织大学学报》1993年第19卷第3期；陈梅龙：《试论近代浙江的棉花出口》，《史林》2005年第4期；刘阳：《江苏省农民银行与近代江苏棉品种改良》，《兰州学刊》2011年第5期；姜建、马万明：《江苏南通地区近代棉花生产的发展研究》，《江苏工程职业技术学院学报》2018年第18卷第2期。

③ J. Franklin Jameson, *The American Historical Review v. 11*（Oct 1905 - July 1906），The Macmillan Company, 1906, p318.

国南部出产的棉花大部分出口到英国或销售给美国北部，美国南部也成为英国和美国现代棉纺织业的重要原料来源地，南部农业棉花种植市场占据主体地位。据统计，19世纪上半期，南部运往欧洲的棉花，在南部整个棉花生产中的比重一直很高，1830年为85.7%，1840年为85.4%，1850年为56.8%，到了1860年时，南部输往英国和欧洲及北美的棉花，分别占南部棉花生产总量的53.8%、24.5%和21.7%。①

1861年，因美国内战爆发，欧洲市场与南部市场关系断裂，1862年、1863年和1864年运往欧洲的棉花不及南北战争爆发前的10%，国际市场上的棉花供不应求。在此契机下，中国棉花开始进入国际市场。1861年，南部联盟政府通过法令，禁止棉花不通过港口就向外运出。② 在此背景下，全球棉花市场的供应格局被打乱，欧洲和印度将购买棉花的视角投向了中国。

在明清时期，上海便是中国棉花贸易中心之一，具有良好的棉花市场运作历史传承，其棉商组织——同业会所便颇具历史，早在道光初年，上海地区就建立了花业公所。③ 第二次鸦片战争后，上海也开始采用现代轧花机，由于近代机械轧棉业的发展，上海棉市逐渐分为南北两市，上海十六铺之南谓之南市，以北谓之北市，事实上，南北两市所售的棉花并无分别，只因轧棉方法不同，南市用人工，北市用机械，故名称各异。④

1861年后，因受国外市场需求的影响，上海棉花市场的棉花价格急剧增长。1863年时，上海市的棉花价格是每担白银九两八钱，一二天后，即涨至十二三两，当时上海南市的花行，如丁益、大荣、广大等"不知其中原委，上门兜包预定期货，由十一两至十三两，抛出十余万"。结果不过十日，棉花价格涨至十七八两。⑤ 崇明半海沙一带各花行，如龚裕源、沈日升、秦义源、张公和、王大生等，听闻上海市花价奇昂，复来兜买，亦抛出十余万，价格从十五两至十八两，此期间历时不过半月。原包净货竟涨至二十五六两，按当时"松江太仓一府一州各县各乡大小花行来申，抛盘货三四十万包，统计总数不

---

① 何顺果：《美国"棉花王国"史——南部社会经济结构探索》，中国社会科学出版社，1995，第248~249页。

② 何顺果：《美国"棉花王国"史——南部社会经济结构探索》，中国社会科学出版社，1995，第249页。

③ 清朝时期，上海已是中国棉花贸易中心之一。参见：范金民：《明清江南商业的发展》，南京大学出版社，1998，第297~298页，附表四：《江南会馆公所地区分布表》。

④ 程天绶：《中国棉花贸易概况》，《国际贸易导报》第1卷第2期，第9页。

⑤ 徐润：《徐愚斋自叙年谱》，江西人民出版社，2012，第18页。

下百万包"。① 足见 1861 年后上海棉花市场棉花价格增长之迅速。

由美国内战所引起的棉花价格的高昂，也刺激了浙江棉花的种植，且这一刺激显示出了较大的影响。当时浙江的棉花价格也于 1860 年前后突然开始大涨，从每包 9 元涨至 28 元，农民受到极大的震撼，从而开始不同程度地放弃其他作物的种植。② 棉花价格的突然上涨给上海棉市及中国植棉带来了几个方面的重要影响，一是棉花质量问题的显现，二是植棉的扩张，三是棉花市场的初步构建，四是棉花加工技术的进步。

一　棉花品质问题

全球近代棉纺织业逐渐扩张后，棉花成为世界市场需求量最多的农产品。环顾各国工业产品，棉纺织品占全额之大半，是最重要的全球性商品，其营业之广，额度之大，未有能跃其右者，为了适应现代棉纺织业的机械化，棉花品质等级标准逐渐成为棉花市场中的重要贸易规则。随着美国内战的爆发，上海棉花市场迎来进一步发展，对棉花的需求量大幅增加。但这种棉花价格高涨的喜悦，上海棉花市场还没有享受多久，便迎来了棉花质量问题。

在 1860 年之前，上海的棉花市场不仅处于传统状态，且贸易规模较小，上海棉业发展并不受重视。在最初通商时，"人皆视上海为畏途，相率裹足不前，而棉之一物，向又视为微末"，卖棉花的店铺均系零星小店，洋庄交易素非所习。"时无业游荡之流，遇有花衣到沪，不克亲与洋商交易者，辄为之奔走其间，冀有所酬"，客贩在中间取利，名之曰捎客，且资格责任亦较昔时完备，"不若三十年前之卑鄙龌龊，至不堪以闻问也"。③ 1862 年，因美国棉产量骤降，在沪外商大量购买上海棉花，上海棉花价格飞涨，无论来自何处的花衣，每百斤价皆由 15 两涨至 25 两，籽花价格亦飞涨，一时间，各花行贪得厚利，巨量抛售，各花行到期卸货，时有货量不足的情况发生，于是便在花包内掺水，或置砖石于棉花包中。外商运往外洋，打开花包后，发现不是全包霉烂，便是有砖石夹杂其间。外商大亏，遂不再购买。此后，外商不再购买中国棉花，以致上海各花行歇业大半。据时人记载，当时买卖棉花的情况是不立商标、不分质量好坏、不列等次，凡属花衣，胡乱求售。④

① 徐润：《徐愚斋自叙年谱》，江西人民出版社，2012，第 18 页。
② 李文治：《中国近代农业史资料》第一辑，三联书店，1957年，第 396 页。
③ 孟菁：《六十九年上海棉业之通商历史》，《福建商业公报》1911 年第 16 期，第 1 页。
④ 孟菁：《六十九年上海棉业之通商历史》，《福建商业公报》1911 年第 16 期，第 1~2 页。

1863 年，上海洋商接到西洋来信，欲请托洋商购买中国的砖牌棉花，上海棉商询问棉业界人士之后，均茫然无所答，不知何为砖牌棉花，后恍然大悟，外商之所以称为砖牌，即指当年所售棉花包内有砖石者而言，外商以为上海棉花以砖为商标，故有此称。一时，此事被上海棉业界商人视为大辱。[1] 不仅如此，掺水现象陆续发生，初时只搀生水，尚无大碍，后来有搀热水者，更容易霉变，最严重者，每包净花六十余斤，掺水三十余斤，以致货物运到外国后，无法使用。[2] 此后，上海棉业界商人为了改变中国棉花在国际商场的口碑，便开始筹谋如何改善提高本国棉花质量，为日后中国棉花能在国际市场上顺利交易和赢得利润而努力。[3] 因棉花质量问题而导致的外国棉商裹足不前，使上海棉花市场在 1863 年出现了较大程度的波折。

由美国内战引起的国际棉花市场供求关系的震荡大概持续了五年多，表1-1 是 1860~1883 年所有国家出口棉花到欧洲的统计情况。

表1-1　1860~1883 年所有国家出口棉花到欧洲的统计

单位：包

年份	美国	巴西	埃及	土耳其	西印度	东印度	中国日本	总量
1860	4058	48	135	21	23	552	.	4837
1861	3075	46	124	36	18	949	.	4248
1862	102	65	182	58	20	1010	2	1439
1863	163	67	294	127	36	1179	81	1947
1864	241	127	427	188	39	1374	239	2635
1865	522	150	549	239	84	1231	85	2860
1866	1555	222	279	161	77	1706	15	4015
1867	1659	220	305	129	103	1389	1	3806
1868	1946	309	355	145	85	1476		4316
1869	1583	281	353	207	92	1578		4094
1870	2345	217	379	136	79	1057		4213
1871	3409	281	396	119	180	1384		5719
1872	2234	377	489	138	121	1526		4885
1873	2908	243	484	143	105	1155		5038
1874	3177	252	532	93	98	1317		5469
1875	3112	216	552	88	69	1420		5457

---

[1] 孟菁：《六十九年上海棉业之通商历史》，《福建商业公报》1911 年第 16 期，第 2 页。

[2] 徐润：《徐愚斋自叙年谱》，江西人民出版社，2012，第 18 页。

[3] 孟菁：《六十九年上海棉业之通商历史》，《福建商业公报》1911 年第 16 期，第 3 页。

续表

年份	美国	巴西	埃及	土耳其	西印度	东印度	中国日本	总量
1876	3461	169	749	89	55	1134		5657
1877	3163	149	625	89	37	930		4993
1878	3905	68	458	51	23	813		5318
1879	4329	47	616	31	42	868		5933
1880	4520	78	583	24	33	1074		6312
1881	4815	135	726	36	33	1098		6843
1882	4457	166	597	38	32	1677		6967
1883	5104	154	620	24	30	1520		7452

注：这些包的平均重量是 400 磅。

资料来源：Thomas Ellison, *The Cotton Trade of Great Britain*, London：Royal Exchange, 1886, p. 91。

　　从表 1-1 可以看出，美国内战期间，其棉花出口量急剧下降。1856~1860 年，美国出口到英国的棉花占所有国家出口总额的 77%，1860 年就接近 84%。而 1861 年至 1865 年间，美国出口到欧洲的棉花均非常少，几乎可以忽略不计。1866~1870 年，美国出口到英国的棉花占所有国家出口总额的比例才逐渐回升。[1] 虽然美国棉花产额及出口量减少，但国际市场对棉花的需求量仍然很大，故即使中国棉花品质在 1863 年受到国际棉花市场的否定，但因为需求缺口大，中国棉花还是被国际棉花市场需要。此后，中国上海的棉花商人为提高棉花品质做出了诸多努力。首先是上海地区的花业公所意识到棉花品质的重要性，率先开始整顿，如在南市，1880 年成立的由同业建造公所定名的花业吉云堂于 1887 年拟定规条，"禀请前上海县，给示勒石，永遵在案"。[2] 这为接下来上海地区近 30 年的棉花贸易打下了贸易规则和注重提高棉花品质的基础。

　　其次是上海棉商汤松岩在棉花加工、棉花等级等方面做出了最初的努力探索，使上海出现了由商人群体自发形成的最早的具有现代性质的棉花市场管理形式，其贡献主要有以下几点。首先，在棉花加工方面。1889 年，汤松岩创办东洋庄，贩运上海棉花至日本销售，在棉花加工方面，他从日本购买了较为先进的脚踏式轧花机 120 部，运回上海后，分发给各乡。在此之前，棉农使用

----

[1]　Thomas Ellison, *The Cotton Trade of Great Britain*, London：Royal Exchange, 1886, p. 91.

[2]　《上海某知事公署批准花业吉云堂、重整规条备案布告的抄件》，1917 年 3 月，上海档案馆藏，S233-1-1。

的轧花机是传统木质轧花机，每人每日能轧皮棉十余斤，运用新式轧花机后，棉农每日能轧出皮棉80斤至100斤，轧花效率大大提升。[1]

随后汤松岩创办轧花厂，采用较为先进的轧花机，籽花每百斤可轧出皮棉33斤至35斤。在动力上，用电力、蒸汽或柴油为动力，轧花效率倍增，每日每机能轧出皮棉250斤至280斤，由于轧花动力用的是电力、蒸汽或柴油，故轧出的皮棉被称为火机花衣。此后，上海棉业日臻发达，机器棉纱厂亦相继成立。[2] 此外，棉商汤松岩还促成了纺纱习惯的改变，"中国向来所制之纱系左手旋转，与各处销路不甚相宜，汤君使之改为右手"。此后，外埠及内地购买的棉织品，规制合用，销路大畅。[3]

以上棉花加工和纺纱技术的改变，进一步扩大了棉花市场的交易规模，进而也促进了上海植棉的发展。此后，植棉者逐年增加，棉产额岁岁提高。只是交易状况较为混乱，各种棉花不立商标，等次不分，无论品质如何，售价高下，几无区别，汤松岩针对这种情况，将上海市场中来自不同地区的棉花进行等次划分，使各种等次的棉花价格较为明确，为购买者出价提供依据，免受人欺弄。[4]

经过上述几个方面的改革后，上海棉花贸易及纱业均受其利，此后中国棉花在日本畅销，横滨、神户等处纱厂所需的原料，均仰给于中国，中国棉花销售到国外的数量不断增加，棉商汤松岩功不可没。[5]

综上可知，在第二次鸦片战争后，推动上海棉花市场发展的原因是美国内战的爆发，因美国内战的爆发导致欧洲正高速发展的棉纺织业在1862~1865年极度缺少棉花原材料，原材料的缺乏，使国际商人将购买棉花的目光集中到了中国上海，促使上海棉花市场棉价上升，棉花需求量增大。但与此同时，上海棉花市场也暴露了棉花品质问题，上海棉商群体不仅开始注重提高棉花品质，更是如汤松岩等棉商那样，开始在规范棉花交易方面做出最初的尝试。

二 植棉的扩张

第二次鸦片战争后，因美国内战导致棉花出口的减少，外商开始将购买棉

[1] 孟菁：《六十九年上海棉业之通商历史》，《福建商业公报》1911年第16期，第2~3页。
[2] 孟菁：《六十九年上海棉业之通商历史》，《福建商业公报》1911年第16期，第3页。
[3] 孟菁：《六十九年上海棉业之通商历史》，《福建商业公报》1911年第16期，第3页。
[4] 孟菁：《六十九年上海棉业之通商历史》，《福建商业公报》1911年第16期，第2页。
[5] 孟菁：《六十九年上海棉业之通商历史》，《福建商业公报》1911年第16期，第3~4页。

花的眼光聚焦在中国，随着上海棉花市场中外商需求的增加，以及棉花价格的不断攀升，上海、江苏、浙江的植棉不断扩张。据《教会新报》记载，"上海乃例出棉花之区，年年所种无不增加"，1872年刚逢棉花结花之时，便遭遇大雨，收成不佳，但宁波棉花产量较多，弥补了上海棉花市场之不足。①

1874年左右，在江苏宿迁县，时人记载："布匹夙仰通州，今则遍植木棉，棉农闲暇时学习纺织。"② 1876年时，在上海、南汇两县以及浦东、浦西地区，均栽种棉花，栽种禾稻者仅占十分之二，且棉花长势喜人，品质上乘，"乡间妇女，肩负筐篮，日向田间摘取，大获有秋，衣被苍生"。③ 1879年，华亭县遭兵燹，民生日蹙，无力买牛养猪及购备农具，于是改种棉花者比比皆是，其中六磊塘北种棉花者十之有三，大洋泾南种棉花者亦十之有三。④

1884年，通县、海门的棉花种植和贸易发展也较快，在如皋、通县、海门三地，"客有自如皋来者，称该处环绕数百里，近接通县，远毗海门，一望皆种棉花，拜无杂树"。1884年秋，因遭水淹，棉花收成仅及前一年的十分之一。即便受到自然灾害的影响，本年植棉仍在扩张，时人记载："棉地遍成陆海。"⑤ 由此可见棉花种植之重要及普遍。当时张襄公也曾关注到在松江、太仓及江北通海之地所产的棉花，除行销本省外，"盛行南北洋各路"。⑥

至1897年，通县所产的棉花已成为出产大宗，外国商人争相购买，并与美棉和印棉混用，出布甚佳，通县之棉花市场日益扩大，平均每年棉花所售价值增至数百万。⑦ 1897年时，棉花价格有增无减，且上海纱厂收花数额亦在增加。⑧ 1898年，黄宗坚考证，上海共有田6852顷，其中种棉花者占70%。⑨

1901年，清政府下旨令各省开垦荒地，通县、海门随即开始振兴农业。两江总督刘坤一奏请开办通海垦牧公司，1902年2月获批，⑩ 同时，张謇指出"纱厂工商之事也，不兼事农，本末不倍，辄毅然担任期间，此地广植棉产，

---

① 《中外近闻：上海棉花》，《教会新报》1872年第207期，第10页。
② 方骏谟：《宿迁县志》1874年第7卷，第5页。
③ 《中国近代农业史资料》第一辑，三联书店，1957，第418页。
④ 姚光发：《华亭县志》1879年第23卷，第4页。
⑤ 《申报》，1884年6月22日。
⑥ 苑书义、孙华峰、李秉新主编《张之洞全集（奏议）》第二册，河北人民出版社，1998，第1144页。
⑦ 朱祖荣：《通属种棉述略》，《农学报》1897年第17期，第52页。
⑧ 《中国要务：江苏：棉花丰收（八月华报）》，《萃报》1897年第6期，第11页。
⑨ 黄宗坚：《种植实验说》，《农学丛书》，1898年第一辑，第1页。
⑩ 《通海垦牧公司开办十年之历史（第一章）》，翰墨林编译印书局，1911，第2~3页。

以厚纱厂自助之力"。①

通海垦牧公司成立后，大力扩充植棉面积，1904~1910 年，植棉面积迅速增加，如表 1-2 所示。

表 1-2 1904~1910 年江苏通海垦牧公司历年垦地各种农作物面积统计

单位：亩

年份	已垦地总亩数	种植面积							未种植面积
		合计	棉	棉麦混合	棉杂粮混合	麦	杂粮	其他	
1904	8104	906	850	56	—	—	—	—	7198
1905	8079	7879	20	7834	—	—	21	4	200
1906	14716	8771	849	7700	—	80	110	32	5945
1907	20452	16037	3334	11368	499	627	158	51	4415
1908	28704	28652	25534	961	1782	67	5	303	52
1909	29019	29019	27272	749	974	—	—	24	—
1910	30413	30413	29164	156	812	41	210	30	—

资料来源：李文治编《中国近代农业史资料》第一辑，三联书店，1957，第 420 页。

到 1900 年前后，中国棉花贸易市场已经深度融入国际棉花及棉纱市场的需求中，且棉花加工技术普遍提升，此时期的棉花价格基本在 14 两至 16 两之间。例如，1901 年 7 月，上海由机器轧出的皮棉上等品的价格为十六两六钱，通县产袋包棉花价格十六两六钱，南市杂牌上等品价格为十六两二钱，② 到了 10 月，上海棉花输出量增多，由机器轧出的皮棉一般可卖至十五两以上。③

至 1906 年，长三角地区的植棉有了新的发展。尤其是江苏省，产棉增幅较大，据太仓州花业行户顾洪顺等报称，太仓州境种棉花者约占十分之六，中等丰收之年，每年约收棉花 20 万担左右。在常熟县区域，棉种主要有四种，第一种当地人称之为"了扒棉籽"，原产自通县下沙，常阴东与蕉沙等处种植最多，收成较好，大丰收之年，每亩可收"天平秤二百斛"，中等丰收之年每亩可收一百斛。但农民因种植棉花较费工，故植棉花者占 10% 至 20%。第二种棉籽是墨尖棉

---

① 张謇：《垦牧公司第一次股东会演说公司成立之历史》，载《张季子九录》（实业录卷四），沈云龙主编《近代中国史料丛刊续编》第 97 辑，文海出版社，1974，第 30 页。

② 《译东报：上海棉丝及棉花商情：译通商汇纂（东七月）》，《湖北商务报》1901 年第 86 期，第 12 页。

③ 《译东报：上海棉丝及棉花商情（译时事新报东十一月）》，《湖北商务报》1901 年第 60 期。

籽，"常阴东与各沙均植此种"，收成亦丰，每亩可收天平秤一百斛，中年每亩可收六七十斛，种此种棉花者占十之七八。第三种是申港棉籽，沙民种此棉种十之四五。第四种是浦东白籽，多种植于"鹿苑沿江等圩田"。①

据通县花业总会张道察查报，通县、海门两地产棉之地221万余亩，每亩每年产出籽棉五六十斛不等，每年约产130石，约出皮棉46万石。江苏各州县除通海外，有众多产棉区，江宁府的上元、江宁、六合、江浦、高淳、溧水皆为传统产棉区，所产棉花统称为乌江卫花，扬州府之江都有洲地花，东台有海地花，淮安府的盐城、阜宁、安东，徐州府之铜山、海州等地植棉较晚，出产数额不多，通县之如皋、泰兴棉产渐旺，统名通花。苏州府之常熟、昭文，常州府之江阴、靖江，镇江府之丹徒、金坛，松江府的南汇、上海，太仓州的镇洋、崇明、宝山等处均产棉，但逊于通海地区。②

1908年2月，据农工商部开展的全国棉产种类和每年收获额调查，江苏植棉以通县、海门、崇明、太仓、宝山等处为最盛。通海每年出产130余万石，崇明、太仓、宝山等处产约八、九百万石。安徽的怀宁、潜山、太湖、宿松各属也开始植棉，只是产额较低，其制棉之法大都相沿旧习，未能有所改进。③ 表1-3是长三角地区棉花种植的增长情况。

表1-3　1908~1910年各省州县产棉统计

单位：石

年份	地区	年产量
1908	江苏通县、海门二州县	1300000+
1908	江苏崇明、太仓、宝山三州县	8000000~9000000
1910	安徽宁国、定远、涡阳、和州	3000

资料来源：章有义：《中国近代农业史资料》，三联书店，1957，第418页。

从表1-3可看出，晚清时期长三角地区的主要植棉区是江苏省，同时期安徽省的植棉发展较晚，棉产数量很少，几乎可以忽略不计。且安徽所产的棉花，仅敷本地销售，甚至不敷安徽本省使用。④

---

① 上海商会：《调查报告：江苏各属棉业情形》，《商务官报》1906年第4期，24~25页。
② 上海商会：《调查报告：江苏各属棉业情形》，《商务官报》1906年第4期，26页。
③ （清）朱寿朋编，张静庐等校点《光绪朝东华录》（第214卷，光绪三十四年二月），中华书局，1984，第17页。
④ 农工商部：《中国棉业现情考略》，《棉业图说》1908年第3卷，第2页。

此外，晚清时期浙江植棉的发展比较明显，受到上海棉花市场对棉花的需求量急剧增长的影响，宁波地区棉花种植扩大。1900年，浙江余姚东至慈溪观海卫，西至上虞夏盖山一带共百余里，沿海百姓皆种棉花。[①] 每岁所收，为出口大宗。[②] 如慈溪县的慈北沙地业户直隶候补道密崇焕置有海涂地一千三百余亩，给佃农种植棉花。[③]

综上可以看出，长江三角洲地区上海江苏的植棉发展最早，规模最大，浙江次之，安徽又次之。正是由于江浙地区植棉的不断扩张，上海棉花市场亦逐渐扩大，其作为全国最大的棉花终端市场的地位越发凸显，不仅如此，上海棉花市场也逐渐融入国际棉花市场的最前沿。

三 上海棉花市场的几个特点

晚清时期，上海棉花市场的运作呈现几个特点。首先是上海棉花市场与国际棉花市场联系极其紧密，信息反馈迅速。在棉花交易方面，由于现代信息技术的发展，上海棉花市场可以依据全球产棉数额信息，较快做出反应。例如在1901年11月11日，伦敦来电称美国棉花大丰收，美国棉花市场棉价降低。上海棉花市场迅速做出反应，棉商认为对棉花现货需要量减少，在此情况下，买客欲以廉价购买棉花，商家以货少居奇，售价颇高，两两相持，达到市价平稳，并密切关注市场变动。[④] 对棉花价格有直接且重大影响的另外一个因素是上海纱厂需求量的变动，上海纱厂的经营状况对上海棉花市场中棉花价格的高低亦有决定作用。如1901年7月，棉纱市场的交易率和交易量均较低，导致原棉滞销，以至于各纺织公司收买棉花的价格也随之降低。[⑤]

其次是对外贸易方面，中国棉花与国外棉花相比，价格便宜。到了1897年左右，洋棉每百斤需洋33元，印度棉花价格在30元左右，而华棉每百勤仅需12元至13元，多则至17元至18元。故其他国家洋船回国时，多购买中国棉花出口。[⑥] 出口到国外的棉花中，上海棉花以销往日本为多。因日本于19

① 《汇报》，第146号，第2册，第368页，1900年1月17日。
② 《各省农事：浙棉利厚》，《农学报》1897年第15期，第4页。
③ 《时报》，1897年5月11日。
④ 《译东报：上海棉丝及棉花商情（译时事新报东十一月）》，《湖北商务报》1901年第60期。
⑤ 《译东报：上海棉丝及棉花商情（译通商汇纂东七月）》，《湖北商务报》1901年第86期，第12页。
⑥ 陈炽：《续富国策》第1卷，孟夏桂桓书局，1897，第72页。

世纪70年代开始工业革命，逐渐建立了多家现代棉纺织厂，对棉花需求量逐年增加。① 1889年，上海附近棉花部分歉收，引起棉花价格上涨，8月至10月间，每担价格由11.10元涨至14.25元，但是输往国外的棉花仍增加了一倍多，达503456担，其中有489699担运往日本。也就是说，在清末，中国已经成为日本棉花原料最重要的来源地。②

但是日本从中国购买棉花的趋势也有波动，1904年秋，日商因中国棉花掺水舞弊现象频发，出口量减少，棉花价格迅速下降；1904年冬，上海棉商纷纷降价求售，表1-4是1904年7月、8月至11月的棉花价格情况。

表1-4　1904年上海棉花市场7月、8月至11月棉花价格降价情况

棉花品牌	7月、8月价格	11月价格
火机花衣	二十二两八钱	十七两
四牌子花衣	二十三两八钱	十五两四钱
上海头号花衣	二十一两四钱	十五两二钱
余姚花衣	二十二两	十六两三钱（有价无市）
汉口花衣	二十一两五钱	十八两四钱（有价无市）
高桥花衣	二十四两五钱	十九两
通县花衣	二十二两	十七两

资料来源：孟菁：《六十九年上海棉业之通商历史》，《福建商业公报》1911年第16期，第4~5页。

从表1-4可看出，7月至11月之间，每百斤棉花价格下跌幅度非常大，价格下跌最严重的竟达八两之多，几乎下降了三分之一。之所以价格下降幅度如此之大，其中最主要的原因就是掺水。面对此种情况，棉业公会在南市设验花局，并禀请沪道派员驻局查验，规定来上海求售的棉花必须经过检验，如不经检验，则不得交易。但因当时检验人员缺少相应的检验知识和技术手段，检验效果不佳，验花局形同虚设，几乎重蹈1862年时棉花品质和声誉受损的覆辙。由此，1905年夏，棉业公会董事穆湘瑶亲自东渡考察棉花销路情形，并聘请一位日本棉花检验技师来上海，专门检验棉花质量。凡本行运销日本各埠的棉花行必须由此验花师加盖戳记，否则概不购用，至此，中国丧失部分贸易

---

① 《海关贸易报告》，宁波，1893年，第281页。
② 《海关贸易报告》，上海，1889年，第185~186页。

权和商品检验权。①

整体上讲，1901~1911 年，上海棉花市场的对外贸易处于快速发展时期。在经营对外出口棉花的过程中，以东洋庄棉花销路最广，约计每年销售额达三千万两，故上海棉花出口一直以东洋庄为大宗。但自 1911 年开始，销售数量不如往年。原因有二，一是棉花质量依旧存在问题，1911 年棉花掺水现象开始严重，例如有的乡户销售棉花时，在皮棉中掺水以增加重量；还有的船户载运棉花来沪销售时，沿途即求售，在船货斤两不足的情况下，灌水增加重量，结果是导致棉花霉烂，致洋商利益受损，后销售数量大减。二是自 20 世纪初开始，缅甸及南掌（今老挝）等处，因土壤适宜植棉，政府指导民间植棉，棉产较多，价格亦较便宜，日本遂转向缅甸及南掌两地购买棉花。②

1910 年前后，中国棉产歉收，棉价上涨；1911 年上海棉花市场开市后，存棉缺口较大，价格继续增长，火机花及四牌籽棉花数额非常少，价格涨至每百斤银 38 两，通县花迟迟未开价交易，原因均是存棉数量接近枯涸，市场价格奇昂情景为上海开埠以来之最。当时的有识之士提出上海应由能联合棉业的大资本家，效仿美国，成立棉业大公司，专门经营与日本和西方国家的棉花贸易，并彻底革除掺水等弊端。③ 这也意味着，自 1862 年中国明确被迫融入国际棉花市场以后，上海的棉商经过近五十年的浸润和实践，在棉业发展领域逐渐意识到中国棉业发展的趋势和存在的问题，并且意识到了棉业联合的重要作用。

四　棉花加工技术的进步

晚清时期，上海棉花市场中棉花加工技术普遍提高，已经脱离传统棉花加工模式，步入现代轧花水平。晚清时期是中国现代轧棉产业的初创时期，现代轧棉产业诞生的区域集中在上海和浙江。1887 年在浙江省，李鸿章的幕僚严信厚在宁波创办了通久源轧花厂，此厂是中国最早出现的机器轧花厂，它脱离了传统以人力为动力的模式，转而采用机器动力，此工厂是当时较为重要的民族企业，④工厂成立后，1893 年由宁波出口棉花总计 49000 余担，是自光绪元年以来棉花出口量最多之年，其中销往中国南方居多，余均由上海转售日本。⑤

---

①　孟菁：《六十九年上海棉业之通商历史》，《福建商业公报》1911 年第 16 期，第 5 页。

②　孟菁：《六十九年上海棉业之通商历史》，《福建商业公报》1911 年第 16 期，第 4 页。

③　孟菁：《六十九年上海棉业之通商历史》，《福建商业公报》1911 年第 16 期，第 6 页。

④　屠恒培：《通久源轧花厂》，《宁波文史资料（第 6 辑）》1987 年，第 45 页。

⑤　《通商各关华洋贸易总册》，1893 年下卷，宁波，第 69 页。

1897 年，上海的轧花厂、织布厂、缫丝厂纷纷创设，轧花厂的数量较多，规模也较大。据当时美国驻上海总领事观察，规模较大的轧花厂有 8 家，约有轧花机五六百辆，大半系日本制造。同时中国也有部分棉农在家中安装轧花机，用人力自轧。当时内地棉商目睹上海轧棉情形后，"莫不惊讶上海应变之快，认为这些快速变化足以促进植棉扩张"。据统计，1895 年，上海出口至外国的棉花约计银十兆两。① 1898 年时，上海纱厂数量已较可观，纺纱数量渐渐可以满足市场之需，当时所出之纱，较印度纱略好一成，其中十支棉纱、十四支棉纱二种，在民间十分畅销。② 发展至 20 世纪初期，上海的棉纱业已经成为商务大宗，上海南北两市共有百余家店铺，与国外的商品竞争也越来越激烈。如在 1905 年春季，上海棉纱销路甚旺，夏季经营也较平稳，但中秋节后，因各国汇票升涨，客帮销数大减，经营亏损较多，然此时印度纱开始抢手，销路甚旺。1905 年终至 1906 年初，本地产的棉纱销售情况仍无起色。③ 棉纱销售情况直接影响棉花的价格，可见在民国成立之前，上海棉花市场既有前进、开拓、进取的成果，但同时也面临着外国商品及产业的竞争。

第二节　长三角地区棉花市场的发展（1912~1920）

在民国初年至 20 世纪 20 年代之前，长三角地区的植棉和棉花市场的发展速度较快。在植棉及棉产量方面，江苏、浙江、安徽三省基本上达到了历史以来的最高水平，其中江苏居绝对的主导地位。在棉花运销和棉花交易方面，上海棉花市场是长三角地区最重要的棉花终端市场，在这一时期，长三角地区的棉花运销网络和市场布局发展已经比较成熟，棉花市场的构建已经比较完善。

一　植棉的发展

民国初年至 20 世纪 20 年代之前，长三角地区经过近十年的发展，植棉扩大，达到中国近代史上最高水平。上海气候温和，全境分十九市乡，植棉区域有 366948 亩，占田亩总数的二分之一以上，每亩所产棉花约四十斤，籽花百斤可轧出皮花三十四五斤。④ 上海产棉区域以闵行附近及浦东为多，上海棉花

---

① 张坤德：《英文报译：中国纺织缫丝情形》，《时务报》，1897 年第 32 期，18~19 页。
② 《通商各关华洋贸易总册》，1898 年下卷，第 39 页。
③ 《各省新闻：上海棉纱业之调查》，《北洋官报》1906 年第 927 期，第 6 页。
④ 整理棉业筹备处：《上海棉业调查》，《时报》1920 年 12 月 3 日第 0012 版。

市场的南、北市中所销售的棉花被称为本花，实际上包括宝山、川沙、南汇、奉贤、松江、金山以及浙江平湖各县所产的棉花。1919 年，上海市奉省令筹办农场五处，分别是蒲松北市、南市各一，陆行乡一，三林乡一，北桥乡一，每处有地十亩至二十亩不等，均归邑绅穆湘玥管理，并试植美棉。[1] 上海市具体产棉区如表 1-5 所示。

表 1-5　上海市具体产棉区

闵行	该地及附近一带之南塘、北塘、马桥、北桥、樱桃河等所产棉概集中于闵行，称为闵行花
江湾及吴淞	该地系宝山县所属，集合其附近一带所产之棉而输至上海
高桥及罗店	该地亦宝山县所属，各为其附近棉花集中市场，大都运往上海
龙家路及顾家路	该地系川沙所属，为该县棉花集中之区，其运往上海者约占产额三分之二以上
周浦市	该地系南汇县所属，其附近一带所产之棉，皆集合于此
大团	该地亦南汇所属，凡南汇奉贤一带所产之棉，均集于此，每年运上海者占产额三分之二以上
庄家行	该地为奉贤县所属，所产棉花大半销于上海
山阳	该地系松江县所属，其所产之棉专销上海
黄姑荡及新仓	黄姑荡属金山县，其所产之棉，通称南塘花，新仓属浙之平湖县，其所产之棉通称北塘花，输入上海之数，约占其全额三分之二

资料来源：葛文灏：《专件：上海棉业调查报告（江苏实业月志一二期）（附表）》，《农商公报》1919 年第 6 卷第 2 期，第 17~18 页。

上海棉花市场的棉花，除了表 1-5 各区所产及由他省、他国输入外，还有通县、太仓、常熟、常阴沙、嘉定等地所产的棉花，这些棉花以其产地命名，并不被称为南、北市花。在棉花产量方面，上海各地棉产量每年随丰歉增减，每年各区产额如下，闵行约三四万担，江湾及吴淞约四五万担，罗店及高桥约十万担，龙家路及顾家路约十五万担，周浦市约十万担，大团约二十万担，庄家行约七万担，山阳约五万担，黄姑荡及新仓约十五万担，各区总计，汇集到南北市的棉花年均七八十万担。此外，产自通县、海门、崇明等地的棉花，每年大约有三分之二，约百万担运至上海，太仓棉每年输入上海的约占本地总产额的三分之一，约八万担。常熟所产的棉花每年输入上海约十五万担，常阴沙棉每年输入上海六七万担，嘉定棉每年所产的棉花约十四万担。[2] 由此可以看出，就棉业而言，

---

① 整理棉业筹备处：《上海棉业调查》，《时报》1920 年 12 月 3 日第 0012 版。
② 葛文灏：《专件：上海棉业调查报告（江苏实业月志一二期）（附表）》，《农商公报》1919 年第 6 卷第 2 期，第 18 页。

民国初年至 20 世纪 20 年代之前，上海植棉范围和产棉量均不小，每年产棉有七八十万担，上海棉花市场的规模非常庞大，单就汇集于上海的本地棉产和江苏省棉产每年就达二百多万担。

江苏省在 20 世纪 20 年代产棉县数量达 30 多个，其中南通、海门、崇明、泰兴、如皋、东台、江阴、常熟、太仓、嘉定、上海、宝山、南汇、奉贤、川沙产棉较多。[①] 具体而言，江苏省植棉区域可分为六大区，分别是通县棉区、上海棉区、嘉定棉区、太仓棉区、常熟棉区、江阴棉区。[②] 江苏省棉种极其纷杂，如按棉种分，江苏棉产地又可分为三大部分，一为白籽棉和黑籽棉混种的通棉区，包括南通、崇明海门及淮南各县；二为黑籽棉区，以常阴沙和常熟为主要生产地；三为白籽棉区，主要包括江南及浦东各县。[③] 全省棉作占耕地面积，就南通县而论，占十分之七，崇明和海门两县占十分之六，上海、宝山、如皋、太仓、常熟等县所占面积甚广，金陵道属各县棉地大概占百分之五。淮扬道属的盐城、阜宁等县，产棉区域小，徐海道属的宿迁、铜山、砀山、萧县等地也有棉地，但数量不多，南通、崇明两县植棉之区域均达 200 万亩，海门县达 102 万亩以上，即如皋一县在 50 万亩以上，上海、松江、南汇、奉贤、川沙、太仓、常熟等县均有数十万亩之多，江浦、丹徒、丹阳、武进、青浦、金山、江阴、靖江、盐城等县亦有数万亩。[④]

就产棉量而言，据纱厂联合会调查部统计，1918 年江苏省棉产额共计 4128696 担，1919 年产棉 2763160 担，1920 年产棉量达 3022210 担，[⑤] 1921 年后，江苏省棉产量基本维持在 100 多万担至 200 多万担。[⑥] 然各地由于气候等原因，生产量有差异，就各地方每年棉产量而言，南通约在 51 万担，崇明县约 40 万担，海门县约 56 万担，上海、南汇、江阴等县均有三四十万担，如皋、常熟、太仓、丹阳、青浦、川沙、宝山、嘉定、宿迁、萧等县亦有一二十万担。[⑦]

---

① 中华棉业统计会：《中华民国二十五，二十六年中国棉产统计》，1937，第 48~49 页。
② 《国内要闻·省外：江苏棉业之调查》，《实业杂志》1920 年第 28 期，第 110 页。
③ 华商纱厂联合会统计部：《民国十二年中国棉产统计》，1923，第 47~48 页。
④ 王泽南：《农商部经济调查会江苏分会调查江苏省棉花情形报告（附表）》，《江苏实业月志》1919 年第 6 期，第 73~74 页。
⑤ 华商纱厂联合会统计部：《民国十二年中国棉产统计》，1923，第 51~53 页。
⑥ 中华棉业统计会：《中华民国二十五，六年中国棉产统计》，1937，第 7 页。
⑦ 王泽南：《农商部经济调查会江苏分会调查江苏省棉花情形报告（附表）》，《江苏实业月志》1919 年第 6 期，第 74 页。

浙江省南部山岭绵延，农人多种茶树，只有北部邻江苏省的钱塘湾地区地势平坦，土地肥沃，宜于植棉。① 发展至 1920 年，浙江省产棉县达九个，分别是平湖、海宁、萧山、绍兴、余姚、慈溪、上虞、镇海、鄞县，其中余姚、慈溪、萧山三县为重要产棉之地，上虞县为产棉最多之地，② 1919 年，全省产棉 26 万担，1920 年，全省产棉面积达 1270100 亩，产棉额共计 25 万余担。③ 全省产棉三分之二供给本省需用，三分之一的产量运销至上海。④

安徽省亦多山，素以产茶著名，仅中部及长江两岸地势平坦，棉区比较狭小，植棉最多的是合肥县，东流、南陵次之，桐城、巢县、望江等又次之。1919 年棉田面积约有 762600 亩；1920 年增加较多，有 1195695 亩。1918 年产棉 243012 担，1919 年产棉 125535 担，1920 年产棉 291975 担。⑤ 总体来看长三角地区的植棉及产棉量分布情况，江苏占绝对的主导地位，例如在 1920 年，浙江和安徽的棉产量较少，两省棉产量的总和不及江苏省的六分之一。

棉花品种方面，上海市场的棉花以美国种棉花最优，陕西花、通县花次之，太仓、常熟、嘉定、南北市等又次于通县；汉口花优劣不一，宁波花最劣。常阴花在江浙两省中本为最优的棉花，但产额不多，上海市场上很少有货。陕西花为美国种，但品质已有所退化。通县棉花有青茎、红茎、鸡脚、黑核、白核之别，其中以鸡脚棉为最优，但产额颇少。太仓有黑籽、白籽两种品种，优者名为黑籽花。常熟有了扒棉、黑尖棉、申港棉、浦东白等品种。嘉定宝山有紫花和白花，紫花产额不多。上海南北市中的棉花并无种类分别。⑥

江苏省棉花种类较多，如南通最著名的土种棉花有三种，一是青茎通棉，二是红茎通棉，三是鸡脚棉。此外，还有鹰爪墨核棉、黄花青茎棉、紫茎紫花棉等，品质各有不同。其中鸡脚棉品质最优，能纺五十号至七十号纱。⑦ 江苏全境棉种包括当地土种、本省各县棉种、外省棉种、国外棉种，总计一百余种，不逐一而述。表 1-6 是江苏省主要产棉县棉种特征及其分布情况。

① 华商纱厂联合会统计部：《民国十二年中国棉产统计》，1923，第 53 页。
② 刘家瑶：《浙江棉业情形（附表）》，《农商公报》1920 年第 6 卷第 12 期，第 5~6 页。
③ 华商纱厂联合会统计部：《中国棉产统计》1923 年第 12 期，第 55~56 页。
④ 刘家瑶：《浙江棉业情形（附表）》，《农商公报》1920 年第 6 卷第 12 期，第 6 页。
⑤ 华商纱厂联合会统计部：《中国棉产统计》1923 年第 12 期，第 56~61 页。
⑥ 葛文灏：《专件：上海棉业调查报告（江苏实业月志一二期）（附表）》，《农商公报》1919 年第 6 卷第 2 期，第 18 页。
⑦ 王泽南：《农商部经济调查会江苏分会调查江苏省棉花情形报告（附表）》，《江苏实业月志》1919 年第 6 期，第 74~75 页。

表1-6　1919年江苏省棉种情况统计

县名	棉之种类	纤维品质		缲棉占比（%）	备考
		长度	色泽		
南通	鸡脚棉、青茎黑籽棉、常阴沙棉	七分至一寸二分	白	36~42	植棉方法优良，故棉之品质亦佳，以青茎鸡脚棉为最
海门、崇明	黑籽棉、洋棉	七分至一寸一分	白	30~38	棉品质稍逊于通县，亦苏省著名棉产之区也
如皋、泰兴、靖江	青茎通棉	七分至一寸	白	32~38	
泰县、东台	青茎通棉	七分至一寸	白	32~40	泰县棉质以白米乡为最良，东台以时堰最优
盐城、阜宁、兴化	通棉、洋棉	五分至九分	白	30~35	
江都、高邮、淮阴、淮安	青茎通棉	五分至八分	白	30~34	
宝应	通棉、洋棉	七分至九分	白	28~39	本会设有植棉分场
涟水、灌云	白籽棉	五分至七分	白	24~32	
常熟	常阴沙黑籽棉、太仓棉、羊毛白籽棉	七分至一寸二分	白	35~42	常熟棉质以常阴沙为最良，我国棉质陕省外即推此矣
太仓、嘉定、宝山	白籽棉、太仓棉	七分至一寸	白	35~39	太仓西部毗连常熟之横泾，棉多黑子种，与常阴棉质相似
上海	白籽棉、闵行棉	七分	白	36~38	
南汇、奉贤	浦东棉、海塘棉、新泾棉	七分至八分	白	35~37	棉质不良仅奉贤之鲁家汇，附近较优，余均粗短
川沙	川沙棉	七分五	白	36	
青浦	青浦棉	七分五	白	24~32	
江阴	常阴沙棉	七分至一寸	白	35~39	

资料来源：华商纱厂联合会统计部：《民国九年棉产调查报告（附表）》，《棉产调查报告》1921年第9期，第40~41页。

浙江省土质与江苏省相同，气候稍温暖，收获期比江苏早半个月，棉种同江苏省较为相同，以南阳种和大苞种种植最多，棉质以萧山地区所种的南阳种为最优，纤维长八分之六寸，[1]余姚棉花品质最劣，纤维粗短，无韧力，吸收

---

① 华商纱厂联合会：《民国十年棉产调查报告（附表）》，《棉产调查报告》1922年第10期，第26页。

力强，品质不佳。且余姚棉掺水之风较盛。① 仅可纺 12 支纱，萧山棉种皆属南阳棉，余姚棉则皆为大苞棉种。② 表 1-7 是浙江省植棉各县的棉种情况。

表1-7　浙江省棉种特征及其分布统计

县名	棉之种类	纤维品质		缫棉占比（%）	备考
		长度	色泽		
平湖	白籽棉	七分	洁白、白	36~37	
海宁	南阳棉	六分	白	34~35	
萧山	大苞棉、南阳棉	六分	大苞棉次白，南阳棉洁白	32~35	浙江棉种推南阳棉最优，纤维色泽及缫棉率均较大苞棉为佳
绍兴	大苞棉、南阳棉	六分	大苞棉次白，南阳棉洁白	33~34	
余姚	大苞棉	五分	白	29~33	该县近年纯植大苞棉，故品质亦劣
慈谿	大苞棉、南阳棉	五分至六分	洁白、白	33	慈谿多产南阳棉，品质亦良
上虞	大苞棉	五分	白	34	
镇海	大苞棉、绿籽棉	五分至六分	白、洁白	32~35	绿籽棉仅龙山镇附近植之，品质较大苞棉为优，唯产量不丰耳
鄞县	大苞棉、南阳棉、美棉	五分	白	33	该县仅梅堰产棉，棉种甚杂，以大苞棉为最多，故品质亦不良

资料来源：华商纱厂联合会调查部：《民国九年棉产调查报告（附表）》，《棉产调查报告》1921 年第 9 期，第 41~42 页。

如表 1-8 所示，安徽省棉种有大子花、小子花、洋花、乌江花等品种，质量以青阳县之小花最优，纤维长而白，但缫棉率甚小；次则洋花，考洋花即美棉之退化者，纤维也长达一寸，缫棉率亦小，他如秋浦东流棉，絮粗短，色泽褐白，与江苏浦东棉相等。③

① 华商纱厂联合会：《民国十年棉产调查报告（附表）》，《棉产调查报告》1922 年第 10 期，第 26 页。

② 华商纱厂联合会：《民国九年棉产调查报告（附表）》，《棉产调查报告》1921 年第 9 期，第 12~13 页。

③ 华商纱厂联合会：《民国九年棉产调查报告（附表）》，《棉产调查报告》1921 年第 9 期，第 14 页。

表1-8　1920年安徽省浙江省棉种特征及其分布统计

县名	棉之种类	纤维品质		缫棉占比（%）	备考
		长度	色泽		
宣城、南陵、泾县、庐江、桐城、贵池、怀宁、望江、巢县、宿松	小子花（黑子）大子花（白子）	八分之七寸	小子花白大子花次白	30~34	小子花籽小而不裹绒，纤维品质及缫棉率均较大子花为优
青阳	小花	一寸	白	29	小花纤维甚长
东流、秋浦	大花	八分之六寸	褐白	33	
和县、滁县	小乌子、洋花	八分之七寸至一又八分之一寸	白	30	洋花即美棉，纤维长者达一寸之上，惟缫棉率甚小
铜陵	花子种、黑子种	八分之六寸	白	30	
合肥	小花乌江棉	八分之七寸	褐白	30	

资料来源：华商纱厂联合会调查部：《民国九年棉产调查报告（附表）》，《棉产调查报告》1921年第9期，第42~43页。

由是观之，民国初年至20世纪20年代之前，长三角地区的植棉区域包括上海、江苏大部、浙江北部、安徽中部及长江两岸地区，其中上海和江苏的植棉和产棉量占主导地位。在棉花品种方面，长三角地区的中国本地棉种较多，且质量优良的品种亦较多，此特点与华北和华中稍有不同。

二　棉花运销

随着民国初年至20世纪20年代之前这一时期长三角地区植棉扩张及棉产量的增加，上海棉花市场的各项功能逐渐立体化。在棉花运销体系方面，铁路的开通、现代棉花加工技术的普遍应用，不仅使棉花交易效率得到提升，也使得上海棉花市场与国际市场接轨更为顺畅。上海作为中国与国际棉花市场相衔接的窗口，在带动中国内地棉花市场发展方面，也呈现出龙头的作用。棉花运销体系包括棉花输入、输出、消费目的地、消费主体、运输的方式、成本等内容，这些内容不仅体现了市场规模的大小，同时也反映出了市场运作的效率。

这一时期的上海棉花市场汇集了来自国内外各地的棉花，按照区域范围，可从上海和江苏地区、国内其他省份以及外国这三部分进行评述。

上海棉花市场每年汇集的来自上海本地和江苏的棉花数量在 200 万担以上，上海棉花市场汇集的上海本地棉花包括产自宝山、川沙、南汇、奉贤、松江、金山等地的棉产。江苏省 40 多县的棉产除了自用外，其余大都运往上海。具体而言，江苏省运往上海的棉花来自以下几个区域，一是通县棉区（包括南通及崇明等东西三百里，南北五十里之间的产棉地），每年约产 150 万担棉花，除供大生、崇通两大纱厂之外，其余皆运至上海销售；二是嘉定棉区，此棉区每年大约产 41 万担棉花，因该地无纱厂，故全数供给上海、苏州、无锡三地；三是太仓地区，每年产额约 25 万担，除供给裕太两大纱厂和本地织土布之用外，其余均运销上海；四是常熟棉区，全境产棉大约 15 万担，除供给裕太、济太两大纱厂外，其余皆运销至无锡、苏州、上海等处。① 这些来自上海和江苏生产的棉花，先集中在南市董家渡。②

上海输入的外国棉花主要为美国棉花和印度棉花，美国棉花纤维较长，是纺细纱的必需原料，在 1917 年进口棉花总额中占三分之二。1917 年以前，上海输入的印度棉花与美国棉花数额相当，但 1917 年之后，印度棉花不易购得，输入逐渐减少。③ 1917 年，上海总输入外国棉花共计 272142 担（复往外国者不包括在内），值关平银 5959910 两，如除去复由海关出口运往通商口岸者，则进口棉花净数为 257525 担，计值关平银 5639797 两，④ 1913 年至 1917 年，上海海关进口棉花净值如表 1-9 所示。

表 1-9　1913~1917 年上海海关进口棉花数额统计

单位：担

指标	1913 年	1914 年	1915 年	1916 年	1917 年
输入量	107186	95780	324506	383437	257525

资料来源：葛文灏：《专件：上海棉业调查报告（江苏实业月志一二期）（附表）》，《农商公报》1919 年第 6 卷第 2 期，第 23 页。

---

① 《国内要闻·省外：江苏棉业之调查》，《实业杂志》1920 年第 28 期，第 127 页。
② 葛文灏：《专件：上海棉业调查报告（江苏实业月志一二期）（附表）》，《农商公报》1919 年第 6 卷第 2 期，第 23 页。
③ 葛文灏：《专件：上海棉业调查报告（江苏实业月志一二期）（附表）》，《农商公报》1919 年第 6 卷第 2 期，第 23 页。
④ 葛文灏：《专件：上海棉业调查报告（江苏实业月志一二期）（附表）》，《农商公报》1919 年第 6 卷第 2 期，第 22 页。

输入上海的棉花，除国外和江苏外，国内尚有宁波、汉口、陕西、天津等地。依据 1917 年统计，国内各地总输入额为 1089453 担，计值关平银 24185856 两，除复输出外，输入净数为 613773 担，计值关平银 13625760 两。又由常关进口净数，计 175988 担，故 1917 年由国外和国内其他省份输入上海的棉花净数合计为 1047286 担。①

输出方面，上海棉花市场输出棉花的国家包括日本、美国、英国、法国、德国等，其中以日本为最多，约占输出总额的 80%。原来印度是日本购买棉花的主要来源国，但在 20 年代中期，印度产棉歉丰，且汇率涨落无常，船舶运输缺乏，故印度棉花运销减少，日本纺织厂所需的原料不得不仰给于中国，1917 年从上海运销日本的棉花竟达全部出口额的 90% 以上。② 1917 年，从上海运往外国的棉花为 "335898 担，计值关平银 8689681 两，其运往通商口岸者为 32118 担，计值关平银 830892 两，合国内外统计为 368016 担，计值关平银 9520573 两"，上列数据皆为 1917 年由海关出口，③ 从 1913 年至 1917 年每年由海关出口棉花数额如表 1-10 所示。

表 1-10　1913~1917 年上海海关出口棉花数额统计

指标	1913 年	1914 年	1915 年	1916 年	1917 年
输入量	238802	254433	238767	199827	368016

资料来源：葛文灏：《专件：上海棉业调查报告（江苏实业月志一二期）（附表）》，《农商公报》1919 年第 6 卷第 2 期，第 20 页。

表 1-10 仅指直接由上海出口而言，其由他处输入的棉花复运出口者，并未统计在内。1917 年国内各处运往上海复又运销外国的棉花，大约计 437575 担，计值关平银 9714165 两，复往通商口岸者计 38105 担，计值关平银 849531 两，国内外合计统计为 475680 担，计值关平银 10560096 两，又由外国运至上海复往通商口岸计 14617 担，计值关平银 320113 两。1917 年中国棉花由上海

① 葛文灏：《专件：上海棉业调查报告（江苏实业月志一二期）（附表）》，《农商公报》1919 年第 6 卷第 2 期，第 23 页。
② 葛文灏：《专件：上海棉业调查报告（江苏实业月志一二期）（附表）》，《农商公报》1919 年第 6 卷第 2 期，第 21 页。
③ 葛文灏：《专件：上海棉业调查报告（江苏实业月志一二期）（附表）》，《农商公报》1919 年第 6 卷第 2 期，第 20 页。

出口运往外国者计 773473 担，计值关平银 18403846 两。由以上数据可知，1917 年上海运销至国外的棉花总数为 843696 担，加上外国运至上海再复出口的棉花，总计为 858313 担。①

观察 1913 年至 1916 年的外销情况可以发现，在此期间，上海棉花外销基本呈下降趋势，1913～1914 年、1915～1916 年从上海运销到外国各主要港口的棉花数额如下所示。

1913 年至 1914 年，安兑伯 2584 担，伯勒门 9634 担，遮尼法 5155 担，罕伯 51353 担，阿佛 3082 担，香港 29519 担，日本 404810 担，利物浦 7881 担，伦敦 1184 担，玛色勒 7635 担，盾格 661 担，波斯盾 49102 担，纽约 31902 担，中国各埠 82858 担，杂销 29736 担，共计 717096 担。1915 年至 1916 年安兑伯无，伯勒门无，遮尼法无，罕伯无，阿佛无，香港 3361 担，日本 283935 担，利物浦 26046 担，伦敦 1790 担，玛色勒 648 担，盾格无，波斯盾 47424 担，纽约 38055 担，中国各埠 102580 担，杂销 20660 担，共计 524499 担。②

从以上数字可看出，1913 年至 1916 年，棉花外销情况不佳。其原因主要有两点，一是欧战的爆发，自欧战以后，中国出口棉花逐渐减少；二是中国国内纱厂亦大量消耗原棉。到了 1917 年，上海棉花的内销情况发展较好，各大纱厂争相购买，棉花价格逐渐上升。例如，1917 年上海棉市旺季中，一个星期内汇集到上海的棉花共 5000 余包，迅速被抢购完毕，上海三泰两纱厂收入余姚花 300 包，怡和纱厂收入太仓花 300 包，南通县大生厂购去南市四牌子货 500 包，营口帮购南市四牌子及九凤牌共 600 包，日本横滨购余姚货 300 包，粤省广州帮购南通花 300 包，剩下的被各帮分购。③事实上，本地民众对棉花的消费量也不可小觑，以 1919 年的上海民众需求为例，当时上海约有 120 万人口，每人每年平均约需棉花 2 斤，也就是说，就上海本地民众而言，每年消费 24000 担以上的棉花。就工厂消费而言，1919 年上海纱厂锭数总计 713448 枚，每枚每年需棉 2 担，计上海每年消费原棉在 1426000 担以上。表 1-11 是上海各纱厂的统计情况。

① 葛文灏：《专件：上海棉业调查报告（江苏实业月志一二期）（附表）》，《农商公报》1919 年第 6 卷第 2 期，第 20 页。
② 《近闻：棉业：上海棉花出口之调查》，《农商公报》1917 年第 4 卷第 1 期，第 27 页。
③ 《近闻：上海棉花业之近状》，《农商公报》1916 年第 3 卷第 1 期，第 31 页。

表 1-11　1919 年上海的纱厂统计

厂名	地址	经理国别	锤数	机械台数	备考
恒丰	上海华盛路	中国	18144	356	1917 年由恒丰纱厂改组为恒丰纺织新局
三新	上海杨树浦	中国	65520	1000	由集成纱厂改，民国元年向香港政府注册，有英商名义
裕源	上海车袋角	中国	26936	520	1918 年八月售与日商内外厂
宝丰	同上	中国	18200	300	租办裕通纱厂
振华	上海杨树浦	中国	13548		
同昌	上海南市	中国	11592		
恒昌源	上海戈登路底	中国	9424		日商九成纱厂改组为日信纱厂，1917 年售与华商，改今名
德大	上海华德路	中国	19000		
申新	上海曹家渡	中国	12376	520	
鸿裕	上海麦根渡	中国	17664		
溥益	上海西苏州路	中国	24120		
厚生	上海兰渡	中国	17142	396	
怡和	上海杨树浦	英国	73952	700	
老公茂	上海杨树浦	英国	40096		
东方	上海杨树浦	英国	50768		瑞记纱厂改组
公益	上海曹家渡	英国	25576	400	中英合办
杨树浦	上海杨树浦	英国	55632		
日华	浦东	日本	53056	500	1918 年买收英商鸿源纱厂开办
上海纺织公司第一厂	上海杨树浦	日本	20392	376	
上海纺织公司第二厂	上海杨树浦	日本	25480	510	
上海纺织公司第三厂	上海杨树浦	日本	50000		尚未开幕
内外棉株式会社第三	上海宜昌路	日本	23040		
内外棉株式会社第四	上海宜昌路	日本	33600		
内外棉株式会社第五	上海宜昌路	日本	58400		
合计			763658	5038	

资料来源：葛文灏：《专件：上海棉业调查报告（江苏实业月志一二期）（附表）》，《农商公报》1919 年第 6 卷第 2 期，第 19~20 页。

由表 1-11 可以看出，民国初年至 20 世纪 20 年代之前，上海的纱厂除了中国创办外，最多的就是英国和日本的纱厂，且英、日纱厂加起来的总数超过华商纱厂数目，由此也可以看出，在上海，民族纺织业的发展环境比较严峻，中国棉业发展与国外棉业竞争激烈。

自 1917 年开始，由上海输出的棉花数量与 1916 年、1915 年相比有所增加。其原因是该年度各国棉花价格大涨，12 月间，美国中等棉花在英国每磅价格为 23 便士以上，而在欧战以前每磅仅仅 7 便士。与此同时，上海棉花市场的棉花价格也随之上涨，在这种情况下，棉商外销棉花盈余较多，故外销数量亦增加。[①] 上海棉花市场的价格依据品质而定，价格最高的是陕西所产的棉花，通县次之；南北市火机花、太仓又次之；宁波花最低。以通县、火机、宁波棉为上、中、下三等为例，此三种棉花自 1913 年至 1918 年的价格涨幅情况如表 1-12 所示。

表 1-12　1913~1918 年通县、火机、宁波（上、中、下三等）棉价格涨幅情况

日期	上等		中等		下等	
	最高(两)	最低(两)	最高(两)	最低(两)	最高(两)	最低(两)
1914 年 5 月	20	19	18 两 8 钱	18		
8 月	24	19	21	19		
12 月	25	24	23 两 6 钱	22		
1915 年 5 月	23 两 2 钱	22	21 两 8 钱	21		
8 月	25	24	23 两 3 钱	22 两 2 钱		
12 月	25	24	23	20		
1917 年 5 月	31 两 5 钱	31	31	30 两 5 钱	20 两零 6 钱	29 两 2 钱
6 月	34		36 两 5 钱	33	36	29 两 8 钱
7 月	35		36 两 5 钱		无市	
8 月	无市		36 两	30	28	
9 月	27 两 5 钱	26	25 两 5 钱	24 两 5 钱	24 两 5 钱	24
10 月	29 两 4 钱	27 两 2 钱	28 两 5 钱	28 两 4 钱	28	25
11 月	31	28	28 两 8 钱	28 两 2 钱	27 两 8 钱	
12 月	34	30	33	30		
1918 年 1 月	36	35	36 两 5 钱	24 两 5 钱		
2 月	40	38	39 两 8 钱	38		

---

① 葛文灏：《专件：上海棉业调查报告（江苏实业月志一二期）（附表）》，《农商公报》1919 年第 6 卷第 2 期，第 22 页。

续表

日期	上等		中等		下等	
	最高(两)	最低(两)	最高(两)	最低(两)	最高(两)	最低(两)
3月	45	42	45	43	42	39两6钱
4月	45	40	42两5钱	38两5钱	36两6钱	33两5钱
5月	40	39	38	35两6钱	36	
6月	37	35	36	34	33两3钱	32两2钱
7月	38	36	37两5钱		34	33两
8月	39		36两5钱		34	
9月	37两5钱	37	37	34两2钱5分	31两2钱	
10月	37两5钱	36	38	35两5钱	34	32
11月	35	28	34	28	31	
12月	29	27	28	26	26	24

资料来源：葛文灏：《专件：上海棉业调查报告（江苏实业月志一二期）（附表）》，《农商公报》1919年第6卷第2期，第24页。

从表1-12可以看出，1914年至1918年，上海棉花市场棉花价格逐年增高，1914年至1915年，优等棉花价格每担在20多两，到了1917年至1918年，优等棉花的价格涨到了30两至40两以上。虽然棉花价格涨幅较大，但当时具有远见卓识的棉商也意识到，因为国际和国内棉花及纺织品市场的变化较快，所以1917年、1918年的市场情况并不能代表未来棉花输出的趋势，并指出棉种能否改良、棉产量能否持续增加、国内纺织业的发展状况如何，都是决定和影响未来棉花输出多寡的重要因素。[①]

棉业专家重视当时上海棉业的发展，并分析了中国棉业发展中存在的关键问题，认为自"中华民国"成立以至发展五、六年后，上海棉花市场的情形是棉花输出超过输入，但考察1917年的情形可知，上海棉制品的输入量共计价值将近2000万两，棉花虽处出超地位，但棉制品处于入超地位。究其原因，实为中国优质棉花对内供给不足。[②] 棉业专家依据上海棉花市场和棉制品市场进出口发展情况，认为提高中国棉花品质，培育出优良的棉花品种，生产出能够支撑纺高支数纱线的棉花是中国棉业发展的关键。

---

① 葛文灏：《专件：上海棉业调查报告（江苏实业月志一二期）（附表）》，《农商公报》1919年第6卷第2期，第22页。

② 葛文灏：《专件：上海棉业调查报告（江苏实业月志一二期）（附表）》，《农商公报》1919年第6卷第2期，第25页。

就江苏省而言，该省交通便利，沪宁、津浦、陇海铁路汇集于此，又得长江之利，外省运入棉花相当便利，江苏省在棉花消费方面分为产地消费和工厂消费，南通、崇明、海门、太仓、宝山等县所产之棉除产销本县外，余均销售上海及山东省、日本等处；如皋、泰兴、丹徒、武进、江阴一带，以及铜山、砀山、宿迁等县产棉，多数供本地纺织之用。就工厂消费而言，全省约消费皮花200万担。[①] 在运输方面，北方省份和江北所产的棉花一般先运到南通，南通为淮南滨江第一港市，有大生纱厂，用棉甚多；江南以上海为棉花最大市场，一因外商在此交易，二因上海为中外纱厂集中之区。此外，在江苏省内，苏州有苏纶纱厂，无锡有业勤纱厂、振新纱厂等，江阴拥有布厂甚多，常熟有裕泰纱厂，崇明有大生纱厂第二厂、太仓有济泰纱厂等[②]，故江苏棉花除了有一大部分运往上海以外，省内的主要运销地还包括苏州、无锡和南通等有纱厂之地。江苏省运销的具体情况见表1-13。

表1-13 1920年江苏省棉花运销情况统计

县名	运销数	运销地	运销情形	运费	关税厘金及杂费
南通	800000	上海	民船或轮船	每袋四角至一元	五角八分
海门	340000	崇明、南通、上海	驳船	每袋四角至八角	每袋四角八分八厘（单税二角六分）
崇明	300000	上海	驳船或轮船	四角三分	税金七角二分，杂费四角
泰兴	15000	南通、靖江	民船	花衣每包一角五分	三角五分
如皋		南通、上海	民船或轮船	籽花每包一角三分	
靖江	25000	上海、无锡、江阴	民船		花衣三角七分，籽花一角二分三厘
东台	50000	南通、无锡	民船	每包三角	税金每担八角四分，教育费每担五分
泰县	22000	南通、靖江	民船	一角五分至四角	税金花衣六分，籽花三角，杂费每包七分

[①] 王泽南：《农商部经济调查会江苏分会调查江苏省棉花情形报告（附表）》，《江苏实业月志》1919年第6期，第78页。

[②] 严中平：《中国棉纺织史稿》，商务印书馆，2011，第435~440页。

续表

县名	运销数	运销地	运销情形	运费	关税厘金及杂费
盐城	8600	南通	民船	四角至一元二角	税金每包一元一角，杂费每包一角
阜宁	4500	南通	民船	每担一元六角	关税每包一元五角，厘金四分四厘六厘，杂费一角
兴化	5000	南通	民船	每包一元三角	税金每包一元三角，杂费一角
涟水	3000	灌云、淮安	运灌云用船，运淮安或淮阴用小车	每担一元	税金每担六角
江阴	60000	上海、无锡	民船	花衣一角五分，籽花一角	税金花衣三角七分，籽花一角二分八厘
常熟	150000	上海、无锡、苏州、江阴	民船	籽花每包一角，花衣每包一角二分二	税金籽花每包一角二分八厘，花衣三角七分
太仓	95000	上海、无锡	民船	籽花每包一角二分，花衣每包一角七分	税金籽花一角二分三厘，花衣三角七分，杂费三分
嘉定	70000	上海、无锡	民船	花衣一角三分	税金皮花三角七分
上海		本地	民船	四分	六分三厘
宝山	40000	上海、太仓	民船或车	约每包一角	籽花一角一分
南汇	190000	上海	民船	籽花每包一角二分	税金一角二分
奉贤	95000	上海	民船	每包二角四分	税金花衣每包三角五分，籽花六分三厘七
川沙	30000	上海	民船	籽花每担一角五分	
青浦	2000	上海	民船	籽花一角五分花衣三角	税金籽花一角二分三，花衣三角七分。
高邮、淮安、淮阴、宝应、江都	产额微少无运销者				

资料来源：华商纱厂联合会：《民国九年棉产调查报告（附表）》，《棉产调查报告》1921年第9期，第57~59页。

从表 1-13 可以看出，江苏省棉花运销多依靠水运，因多是运往本省纱厂聚集之地，距离较近，故运费所需不多，关税厘金及杂费相较于其他省份也较少。棉花市场发展环境相对较为优越。

浙江省产棉，以绍兴、宁波一带为最多，尤其是余姚县、慈溪县、萧山县，20 世纪 20 年代末，以上各地产籽棉合计约 50 万包左右，全省产额不下七、八十万包（籽花），即相当于八、九十万担（籽花），三分之二供给本省需用，余下皆运销外地。① 表 1-14 是 1906 年至 1917 年宁波及杭州海关输出棉花情况。

表 1-14　1906~1917 年宁波及杭州海关纯输出棉花统计

年份	宁波（担）	价值（海关两）	杭州（担）	价值（海关两）
1906	104950	1673435	2191	30750
1907	154748	2491448	7290	127855
1908	169461	2745262	11774	156588
1909	172537	3367926	16831	241525
1910	173992	3671236	19226	303929
1911	40528	1013210	943	18860
1912	95786	2059399	9549	190980
1913	81632	1759888	9088	172672
1914	93791	1875828	2083	34474
1915	91715	1696735	162	3564
1916	149471	2541006	2144	38592
1917	115877	2476323	46	1012

资料来源：刘家璠：《浙江棉业情形（附表）》，《农商公报》1920 年第 6 卷第 12 期，第 8~9 页。

通过表 1-14 可以看出，宁波是浙江省最重要的棉花转运市场，其次是杭州。宁波也是最重要的棉花出口地，尤其是随着棉花市场的发展，杭州在出口棉花方面的地位越来越弱，出口量越来越少，可以说宁波成为长三角地区仅次于上海的棉花市场。民国初年至 20 世纪 20 年代之前，宁波作为浙江省最重要的棉花消费市场和转运市场，其棉花运销至上海所费之资如表 1-15 所示。

---

① 刘家璠：《浙江棉业情形（附表）》，《农商公报》1920 年第 6 卷第 12 期，第 5~6 页。

表1-15 1920年浙江省运销棉花运费情况统计

运输方向		运费（每包）	税金		备考
原产地至宁波	余姚宁波间	10仙	60（无实）	32（有实）	此处多用民船，每船可载八九十包
	安昌宁波间	25仙	33（无实）	33（有实）	
宁波至上海	轮船运费	每包三十仙	海关税银四钱五分	厘捐一钱三分	
	民船运费	每包十八厘	常关税银四钱五分	厘捐一钱三分	

资料来源：刘家璠：《浙江棉业情形（附表）》，《农商公报》1920年第6卷第12期，第7页。

就浙江全省而言，收获的籽棉经当地轧花厂或纺纱厂轧花后，改装并附加商标运销于上海、温州、杭州、萧山，浙江全省运销棉花情况见表1-16。

表1-16 1920年浙江省棉花运销情况统计

县名	运销数（包）	运销地	运输情形	运费	关税厘金及杂费
平湖	11000	上海、杭州	雇民船直运沪杭	六分至七分	籽花每包六分二厘，花衣每包一角八分九厘
海宁	本县土布业发达，运销甚少		至杭州用船，至宁波用船或由火车		
萧山	50000	杭州、宁波	用船运送		籽花每包三角六分，花衣每包一元零五分六厘
绍兴	45000	上海、杭州、萧山	先运送城市，然后由转运公司转运宁波，或直接用船运甬	至上海每包籽花四角、花衣六角，至宁波籽花三角、花衣五角	籽花每包三角，花衣一元一角五分
余姚	70000	上海、温州、宁波三处，以宁波为最多	先用驳船运龙山港，再由三北公司转运宁波	至城市每包三分，火车至甬，每包一角四分厘	花衣每包一元零五分六厘
慈溪	10000	宁波、上海、温州	先运至百官，然后由火车至甬，运萧山用船	每包二角	每包一元零五分六厘

续表

县名	运销数（包）	运销地	运输情形	运费	关税厘金及杂费
上虞	7000	宁波、萧山			籽花每担三角五分
镇海	产额甚微，运销亦少	宁波	同慈溪	同慈溪	同慈溪
鄞	运销甚少				
共计	193000				

资料来源：华商纱厂联合会统计部：《民国九年棉产调查报告（附表）》，《棉产调查报告》1921年第9期，第60~62页。

从表1-16可以看出，浙江省与江苏省在运销方面最重要的不同之处是，浙江省用铁路运输棉花稍多，关税厘金及杂费也稍多。但与湖北、河南等省的棉花运往上海所费之资相比，其费用仍较低。民国初年至20世纪20年代之前，安徽省每年棉产量少于浙江省，只有在1920年稍多4万担，安徽省植棉在长三角地区比较弱势，棉业并不发达，一是本省农民不喜植棉，二是因为省内没有大型纺纱厂，棉花加工机器不佳，没有新式轧花机。① 安徽省棉花集散地主要为乌江、西梁山、安庆、大通、荻港、庐州诸地。② 具体运销情形见表1-17。

表1-17　1920年安徽省棉花运销情况统计

县名	运销数	运销地	运输情形	运费	关税厘金及杂费
宣城	50	城市各被絮店	驴骡装运		税金每担二角
南陵	2000	由芜湖转运上海	先用驳船运至芜湖，然后由轮船转运上海	一两四钱	税金三角、杂费二角
泾县	400	南陵之清弋江或宣城	畜力或人力车		三角
庐江	1000	安庆、大通、芜湖	用民船运至刘家渡再转运大通	一元三角	税金三角、杂费二角

① 《安徽之棉业》，《中国商业月报》1920年第12期，第55~56页。
② 《纪事：国内消息：安徽棉业之发达（附表）》，《江西省农会丛刊》1921年第3期，第12页。

续表

县名	运销数	运销地	运输情形	运费	关税厘金及杂费
桐城	1000	安庆、上海	先运安庆，转运九江或上海	一元二角	税金三角、杂费二角
贵池	300	桐城、怀宁、徽州			
东流县	10000	江西、抚州、安庆	先用小车运至县城，再用民船运抚州，相距九百里	每包四元	厘金华阳三角五分，湖口一元六角，本地学捐每担四百文
望江	3500	江西、潜山	民船运江西，相距五百余里	运江西每包籽花六百文	厘金华阳籽花每担百五十文，湖口五百八十文，杂费二百文
巢县	4000				
宿松	400	江西	民船运江西，相距五十里	五百文	税金一角二分，杂费二百文
合肥	32900	怀远县、山东邹县、河南、上海	车运怀远，舟运上海	运怀远每包三元，运上海连税金杂费等共银三两。	
和县	45000	芜湖裕中纱厂①最多	运芜湖用民船，相距二百八十里	二角四分	税金六角四分、杂费一角
滁县	700	山东、河南、合肥	畜力车		三角二分
铜陵、青阳、怀宁、秋浦	产棉甚少，无运销者				
共计	101250				

资料来源：华商纱厂联合会统计部：《民国九年棉产调查报告（附表）》，《棉产调查报告》1921年第9期，第60~62页。

从表1-17可以看出，安徽所产棉花运往外省较多，包括山东、江西、河南、江苏等省。其中，1919年和县棉花才开始主要供给芜湖的纱厂，在这之前，和县的棉花主要运销至南京、镇江，年额约四五千担；安徽省棉花运销至外地主要用水运。②

---

① 1919年，芜湖裕中纱厂正式开始产出，参见《裕中纱厂行将出货》，《新闻报》1919年第0006版。
② 《纪事：国内消息：安徽棉业之发达（附表）》，《江西省农会丛刊》1921年第3期，第12页。

三　棉花交易

民国初年至 20 世纪 20 年代之前，随着长三角地区尤其是上海、江苏和浙江植棉的扩张，上海棉花市场也获得快速发展。棉花交易方面，上海市场的棉花一半儿内销，一半儿销往国外。① 故上海棉花市场的交易趋势受国内和国外双重影响最为直接。在这一时期，上海棉花市场的发展起伏由棉花对外贸易和国内棉花市场运作两个综合因素而定。

对外贸易方面，第一次世界大战的爆发对上海棉花市场的影响最大。在民国初年，上海对外运销棉花及棉花交易处于平稳发展状态，每年大多获利，1914 年第一次世界大战爆发后，上海对外棉花贸易受到影响，在 1914 年底，根据各行年报显示，"无不亏损数千金或一二千金"，1914 年秋至 1915 年，棉花价格由四十多元渐跌至二十五、二十六元。南汇所产棉花品质最好，但在 1915 年价格亦不高。②

国内棉花市场方面，1916 年上海整体棉市行情受国家政局和商人心理变化影响较大，起伏不定，总体来说颇为曲折。首先因为政局的变动（1916 年袁世凯去世）以及 1916 年停兑令对金融的破坏，商人群体的心理不稳定，再加上当时战事连连，如护法战争等社会实际情况，整体棉市行情陷入低谷。直到 1916 年 6 月，上海的各种商业才稍有起色，棉花价格稍涨，但因各处战事仍有发生，于是商民为求稳定，百货停滞，棉花交易冷清，价格又下降五、六钱。③ 上海棉花市场在 1916 年 7 月中旬又开始好转，主要是因为肇庆军务院撤销，这也就意味着息戈之势已定，商民莫不额手相庆，故 7 月中旬以后，棉价渐有起色，南通货开价规银 24 两 6 钱，太仓货 24 两，余姚货 22 两 6 钱，四牌子 24 两，总统牌 23 两 4 钱，各花行门庄收价每担约 31 元，棉花价格稍有涨幅。除了政局及军事以外，当时有的棉商耳闻，"有产棉之乡已成泽国"，认为在收成减少的情况下，棉花价格势必高昂。④

从 1915 年和 1916 年上海棉花市场价格的变动中可以看出，当时国外市场对棉花需求的强弱对上海棉花市场的价格影响更大，不仅如此，国外金融体系的变动对国内棉花市场的发展影响也较大。如在 1920 年之前，正值国际金融体系发生变化，金本位处于震荡时期，此时英国是金本位中心，当时先令缩

---

① 《欧战后之上海棉业》，《中华实业界》1915 年第 2 卷第 7 期，第 4 页。
② 《欧战后之上海棉业》，《中华实业界》1915 年第 2 卷第 7 期，第 4 页。
③ 《近闻：上海棉花业之近状》，《农商公报》1916 年第 3 卷第 1 期，第 31 页。
④ 《近闻：上海棉花业之近状》，《农商公报》1916 年第 3 卷第 1 期，第 31 页。

水，骤金暴涨，一度影响上海棉纱市场。至此，上海及国内的棉纱价格越发受到国际市场及国际金融力量的影响。[①] 就国内市场而言，政局、军事及收成是影响国内市场的重要因素，但在纱厂总体数量没有巨大变化的前提下，可以说当时国外的需求量对上海棉花市场棉花价格的影响更大一些。

买卖习惯方面，就出口商而言，有购办、交货、检查、包装四个环节。首先在购办环节，洋行或商行购买棉花有两种方法：一是通过掮客介绍购入；二是直接向各地大花行购入。支付方法有生棉、熟棉之分。在购买生棉时，定货时先交付其全部价格的 70% 至 80%，由掮客介绍购入的，即交给掮客；由花行直接购入的，即交给花行；剩余的货款俟收货后如数补齐。购买熟棉时，通常是在收货后，"对于其价格之全部以十日期之庄票或银行支票，按其定货时约定之价，如数支付"。[②]

此外，还有洋盘、毛盘二种交易方式。所谓洋盘，是指日后须照约定之价如数支付；所谓毛盘，是指日后支付货价，需对定货时所约定之数酌减若干。例如，定货时约定熟棉百担，每担洋 30 元，总计洋 3000 元。到收货时，如支付全部货价的，是洋盘。若定货时约定每担须除去 2 斤，以 98 斤计算，收货后只给洋 2940 元，是毛盘，其中除去的 200 斤棉花，其价值 60 元为经手购入者的利益，此种交易习惯在 20 世纪 20 年代颇为盛行。[③]

交货惯例方面，经过多年发展，上海交货方法已经形成了当地公认的确定地点和日期。例如当交之货是通县产棉时，交货地点主要以浦东的隆茂、董家渡的怡和两货栈为主；常熟、太仓、嘉定及南北市的棉花则大半在各打包厂内交货；其余如宁波棉，交货地点为太古、招商等各货栈。按照惯例，交货时需先展示棉花品质，与之前看货约定无异，才会收全部货品。对于交货日期而言，定货时倘若约定一个月为交货日期，往往会拖延至一、二个月或三四个月不等，在这种情况下，买主经常会因货物到达较迟，营业受损，时人指出此为上海棉花交易方面急待矫正的问题。[④] 在称重方面，上海棉花市场"市面习用会官秤，照漕平九折计算，照司马秤八五折计算；凡担数斤数皆准此计"。[⑤]

① 《上海棉纱疋头业之恐慌》，《北京银行周刊》1920 年第 1 卷第 8 期，第 22 页。
② 葛文灏：《专件：上海棉业调查报告（江苏实业月志一二期）（附表）》，《农商公报》1919 年第 6 卷第 2 期，第 21 页。
③ 葛文灏：《专件：上海棉业调查报告（江苏实业月志一二期）（附表）》，《农商公报》1919 年第 6 卷第 2 期，第 21 页。
④ 葛文灏：《专件：上海棉业调查报告（江苏实业月志一二期）（附表）》，《农商公报》1919 年第 6 卷第 2 期，第 21~22 页。
⑤ 《上海棉业调查》，《时报》1920 年 12 月 3 日，第 0012 版。

在棉花交易时，上海棉花市场的棉花税需按两类分别阐述。首先是上海棉花输入关税方面，外国棉与中国棉不同，外国棉进口税率每担纳关平银6钱，中国棉花除已在原输出港的海关纳关平银3钱5分外，运至上海时又须纳进口半税，计关平银1钱7分5厘，此项棉花复往外国或通商口岸时，所纳的半税可向海关收回。[①]

当棉花外运时，由轮船运输的棉花，每担关税3钱9分，由帆船运往北省的棉花，每担常关征税1钱1分，厘局征统捐3角7分，但在一省内，免重征。[②] 洋棉出口税，计每担关平银3钱5分，[③] 对商民征收的棉花厘税，其征收税率，以财政厅规定为准。各种棉花税率如表1-18所示。

表1-18　各种棉花税率

棉花种类	税率
净白花	每担税银3角7分
黄白花衣	每担税银1角8分5厘
次白子花	每担税银1角1分
次白花	每担税银2角7分5厘
净白子花	每担税银2角2分3厘
黄子花	每担税银7分7厘

资料来源：葛文灏：《专件：上海棉业调查报告（江苏实业月志一二期）（附表）》，《农商公报》1919年第6卷第2期，第32~33页。

从表1-18可以看出，运销棉花时，不同品质的棉花需要交的税差异较大，当时为了保护中国国内的棉花市场及国内棉农和棉商的利益，税务专业人士提出在缴税方面进行改革，例如以宁波、汉口运往上海的棉花为例，以往由宁波、汉口运至上海的棉花，除在原输出海关已纳出口税，计每担关平银3钱5分外；到上海时又需纳进口半税，计1钱7分5厘，故外埠棉花供上海纱厂用者，每担计关平银5钱2分5厘。但是若由日本人采办出口，则所纳之进口半税，照例可以要求返还，棉花进口在日本免税，日本纱厂采用中国棉花，相当于每担仅纳税关平银3钱5分，中国纱厂用本国棉花每担反较日商多纳关平银1钱7分2厘。此种税收政策产生了两种影响，一是变相的鼓励原棉出口，一

---

① 葛文灏：《专件：上海棉业调查报告（江苏实业月志一二期）（附表）》，《农商公报》1919年第6卷第2期，第23页。

② 《上海棉业调查》，《时报》1920年12月3日，第0012版。

③ 王泽南：《农商部经济调查会江苏分会调查江苏省棉花情形报告（附表）》，《江苏实业月志》1919年第6期，第82页。

是加重了本国棉纺织业发展的成本，当时国内棉业界的人士认为应该对此种税收政策加以改革。[1] 事实上，20 世纪 30 年代时，棉花税提高幅度更大，例如在 1930 年前后，净白花衣每担税银 4 角 5 分加征捐 2 成。[2]

花行为棉花交易的主体，在上海市，花行众多，例如上海南市董家渡一带为各花帮会集之处，花行鳞次栉比。20 世纪 20 年代，上海花行有 82 家之多，其中比较著名的花行有恒泰、宝利、荣广大、源利、瑞记、永兴昌、潘正大、永和、三新、三井、德泰恒、五丰、益隆、永益昌、德记、聚成、公利、老公茂、正泰、长盛、永协昌、怡和源、华大、裕昌、义记、瑞泰恒、美利、恒兴、恒源太、宝兴长、余春、泰昌、永盛、陈蓉记、新丰、大茂、义兴昌、恒丰盛、裕大等。外国行商多在内地设庄收买，各国都有，日本尤多。[3] 表 1-19是上海和江苏省花行的具体情况。

表 1-19　上海和江苏省花行调查

地名		花行名	行佣	称别	备考
太仓县	城区	朱永盛、沈五丰、蔡福泰、德盛源		司码称	
	浏河	汪正丰、顾德茂、大成治、正昌、朱德成		司码称、重称	
	浮桥	西合盛、北益丰、申新办花处		司码称、重称	
	沙溪	升泰隆、范长隆、王合茂、周恒兴、利源、长裕		司码称、重称	
	璜泾	许大隆、张永成、王恒升、振新办花处		司码称、重称	
常熟县	徐市	永茂新、王恒泰、利用分庄、广勤分庄		同上	
	吴市	王通源、新裕勤、得奇永		同上	
	鹿苑	义昌		同上	
	沙洲市	永成昌代广勤收、同康福代利用收、大生分庄		同上	

---

[1] 葛文灏：《专件：上海棉业调查报告（江苏实业月志一二期）（附表）》，《农商公报》1919 年第 6 卷第 2 期，第 25 页。

[2] 《中国棉花贸易情形：第六章：中国棉花报关手续及杂捐（附表）》，《工商部上海商品检验局丛刊》1930 年第 4 期，第 55 页。

[3] 《上海棉业调查》，《时报》1920 年 12 月 3 日，第 0012 版。

地名		花行名	行佣	称别	备考
江阴县	杨舍	郭万裕、利用分庄、振新分庄、广勤分庄、业勤分庄		同上	
	斜桥	郭万裕、利用分庄、振新分庄、		同上	
宝山县	江湾	姚信义、源盛、陆鼎升、沈聚丰	无	同上	
	吴淞	长发、常熟、治和盛、慎泰、厚大、福盛、吉丰昌			
	罗店	吉丰泰、陈振泰、张源兴		司码称	
嘉定县	城区	成泰兴、同丰泰、永泰治、陈万茂			
	南翔	恒昌、裕公永、永发、黄裕公		司码称	
	娄塘	西同兴、东同兴、源盛公、朱森泰、陈公茂	无	同上	
南汇县	周浦	合兴、协泰、福泰祥、三德			
	东坦直桥	陆信和、陆万和、陆仁和、龚复昌、永源兴、吴义泰	花衣每包一角五分		
	新场	恒茂、同益、泰丰、源盛、永和、同生泰、云龙、永成			
	航头	永茂、庄义记、洽顺祥	籽花每包一角		
	鲁家汇	裕源、乔瑞记、恒源、同兴、协记、孙启盛、沈福记、秦泰昌	籽花每包一角		
	大团	合兴、云龙、永成、协泰丰、万昌、同泰、永丰、永泰、三兴	每小包（籽花）三分		
奉贤县	南泰日桥	政泰、利茂、同泰、源丰、和茂	无		
	青村港	张永昌、马义隆、马增记、程恒昌			

续表

地名		花行名	行佣	称别	备考
川沙县		褚文记、吴鼎元、涌茂新、周元昌、永茂新、协和			
南通县	南通市	大升、魁记、振兴	每袋二角	司码称	
	平潮市	冯裕记	每包三角		
	浏海沙	刘同泰、苏恒茂、永成昌、大生广勤业勤振新分庄			
	刘桥	安德记、刘和济、赵鼎生、吴德大、大生分庄	净花每包三角		
	三益乡	长福祥、长泰恒			
	石港	凌佑兴、义兴耀记	每包五角		
	白蒲	徐又兴、张源利、信成同顺、恒丰分庄			
	三乐乡	章元大、单元干	每包五角		
	四安市	同仁恒、冯德源、吴合兴、大生分庄	每包三角		
	金沙	复记、秀记	每包四角		
	骑岸乡	大生魁、大生分庄	每包二角		
	吕四	大生分庄			
	唐闸	大生收花处			
海门县	东一区	张万丰(大生分庄)			
	东二区	大生分庄、倪玉丽	花衣每包二角半，籽花一角一分		
	县治区	达生、中和星、黄真元、洪裕	每包二角		
	西一区	陈新和、顾村记			
	东七区	大生分庄			
	东五区	大生分庄			
如皋县	顾家高桥	大生魁、三益公司、冯元茂	每元六厘至一分		
	东陈乡	大生分庄			
	丁偃乡	俞元兴			
	掘港	安吉祥、万和记、恒生、叶少记、			

续表

地名	花行名	行佣	称别	备考
泰兴县	鼎泰、大成祥、震昌祥、恒记	每元一分至二分		
崇明县			司码称、重称	
阜宁县	通新	值百抽二		
东台县	汪恒丰	每担五角		
泰县	泰原	值百抽二	司码称	该县近年产棉始多，大花行尚少
上海县	穆公正、宝兴长等数十家			

资料来源：《江苏省棉产调查报告（附表）》，《棉产调查报告》1920年第8期，第7~11页。

从表1-19和前述上海花行数量可以看出，江苏省和上海的花行数量众多，总共达250余家。且规模较大的花行比比皆是，尤其是上海的花行，在最初成立和营业时，主要是代客买卖，赚取行佣，但发展至20世纪10年代末期，情形大变，花行均用实本贸易，与从前代客买卖赚取佣金相比，其资本实力已经迥异。[1] 从数量、规模和资本实力方面看，上海的花行实非内地和华北的花行所能比，这足以看出上海和江苏的棉花市场作为全国最重要的终端棉花市场和与国际棉花市场相衔接的窗口，其交易主体花行具有交易规模大、资本雄厚等特点。

花行买卖棉花程序是当棉价高涨时，上海花行每每预先向农家订购子花，上海各洋行再向花行各家抛盘定货。当时上海棉业界的有识之士认为，花行常常预以贱价定购农民的籽花，由花行收买轧花后，以高价售出，为了避免棉农受亏过巨，应由商会或花业团体在每届新花上市时，制定标准价值，花行转售于洋行时，同样由商会或花业团体规定价值，以避免棉农亏损甚巨，同时又避免棉花商垄断居奇或棉花市场价格操纵于外人之手，人为造成棉花市价的大幅度涨落，从而伤害中国棉花市场的正常运转。[2]

由于浙江棉花产量与江苏相差甚远，故其花行数量也较少。例如以浙江省

---

[1] 《上海棉业调查》，《时报》1920年12月3日，第0012版。

[2] 王泽南：《农商部经济调查会江苏分会调查江苏省棉花情形报告（附表）》，《江苏实业月志》1919年第6期，第73~96页。

最重要的棉花运销地宁波为例，宁波主要的花行有永丰、复泰、九如、信和泰、同茂、复昌、泰元、渔春、顺元、干大、大有、泰记、同孚、瑞茂、升亨，各花行之资本少者约有三、四千两，多者有五、六千两，宁波花行的经营资本虽不雄厚，但与上海棉商和众多花行皆有联络和渊源，彼此可以通融，故在经营棉花输出贸易时，其实际可以经营的规模要大于本身拥有的资金基础。① 浙江省内棉花交易主要通过花行、原产地的花店和棉农三者完成，首先在收获时期，棉花原产地的花店派遣店员分赴原产地市场预约收买棉花，或是棉农将自家收获的棉花运至花店求售；然后各花店将所收买的棉花转售于宁波或上海来的花行棉商。在上市期后，棉花原产地的花店将所收买的棉花运至宁波卖于花行。各地花行皆纳营业税于地方官厅，各地纳税额不同，大约在 4 元至 9 元。②

安徽省棉花市场与浙江省相比，不甚发达。全省棉花行主要集中在滁县、和县、东流县、安庆县四县，具体而言，滁县南乡产棉较多，多运河南、山东、庐州诸处，关税每担 2 角 2 分，南运不多，因津浦沪宁二车转运繁，运费贵，使用畜力车或船北运方便。花行有春和等 3 家，无代办及分庄，故无行佣；乌江地处和县境内，产棉额较滁县多，年产花约在 2 万担，洋棉、中棉均有，除土销纺织土布之用，多由长江船运南京、浦口、上海，关税每担 3 角，运费、杂费、包值、行佣等合计每担约 1 元，花行有谢复昌等数家。③

张家滩地处东流县，产棉较多，丰年可产皮花 20 余万担，1919 年由于气候原因产棉量减少十分之四，只有皮花 10 余万担，本地销售甚少，多由安庆转运上海、九江等地，厘金每担 3 角 5 分，运费由张家滩送至安庆每担 2 角 2 分，运沪的关税、装包、行佣等合计约 6 元，花行有吴鸿盛诸家，这些花行的交易量每年可达 10 余万担。安庆产棉少，仅供本地衣被纺织之用，其功能主要为转运之地，运销之棉多来自东流、望江等处，花行有同益、丰记、恒元泰三家，每年销往上海的皮花 2 万余担，此外还有零买小花行八、九家，每年收棉五、六百担左右，运往上海的棉花费用包括关税每担 3 角，再加上运费、行佣等合计每担 7 元。青弋江后山地处泾县，其中青弋江距芜湖 90 里，后山距芜湖 60 里，1919 年合计二处产皮花五、六千担，多由芜湖转运上海，关税每

① 刘家璠：《浙江棉业情形（附表）》，《农商公报》1920 年第 6 卷第 12 期，第 7 页。
② 刘家璠：《浙江棉业情形（附表）》，《农商公报》1920 年第 6 卷第 12 期，第 6~7 页。
③ 《民国八年棉产调查报告：安徽：皖省多山中部长江流域地稍平坦……》，《华商纱厂联合会季刊》1920 年第 1 卷第 2 期，第 216 页。

担 3 角，运费约 1 元。无独立花行，杂粮行及布店附设棉花交易业务，棉花贸易自 7 月、8 月开始，至第二年春 4 月停止。[①] 可见，就安徽全省而言，花行数量不多，仅乌江、安庆、张家滩各有几家，表 1-20 是安徽省棉花行的具体情况。

表 1-20　安徽省棉产调查

地名	花行名	行佣	称别	备考
滁县南乡	春和	无		
乌江(属于和县)	谢复昌，庆畈记，庆元昌，汪德泰	每元收洋三分		今年调查初始手续尚欠纯熟，本表称别一项难期精确，故未列入
安庆	同益，丰记，恒元泰	每元收二三分		
张家滩	吴鸿盛，吴义泰，企和泰	每元收二三分		
青弋江后山	无正式行家			

资料来源：《安徽省棉产调查报告（附表）》，《棉产调查报告》1920 年第 8 期，第 15 页。

就安徽省棉花交易而言，以和县为例，一般方法是从他处来的棉商或纺织工场派来的人在产地出张告示，通告当地农家收买棉花，如有棉农来卖棉花，即购入，或与农民预定购买棉花若干，先付定金，待全部交货后，再付余下的买金。[②]

棉花包装的形式和成本也是棉花交易的一部分。在上海，棉花包装方法随各地而异，籽棉和皮棉的包装方法也不同。皮棉多用蒲包或布袋进行包装，其中通县及北市棉花包装均用中袋，重量为 125~127 斤，袋面均有品牌说明以明确种类；宁波及南市产的棉花以中袋包装为多，为 120~125 斤不等，小袋包装大都为 60 斤；常熟棉用蒲包包装者为多；太仓棉花包装兼用中袋或蒲包，蒲包每包重量大约为 80 斤；嘉定棉花，每蒲包有 75 斤以上。至于籽棉的包装方法，通县地区与宁波地区包装区别甚大，常熟、嘉定、太仓、江湾等处大都用草包，每包计百斤上下，江湾尚有用麻包者。旧松江府所产之棉花通常用蒲包包装，每包计 60 斤左右。因各处棉花包装方法规格不一，出口海外时不便之处甚多，故向外国出口棉花时，需重新进行包装，其改装办法是将棉花装于

---

① 《民国八年棉产调查报告：安徽：皖省多山中部长江流域地稍平坦……》，《华商纱厂联合会季刊》1920 年第 1 卷第 2 期，第 216~217 页。

② 《纪事：国内消息：安徽棉业之发达（附表）》，《江西省农会丛刊》1921 年第 3 期，第 12 页。

布袋中，用铁条裹紧，以免损坏，此种包装形式被称为洋架子，每包重量410斤左右，打包时用机器，上海有怡和、源和、隆发等现代打包厂，专门从事此种包装。[①]

　　江苏省棉包多为长方形，除涟水淮阴用芦苇草进行包装，高邮间或用竹制品包装外，其余均用布包、蒲包或麻包进行包装，大多用布包来包装皮花，普通每包120斤左右，用蒲包来包装籽花，每包60斤，用麻布包来包装籽花，每包约80斤，布包价格每个8角至1元，蒲包1角，麻包约4、5角。[②] 江苏省棉花包装的具体情形见表1-21。

表1-21　江苏省棉花包装具体情形

县名	包式	包质	包重	包价	称别
南通、海门	布包长方形蒲包两包合一包	白布、蒲草	布包一百二十五斤蒲包一百斤	布包九角蒲包一角绳八分	司码秤（十六两八钱）
崇明、如皋、泰兴、靖江		白布、蒲草、麻布	子花六十至八十斤花衣一百二十五斤	布包八角五分蒲包一百文麻包五角	司码秤（十六两八钱）
东台、泰、盐城、兴化、阜宁、宝应、淮安	长方形	白布、麻布、蒲草	一百二十五斤	布包一元二角麻包五角蒲包二角绳四分	司码秤（十六两八钱）宝应十七两秤
淮阴、涟水、灌云	长圆形	芦苇	一百至一百五十斤	五百文	
江都	长方形	麻布	二百至二百五十斤	包每只五角绳五分	司码秤
高邮	长方形长圆形	竹、麻	数十斤至一百五十斤	五角至一元	司码秤
江阴、青浦、嘉定、太仓、常熟	长方形长圆形	蒲草	子花一百斤花衣七十五斤	包二角绳三分	塘秤（二一两六钱）司码秤

---

① 葛文灏：《专件：上海棉业调查报告（江苏实业月志一二期）（附表）》，《农商公报》1919年第6卷第2期，第22页。

② 华商纱厂联合会：《民国九年棉产调查报告（附表）》，《棉产调查报告》1921年第9期，第12页。

续表

县名	包式	包质	包重	包价	称别
上海、奉贤、宝山	长方形	蒲草、麻布、布	子花六十斤或七十斤 花衣一百二十五斤	蒲包二角 麻包五角 布包七钱	司码秤及十四两四钱秤
南汇	长方形	蒲草、布	子花六十斤 花衣三十斤	布包七角 蒲包每只一角 绳三分	司码秤
川沙	长方形	蒲草、麻	子花七十斤 花衣四十斤	麻包五角 蒲包二角 绳二分	十四两四钱秤

资料来源：华商纱厂联合会统计部：《民国九年棉产调查报告（附表）》，《棉产调查报告》1921 年第 9 期，第 67~68 页。

从表 1-21 可以看出，江苏省棉花包装的规格比较统一，所用的秤也比较统一，这点也是比华北和华中的棉花市场较有优势的因素之一，这有利于棉花交易的效率，且减少交易摩擦。浙江省的棉花产量虽无法与江苏相比，但其棉花市场也受到上海和江苏的影响，表 1-22 是浙江省棉花的包装情形。

表 1-22　浙江省棉花包装具体情形

县名	包式	包质	包重	包价	称别
平湖	长方形	蒲草	每对一百二十斤	每对一角	司码秤(十六两八钱)
海宁	长方形或正方形	蒲草	每对一百二十斤	每对一角二分	司码秤 重称(十四两四钱)
萧山	正方形或长方形	蒲草、白布	蒲包每包六十斤 布包每包一百二十斤	蒲包每对一角 布包一元二角	司码秤
绍兴	长方形	蒲草、白布	六十斤及一百二十斤	蒲包每只六七分 布包大者每只一元一角、小者六角	司码秤
余姚	长方形	蒲草、麻、布、白布	一百二十斤	蒲包一角 麻包八角 布包一元二角	司码秤
慈溪	长方形	麻布、白布	一百二十斤	布包一元五角 麻包五角至八角	司码秤

续表

县名	包式	包质	包重	包价	称别
上虞	正方形或长方形	蒲草	六十斤 对包一百二十斤	一角	司码秤或重称
镇海	长方形	白布	一百二十斤	一元五角	司码秤
鄞	运销甚少故未列包式等				

资料来源：华商纱厂联合会统计部：《民国九年棉产调查报告（附表）》，《棉产调查报告》1921年第9期，第68~69页。

从表1-22可以看出，浙江省棉花包装的规格比较统一，所用的秤也比较统一，棉包的形式多为长方形和正方形，包袋主要是布袋、蒲袋和麻袋，包装的大小与江苏省基本相同。在安徽省，棉花包装方法与他省大同小异，有布袋与麻袋两种，关于重量，在安庆为140斤，在乌江与庐州以船运送的棉包为150斤，以火车运送者为100斤。[1] 表1-23和表1-24是安徽省棉花包装的具体情形。

表1-23　安徽省棉花包装具体情形

县名	包式	包质	包重	包价	称别
泾县、宣城	长圆柱形	麻布	百余斤	一元	十六两秤
庐江、桐城、怀宁	长方形	白布	一百二十斤	约一元二角	十六两秤
贵池、南陵	长方形	布	一百五十斤	一元五角	十六两秤
宿松、望江	长方柱形	芦柴	一百二十斤（子花）	三百文	十六两秤
东流	长方形 高四尺五寸 宽二尺许	夏布、棉布	九十八斤	夏布每只六角 包绳三分	十六两五钱秤
和县	长方柱形	夏布、麻布	一百五十八斤	棉布七角六分五厘 麻布七角六分五厘	十六两秤
合肥	长方柱形	布、麻布	一百四十斤	布包一元二角 麻包八角	十七两六钱秤

资料来源：华商纱厂联合会统计部：《民国九年棉产调查报告（附表）》，《棉产调查报告》1921年第9期，第69~70页。

[1] 《纪事：国内消息：安徽棉业之发达（附表）》，《江西省农会丛刊》1921年第3期，第12页。

表 1-24　安徽省棉产调查

地名	包之式样	每包重量	制包质料	包绳及布包价值	备考
滁县南乡		百余斤	麻布或布		该乡以产麻布著名，故多麻布包
乌江		120 斤	布	每包共约一元	
安庆		120 斤	布	每包共一元	
张家滩	长方形	120 斤	布	每包共一元	
青弋江后山		100~150 斤	布	每包共一元	

资料来源：《安徽省棉产调查报告（附表）》，《棉产调查报告》1920 年第 8 期，第 16 页。

从表 1-23 和表 1-24 可以看出，安徽省的棉花包装与江、浙两省有些许不同之处。首先在重量方面，包重的重量多样；在称别方面有三种；包装袋主要有布袋，麻袋和芦柴。总体上看，安徽省的棉花包装及重量度量衡的统一性方面比江苏和浙江要弱一些。

本章小结

由是观之，晚清时期至民国成立前，上海棉花市场之所以能够在第二次鸦片战争后快速发展，以下几大因素起到了举足轻重的作用。首先是外部环境因素的刺激，在此方面，美国内战的爆发和日本国内棉纺织业的快速发展是重要的因素，因美国内战的爆发导致国际棉花市场中棉花存量大幅降低，这使国际商人将购买棉花的目光集中到了中国，从而促进了上海棉花市场的扩大和发展。紧接着，日本现代棉纺织业于 19 世纪 70 年代兴起，也间接促进了其对中国棉花原料不断增长的需求。

其次是在技术方面，上海和浙江的棉商面对国际棉业市场的运作时反应迅速，在棉业相关关键产业方面，积极筹谋发展，争夺利源和定价权，尤其在棉花加工业和现代纺纱业方面率先发展，注意提高棉花加工效率和品质的同时，也尽量提升纺纱效率和品质，使其能和国际市场上的棉纱相竞争。与此同时，上海棉商群体注重提高棉花品质，这一时期的棉业组织团体和有经验的棉商如汤松岩等在规范棉花交易方面做出了最初的尝试。

在上海棉花市场逐渐扩大的影响下，长江三角洲地区的植棉也不断扩张，晚清时期虽发展有限，但植棉已经在江苏和上海初具规模，浙江次之。正是由于江浙地区植棉的不断扩张，上海作为全国最大的棉花终端市场的地位越发凸显。不仅如此，上海棉花市场亦走在中国融入国际棉花市场的最前沿。

民国初年至20世纪20年代之前，长三角地区棉业发展迅速，整体产业构建比较完善，在众多现代纺纱厂的建立和国际棉花市场对中国棉花需求的刺激下，长三角地区植棉进一步扩张，尤其是江苏省产棉量达到了全国首位，浙江和安徽两省植棉也基本上达到了本省较高的水平，这一时期，长三角地区棉花运销和棉花市场的运作有三个比较显著的特征。

第一，棉产方面，长三角地区本地优良的棉花品种较多，故比较重视本地棉花品种的栽种和培育。在棉产范围方面，长三角地区植棉覆盖江苏大部、浙江北部、安徽中部的长江两岸地区，江苏的植棉和产棉量占绝对的主导地位；第二，在棉花运销网络体系中，形成了以上海为中心，南有宁波、北有南通的运销体系，由于整个长三角地区水运极其便利，故在民国初年至20世纪20年代之前，长三角地区棉花运销仍以水运为主，且其运输的成本与华中和华北相比较为便宜；第三，棉花交易方面，长三角地区的棉花市场发展较为完善，最为显著的是重量度量衡较为统一，棉花包装形式和重量大小类别也较为统一，这些优势都促进了棉花交易效率的提高。不仅如此，上海棉花市场中最重要的棉花交易主体花行并不以赚取行佣为目的，其经营具有交易规模大、资本雄厚等特点，上海的大花行实非内地和华北的花行所能比拟。总体来说，民国初年至20世纪20年代之前，上海棉花市场成为全国最重要的终端棉花市场和与国际棉花市场衔接的窗口，且长三角地区的棉花运销网络和市场布局发展已较成熟，棉花市场的构建亦比较完善。

第二章 长三角地区植棉及棉花市场发展
（1921～1937）

20世纪20年代至全面抗战前，上海棉花市场的发展对全国棉花市场的影响更加深远。由于这一时期国内众多大型纱厂集中在上海和江浙两省，上海成为吸纳长江流域棉产最重要的棉花消费市场。由于上海地区长期汇集来自全国各地的棉花，因此上海棉花市场和管理部门对全国各地的棉花品种及特性掌握的清楚而细致，在此基础上形成了稳定的原棉供应体系。不仅如此，上海棉花市场可以根据市场运行需要，及时补充或替换不同产区的棉花。总体来说，长三角地区的植棉及棉花运销发展受当地棉纺织业的发展和国际棉花市场供求关系的影响逐渐加深，国内棉花市场的运销和棉花价格起伏亦越来越受国际棉花市场棉花供应的制约。

第一节 植棉发展趋势和棉种退化危机

一 植棉发展趋势

20世纪20年代以后，长三角地区植棉发展较为稳定，尤其是浙江省。江苏省产棉面积在长三角地区虽居于主体地位，但其发展趋势起伏差距较大。1919年至1937年江苏、浙江、安徽三省棉田面积和棉产额的统计情况如表2-1所示。

表2-1 1919～1937年江苏、浙江、安徽三省棉田面积统计

单位：亩

年份	江苏	浙江	安徽	共计（全国13省）
1919	19278307		762600	33037881
1920	12474700	1270100	1195695	28327297
1921	11812600	1199000	1099000	28216168
1922	9605978	1096000	1147950	33464595
1923	8164751	1181000	1151416	29554053

续表

年份	江苏	浙江	安徽	共计（全国 13 省）
1924	7760893	1867200	1036275	28771577
1925	7815016	1772920	841200	28121027
1926	8129000	1731000	433881	27349727
1927	7328619	1734200	436730	27610276
1928	8824000	1730800	469481	31926311
1929	9511179	1843517	466300	33811255
1930	8625235	1851620	490600	37593012
1931	7656244	1984187	462900	31637779
1932	8514837	1671775	955050	37099800
1933	9876909	1631504	1073672	40454023
1934	10207010	1634167	1244651	44971264
1935	10257553	1759492	1330453	35025894
1936	10401070	1718472	1404000	56210742
1937	12829623	1766099	2140843	64362385

资料来源：《中华民国二十五年中国棉产统计（附二十六年中国棉产统计）：全国棉产统计［表］》，《中国棉产统计》1936 年第 25 期，第 4~5 页。

从表 2-1 可以看出，在 1921~1937 年这 17 年中，江苏省有五年棉田面积超过一千万亩，分别是 1921 年和 1934~1937 年。1924 年、1925 年、1927 年和 1931 年，棉田面积处于最低位，只有 700 多万亩。可见江苏省棉田面积差幅在两三百万亩之间。就占全国棉田面积的比例而言，1921 年江苏省的棉田面积占全国棉田面积的 40% 以上，是江苏省棉田面积占全国棉田面积比例最高的一年。而浙江省在这 17 年中，棉田面积稳定发展，始终在 100 多万亩以上，其中在 150 万亩以下的有 3 年，即 1921~1923 年，在此后的 14 年中，棉田面积均在 150 万亩至 200 万亩之间。安徽省的棉田面积发展差幅较大，尤其是 1926~1931 年间，棉田面积发展至最低点，只有 40 多万亩，与棉田面积最多的 1936 年相比，相差近 100 万亩。总体而言，安徽省棉田面积的差幅非常大，主要受气候因素影响，如洪水旱灾等。

棉产量方面，1921~1937 年，江苏省棉产额在 100 多万担至 200 多万担。表 2-2 展示了 1919~1937 年江苏、浙江、安徽三省及全国棉产总额的统计情况。

表 2-2　1919~1937 年江苏、浙江、安徽三省棉产额统计

单位：担

年份	江苏	浙江	安徽	共计(全国 13 省)
1919	2763160	264900	125535	9028390
1920	3022210	251106	291975	6750403
1921	1283660	308760	163830	5429220
1922	2446650	98300	154883	8310355
1923	1489084	329960	189515	7144642
1924	2768781	675567	153472	7808882
1925	2242475	503100	176492	7534351
1926	1920849	326527	126458	6243585
1927	1637590	529180	129591	6722108
1928	2542345	345445	146015	8839274
1929	2276612	444342	82264	7587021
1930	1084835	472696	95718	8809557
1931	626480	389883	43050	6399780
1932	1778247	417164	169478	8105637
1933	2045260	391858	144440	9774207
1934	1664935	462618	231738	11201999
1935	1977620	461936	208079	8142911
1936	2425820	852507	516000	14508230
1937	1952875	415450	431417	10651181

资料来源：《中华民国二十五年中国棉产统计（附二十六年中国棉产统计）：全国棉产统计［表］》，《中国棉产统计》1936 年第 25 期，第 7~8 页。

从表 2-2 可以看出，棉产量方面，1921~1937 年，江苏省除了 1931 年由于全国性的大洪水，棉产量降到最低之外，其余的年份棉产额均在 100 多万担至 200 多万担。其中超过 200 多万担的有七年，150 万担至 200 万担的有六年，100 万担至 150 万担的有 3 年。总体而言，1921~1937 年间，江苏省的棉产量发展上升趋势并不明显，其中 1924 年棉产量最高为 270 余万担。而浙江省在此期间，棉产量的发展增幅较大，尤其是自 1934 年以后，棉产量达到最高。安徽省棉产量的增幅与浙江省相似。总之，长三角地区棉田面积和棉产量总体呈缓慢上升趋势，其中浙江省和安徽省的增幅明显。

二　棉种退化危机

从上述长三角地区棉田面积和棉产量的增长幅度可以看出，作为长三角地区最主要的产棉省份，江苏省的棉产量在 20 世纪 20 年代之后，最高产量也没

有超过 1919 年和 1920 年，其中棉种的退化是最重要的原因之一。此时期的棉
种退化是全方位的，不仅中国本土棉种在退化，自外国输入的棉种也在退化。

　　谈及棉种，晚清民国时期，中国种植的棉花品种被分为中棉和洋棉两大
类。洋棉是非中国棉种的总称，洋棉种类复杂，中国所种植的洋棉大多属于美
棉。发展至民国时期，中国种植洋棉的棉田面积逐渐增多，但主要分布在中国
北方，因北方气候干燥，土质松软，秋季少雨，适宜洋棉种植。洋棉种植区主
要集中在北方黄河流域，包括陕西、山西、河北、山东、河南等省的产棉区。
此外，湖北种植洋棉亦较多，集中在襄河一带，1929 年湖北种植洋棉已超过
总数之半。到了 20 世纪 20 年代，中国国内洋棉面积日广，北方诸省如河北、
山东、山西、河南、陕西以及湖北、湖南中棉日渐减少，各省几乎无不种植
洋棉。[①]

　　20 世纪 20 年代以后，洋棉棉种退化严重，其中西北地区棉花品质最好的
渭南灵宝棉就是美国棉种，在最初栽种时，因西北风土适宜，栽种渐广，产量
颇丰。但由于经年日久，美棉栽培方法一直处于粗放的管理模式，官方和棉农
均不注意育种，美棉棉产质量逐渐退化。此种现象也同样出现在其他种植洋棉
的地区。在长三角地区的主要产棉区，气候潮湿多雨、不利于种植美棉，只有
江苏南通海滨盐垦公司多种洋棉，但经多年耕种后，棉花品质比北方所产更形
退化，其纤维不及中棉。[②]

　　长三角植棉区棉种主要以中国棉种为主，表 2-3 至表 2-5 详细展示了
1935 年和 1936 年长三角地区江苏、浙江、安徽三省中洋棉棉种的分布情况。

表 2-3　1935~1936 年长三角地区江苏省棉种分布情况

地区	类别	1936 年			1935 年	
		棉田面积（亩）	每亩收量（斤）	皮棉产额（担）	棉田面积（亩）	皮棉产额（担）
南通	中棉	1438192	75	388312	1400000	319200
	洋棉	91799	80	21297	100000	25600
海门	中棉	568000	65	132912	566300	71354
	洋棉	65000	75	14625	60000	8700
如皋	中棉	724410	60	152126	757117	132496
	洋棉	204000	50	28560	200000	16800

① 华商纱厂联合会棉产统计部：《中国棉产统计》，华商纱厂联合会，1929，第 27~28 页。
② 华商纱厂联合会棉产统计部：《中国棉产统计》，华商纱厂联合会，1929，第 27 页。

地区	类别	1936 年			1935 年	
		棉田面积（亩）	每亩收量（斤）	皮棉产额（担）	棉田面积（亩）	皮棉产额（担）
崇明	中棉	380000	75	105450	380000	70300
	洋棉					
泰兴	中棉	10000	80	2800		
	洋棉					
靖江	中棉	220000	90	69300	190000	69825
	洋棉					
东台	中棉	345000	40	46920	331500	87516
	洋棉	906000	60	157644	905000	196838
盐城	中棉	201000	60	39798	200000	27000
	洋棉	80000	70	16800	80000	19200
阜宁	中棉	503000	75	128265	500000	140000
	洋棉	253000	70	53130	250000	67500
启东	中棉	248000	60	50592	350000	63000
	洋棉	247000	70	51870	140000	12600
六合	中棉	698	75	178	698	147
	洋棉	200	90	54	195	64
江浦	中棉	26800	60	4824	34300	5557
	洋棉	9600	70	1882	2600	692
丰县	中棉	24150	90	6086	37400	8078
	洋棉	25800	125	9675	21470	7729
泗阳	中棉	1800	40	252	1200	108
	洋棉	3150	50	473	2500	300
萧县	中棉	9270	70	7972	48950	11307
	洋棉	67321	100	22226	17530	4067
铜山	中棉	12000	80	3264	4550	797
	洋棉	23300	120	8388	1885	701
睢宁	中棉	27400	63	5869		
	洋棉	8240	70	1730		
邳县	中棉	300	60	58		
	洋棉	6000	100	1800		
沛县	中棉	1500	45	243	700	119
	洋棉	700	50	105	100	17
沭阳	中棉				70	6
	洋棉	120	90	35	35	4

续表

地区	类别	1936 年			1935 年	
		棉田面积(亩)	每亩收量(斤)	皮棉产额(担)	棉田面积(亩)	皮棉产额(担)
江阴	中棉	98000	40	13720	114000	24624
	洋棉					
常熟	中棉	450000	35	55125	482523	34742
	洋棉					
太仓	中棉	560000	65	120120	500000	108000
	洋棉					
嘉定	中棉	336000	50	55440	305280	35168
	洋棉					
上海县	中棉	86000	175	48160	86000	34056
	洋棉					
宝山	中棉	248000	55	46376	250000	56000
	洋棉					
松江	中棉	300000	78	77220	269600	56050
	洋棉					
金山	中棉	56000	90	17136	59000	7788
	洋棉					
青浦	中棉	115000	60	23460	144600	14446
	洋棉					
南汇	中棉	551580	95	178160	698000	94928
	洋棉					
奉贤	中棉	429000	90	131274	455000	87360
	洋棉					
川沙	中棉	107240	100	39679	108500	24684
	洋棉	1500	100	435	950	152
上海市	中棉	300000	80	84000	200000	32000
	洋棉					
共计	中棉	8408340		2035091	8475288	1616656
	洋棉	1992730		390729	1782265	360964
总计		10401070		2425820	10257553	1977620

资料来源：《中华民国二十五年中国棉产统计（附二十六年中国棉产统计）：中华民国二十五年各省棉产统计［表］》，《中国棉产统计》1936 年第 25 期，第 48~50 页。

表2-4 1935~1936年长三角地区浙江省棉种分布情况

地区	类别	1936年			1935年	
		棉田面积（亩）	每亩收量（斤）	皮棉产额（担）	棉田面积（亩）	皮棉产额（担）
余姚	中棉	756286	190	476460	749328	250875
	洋棉	4476	150	2148	6165	2034
慈谿	中棉	128800	150	61953	136000	44064
	洋棉	7030	130	3037	20000	7200
镇海	中棉	38985	140	18245	53500	17789
	洋棉	33015	150	16639	28500	10249
鄞县	中棉	9100	155	4641	7000	2450
	洋棉	2050	175	1181	709	234
上虞	中棉	82450	125	34134	83500	15030
	洋棉	1200	122	486	150	25
绍兴	中棉	106000	108	37842	106000	19080
	洋棉					
萧山	中棉	262000	117	100870	260000	50050
	洋棉	90	151	45	70	18
定海	中棉	8000	112	2960	5500	2849
	洋棉	7000	150	3465	500	247
象山	中棉	8000	85	2240	8000	1120
	洋棉					
南田	中棉	200	62	41	240	46
	洋棉	15	43	2		
宁海	中棉	8500	93	2601	9000	1418
	洋棉					
临海	中棉	1400	100	343	15000	2100
	洋棉					
黄岩	中棉	5000	74	1225	6900	1087
	洋棉					
玉环	中棉	4000	67	884	5000	525
	洋棉					
永嘉	中棉	210	90	62	180	47
	洋棉					
瑞安	中棉	1200	106	420	1250	298
	洋棉					
乐清	中棉	800	85	224	1000	123
	洋棉					

续表

地区	类别	1936 年			1935 年	
		棉田面积(亩)	每亩收量(斤)	皮棉产额(担)	棉田面积(亩)	皮棉产额(担)
温岭	中棉	1000	52	170	4500	1296
	洋棉	200	52	34		
杭县	中棉	90000	112	33300	90000	13320
	洋棉					
海宁	中棉	6500	98	2106	6300	907
	洋棉					
海盐	中棉	500	66	109	700	78
	洋棉	2390	136	1075	2400	699
平湖	中棉	140000	93	42840	150000	16200
	洋棉	925	136	416	800	255
富阳	中棉	300	87	86	300	43
	洋棉					
新登	中棉	850	80	223	1000	180
	洋棉					
共计	中棉	1660081		823979	1700198	440975
	洋棉	58391		28528	59294	20961
总计		1718472		852507	1759492	461936

资料来源：《中华民国二十五年中国棉产统计（附二十六年中国棉产统计）：中华民国二十五年各省棉产统计［表］》，《中国棉产统计》1936 年第 25 期，第 51~52 页。

表 2-5　1934~1935 年长三角地区安徽省棉种分布情况

地区	类别	1935 年			1934 年	
		棉田面积(亩)	每亩收量(斤)	皮棉产额(担)	棉田面积(亩)	皮棉产额(担)
怀宁	中棉	9500	60	1596	9000	540
	洋棉	2200	30	198	1000	90
桐城	中棉	1800	160	1152	2980	370
	洋棉	200	90	58		
望江	中棉	12000	28	1176	5820	377
	洋棉	2523	30	227	3190	379
舒城	中棉	10000	50	1650	5000	340
	洋棉	200	45	28		
定远	中棉	5850	45	737	5200	416
	洋棉	500	60	90		

续表

地区	类别	1935 年			1934 年	
		棉田面积(亩)	每亩收量(斤)	皮棉产额(担)	棉田面积(亩)	皮棉产额(担)
合肥	中棉	200000	17	10200	200000	11200
	洋棉	20000	16	1024		
和县	中棉	13420	160	6871	10320	5944
	洋棉	46570	170	24542	49680	26181
庐江	中棉	35000	80	9520	38400	3871
	洋棉	5500	50	825		
巢县	中棉	30000	60	5940	20000	800
	洋棉					
宿县	中棉	8878	70	1243		
	洋棉	4202	30	315		
太湖	中棉	5000	100	1500	4500	270
	洋棉	3000	110	990		
盱眙	中棉	1987	130	475	1529	550
	洋棉	662	140	232	453	169
寿县	中棉	15000	20	750	16500	1980
	洋棉					
潜山	中棉	28000	60	5040	30000	3750
	洋棉					
六安	中棉	2500	80	640	2500	675
	洋棉	110	120	40		
含山	中棉	12358	25	989	15250	1220
	洋棉					
滁县	中棉				2850	385
	洋棉	3200	80	768		
涡阳	中棉	12005	30	900	10983	1674
	洋棉					
太和	中棉	75230	60	11285	79692	26435
	洋棉	24725	60	4451	26564	9563
凤台	中棉	182000	55	30030	212400	54374
	洋棉					
亳县	中棉	75000	60	14850	14100	43525
	洋棉	5000	80	1280		
天长	中棉	1000	25	75	980	59
	洋棉	300	35	35	270	27

续表

地区	类别	1935 年			1934 年	
		棉田面积(亩)	每亩收量(斤)	皮棉产额(担)	棉田面积(亩)	皮棉产额(担)
宿松	中棉	18000	60	3672	15200	1216
	洋棉	500	70	112		
无为	中棉	38000	60	7524	35000	3857
	洋棉	16000	45	2232	15000	2079
霍邱	中棉	55000	45	7425	48540	4038
	洋棉					
全椒	中棉	914	80	183	900	35
	洋棉	123	120	52		
泗县	中棉	1200	20	84	1005	66
	洋棉					
蒙城	中棉				7500	1837
	洋棉					
阜阳	中棉	93000	24	5580	140000	24500
	洋棉	7000	26	473	10000	2080
颍上	中棉	500	20	25	1900	190
	洋棉					
太平	中棉	1368	30	119	1248	101
	洋棉	3254	32	333	3112	299
东流	中棉	15000	50	3000	52600	10099
	洋棉	60000	40	7200		
贵池	中棉	28000	65	5824	20000	5760
	洋棉	9000	80	2520	8000	3072
南陵	中棉				4853	451
	洋棉					
繁昌	中棉	2500	80	600	2000	250
	洋棉					
铜陵	中棉				4749	926
	洋棉					
青阳	中棉				3870	265
	洋棉					
郎溪	中棉	5180	80	1575	6350	1288
	洋棉					
泾县	中棉				2400	346
	洋棉					

续表

地区	类别	1935 年			1934 年	
		棉田面积（亩）	每亩收量（斤）	皮棉产额（担）	棉田面积（亩）	皮棉产额（担）
芜湖	中棉	1500	150	765		
	洋棉	200	160	102		
至德	中棉	500	18	32		
	洋棉					
当涂	中棉	16000	45	2304	1580	192
	洋棉	3500	25	263		
广德	中棉	300	50	45		
	洋棉	200	50	35		
石埭	中棉	922	55	152	821	20
	洋棉	372	60	74	262	20
宣城	中棉	85000	50	12750	85600	10614
	洋棉	12000	35	1302		
共计	中棉	1099412		158278	1127120	187779
	洋棉	231041		49801	117531	43959
总计		1330453		208079	1244651	231738

资料来源：《中华民国二十五年中国棉产统计（附二十六年中国棉产统计）：中华民国二十五年各省棉产统计［表］》，《中国棉产统计》1936 年第 25 期，第 53~55 页。

表 2-6　江苏省二十五年废田面积

单位：亩

地区	中棉	洋棉
东台	1000	1500
盐城	1000	800
阜宁	3000	2000
萧县	712	223
合计	10235	

资料来源：《中华民国二十五年中国棉产统计（附二十六年中国棉产统计）：中华民国二十五年各省棉产统计［表］》，《中国棉产统计》1936 年第 25 期，第 50 页。

　　就中国本土棉种而言，其品质除了比印度短绒棉稍好外，基本为国际棉花市场上品质最差的棉花。20 世纪 20 年代以后，中棉的平均质量更有日趋退化的迹象，主要原因是中国棉农栽植方法不当，粗放管理，育种观念和知识均缺乏。所以无论是中棉还是美棉，都是初期种植收货甚佳，几年之后，均不断退化。

　　以江苏省所种的中棉棉种为例，往昔通棉最好的棉种为鸡脚棉，但随着育种技术的缺失，发展至 20 世纪 20 年代末期时，优良的鸡脚棉已经几乎不再出现于通棉区域的棉田之中，而是成为各棉田试验场中的试验品。到了 1930 年前后，真正代表南通棉的已经是黄花黑子的青茎通棉。对于江苏省的中国棉种，南通大学对其进行了检验，检验结果如表 2-7 所示。

表 2-7　1930 年南通大学对江苏省中国棉种的检验结果统计

棉种	轧棉率(%)	纤维长度(mm)	籽指	衣指
鸡脚棉	38.0	25.00	7.3	4.8
青茎通棉	39.4	23.8	7.1	5.0
江阴黑籽棉	38.0	23.0	8.1	5.8
小白花	38.8	22.0	7.1	4.8
常熟黑籽棉	35.2	23.8	7.1	4.9
江阴白籽棉	38.5	25.0	9.3	6.1
盐城棉	37.0	19.0	8.5	4.5
桠桠棉	36.4	22.8	6.8	4.8

　　资料来源：蒋迪先：《中国棉产统计之过去及将来（附表）》，《中国棉产统计》1929 年第 18 期，第 29 页。

　　从表 2-7 可以看出，江苏省中国棉种的轧棉率均较高，其中青茎通棉的出花率最高。鸡脚棉的纤维长度最佳，青茎通棉次之。据华商纱厂联合会调查部的调查人员观察，1930 年前后，通棉区域所种的青茎通棉产地也日渐缩小。不仅如此，据南通棉业界所言："在昔自金沙以西，皆青茎通棉之产地，今则逐年西移，目前真正之青茎通棉仅刘桥四岸极小之区域而已。其他多易他种，愈东愈劣，至海门县境，退化之洋棉颇多，更不能与青茎通棉比拟，致新增棉区之盐垦公司，棉种尤劣。故近年来，通棉区域内劣种如盐城棉者之产量日大，而优良之通棉则日减，因此通棉质量平均之退化率，在国内各种棉种中为最大。"[1] 由此可见，江苏省的中国棉种和洋棉退化现象均比较严重。

　　以江苏南部的主要棉种太仓棉为例，太仓棉在棉花市场上实为江苏江南棉花之总称，依据品质有"南太仓"和"北太仓"之别，太仓棉种植范围大概由横泾（太仓镇名）向南直至宝山一带皆种白籽棉，由横泾向西至常熟一带

---

[1]　蒋迪先：《中国棉产统计之过去及将来（附表）》，《中国棉产统计》1929 年第 18 期，第 30 页。

皆种黑籽棉。实际上，白籽棉质比黑籽棉和常熟棉品质差，[1] 将两种棉种进行比较，劣势优势如表2-8所示。

表 2-8　江苏省白籽棉和黑籽棉优劣比较

	白子	墨核
优点	产量多抵抗力强	纤维细长
	成熟早	缫棉率大
	收花较易	价值大
劣点	纤维短粗	产最少
	缫棉率小	成熟迟
	价较廉	收花较费工

资料来源：蒋迪先：《中国棉产统计之过去及将来（附表）》，《中国棉产统计》1929年第18期，第30页。

从表2-8的比较结果可以看出，无论在棉纤维长度还是轧棉率抑或在市场价值方面，黑籽棉均优于白籽棉，但是却有越来越多的棉农选择种白籽棉，主要原因就是白籽棉产量大，费力小等。在江苏，不仅太仓棉棉种退化，中棉几乎皆如此。其他省份亦不例外，中国最好的渭南棉（美棉）因栽植不良，不事选种，棉质退化，渭南棉品质能保持的不错的仅限于泾阳属桥州渭南属赤水及朝色等处。总而言之，到了1930年前后，国内棉种退化，几乎无处不在，已经为中国棉产前途最忧虑之处。[2]

1927年，叶元鼎先生全面调查了中国棉花品质，指出中国棉花品质不及埃及棉花和美国棉花；与印度棉花相较，中国棉花的纤维品质和颜色均在印棉之上。但很多中国纱厂宁愿购买印度棉花，也不愿购买中国棉花，其主要原因在于掺水作伪。[3]

1927年前后，中国棉花市场对棉花的需求量激增，与此同时，棉花掺水现象频发，掺水方法有多种，一是在潮湿地面上平铺棉花，经一夜后，棉重量增加，或是在地上铺满棉花后进行喷水，再铺一层，再喷水，至层层喷满

---

① 蒋迪先：《中国棉产统计之过去及将来（附表）》，《中国棉产统计》1929年第18期，第29页。

② 蒋迪先：《中国棉产统计之过去及将来（附表）》，《中国棉产统计》1929年第18期，第30页。

③ 叶元鼎：《调查：调查上海棉花检查情形报告书》，《江苏建设公报》1927年创刊号，第1页。

后，打包出售；二是先在层棉上喷清水，然后用藤条或其他物品击打棉花，迨棉纤维的腊层被打破，水分入内，此种方法不仅可以多掺水分，还能使无经验的验花人用手查验时无法察觉，时人评论，"此种掺水方法最为狡黠"；① 三是将棉花轧完后，喷洒掺入少许明矾的清水，这样不仅可以增加重量，也可久放。

不同的棉花品质吸水性不同，细绒棉比粗绒棉吸水少，因此掺水者多喜欢购买粗绒棉花。此种掺水习惯带来了两个巨大的负面影响，一是棉农更喜欢种植品质差的粗绒棉花，而放弃在国际市场上竞争力强的细绒棉花，二是使当时各省开展的棉作改良运动受极大打击。②

除掺水外，掺伪行为更加降低了中国的棉花品质。掺伪行为包括搀入棉籽、低级棉、石膏、砂泥、砖瓦、油粉等。在国家建立正式严格的棉花检验机关之前，对掺水掺伪的棉花交易很难全面整治和管理，例如有些花庄和花行领得短期凭证，专代日商收买棉花，多以低价收买潮湿的次品棉花，贪图多得佣金，乡贩也是趋之若鹜，检验棉花遭受阻碍，交货时日商竟然全收，时人言："从未闻发生龃龉，此等情形名为华商作伪，不啻为外商作伥。"③ 二是上海码头交易时，每当棉花价格高而货少时，潮次棉花被运至上海后并不上栈，当即在码头过秤出售，买主图有货可收，也不挑剔棉花成色，以致内地投机之辈，相率收买潮花，专做此种交易，潮花反而能够快速销售出去，棉花市场完全被扰乱。以至于那些坚持不收潮花的经营者深受其害，反倒导致坚持棉花品质的经营者不能发展壮大，④ 甚至关门歇业，形成了棉花市场中劣币驱逐良币的现象。

事实上，棉花掺水掺伪不仅破坏了棉花市场的良性发展，还有其他六大弊害，一是导致棉花霉烂，二是使和花工程不易调和，三是损耗机器物件，四是不纯之物不易除去，五是使飞花和废花增加，六是输往外国的棉花常有被退回之事。

---

① 叶元鼎：《调查：调查上海棉花检查情形报告书》，《江苏建设公报》1927 年创刊号，第 6 页。

② 叶元鼎：《调查：调查上海棉花检查情形报告书》，《江苏建设公报》1927 年创刊号，第 6 页。

③ 叶元鼎：《调查：调查上海棉花检查情形报告书》，《江苏建设公报》1927 年创刊号，第 7 页。

④ 叶元鼎：《调查：调查上海棉花检查情形报告书》，《江苏建设公报》1927 年创刊号，第 7 页。

也就是在此种情况下，即使印度棉花的品质次于中国棉花，且叶屑较多，但其棉质干燥，含水量少，在纺纱过程中，与潮湿的华棉相比，印度棉花更容易除去叶屑，所以纱厂宁愿购买印度棉花，也不愿购买含水量多的国产棉花。只有当华棉与外棉品质相同，但其价格每担比外棉低数两时，才有人购买，否则无人问津。①

综上所述，20世纪二三十年代，作为世界第三大产棉国的中国，棉产居然不能自给，自20世纪20年代后半期一直到1932年，上海进口的洋棉数量逐年上升，除了天灾与军事交通等原因外，掺水作伪导致中国棉花品质下降实为重大原因。棉花品质问题不仅影响供给本国棉花的数量与品质，也影响了棉花进出口的发展趋势。

第二节　棉花运销

一　上海棉花市场上汇集的棉花

20世纪20年代末，上海棉花市场上的棉花主要来自长江流域和黄河流域两大产棉区，其中长江流域为主，黄河流域次之。来自长江流域的棉产以江苏省为最多，湖北省次之，浙江省再次之，湖南、江西、安徽均较少；来自黄河流域的棉产，以陕西、河南较多，直隶、山东、山西较少。

此时，江苏产棉区可分为江北产棉区、江南产棉区、上海产棉区三大部分。其中江北产棉区以通县为中心，南通棉产俗称上沙棉，海门棉产俗称中沙棉，崇明棉产俗称下沙棉，通、崇、海三地棉田总面积约360万亩。据纱厂联合会1923年调查统计，通、崇、海三地产额约有一百四十五万担。在1928年之前，通县机器纺纱业兴盛，故本地棉产主要供给本地纱厂，运往上海者较少，1928年以后，通县棉业不振，棉花大多运销上海。海门产棉区面积略小于通县，每年所产棉花主要供大生第三纺织公司，余皆运销上海。崇明县全县棉产主要供给大生第二纱厂和大通两纺织公司，余皆运销上海。如皋位居通县西部，其产品虽不及通棉，但每年产额不少，交通便利，其所产运售上海。②

① 叶元鼎：《调查：调查上海棉花检查情形报告书》，《江苏建设公报》1927年创刊号，第1页。
② 《调查：上海棉花业之调查》，《经济半月刊》1928年第2卷第14期，第7页。

以上为江苏省江北主要产棉区及产棉运往上海的情况。

上海为江苏省第二产棉区，不仅包括松江府下辖的南汇、奉贤、宝山、川沙、金山、青浦等地的棉产，也包括浙江省属湖县所产，每年产额约有七八十万担，多供给上海各纺纱厂。[①]

江苏省的第三产棉区为江南产棉区，包括江阴、常熟、太仓、嘉定等县。江阴产棉并不十分丰富。常熟所产棉花除供支塘县源记纺织公司外，其余运往苏州、常州、无锡各纱厂（苏纶、裕泰、广新等）和上海；太仓地区丰收之年产棉十余万担，除供本县太仓纺织公司（沙溪乡）及运往苏州、常州、无锡各纱厂外，余额运销上海。嘉定与江阴棉每年约有十万担以上，大部分供给苏、锡、常各纱厂，余额运销上海。江苏省境内最著名的棉产地是常阴沙，虽然产量不多，大约只有四五万担，但其质量为江苏省各地棉产之最，大部供江阴本地纺织公司和本地土布制作之用，只有少量余额运销上海。[②]

浙江产棉区域以余姚为中心，加上萧山、绍兴、上虞等县及宁波的慈溪镇、海鄞县所产的棉花，统称为姚花。这些姚花除供萧山的通惠公、宁波的和丰两纱厂外，其余大部分经宁波输上海，一部分由杭州运往上海，此外嘉兴的平湖县亦有棉产，每年由上海花商直接向产地购买籽棉，由泖河黄浦运至上海，轧为花衣后，多进入上海南、北市棉花市场范围内，平湖县棉产不在浙江省姚花之列。[③] 到了1934年，浙江全省棉产40万担左右，宁波、余姚、慈溪、镇海、上虞、绍兴五县为主要产棉地，其中余姚、绍兴占五分之四，慈溪、镇海、上虞占五分之一，宁波棉花市场每年集中棉花约达20万担至25万担。宁波本地每年消费棉花约5万担至10万担，和丰纱厂每年需棉9万担。但宁波本地销棉量并不稳定，受到原材料进口及国内纺织品市场的影响，需求量不大时每年只需姚棉三四万担，衣被只需1万担，差额达1倍左右。[④]

安徽省的棉产大多供本地消费，鲜有运售外埠，只有当上海存棉缺少时，才会有少数棉花由怀宁等县输销上海，但上海市并无安徽棉花之名。[⑤] 江西产棉也不多，一半供本地消费，余额一部分运销上海。湖北产棉极盛，除本地纱厂和民

① 《调查：上海棉花业之调查》，《经济半月刊》1928年第2卷第14期，第8页。
② 《调查：上海棉花业之调查》，《经济半月刊》1928年第2卷第14期，第8页。
③ 《调查：上海棉花业之调查》，《经济半月刊》1928年第2卷第14期，第9页。
④ 叶元鼎、马广文：《吾国重要棉市调查记》，《国际贸易导报》1934年第6卷第9期，第39页。
⑤ 《调查：上海棉花业之调查》，《经济半月刊》1928年第2卷第14期，第10页。

用外，余额由长江运集于上海。湖南省产棉区棉花产额不多，大半居民自用，棉价涨幅较大时有少量运销武汉，再由武汉转销上海，湖南棉花其名在汉口棉花范围内，上海市无湖南棉花之名。① 以上为上海吸收长江流域棉产的情况。

上海吸收黄河流域的棉产总量远远小于长江流域，在陕西、河南、山东、河北四省中，陕西、河南两省运销上海棉花较多。陕西省渭南为最有名的产棉区，棉花品质极佳，故上海棉花市场上有渭南花之名。陕西省的棉花每年运销上海者数额不少，其中大部分经汉口转上海；部分由关东运至郑县，再由陇海、津浦、沪宁铁路运往上海。河南西部产的灵宝花品质亦佳，灵宝花在上海棉花市场中尤为著名。河南省棉产除供给本地民用和各纱厂外，余均由京汉路运往天津、汉口两埠，部分再由汉口运销上海。如因时局关系，铁道运输不便时，汉口商人便采用邮政小包的方式寄往上海。② 山东省棉产大部分运销至济南和天津，运销上海者甚少，只有上海存棉稀少时，才会有棉产从天津或青岛转运至上海。河北省棉产多运集于天津，由天津再转运至上海者，为数甚少，只有上海棉市存棉稀少时才会从河北省购买棉花。1928 年 2 月、3 月间，天津棉花运往上海数十万担，多系由日商横滨帮所购，为向来罕有现象。③ 山西省每年棉产额较少，虽有输出，但数量不多，间有运销至上海者，多充入陕西花范围内。此为黄河流域各省所产棉花运销至上海棉花市场的情形。此外，新疆每年也有部分天山南路棉花运销至上海，数量极少，最多不过数十担，但其品质在国产棉花中最优，可以纺六十支以上之细纱，因距上海遥远，运输不便，每年由邮政局以包裹形式寄到，1926~1928 年，因国内邮路不便，此等优良棉花在上海棉花市场中绝迹了。④

二 上海棉花市场进出口趋势分析

20 世纪 20 年代以后，上海棉花市场继续壮大，经营种类繁多，⑤ 本地纱厂林立，进出口运输便利，棉商营业规模为各埠之冠。棉花输入和输出方面，与民国初年相比，其规模进一步增大。汇集在上海的国内其他各省的棉产被称

---

① 《调查：上海棉花业之调查》，《经济半月刊》1928 年第 2 卷第 14 期，第 10 页。
② 《调查：上海棉花业之调查》，《经济半月刊》1928 年第 2 卷第 14 期，第 11 页。
③ 《调查：上海棉花业之调查》，《经济半月刊》1928 年第 2 卷第 14 期，第 11~12 页。
④ 《调查：上海棉花业之调查》，《经济半月刊》1928 年第 2 卷第 14 期，第 12 页。
⑤ 上海棉花市场的商家不仅买卖棉花，也买卖旧棉絮和飞花。参见叶元鼎等：《中国棉花贸易情形：第六章：中国棉花报关手续及杂捐（附表）》，《工商部上海商品检验局》1930 年第 4 期，第 44~45 页。

为土货棉花。从国外运往中国的棉花被称为外洋棉花，其中以进口印棉和美棉为主，每年输入量均以上海占大宗。[1] 表 2-9 反映了 1916 年至 1925 年全国各关土棉进口总额与上海一埠进口情况。

表 2-9 1916~1925 年全国各关土货棉花进口总数与上海进口数比较

单位：担，%

年份	全国土棉各关进口数	上海进口数	占比
1916	654532	522355	80
1917	697253	613773	87
1918	899442	806894	90
1919	944138	798611	85
1920	497143	275175	55
1921	837597	552189	66
1922	1084848	886121	82
1923	1477662	1093352	67
1924	1416895	965131	68
1925	1847513	1256309	68

资料来源：《调查：上海棉花业之调查（续）（附表）》，《经济半月刊》1928 年第 2 卷第 15 期，第 1~2 页。

据表 2-9 可知，每年输入上海的土货棉花均比其他各口岸输入土货棉花的总和还多，观察上海输入的土货棉花数量占全国各关输入土货棉花总量的比例，只有 1920 年较少，在 65% 以下，其他各年多在 70% 至 80%，1918 年占 90%，1923~1925 年均在 70% 左右。随着 1923~1925 年各关土棉进口数额的逐渐增加，上海土棉运入也随之增加。[2] 如果将 1916 年上海土棉输入数额与 1925 年输入数额相比，不难发现，1925 年上海输入的土棉数额增加约 2.4 倍。此外从整体趋势看，与民国初期相比，20 世纪 20 年代上半期，上海每年输入的土货棉花呈增长趋势，这种增长趋势不仅体现在输入土货棉花方面，在输入外国棉花方面也同样如此。表 2-10 反映了 1916 年至 1925 年全国洋棉进口额与上海一埠进口额情况。[3]

---

[1] 《调查：上海棉花业之调查（续）（附表）》，《经济半月刊》1928 年第 2 卷第 15 期，第 1 页。

[2] 《调查：上海棉花业之调查（续）（附表）》，《经济半月刊》1928 年第 2 卷第 15 期，第 3 页。

[3] 《调查：上海棉花业之调查（续）（附表）》，《经济半月刊》1928 年第 2 卷第 15 期，第 3 页。

表 2-10　1916~1925 年全国外洋棉花进口净数与上海进口数比较

单位：担，%

年份	全国洋棉各关进口数	上海进口数	占比
1916	407644	383669	94%强
1917	300128	259650	86%强
1918	190110	157758	83%强
1919	236003	205895	87%强
1920	678297	558112	82%强
1921	1682526	1434888	85%强
1922	1780618	1458283	82%弱
1923	1606284	1359674	85%弱
1924	1219063	993063	81%强
1925	1807450	1488638	82%强

资料来源：《调查：上海棉花业之调查（续）（附表）》，《经济半月刊》1928 年第 2 卷第 15 期，第 2 页。

从表 2-10 可以看出，1917~1925 年，在全国洋棉进口总额中，上海一埠占 80%以上，只有 1916 年占 94%强。虽然占比大，但实际上进口总量较小，故 1915~1916 年，中国所需洋棉并不多。但自 20 世纪 20 年代开始，洋棉进口激增。若以上海 1916 年洋棉进口额与 1925 年相比，后者是前者的 3.8 倍。洋棉中印棉占多数，其中 1925 年印棉为 1020266 担，1926 年为 152933 担，且由日本和"台湾"转运来的印棉不计在内。由上海进口的洋棉全部供上海本埠纱厂混用之需。[1]

为了更加清晰地展示 20 世纪 20 年代上半期上海棉花进口地的区域分布，表 2-11 以 1923 年为例，列举出了上海棉花进出口地与数额详情。

表 2-11　1923 年上海棉花进出口数

单位：担

	进口	出口
南京	410	12
芜湖	21233	3996
九江	63046	—

[1] 《调查：上海棉花业之调查（续）（附表）》，《经济半月刊》1928 年第 2 卷第 15 期，第 3 页。

续表

	进口	出口
汉口	1183574	368
青岛	1904	80736
烟台	26	377
天津	53758	6787
牛庄	203	14117
大连	4884	1335
宁波	138852	394
威海卫	—	340
安东	—	3114
温州	—	12
福州	—	1224
汕头	—	6673
厦门	—	1482
广州	—	11398
其他	3248	7939
（共计中国内地）	1471138	140204
美国	69433	52284
英国	1187	5021
日本	153499	312858
印度	1121557	218
埃及	3498	—
其他各国	11883	23913
（共计国外）	1361048	394284
中国香港	1629	2027
总计	2833815	536515

　　资料来源：《国际财经经济：去年上海棉花进口数》，《银行月刊》1924 年第 4 卷第 2 期，第9～10 页。

　　与输入土货棉花相比，上海土货棉花出口额则呈现另一番景象，表 2-12是 1916 年至 1925 年上海、天津、汉口、宁波、沙市、胶州土棉输出的情况。

表 2-12　1916～1925 年上海、汉口、天津等地土棉输出情况

单位：担

年份	上海	汉口	天津	宁波	沙市	胶州	其他合计
1916	199827	734251	282499	149471	70790	24657	1508408
1917	368016	670035	158219	115877	31421	5977	1505407
1918	514327	985830	326082	158748	66009	31430	2185287

年份	上海	汉口	天津	宁波	沙市	胶州	其他合计
1919	177039	161919	530881	44266	37928	21342	2022093
1920	135999	419439	258568	28901	14059	10752	871556
1921	184740	644896	454898	49116	9690	9617	1439843
1922	173277	972456	548973	45521	37395	30096	1918462
1923	207266	1121331	565105	143694	190771	44924	2409091
1924	309878	1168446	415541	171325	239026	66962	2480202
1925	145740	1073885	550044	175230	454086	83047	2608109

资料来源：《调查：上海棉花业之调查（续）（附表）》，《经济半月刊》1928 年第 2 卷第 15 期，第 3~4 页。

从表 2-12 可以看出，与输入土货棉花相比，上海土货棉花出口额整体上呈现出波动的下降趋势。20 世纪 20 年代上半期，只有 1924 年输出的国产棉花超过 30 万担，其余年份均只有 10 万余担。当时国产棉花输出境外以上海、汉口、天津三埠为最多。但天津、汉口、沙市、胶州等埠输出土棉的数额逐年增加，其中尤以汉口增加最多。[1] 到了 1926 年，天津输出增至 1609517 担，沙市增至 653052 担，上海只有 133608 担输出，比 1925 年减少一万担。[2] 具体而言，从进出口两方面看，1925 年和 1926 年上海棉花进出口数量如表 2-13 所示。

表 2-13　1925 年、1926 年上海棉花进出口统计

单位：担

地点	进口		出口	
	1926	1925	1926	1925
汉口	1836864	1181879	136	3866
胶州	338	30252	250717	113723
天津	15395	94646	81613	16071
牛庄			45215	4026

[1] 《调查：上海棉花业之调查（续）（附表）》，《经济半月刊》1928 年第 2 卷第 15 期，第 3 页。

[2] 《调查：上海棉花业之调查（续）（附表）》，《经济半月刊》1928 年第 2 卷第 15 期，第 4 页。

续表

地点	进口		出口	
	1926	1925	1926	1925
宁波	108281	175837	4133	2295
广州			18392	13939
其他各地	18084	69378	48273	39996
共计	1978962	1551992	448479	193916
美国	514892	125310	5856	65825
日本	158263	212540	259824	268607
印度	1509972	1055405		
埃及	1953	282		
其他国家	29598	14083	11004	261146
共计	2214678	1407620	276684	595578
总计	4193640	2959613	4725163	789494

资料来源：《商业调查：国内：去年本埠花纱进出口统计》，《商业杂志（上海 1926）》1927年第 2 卷第 3 期，第 1~2 页。

　　1926 年上海棉花进口数量比 1925 年增加，其中洋棉进口增幅加大，主要是中国棉产歉收所致。[1] 到了 1928 年，上海棉花市场的进出口差距更加明显，以 1928 年 5 月为例，上海原棉输出减少，而印度棉花输入较前月增加 2 倍多。[2] 表 2-14 为 1928 年 5 月上海棉花、棉纱及棉制品输出输入情况。

表 2-14　1928 年 5 月上海棉花、棉纱及棉制品输出输入情况

（一）原棉棉纱及棉制品输入数量（单位担）

输入地	棉花	棉纱	棉制品
国外输入	205143	701	406278
日本	15951	405	189349
美国	19994	8	—
印度	164722	288	—
英国	—	—	210558
国内输入	205480	7718	56820
汉口	146847	—	14020
青岛	23535	3151	13000
天津	29549	—	—

[1] 《商业调查：国内：去年本埠花纱进出口统计》，《商业杂志》（上海 1926）1927 年第 2 卷第 3 期，第 1~2 页。

[2] 《各埠市况：五月份上海棉业出口统计》，《银行月刊》1928 年第 8 卷第 6 期，第 227 页。

(二)原棉纱及棉制品输出数量(单位担)

输出地	原棉	棉纱	棉制品
输出国外	10151	25061	91950
日本	7463	314	—
印度	—	5285	3705
输出国内	10571	197925	395719
汉口以上	—	79291	74486
青岛以北	—	23475	168290
温州以南	887	61087	73760

资料来源：《各埠市况：五月份上海棉业出口统计》，《银行月刊》1928年第8卷第6期，第11~12页。

从表2-14可以看出，1928年5月，中国进口棉花数额是出口棉花数额的20倍，可见自20世纪后半期开始，中国进口洋棉和棉制品的数量逐年增加，此时南京国民政府意识到了纺织业领域原材料和棉制品持续增长的出超情况。随后，南京国民政府工商部为了在纺织业领域改良国货，挽回利权，训令华商纱厂联合会调查上海棉、麻、丝、毛等领域的纺织情况。[1]

观察上海土货棉花进出口贸易，日商在上海棉业中的地位凸显，时人评论"吾国近年棉花之贸易，有听日商支配之势，不仅华商不能与之对抗，欧美商人亦望而却步，仅有印商沙逊两家，尚在并峙之间"。[2] 在进口洋棉的贸易中，印棉和美棉占中国进口洋棉的大多数，主要从日本和"台湾"转运而来，其贸易大都经日商之手，且进口额逐年增加。其中，由印度直接运往中国的棉花多由日商转购，美棉运华亦同。[3]

国产棉花出口方面，每年运往日本和"台湾"的棉花最多，此项贸易也是由日本掌控，日本棉商资本雄厚，运输便利，营业日盛。[4] 1917年，中国国产棉花出口总数为832463担，运往日本境内616180担；1918年，出洋总数

---

① 《国内外商工消息：工商部注意纺织业：调查上海棉丝毛麻之纺织》，《商业月报》1928年第8卷第6期，第2页。

② 《调查：上海棉花业之调查（续）（附表）》，《经济半月刊》1928年第2卷第15期，第6页。

③ 《调查：上海棉花业之调查（续）（附表）》，《经济半月刊》1928年第2卷第15期，第6页。

④ 《调查：上海棉花业之调查（续）（附表）》，《经济半月刊》1928年第2卷第15期，第6页。

1292094 担，运往日本境内 1212554 担；1919 年，出洋总数 1072040 担，运往日本 912897 担；到了 1924 年，出洋总数 1080019 担，运往日本 890039 担；1925 年，出洋总数 800832 担，运往日本 610573 担；1926 年，出洋总数 878512 担，运往日本 792954 担；以上数据显示，在每年中国国产棉花出口的总数额中，日本占 80% 至 90%。虽然出口的国产棉花并非全由上海输出，但上海日商实为枢纽。[①] 例如，1922 年 9 月至 11 月，从上海运往外洋的棉花共 17543 包，每包约计 500 磅，其中运往日本的占一半。[②] 由此可见，中国棉花无论是输出还是输入，大部由日商掌握。

就消费棉花的数量而言，上海的销棉量居全国各省市之最，据当时有经验的棉商估计，中国当时棉花产额为七八百万担，上海一埠每年约消费 300 万担，年出口的棉花为 80 万担至 100 万担，此外 300 余万担供各省纺纱、织土布、做衣被等之用。上海一埠的消费几乎等同于全国各省消费棉花数额之总和。同期的数据也来自日本棉花商行的调查，1924 年，日本棉花商行的调查指出，江浙两省的棉花散集于上海的大致情况是，本地棉约有 80 万担，太仓棉 15 万担，通县棉 75 万担，宁波棉 15 万担，共计 185 万担。此外再加上汉口、河南、天津等处的 100 万担，共约 290 万担。1925 年至 1927 年，纱锭数量继续增加，需用原棉数量继续增多。20 年代中期以后，汉口棉花运沪数量激增，上海消费土棉的数量超过 300 万担。上海消费棉花数额详情如表 2-15 所示。[③]

表 2-15　上海消费江苏、浙江、湖北、陕西、直隶各省棉花数额情况统计

单位：担

地方	花衣名称	消费额（担）	备考
江苏	南市花衣	250000	南北市花衣均系脚踏轧车所出，火机花衣系用动力花车所出，大概其籽花系在旧松江府属各县及浙江之平湖县及绍属之南沙等处所产者
	北市花衣	250000	
	火机花衣	300000	
	太仓花衣	150000	太仓花衣系包含嘉定常熟所产
	通县花衣	800000	通县花衣系包含崇明海门所产

---

① 《调查：上海棉花业之调查（续）（附表）》，《经济半月刊》1928 年第 2 卷第 15 期，第 6 页。

② 《新闻：上海棉花最近之出口额》，《农事月刊》1922 年第 1 卷第 6 期，第 60 页。

③ 《调查：上海棉花业之调查（续）（附表）》，《经济半月刊》1928 年第 2 卷第 15 期，第 4 页。

续表

地方	花衣名称	消费额（担）	备考
浙江	宁波花衣	100000	宁波花衣即以姚花为大宗
湖北	汉口花衣	900000	汉口花衣包含湖北全省及河南花衣
陕西	陕西花衣	150000	陕西花衣包含山西花衣
直隶	天津花衣	200000	天津花衣包含山东花衣

注：因九江、新疆、安徽运至上海的棉花数两极少，故不计在内。

资料来源：《调查：上海棉花业之调查（续）（附表）》，《经济半月刊》1928年第2卷第15期，第5页。

从表2-15可以看出，1928年由江苏、浙江、湖北、陕西、直隶各地运到上海的棉花约有310万担，其中90%以上供给纱厂消费，仅有少数供给弹庄（弹庄即弹花铺）制作絮胎。据上海中国纱厂联合会第七次调查后发表的上海华洋纱厂锭数，其中华商24家，有纱锭711756枚，线锭43426枚，用花1615582担；英商4家，有纱锭205320枚，用花390000担；日商30家，有纱锭948268枚，线锭77632枚，用花1902492担，共用花3908074担，此外供弹庄及其他用途约20万担，共约410万担。[1]

除了纱厂联合会对上海用棉量进行调查外，中华棉业联合会也对上海纱厂用棉总量进行估计，中华棉业联合会按照每个纱锭每年消费棉花二担半计算，估计上海华洋纱厂共有纱线锭1986402枚，每年消费棉花总量理论上在490万担左右，但鉴于纱厂并不会全年开工，每年以工作11个月计算，每日约消费棉花11500担，每月约消费345000担，其消费额约380万担，弹庄约用20万担，实际上共约400万担，国产棉花大约在300万担上下运集上海，剩余供给的缺口由洋棉补充。[2] 从纱厂联合会的调查数据和中华棉业联合会的估计结果来看，上海基本全年的销棉量在400万担左右，其中有四分之一原棉来自国外。

20世纪30年代，中国进口洋棉数额激增，1930年中国进口洋棉约350万担，1931年国内遭受水灾，棉花收获锐减，而外国棉花获得丰收，且价格低廉，乘机倾销中国，本年中国进口洋棉更是达到了450余万担，最高价达到了

---

[1] 《调查：上海棉花业之调查（续）（附表）》，《经济半月刊》1928年第2卷第15期，第5~6页。

[2] 《调查：上海棉花业之调查（续）（附表）》，《经济半月刊》1928年第2卷第15期，第6页。

每担 46 两；1932 年进口洋棉 370 余万担，价格跌至每担 35 两 7 钱，跌幅达四分之一。① 其中 1932 年进口洋棉总数中，到达上海的洋棉为 3712856 担，远超中国国产棉花运销至上海的数额。② 1932 年，中国进口洋棉的数额达到了历史上的最高峰。1933 年，中国进口洋棉将近 200 万担。③

1929 年开始，中国棉花出口趋势方面也发生了变化，以往中国出口的棉花大部分运销日本，④ 但由于 20 世纪 20 年代末印度棉花开始具有显著的价格低廉优势，日本开始重新在印度大量购买棉花，故 30 年代初期日本从中国进口棉花的数量大减，1932 年，中国出口棉花 663255 担，1933 年 1 月至 6 月出口 275125 担。1933 年印度爆发抵制日货运动，此后华棉运销日本又开始增多。表 2-16 是 1925 年至 1932 年中国棉花出口总额及出口到日本的统计情况。

表 2-16　1925~1932 年中国棉花出口总额及出口到日本的统计情况

年份	全国出口总数	全国出口总值	运往日本		
			数量（担）	价值（海关两）	占比（价值）
1925	800832	29845234	610573	22785159	76
1926	878512	29399381	792954	66559506	90
1927	1446950	47306600	1146649	37281771	79
1928	1111558	34158765	867214	26671151	78
1929	946786	29603791	755284	23651514	80
1930	825545	26499307	664344	21317982	80
1931	789862	26960949	691277	23613854	86
1932	663264	10654753	491340	15710531	76

资料来源：《历年来我国及日本间之贸易状况：历年来我国棉花出口往日本数值及百分比表》，《青岛工商季刊》1933 年第 1 卷第 1 期，第 37~38 页。

从表 2-16 可以看出，自 1928 年开始，中国不仅出口棉花总额减少，运销至日本的棉花也开始减少。此外，棉花存量的多少也是棉花市场运行情况的晴雨表，上海作为链接中国和国际市场的枢纽，棉花栈存花状况反映了棉花进口情况的变化。1933 年上海各栈存储棉花量比 1932 年增加十余万担，其中美棉因 1932 年 6 月价格渐长而进口减少，进而存量减少，1933 年华棉收获量比

① 《集锦：零金碎玉：历年棉花输入统计》，《实业季报》1934 年第 1 卷第 4 期，第 2 页。
② 《集锦：零金碎玉：历年棉花输入统计》，《实业季报》1934 年第 1 卷第 4 期，第 2 页。
③ 《集锦：零金碎玉：历年棉花输入统计》，《实业季报》1934 年第 1 卷第 4 期，第 2 页。
④ 《历年来我国及日本间之贸易状况：历年来我国棉花出口往日本数值及百分比表》，《青岛工商季刊》1933 年第 1 卷第 1 期，第 37~38 页。

1932 年增加，故华棉存栈数量增加，截止到 1933 年 12 月底，棉花存栈数量与 1932 年相比情况如表 2-17 所示。

表 2-17　1932 年、1933 年棉花存栈数量统计（截止到 1933 年 12 月底）

种类	1932 年	1933 年	比较	
			增	减
陕西棉	25907 件	31054 件	5147	
灵宝棉	9820 件	19167 件	9347	
美国棉	43511 件	31729 件		11782
美国捲筒棉	4130 件	4920 件	790	
印度棉	1940 件	6720 件	4780	
埃及棉	450 件	550 件	100	
天津棉	3826 件	1178 件		2648 件
木架棉	4180 件	4074 件		106 件
火机棉	9120 包	6700 包		2420 件
通县棉	7500 包	28748 包	21248	
太仓棉	676 包	16222 包	15546	
余姚棉	649 包	7258 包		
山东棉		3812 件		
下沙棉		1494 件		
盐城棉		1276 包		

注：上项种类所谓陕西棉者，连汉口、郑县、洛阳等机包棉花在内，木架棉如九江、安庆及各地粗绒等，下沙棉本可并入通县棉内，因已打成机包故须另立，以上所填件者即机包，每包约重 380 斤至 400 斤，唯木架花则轻重不一，自 180 斤至 280 斤，填写包者如火机、通县、盐城均系布包，每包约重 120 斤至 125 斤，太仓棉系草包，每包约重 75 斤，余姚棉系小布包，每包约重 60 斤。[1]

资料来源：叶元鼎、马广文：《吾国重要棉市调查记》，《国际贸易导报》1934 年第 6 卷第 9 期，第 38~39 页。

　　综上所述，从上述上海市场进出口趋势的变化可以看出，上海作为中国最大的棉花市场，在 20 世纪后半期吸收国产棉花和进口洋棉数额逐年增多，每年运销国产棉花达 300 多万担，进口棉花数额达 300 万担之上，尤其是 1932 年进口洋棉居然高达 370 余万担。1933 年国家力量开始直接介入棉业管理，并在本年成立了棉业统制委员会，之后在棉产改进、整合棉产运销、改进棉花品质检验等方面大刀阔斧地进行改革，很快就提升了中国棉产和棉产品质，1935 年中国进口原棉数量降到了 50 余万担，1936 年更是降至 40 万担左右。总体来看，20 世纪 20

_____

[1]　叶元鼎、马广文：《吾国重要棉市调查记》，《国际贸易导报》1934 年第 6 卷第 9 期，第 39 页。

年代至 1937 年全面抗战前，上海棉花市场的发展受到中国政府组织管理部门直接介入、国内棉纺织业发展、国外棉花市场变动三个因素的影响和制约。在国际市场方面，美国、日本、印度三个国家的影响最大。另外，在这一时期，经过多年发展，中国棉花市场层级梯队明显，运销复杂，棉花产业关系国计民生至重且巨。从棉花贸易规模看，除了最大的棉花市场上海外，每年运销在 150 万担左右的有汉口、天津、济南三市；在 50 万担左右者有青岛、郑县、沙市；在 20 万担左右的有宁波、张店、石家庄、陵县、津市、九江、安庆等处。[①]

第三节　棉花市场交易

上海一埠为全国商业荟萃之区，棉业贸易亦不例外，上海在未开商埠以前，早已有棉市，棉花交易以上海本地棉花（俗称本花）为主，后称南市棉花，棉花买卖聚集地在南市大码头里街，后来在此交易的棉花均被称为南市棉花。嗣后随着棉区扩大，棉花种类日多。除上海本地棉产外，其他各省市棉花均汇集于上海，上海棉商经营为全国之冠，经营棉业的主体有花行、花号、轧花厂等。[②]

自晚清起，随着棉花贸易逐渐专业化，专门经营棉花贸易的棉商迅速增加，并逐渐形成了棉商团体。20 世纪 30 年代左右，上海棉商群体主要分为华商群体和外国棉商群体。在外国棉商群体中，其中势力最强大的是日本棉商。上海经营棉花业的日本商店约有 20 家上下，其中营业规模最大者首推东棉洋行（三井所设），次为日信洋行，再次为武林洋行上海支店、江商株式会社上海支店、吉田号、大仓商事株式会社上海支店、岩井商店上海支店、日本棉花株式会社上海支店；其他为半田棉行上海支店、内田商事株式会社上海支店、安部商店上海支店、中外棉业株式会社上海支店、阳线贸易株式会社上海支店、新利洋行上海支店、中京贸易会社上海支店、芝棉行上海支店、横滨生系株式会社上海出张所、高田商会上海支店、茂木合名会社上海支店、铃木商店上海支店、田中善株式会社上海支店等。这些商店在上海组有上海日本棉花同业会事务所，地址设于虹口。[③] 上海日本棉花同业会事务所统率以上各家经营棉花业务，包括经营洋棉进口、土棉出口，将各通商口岸和中国内地的棉花运

---

① 叶元鼎、马广文：《吾国重要棉市调查记》，《国际贸易导报》1934 年第 6 卷第 9 期，第 40 页。

② 叶元鼎等：《中国棉花贸易情形》，工商部上海商品检验局，1930，第 61 页。

③ 叶元鼎等：《中国棉花贸易情形》，工商部上海商品检验局，1930，第 90~91 页。

销至上海等业务，经营规模每年有二三百万担，总金额在一万万元以上。[1] 除了日商，英美等国的洋行如美安棉业洋行、安利洋行、福盛洋行、百威洋行、鲁新洋行等十多家洋行也经营棉业业务。[2]

在华商棉业团体方面，上海最早的华商棉业团体诞生于 1880 年，当时由同业建造公所定名花业吉云堂，由棉商程鼎经办，[3] 该堂为旧式公所性质，民国初年时改称棉花联合会，地点设在英租界江西路南口。1920 年，此组织创设棉业交易所，专营棉花交易，将通花定为标准花。[4]

后来，1921 年 5 月，上海纱业公所成立纱布交易所，地址设于英租界爱多亚路，[5] 其营业兼做棉花交易，将汉口棉花定为标准花，营业发达。后来棉业交易受其影响。1928 年，棉业交易所改组为棉业联合会，复定章程，分部营业，会内共设九部，分别是南市部、北市部、火机部、号商部、汉口部、通崇海部、余姚部、太仓部、经纪人部，组织成员为中国棉花联合会及华商棉业公会的成员，后南市棉业公所亦加入。其宗旨为维护同业公共利益，谋业务之改良发展。[6] 会内各部商店及代表人详情如表 2-18 所示。

表 2-18 会内各部商店及代表人姓名统计

部别	行号名称	经理姓名	所在地	行号名称	经理姓名	所在地
南市部	申新第三纱厂收花处	薛稷顷	南市万裕码头	申新第一纱厂收花处	潘调卿	南市董家渡
	兴记	程幼甫	公义码头	兴大	注生阳	南会馆
	恒泰	沈润挹	万裕码头	大茂	章绍基	万裕码头
	源隆	瞿铁珊	南会馆	三新收花处	荣佩芳	董家渡
	永盛	徐子星	南会馆	公大	邱鼎如	南会馆

---

[1] 《调查：上海棉花业之调查（续）（附表）》，《经济半月刊》1928 年第 2 卷第 15 期，第 6~7 页。

[2] 叶元鼎等：《中国棉花贸易情形》，工商部上海商品检验局，1930，第 90~91 页。

[3] 《上海某知事公署批准花业吉云堂重整规条备案布告的抄件》，1917 年 3 月，上海档案馆藏，S233-1-1。

[4] 《调查：上海棉花业之调查（续）（附表）》，《经济半月刊》1928 年第 2 卷第 15 期，第 7 页。

[5] 《上海棉纱交易所开创立会纪》，《申报》，1921 年 5 月 30 日 0010 版。

[6] 《调查：上海棉花业之调查（续）（附表）》，《经济半月刊》1928 年第 2 卷第 15 期，第 7 页。

续表

部别	行号名称	经理姓名	所在地	行号名称	经理姓名	所在地
南市部	正泰	王清泉	南会馆	永利	陈逸逊	赖义码头
	义成	唐驰孙	董家渡	萃丰	张瑞芬	董家渡
	协兴昌	黄仲京	永盛码头	永兴昌	吴志文	万裕码头
	永协昌	孙孟仙	利川码头	德记	程镇昌	公义码头
	永益昌	周少康	公义码头	大丰	张时均	万裕码头
	永丰	叶叔谦	万裕码头			
北市部	申丰	汪焕文	徐家汇崇一里	源记	项华卿	抛球场
	福祥	陈瑞麟	徐家汇孝友里	鸿裕	杨质君	北新泾
	申新一厂收花处	丁春泉	周家桥	公益	张瑞昌	曹家渡
	统益	章生耿	北新泾	益大	张伯琴	北新泾
	丰记	章子卿	北新泾	仁记	陆兆铨	北新泾
	复兴	张占卿	北新泾	协森泰	章芳根	北新泾
	恒泰	范秀舫	北新泾	乾大	戴文祺	北新泾
	振兴	周凤岐	北新泾	怡和兴	杜葵甫	北新泾
	利源	陈增涛	北新泾	大盛	黄瑞衍	北新泾
	恒泰	郑宝恕	北新泾			
姚花部	义成丰	顾文耀	吉祥街德铭里	芳记	章芳林	吉祥街德铭里
	宝丰	曹启明	江西路宁绍里	顺兴昌	李槐年	东棋盘街
	宏润	戚海珊	三洋泾桥瑞麟里	长和有记	陈有信	永吉里
	正泰	叶庭范	南市豆市街	宏祥	赵尊棠	东棋盘街
	永大裕	包振宏	永安街同安里	同德	应堃藩	永安街同安里
太仓部	成泰兴	高继昌	石路普庆里	成泰隆	张志先	石路普庆里
	同丰泰	东如吴	石路普庆里	常熟	唐伯琴	石路普庆里
	公森泰	陈仲衡	北京路清远里	恒丰	李健甫	吴淞
	永泰元	赵擎一	石路普庆里	沈伯记	沈伯雄	石路普庆里
	潘信顺	潘泉声	石路普庆里	源盛	张云章	
	源盛公	王伯勤	牯岭路	永泰	潘莲卿	吴淞
	唐同兴	唐石麟	满庭坊	和泰源	朱崎崐	石路普庆里
	陈公茂	陈凤鸣	北京路清远里	马万兴	马履安	罗店

部别	行号名称	经理姓名	所在地	行号名称	经理姓名	所在地
太仓部	朱森泰	朱颂清	北京路清远里	三泰兴	王衡甫	六渡桥
	陈万茂	陈缉臣	石路普庆里	冯竹君	冯竹君	六渡桥
	同茂公	高价人	纱布交易所	徐元和	徐山亭	石路普庆里
	金少记	金莲章	六马路吉庆坊	叶永茂	叶彤孙	石路普庆里
	张复盛	张月泉	石路普庆里	陆鼎兴		
	杨合兴					
号商部	申丰	汪焕文	三茅阁桥春耕里	永记	孙子奎	无锡路
	联昌	黄维卿	爱多亚路瑞麟里	聚成	陈漪茹	爱多亚路
	源成公	陶梁臣	北山西路德安里	同芳	张仲芳	瑞麟里
	义兴	张瑞昌	北京路东海里	盛和	范桂馥	三洋泾桥永吉里
	永昌	陈碧堂	爱多亚路德庆里	董骅记	宋志刚	证券物品交易所
	永泰和	查泉生	纱布交易所五楼	茂丰	章绍基	爱多亚路德庆里
	永丰	叶叔谦	江亚路五福里	祥丰	张仰高	棋盘街金玉里
	庆丰	洪渭卿	中华棉业联合会	义丰	俞松铨	三洋泾桥吉庆里
	信泰协	陈子政	四马路福华里	乾丰	江宝堂	棋盘街金玉里
	新记	章性善	棋盘街金玉里	聚丰	詹凤林	三洋泾桥春耕
	益丰	虞永谦	法租界永安街	信通	高厥候	四马路福华里
	同益	徐心田	四马路福华里			
通崇海部	万泰	杜少如	南市里马路太平	惠源	倪锡侯	南市杨家渡
	韦性记	韦性善	南市沿码头里街	宝丰泰	沈士贤	鸿升码头里街
	长丰	张绍卿	南市老马路	裕大生	陆惠明	南市老马路
	德余生	胡季卿	南市新泰里	茅汇记	茅汇如	南市如意里
	公利	张祖年	大通码头嘉达里	顺泰	谢春芳	九亩地开明里
	新丰	施宗瀛	法租界紫来街	森泰	陈再卿	南市新泰里
	和丰泰	董涤生	襄马路太平里	蔡趾记	蔡趾祥	襄马路太平里
	久大和	刘蕴石	襄马路太平里	客大	赵守先	襄马路太平里
	源盛公	杜云亭	英租界后马路	黄景裕	黄秀斋	南市新泰里
	张丰泰	詹鸿林	南市新泰里	沈元来	沈瑞洲	南市大码头大街
	孙廉记	孙廉记	南市大码头	刘屏记	刘屏孙	南市大码头

续表

部别	行号名称	经理姓名	所在地	行号名称	经理姓名	所在地
通崇海部	陈预记	陈预千	南市大码头	王福隆	朱少儒	南市大码头
	江扶记	江扶青	南市花衣街	联昌	黄维卿	爱多亚路瑞麟里
火机部	云龙顺记	姚槎荪	厦门路衍庆里	张信和如记	张如良	爱多亚路瑞麟里
	程恒昌	程渭渔	纱布交易所四楼	恒源兴	何允梅	纱布交易所五楼
	德兴	邹九如	杨树浦关路	礼和	张继芳	闸北光复路永盛里
	复兴	赵鉴生	杨树浦	合昌	冯仁杰	孙山侨
	源兴德	陈霖生	张江棚	鼎和泰	陈运途	分水墩
	协泰	顾连波	合庆	大东	潘文华	小湾
	唐源兴	唐兆亭	合庆	郁顺兴	郁关顺	四团仓
	杨鼎源	杨雪烈	七宝	孙义昌	孙茂荣	周浦东市
	益泰	乔松华	周浦南市	万兴	赵谷祥	周浦北市
	陈源盛	陈星槎	江家路口	久大	徐景垦	航头
	裕丰	黄芝山	闵行	顾仁和	顾少章	合庆
	恒和	孙瑞李	北桥	鼎和泰	李金桂	分水墩
	姚永丰	姚连根	端桥	源泰义	虞金德	大剧泥城
	永兴	薛子梅				
汉口部	泰成	何应仙		恒记	孙松年	
	义厚长	刘汉宾		万丰	李玉山	
	利源通	美云亭		正昌明	邬季柳	
	同利生	周纯伯		瑞华	梁善甫	
	天吉生	吴秋寔		春茂	涂春甫	
	信成	魏福堂		福和	李鹄成	
	聚兴永	周南陔		同利源	胡子良	
	联盛	樊步青		恒春元	王衡卿	
	三泰	黄修屏		黄顺记	黄修屏	
	鼎昌	金良才				

续表

经纪部	经纪人							通讯处
	姜佩生	陈春华	萧菊生	笑彬园	荣焕昌	任和生	王钟祖	
	黄连生	陈祝霖	罗轶臣	洪渭卿	严馥梅	俞福泰	瞿少穆	
	吴伯康	陈子才	郭韵屏	杨振声	徐佩之	周祖昌	毛庆芳	
	金星耀	张永昌	瞿颂嘉	杨孟祥	楼康年	姚奠邦	张顺兴	
	何鼎和	章善根	乐夏霖	汪宝堂	徐心田	柳桂亭	陈荣村	
	雷祥安	毛菊村	郑九泉	章忠根	顾澄江	许静慎	严紫恒	
	周维新	顾子才	王仁卿	水渭川	吴士卿	包俊伯	张义记	
	朱赞卿	潘晓明	潘恬波	王杏生	施荣记	冯维庆	张永章	法租界爱多
	张裕生	汪希东	关裕章	沈伯雄	傅钟泰	叶赓斋	施宗瀛	亚路德培里
	陆庆标	李俭甫	谢春芳	张阳生	唐驰荪	沈湘三	邢锡燧	中华棉业联
	成大信	许金亭	张旭升	徐子星	穆福庆	陆企云	周子全	合会内
	于春元	邱鼎如	乐汝林	戴克明	胡也华	宋东生	王承正	
	荣锡麟	张宝时	李麟生	陈碧堂	朱永康	倪晋良	陈志刚	
	汤盈初	徐亮初	胡筱亭	张子卿	陈福隆	杨春熙	田凤扬	
	董骅卿	王清泉	张尧卿	徐右方	庄宗福	金长耕	顾松涛	
	乔本斋	高厥侯	金则三	袁祥福	孙尔康	潘泉生	祝云亭	
	叶少初	包筱芗	陈叶孙	倪增祥	朱伯昂	张文彬	李淦泉	
	陈馥昌	张泰初	丁国桢	朱秉衡	龚紫卿			

资料来源：《调查：上海棉花业之调查（续）（附表）》，《经济半月刊》1928年第2卷第15期，第8~14页。

表2-18为构成上海棉商群体的九个代表，事实上，在中华棉业联合会1916年刚刚成立时，便有六个棉商团体加入，分别是南市、北市、火机、通崇海、姚花、太仓各经理人六团体，这些代表是1916年成立的中华棉业联合会最初的主要成员。[1] 这九个棉商群体代表了上海棉花业经营的形式与地域特征。

首先，南市部是指设在上海南市区域的各花行。这些花行遵照牙章，领帖营业。棉花贸易以门市零星数目为主，同时也兼顾大批量买卖，其中营业大时，多达七八十万元；次者在二三十万元，少者10余万元，花行本身的资本数额，少的有15000元，多的有三四万元。北市部亦同。[2] 南市和北市的花行

---

[1] 《棉业联合会之组织六大团体合并为一》，《神州日报》，1916年9月21日0010版。
[2] 《调查：上海棉花业之调查（续）（附表）》，《经济半月刊》1928年第2卷第15期，第14页。

与乡贩关系密切，彼此合作，如花行紧急缺货，乡贩则四处搜罗，为其收买；如遇市况暴落，乡贩拜托花行快速脱售。花行买入棉花，每日以数百斤、数万斤不等，视货品优劣，含水量多少，定其价格。买入棉花后，散堆于本行仓库，然后打成白布包，每包约一百二十五斤。南市棉除销售于各纱厂外，余如牛庄、大连、烟台、青岛、横槟等处，销数甚广。出口棉花的品质一般高出一等，价格亦高。北市棉花供给纱厂较多，间或销售于日本。①

姚花部以买卖姚花为主，同时也兼营其他品种棉花；太仓部主要经营太仓、嘉定、常熟棉花；通崇海部主要经营通县、崇明、海门棉花，较少兼营其他品种的棉花。②

火机部俗称轧花厂，专收江浙各地籽棉，然后用动力轧花机轧成皮棉出售。上海地区所用的轧花机大的为 36 寸，每天能轧出皮花两担；小的为 24 寸，每天可轧出皮棉 120 斤左右，上海各轧花厂多使用 28 寸、32 寸轧花机。上海地区的轧花机有外国产和中国产两种，其中外国产的以日本中桐最佳。国产轧花机大半由上海各铁工厂制造，沪上各花厂所用者以 28 寸、32 寸者居多，动力多用工部局的电气马达，每车约需马力一匹。③

上海还有设在乡村棉产区的轧花厂，如在奉贤等乡村，此类轧花厂被称为乡火机。这类轧花厂所拥有的轧花机多较小，主要是 18 寸和 20 寸的轧花机，出花量较少，动力多用黑油引擎。总体上讲，上海区域内及各乡间共有火机轧花厂 27 家，约有轧花机 900 部。④ 就外商建立的火机轧花厂而言，日商三井创办的云龙轧花厂有轧花机 120 部，连同华商各厂的轧花机 900 部，上海地区约有一千多部轧花机。假设平均每部轧花机每日轧出皮棉 120 斤，每月可轧出花衣三万六千斤，若每年以工作 11 个月计算，约轧出花衣 40 万担，上海火机轧花厂轧出的皮棉大部供上海各纱厂消费，一小部分由日商运至海外销售。

号商部、汉口部、经济部等为 1916 年以后加入中华棉业联合会的棉商群体，号商部指的是花号，花号不同于花行，花号营业不领帖，其经营规模大，每年营业额多达三四百万元，普通在百万元左右，一般情况下，百担的贸易额为最小贸

---

① 叶元鼎等：《中国棉花贸易情形》，工商部上海商品检验局，1930，第 63 页。
② 《调查：上海棉花业之调查（续）（附表）》，《经济半月刊》1928 年第 2 卷第 15 期，第 14 页。
③ 《调查：上海棉花业之调查（续）（附表）》，《经济半月刊》1928 年第 2 卷第 15 期，第 15 页。
④ 《调查：上海棉花业之调查（续）（附表）》，《经济半月刊》1928 年第 2 卷第 15 期，第 15 页。

易单位。号商全部设立于租界内，其棉花货品来源于客家委托、自设的花庄或本埠堆栈。号商销售棉花的对象主要是纱厂，同业买卖次之，出口更次之。①

汉口部顾名思义，是指经营汉口各种棉花的商号，其经营的皮棉有粗绒、细绒、上江、下江之别，且陕西、河南各地的棉花也包含在内，有时也兼做其他品种的棉花贸易，不限定货品和来源。

经纪部为掮客的组合团体，其功能为作为买方与卖方之间的中介，赚取佣金，每担赚取的佣金为一钱。② 相对于花行和花号而言，经济部的资本较小。以上九部进行棉花贸易，与交易所卖空买空的经营形式不同，多为实货进出，故其营业力量在上海棉花市场占据重要地位。

上海纱业公所成立纱布交易所后，经营业务限于纱、布两项，后经批准兼做棉花交易，其买卖多由经纪人中介完成，③ 该所现有经纪人的详情如表 2-19 所示。

表 2-19　纱布交易所经纪人详情统计

号数	商行名	经纪人姓名	号数	商行名	经纪人姓名	号数	商行名	经纪人姓名
1	恒大	曹子俊	2	昌记	王秉衡	3	永裕	黄君乐
4	大孚	朱牖人	5	懋记	徐懋棠	6	宝记	陈尔梅
7	胡梅记	胡筠秋	8	溥记	杨习贤	10	恒益	顾炜塘
11	益欲	郭海珊	12	申新	诸葆忠	13	慎康	叶成范
14	裕康	周渔笙	15	益泰	严慕远	16	公大	蔡宏卿
17	茅记新	古槐青	18	公泰	卢家穗	19	逵记	沈君猷
21	同馀	曹宝根	22	泰生康	萨行德	24	明德慎记	葛仲言
25	振大盛记	金受夫	26	天隆	张乘钧	27	荣兴	陈康山
28	泰兴荣记	葛复来	29	明华	诸详芝	30	怡隆	张鑫三
31	鼎兴	周祥兴	32	昶记	石东来	33	慎昌	吴恂卿
34	瑞大	边馥堂	35	永丰	陈晓岚	36	达丰	陈漪若
37	汉丰	李锦章	38	近德	程坚伯	39	森康	陈楚江
40	同丰	董裁生	41	勤丰永记	包锡方	42	元德	徐宗德
43	慎裕新	田少梅	44	义康	杨德达	45	恒德	王铸禹

---

① 叶元鼎等：《中国棉花贸易情形》，工商部上海商品检验局，1930，第 63~64 页。
② 《调查：上海棉花业之调查（续）（附表）》，《经济半月刊》1928 年第 2 卷第 15 期，第 15 页。
③ 《调查：上海棉花业之调查（续）（附表）》，《经济半月刊》1928 年第 2 卷第 15 期，第 15 页。

续表

号数	商行名	经纪人姓名	号数	商行名	经纪人姓名	号数	商行名	经纪人姓名
46	慎记	项尧仁	97	福和	陈安怀	48	同德	王桂卿
49	怡大	任性涵	50	德丰	孙惟一	51	集成昌记	陆雨生
52	裕记	邵宝生	55	益昶	洪佐尧	56	长丰	汪希文
57	九成	陈莘田	58	义馀	张耕余	59	恒昌	陈俊杰
61	协生隆记	华寿生	62	兴元	辛耀厍	63	生泰	郭泰顺
64	永昌	杨沧声	65	永大裕记	陈瑞生	66	利昌志记	陆志干
68	信诚	诸广成	69	新大	匡鑑	70	德记新	倪宝珊
101	益成	邵伯英	103	源元洽记	杜庭珍	107	嘉发	高树森
108	聚丰	赵桂芬	109	瑞源	周少康	110	怡昶	夏润龙
备考	本表所列各号经纪人均为纱布交易所内市场上的营业者，自1号至70号止均系兼营纱布及棉花业者，惟9号、20号、23号、54号、60号、67号均缺，其53号之立丰新记则营纱布业而不兼棉花者，故不入本表之内，至101号至110号则为专营棉花业，而不兼纱布者，其中71号至100号及102号、104号、105号、106号均缺。							

资料来源：《调查：上海棉花业之调查（续）（附表）》，《经济半月刊》1928年第2卷第15期，第15~17页。

表2-19所列的经纪人为经营棉花业的经纪人，该所棉花经纪人共有80多名，与中华棉业联合会的经纪人的业务不同。纱布交易所以棉花、棉纱、棉布为主要商品，分为定期和现期两种。就棉花交易而言，棉花定期买卖通常以1至6个月为期限，各期交割一次，数量单位为一百担，叫价以一担为单位，"价银以九八规银五分为单位，棉花之现期买卖，以契约成立之日起，于5日内交割清楚，不得转卖或买回，除经该所书面许可外，亦不得解除契约，其数量之单位定为五十担，叫价价银之单位与定期同"。[1]

每号保证金为二万两，该所营业细则内虽定有现期买卖一种，但市场上所交易者，都系定期买卖，到期之盈亏，两方大半结价交割，鲜有收付目的物者。经纪人之营业最大者每年货价之出入达二三百万元，故是项经纪人有时垫款额甚巨，资本过少者不能承充，此外棉花之交易，在证券物品交易所内亦兼营之，但其交易数目远不如纱布交易所之巨大也。[2]

在贸易习惯方面，上海棉花市场有期货和现货两种交易方式，在现货买卖

---

[1] 《调查：上海棉花业之调查（续）（附表）》，《经济半月刊》1928年第2卷第15期，第17~18页。

[2] 《调查：上海棉花业之调查（续）（附表）》，《经济半月刊》1928年第2卷第15期，第18页。

中，先由掮客取货样给客户察看，如果客户合意，再商议价格，如果买方欲购买，可至货栈勘验实货，如成交，则由买卖双方出立单据，各执一纸。根据上海棉花市场习俗，华商与华商之间交易时一般不用出立单据，凭口头契约和信用即可。此种情况一直持续到 20 世纪 20 年代末期，但是当与洋商进行交易时，则设立单据，以资凭证。① 单据上要求载明交易的各种详细信息，包括卖出方、卖出某种花衣给某厂或某行号，某唛头几件，或某花几斤、② 注明银圆若干两及交货日，如本月期则以月底为期限，最长延至第三月为止。此外，还要载明交货地点，如某厂或某栈房之类，再次还要载明"期银，多以十日庄票为通则，写明年月日，由某行号卖出成单。买进方面，即将卖出两字改为买进，其余都同"。③ 此单分三联式，一为存根；一为卖出成单，交由买进人收执；一为买进成单，交由卖出人收执。双方如有争执，可请第三者公断。成单后，附有规约数条。在部分棉花贸易中，如有掮客作为中介，单据不列掮客之名。成单以中英文并印。④

上海的棉商资本比较雄厚，在定货时，一般无需预交定金，而是直接先付全价的七八成，故专门经营棉花（皮花）的棉商，往往需先垫款数十万或百余万元。20 年代初期，当棉商收买籽花或皮花时，华、洋棉商通过两种方式购买棉花，一是派员到产地，通过与产地的小花行联络，委托其收买籽花或花衣，并先付给货品全价的七八成，然后小花行在产地购买棉花；另外一种是委托掮客收买棉花，一般是先将预付款交给掮客，交货后再付给全价。⑤

晚清及民国初年，上海棉商经常把现款运至内地，由掮客代为收买，故掮客同时也负责运款的任务，掮客的佣金为花衣每担一钱，籽棉每担五分。20 年代以后，内地逐渐通行钞票，携款逐渐简便，棉商便多派员至产地直接收买。

华商开办的纺织厂在各省产棉地普遍设立收花庄，一般洋商不便于在内地亲自设收花庄或花行，故多采取委托华商所设的小花行或收花庄代为购集棉花，然后再运往上海交货。在产地收买棉花，如果购买的数量小，皆以现款结算；如果收买棉花的数量巨大，短时间内不能购集完毕，就采取约期交货的方法。

---

① 《调查：上海棉花业之调查》，《经济半月刊》1928 年第 2 卷第 14 期，第 13 页。
② 凡输出外洋须用洋轧子包装，盖某字记号，称唛头，上海各商交易时多用白包交货，称几斤。参见：《调查：上海棉花业之调查》，《经济半月刊》1928 年第 2 卷第 14 期，第 13 页。
③ 《调查：上海棉花业之调查》，《经济半月刊》1928 年第 2 卷第 14 期，第 13 页。
④ 《调查：上海棉花业之调查》，《经济半月刊》1928 年第 2 卷第 14 期，第 13 页。
⑤ 《调查：上海棉花业之调查》，《经济半月刊》1928 年第 2 卷第 14 期，第 13~14 页。

籽花约期交货，需先预付货价的七八成，价格即使有涨落，一般无争执发生。但是皮花的期货贸易，情况则大为不同，由于棉花市场价格波动较大，往往会发生定货时价格高，交货时价格下降的状况，这时就会发生买主延迟不取货的情况；相反，当定货时价格抵，交货时价格高时，卖户便会延迟不交货。这些情形会促使争执发生，"遇此纠葛时，有第三者为之调解，除双方解货付银略予通融外，并有废除契约，按照损失之数折成贴价以了结者"。①

在交货方面，棉花贸易到期后，棉花照数由卖户交与买主，交货方法已有规定的，不得擅自变更。通常情况下，以栈房交货为原则。在未成交前，栈租由卖户负担；成交以后，约定某日交货，未到交货期的栈租及保险等费用由买主负担，普通每担花衣每月支付栈租及保险费约一两二三分。上海储藏棉花的栈房约有10余处，其中以浦东的隆茂、南市的大储信用最好。在打包厂交货者，过秤后手续即完结，所有棉包由栈房或打包厂运至买主之处，其费用由买主负担，若约定送至厂栈或埠头，则出栈运力费用由卖户负担。② 若在埠头等处交货，成交时，根据已有约定送至买主指定的厂内交解货物，交货时需按例先取得买主解单，然后解货。货物交接后，用于包装的物品如绳索、麻袋等，按例归买方所有，如买方欲退回给卖户，每件价格约二钱左右。在未成交前，栈租的支付由卖户负担；成交以后，约定某日交货，未到交货期的栈租及保险等费由买主负担，普通每担花衣每月支付栈租及保险费约银一钱二三分。③

按照习惯，上海已经形成了比较固定的交货地点和日期，如通县棉的交货地点以浦东的隆茂、南市的大储两货栈为主；常熟、太仓、嘉定及南北市棉花则大半在各打包厂内交货。外省来的宁波棉交货地点为太古、招商等各货栈；陕西棉的交货地点为长江轮船等各货栈。④

在付款方面，现货与期货不同，籽棉与花衣也不同。现货交易时如果当场付清现金，有扣回利息的惯例，扣回的数额相当于每日每百两扣回二钱五、六分，这种操作事实上就相当于当今的全款一次性付清货款，卖方再给买方一些额外优惠的政策。若买主迟迟不取货付款，通常按照惯例是在月底必须清结。如果买方和卖方是有交情的朋友，那么按照中国商人的习俗，货款应逢节清算。如果买方不采取当场结清货款的方法，那么当卖户将货交割完毕后，买主

① 《调查：上海棉花业之调查》，《经济半月刊》1928年第2卷第14期，第14页。
② 《调查：上海棉花业之调查》，《经济半月刊》1928年第2卷第14期，第15页。
③ 《调查：上海棉花业之调查》，《经济半月刊》1928年第2卷第14期，第15页。
④ 叶元鼎等：《中国棉花贸易情形》，工商部上海商品检验局，1930，第68页。

照例给卖主全部价值的十日期庄票或银行支票，以支付货款。①

外商购买棉花时，有毛盘和净盘之说，所谓毛盘是指交付货价时有回扣，净盘是指交付货价时没有回扣，全部交付。毛盘回扣的惯例起源于晚清时期洋商与华商之间的交易需靠买办完成的交易习惯，回扣就是给买办的费用，这样就导致货价实际比市场价格略高，按照惯例每百斤毛盘回扣为一二斤。但发展至民国时期，洋商多抛弃此种交易方法，多采用净盘，仅有少数洋商采用毛盘旧制，例如，外商在采购江浙棉花时，每百斤约扣利一钱一分，购买通县棉花时，每百斤扣一钱四分。② 与洋商交易时，多以十日为交款期限，定购时不预付期货的货款，待货齐交解后，买主给十日期的庄票，如是籽棉交易，则买方只付全部货价的七八成。③

在棉花包装方面，上海市场中的棉花由各省运集而来，包装方法多样，有白包、机包、蒲包等。南北花市棉花包装用布包，火机花相同，每包重125斤，俗称125斤，也俗称白包。此种包装，各行号的老司务（即出店等工人）皆能为之。④ 上海的棉花包装情况如按照地理区域归纳，主要包括通县、太仓、嘉定、宁波、天津、汉口等地。

具体而言，通县棉包为白包，重125斤；太仓、嘉定等处的棉包多用蒲包，每包重量略有不同，太仓棉包重60斤至80斤，嘉定棉包每包约75斤，常熟亦然；宁波棉包以对计数，每对为两包，每包重60斤；天津棉包有中袋（120）小袋（60斤）之别；汉口棉包有大袋（180斤）、中袋（120斤）、小袋（60斤）之分，武汉建成现代打包厂后，多用铁洋轧子包装（亦称铁卷，将棉花装入麻布卷，内外束铁条）运至上海，每件重300斤至400斤；河南、陕西棉花运往上海的有的用铁洋轧子（机力打包机），有的用木洋轧子（人力打包机），铁洋轧子（亦称大洋轧子）重约500磅，木洋轧子重约200斤。⑤ 此外，也可以用邮政的方式将棉花包装成十五六斤的小包寄往上海，采取此种包装方式的多为汉口花商和新疆的花商。以上为各地棉花输入上海之包装情形。

关于出口棉花的包装，则依据出口地而定。如果是输出至附近各地则多用原样包装，输往外国的棉花包装，除天津、陕西、河南的已包装成铁洋轧子的

---

① 《调查：上海棉花业之调查》，《经济半月刊》1928年第2卷第14期，第16页。
② 《调查：上海棉花业之调查》，《经济半月刊》1928年第2卷第14期，第16页。
③ 《调查：上海棉花业之调查》，《经济半月刊》1928年第2卷第14期，第16页。
④ 《调查：上海棉花业之调查》，《经济半月刊》1928年第2卷第14期，第15页。
⑤ 《调查：上海棉花业之调查》，《经济半月刊》1928年第2卷第14期，第15页。

不再改动外，其他南北市棉花、火机花、通县花、宁波花等皆须改装成铁洋轧子，才能输运。如果用麻袋进行包装，需再束铁条，每件重 400 斤左右。改装的标准是普通旧式包装重 125 斤的棉花包，每 3 袋改装成 1 件；重 60 斤的，以 7 袋改装成 1 件；重 75 斤的，以 5 袋半或 6 袋改装成 1 件。每件包装费约一两二三钱。上海有 5 家棉花打包厂，分别是位于新闸路的怡和源打包厂，有打包机一座（短车）；位于四川路的平和打包厂，有打包机一座（长车）；位于杨树浦的平和分厂，有打包机一座（短车）；位于五马路的隆茂打包厂，有打包机一座（短车）；位于浦东的隆茂本厂，有打包机二座（长车）。每车每日平均打包 800 件，此五工场共有七车，一日可打包 9600 件。此外运往外国的粗绒花的包装比较特殊，例如，输往日本的粗绒花用旧式麻布包装，因此种粗绒花输往日本后，被用作棉胎，如果以铁卷束之，会伤其织维。[1]

　　以上均为皮棉包装情况，关于籽棉包装，大多用蒲包，上海附近及松江旧属各县所产的棉花，每包籽棉约重 60 斤，浙江的平湖棉和南沙棉亦是，太仓每包籽棉重 100 斤上下，姚花、通棉亦与之相同。运到上海的籽花数额甚微，以上无论是皮棉还是籽棉包装，重量均系去皮计算。[2]

　　在棉花仓储方面，上海棉花堆栈业经过多年发展，主要分三种，分别是码头堆栈、金融堆栈和钱庄或个人经营的堆栈，其中码头堆栈共 40 家，英国经营的有 12 家，美国经营的有 2 家，日本经营的有 12 家，华商经营的有 14 家；金融堆栈共 29 家，日本经营者 12 家，华商经营者 17 家，钱庄或个人经营的堆栈大都由洋行出面，数量虽不少，但收容力小。[3] 在上述这些堆栈中，经营棉花堆存业务及其详细情况如表 2-20 所示。

表 2-20　1930 年上海棉业堆栈一览

单位：件

栈名	地址	出发路由	舟车别类	时间	栈门启闭	堆棉种类	堆货容量
大来	白莲泾	三马路外滩	大赉轮	上午九时起，每小时一次，至下午六时止	上午七点开，十二点半闭，下午一点开，下午四点半闭	美棉	30000

① 《调查：上海棉花业之调查》，《经济半月刊》1928 年第 2 卷第 14 期，第 15 页。
② 《调查：上海棉花业之调查》，《经济半月刊》1928 年第 2 卷第 14 期，第 15 页。
③ 丁振一：《堆栈业经营概论》，商务印书馆，1931，第 15~17 页。

续表

栈名	地址	出发路由	舟车别类	时间	栈门启闭	堆棉种类	堆货容量
义泰兴	董家渡	同上	董家渡	上午六点、八点、十点、十二点，下午一点半、二点、三点、四点，六点止	同上	灵宝、陕西、木架子	10000
同春福	张家浜	同上	菱华丸	上午九点起，每小时一次，至下午六时止	同上	未详	未详
大仓	老白渡	同上	大仓丸	上午八点起，每小时一次，至下午六点止	同上	未详	未详
招商	杨家渡	四马路外滩	飞轲	上午七点起，每小时一次，至下午六点止	上午七点开，十一点半闭，下午十二点开，四点半闭	陕西、姚花	5000
元一	同上	同上	同上	同上	上午七点开，十一点半闭，下午一点开，下午四点半闭	灵宝、陕西	6000
华通	陆家渡	洋泾浜	太古公司轮	上午七点起，四十分钟一次，下午六点止	同上	未详	未详
太古	澜泥渡	同上	同上	同上	同上	陕西、九江、小白包	25000
鸿升	同上	同上	同上	同上	同上	陕西、尖机、小白花、九江	14000
隆茂	陆家嘴	五马路外滩	隆茂	上午六点半起，每十五分一次，下午六点止	打包间无定时，余同上	美棉、通县、陕西、火机、南市	70000

续表

栈名	地址	出发路由	舟车别类	时间	栈门启闭	堆棉种类	堆货容量
永兴	同上	大马路外滩	永兴	上午七点半起，每半小时一次，至下午六点止	同上	同上	38000
旗昌	旗昌栈	三马路外滩	可大	七点半，九点一刻、十点、十一点廿，十五点半止	上午七点开，十一点半闭，下午一点开，下午四点半闭	印度、美棉、陕西等	90000
新汇山	同上	同上	龙华丸	上午七点起，每半小时一次，至下午六点止	同上	印度、美棉	35000
太古监烟囱	洋泾浜	同上	米特	上午七点起，每四十五分钟一次，至下午六点止	同上	陕西	8000
大阪	老百渡	五马路外滩	安山英山丸	上午七点起，每小时一次，至下午六点止	上午七点开，十一点半闭，下午一点开，四点半闭	印度	30000
大通	王家码头外滩	二点、八点九路电车转华商电车	电车或人力车	随时	同上	灵宝、陕西、九江各路	6000
新宁绍	同上	同上	同上	同上	同上	陕西、灵宝、火机、姚花	13000
大储	竹行码头	同上	同上	同上	同上	陕西、通县、火机	32000
鸿安	十六铺	二点、八点九十路电车	同上	同上	上午七点开，十一点闭，下午十二点开，四点半闭	陕西、火机、姚花	15000
宁绍	同上	同上	同上	同上	同上	同上	10000

栈名	地址	出发路由	舟车别类	时间	栈门启闭	堆棉种类	堆货容量
金利源	新开河	同上	同上	同上	上午七点开，十一点半闭，下午一点开，四点半闭	同上	13000
太古	同上	同上	同上	同上	同上	陕西	8000
三菱	外白渡桥北	一点、七点、八点九路电车	同上	同上	同上	陕西、美棉	7000
招商中栈	外虹桥	八点九路电车	同上	同上	同上	美棉	3000
顺泰	庄源大路	同上	同上	同上	同上	陕西	16000
公和祥	华记路	同上	同上	同上	同上	陕西	5000
招商北栈	兆丰路	同上	同上	同上	同上	陕西、美棉	14000
华顺	公平路	同上	同上	同上	同上	陕西	10000
汇山	提篮桥	同上	同上	同上	同上	美棉、印度	16000
大阪	同上	同上	同上	同上	同上	美棉、印度	13000
和平	黄浦码头	同上	同上	同上	同上	各种棉花	50000
黄浦	同上	同上	同上	同上	打包间无定时	陕西、印度	8000
北火车站	北火车站	十四点七路电车	同上	同上	同上	各种棉花	3000
麦根路	麦根路	三点、十六点、十九路电车，后再乘黄包车	同上	同上	同上	同上	4000
信通	舢板厂新桥	同上	同上	同上	同上	同上	3000
怡和源	苏州河	十六、点十九点电车	同上	同上	打包间无定时	同上	5000
中国	同上	同上	同上	同上	同上	陕西	2000

资料来源：叶元鼎等：《中国棉花贸易情形》，工商部上海商品检验局1930年，第95~100页。

从表 2-20 可以看出，上海共有 37 家堆栈经营棉花堆存业务，在外商和华商经营的棉花堆栈中，外商经营的堆栈收容力较大，且经过长时间发展，来自不同地点的货源形成了比较固定的堆存点。

上海为长三角地区棉花市场的中心，其棉花市场的运行代表了中国棉花市场发展的最高阶段和水平，但除了上海之外，浙江省棉花市场的发展也是长三角地区棉花市场的重要补充，浙江省的姚花多产于绍兴和宁波，棉花品质在国产棉花中并不算佳品，仅供混纺 12 支以下的纱线，虽然质量较次，价值较低，但其富于弹力，可以用作絮胎和混纺毛织物之用，有时市价反而比通棉坚俏。①

在贸易方面，宁波有花行 20 家，分别是宏大、丰泰、同泰、恒泰、丰大、五昌、瑞茂、永昌、甬兴、乾生、永康、新永顺、鼎昌、乾昌、裕昌、顺昌、同吉、星号、慎生、通久，每家花行固定资本额为 2 万元至 4 万元。② 在慈溪县，全县有花行四十余家，花行资本自三百元至四千五百元不等。③

在轧棉方面，以余姚县为例，余姚全县有轧户约 50 家，每个轧户有日式轧车六架至十余架，动力为柴油引擎，以畜力为动力者极少。④ 在打包厂方面，余姚周巷及宁波各有打包厂一所，其中，余姚打包厂为浙江棉业改良场所创办，仅给改良场所产的棉花打包，且系木机包，每件约重二百斤。而宁波宏德打包厂仅在新花上市时打包，也是木机包，每包约重 180 斤，每日可打包二百件，多运往日本。以上两厂用机器打包，以人工为辅。⑤ 在棉花仓储方面，宁波有堆栈 28 家，如中国银行堆栈、宏大堆栈、坤元栈、渔栈、闽栈、泰来栈、永记栈、洽记栈、洽盛栈、慎成栈、益顾栈、洪生栈、永泰栈、承源栈、三北公司堆栈、宁绍公司堆栈、和丰栈、和丰纱厂堆栈、恒泰本栈、鼎崇兴货栈、恒丰栈等，宁波堆栈多数是旧式堆栈，由住房改成，光线不足，湿气严重。光线充足的堆栈仅有中国银行堆栈、洽记栈、永记栈、承源栈，且这些堆栈铺设了地板，适宜存储堆置棉花。⑥

---

① 《调查：上海棉花业之调查》，《经济半月刊》1928 年第 2 卷第 14 期，第 20 页。
② 叶元鼎、马广文：《吾国重要棉市调查记》，《国际贸易导报》1934 年第 6 卷第 9 期，39~40 页。
③ 顾华苏：《慈溪之棉业》，《浙江省建设月刊》1931 年第 5 卷第 4 期，57 页。
④ 叶元鼎、马广文：《吾国重要棉市调查记》，《国际贸易导报》1934 年第 6 卷第 9 期，39~40 页。
⑤ 叶元鼎、马广文：《吾国重要棉市调查记》，《国际贸易导报》1934 年第 6 卷第 9 期，第 40 页。
⑥ 叶元鼎、马广文：《吾国重要棉市调查记》，《国际贸易导报》1934 年第 6 卷第 9 期，第 40 页。

本章小结

自 20 世纪 20 年代起直到 1937 年，长三角地区的棉业发展跌宕起伏，有积极进取的一面，有发展滞后和弱势的一面，也有原地踏步维持稳定的一面。分而观之，长三角地区棉田面积和棉花产量基本维持原有水平，其中浙江省和安徽省的增幅比较明显，而江苏作为长三角地区最重要的产棉大省，总体上植棉面积和棉花产量维持在比较稳定的水平，此时期单年棉花总产量没有超过20 世纪 20 年代之前的最高水平。

积极进取方面主要包括上海棉花市场的结构越来越完善，与棉花产业相关的各个部门无论在组织性还是在技术方面均与时俱进。经过这一时期近二十年的发展，上海棉花市场的交易主体和交易规则等越来越稳定、成熟、与时俱进，例如各种交易所的诞生不仅保证了棉花期货贸易的顺利进行，同时也防止了这一贸易形式被外商独占和操纵。棉花服务部门发展较为完善，例如机器打包业、轧棉业、堆栈业等发展均较快，且代表了全国最高水平。不仅如此，全国各产棉区运往上海的棉花在长期运销过程中，已经形成了比较稳定的供给格局，其中长江流域的江苏和湖北二省棉产供给上海最多，经过多年的经验积累，对于各地棉产的特征和优劣，上海棉花市场均较为熟悉，并能根据市场需要随时替换候补市场之需。

相对而言，发展比较滞后和弱势的主要有两个方面，一是在此时期长三角地区棉种退化严重。[①] 这一时期的棉种退化既包括中国本土棉种的退化，也包括由外国输入的棉种的退化。主要原因是当时中国的生物育种技术比较落后，育种观念和知识均缺乏。优良品种的缺乏直接导致中国棉产品质量不佳，尤其是缺少在国际市场上具有竞争力的细绒棉。

棉花品质的下降带来了一系列的劣势，首先，优良品质棉花的缺乏导致中国在这一时期原棉进口的持续增加，正如前文所述，总体而言，中国自 20 世纪 20 年代开始，洋棉进口逐年增加。20 世纪 30 年代，中国进口洋棉数额更是激增，1932 年上海进口洋棉 370 余万担，达到历史最高水平，远超中国国产棉花运销至上海的数额。其次，由于棉花品质问题，中国出口的棉花在国际市场上竞争力下降，甚至被印度产的棉花夺去部分市场。

---

① 其实棉种退化这一现象发生在全国产棉区。

为了解决中国棉业发展过程中遇到的问题，自 1929 年开始，南京国民政府正式建立相应的国家机关部门，旨在提升中国棉花品质。1933 年，国家更是建立了专门发展棉业的棉业统制委员会，从多方面入手促进棉业的整体改革和发展。如果不是 1937 年日本发动全面侵华战争，中国棉业发展应是另外一番蒸蒸日上的局面。中国棉业的现代化之路在日本的入侵下戛然而止。

第三章 华中地区植棉及棉花市场发展
（1890~1937）

溯源华中经济区的形成，其脱胎于长江流域中部经济的发育。从历史上看，长江流域经历了一千余年（公元220~1280年）的发展后才取得了基本经济区的地位，[1] 南宋末年的长江流域经济地理范围实质上可以同现代工业化前夕的长江流域等量齐观。但事实上，长江流域在成为一个经济区的同时，又保留了一些分裂的特点，克雷西曾经指出，长江流域被丘陵和山岳分割成了六个具有不同特点的小经济区，其中湖南与湖北为一个分区。[2] 近代农产品商品化比率的提高与产销路径的变化进一步加速了长江流域中湖北、湖南、江西这一小经济区的商品交易，民国时期这三省已被视为华中地区。[3] 近代商品经济的发展，使长江流域商品市场体系及功能逐步完善、特点突出。就棉业经济地理而言，本章研究的华中地区包括湖南、湖北、江西三省。

华中地区是我国重要的棉花生产和集散区，其棉花市场东达苏沪，北接郑县，西辐四川，南达云贵。华中地区的现代棉纺织业开启于张之洞1890年在湖北开设的织布官局，此织布官局于1892年正式开工，[4] 随后刺激了华中地区的棉花种植、棉花交易以及棉花加工和其他棉业服务业的兴起。

1890年以后，华中地区的棉花市场渐趋繁盛，其组织形式与专业化程度仅次于上海地区，是链接内地与沿海棉花市场的重要转承中心。在整个华中地区，汉口是棉花市场的枢纽，也是重点探讨的内容。汉口是中国最早发展棉业的城市之一，其先发地位对华中地区及内地影响力巨大。经过晚清时期的发展，汉口不

---

① 冀朝鼎：《中国历史上的基本经济区》，商务印书馆，2014，第15页。
② 这六个小经济区分别是四川经济区、云南同两广经济区、太湖与钱塘江流域经济区（今浙江与江苏南部）、淮河流域与长江下游经济区（今江苏北部，安徽与江苏）、福建经济区、湖南和湖北经济区。参见冀朝鼎：《中国历史上的基本经济区》，商务印书馆，2014，第120页。
③ 孙敬之：《华中地区经济地理》，科学出版社，1958，第3页。
④ 《光绪十六年三月十三日致伦敦薛钦差》，苑书义、孙华峰、李秉新编《张之洞全集·电牍》第七册，河北人民出版社，1998，第5478页。严中平：《中国棉纺织史稿》，商务印书馆，2011，第136~140页。

仅逐渐成为全国重要的棉花中转市场，同时也因为纱厂数量及规模的增长，成为重要的棉花终端销售市场，在棉花市场网络中处于中心地位。

国外学者对中国近代市场问题给予了极大的关注，施坚雅、滨下武志、彭慕兰等都从不同的角度论述了中国近代市场的特点。[①] 国内学界对中国近代长三角地区棉业市场的研究较为深入，成果丰富。[②] 相比较而言，国内学界对中国近代华中地区棉业研究的重点主要集中在汉口或武汉的棉纺织业，[③] 关于中国近代华中地区棉花市场的论著并不多，专门对汉口或武汉的棉花市场贸易进行探讨的成果也较少。[④] 从中国近代以汉口为核心的华中地区棉业发展特征看，华中地区在全国棉花市场中占有极其重要的地位，探究其发展概貌及特征，对理解中国近代工商业或农业发展历程中的成就和困境问题、揭示近代农产品市场的发展与特征、解析中国近代工业原材料的生产及贸易市场体系的运作、分析晚清民国时期农产品商品化及其与棉纺织工业的联动等问题都具有重要的意义。

对华中地区棉花市场的研究，有必要参考国内外的研究范式。国外学者将棉花市场分为原产地市场、现货市场和期货市场。[⑤] 中国学者在研究棉花市场时有两种研究范式，一是将棉花市场分成原始市场、中级市场和终点市场。[⑥] 一是将棉花市场分为产区市场、集散市场、[⑦] 消费市场。[⑧] 笔者吸收前人的研

---

① 参见彭慕兰：《腹地的构建——华北内地的国家、社会和经济（1853-1937年）》，社会科学文献出版社，2005；滨下武志：《中国近代经济史研究——清末海关财政与通商口岸市场圈》，江苏人民出版社，2008；施坚雅：《中国农村的市场和社会结构》，中国社会科学出版社，1998。

② 参见羌建：《近代南通棉业变革与地区社会变迁研究（1884-1938）》，中国农业科学技术出版社，2013；于新娟：《长江三角洲棉业外贸研究》，上海人民出版社，2010；李义波：《民国时期长江三角洲棉业研究》，中国社会科学出版社，2015；王菊：《近代上海棉纺业的最后辉煌（1945-1949）》，上海社会科学院出版社，2004；汪时维主编：《上海纺织工业一百五十年》，中国纺织出版社，2014。

③ 参见刘岩岩：《民国武汉棉纺织业问题研究（1915-1938）》，中国社会科学出版社，2016。

④ 参见徐凯希：《近代汉口棉花贸易的盛衰》，《江汉论坛（武汉）》1990年第9期，第72~76页。

⑤ John A. Todd, *The Marketing of Cotton: From the Grower to the Spinner*, London, Sir Isaac Pitman & Sons, Ltd., 1934.

⑥ 参见方显廷：《中国之棉纺织业》，商务印书馆，2011；严中平：《中国棉纺织史稿》，商务印书馆，2011。

⑦ 集散市场：棉花集散市场为一般棉花贩运商将产区收购之棉花运集一处，位于待售中心之市场，或称为中间市场，我国棉花集散市场为数不多，主要有汉口、郑县、济南，次要的有石家庄、宁波、沙市等处，多设在棉区内地位重要，交通便利之都市。与产区市场相较，我国棉花之集散市场有两大不同之点，第一是集散市场限于棉花之交易，而不像产区市场，除了棉花，还有其他商品的交易；第二是集散市场有棉花店，或称花行，而产区市场鲜见。

⑧ 杨逸农：《经济资料：我国棉花市场》，《经济汇报》1944年第9卷第10期，第45页。

究基础，从原始市场、中级市场、终点市场的角度来研究华中地区棉花市场的发展。

第一节　湖北省植棉发展

湖北植棉始于宋末元初，明代时，湖北省植棉已比较普遍，且有部分外销至江西。[①] 清代，湖北植棉和棉纺织发展集中在江汉平原，次者为鄂中和鄂北，长距离贩运比明代更为普遍。[②] 除了原有的运销地江西和广东，云、贵、川、陕也是湖北棉花的主要运销地。与此同时，湖北棉纺织业发展也较快，商品性棉布生产及运销均旺盛。[③] 湖北棉纺织业的发展，尤其是以出卖为主的农民家庭手工业和以纺织为生的家庭手工棉纺织业的发展，又促进了湖北植棉的扩张。[④] 总体上，就产量而言，湖北省棉产自晚清时起，即为出产大宗，仓子埠、黄石港、蕲州、仙桃镇、孝感、宋埠、沙阳等诸处的乡民均赖此为衣食。[⑤]

具体来看，在1869年前后，湖北的随州地区就已经是"户种木棉，人习为布。秋熟后，贾贩麟集。随民多恃此生计"。[⑥] 天门县的产棉和棉纺织情况是："居乡者必兼农，为农者必兼织，广植木棉。"[⑦] 1910年，据工商部掌握的情况，湖北省随州和麻城产棉最多，其他"武、汉、荆、宜、施、安、襄、郧八府属产棉多寡不等"。丰年时，每亩棉田收获棉花一百余斤，中等收百斤，气候不佳之年，每亩棉田大概只能收五六十斤。据统计，湖北全省年产棉花一百五十万担。[⑧] 综上可以看出，晚清时期，湖北省植棉发展迅速，每年产棉量就已经达一百余万担，且种植的棉花为本地棉种。

民国初年，华中地区植棉继续发展，湖北省植棉在全国占有极重要地位。据华商纱厂联合会1919年调查结果显示，1919年5月湖北省遭遇久旱，棉苗

---

① 梅莉：《历史时期湖北的植棉业》，《农业考古》1991年第1期。

② 梅莉：《清代湖北纺织业的地理分布》，《湖北大学学报》（哲学社会科学版）1993年第2期。

③ 梅莉：《历史时期湖北的植棉业》，《农业考古》1991年第1期。

④ 王永年：《明清湖北的植棉业与棉纺织业》，《中南民族学院学报》（社会科学版）1987年第3期。

⑤ 《各省商情·棉花减色》，《湖北商务报》1900年第57期，第20页。

⑥ （清）文龄、孙文俊修，史策先纂《随州志》，《物产》卷13，1869（同治），第2页。

⑦ 吕调元、刘承恩修；张仲炘、杨承禧纂《湖北通志》，《风俗》第21卷，1921年刻本，第32页。

⑧ 农工商部：《中国棉业现情考略》，《棉业图说》第三卷，1910，第3~4页。

受损，收获之际又遭大雨，收成减少，棉花收获量仅及1918年的50%至60%，即便是这样，湖北全省仍生产皮花120余万担。在棉花品质方面，就全省而言，新洲所产的棉花最优，俗称家乡种，纤维细长，色泽洁白。①

1919~1937年，湖北省产棉量只有1921年和1935年未达到一百万担，其余年份中，达到两百万担以上的共有6年，分别是1922年、1928年、1929年、1930年、1933年、1936年，其中1928年和1930年两年达到三百万担以上，其余年份的产棉量均在100万担以上。② 从全国角度看，湖北省在1926~1935年的棉田面积和皮棉产量的平均量居全国前列，占全国皮棉总产量的21%左右。③

为了更加清晰地显示湖北省棉产在全国的地位，表3-1列出了民国时期全国前四大产棉省河北、江苏、山东、湖北1919~1937年的产棉量。

表3-1　河北、江苏、山东、湖北自1919~1937年的皮棉产额统计

年份	河北	山东	江苏	湖北	总量
1919	2683753	894558	2763160	1207000	9028390
1920	1022219	126070	3022210	1580000	6750403
1921	1819314	295070	1283660	615150	5429220
1922	1295119	1005230	2446650	2029850	8310355
1923	944973	1387666	1489081	1271760	7144642
1924	798575	937224	2768781	1119326	7808882
1925	958290	995603	2242475	1007394	7534351
1926	814300	518279	1920849	1112053	6243585
1927	770550	709755	1637590	1350793	6722108
1928	653120	620413	2542345	3637975	8839274
1929	801260	1213080	2276613	2061304	7587021
1930	834791	2170658	1084835	3061588	8809557
1931	844000	2154882	626480	1037002	6399780
1932	1282929	1769394	1778247	1634350	8105637
1933	1444912	1468932	2045260	2177593	9774207
1934	2836127	1334053	1664935	1910783	11201999
1935	2166447	407215	1977620	917184	8142911
1936	2539524	1790227	2425820	2668163	14508230
1937	2242585	1365879	1952875	1271193	10651181

资料来源：中华棉业统计会：《中国棉产统计》，1937，第6~8页。

---

① 《湖北省棉产调查报告（附表）》，《棉产调查报告》1920年第8期，第18~19页。
② 中国棉业统计会：《中国棉产统计》，1937，第8页。
③ 此数据为1926~1935年之平均量。参见冯肇传：《创刊词》，《鄂棉》，湖北棉业改良委员会试验场总场，1936。

　　根据表3-1可知，从全国范围看，湖北一直是全国重要的产棉大省，尤其在1928~1930年，产棉量居全国首位。就华中地区而言，湖北、湖南、江西三省的棉田数量和棉产额共同构成了华中地区棉业发展的基础。如果把参考的数据年限延长至1946年，从表3-2和表3-3可看出华中地区植棉的发展趋势以及湖北省在华中棉业发展中所处的地位。

表3-2　湖北、湖南、江西棉田面积统计（1919~1946年）

单位：市亩

年份	湖北	湖南	江西	全国总数
1919	1368628			30593078
1920	5805742		369335	26231077
1921	2638267		237658	26128172
1922	7049546		334869	30988215
1923	5415340		638549	27367053
1924	5956875		638549	26642481
1925	5488402		661164	26040071
1926	4686486		501583	25325847
1927	5826392		553052	25567116
1928	10284198		534191	29563764
1929	11189106	1286862	281597	31309223
1930	10617227	1125368	264929	34811129
1931	3967225	246733	42713	29295441
1932	7062278	909966	206209	34354415
1933	7578018	816049	187700	37460426
1934	7280132	820426	220165	41643390
1935	4230282	343720	184959	32433978
1936	8225743	681684	209860	52051147
1937	7946387	720873	91605	59316344
1938	7151748	728071	82444	33702365
1939	4092825	783157	73284	25341094
1940	4902912	784506	77864	28274324
1941	6294739	1552968	140327	31254100
1942	6788767	1328589	144163	32895723
1943	5443194	1355366	130225	27459813
1944	4900000	1480557	300819	27746804
1945	4169917	1161425	82445	22513972
1946	5935000	897000	216000	29418000
合计	173295376	17023320	7406258	885728562
年平均	6189121	945740	274306	31633163

　　资料来源：农林部棉产改进咨询委员会、中国棉纺织业联合会合编《中国棉产统计》，1946，第2~3页。

表 3-3　湖北、湖南、江西棉产统计（1919~1946 年）

单位：市担*

年份	湖北产量	湖南产量	江西产量	全国产量
1919	1412190		122850	10563216
1920	1848600		114496	7897971
1921	719725		53030	6352187
1922	2374924		99009	9723115
1923	1487959		200698	8359230
1924	1309612		180655	9136392
1925	1178651		198720	8815191
1926	1301102		135942	7304994
1927	1580428		169008	7864866
1928	4256430		145457	10341951
1929	2411726	460746	125342	8865115
1930	3582058	294068	85942	10309533
1931	1213292	52990	10436	7487743
1932	1912189	233724	53612	9483595
1933	2547784	208356	69185	11435822
1934	2235616	117455	39534	13106339
1935	1073105	49367	49703	9527206
1936	3121751	301866	48537	16974629
1937	1517337	148577	22606	12713593
1938	1430349	190419	16488	8432350
1939	818565	230000	14656	6566133
1940	980582	196126	15572	6767608
1941	1828509	424262	39502	7995705
1942	2059555	312476	41966	8862630
1943	1786843	214038	34517	6829554
1944	1200000	276932	50679	6986402
1945	963532	246161	20345	5161971
1946	1721000	224000	50000	7430000
合计	49873414	4181563	2208487	251295041
平均	1781193	232309	78875	8974823

　　* 华商纱厂联合会的数据统计从 1918 年到 1936 年，所用的度量单位都是旧制，即每担以天秤 100 斤计，面积以华尺六十方丈为一亩计，每亩收量以籽棉一斤为单位，每斤以 16 两计算。从 1937 年开始，度量单位改变为市制，棉田面积单位为一市亩，皮棉产额单位为一市担，每亩收量单位为籽棉一市斤。参见华商纱厂联合会棉产统计部：《1936 年、1937 年中国棉产统计》，中华棉业统计会，1936，第 1 页。

　　资料来源：农林部棉产改进咨询委员会、中国棉纺织业联合会合编《中国棉产统计》1946，第 5~6 页。

1919~1946 年，湖北省年均棉田面积为 6189121 亩；湖南省自 1929 年开始有确切的棉田面积调查数据，至 1946 年，湖南省年均有棉田 945740 亩；从 1920 年至 1946 年，江西年均用棉田 274306 亩，从 1919 年至 1946 年，全国年均棉田有 31633163 亩。湖北、湖南、江西三省年均棉田数总和为 7409167 亩，约占全国年均棉田 31633163 亩的 23%。① 1919~1946 年，湖北省年均皮棉产量为 1781193 担；湖南省自 1929 年开始有确切的皮棉产额调查数据，至 1946 年，湖南省年均产皮棉 232309 担；从 1920 年至 1946 年，江西年均产皮棉 78875 担。从 1919 年至 1946 年，全国年均产皮棉 8974823 担，湖北、湖南、江西三省年均皮棉产额为 2092377 担，约占全国年均皮棉产额 8974823 担的 23%。② 在棉产量方面，湖南与江西两省由于棉田较少，棉产量也较少。其中，1919~1937 年的 19 年间，江西的棉产量只有在 1919 年、1920 年，以及 1923~1929 年共 9 年超过 10 万担，其余年份均在 10 万担以下。湖南省则自 1929 年始有确切的棉产统计，棉产额最高不超过 50 万担，最低则只有 4 万余担。③

总体而言，在华中地区植棉发展版图中，湖北省居中心地位，湖南和江西居次要地位。相比之下，湖南的植棉起步最晚，但就棉田面积和皮棉产额来讲，湖南均超过江西。

第二节　湖北省棉花运销

中国近代华中地区棉业发展起步较早，棉花商品率高，棉花市场活跃，与上海交换商业信息便利。④ 贸易方面，湖北棉花贸易早在晚清时就颇为繁盛，汉口是华中地区最大的棉花市场，市场价格与苏浙地区互为参考。晚清时期，湖北棉花市场销售网络覆盖的范围已较广。1890 年，来自四川、湖南、陕西

---

① 关于湖北、湖南、江西棉田面积的统计，湖北从 1919 年有明确地统计数字，江西从 1920 年有明确的统计数据，湖南从 1929 年开始有明确地统计数据。农林部棉产改进咨询委员会、中国棉纺织业联合会合编《中华民国三十五年中国棉产统计（附二十六年中国棉产统计）：全国棉产统计［表］（附二页图）》，《中国棉产统计》1946 年第 35 期，第 2~3 页。

② 关于湖北、湖南、江西棉产量的统计，湖北和江西从 1919 年有明确地统计数字，湖南从 1929 年开始有明确地统计数据。农林部棉产改进咨询委员会、中国棉纺织业联合会合编《中华民国三十五年中国棉产统计（附二十六年中国棉产统计）：全国棉产统计［表］（附二页图）》，《中国棉产统计》1946 年第 35 期，第 4~5 页。

③ 中华棉业统计会：《中国棉产统计》，1937，第 8 页。

④ 中国重要的产棉省份有 11 省两市（上海及天津），棉田共有四千五百余万亩，皮棉产额约一千一百余万担。参见金国宝：《中国棉业问题》，商务印书馆，1936，第 3 页。

的商人皆购入湖北棉花，湖北省所产的棉花沿湘江、汉水、长江销往外省，数量甚多。[1]

1899 年，湖北已是江南购入棉花的主要来源地。据《湖北商务报》记载，"汉镇号客昨日接通县来函，今岁通县棉花丰稔，较之往岁更佳，现在棉花棉布一律跌价。松太沿海植棉各地，前因大风受伤不少，近复阴雨兼旬，花朵受损，恐日后收成，必为大歉，故上海各花行集议，再三加价，前售十四两者，今添涨五钱"。[2] 清末，湖北不仅是江南地区主要购入棉花之地，同时也是日本大量购入棉花的地区。1899 年，日本商人争先采购湖北棉花，"几于罗掘一空，棉价每担贵至银二十一、二两"。[3] 1900 年秋，虽天气干旱，谷物歉收，棉花产量减少，但来汉口购买棉花的商人仍络绎不绝，"致使棉价陡增，外省寓汉客商，采办殊为棘手"。[4] 但随着晚清洋花、洋纱、洋布等陆续输入，湖北省的棉花与花布的销路均受到影响，农民生计大减。[5] 例如贵州，在外国棉花和棉纱进入中国市场前，贵州省从汉口和广西输入大量棉花，而自外国棉花和棉纱进入中国市场后，无论经线还是纬线都采用印度纱，从汉口购入的棉花和棉纱大量减少。[6]

清末集中到汉口的棉花主要来自湖北、湖南、河南三地，其中来自湖北的棉花占一大半，主要包括黄州、武昌、沔阳、京山、沙市、孝感、黄陂等地；就规模而言，黄州占 20%，武昌占 20%，黄陂、孝感占 15%，汉川、沔阳占 15%，汉阳、蔡甸占 10%，沙市、新堤占 10%，兴国、蒲圻占 10%，共调进 100 万担；来自湖南的棉花则主要集中在常德一带；来自河南的棉花主要集中在唐河一带。各地进入汉口的棉花因年成好坏大有区别。如 1902 年棉花大丰收，输入汉口的棉花二十多万担；1903 年因气候不佳，收成减少，输入不过七万担。进入汉口的棉花一部分供武昌纺织局做原料用，另一部分运销到外地。[7]

晚清时期，气候状况是影响湖北省输出棉花数量和质量的关键因素，在1901 年前的五六年间，由于湖北棉田多遭水灾，棉花的输出量很少。1899 年，

---

① 《张文襄公全集》奏议，卷 29，1890。
② 《本省商情·棉花丰歉异情》，《湖北商务报》1899 年第 16 期，第 14 页。
③ 《本省商情·蚕丝棉花》，《湖北商务报》1899 年第 35 期，第 20 页。
④ 《本省商情·棉花减色》，《湖北商务报》1900 年第 57 期，第 20 页。
⑤ 《张文襄公全集》奏议，卷 29，1890，第 6~7 页。
⑥ 皮明麻、冯天瑜等：《武汉近代经济史料》，武汉地方志编纂办公室，1981，第 241 页。
⑦ 湖北省志贸易志编辑室：《湖北近代经济贸易史料选辑》，1984 年（内部资料），第 40 页。

输出量有 9729 担，1898 年仅有 702 担。在湖北棉歉收这几年，湖北需要从外地输入棉花，此期间，经上海中转的通县棉花每年输入有三四万担。① 1901 年以后，湖北省连续几年棉花丰收，自汉口输出的棉花数量增长较快，表 3-4 是日本学者统计的 1901~1905 年自汉口输出的棉花数额。

表 3-4　1901~1905 年自汉口输出的棉花数额统计

输出年份	棉花种类	数量（担）	价额（两）
1901	皮棉/籽棉	24379/—	390352/—
1902	皮棉/籽棉	133361/—	2133778/—
1903	皮棉/籽棉	332102/—	5977836/—
1904	皮棉/籽棉	399720/—	7194960/—
1905	皮棉/籽棉	252284/919	3910404/5019

资料来源：水野幸吉：《中国中部事情：汉口》，武德庆译，武汉出版社，2014，第 203 页。

从表 3-4 可以看出，1901 年汉口输出棉花 24397 担，1902 年骤增至 133361 担，1903 年和 1904 年更是成倍增长，交易额达几百万两。在此期间，汉口棉花输出量增长较快的原因包括以下方面，一是由于 1902 年以前，湖北当地棉花歉收，造成汉口棉花收购价格上涨，促进了棉农向汉口输入棉花；二是受到价格刺激，棉农扩大了植棉面积。

此外，日本学者还统计了 1904 年和 1905 年汉口输出棉花的数量和价值，其中 1904 年汉口输出棉花 35562 担，价值 640116 海关两，1905 年汉口输出棉花 79109 担，价值 1226190 海关两。② 其中，输往日本的棉花有直航和由上海中转两种方式，详情见表 3-5。

表 3-5　（明治）三十八年对日本输出品数量价格概算

单位：担

品名	直航	经由上海	总计	单位平价	总价额
棉花	60000	150000	210000	15 两	3150000 两

资料来源：参见《1905 年对日本输出货物的数量价额概算表》，水野幸吉：《中国中部事情：汉口》，武德庆译，武汉出版社，2014，第 165 页。

① 湖北省志贸易志编辑室：《湖北近代经济贸易史料选辑》，1984 年（内部资料），第40 页。
② 参见《最近两年间重要输出品的数量及价额》，水野幸吉：《中国中部事情：汉口》，武德庆译，武汉出版社，2014，第 130 页。

汉口棉花的输出值在整个出口值中占据重要地位。汉口棉花 1895 年出口货值 520767 海关两，占全年出口货物总价值的 1.4%；1905 年出口货值 3910404 海关两，占全年出口货物总价值的 6.1%；1913 年出口货值 5249776 海关两，占全年出口货物总价值的 5.6%。[①]

事实上，不仅汉口，湖北的沙市和宜昌也是棉花输出地。1904 年，据海关报告记载，经汉口、沙市和宜昌运销到外地的棉花共达 42 万担。其中，汉口输出量为 410398 担，沙市输出量为 10642 担，宜昌输出量为 5631 担。[②] 据 1904 年的统计，武昌纺织局使用棉花约 108000 担，逆长江而上进入四川的有 39600 担，进入湖南、贵州、云南的有 216000 担，出口德国的有 380000 担，运往上海和出口日本的有 390000 担，棉花市场买卖季节从农历十月开始，11 月至 12 月最盛，正月开始走向淡季，2 月、3 月有少许交易，4 月以后是淡季。[③]

汉口棉花集散市场位于"汉阳的打扣巷街相接近之处"，此处商店林立，交易繁盛程度亦因季节而异，最盛之时，每日有船数百只载满棉花集合于此。1912 年，气候干旱，棉花歉收，汉口棉花市场运出者尚有 302000 担，价值达七百万余两，比上年过倍。[④] 可见，在晚清及民国时期，汉口棉花市场非常活跃，并起到了中转和终端销售的作用。表 3-6 是 1871~1927 年汉口每年平均流转棉花数量的情况。

表 3-6　汉口棉花 1871~1927 年每年平均流转数量统计

单位：担

时期	流转数量	时期	流转数量
1871~1880	248617	1901~1910	189647
1881~1890	136255	1911~1920	607887
1891~1900	116766	1921~1927	1598295

资料来源：章有义：《中国近代农业史资料》第 2 辑，三联书店，1957，第 239 页。

由表 3-6 可知，民国以后，汉口作为华中地区最重要棉花中转市场的地位愈发凸显，尤其是 1921 年以后，年均输出量接近 160 万担。事实上，中转棉

[①] 湖北省志贸易志编辑室：《湖北近代经济贸易史料选辑》，1984（内部资料），第 51 页。
[②] 〔日〕根岸佶《清国商业综览》第五卷，丸善株式会社，1908，第 295~296 页。
[③] 转引自湖北省志贸易志编辑室：《湖北近代经济贸易史料选辑》，1984（内部资料），第 40~41 页。
[④] 转引自湖北省志贸易志编辑室：《湖北近代经济贸易史料选辑》，1984（内部资料），第 41 页。

花市场发展的前提是当棉农手中的棉花不能直接售于本地纱厂或通过其他途径完全售出时，便需要转运，这种转运需求的连续性和规模性增长，便促成了中级棉花转运市场的形成。另外，转运需求的增加甚至促进了棉花原始买卖市场的兴起和扩大。民国以后，汉口、济南、郑县是中国最大的三个典型的棉花转运市场，比较次要的中级棉花转运市场有河北的石家庄、山东的张店与周村、山西的榆次与阳曲、河南的陕州与彰德、湖北的老河口与沙市、浙江的宁波与余姚、湖南的津市、江西的九江、安徽的芜湖等。①

与此同时，随着棉花商品化程度的加深，在棉花消费市场层面，相对于国内其他棉花消费市场，汉口在全国棉花消费市场网络中的地位也愈发重要。事实上，国内最早形成的棉花市场是宁波、上海、天津，均以出口为主，其形成时期约在19世纪后半期至20世纪前10余年间。随着国内纱厂的陆续建立，国内又形成了新的棉花消费市场，这一过程在上海始于1890年，成于一战的几年中；在武汉，始于1892年，成于1920年以后；在天津，始于1918年，成于1921年；在青岛，始于1916年，成于1921年；在无锡，始于1896年，成于1921年后。直至抗日战争全面爆发时，各地每年使用棉花的数量大致如下：上海为5315千市担；青岛为1608千市担；无锡为636千市担；武汉为507千市担；天津为209千市担。此为中国五大棉花消费市场。② 由此可见，在全国棉花市场网络中，汉口的棉花市场不仅具有形成时间早的特点，且在内地和华中地区的棉花终端消费市场中亦处于中心地位。③

棉花市场发展较成熟后，所吸收的棉花来源有较固定的属域，产棉区域的大小和交通便利与否对棉花运销规模起决定性作用，并带有较为明显的地域商帮特点。就汉口棉花市场来讲，民国以后，随着植棉区域的扩大，其棉花来源主要有四个地区，一是鄂东、鄂北、鄂中的全部棉花；二是由平汉路来的河南、陕西和山西的棉花；三是自汉水来的陕棉；四是由洞庭湖和粤汉路来的湘棉，每年集散数量为150万至200万担。其中，鄂东河流域所产棉花大都先集中在馆驿、宋埠、新州、仓子埠等处，然后汇于团风，转至汉口；长江两岸所产则集中于鄂城、樊口、新州、巴河、大冶、黄石港等处，分别运汉；这两区都是利用民船或小型汽船为运输工具。鄂东北部的涢水流域所产，大都利用

① 严中平：《中国棉纺织史稿》，商务印书馆，2011，第399~400页。
② 严中平：《中国棉纺织史稿》，商务印书馆，2011，第398页。
③ 《湖北省棉产调查报告（附表）》，《棉产调查报告》1920年第8期，第18~19页。

马车或汽车集中在信阳、广水等处，再由平汉路南下；西部汉水流域则集中于老河口和樊城等处，然后顺汉水而下至汉口。[①]

除湖北省本地棉产外，河南邓县、淅川、新野等地所产的棉花，也集中于老河口；陕西渭北所产的棉花由汉水运汉。在鄂中地区，水路四通八达，民船和小型汽船运输棉花皆便利，较大的集中地有孝感、岳口、天门、仙桃、沙洋、监利、蔡甸等处。鄂西地区所产的棉花大都先集中于陡湖堤、江口、弥陀寺、藕池口、马口、河溶镇等处，然后齐集沙市，直接运送四川或长江下游各口，棉花丰收且交易繁盛时，每年集散数量达 20 余万担。民国时期，汉口与沙市作为湖北省最重要的两个棉花中转市场，事实上集中了湖北省全部和豫、晋、陕、湘的部分棉花，尤其是汉口，成为中国最大的棉花市场之一。[②] 表 3-7 是 1919 年湖北省棉产运销的详细情况，通过此表可更清晰地了解湖北省棉花运输情况。

表 3-7　1919 年湖北省棉产运销调查统计

地名	运销数（担）	运销地点	运费	运输情形	关税厘金及杂费
樊城	120000	汉口	每担 700 文	装船运汉水程 90 里	厘金每担 600 文 杂费每担 200 文
老河口	70000	汉口	每包 1200 文	装船	厘金每包 1350 文 杂费每包 370 文
蔡甸	60000	汉口	每包 120 文	装船运汉水程 90 里	厘金每担 600 文 杂费每包 170~180 文
监利县	39200	汉口	每包 1200 文	装船	厘金每担 600 文 杂费每包 300 文
陡湖堤	38400	汉口	每包 1400 文	装船运汉水程 约 900 里	厘金每担 600 文 杂费每担 300~400 文
仙桃镇	36000	汉口	每包 400 文	装船运汉水程 90 里	厘金每包 1200 文 杂费每包 200 文
枣阳县	34000	汉口	每担 1600 文	用牛车运至吴家坎装船运汉	厘金每担 800 文 杂费每包 230~240 文

---

① 转引自严中平：《中国棉纺织史稿》，商务印书馆，2011，第 401 页。
② 以上参看金城银行总经理汉口调查分部：《湖北之棉花》，第 34~38 页；叶元鼎、马广文：《吾国重要棉市调查记》，《国际贸易导报》1934 年第 6 卷第 9 期，第 35 页；鲍幼甲：《湖北省经济概况——棉业》，《汉口商业月报》1934 年第 1 卷第 7 期，第 35 页；金陵大学农学院农业经济系：《沙市棉花专业调查记》，1934，第 1~3 页。

续表

地名	运销数（担）	运销地点	运费	运输情形	关税厘金及杂费
藕池横堤新场	28800	汉口最多四川次之	每担 1500~1600 文	装船运汉水程约 960 里	厘金每担 600 文杂费每包 300 文
鄂城县	24000	汉口	每包 300 文	装船运汉水程约 90 里	厘金每包 1150 文杂费每包 420~430 文
仓子埠	14400	汉口最多四川次之		装船运汉水程约 140 里	厘金每担 600 文杂费每包 300 文
江口及董市	14400	四川最多汉口次之	每包 1500~1600 文	装船运汉水程约 1120 里	厘金每担 600 文杂费每包 300 文
沙市	12800	汉口最多四川次之	每包 1500~1600 文	装船运汉水程 960 里	厘金每担 600 文杂费每包 300 文
宋埠	8800	汉口	每担 1000 文	装船运汉水程 300 里	厘金每包 1400 文杂费每包 120~130 文
广水	900	汉口	每担约 1600 文	由火车输运	厘金每包 400 文杂费每包 70 文
新洲		汉口			厘金大包 900 文、小包 600 文
黄石港		汉口			
武穴及龙坪		汉口			

资料来源：《湖北省棉产调查报告（附表）》，《棉产调查报告》1920 年第 8 期，第 22~23 页。

由表 3-7 可知，1919 年前后，湖北省内的棉花运往汉口多用水运。此外，运往四川的棉花较多，棉花税包括厘金和杂费。湖北省与周边省份的棉花贸易还促进了不同商品间的互惠交易，如湖南省经营煤、木材、米、茶叶、桐油、粗纸等业的商帮，通常将这些货物运往湘鄂边境进行销售，然后采办湖北棉花回湘，再将采办回的棉花转销广西边境各县，每年转销的棉花约有二十万担。四川商帮亦然，宜昌和沙市是四川商人销售药材、杂货、盐、黄糖、桐油等货物的集中之地，各商帮俟货物脱销后，均购买棉花运回四川，且数量不少。此外铁路的修建也改变了部分原有的棉花市场布局，郑县是典型的案例，当郑县开通铁路后，汉口棉花市场上陕西和河南棉花的数量便有所减少。[1] 可以说交

---

[1] 《汉口棉业之调查》，《工商半月刊》1929 年第 1 卷第 13 期，第 2 页。

通运输体系的变化，在一定程度上改变了汉口棉花市场的中转量。[①]

进入 20 年代之后，汉口棉花市场的发展并非一帆风顺。自 1921 年以后，汉口棉花市场的营商环境受到政治和军事的影响，商业萎缩，棉业萧条。1926 年，更是受到军阀战争影响，1927 年与 1928 年这两年又发生纺织厂罢工事件，导致打包厂停机。在此环境下，当时来自外省的棉商和棉花运输均受到交通阻滞影响；汉口本地棉商亦受金融奇紧之累，难于经营。1928～1929 年，税捐加重，本地棉商的棉花交易大受掣肘。然而，在此期间，外商趁机利用巨资垄断市场，利用洋行邮轮业务利便，大量运输棉花销售，获利巨甚。1929 年政治稳定后，地方环境逐渐安靖，各种营业又呈活跃状态，棉业才得以恢复。[②] 1930 年上半年，继续经营棉花贸易的华商有六十余家，而停止经营的有七十余家，此七十余家之所以停业，大都是因为资本缺乏，信用丧失或受外商打击所致。而外商停业者仅有三家，且"或因市价不合，或因需要不稳等情，暂时停止，将来仍照旧经营"。发展至 1931 年，华商新增二十余家。[③]

20 世纪 30 年代，湖北省的植棉进一步稳定发展，产棉县达 69 个，大部分在湖北省的中部及东部，依据交通划分，主要集中在长江流域、汉江流域和平汉铁路附近。1920 年以来，全省各处棉田总面积每年在 6 万亩至 11 万亩之间。据汉口商品检验局的统计，1920～1932 年，棉田面积总数每年平均 7183018 亩，占全国棉田面积总数的 23%，每年平均产棉 1849889 担，占中国总产量的 25%。1931 年，由于洪水灾害，棉产较低。在棉花品质方面，到了 30 年代，湖北省种植的美棉已占总收成的 80%，但棉花品质因种子日渐退化，故每年需向美国购买棉种，即使是美棉，也仅能制造 16 支以上的棉纱，本地棉种可纺十支的棉纱。[④]

30 年代以后，汉口本地棉花消耗方面发生了较为明显的变化。其中最显著的是美国棉花市场对中国棉花市场的影响力进一步扩大。由于美国棉花市价低落，从美国输入到汉口的棉花 1930 年增加到 2 万担，1931 年增加到 175000 担，而早年输入到汉口的美棉，每年只有 5000 担左右，输入到纱厂的美棉一般都用来纺织精细棉纱。汉口有友华、民生、天一、青光、和泰安五个纱厂，共有 225000 个纺锤，这些纱厂消费的棉花，大部分是由本省供给。此外，还

---

① 《湖北襄阳县物产状况暨行销情形》，《工商半月刊》1930 年第 2 卷第 9 期，第 46～47 页。

② 《汉口棉业概况》，《工商半月刊》1931 年第 3 卷第 21 期，第 7 页。

③ 《汉口棉业概况》，《工商半月刊》1931 年第 3 卷第 21 期，第 8 页。

④ 《调查：湖北省棉业之概况》，志强译，《钱业月报》1934 年第 14 卷第 8 期，第 1～3 页。

有 30 万担棉花是被省内各产区的织工制作旧式衣着所消耗。

除了本地销棉外，在输出方面，1930 年以前汉口每年出口棉花百余万担，1931 年以后有所减少。1918~1931 年历年之出口额如表 3-8 所示。

表 3-8　1918~1931 年汉口棉花出口数额

单位：担

年份	棉花出口数额	年份	棉花出口数额
1918	985000	1925	1073000
1919	161000	1926	1609000
1920	419000	1927	910000
1921	644000	1928	1709000
1922	972000	1929	1188000
1923	1121000	1930	809000
1924	1168000	1931	315000

资料来源：《湖北之棉业（续）》，《中国经济评论》1935 年第 2 卷第 8 期，第 6 页。

汉口出口的棉花多运销国内各埠，尤以上海最多，也有少量运销国外。其中，运销国外的以日本为最多，据汉口商品检验局统计，1930~1933 年汉口运销至国内外各地的棉花数额情况大致如表 3-9 和表 3-10 所示，此四年的出口情况基本反映了 30 年代汉口棉花出口的趋势。

表 3-9　1930~1933 年由汉口运销至国外棉花数额统计

国家	1930 年		1931 年		1932 年		1933 年	
	担	斤	担	斤	担	斤	担	斤
美	1915	32	186	57	—	—	1007	80
法	187	43	—	—	—	—		
德	1963	02	—	—	—	—		
意	16	06	—	—	—	—		
英	—	—	—	—	4	50		
比	205	60	—	—	—	—		
日	9634	11	6175	36	4351	50	62870	98
总计	13920	54	6361	93	4355	100	63877	178

资料来源：梁之军：《湖北之棉业（续）》，《经济评论》1935 年第 2 卷第 8 期，第 6 页。

表 3-10　1930~1933 年由汉口运销至国内棉花数额统计

地域	1930 年		1931 年		1932 年		1933 年	
	担	斤	担	斤	担	斤	担	斤
上海	874145	23	332627	68	255323	26	447687	53
九江	997	19	13081	71½	16564	35	7500	
大连	3758	52	1256	14	2475	86	—	—
青岛	15002	74	13063	87	—	—	2977	31
镇江			73	50				
常德	—	—	3703	52				
广东	49	99	—	—				
长沙	—	—	216	84				
芜湖	1220	60	930	99	2486	18	939	90
宁波	500	22		60				
天津	4726	86						
通县	20828	83	4041	51				
四川	—	—					12	
南京	—	—					6	04
宜昌	—	—					25	56
总计	921225	518	368990	636½	276848	165	459146	234

资料来源：梁之军：《湖北之棉业（续）》，《经济评论》1935 年第 2 卷第 8 期，第 6 页。

　　从表 3-9 和表 3-10 统计的数据可以看出，1933 年汉口输往国外和国内的棉花数额均大增，输往日本的增量尤为显著，1933 年汉口棉花输往日本达 62870 担，是 1932 年的 14 倍有余。之所以数额会增加，一是因为湖北省棉花丰收，二是因为日本排斥印度棉花所致。[1] 1930~1933 年，汉口棉花输往国外，以日本为最多，美国次之。[2] 1929 年以前，外商多有由汉口直接运输棉花出洋。自 1929 年以后，直运减少。据 1934 年海关统计，汉口无直接运输出口的情况，由汉口转口的棉花达八十余万担。[3] 其中国内运销方面，除了运往上海最多外，其次为九江、青岛等地。表 3-11 则是 1931~1935 年汉口棉花运销国内数量与运销国外数量的统计。

----

① 化府：《由汉口贸易谈到长江贸易与全国贸易》，《经济评论》1934 年第 1 卷第 1 期，第 3 页。

② 陈绍博：《汉口棉业概况》，《实业部月刊》1936 年第 1 卷第 8 期，第 140 页。

③ 陈绍博：《汉口棉业概况》，《实业部月刊》1936 年第 1 卷第 8 期，第 139 页。

表 3-11　1931~1935 年汉口出口棉花统计

单位：担

年份	运销国内数量	运销国外数量	总计
1931	368699	6362	375085
1932	276849	4356	281205
1933	459149	63879	523028
1934	777430	13777	791207
1935	618460	32780	651240

资料来源：陈绍博：《汉口棉业概况》，《实业部月刊》1936 年第 1 卷第 8 期，第 139 页。

从表 3-11 可以看出，1931 年以后，运往国内的棉花占主体。另据湖北省棉产改进所估计，汉口 1935 年全年棉花运销 651240 担，1936 年数量增加，棉花运销量达 925539 担。① 在运输和打包方面，通过 1919 年华商纱厂联合会和 1931 年汉口商品检验局的调查结果，可以窥见湖北省在棉花运输和打包方面十多年间的发展状况，详情见表 3-12 和表 3-13。

表 3-12　1919 年湖北省棉花打包情况调查统计

地名	包之式样	每包重量	制包质料	包绳包布价值（每包）
武穴及龙坪			白布	
黄石港			布	
鄂城县		150 斤	布	1920 文
黄冈县	长方形	180 斤	布	2400 文
新洲		180 斤	布	
宋埠		160 斤	布	2500~2600 文
广水		150 斤	布	2100 文
枣阳县		200 斤	布	2800 文
老河口		180 斤	布	3000 文
蔡甸	长方形	150~160 斤	布	1200~1300 文
仙桃镇		170~180 斤	布	2800 文
樊城县		160~170 斤	布	2800~2900 文
监利县		160~170 斤	布	2400~2500 文
江陵县		160~170 斤	布	3100~3200 文

---

① 湖北省棉产改进所：《湖北省棉产改进所报告书》，1937，第 130 页。

续表

地名	包之式样	每包重量	制包质料	包绳包布价值(每包)
藕池横堤新场		160~170 斤	布	3100~3200 文
陡湖堤		160~170 斤	布	2400~2500 文
江口及董市		170~180 斤	布	3100~3200 文

资料来源：《湖北省棉产调查报告（附表）》，《棉产调查报告》1920 年第 8 期，第 25~27 页。

表 3-13　湖北各地棉花运汉情形调查结果（汉口商品检验局 1931 年调查）

地名	经过路线	转运时间	载运方法			包装方法			品质	
			轮船	民船	火车	机包	木包	土包	粗绒	细绒
藕池口	长江	三日	+	+				+		+
沙市	长江	三日	+				+	+		+
云梦	涓水入汉水	七日		+			+		+	+
新堤	长江	一日	+	+				+	+	
朱河	长江	二日半	+					+	+	+
监利	长江	三日	+	+				+	+	+
樊城	汉水	十八日		+				+		+
枣阳	汉水	十五日		+				+		+
随县	涓水入汉水	十五日		+				+		+
新野	汉水	二十日		+				+		+
潜江	岳口转汉水	六日		+				+		+
天门	汉水支流	七日		+				+		+
津市	藕池口转沙市入长江	七日		+				+	+	+
孝感	平汉铁路	三小时			+		+		+	
圻水边江圻州武穴	长江	一日半		+				+	+	
广水	平汉铁路	三小时			+		+			+
郝穴	沙市转长江	二日	+					+		+
沙洋	汉水	二日		+				+		+
熊口	潜江转蔡甸入汉水	三日		+				+		+
岳口	汉水	二日		+				+		+
田二河	天门转蔡甸入汉水	一日半		+				+		+
汉川	新沟嘴转蔡甸入汉水	一日	+	+				+	+	+
蔡甸	汉水	一日	+	+				+	+	+
老河口	汉水	二三月不一		+			+		+	
张家巷	仙桃镇转蔡甸入汉水	一日		+				+	+	+
通海口	彭家场转蔡甸入汉水	二日		+				+		+

续表

经过路线		转运时间	载运方法			包装方法			品质	
			轮船	民船	火车	机包	木包	土包	粗绒	细绒
三叉埠	花园孝感转平汉路	三小时			+		+	+	+	
彭家场	长江	一日	+					+		+
彭市河	麻洋潭汉川蔡甸入汉水	二日	+	+				+	+	+
麻洋潭	汉川蔡甸入汉水	一日			+			+	+	+
新沟嘴	潜江入汉水	一日	+	+				+	+	+
系马口	汉川新沟蔡甸入汉	一日	+	+				+	+	+
仙桃镇	汉川蔡甸入汉水	一日	+	+				+	+	+
分水嘴	汉川蔡甸入汉水	一日	+	+				+	+	+

资料来源：梁之军：《湖北之棉业（续）（附表）》，《经济评论》1935年第2卷第8期，第2页。

从表3-12和表3-13可以看出，1919年由湖北内地运往汉口的棉花主要集中在17个县，棉花打包形式大都为小包。发展至1931年时，棉花市场网络进一步扩大，运往汉口的棉花主要集中在30多个地区，包装方式虽然以土包为主，但沙市出现了现代机包。在运输上，以水运为主，铁路为辅。由汉口或沙市输出到上海或国外的棉花，则在本地的打包房打包，重量从370斤到400斤，包装费为每包一元四角。在棉花价格方面，汉口棉价与上海和美国棉价变动较为一致。[1]

综上，汉口棉花市场的发展兴起于晚清时期，民国以后逐渐成熟，且运输规模不断扩大，其对周边省份的辐射力增强。发展至20世纪30年代，从整体上看，汉口的棉花市场组织的成熟及棉花服务部门的增加都是促进汉口棉花市场近代化转型的因素。但同时，因中国近代铁路交通的布局，汉口棉花市场的转运功能也受到一定程度的影响。此外，自然灾害、战乱以及不稳定的时局也都是制约汉口棉花市场兴盛程度的重要因素。

第三节 汉口棉花市场组织构成及交易

棉花市场的交易主体和交易方式是地方棉花市场发展及运作的核心部分，其反映了两个关键因素，一是人为的组织部分，一是市场网络运行部分，这两

[1] 《调查：湖北省棉业之概况》，志强译，《钱业月报》1934年第14卷第8期，第5页。

部分是市场初期发展的基本构成因素，也可称为传统市场构成因素，二者密不可分。

晚清时期，汉口棉花市场的经营主体是花厂、花行和花号，其中花厂是自己购进籽棉，然后用脚踏轧花机轧成皮棉，附上自制商标，出售皮棉。晚清时，汉口花厂有数十家，分别是泰和永、上泰和永、下泰和永、泰和祥、泰和兴、复顺恒、义顺恒、新胜恒、正昌恒、王利记、林炳记、林春记、吴正记、顺记、叶森泰、徐恒泰、燕日京泰、方泰兴、肖义兴、熊恒兴、方同兴、杨永昌、永泰昌、唐公昌、黄万盛、志成厚、万泰利、王永茂、王恒升、怡和成、复昌生、复兴隆等，规模较小的花厂有五台或六台轧花机，规模较大的花厂有几十台轧花机。[1]

花行的功能是为买卖双方居间介绍，花行分为汉口本地花行和棉产地的花行，花行是棉花贸易顺利进行的中介。当时汉口著名的花行有十几家，分别是合泰、裕泰、益大、正大、周隆昌、王同发、祥泰新、度昌生、永兴裕、同春、鼎裕、元兴、天吉、泰来、恒昌、乾丰等。[2]

花号则是棉花原产地的棉商在汉口设立的销售棉花的机构，同时也包括其他城市的棉商在汉口设立的购买棉花的机构。花号数量众多，分为两大类，一类为进口花号，一类为出口花号，凡由原产地运汉销售的称为进口花号，在汉口采购运出的称为出口花号。花号之间的交易一般是通过花行作为中介完成。[3]

晚清时期，大概在 1905 年前后，汉口之所以能成为中国中部最大的棉花交易地，得益于汉口拥有了比较强大的棉花加工能力，这与大量引进英、美、日本的轧花机有关，在众多轧花机品牌里，日本大阪中桐洋行所生产的轧花机在汉口获得了声誉，此轧花机平均每台的零售价格为 30 元左右。[4] 1905 年和 1906 年这两年间，日本输入汉口的轧花机大约有 5000 台。此外，中国本地华商在汉阳也建立了轧花机械工厂，至此在汉阳形成了轧花基地。[5] 这种棉花加工工具的革新也是汉口在晚清时期就成为华中地区乃至整个中国中部最重要的棉花集散中心的原因之一。

---

[1]　〔日〕根岸佶：《清国商业综览》，丸善株式会社，1908，第 304～305 页。
[2]　〔日〕根岸佶：《清国商业综览》，丸善株式会社，1908，第 305 页。
[3]　梁之军：《湖北之棉业（续）（附表）》，《经济评论》1935 年第 2 卷第 8 期，第 3 页。
[4]　水野幸吉：《中国中部事情：汉口》，武德庆译，武汉出版社，2014，第 160 页。
[5]　水野幸吉：《中国中部事情：汉口》，武德庆译，武汉出版社，2014，第 292 页。

在汉口棉花买卖习惯方面，汉口的本地花商和外商不只在汉口市场上购进棉花，也到棉产地采购棉花。当汉口本地花商和外省花商进入棉产地采购棉花时，要依靠当地花行购买棉农的棉花。在当地棉农中，部分棉农有一台或二、三台旧式脚踏轧花机，有的棉农则有日本中桐洋行所产的轧花机。没有轧花机的当地棉农则将籽棉装进篓中，肩挑到本地花行出售，花行将收购的籽棉轧成皮棉，再和收购的其他皮棉混合，装成一百四、五十斤至一百八十斤的花包，运到汉口销售，卖给汉口花商或外商，汉口花商及外商与产地花行进行洽谈，谈妥生意后即成交。产地花行往汉口发货和洽谈生意时，最注意的是"秤"和付款所用"银两"的规定。产地使用的秤和银两错综复杂，没有统一标准，一般情况下，收到现货时，要交付现金，但在老主顾和熟人之间可先交付少量定金，其余货款用期票支付。①

在汉口棉花市场，棉花商和外商从号商、厂商或花行购买棉花，花行起中介作用。其中号商也叫客商，客商由棉花产地的花行派出，从产地带货到汉口出售。厂商是自己轧花自己出售，这些厂商大都位于汉阳，厂商自己收购籽棉，轧成皮棉，然后附上自己的商标进行出售。通常情况下，汉口棉花市场上皮棉含水量一般在20%至30%，厂商出售的棉花含水量则较低，信用笃厚。②

晚清时期的花行也被称为牙行，主要业务是为买卖双方居间介绍，收取佣金。花行一般资金规模较小，大概有两三千两，因资本不雄厚，故不足以博得买卖双方的信任。除了按卖价的1%从卖方手里得到佣金外，抽取的样品也是收益。③

在晚清时期汉口由本地商人所开的花行中，祜泰、元兴元、益大、同春四家规模最大。日本棉商有三井、日信（日本棉花会社）、中桐、东兴四家。④晚清时期，在汉口购买棉花的中国商人多来自上海、四川、云、贵等地。外商则主要为日本商人，如中桐、日信、东兴、三井、吉田等洋行的日本商人，其购买方式一般有三种，一是去内地收购，二是通过花行从号商购进，三是直接从厂商购入。⑤

汉口棉花交易有两种方式，一种是现货买卖，另一种是期货买卖。中国花商、外商和花行之间进行的交易通常采用期货买卖，他们根据市场情况和棉花

---

① 〔日〕根岸佶：《清国商业综览》，丸善株式会社，1908，第311~312页。
② 〔日〕根岸佶：《清国商业综览》，丸善株式会社，1908，第311~312页。
③ 〔日〕根岸佶：《清国商业综览》，丸善株式会社，1908，第311页。
④ 水野幸吉：《中国中部事情：汉口》，武德庆译，武汉出版社，2014，第204页。
⑤ 〔日〕根岸佶：《清国商业综览》，丸善株式会社，1908，第312页。

产量预判，以口头或书面形式签订合同，规定特定地方产的棉花在特定时间采用特定的商标、交易数量和金额，并规定到期按合同履行。据当时的日本人观察，花行常有不信守合同的情形，用增加分量，掺水掺杂，以次充好，混入劣棉等手段谋不正当利益，故时有解约的情况发生。[①]

在汉口棉花买卖交易中，无论是现货还是期货，市场上使用的棉花秤都有三种，一是棉花秤，二是司马秤，三是磅秤。棉花秤一斤折合 1.35 斤，司马秤一斤折合 1.22 斤，磅秤一斤折合 1.295 斤。因各种秤分量不同，应以哪种秤为依据，必须事先商定好。[②]

汉口使用的银两种类也很多，主要有棉花银和汉口标准银。棉商在交易时，一般会在买卖合同上规定好用哪一种，"中国商人之间一般用九九平占宝控三点，即九九平九七兑，所谓九九平是汉口标准平乘以曹平九十九之谓也。所谓占宝控三点，是汉口标准银色扣除 3% 的意思，即标准银乘以九十七，因而一百两相当于汉口标准银九十六两，汉口标准银一百两相当于一百〇四两一六七。公式如下：棉花银 100 = 100× {100-（100+100）-（99+97）} ÷100 = 96 汉口标准银；汉口标准银 100 = 100÷ {100-［（100+100）-（99+97）］} × 100 = 104.167 棉花银"。外国人和中国商人间的买卖多采用外国办法，"外国一千两折合汉口标准银九百六十六两"。[③] 当交易顺利进行后，支付棉花货款有两种途径，一是现金支付，二是约期支付。现金支付也分为两种，一种是付款人和有关银行发行十五天期的兑换券，虽称为现金支付，实际上是十五天付款；另一种是用现金支付，这时要减除十五天利息，日息大约在四钱，限期付款的期限一般为 30 天。[④]

以现金交付时，买主可要求卖主打折，返给买主一些利益。之所以有这样的交易习俗，主要原因是棉商之间特有的结款方式。按传统习惯，棉商在交易之后的 45 天再开具票据或支付现款，作为卖主的棉商当然希望能在四十五天后顺利结款，然而如果结款时间过长，卖主容易对买主的支付能力存疑，为此卖主大多要求买方开具 15 天内可以支付的票据，这样一来，买主就要求卖主承担提前一个月交付货款的利率。利率通常是按照每百两约 1 两 2 分的比例扣除，实际上，在用现金或票据支付时，卖主还要求每百两扣除 1 两 2 分的利

① 〔日〕根岸佶：《清国商业综览》，丸善株式会社，1908，第 312 页。
② 〔日〕根岸佶：《清国商业综览》，丸善株式会社，1908，第 313 页。
③ 转引自《湖北近代经济贸易史料选辑》第 1 辑，第 57 页。
④ 转引自《湖北近代经济贸易史料选辑》第 1 辑，第 57 页。

率，总计下来，如果卖主要求买主提前一个月支付的话，卖主要给买主返回每百两 2 两 4 分的利益。[1]

当棉花交易全部完成后，棉花商通常将买进的棉花放在自己的仓库或放在仓库行的仓库进行保管，仓库行的仓库保管期限一般设三个月为一期，保管大包每包需费银三钱。汉口棉花包装分大、小两种，大包包括 120 斤、150 斤、160 斤、180 斤四个规格，小包分为 60 斤、90 斤两个规格。待到运输时，原来的棉花包装如需改装，再在打包厂重新打包，重新打包后，再委托轮船公司运往上海或日本，轮船公司运输每包需用一百二三十文的脚力钱，运往上海每四十立方尺需运费一两八钱，运往日本需运费四两。到上海的保险费每百斤十七美分，到日本的保险费每百斤需三十五美分，再加上出口税每百斤银三钱五分。[2] 至此，棉花买卖交易及运输前准备环节全部完成。

以上为 1905 年前后时的汉口棉花交易情况，发展至民国初年时，汉口棉花交易市场规模扩大，经营棉花的花号数量大增，共有 83 号，除去日本棉花株式会社外，华商有 82 号。详情见表 3-14。

表 3-14　民国初年汉口棉商花号统计

号名	地址	号名	地址
大生	鲍家巷	同兴公	大董家巷
大成	鲍家巷	同兴福	大夹街保安里
天吉	瞿家巷	太和昌	洪益巷
永昌祥	老兴巷	正太	大董家巷
永昌隆	黄陂街	正祥大	大董家巷
左长生	黄陂街	协泰义	万年街
志元	大夹街保安里	协康成	黄陂街
元茂	大夹街	和泰	江苏会馆
日新	大董家巷	和泰裕	戏子街
日本棉花株式会社	河街	同和	黄陂街
同庆公	大董家巷	同德	大夹街保安里
同德兴	黄陂街	同丰	黄陂街
怡泰兴	戏子街	同心庆	老兴巷公益号内
林瑞记	四官殿	恒盛	陶家巷
厚昌	公估局巷内	春茂福	大夹街

---

① 水野幸吉：《中国中部事情：汉口》，武德庆译，武汉出版社，2014，第 204 页。
② 〔日〕根岸佶：《清国商业综览》，丸善株式会社，1908，第 313~314 页。

续表

号名	地址	号名	地址
恒丰祥	德胜街	泰兴	集家咀保安里
泰记	戏子街	唐永大	大夹街五桂巷
振兴昌	大夹街	陈同源	大夹街
祥泰	吉星里	冯生福	大夹街
华丰	黄陂街	瑞泰	迴龙寺
慎昌	江汉关前	和太福	陶家巷
李太茂	长胜街	和太裕	陶家巷
李彬记	黄陂街老兴巷	怡福	半边街
李广益	流通巷正街	怡太祥	太平公馆
协大	四殿官	明正远	土垱正街
阜华	王马庙河街	东兴公司	大夹街
周隆昌	大董家巷	恒盛昌	大夹街
振昌	大夹街	泰来	大董家巷
袁恒发	老兴巷公益号内	德元	老兴巷公益巷内
森昌	大夹街	德厚福	大夹街田家巷
黄万祥	关圣祠河街	刘恒昌	黄陂街老兴巷
裕隆	万年街	庆源祥	八贤里黄陂街
源兴	大夹街	谢悦来	黄陂街老兴巷
福记	大夹街田家巷	宝润兴	集家咀下
蔚泰	黄陂街	福昌	大夹街
德成福	黄陂街	聚兴合	大董家巷
鼎泰源	长胜街	德泰	黄陂街
蔡元泰	集家咀保安里	鼎泰	涂家巷
谦和益	四官殿	兴祥泰	小夹街
宝善丰	黄陂街	刘兴泰	大夹街保安里
源新长	大夹街	宝顺	集家咀复兴里
寿昌	大夹街		

资料来源：湖北省志贸易志编辑室：《湖北近代经济贸易史料选辑》第1辑，1984年（内部资料），第65~66页。

发展至1919年时，湖北省其他地区的花行也较为繁盛，详情可参见表3-15。

表3-15　1919年湖北省棉花花行调查统计

地名	花行名	行佣	备考
武穴及龙坪			
黄石港			
鄂城县	柳桐慎、森记、信丰厚、柳益大、天顺祥、范益盛	每钱1000抽钱20文	

续表

地名	花行名	行佣	备考
黄冈县	宏道远、协泰兴、恒泰兴、荣记	每钱 1000 抽钱 36 文	
新洲			
宋埠	永丰、荣昌、万昌、鼎丰泰	无	
广水		每元抽大洋 3 分	
枣阳县		每钱 1000 抽钱 2000 文*	
老河口	武林、日信分庄（均日商）	每元抽大洋 2 分	
蔡甸	三井、武林、日信、岩井、茂木、吉田、各洋行分庄（均日商）	每包 600 文	
仙桃镇	茂木、武林洋行分庄（均日商）	每元抽洋 2 分	
樊城县	武林、日信洋行分庄（均日商）	每斤 4 文	
监利县	杨春茂、罗升记、丁祥记、孙复兴、福恒兴		
沙市	祥兴、万昌、泰昌、万丰、同义、恒顺、聚顺、全泰、永元、全福、庆昌	每钱 1000 抽钱 20 文	日本武林、日信、吉田、太仓、安部、瀛华等洋行，每年派人至四乡零羼购买，无分庄亦无经理行家
藕池横堤新场	永泰、洪福兴、协昌、世昌、黎天顺、恒泰和、鲁新昌、悦来、晋丰、正泰、正大、蒋永年、汪同丰、王怡泰	每钱 1000 抽钱 20 文	日本武林、安部、瀛华、日信、太仓等洋行，均派人至四乡收买
陡湖堤	仁义信、王大兴、谢万福、贺泰顺、谢万昌、鼎丰泰、全大昌、祥生茂	每钱 1000 抽钱 20 文	日本安部、日信洋行，每年均派人至四乡收买
江口及董市	德昌、谭恒升、王海义、万丰、泰昌、盛昌、全兴永、杨正兴、乾顺发	每钱 1000 抽钱 20 文	

* 原始文献如此，疑有误。

资料来源：《湖北省棉产调查报告（附表）》，《棉产调查报告》1920 年第 8 期，第 24~25 页。

从表 3-15 可以看出，除汉口外，湖北省其他重要棉产区的花行发展也较快，尤其值得注意的是日本商人已经深入棉花原产地购买棉花。

如果将原产地也纳入棉花市场网络中，其完整的贸易过程是由棉农将皮棉或籽棉售给花贩，花贩再售与花庄，花庄再售与花号，花号再将棉花运至汉口，再由花行作为中介售与武汉纱厂或出口棉商或洋商。在这个过程中，棉花初次打包是由各地花庄打成土包，每包大小从50斤至200余斤不等，若有需要出口的棉花，如运至上海或国外，则需再打成机包。①

棉花自产地运往汉口，再销售至需要者或出口商之手这一过程须经过几类棉商，首先是花贩子，其次是花行，再次是花号。具体过程为花贩子先从棉农手中买进棉花，再经原产地花行售与买客，花行有设在原产地的，也有设在汉口和沙市的。二者的相同点为两者都是买卖棉花的中介，以赚取佣金为目的。其中也有部分花行自己买进棉花运往外埠销售。不同点包括两点，第一点是原产地花行一般受花号委托，从花贩子手里买进棉花，第二点是大都市里的花行有的通过原产地的花号购近棉花，兜售于需要者或出口商之间，或介绍花号与花号间之买卖，其经营形式更加多样。花号从原产地购进棉花，售于汉口之需要者或出口商人，也有汉口或沙市的花号在原产地设分号直接买进棉花运至上海。出口商在汉口和沙市买进棉花，须经过花行介绍，就算出口商派人在原产地直接向花贩子购买棉花，也须经过原产地花行。②

20世纪30年代，汉口棉花市场的服务部门已较为完善，包括花号、花行、打包厂、堆栈业等。例如在现代打包业方面，此时武汉已有五家现代打包厂，有关这五家打包厂的详情见表3-16。

表3-16　1935年武汉打包厂状况统计

厂名	国籍	地址	机房间数	水压打包机数	日夜能打包件数	营业性质及主顾
穗丰	华	汉口特二区江边	大小30余间	1	1000	代客打包·主顾各帮均有
平和	英	汉口特二区江边	大小70余间	2	1500	代客打包·主顾申帮最多，日商次之
隆茂	英	汉口特三区江边	大小40余间	2	1700	代客打包·主顾申黄二帮均有
利华	中英	汉口特三区鄱阳街	大小40余间	1	900	代客打包·主顾黄帮居多
日信	日	汉阳双龙巷	大小7间	1	500	自用

资料来源：梁之军：《湖北之棉业（续）（附表）》，《经济评论》1935年第2卷第8期，第4页。

① 梁之军：《湖北之棉业（续）（附表）》，《经济评论》1935年第2卷第8期，第1页。
② 《湖北棉花生产及交易状况》，《工商半月刊》1933年第5卷第16期，第49~68页。

从表 3-16 可以看出，发展至 30 年代，汉口有五家打包厂，且多为外国所办，华商打包厂只有穗丰一家，在这五家打包厂中，穗丰打包厂真正代表了中国内地华商棉花打包业现代化的转型发展。[①] 此外汉口的棉花堆栈业发展也较为迅速，且有将近一半都采用新式水泥建筑。详情参见表 3-17。

表 3-17　1931 年 12 月武汉棉花堆栈状况统计

栈名	地址	建筑式样	客士包件	附注
老通孚	汉口万安巷	老式	5000	
通孚	汉口泉隆巷	新式水泥栈	10000	
星记新栈	汉口大水巷	单层水泥栈	35000	
永孚	汉口大水巷	单层水泥栈	16000	
汉口四栈	汉口遇子巷	新式水泥栈	8000	
汉口五栈	汉口泉隆巷上首	单层水泥栈	11000	
永丰	汉口桥口外	老式	—	
信德	汉口桥口	老式	—	
华康	汉口工义巷	单层水泥栈	3500	
汉口六栈	汉口小新码头	二层水泥栈	500	
汉口七栈	汉口小新码头	老式	16000	
仁记分栈	汉口大王庙	单层水泥栈	6000	
盛星	汉口邱家垱	新式水泥栈	11000	
源通	汉口桥口外	老式	2000	
翼兴	汉口桥口外	老式	—	
新华	汉口桥口外	老式	4000	
宝新成	汉口石码头	老式	2000	
鼎孚	汉阳杨家河	二层水泥栈	25000	
源源	汉阳兴隆巷	二层水泥栈	40000	
华安	汉阳双街中	二层老式栈	2000	
朱辛记	汉阳双街	老式	—	
汉口二栈	汉阳兴隆巷	二层水泥栈	20000	1931 年冬第一纱厂租用
和丰	汉阳双街中	二层老式栈	6000	
全泰	汉阳双街	二层老式栈	1500	
全泰东栈	汉阳康王庙	单层水泥栈	1500	1931 年冬歇业
仁记	汉阳人寿街	二层老式栈	7000	1931 年冬歇业
公信	汉阳康王庙河街	二层老式栈	5000	

[①] 李佳佳：《民国时期华商棉花打包业探究（1920-1937）》，《中国社会经济史研究》2019 年第 4 期。

续表

栈名	地址	建筑式样	客士包件	附注
泰记	汉阳唐王庙	单层老式栈	2500	
厚丰	汉阳四码头	单层老式栈	2000	二十年冬歇业
盈丰	汉阳人寿街	二层老式栈	—	二十年冬歇业
厚德昌	汉阳火星庙	单层老式栈	7000	二十年冬歇业
同丰厚	汉阳四码头	二层老式栈	6500	二十年冬歇业
万利	汉阳大码头	二层老式栈	3000	

资料来源：梁之军:《湖北之棉业（续）（附表）》,《经济评论》1935 年第 2 卷第 8 期, 第 5 页。

综上所述，晚清及民国时期，汉口棉花市场的经营主体是花厂、花行和花号，三者之间最显著的区别是花厂拥有轧花能力，花行拥有中介功能，花号则是最重要的买卖交易主体。且花行一般拥有的资金规模较小，花号拥有的资金规模较大。到了 20 世纪 30 年代，汉口棉花市场的服务部门发展较为完善，且逐步向现代化转型，尤其是代表生产能力的轧花业，代表服务水平的打包业和仓储业都有了显著的进步。汉口棉花市场的发展水平代表了中国内地棉花市场发展的最高水平。

第四节 汉口棉商群体中的商帮与组织

正如前文所述，汉口棉花市场自晚清时便开始发展壮大，逐渐成为华中地区棉花运销及棉花交易的中心。得益于九省通衢的地理位置，其棉花市场网络不仅辐射整个华中地区，同时也与华北、华东和西南地区均有紧密的联系，尤其是对上海棉花市场的信息依赖尤为明显。在这样的背景下，20 世纪 30 年代，在棉业组织方面，逐渐形成了具有汉口特色的地方棉业组织群体，在棉花业领域发展出了众多商帮和公会。截止到 1931 年之前，在武汉成立的经社会局核准的各类棉花业公会有五个，分别是成立于 1930 年 8 月的棉花行业同业公会、1930 年 9 月成立的棉花号业同业公会、1930 年 9 月成立的棉花进口业同业公会、1930 年 11 月成立的棉花出口业同业公会、1930 年 12 月成立的棉絮卷花业同业公会。[1] 此五个公会是自中央颁布工商业同业公会法后，于 1929

---

[1] 《市民须知：本市各业同业公会改组之经过（附表）》,《新汉口：汉市市政公报》1931 年第 2 卷第 9 期, 93~99 页。

年冬遵令改组后，1931 年 2 月经武汉市社会局核准正式成立的棉花业公会。[1]
但实际上，这五个公会（或相同的内核组织）早就在汉口棉花贸易中存在并
逐渐发展，如汉口棉花行业同业公会于 1912 年便已经成立，公会的成立与商
帮的发展有着千丝万缕的关联。

商帮的兴起与花号紧密相关，汉口花号有经营进口和出口之别，凡从原产
地采购棉花运至汉口销售的花号均被归类为进口花号，在汉口采购棉花然后运
销出境的花号被归类为出口花号。汉口进口花号群体分为两帮，并分别隶属于
棉花号业同业公会和棉花进口业同业公会。

隶属于棉花号业同业公会的商帮包括里河府河、樊城、新野、随州、西帮
等。营业范围最广，号数共一百七十余家，其中较大的花号有九十余家。如同
福厚、燕记、合记、恒春升、丰康、福茂仁、仁记、秦荣记、秦幅记、永记、
益隆昌、孟同盛、寿春、鄂记、朱聚兴、郝永泰、合济、合兴义、亿仲恒、聚
义生、集成信等，营业规模较大。[2]

隶属于棉花进口业同业公会的仅有黄帮，以贩运鄂东各区棉花为主，兼及鄂
西沙市鄂北老河口一带所产的棉花，[3] 号数有六十余家，较大者有十余家，如集
义兴、义成昌、华昌号、晋丰恒、太昌生、同顺号、鼎盛信、怡生福、怡隆永、聚
兴永、大生源、利厚生、毛玉记、李炳记等号，这些花号营业范围广，所购买的棉
花覆盖了鄂东、鄂西的沙市，鄂北的老河口和襄河一带的产棉区。进口花号的资本
一般比较雄厚，普遍在两三万元，资本最大者有十余万元，最小者亦有三四千元，
这些花号在产地设庄或通过当地花行收买棉花，运汉后经花行出售。[4]

汉口出口花号系经营出口棉花的棉商群体，出口花号主要有申、黄二帮，
申帮专营出口业务，以上海旅汉棉商为主，其余为来自江浙的棉商，也以申邦
称之；黄帮则以黄州棉商为主，凡鄂籍棉商亦莫不混称黄帮。在 1931 年以前，
申、黄二帮各有团体，申帮组有汉口棉业出口商会，黄帮组有旅汉黄帮棉业商
会，1931 年后，二帮合组汉口市棉花出口业同业公会，1935 年时，共有会员
二十余家。[5] 这二十余家的详细情况见表 3-18。

① 《市民须知：本市各业同业公会改组之经过（附表）》，《新汉口：汉市市政公报》1931
　年第 2 卷第 9 期，第 93 页。
② 梁之军：《湖北之棉业（续）（附表）》，《经济评论》1935 年第 2 卷第 8 期，第 3 页。
③ 陈绍博：《汉口棉业概况》，《实业部月刊》1936 年第 1 卷第 8 期，第 137 页。
④ 梁之军：《湖北之棉业（续）（附表）》，《经济评论》1935 年第 2 卷第 8 期，第 3 页。
⑤ 陈绍博：《汉口棉业概况》，《实业部月刊》1936 年第 1 卷第 8 期，第 138 页。

表 3-18　1936 年汉口棉花出口商一览

牌号	经理姓名	籍贯	店址
利记	罗伯良	湖北	戏子街沙坊巷 6 号
中棉	谢有标	浙江	特三区怡和路
永安	林德麟	广东	特三区钦一里
同孚	顾卿鹤	浙江	后花楼方正里
宝泰	张森祥	浙江	中山路永康里
永记	胡泽黎	湖北	大董家巷 8 号
安记	季守先	浙江	大蔡家巷宝华坊
燮昌	唐晴峰	湖北	聚仙巷 27 号
松茂长	黄少山	湖北	华商街山川里
和记	周崿卿	浙江	后花楼居巷义平里
通成	张季谟	浙江	湖北街金城里
安泰祥	鲁寿安	湖北	特三区洞庭村
和泰	王星垣	湖北	小夹巷松寿里
鑫春	李雨亭	湖北	华商街济世里
宏丰	何鼎夫	浙江	江汉路宁波里
大有恒	徐庚源	江苏	后花楼永庆里
祥生	郑向阳	湖北	黄陂街永宁里
和兴永	程赞卿	湖北	中山街永康里
壬昌	陈照予	广东	后花楼居巷惠和里
黄顺记	黄树人	湖北	堤街口
华盛	季衡平	湖北	特三区鼎余

资料来源：陈绍博：《汉口棉业概况》，《实业部月刊》1936 年第 1 卷第 8 期，第 138 页。

从表 3-18 可以看出，浙江籍棉商在申邦中占有重要地位。出口花号中的申帮在汉口设号或分号，在汉口采购棉花后运销至上海，同时在上海也设有花号。此类花号在 1931 年前有四十余家，水灾以后逐渐减少，仅一二十家，此类花号由棉业出口业公会组织，在资本方面无定额。[①] 经营棉花出口业务的，一般需有丰富的商业知识和敏锐的眼光，除了中国棉商外，在汉口经营棉花出口的也有很多外商，其中日本商人最多，比较有名的有日信、吉田、瀛华、半田、岩井等洋行，这些日本人在汉口组织日本人棉花业同业公会，其他外商有安利、英和、福来德等洋行。[②]

---

① 梁之军：《湖北之棉业（续）（附表）》，《经济评论》1935 年第 2 卷第 8 期，第 3 页。
② 陈绍博：《汉口棉业概况》，《实业部月刊》1936 年第 1 卷第 8 期，第 139 页。

就花行而言，汉口花行极少在原产地附设花号或花庄经营贩运，1931 年以前，在花行营业最盛时，赖此为生者不下数百人，棉市萧条后，从业者数量减少。花行本身并无帮界之分，"唯管行经手者多聚伙称帮，如管行为咸宁帮所垄断，经手人以汉、黄帮占优势"，从业者的组织是棉花行业同业公会。① 综上，汉口棉花市场的经营组织主要包括棉花号业、棉花进口（采购）业、棉花出口业、花行业四个部分。

就棉花号业而言，1931 年水灾之前，棉花号业发展至极盛时期，营业的商号多达一百四十余家，且获利较多。自水灾后，棉花号业开始衰落，1934 年有 91 家。② 棉花号业的经营方式是，在汉口设立总号负责出售事宜，在棉花原产地设立临时或长期花庄，当产区收获时，派员赴产区的花庄收买，总号负责指导产区分庄的购进情况，买卖以汉口情况为根本，分庄在棉产区交易时，并不携有大量现款，原因有三：一是携带不便；二是恐遭不测；三是现金资本营业范围过狭。③ 故花号的信誉非常重要。资本雄厚与否是棉花号业能否顺利经营的基础，资本过少的花号，因市价起跌，常营业失败。资本雄厚的花号营业状况较好。花号资本最大的为二三十万元，最少者在三四千元左右。④

就棉花进口业而言，汉口棉花进口业共有花号四十家。棉花进口业与花号业的营业性质完全相同，分为棉花进口业与棉花号业的原因有两个，一是以区域形成的商帮特征十分明显，即棉花进口业黄帮以黄冈、黄安、麻城等籍的棉商为限，虽然偶有他籍棉商加入，但人数很少。⑤ 棉花号业则以天门、沔阳、汉川、随县、黄陂、圻水等县人为最多。二是棉花进口业的花号多为买进，而花号业在汉口为棉花卖方。进口业的税捐和费用包括检验费每担六分，营业税千分之八，棉花改良费每担六分。⑥

再就棉花出口业而言。1934 年，汉口的棉花出口业有 23 家花号。其中通成、安泰祥、申康是 1934 年新开的花号，1934 年停业的花号有裕记、大有恒、大丰、丰记、万丰、同康、志大七家。两相比较，歇业居多，其原因主要是上海棉花价格比汉口棉花价格低，于获利不易。汉口棉花出口业多由申籍商人经

① 梁之军：《湖北之棉业（续）（附表）》，《经济评论》1935 年第 2 卷第 8 期，第 3 页。
② 《工商调查，棉花出进口业》，《汉口商业月刊》1934 年第 1 卷第 11 期，第 78~79 页。
③ 《工商调查，棉花出进口业》，《汉口商业月刊》1934 年第 1 卷第 11 期，第 79 页。
④ 《工商调查，棉花出进口业》，《汉口商业月刊》1934 年第 1 卷第 11 期，第 79~80 页。
⑤ 陈绍博：《汉口棉业概况》，《实业部月刊》1936 年第 1 卷第 8 期，第 137 页。
⑥ 《工商调查，棉花出进口业》，《汉口商业月刊》1934 年第 1 卷第 11 期，第 80 页。

营，称为申帮。其营业性质，与汉口花号业在产区设立的分庄相同，无固定资本，其经营受总号的命令。不同之处在于，棉花出口业营业额大，当棉市兴盛时，营业额高达百万元。[①]

最后，就花行业而言，武汉的棉花行创始于清末，发展于民国初年，20年代达到最高峰，30年代开始衰落。清末时期，汉口花行数量并不多，只有谢和太、唐永大、刘祥太、日新、鼎太、隆昌、元昌、万太福等。[②]民初以后，汉口花行数量开始逐渐增多，新开设的棉花行有裕隆、同兴福、同兴太、太兴恒、太来、天吉、慎昌、志源、永丰、怡太、大昌、福昌等，共20余家。1920年以后，随着工业发展对原材料需求的增加，棉花贸易规模继续扩大，棉花行数量几乎又增加了1倍，达到40多家，[③]如1926年有40余家，营业均发达，可谓黄金时代。[④]

20世纪20年代，武汉长期存在的棉花行有30几家。有的棉花行凭借与某一纱厂建立了稳定的联系，经营状况优越，获利颇丰。如日新棉花行为湖南第一纱厂提供稳定全面的购入棉花服务。振兴棉花行做震寰纱厂采购棉花的部分生意。早期的武汉棉花行独资经营较多，1920年以后，新开设的棉花行一般是合伙经营。[⑤]

在行业内部管理方面，为了解决业务纠纷，武汉棉花行同业于1912年组织成立了汉口棉花行业同业公会，主要调解行客业务纠纷和棉花行内部的各项争论，并整顿行规，建立制度。[⑥]20世纪30年代以后，棉业萧条，武汉棉花行的数量逐渐减少，1930年为20余家，1933年为15家。武汉的棉花行数量减少的原因有二：一是少数花行为图营业发达，投买、卖双方所好，对买方压低市价，对卖方提高市价，以求交易成功，亏损之数，由行佣赔出，甚至有时因营业竞争而赔本。这种恶性竞争导致成交数目虽高，但无利可图，最终使部分花行倒闭；[⑦]二是因为花行垫付。按照交易程序，买卖双方交易一旦成功，卖方应得货价，买方应即付款，买方付款的原则是在所买货物由行方安全运抵目的地后，再付款，花行只作为中间人，无须垫款。但实际情况是，卖方并不

① 《工商调查，棉花出进口业》，《汉口商业月刊》1934年第1卷第11期，第81页。
② 王兆麟：《武汉的棉花行》，《武汉文史资料》，1982，第167页。
③ 王兆麟：《武汉的棉花行》，《武汉文史资料》，1982，第167~168页。
④ 《工商调查，棉花出进口业》，《汉口商业月刊》1934年第1卷第11期。
⑤ 王兆麟：《武汉的棉花行》，《武汉文史资料》，1982，第168页。
⑥ 王兆麟：《武汉的棉花行》，《武汉文史资料》，1982，第168页。
⑦ 《工商调查，棉花出进口业》，《汉口商业月刊》1934年第1卷第11期。

遵守这个原则，卖方所得货款常由花行先行垫付。此时如果由于市场突变或买方资本薄弱或破产，则花行垫付的货款便无法追回。资本薄弱的花行因垫付倒闭者并不在少数。① 花行作为汉口棉花市场最重要的交易中介，其交易手续的发展代表了华中地区棉花贸易的规则。汉口的棉花贸易手续向无一定标准，大多由花行向卖客提取货样，代为兜售，如遇买家，则再带买家至货栈勘验实货，磋商价格，然后双方订立买卖单据。②

整体而言，汉口棉花市场的行情以上海棉花市场行情为依据。因申邦在武汉购入大量棉花，故在现货、期货之纱、花、美棉的价格和中美汇率等方面密切传递信息。一般是武汉的号业公会接到上海发过来的有关棉花价格的信息（电报）后，立即传递给各同业。③ 在汉口的出口棉商中，资本微薄者占多数，这些棉商与银行和钱庄多有往来，在资本上获得依靠。这些棉商中，经营优者多依靠银行，次者多依靠钱庄。④

综上所述，汉口的棉商群体在多年的经营和组织发展过程中，形成了汉口棉商组织特色，主要特征包括四点，首先是在棉商商帮组织中，区域籍贯和功能是划分的主要依据，如最为典型的是棉花出口业中的黄帮和申邦；其次是棉商群体覆盖的地域范围广，晚清至民国时期，汉口棉花市场上不仅囊括了全部的湖北棉商，同时也会集了来自华东、西北、西南、广东的商人；再次是汉口棉花市场并不拥有完全的独立性，主要体现在其棉花市场的顺利运行及交易规模比较依赖于上海棉花市场；最后，汉口棉商的组织发展成熟度较高，不仅较早就成立了棉业公会，在后期提升棉花品质，实行棉花检验等方面也起到了首倡的作用。

第五节　沙市棉花市场

如果从全国区域看，武汉既是全国最重要的棉花中转市场，同时也是国内最重要的棉花消费市场之一，其地位等同于上海和天津。如果就华中区域而言，武汉可视为华中区域的终点棉花市场。随着晚清民国时期棉业的发展，华中地区的二级棉花市场也逐渐成形，比较典型的是湖北的沙市。

---

① 《棉花出进口业》，《汉口商业月刊》1934 年第 1 卷第 11 期，第 81~82 页。
② 《汉口棉业之调查》，《工商半月刊》1929 年第 1 卷第 13 期，第 9 页。
③ 金陵大学农学院农业经济系编《豫鄂皖赣四省之棉产运销》，1936，第 129 页。
④ 《湖北省经济概况》，《汉口商业月刊》1934 年第 1 卷第 7 期，第 42 页。

　　沙市地处长江上游，上接荆湘，下连武汉，为鄂西商业荟萃之区，同时也为鄂西棉花集散中心，尤其是松滋、江陵、枝江、公安、石首、监利、宜都、当阳八县所产的棉花每年达数十万担，[①] 除少部分由襄河直接运往汉口、宜昌，宜都所产的一部分运入四川或供应本地需要外，其余皆运至沙市。[②] 1926~1928 年，聚集在沙市的棉花最多，每年不下五六十万包，30 年代后有所减少，但即便是这样，在 1934 年，沙市棉花市场也汇集了四十余万担棉花。[③]

　　棉花输出方面，沙市是湖北省仅次于汉口的第二大棉花输出地，1918~1931 年沙市输出数额详情见表 3-19。

表 3-19　沙市（1918~1931 年）历年棉花输出数额

单位：担

年份	数量	年份	数量
1918	66000	1925	454000
1919	37000	1926	653000
1920	14000	1927	472000
1921	9000	1928	704000
1922	37000	1929	558000
1923	190000	1930	369000
1924	289000	1931	235000

　　资料来源：《湖北之棉业（续）》，《中国经济评论》1935 年第 2 卷第 8 期，第 8 页。

　　从表 3-19 可以看出，1923 年以前，沙市棉花输出数量年均不足四万担；1923 年以后，开始逐渐增加。1924~1931 年，沙市棉花输出额每年至少在 20 万担以上，1926 年达 65 万余担，1928 年达 70 万担以上，从沙市运出的棉花年均达四十五、六万担。且沙市每年输出的棉花量数额浮动较大，这是因为鄂西每年棉花产量因受水灾和战争影响常呈起伏状态，产量少时大约只有三十万市担，产量多时可达九十余万市担。在这些棉产量中，其中供给本地和西部不

---

　　① 《鄂沙市棉花产销状况》，《中行月刊》1935 年第 10 卷第 1/2 期，第 168~169 页。
　　② 实业部汉口商品检验局沙市检验分处编《沙市棉检》，武汉印书馆，1937，第 19 页。
　　③ 胡帮宪：《沙市棉花事业调查记（附表）》，《国际贸易导报》1934 年第 6 卷第 12 期，第 134 页。

产棉各县的衣絮所需约六万市担。① 沙市本地的纱厂年销棉量约有五、六万担，其余则运销汉口、九江、上海或转销国外。②

即使与汉口相比，沙市输出的棉花量亦不可小觑，尤其是在丰收之年，表3-20是1918年至1931年间，汉口和沙市棉花输出量的对比，由此可见沙市棉花市场的地位。

表 3-20　1918~1931 年汉口与沙市棉花输出量对比

单位：千担

年份	汉口输出量	沙市输出量	全国总额
1918	985	66	2185
1920	419	14	2872
1922	972	37	1918
1924	1168	239	2480
1925	1281	454	2608
1926	1885	653	3249
1927	1418	472	3838
1928	2401	704	3743
1929	1683	558	2782
1930	930	369	2581
1931	364		

资料来源：《湖北省经济概况（五续）》，《汉口商业月刊》1934年第1卷第7期，第38页。

从表3-20可以看出，在丰收之年，沙市出口的棉花量几占汉口棉花输出量的30%，因此沙市亦是华中地区棉花市场网络中的重要补充。

在植棉品种方面，沙市棉农植美种棉较多，除当阳棉花品质较优外，其余各县棉花的纤维强度与整齐率均非上乘，且在1931年以前，棉花含水量较高。③ 从包装方面讲，运到沙市的棉花均为土包，有大包、中包、小包之分，大包每包从166斤至168斤不等，小包包重不过磅秤百斤；中包包重不过磅秤一百二三十斤。运输方式以水运为主，以旱路挑运为辅，可用水运的皆用水路运输。④

① 实业部汉口商品检验局沙市检验分处编《沙市棉检》，武汉印书馆，1937，第82页。
② 金陵大学农学院农业经济系编《豫鄂皖赣四省之棉产运销》，1936，第62页。
③ 实业部汉口商品检验局沙市检验分处编《沙市棉检》，武汉印书馆，1937，第19页。
④ 梁之军：《湖北之棉业（续）（附表）》，《经济评论》1935年第2卷第8期，第7页。

在沙市棉花市场中，服务部门逐渐完善，1927 年现代打包厂建立。1927年，英华合股开办的沙市利华打包厂成立，此厂实际为 1920 年在汉口成立的汉口打包公司的分厂。[①] 在利华打包厂成立之前，沙市部分棉花需要运销至上海，但因沙市本地无现代打包厂，只能将本地土包先运至汉口进行改包，然后再运至上海。自利华打包厂成立之后，从沙市运销至上海的棉花就不必再运至汉口，而是在沙市打包后，直接用太古或怡和公司的江轮运销至上海。[②] 表 3-21 是 1928~1936 年沙市利华打包厂各年打成机包输出的数量。

表 3-21　1928~1936 年沙市打包公司各年打成机包输出数量统计

年份	机包出口数量（每包约五百二十磅）	折合市担
1928	35938	169531
1929	84748	399784
1930	53438	252085
1931	56124	264755
1932	65538	309164
1933	85995	405667
1934	42123	198708
1935	22102	104262
1936	133265	628651

资料来源：实业部汉口商品检验局沙市检验分处编《沙市棉检》，武汉印书馆，1937，第 82~83 页。

从表 3-21 可以看出，沙市每年运至上海或国外等地的机包棉花以 1936 年为最多，达 13 万余包；其次，1929 年和 1933 年也较多，达到 8 万余包；而最少的 1935 年则只有两万多包。说明 30 年代以后，沙市出口棉花数量起伏之幅度仍然较大，这与当时的国际环境和国内对棉花需求量的变动密不可分。

沙市作为华中的二级棉花市场，棉花商经营方式有自己的特点。沙市棉花贸易的商业组织主要有棉花号业、花行业两种；经营主体有花号和花行。

花号的经营方式一般是就地采购，然后运往上海销售。花号业分有黄、申、川、陕、荆、汉六帮。其中以黄帮势力最为雄厚，其所购棉花的百分之八

[①] 李佳佳：《民国时期华商棉花打包业探究（1920-1937）》，《中国社会经济史研究》2019年第 4 期。

[②] 胡帮宪：《沙市棉花事业调查记（附表）》，《国际贸易导报》1934 年第 6 卷第 12 期，第134 页。

九十被运至上海进行销售。花号业中，除申帮外，多直接赴产地采购。① 沙市花号的进货办法是申、黄各帮在沙市市面吸收现货。自产地运到沙市的棉花，有"踩机零花及批贩包花"两种。前者为未打成包的棉花，花行收买后，聚零成整，再售与花号；后者花行自己不收买，由其作为居间人售给花号，从中收取佣金。各花行在"包花进口地点，皆有接客，拉拢生意，花贩大都有其老主顾。花到之后，由行中经手赴各花号或厂家兜售，俗谓赶场"。② 但自30年代之后，由于水旱灾害频仍，棉产和棉花贸易均受影响，花号除申帮外，各号为有利可图，均派人前往产地收购，于是在1935年左右，渐渐演进成了百分之七八十的花号在产地直接购买货物的局面。③

花号的具体交易包括以下几个环节，首先是派本号的人员（当时称为号客）到产地收买棉花，号客先到当地的花行坐庄收货。1930年以前的交易繁盛时期（包括期货交易），各号订货现金充足，故产地金融极其活跃，后因期货交易不仅易受倒账之累，又易受劣货充数之弊，所以后来大多用现金交易，只有信用卓著者，才能继续进行期货交易。在沙市市面进货的花号，每当货到时，先由花行派人来赶场，或花号直接派人去花行，如有交易意向，再派人看样，接洽成交，现款交易。④ 以上为购进环节。

在运出环节中，如运往上海销售，"即由驳船驳往打包厂"，棉花进厂之后，报局提样，验明水分，其标准以及办法一如汉口，如经检验合格，即可拣选成包，如果水分过多，须经晒干再验合格，否则不得打包。还有一项是如果掺杂棉籽、棉叶、尘芥等超过标准，须经抖花，才能打包。抖净之后，再打包成三百八十斤之机包。"其代价连保险栈租每担共取费用一元六角五分，机包既成，如待运申销售，则由轮船公司代理报关保水险，以及缴纳关税之手续，然后装轮起运。"⑤

沙市的花行经营情况也是随着沙市棉花市场的兴盛和衰败逐渐发生变化。沙市花行的资本周转灵活，规模小的资本约有二三千元，资本雄厚的约有四万

---

① 金陵大学农学院农业经济系编《豫鄂皖赣四省之棉产运销》，1936，第130页。
② 金陵大学农学院农业经济系编《豫鄂皖赣四省之棉产运销》，1936，第130页。
③ 胡帮宪：《沙市棉花事业调查记（附表）》，《国际贸易导报》1934年第6卷第12期，第138页。
④ 履任：《中国棉花市场之组织与棉产运销合作》，《农村合作月报》1936年第2卷第1期，第56页。
⑤ 履任：《中国棉花市场之组织与棉产运销合作》，《农村合作月报》1936年第2卷第1期，第56~57页。

元之多，在丰收年间，沙市花行每年可收越二十万担，1934年花行营业减少，其代客买卖和自己贩运的货品只占总量的30%至40%，可见沙市花行业日渐暗淡。① 花行内部的组织系统以经理为首，经理以下有管账、管钱、经手、中班、管行、学徒等，除经手外，均有薪资，高低并无标准，依个人能力及所负责任之简繁，以及营业之大小为准则，经手通过分佣获取收益，各家不同，有四六分的，也有五五分的。②

花行本为专营代客买卖，但30年代以后，除申邦外，各花号均派人前往产地设庄收购，因而冲击了沙市的花行，使花行的交易一落千丈。沙市的花行除吉昌鸿专做代客买卖交易之外，其余均设有门市，零星收买小贩和棉农自己售卖的棉花，或在产地设立分行，并进行短途贩运。也有做长途贩运的，如佔丰镒运货至汉口或上海销售。③

在价格和度量方面，沙市棉花市价以上海为标准。④ 沙市各棉花产地所用之秤，大小悬殊，尤为复杂，如"松滋之秤，为二十二两五钱及二十一两两种；沙道观为二十两五钱；弥陀寺为二十两八钱；公安为二十两；陡湖堤秤籽花之秤，则为二十两五钱"。⑤ 沙市棉产区的秤竟有如此之多，可以想见华中地区度量的复杂性。再察沙市，沙市有三种秤，分别是花庄秤、黄秤和磅秤，且各有用途。花庄秤主要用于花行门市收购零星棉花；黄秤主要用于花行代客买卖，售给花号时使用；磅秤主要用于征税、检验、打包、运输及在上海销售时使用。⑥

综上可知，沙市作为湖北省最重要的二级棉花市场，在运输出口和市场构成因素方面最显著的特征包括其输出量起伏幅度较大、现代服务部门如打包厂的建立比较依赖中外合资。这说明民国时期，在区域次一级棉花市场中，对成本和技术要求较高的现代生产或服务部门的建立并不具备成熟的资金、技术和人才体系。此外，随着棉花市场的兴衰演变，内地二级棉花市场的经营主体与

① 履任：《中国棉花市场之组织与棉产运销合作》，《农村合作月报》1936年第2卷第1期，第56~57页。
② 履任：《中国棉花市场之组织与棉产运销合作》，《农村合作月报》1936年第2卷第1期，第56页。
③ 胡帮宪：《沙市棉花事业调查记（附表）》，《国际贸易导报》1934年第6卷第12期，第135页。
④ 金陵大学农学院农业经济系编《豫鄂皖赣四省之棉产运销》，1936年，第130页。
⑤ 金陵大学农学院农业经济系编《豫鄂皖赣四省之棉产运销》，1936，第130~131页。
⑥ 金陵大学农学院农业经济系编《豫鄂皖赣四省之棉产运销》，1936，第130~131页。

原产地的关联程度更加紧密，度量衡缺少统一性，为交易的公平性和顺畅性增添了更多不可控的因素。

第六节　湖南棉花市场

在华中地区，湖南与江西棉花市场起步较晚，两省的棉花市场在民国时期才初步壮大，主要是由于湖北和江浙两区市场的带动。

就湖南而言，光绪中叶以前，植棉较少，当时湖南仅津市附近、宝庆、桃花坪诸地产棉，津市和宝庆产的棉花，名曰湖花；桃花坪所产的棉花，名曰山花，产量仅够当地人民衣被之用，还没有形成运销市场，彼时全省所需的棉花大多来自湖北的公安、孝感、黄石港等地。光绪中叶以后，通县棉商进入湖南棉花市场，来湖南销售棉花，数量较大，品质亦佳。长沙、常德因交通便利遂成为全省棉花集散中心。从此之后，湖南省植棉日增，棉花市场随之开始发展扩大。[1]

发展到清末 1910 年时，湖南省植棉县已经达 34 县，其中种植外国棉种的有 8 县，所产的棉花除供本地消耗外，部分运往汉口、广东荣昌、湖南桂阳、郴州等地。[2] 1912 年，湖南成立纺纱厂，进一步促进植棉发展，1914 年湖南省产棉面积达 333187 亩，共收获籽棉 29013554 斤，价值约 4808150 元。[3] 1920年，湖南省为进一步促进植棉发展，颁布了湖南省棉业奖励章程，提出了两项奖励措施，一是无偿种种，一是免除厘金。[4] 此举进一步促进了湖南省植棉和棉花市场的发展。以湖南岳阳县和华容县为例，1922 年两县所产的棉花本地自用约占 40%，运往长沙进行销售的已达 60%，不仅如此，当时岳阳和华容两县的轧棉技术已经比较先进，已用新式轧花机轧花（日本大阪某工厂造）。[5]

1928 年湖南省将 1912 年成立的纺纱厂更名为湖南第一纺纱厂，此纺纱厂运营良好。此后湖南长沙一跃成为华中地区较重要的棉花消耗市场。至 1929年，湖南省植棉和棉花运销都已发展较为成熟，棉业发展水平达到近代湖南省

---

① 孟学思：《湖南棉花及棉纱》，湖南省经济调查所，1935，第 17 页。
② 《湖南调查棉业统计表》，《商务官报》1910 年第 12 期，第 27~39 页。
③ 《近闻：湖南棉业产额之调查》，《农商公报》1914 年第 1 卷第 5 期，第 170 页。
④ 林支宇：《实业：湖南省长公署公布令（中华民国九年十二月四日）：湖南奖励棉业章程由（附表）》，《湖南政报》1920 年第 24 期，第 6 页。
⑤ 吴季诚：《调查湖南棉业状况报告书》，《中华农学会报》1921 年第 3 卷第 3 期，第 50 页。

棉业发展的顶峰水平。棉田面积达近 140 万亩，皮棉产额近 40 万担。[①]

具体来讲，1929 年前后，湖南省棉产区主要在滨湖区，此区共包括十一县，产棉县占 90%，以常德、华容、澧县、桃源、安乡、南县为最盛，且交通便利，岳州、湘阴、临湘等县也有产棉，但产量不及常、华、南、桃、澧、安六县。棉花集中地包括华容的注滋口，澧县的津市，南县的九都、常德、长沙等地，从棉花品质的角度看，湖南省棉花品质不佳，绒粗纤短，于纺纱不利。[②]

在轧花率方面，常德、澧县一带轧花率最高，达 33%，在九都和华容一带，洋棉轧花率最高达 27%~28%；在运销方面，湖南省所产的棉花，除本省第一纱厂销用和民间自用外，其余大都运销汉口、贵州、四川等省。如华容、临湘、澧县、南县、安乡等地所产的棉花大多运销汉口；常德、汉寿、桃源、沅江、湘阴等地所产的棉花一部分运销至贵州和四川，一部分运销至湘南、湘西及长沙一带，主要供民间衣被之需。运输方式均以民船装载或用汽轮运输。运汉口者，一部分由铁路装运，一部分由水路装运。其中，由铁路外销达 5 万余担，水运达 19 万余担。本省民间自用 53000 余担，本省纱厂销用 10 万担，共计 393000 余担。[③] 湖南省外销棉花的税厘及运费详情见表 3-22。

表 3-22　1929 年湖南省外销棉花出省税厘及运费统计

	包捐	厘金	公益捐	火车费	船费	行用	脚力
长沙至汉口	每包一角	每担九角外加三成	每元三分	每吨八九元	每担一元上下	每元三分	每包五分
九都岳州津市注滋口至汉口	每包一角	每担九角外加三成	每元三分	每吨四五元	每担七八角	每元三分	每包五分
常德、汉寿、桃源、沅江、湘阴至贵州四川	每包一角	每担九角外加三成	每元三分		每包五六元	每元三分	每包五分
常德至湘西上游一带	每包一角	每担九角外加三成	每元三分		每包四五元	每元三分	每包五分

资料来源：凤圃：《调查：湖南第一次棉业调查报告》，《实业杂志》1929 年第 146 期，第 18~19 页。

---

①　中国棉业统计会：《中国棉产统计》，1936，1937，第 5、8 页。
②　凤圃：《调查：湖南第一次棉业调查报告》，《实业杂志》1929 年第 146 期，15~16 页。
③　凤圃：《调查：湖南第一次棉业调查报告》，《实业杂志》1929 年第 146 期，第 18 页。

由表 3-22 可知，在湖南省棉花外运的路线中，运往武汉方向的，铁路和水运均便利，且费用并不高。时人亦评论到"税厘及运费尚不甚巨，加之税厘统一，苛捐绝灭，即有地方公命捐，所取甚微，每元不过二三分而已"。① 可见由于运输便利，费用较为合理，湖南棉花市场与武汉棉花市场之间联系比较紧密。

进入 30 年代，湖南省各界意识到本省棉花品质不适合纺纱，尤其是纺高支数的细纱，为了提高本省的棉花品质，多方都开始努力进行改良。首先，湖南省于 1930 年筹集五万元成立棉业试验场，改良棉种，增加产量，力争可纺支数较高的纱线。② 与此同时，湖南省棉花品质问题受到棉业专家的重视，专家指出，在湖南省最重要的滨湖各产棉区，以津市、安乡、常德为代表，棉花市场上的棉花掺杂等现象导致棉商裹足不前，此举明确了湖南省棉花品质的问题所在。其次，当时湖南棉商群体（包括花商及花行）力图挽救，于 1932 年成立了棉业公会，在津市成立会所，执行检验，但由于缺少现代检验方法，仅凭目力及手工进行检验，收效甚微。③

面对这种情况，湖南省为了继续提高本地棉花质量，于 1934 年 1 月设立湖南省棉纱管理所，并颁布了棉纱管理所规则 12 条，相继又颁布了湖南棉纱管理所登记暂行规程 10 条，湖南棉纱管理所附设棉纱评价委员会暂行章程 15 条。④ 这些举措的目的在于革除湖南棉花交易程序、质量检验、供给需求、稳定价格方面的弊端，并于衡阳、岳阳、常德建立了三所分会，其余未组设分会的各繁盛商埠，如湘潭、津市、洪江、南县、沅江、益阳等处，也规定需按照要求执行。⑤ 虽然此举当时也遭到长沙市油盐纱花业同业公会、长沙纱业公会、华商纱厂联合会等的抵制，⑥ 但整体上提高了湖南棉花的品质。此外，为了在生产环节提高棉花品质，湖南棉业试验场还于 1932 年 10 月成立了津市轧花厂，购入大量较为先进的轧花机，既提高了轧棉效率，也提升了皮棉品质。⑦

① 凤圃：《调查：湖南第一次棉业调查报告》，《实业杂志》1929 年第 146 期，第 18 页。
② 《要闻：各省建设要闻：湖南去年建设概况：农林：（一）创设农事试验场、（二）创设棉业试验场……》，《山东省建设月刊》1931 年第 1 卷第 1 期，第 25 页。
③ 胡竞良：《湖南棉花检验问题》，《棉业》1933 年第 1 卷第 2 期，第 24 页。
④ 《湖南省棉纱管理所规则》、《湖南棉纱管理所登记暂行规程》、《湖南省棉纱管理所附设棉纱评价委员会暂行章程》，《天津棉鉴》1933 年第 4 卷第 1~6 期，第 407~410 页。
⑤ 《湖南省棉纱管理所附设棉纱评价委员会暂行章程》，《天津棉鉴》1933 年第 4 卷第 1 期，第 409~410 页。
⑥ 《国内要闻（二）：湘省府不允许取消棉纱管理所》，《天津棉鉴》1933 年第 4 卷第 1~6 期，第 413 页。
⑦ 《湖南棉业试验场津市轧花厂第二次报告书》（内部资料），湖南省棉业试验场，1934，第 1 页。

在棉花包装方面，湖南省棉花市场多用木质打包机，采用人力。虽然湖南棉业试验场的轧花厂有打包机三架（俗称天津架子），每日可打棉花三四十包。但其打包效率与现代打包厂相差甚远。棉花包装多用白布或麻布，包装费依轻重而定，为数角至数元不等，[①] 湖南省全省各地棉花包装详情如表3-23所示。

表3-23　湖南各地棉花包装大小重量统计

单位：斤

县别	大棉包	中棉包	小棉包
澧县	180		60
石门			60
临澧			60
桃源	180		60
常德	140		70
沅江	160	120	60
安乡	180	120	60
南县	180	120	60
华容	100		60
岳阳	100		60
临湘	100		70
湘阴	100	60	50
湘潭	150		60
慈利			50

资料来源：孟学思：《湖南棉花及棉纱》，湖南省经济调查所，1935，第19页。

不同于武汉地区有专门的现代打包厂，湖南全省无专门的棉花打包厂，棉花打包均在花行或轧花店完成，产区市镇皆有花行可打包，以常德、津市、注滋口、湘潭为例，比较湖南各地打包费情况，如表3-24所示。

表3-24　常德、津市、注滋口、湘潭四地棉花打包费用比较

单位：元

地名	常德		津市		湘潭	注滋口	
包重	110斤	70斤	60斤	180斤	150斤	100斤	60斤
合计	2.03	0.83	0.84	1.214	2.39	1.35	0.95
踩工	0.20	0.10			0.10	0.10	0.10

---

① 孟学思：《湖南棉花及棉纱》，湖南省经济调查所，1935，第19页。

地名	常德		津市		湘潭	注滋口	
包重	110斤	70斤	60斤	180斤	150斤	100斤	60斤
包布	1.80	0.70	0.70	0.920	2.25	1.20	0.80
绳索	0.03	0.03	0.01	0.144	0.04	0.05	0.05
工资			0.05	0.130			
缝工			0.08				
缝线				0.01			
印包颜料				0.01			

注：津市180斤花包为湖南棉事试验场棉花包装。

资料来源：孟学思：《湖南棉花及棉纱》，湖南省经济调查所，1935，第20页。

从表 3-23 和表 3-24 可以看出，湖南各地打包费用相差较大，包装形式不一，轻重不等，运出口时，须另行打包，于交易不便，相比较而言，津市打包尤其是 180 斤打包费用较低。[1]

棉花市场组织方面，湖南棉花市场交易主体主要包括花行、棉贩、庄客、运商四种。首先，就花行而言，湖南花行的存在极为普遍，湖南城镇以及各大棉市皆有花行，花行的主体功能是作为棉花贸易交易的中介。湖南的花行向政府领牙贴，俗名经济。全省花行牙贴分甲、乙、丙、丁、戊五种，最大棉市的花行为甲等牙贴，次者为乙、丙、丁、戊四等。甲等帖五百元，乙等牙帖四百元，丙等三百元，丁等二百元，戊等一百元，每帖五年为期，期满换领，原贴可作半价，须另加手续费 2%。各地牙贴有"专色与兼色"之别，所谓专色，即专营棉花交易；兼色是指除棉花交易，还兼营其他交易。全省花行，专色少，多为兼营杂粮、土果、鱼、麻等交易，名称是花粮行。[2]

湖南花行合资与独资参半，资本大小不等，资本大者达两三万元，资本小者几千元。资力雄厚的长沙花行还会建设堆栈，为顾客提供堆存货物的场所，或自购棉花，存放栈内，待价而沽。此种花行兼中介和棉商两种性质。城市里的花行一般在重要产区都设有分行，收买棉花。花行内部组织包括经理、私账、司称、上街、学徒、踩工等，湖南的棉花交易，有先付款后交货、先交货后付款、交货时付一部分款、分期交款或分期交货等不同方法，花行负有担保

---

① 孟学思：《湖南棉花及棉纱》，湖南省经济调查所，1935，第20~21页。
② 孟学思：《湖南棉花及棉纱》，湖南省经济调查所，1935，第45页。

清理货款手续，并于货到之后，为客商过秤打包及办理一切运输手续的责任。全省花行以澧县为最多，约400家，长沙、津市、常德、荣华、注滋口、湘潭等地的花行共有87家。①

棉贩有三种，一为乡中农民，在农闲时以贩卖棉花为副业；二为在市镇设有商店经营棉花交易，同时也兼营其他商品交易的商户；三为帆船户，以贩卖棉花为业务。三者之中，前两种最为普遍，棉贩皆有辊轴式轧花机数架，少者有轧花机二三架，多者十余架。帆船户仅湘潭有，无轧花机，主要业务为转运各地贩卖籽花。棉贩组织简单与否取决于拥有的轧花机多寡，如资金小，有轧花机二三架，则雇工一、二人自轧自运；如果有轧花机十余架，即雇用工人多名，收花轧花，此等棉贩居于买主地位，设店营业，经理交易。兼营其他交易之花贩，则与普通商店之组织相同，或名轧花店，或名车户，或名轧花行，或名花号。花贩的职务为购进籽花，出售皮花，取得轧花费。并在买卖价格上获得差价利益，全省澧县花贩最多，湘潭次之。澧县有花贩三四千户，轧花机七八千架，湘潭有花号八十余家，轧花机四百余架。棉贩与花行均有一定联系。②

花庄（也称庄客）是花号或花行在异地的分店，花庄有三种，一种是一家花号直接派员设庄，一种是数家联合直接派员设庄，二者都被称为分庄。还有一种是委托花号或特定的商人代办交易，具有信托性质，被称为代庄或庄号。一般情况下，大城市的花行或花号在小城市设分庄的较多，小城市的花行或花号在大城市设代庄较多。如沅江、澧江上游诸邑在常德、津市设代庄较多，长沙、常德、津市则多设分庄。花庄组织简单，仅一人或二人经理一切交易。代庄有兼营与专业代庄之别，规模不等，普通代庄代营几家交易，规模大的代十余家或数十家交易，如常德棉花代庄可代至六七十家，内部组织与普通商号类似。在资金方面，分庄资金多寡纯恃总行资金是否雄厚。代庄则仰赖各式代理商号之资金。分庄一般并非只经营棉花一种交易，除获得销购便利外，分庄的利润还包括运费回扣和行佣，一般是每元分五厘至一分或每担一角行佣。代庄的利润除取得上述运费回扣和行佣外，各委托商号年终会致送庄费，多寡不定，视其所代货物之数额而定。长沙、津市、常德、注滋口四地花庄共

---

① 孟学思：《湖南棉花及棉纱》，湖南省经济调查所，1935，第45~46页。
② 孟学思：《湖南棉花及棉纱》，湖南省经济调查所，1935，第49~50页。

有 68 个。①

运商包括两种，一种为棉市进口商，兼营棉花交易，在大城市均设有分庄或代庄，进口棉花时，也经营棉花出口。一种为普通商号，其主要目的是囤货，待棉市疲软时，棉价上涨，再出售，属于囤贱卖贵性质，因此也被称为屯户。二者在重要棉市均有，津市最多，全市共有四十余家。②

津市是湖南省较为典型的重要的二级棉花市场，津市棉花市场之构成包括上述所有的交易组织。其中，花行的规模较大，津市有花行 80 余家，业务较大者有 20 家。屯户方面，津市的吉大祥、怡和、大金号、喻茂顺、喻义和等商号经常屯购棉花千百担，棉花市场有时为其所左右。③

综上可见，华中地区棉花市场中，湖南省的产棉量不及湖北，棉花品质亦比不上华北的陕西、山东等地所产的棉花，在全国棉花市场中，并不处于主导地位，但是在民国时期，湖南省棉田及棉产量增长也较快，且对均衡西南几省的棉花供应具有重要的作用。

第七节　江西棉花市场

江西境内多山，山冈起伏，平原甚少，仅中部滨江临湖之地可以植棉，故江西棉田面积不多，产棉量亦比较小，在华中地区次于湖南。④ 在棉田面积和棉产量方面的大致情况是：1920 年，江西省的棉田面积有近 40 万亩，1921 年近 26 万亩，1922 年 36 万亩，1923~1928 年，江西植棉面积扩张较快，每年棉田均在 50 万亩以上，其中 1925 年最多，达 70 余万亩。⑤ 自 1929 年以后，棉田面积减少，均在 30 万亩以下。⑥ 在棉产量方面，相对于其他省份，江西的棉产量也较少，1919~1937 年，只有 1919 年和 1923 年每年棉产量均超过 10 万担，其中 1923 年为 17 万余担，其余年份均不及 10 万担。⑦

具体而言，据纱厂联合会调查部 1919 年调查，当时江西省产棉区以九江

---

① 孟学思：《湖南棉花及棉纱》，湖南省经济调查所，1935，第 53~54 页。
② 孟学思：《湖南棉花及棉纱》，湖南省经济调查所，1935，第 57 页。
③ 陈明哲：《津市之棉花市场》，《农本》1942 年第 60 期，第 46 页。
④ 华商纱厂联合调查部：《民国九年棉产调查报告（附表）》，《棉产调查报告》1921 年第 9 期，第 17 页。
⑤ 中国棉业统计会：《中国棉产统计》，1936、1937，第 5 页，第 4 页。
⑥ 中国棉业统计会：《中国棉产统计》，1936、1937，第 5 页，第 4 页。
⑦ 中国棉业统计会：《中国棉产统计》，1936、1937，第 5 页，第 7 页。

附近为最盛，因此地临近鄱阳湖，地势平坦，土质肥沃，气候温和，不仅适于植棉，且长江横贯其中，交通便利，故江西省棉花市场也以九江为中心。江西九江久兴纱厂于 1922 年成立，这是江西省第一家纱厂，此纱厂创办后，经营良好。[①] 在 1922 年以前，因江西本地无纱厂，故所产棉花除供本地销售外，其余多由九江转运至上海和汉口销售。

发展至 1930 年，江西棉田面积减少，仅有长江流域的九江、彭泽、湖口三县产棉较多，棉花市场规模也随之缩小。小池口为九江的棉花转运中心，棉花先由小池口运九江城，再运上海；湖口县所产棉花运销地为南昌，彭泽县所产棉花运销地也为南昌，孔垅乡运销地为上海。[②] 至 1933 年，江西每年由省外输入的棉花达四十万担以上，故江西力图振兴本省棉业，以谋自给。据统计，1928~1932 年，全国棉田面积五年平均为 3400 万亩，江西五年平均为 29 万亩，仅占全国的 0.85%，皮棉产额全国五年平均数为 793 万担，江西五年平均为 72000 担，仅占 0.9%。[③] 江西棉产量自 1923 年开始呈逐年递减趋势，从 1923 年的 17 万余担，发展至 1933 年前后仅有几万担的数量，无法达到自给。其棉产量递减的原因有三：一是战争影响；二是灾害频仍，1931 年江西省发生水灾，1933 年又发生旱灾，致棉田荒芜增多，棉产减少；三是洋纱洋布行销日盛，且价格低廉，以往自种棉花自行纺织的农民多改变习惯，放弃植棉纺织，购买现货，也导致了植棉减少。[④]

1934 年，江西全省有 82 县，产棉县为 62 县，但产棉额及棉田面积均不甚理想。能出口棉花的产棉县皆是赣江、抚河、信河、袁江、修水、江湖、饶河沿岸等交通较为便利的各县，且除去本县消费有余的数量，才会输出。棉花集散市场以南昌和九江为中枢，南昌吸收赣江上下游和抚河一带的出产，除本地消耗外，剩下的由南浔路运至九江出口，九江市场则吸收鄱湖四周和饶河、修水等处的出产。[⑤]

江西九江的小池口是民国时期江西省最具代表性的棉花转运中心，同时也

① 朱寿楠：《江西第一家纺织厂——久兴纱厂》，《九江文史资料选辑》第 4 辑，九江市委员会文史资料研究委员，第 6 页。
② 宣阶、周祖谋：《江西棉花产销及棉田之调查（续）》，《军需杂志》1930 年第 12 期，第 30~31 页。
③ 张修炜：《江西之棉业（附表）》，《农村》1933 年第 1 卷第 2 期，第 2~3 页。
④ 《统计：江西省棉业统计资料：四、棉产衰退原因》，《经济旬刊》1934 年第 3 卷第 15 期，第 5~6 页。
⑤ 志强：《调查：江西棉业之概况》，《钱业月报》1934 年第 14 卷第 2 期，第 1 页。

是江西省最主要的产棉地区和棉花市场中心。小池口距九江八里，为江西重要市镇之一，境界与湖北黄梅县相连，所有黄梅县出产的棉花也由小池口输出。① 表 3-25 和表 3-26 反映了由九江输出棉花和由九江输入棉花的情况。

表 3-25　1904~1933 年江西棉花由九江关输出数量统计

单位：担

年份	数量	年份	数量
1904	38240	1919	32281
1905	11109	1920	466
1906	7935	1921	49963
1907	18109	1922	72133
1908	18214	1923	59096
1909	15493	1924	41538
1910	15506	1925	31514
1911	15284	1926	13718
1912	29466	1927	42983
1913	7132	1928	52754
1914	146	1929	24452
1915	22360	1930	70809
1916	26696	1931	21699
1917	46138	1932	10338
1918	47834	1933	22072

资料来源：《统计：江西省棉业统计资料：二、输出数量：最近三十年江西棉花由九江关输出数量统计》，《经济旬刊》1934 年第 3 卷第 15 期，第 4~5 页。

表 3-26　1921~1933 年由九江关输入江西省棉花数量及价值统计

年份	数量（担）	价值（元）
1921	551	
1922	51	
1923	76	
1924	140	
1925	11	
1926	2357	
1927	160	
1928	9684	461251

① 《民国八年棉产调查报告：江西：赣省产棉以九江附近诸地为最盛……》，《华商纱厂联合会季刊》1920 年第 1 卷第 2 期，第 217 页。

续表

年份	数量（担）	价值（元）
1929	10453	502938
1930	7477	408420
1931	27259	1369924
1932	20670	992616
1933	14212	635736

资料来源：《统计：江西省棉业统计资料：三、需棉总量与外棉输入之数量价值来源及用途》，《经济旬刊》1934年第3卷第15期，第5页。

从表3-25和表3-26可知，1922年由九江输出的棉花最多，此后直到1926年一直呈下降趋势。在输入棉花方面，1928年至1933年间，江西九江输入的棉花总量是1921年至1927年输入总量的35倍有余。之所以会出现这样的发展趋势，是因为江西九江自1922年拥有第一家纱厂后，增加了销棉量，这在一定程度上影响了江西棉花的输出量。

小池口作为九江的棉花市场中心，当棉花丰收时，每亩棉田可收获籽花一百多斤，所产棉花大部分由小池口用驳船运往九江，再转运南昌、上海和汉口等地。关税、厘金、行佣、包装四者合计共六、七元。1920年时，小池口本地花行有徐升顺、益泰和等十家。① 发展至1926年前后，小池口的花行有十六家，全年开设长期经营的花行有五家，短期经营的有十一家，短期经营的花行则是于每年阴历八月二十后开门，腊月二十八九日暂停，若逢棉花丰收之年，棉农常常延迟售卖棉花，短期经营的花行则会延长至过完年后的正月和二月。如遇歉收之年，短期经营的花行则于阴历十一月半左右即歇业。② 九江的另一个重要的产棉区是孔垄，该区与湖北黄梅县相连，产棉较多，丰收时能产皮花五万担左右，也多从九江运上海，关税每担（十八两秤）九江三钱五厘，孔垄厘金三百文，运沪每担需银一两一钱。③

江西省的棉业改良及棉业试验场发展之路也颇为曲折。民国初年，江西省实业厅曾向北京农商部领取美种棉籽，转发各县农会散给农民种植，但嗣后并未注意棉种育种问题，导致棉种退化，后又在九江二套口创办棉业试验场，但因政局

① 《民国八年棉产调查报告：江西：赣省产棉以九江附近诸地为最盛……》，《华商纱厂联合会季刊》1920年第1卷第2期，第239页。
② 《杂纂：江西小池口棉业近况》，《中外经济周刊》1926年第157期，第40页。
③ 《民国八年棉产调查报告：江西：赣省产棉以九江附近诸地为最盛……》，《华商纱厂联合会季刊》1920年第1卷第2期，第239页。

变更，1927年春该场并入农业试验总场，改称棉作部。之后还未来得及开始工作，总场又改组，是年冬在湖口县三里街成立湖口农业试验场，专门从事棉作试验，但因经费支绌，进行缓滞，无显著成绩。故多年以来，就棉花品种而言，澎湖白籽棉为江西省品质最优的棉花，在国内市场上被称为九江棉，能纺16支至20支纱。①

交易方面，在村或乡里，人们购买自用的棉花，此项买卖无需中间人，买卖双方用现金直接交易，或以农家副产物如豆麦等互换，棉花价格一般在每斤二角左右，也有五角或六角等较贵的品种。农家大都自备有手摇或足踏的木质轧花机，也有棉农将棉花运至城镇请花号代轧，轧花费用为每斤二、三分。②

江西湖口为江西省重要的棉花集散市场，以湖口为例，可以明晰江西棉花市场的交易主体构成和运作。在湖口，重要的棉花交易主体包括棉贩、花行和客商。其中棉贩多在产棉区购买籽花，自购脚踏轧花机，轧花后贩卖。部分棉贩依靠自身资本进行买卖，部分棉贩依靠花行的资金。③

湖口的花行所领牙贴均为中级，代客买卖时，佣金是值百抽二。因棉花交易并非常年持续，故皆兼营其他生意，如湖口的三家花行联益兼营染坊、盈泰兼营布店和信诚兼营油坊都是如此。在治安不稳，客商减少的情况下，花行定做包盘。定做包盘包含两个内容，一是包运送，花行以往定做包盘的习惯是运送货物时仅包运送到船头，后改为包运送至九江，但这样做也导致交易纠纷不断增多。二是定价，如"定盘每担系三十元，则行方收买之价格至少必低于三十元。方有利益可图，价格上涨，即须亏折"。④

棉市旺期，来自其他城市的采买客商主要有九江经营棉业的钱庄所派之人，也有久兴与申新两纱厂的采办人，还有"矶林麻口"的杂粮贩，不管交易大小，他们均在花行买卖。其中购买量最大的为久兴纱厂，约可购买总量的三分之二，申新次之，内地运销甚微。⑤

在其他棉花市场，花号亦较重要。资金较为宽裕的花号自备新式轧花机，其数量有时多至十几架，花号也派店伙前往各乡村直接收买籽花，用轧花机轧

---

① 张修炜：《江西之棉业（附表）》，《农村》1933年第1卷第2期，第6页。

② 志强：《调查：江西棉业之概况》，《钱业月报》1934年第14卷第2期，第10页。

③ 履仁：《中国棉花市场之组织与棉产运销合作》，《农村合作月报》1936年第2卷第1期，第57页。

④ 履仁：《中国棉花市场之组织与棉产运销合作》，《农村合作月报》1936年第2卷第1期，第57页。

⑤ 履仁：《中国棉花市场之组织与棉产运销合作》，《农村合作月报》1936年第2卷第1期，第57页。

过再出售，花号售卖棉花的对象是花行及本地的消费者。花贩与花号的关系甚为密切，花贩收集零星籽花或皮花挑至城内，常向花号脱售，从中取得少数利润。有的花号专收花贩售卖之棉，而花行所吸收的皮花则专门输出，其输出地点一般在赣江、修水、信江、抚河等交通较为便利的地方或运至南昌和九江等处的花行和集散地的花行。如果需运至交通不便的地方，则多用人力挑运至附近的邻县或邻省。如赣南各县多以人力挑运至广东或福建等省求销。在赣东、赣西方面，亦有以人力挑运求售于安徽、湖南等省的情况。[①]

籽花或皮花买卖所用之秤各地互异。在包装方面，棉花包装方法各县也不同，亦无大包、小包之分，最重者每包重一百二十斤，最轻者每包重四十斤，另外在此两者之间，有一百斤、八十斤、七十斤、六十斤、五十斤等不同的包重。包装时，有用粗旧麻布进行包装的，也有用粗棉布进行包装的。在包装费用方面，大包的人工、绳索、包布等共需银约一元，小包约需四角。[②]

综上可见，江西省植棉和棉花市场的发展高峰是在 20 世纪 20 年代上半期，此后其发展趋势逐年减弱，植棉和棉花市场发展均受到影响。江西现代纱厂的建立也晚于湖北省和湖南省，其在华中地区棉花市场网络中地位较弱。

本章小结

在中国近现代棉业发展史上，湖北省棉业在全国占有重要地位，无论是植棉、改良还是纺织业都在全国棉业发展中起到中流砥柱的作用，对华中地区来说，更是起到了龙头的作用。以武汉为中心的华中棉花市场发展较早，兴起于晚清时期，20 世纪 20 年代达到了最高峰，到了 30 年代，其依然是中国近代棉业发展的重镇，这不仅得益于武汉优越的地理位置和晚清张之洞在武汉关于重工业和轻工业的发展布局，同时也有本省各界人士对棉种改良及新生产工具的积极试验和引进。

在棉种改良方面，湖北省起步很早，湖北的棉种改良始于 1898 年。[③] 清末张之洞督鄂时，曾聘请美国农业专家数人为改良农业顾问，同时输入大批棉籽分拨给农民种植，但因接下来未用科学方法育种，导致品种退化，棉花品质

---

① 志强：《调查：江西棉业之概况》，《钱业月报》1934 年第 14 卷第 2 期，第 10~11 页。

② 志强：《调查：江西棉业之概况》，《钱业月报》1934 年第 14 卷第 2 期，11 页。

③ 参见冯肇传：《创刊词》，《鄂棉》，湖北棉业改良委员会试验场总场，1936。

远不如最初输入时。民国以后，张謇任农商部长时，提倡棉铁主义，湖北因其棉业在全国居重要地位，故极受重视，农商部于 1915 年在全国设立棉业试验场三处，其中第三处就设在武昌（今徐家棚棉业试验场），并从美国购买多件新式农具，经费充裕，规模宏大。农部派美籍专家前来指导，只可惜当时只注重品种试验，未重视育种，以致终未获得优良品种。1926 年革命军兴，场务停止。①

湖北省政府对本省的棉种改良非常重视。民国初年，湖北省在鄂西中部设立荆州棉场，促进了鄂西一带棉花的改良推广，后又在汉水中部设立钟祥棉场，推动了汉水一带的棉花改良。1926 年将湖北省农商部所设的武昌棉场收归省办，但因政局多变，效果甚微。1928 年，石蘅青任湖北省建设厅厅长后，继续提倡棉业改良，制定棉业改良计划，任命杨显东负责，当时从南京金陵大学、中央大学购买爱字美棉进行育种，并改良本省棉种，但因 1929 年政局变化，所制计划未能实现。②

高校等科研机构也重视湖北省的棉种改良。1921 年，"国立东南大学"制定改良全国棉作计划，在武昌、夏口两县均设分场，推行风驯爱字、脱字两种美棉。1926 年，由于政局原因，无奈停顿，夏口分场归并一益棉场和三益棉场办理，期限为五年，一益棉场和三益棉场均为私立棉场，但私人力量终究有限，此二棉场于 1930 年底停办。③

虽然有国家、湖北省政府、"国立东南大学"以及私人团体陆续建立棉业试验场，重视棉种改良，但由于政局变动等原因，并未达到预期效果。而改良棉业实为湖北农业经济中最重要之事，鉴于此，湖北省棉业改良委员会接力棉业改良事业，1930 年设立第一试验场于武昌珞珈山武汉大学新校址。1931 年，石蘅青、苏汰馀、张械泉等与湖北纱厂联合会及"国立武汉大学"通力合作，又共同组织湖北棉业改进委员会，处理全省棉业改良事宜，并推举苏汰馀、张械泉、叶稚各、熊国藻、杨显东五人为委员，由杨显东兼任总技师。1931 年又设第二试验场于汉口硚口外，接收三益棉场，从事爱字棉育种。④ 可见晚清民国时期，湖北省的棉种改良和植棉受到多部门重视，当地政府、棉业团体、高校力量和私人共同促进湖北省植棉发展。

---

① 《湖北棉业过去之改进》，《天津棉鉴》1931 年第 1 卷第 11 期，第 4 页。
② 《湖北棉业过去之改进》，《天津棉鉴》1931 年第 1 卷第 11 期，第 5 页。
③ 《湖北棉业过去之改进》，《天津棉鉴》1931 年第 1 卷第 11 期，第 5 页。
④ 《湖北棉业过去之改进》，《天津棉鉴》1931 年第 1 卷第 11 期，第 5 页

在积极引进新的棉业生产工具方面，汉口有两家企业特别值得关注，一是穗丰棉花打包公司，一是汉阳洪顺机器厂。穗丰棉花打包公司系华商全资公司，公司的打包机器先进，动力由电力发动机提供，① 是当时华中地区在包装方面现代化的标志，其发展可视为华中地区棉花包装方面现代化转型的代表。成立于1903年的汉阳洪顺机器厂以制造轧花机为主，其生产出的轧花机品质精良，销往十余个省份。② 轧花机的普及带动了湖北省及其他关联省份轧棉效率的提高，这些技术的进步和商人的努力都为湖北省棉业发展做出了实质性的贡献。

通过对比数据及发展情况可知，华中地区的棉花市场以湖北为中心，汉口在整个华中地区的棉花市场中占据中心地位，其棉花市场结构发展也最完善。相比之下，湖南和江西棉花市场的成熟度和深度均不及湖北省，但在华中汉口市场的带动下，湖南及江西的棉花市场也逐步发展壮大，尤其是湖南省植棉和棉花市场的发展较为强劲，而江西省因受到省内地理风貌、军事因素、自然灾害的影响，其植棉和棉花市场的发展较缓慢，且自20世纪20年代后半期起，发展势头逐渐减弱。

---

① 李佳佳：《民国时期华商棉花打包业探究（1920-1937）》，《中国社会经济史研究》2019年第4期。
② 李佳佳、牛青叶：《晚清民国时期湖北省轧棉业发展探究》，《中国农史》2023年第2期。

第四章 华北地区植棉及棉花市场发展
（1908~1937）

　　历史上，关于华北区域的界定有多种说法，国内已有学者对华北这一名词在不同历史时期的概念及流变做了翔实且清晰的研究。[①] 在本章中，笔者不再赘述华北这一区域的含义及所指。因本书研究内容为棉业，因此有必要在棉业经济地理方面对华北这一地区所涵盖的范围加以明晰。中国近代华北棉业快速发展始于晚清，发展至 1919 年时，华北植棉已经呈现明显的地理经济特征，从棉业角度讲，此时华北已经形成了两个大型产棉区：一是山东西部与河北中南部连城一片的产棉区；二是陕西中部、山西西南部、河南西北部连成一片的产棉区，两大产棉区覆盖一百余县，[②] 其巨大的产棉量和优质棉花的产出对民国时期华北棉业发展格局的形成奠定了雄厚的原料基础。从棉业经济地理而言，本书中的华北一词所指的地区为晚清民国时期的河北（直隶）、山东、陕西、河南、山西五省。

第一节　起航：1908~1917年华北植棉及棉花市场的发展

　　明清以来，中国出口素以茶、丝、瓷器为主，棉花虽为大宗，但主要以江苏产出较多，1904 年前后，华北地区所产棉花由天津出口的有一万余担，价格每百斤平均十五两至十六两。[③] 1908 年，中国近代华北地区棉花种植范围开始快速扩大，这得益于当时清政府的倡导和奖励政策的颁布。

　　1908 年，当时的清政府意识到外国纱布进口日益增多，民间纺织业逐渐萎靡，遂究其根源，发现"中国棉花质性较逊于外国，种植又不讲求，南北各省间有数处所产较胜，而培植仍多鲁莽"。清政府在工艺、种植、培育、棉

---

① 仲伟民、王正华：《作为区域的"华北"：概念渊源及流变——兼析明清社会经济史视野下的"华北"》，《天津社会科学》2021 年第 1 期。

② 华商纱厂联合会调查部：《民国八年棉产调查报告》，华商纱厂联合会，1920，卷首图。

③ 《北省棉花之调查》，《时报》1911 年 9 月 23 日，第 0002 版。

种等方面认识到不足之后，便从以下几个方面着手进行改革：一是令农工商部详细考查各国棉花种类及种植成法，编集图说，制定奖励种植章程，颁行各省，要求各省督抚认真办理；二是当棉花和纱布经过各关卡时，令税务处优加体恤，以助畅销；三是在工商部未颁布章程以前，令各省督抚应多方鼓舞劝谕商民筹办或选择官地试种或集股设立公司，地方官及绅商如有成效卓著者，应将所产棉花送部查验并给予奖励。[①] 上述政策的颁布和推进促进了中国近代华北地区棉花种植范围的快速扩增。

1909 年 12 月 23 日，农工商部奏拟奖励棉业章程，[②] 获批准后，1910 年 12 月 23 日农工商部颁布奖励棉业章程，具体内容如下：

第一条　此项奖励以能改良种植开拓利源扩充国民生计者为合格，其仅以贩运棉花纱布为业者不在此列。

第二条　此项奖励以该地棉花确系改良种法收成丰足棉质洁白坚韧能纺细纱者为断。

第三条　凡向不产棉之地或向不种棉之地有能创种及改种棉花约收净棉万斤以上者以及向来产棉之区实能改良种植花实肥硕约收净棉五万斤以上者，先将姓名住址及棉田亩数所种何项棉种报明地方官存案俟收获时仍报请查验确实由该地方官汇齐比较等第造详册，并附棉业棉种汇送劝业道详请督抚咨部核奖，其奖励等级以收棉优劣多寡为准。

第四条　应得奖励等差列左

一奏奖本部一等至四等顾问官

一奏奖本部一等至五等议员

一酌奖职衔顶戴

一奖匾额

一奖给金牌银牌执照

第五条　每届年终俟各省督抚汇案报齐后由部详细审查分别等第奖励。

第六条　奖励以一年一次为率凡第一年得奖励者第二三年收棉之数并未加多无庸再奖，若第二三年超过第一年收获时仍得加给第二三年应得之

① 《中外文牍：直隶丰润县马令为瑷详覆种棉情形暨送棉花奖单文（并批）》，《并州官报》1908 年第 13 期，第 24~27 页。
② 《为拟奖励棉业化分矿质局及工会各章程事给天津商务总会的劄》，1910 年 3 月 9 日，天津市档案馆藏，401206800-J0128-2-000581-005。

奖励。

第七条　无论集资创设植棉公司或独资农业及寻常农户均适用本章程奖励。

第八条　如有集合棉业会或棉业研究所者详拟章程呈核俟办理三年成绩昭著一律酌量给奖。

第九条　凡请领官荒开垦种棉者均由各该地方官勘明给照宽定升科年限出示保护并随时报部立案。

第十条　凡新式轧花机及弹棉纺纱织布各项手机或将本地改良之棉花纱布运销外省所有经过各关卡应如何优加体恤之处由部咨明税务处办理。

第十一条　如有能仿造轧花弹棉纺纱织布各项手机运用灵便不逊洋制者验明确实一律酌给奖励。

第十二条　各地方官如有能实力劝导成效卓著者可由督抚咨明择优请奖。

第十三条　凡纺纱织布各厂奖励已在奖励公司章程内规定者兹不复载。

第十四条　此章程自宣统三年为实行时间，以上各条均系试办章程嗣后如有应行更订之处随时奏明办理。①

从上述奖励的章程可以看出，清政府的奖励措施涵盖了棉花种植、棉种改良、棉花生产技术、棉花运销等方面，奖励的对象包括棉农个人、植棉公司、棉业会、棉业研究所、领官荒开垦种棉者等，足可见发展之决心。据当时花行调查，以直隶省西河一带为例，棉产情况甚为繁荣，蠡县四百万斤，深泽县二百万斤，无极县三百万斤，藁城县四百万斤，赵州五百万斤，乐城县三百万斤，宁晋县二百万斤，晋州二百万斤，正定府五百万斤，顺德府三百万斤，获鹿县百万斤，东鹿县二百万斤，临洺关百万斤。② 1910 年，直隶棉业研究所成立，在植棉方面，研究人员开始就植棉各个环节，系统观察研究外国棉种和中国棉种的特点。③ 此研究所是华北地区最早成立的棉业研究机构，意味着棉种改良开始逐步走向现代化。

---

① 《为拟奖励棉业化分矿质局及工会各章程事照会天津商务总会》（附章程）1911 年 3 月 26 日，401206800-J0128-2-000581-006。
② 《北省棉花之调查（续）》，《时报》1911 年 9 月 25 日，第 0002 版。
③ 王龄嵩：《北洋官报汇编：报告类（第一集）：直隶棉业研究所宣统二年第一次试种棉花实验报告》，《北洋官报》1910 年第 2627 期，第 1~2 页。

自清政府施行奖励政策发展植棉后，天津棉花出口额迎来了中国近代史上的第一次爆发，1909 年出口二万四千余担，价值四十四万两；1910 年达二十五万担，价值二百六十万两，1910 年出口金额比 1909 年增加近五倍。由天津出口的棉花销至英德两国居多，输出至日本亦达一万五千余担，每担价约二十两，总额达三十万两。① 1911 年，中国棉花出口总数约达六十五万担，约一千五百万两。② 此时天津棉花出口量剧增除了华北植棉快速增长外，当时国际棉价日趋腾贵也是另一重要原因。

从天津出口棉花的主要来源包括御河棉、西河沿线及杨村附近的棉花。御河棉是指由南运河运至的棉花，御河棉稍带赤色，微有斑点，毛长而柔；西河沿线的棉花色白质硬，杨村棉花的棉纤维最长，仅供本地人消费，甚少出口。1909 年以前，棉花每百斤平均价格不过十五、六两，1910 年 2 月涨至二十五两至二十六两，杨村棉价格涨幅高于御河棉。洋商装运棉花出口时，一般先将叶屑等杂物剔除干净，当时天津棉花出口掺水现象少，棉花虽含砂土，不过 1% 至 2%。在包装方面，通常用布袋包装，再用麻绳捆紧。御河棉每包重 120 斤，西河棉每包重 128 斤，一般绳袋共重六斤至七斤，运输至日本的棉花，皆系原包出口，运往其他国家的棉花，均需改装为每包 420 磅至 430 磅，包装费每包约一两二钱。③ 在运费方面，运至日本的棉花每包需一元二角，出口税每百斤三钱五分，杂费约七角。④

1911 年前后，天津棉花市场规模还很小，当时天津棉花市场只有三家花行，分别是宝昌栈、义隆栈、同兴栈，棉花买卖由此三家掌握。经营方式有三种，第一种是由内地农民运来棉花，花行代为买卖，出卖的价值高低与花行无关，花行仅抽百分之几作为报酬；第二种是与洋商定准价格，若进货价格少于所定之数，则利益归花行，若进货价格高于所定之数，则自负赔款。一般情况是花行除了获取行佣外，另获其他若干利益。洋商与行栈定货时期，多为七、八月间，一般先预交总货价的三分之一作为定金，交定金后，大概七、八日交货，检查重量无误后清算货价。由于当时天津棉花买卖基本被宝昌栈、义隆栈、同兴栈垄断，时有弊害发生，故内地商人与洋商均有直接交易的想法，遂

---

① 《北省棉花之调查》，《时报》1911 年 9 月 23 日，第 0002 版。
② 《北省棉花之调查（续）》，《时报》1911 年 9 月 25 日，第 0002 版。
③ 《北省棉花之调查》，《时报》1911 年 9 月 23 日，第 0002 版。
④ 《北省棉花之调查》，《时报》1911 年 9 月 23 日，第 0002 版。

出现洋商自派店员向农民直接收买棉花的情况。① 总之，天津棉花市场此时处于初期发展阶段，棉花交易中介主要是花行，且这一时期花行数量极少。

从中国近代华北地区植棉发展角度观察，山东植棉发展几乎与直隶同步。自1908年清政府禁止鸦片、奖励全国植棉之后，天津创设研究总会，加强棉种改良栽培，山东也随之进行美棉种栽培及改良，据1910年的报告，山东产棉地以东昌府为最多，武定次之，自改用美种以来每亩可多收五六十斤。② 以山东省南运河一带为例，恩县棉产二百万斤，武城县五十万斤，清河县五十万斤，夏津县百万斤，高唐县二百万斤，威县五十万斤，临清县三百万斤，南宫县三百斤，巨鹿县三十万斤。③ 随着山东省棉产量快速增加，出口数额也骤增，据德领事调查，1910年春季，青岛出口棉花1445担，夏季3356担，秋季248担，冬季10503担；1911年春季出口15886担，夏季四、五两月，出口有5394担。④ 由此可见，山东植棉于1910年也步入快速发展阶段。

除植棉快速发展外，山东棉农还十分注意改良植棉方法，他们观察到美国棉种种植两三年后，其品质便与土棉无异，遂研其原因，他们发现美种棉与本地棉距离过近，借风虫传媒后，棉花花蕊混合。布告此原因后，农民改良此弊，收获颇丰。时人评论"南北棉商之收贸者络绎于道，为数十年来未有之盛况"。⑤ 尤其是在山东临清，该地每年对由美国输入的棉籽极力改良，故彼时山东临清棉产量与棉花品质俱佳。除临清州外，山东内地亦有品质不亚于临清的棉花。山东棉花还具有含水量低的优点，此优点系因山东气候干燥所致。在价格上，美国种棉花虽较山东本地种棉花纤维长、外观美，但在市场上二者售价几乎无异。⑥

1910年前后，山东全省棉花产量约二十万担，大部分供给本省自用，其余运往天津，在天津用机器轧棉后，再运往欧洲和日本各处，出口额年有增加。除了运往天津外，还有一部分棉花汇集在济南，汇集在济南的棉花大概占山东全省棉产额的三四成。可见，当时济南已经成为山东省最主要的棉花市场。济南棉花贸易同样由棉花行经理，棉花行、捎客、植棉者三者为交易主

---

① 《北省棉花之调查》，《时报》1911年9月23日，第0002版。
② 《北省棉花之调查（续）》，《时报》1911年9月25日，第0002版。
③ 《北省棉花之调查（续）》，《时报》1911年9月25日，第0002版。
④ 《山东棉产特别调查》，《时报》1911年8月20日，第0006版。
⑤ 《北省棉花之调查（续）》，《时报》1911年9月25日，第0002版。
⑥ 《山东棉产特别调查》，《时报》1911年8月20日，第0006版。

体，交易情况与直隶大体相同，当时也已经出现了洋商欲直接向棉农收买棉花的情况。如1910年有青岛洋商数家，联合起来欲收买棉花，但因购买量极微，最终不得不继续依靠棉花行及中国棉商购买棉花。此时期，在山东济南棉花贸易中，皮花每包重八十五斤至九十五斤，棉花价格为每包市价在二十一两至二十二两之间。① 以上为山东省1910年前后的植棉及棉花市场发育情况，可以看出，这段时间山东省的棉花市场同样处于初期发育阶段。

陕西省虽为西北省份，但就棉业经济地理而言，实与华北融为一体，尤其是陕西中部。1894年以前，陕西棉农均种植中棉。1894年，美棉通过传教士传入陕西，开始有棉农种植美棉。晚清关中三儒之一的刘愚首次将辊轴式轧花机输入陕西，促进了棉业生产技术的进步。② 关于陕西省植棉情况，虽缺少精确统计，但通过观察1908~1919年陕西省西河棉输出日本和总输出的情况，可窥见其发展面貌。表4-1是陕西省西河棉输出日本的数量与输出总额的对照情况。③

表4-1　1908~1919年陕西省西河棉输出日本数额与输出总额统计

单位：担

年份	总输出额	对日本输出额
1908	25128	无
1909	125226	无
1910	372473	19380
1911	387430	105829
1912	421289	156320
1913	336284	113486
1914	238691	11753
1915	444732	217195
1916	282499	113578
1917	158192	40020
1918	327609	225824
1919	530881	336429

资料来源：《华北之物产（续）第五陕西省西河棉最近五年棉花输出表》，《京报》1922年10月21日，第0006版。

① 《山东棉产特别调查》，《时报》1911年8月20日，第0006版。
② 《陕西棉产概况》，《大公报（天津）》1931年4月21日，第0006版。
③ 《华北之物产（续）第五陕西省西河棉最近五年棉花输出表》，《京报》1922年10月21日，第0006版。

　　从表4-1可以看出，自1910年开始，陕西西河棉产额整体上快速增长，1913年之前，输往日本的棉花呈现逐年增长趋势，这意味着陕西植棉业基本也是在1910年步入了初期发展的阶段。可见就植棉发展而言，陕西与直隶、山东处于同一梯队。

　　与上述三省相比，华北的另外两个省份河南及山西植棉与棉花市场的发展相对较晚，尤其是山西。1911年，时人评述"山西自来为鸦片栽培最盛之区，近者鸦片之禁严，苟改营棉业，其前途之发达尤未可限量"。① 可见，山西在1911年时，鸦片种植依旧普遍，棉业并未有发展。1912年以前，山西河东道只有少数农民种植棉花，供日常所需，② 而雁北、冀宁两道，农民多认为不宜植棉，当时山西有识之士将棉籽输入山西试种，但因管理无方屡次试种屡次失败③。在1915年、1916年间，植棉的棉农也还寥寥。④ 1917年，山西政府提倡棉业，遂设山西棉业试验场于平阳，并购买美棉种籽，无偿发给农民试种，结果成绩甚佳，山西植棉始有发展。⑤

　　在河南，棉花种植较早。据记载，1906年河南产棉之地就以彰德府为首。⑥ 此外，根据1906年河南省广益纺纱有限公司章程介绍，河南安阳县西北乡出产棉花亦较多，每顷地中有七八十亩种棉花，所产之棉除供广益纺纱厂外，所余尚多，此外武安及临近地区也均出产棉花。⑦ 但此时期，河南省缺少棉花产量统计，故只能依据估计，河南省在晚清时期的棉花产量大体上与陕西相当，无论是植棉还是棉花市场的发育程度均低于直隶和山东。

　　综上可知，晚清民国时期，华北五省的棉业发展进度并不一致，直隶、山东、陕西发展较早，棉花市场发育程度相当，都诞生了主要棉花交易集散地和出口地，且都较早引进美国棉种。河南虽植棉亦较早，但引进外国棉种较晚，不过河南得益于1906年就有纺纱公司，在纱厂的带动下，其植棉规模应不亚于陕西。山西无论是植棉还是棉花市场的发展均较晚，在华北五省中处于弱势地位。

　　民国成立后，北京政府继续发展棉业，在棉业科学领域发力。1915年，

---

① 《北省棉花之调查（续）》，《时报》1911年9月25日，第0002版。
② 《山西棉产概况》，《大公报（天津）》1931年4月20日，第0006版。
③ 《山西棉产概况》，《大公报（天津）》1931年4月20日，第0006版。
④ 《山西省棉产调查报告（附表）》，《棉产调查报告》1920年第8期，第53页。
⑤ 《山西棉产概况》，《大公报（天津）》1931年4月20日，第0006版。
⑥ 《彰德棉花稔收》，《时报》1906年10月22日，第0005版。
⑦ 《专件：豫省广益纺纱有限公司章程》，《大公报（天津）》1906年2月28日，第0006版。

农商部设立三处棉业试验场，分别是位于直隶正定县南门外的第一棉业试验场，江苏南通县狼山马场圩的第二棉业试验场，湖北武昌县东兴洲的第三棉业试验场，其主要职能是选择试验后优良的棉种分发给棉农试种，并对气候、土壤、肥料、病虫害驱除预防等领域进行研究，从而促进科学植棉，同时观察棉质纤维优劣、设立棉业标本陈列室、培养相关人才等。[1] 1916 年。农商部在河南彰德设立中央直辖模范植棉场，后改称第一植棉场，在采摘整枝方面加以改进，虽因资金紧张停办，但安阳一带美棉种植赖其提倡，发展较快。[2] 此外，直隶的无极于 1916 年设立农事试验场。[3] 可见，自 1915 年国家开始建立棉业试验场后，华北植棉融入了更多的现代科学因素，促进了中国棉业发展的现代化转型。

日本一直密切关注中国出口棉花的发展趋势，据日本统计，1914 年至 1916 年中国输往日本的棉花数额和价值如表 4-2 所示。

表 4-2　1914~1916 年中国输往日本的棉花数额及价值情况

年份	输出数量（担）	价值（元）
1914	591932	15337000
1915	659758	19677000
1916	643767	30596000

资料来源：《中国之棉花生产（译日本财政经济时报）》，《大公报（天津）》，1918 年 10 月 21 日，第 0007 版。

由表 4-2 可以看出，中国自 1910 年植棉发展短短几年之后，就成为日本棉花原料主要供应国。对中国棉纺织发展情况，日本同样密切关注，日本指出 1918 年时中国已成为世界上棉纱棉布最大消费国之一，中国每年棉制品输入额约达两亿海关两，占总输入额之三成至四成，在中国输入贸易品中占重要地位，中国棉纺织业发展迅速，有 37 家纺纱厂，总锤数达一百三十万锤。[4]

---

[1] 《法令：呈：棉业试验场暂行规则》，《中华全国商会联合会会报》1915 年第 2 卷第 11 期，第 2~3 页。

[2] 《国内农业消息：河南棉产概况》，《农业周报》1931 年第 1 卷第 5 期，第 195 页。

[3] 宣阶：《河北省棉花产销及棉田之调查》，《军需杂志》1930 年第 9 期，第 22 页。

[4] 《中国之棉花生产（译日本财政经济时报）》，《大公报（天津）》1918 年 10 月 21 日，第 0007 版。

当时，国人对直隶和山东两省的植棉、棉花市场、棉花品质状况也密切关注，指出中国北部所产棉花大都汇集于天津，每年不下三十万担。直隶所产的棉花被称为"西鹤"，西鹤棉纤维短且硬，色泽尚可，大半输往美国，混以羊毛可制造绒毯，小部分输往日本，用作填絮，求过于供时，价格比通县棉贵；山东所产的棉花被称为"优和"，品质比直隶的西鹤棉好，与美国棉混合，可纺低号纱。① 此外，国人对北方棉花的品质已有评价，认为中国北方所产的棉花一般含有 1% 的砂土，含水量比南方所产的棉花少。②

1918 年，沪海道尹公署指出棉花贸易极为世界注重，棉花调查实为切要，农商部遂计划调查江苏、湖北、河南、直隶、山东、陕西、浙江、湖南、甘肃、安徽、江西等重要产棉省份，具体为派员按照项目分往各处，实地考察，然后扩充植棉计划，并令第二棉业试验场场长金事高文炳调查附近棉业情形。③ 此后，自 1918 年开始，中国棉花业开始进入快速发展阶段。

综上可知，1908 年，在清政府禁种罂粟、奖励植棉政策的影响下，中国近代华北地区的直隶、山东、陕西三省棉花种植范围开始快速增长，在这个过程中，直隶和山东均重视加强棉种改良和栽培。河南和山西在植棉扩张方面，与上述三省比较相对要晚，华北五省的棉业发展进度并不一致，在棉花市场发展方面，这一时期华北各省棉花市场发展处于初期发育阶段，其主要特征是，都诞生了主要棉花交易集散地和出口地，棉花交易中介主要是花行，且这一时期花行数量极少。外商还没有直接与各省广泛开展贸易。民国成立后，北京政府开始注重科学发展棉业，1915 年农商部成立三处棉业试验场，至此，华北棉业发展开始融入更多的现代科学因素，促进了中国棉业发展的现代化转型。此时，华北地区的植棉、棉花品质、运输、棉花市场的发展、土壤气候等受到日本的密切关注。

第二节　首次小高峰：1918~1923年华北植棉及棉花市场的发展

继 1910 年清政府改烟植棉、奖励棉花种植，并且在 1915 年设立多处棉业

---

① 养草庐主：《吾国棉花生产之概况（二）》，《神州日报》1919 年 4 月 22 日，0009 版。
② 养草庐主：《吾国棉花生产之概况（二）》，《神州日报》1919 年 4 月 22 日，0009 版。
③ 《农商部调查棉花》，《时事新报（上海）》1918 年 12 月 2 日，第 0010 版。

试验场之后，华北植棉面积逐年扩大，棉花生产额大增。发展至 1918 年，除美国及印度外，中国已在世界产棉国中占据重要地位。[1] 随着棉花交易额迅速增长，1918~1923 年，中国棉产额达到了一个小高峰[2]，现代化转型时期的棉花业产业链也逐渐构建起来。为了较为清晰地展现华北五省棉花业发展情况，本节从植棉、棉花运销、棉花装包、棉花贸易等方面进行阐述。

一　植棉发展

至 1918 年前后，华北五省植棉步入了新的发展阶段，尤其是直隶和山东两省增长显著。据美农业部棉业专家顾克君考察，直隶省土质适于美棉生长，尤其是直隶西南部。至 1919 年，直隶省棉田面积共达六百三十九万余亩，覆盖了藁城、束鹿、晋县、赵城、蠡县、博野、正定、丰润、永年、满城、安国、玉田、邯郸、栾城、深泽、元氏、定县、无极、完县、高邑、获鹿 21 个县。据华商纱厂联合会调查，1918 年直隶产皮棉 2099381 担，1919 年产皮棉 2683786 担，[3] 1919 年产量比 1918 年增加了近 60 万担。1919 年每亩产籽花一百三四十斤，质量尚佳，直隶所有棉产除供天津各纱厂及人民衣被之用外，其余多由京汉或津浦铁路运至上海和汉口销售。[4] 从种植的棉种来看，1919 年直隶棉农种植的美种棉并不广泛，大多数县种植的为本地种，只有无极、玉田、丰润等县种植美种棉。[5]

就山东地理特征而言，山东省海边不宜植棉，但鲁西北地区气候温和，地势平坦，多为著名产棉之乡。发展至 1919 年，山东省产棉区达三十余县，分为武定区，东临区，曹区三大棉产区。其中东临、武定二棉产区产皮花达八十七万担，[6] 产棉额较大的有宾县、利津、蒲台、惠民、阳信、章邱、夏津、武城、邱县、清平、馆陶、堂邑、冠县、高唐、恩县、博平、临清。[7] 1919 年，

---

① 《中国之棉花生产（译日本财政经济时报）》，《大公报（天津）》1918 年 10 月 21 日，第 0007 版。

② 1918~1923 年是一个大概的估计，因五省气候不同，即使在各省棉田面积增加的情况下，也会产生棉增加或减少的不同趋势。

③ 《中国各省棉产额比较（表）》，《棉产调查报告》1920 年第 8 期，第 1 页。

④ 《直隶省棉产调查报告（附表）》，《棉产调查报告》1920 年第 8 期，第 27 页。

⑤ 《直隶省棉产调查报告（附表）》，《棉产调查报告》1920 年第 8 期，第 30~31 页。

⑥ 《民国八年棉产调查报告：山东》，《华商纱厂联合会季刊》1920 年第 1 卷第 2 期，第 225 页。

⑦ 《民国八年棉产调查报告：山东》，《华商纱厂联合会季刊》1920 年第 1 卷第 2 期，第 225~228 页。

各县棉产额有明显的增长，如宾县棉花产额十万零五千担，收货量比 1918 年增加 50%；夏津县产额十二万八千担，较 1918 年增加 30%；在邱县，因 1919 年土匪横行，官方禁植高粱，1919 年，棉田面积增加 60%，产皮花十万六千担；清平县产皮花十二万九千担，比上一年增加约 30%；堂邑县产皮花五万一千八百四十担，比去年增加约 20%；冠县产额四万七千担，比上一年增加 20%；博平县产额六千四百余担，比上一年增加 60%。① 总体来说，1919 年，山东各地棉花种植面积和产量跃升幅度均较大，总植棉面积达 3218000 亩，产皮花 894558 担，总体比 1918 年增加了 199263 担。②

河南省气候温和，适宜植棉，继 1916 年农商部在河南彰德设立中央直辖模范植棉场，提倡种植美棉后，安阳种植美棉发展较快。③ 随后，在 1918 年冬，该省实业厅购进美国棉种，于 1919 年春季发给各县农会，再由县农会发给各村棉农试种，并颁布奖励植棉章程，④ 章程规定"增加棉田一亩，奖银二角，用美国棉种改良植棉者，奖银三角"。⑤ 年终由各县农会报告，选择棉田及产量增加最多者发给奖品或奖金，农民遂相继试植棉作物。据 1918 年调查，河南省美棉产额竟达八万余担。⑥ 不仅如此，1919 年，河南实业厅还制定较为详细的推广美棉计划，并设立收买美棉所，促进美棉种植。⑦ 杞县亦开办美棉试验场，委任田培英为场长，专责此项工作。⑧ 可以看出，与直隶和山东相比，河南省设立种植美国棉种的机构始于 1916 年，至 1918 年河南才有官方开始大力提倡种植美棉。在美棉种植方面，河南晚于山东和河北。

在河南省奖励植棉，推广美棉的影响下，至 1919 年，河南省产棉县达四十余个。⑨ 棉产地可分河洛、河北、开封、汝阳四区，产额以河洛道之陕县、灵台、闵乡、洛阳、偃师及河北道之新乡、武安为最多，开封较少，汝阳最微，⑩

---

① 《民国八年棉产调查报告：山东》，《华商纱厂联合会季刊》1920 年第 1 卷第 2 期，第 225~228 页。
② 《山东省棉产调查报告（附表）》，《棉产调查报告》1920 年第 8 期，第 37~39 页。
③ 《国内农业消息：河南棉产概况》，《农业周报》1931 年第 1 卷第 5 期，第 195 页。
④ 《河南省棉产调查报告（附表）》，《棉产调查报告》1920 年第 8 期，第 46~47 页。
⑤ 《民国八年棉产调查报告：河南》，《华商纱厂联合会季刊》1920 年第 1 卷第 2 期，第 228 页。
⑥ 《河南省棉产调查报告（附表）》，《棉产调查报告》1920 年第 8 期，第 47 页。
⑦ 《河南棉业之发达》，《民国日报》1919 年 10 月 24 日，第 0006 版。
⑧ 《河南棉业之发达》，《民国日报》1919 年 10 月 24 日，第 0006 版。
⑨ 《民国八年棉产调查报告：河南》，《华商纱厂联合会季刊》1920 年第 1 卷第 2 期，第 228 页。
⑩ 《河南省棉产调查报告（附表）》，《棉产调查报告》1920 年第 8 期，第 46 页。

1919 年河南全省共产皮花 427427 担，较 1918 年增加十五万余担，美棉约占五分之一，有 85600 担。在河南产棉县中，偃师、灵宝、阌乡、汜县、陕州、新乡、临漳、武安、阳武、渑池、原武、洛阳、获嘉、新安、内黄、涉县、沁县、辉县、修武、商水等县产棉较多，其中尤以偃师县棉田面积最广，共 125860 亩，次为灵宝、阌乡，二县各达 11 万亩。产棉量亦以偃师、新乡、武安为最多。① 河南省种植的美种棉每亩约收获皮花 40 斤，本地棉每亩收获皮花 35 斤左右。就品质而言，原产棉品质不佳，不适于纺细纱，美种棉纤维长，色白有丝光。②

此外，河南此时出现了新兴的棉花市场，如地处陇海铁道之要的商丘棉市，颇为发达，当棉花上市之际，城内所有花行和轧花工厂先后开张，轧花厂以裕华、震华两家规模最大，各有轧花车十数架，每日轧花数千斤，交易额颇巨。此外河南省在机器改进方面也有创举，例如河南沁阳模范工厂梁君发明了粗、细弹棉机器两种，粗者弹败絮，细者弹新花，成绩颇佳，四方踊跃购买，既促进了河南棉业发展，又挽回了高价购买外国弹棉机的损失。③

在山西，自 1917 年山西政府提倡棉业开始种植美棉后，④ 至 1919 年，山西产棉区覆盖 15 个县，以河东道属最广。⑤ 1919 年山西植棉面积达五十五万三千九百余亩，其中种美种棉有一千余亩，据 1917 年调查，山西省 1917 年植棉面积有二十七万二千三百余亩，对比可见，1919 年的植棉面积比 1917 年增加一倍。但由于 1919 年气候不佳，四月初棉芽遭遇晚霜，五、六月间又遭干旱，又加以虫灾，收量大减，总计产皮花二十万零一千八百担。⑥ 后山西官厅提倡冀、雁两道发展棉业，1921 年山西又设第一经济植棉试验场于太谷，第二经济植棉试验场于文水，第三经济植棉试验场于定襄，第四经济植棉试验场于高平等县，就地试种，分区指导。⑦ 从生产技术方面看，山西此时的轧花率在 28% 至 33%。⑧

---

① 《民国八年棉产调查报告：河南》，《华商纱厂联合会季刊》1920 年第 1 卷第 2 期，第 228 页。
② 《民国八年棉产调查报告：河南》，《华商纱厂联合会季刊》1920 年第 1 卷第 2 期，第 228~229 页。
③ 《河南棉业之发达》，《民国日报》1919 年 10 月 24 日，第 0006 版。
④ 《山西棉产概况》，《大公报（天津）》1931 年 4 月 20 日，第 0006 版。
⑤ 《山西省棉产调查报告（附表）》，《棉产调查报告》1920 年第 8 期，第 54~55 页。
⑥ 《山西省棉产调查报告（附表）》，《棉产调查报告》1920 年第 8 期，第 53 页。
⑦ 《山西棉产概况》，《大公报（天津）》1931 年 4 月 20 日，第 0006 版。
⑧ 《民国八年棉产调查报告：山西》，《华商纱厂联合会季刊》1920 年第 1 卷第 2 期，第 230~232 页。

在陕西省，产棉区主要集中在陕西中部及东南部，与河南、山西产棉区连成一片，可视为华北黄河流域一大产棉区。时人评判，以棉产量和品质论，"陕西省在黄河流域各省中，除直隶外，亦当首屈一指"，但同时也指出，陕西棉业因交通堵塞，运输维艰，发展较缓。① 陕西植棉以临潼、渭南、华县、华阴、三原、高陵、富平等县为最多。从 1917 年、1918 年开始，咸阳、醴泉、鄠县、岐山、凤翔、郿县等亦有种植，虽然收获量不及上述两区，但处于不断发展中。据纱厂联合会调查，陕西全省 1919 年产棉六十余万担。② 其中临潼县收获约三万九千担，渭南县十三万担，华县五万余担，华阴县七万三千余担，蓝田县二万二千担，咸阳县二万三千担，醴泉县六千余担，鄠县一万二千担，以上各县，合计收获皮花三十六万三千担。三原、高陵等县 1918 年收皮花共二十八万担。1919年虽无确切统计，但各县数量亦不下此数。③ 而据农商部门 1919 年统计，陕西全省产棉八十五万余担，每担价值以三十元计，即共得二千四百余万元矣，棉质极为优良，深受湖北和上海纺纱厂欢迎。④ 农商部门统计的数额与华商纱厂联合会的调查结果相差较大，但两个数据都足以证明此年棉产量增长的趋势。

陕西虽自 1894 年就有美国棉种输入，但各县以种植本地土种棉为主，临近 1919 年，才由天津和山西输入较大数量的美棉种。⑤ 但即便这样，也只有三原、渭南、高陵、华阴等处种植美棉或洋花。陕西各地棉花品质优劣不一，本地种棉花色黄，纤维粗短，但韧力大，适于家庭土机纺线，美种棉花色白，纤维细长，韧力大，宜于工厂纺纱。⑥ 1920 年，陕西共计有棉田一百二十八万余亩，但因天气干旱，降雨愆期，棉收欠丰，每亩收获量平均只有五十余斤，产额大减，约只有二十三万九千三百八十二担，事实上不到 1919 年产量的一半。⑦ 1921~1925 年，陕西棉产量稳中有升，其中 1921 年约 43 万担，1922~

① 《各省纪事：陕西棉矿两产之内容》，《安徽实业杂志》1919 年续刊第 20 期，第 19 页。
② 《民国八年棉产调查报告：陕西》，《华商纱厂联合会季刊》1920 年第 1 卷第 2 期，第 229 页。
③ 《民国八年棉产调查报告：陕西》，《华商纱厂联合会季刊》1920 年第 1 卷第 2 期，第 229 页。
④ 《各省纪事：陕西棉矿两产之内容》，《安徽实业杂志》1919 年续刊第 20 期，第 19 页。
⑤ 《民国九年各省棉产概况（续前期）：陕西省》，《华商纱厂联合会季刊》1921 年第 2 卷第 3 期，第 231 页。
⑥ 《民国八年棉产调查报告：陕西》，《华商纱厂联合会季刊》1920 年第 1 卷第 2 期，第 229~230 页。
⑦ 华商纱厂联合会调查部：《民国九年棉产调查报告（附表）》，《棉产调查报告》1921 年第 9 期，第 8 页。

1924 年为 46 万~47 万担，1925 年产量更是接近 80 万担。①

　　综合以上华北五省植棉与产棉情况，可以看出，1919 年时，华北植棉已经呈现出两个明显特征，首先是以棉业经济地理而言，此时华北已经形成了两大产棉区，一为山东西部与河北中南部连城一片的产棉区，二为陕西中部、山西西南部、河南西北部连成一片的产棉区，两大产棉区覆盖五省众多个县，其巨大的产棉量和优质棉花的产出对民国时期华北棉业发展奠定了雄厚的原料基础。其次是华北五省产棉分为三个梯队，在产棉量方面，直隶和山东处于第一梯队，也是五省中唯二拥有单年棉产量超过 100 万担的省份，尤其是直隶，1919 年棉产额超过了 200 万担。河南和陕西的棉产量处于第二梯队，两省棉产量大体相当，其中陕西棉花品质优良的特点更为突出。

二　棉花运销、棉花包装、棉花税等

　　发展至 1919 年，华北五省产棉区棉花市场布局基本成型，包括运销网络、交易主体、交易方式、包装、税收等方面，本小节通过阐述五省的棉产运销、花行运行、棉花包装、棉花税等内容，分析华北近代棉花市场的现代化转型特征。详情见表 4-3~表 4-5。

表 4-3　1919 年山东省棉产运销调查统计

县名	运销数	运销地点	运费	运输情形	关税厘金及杂费
滨县		济南、潍县、黄县、周村	棉花一百斤，每百里一千文	运往济南多由黄河用船，运周村、黄县多用车运	
利津		烟台、龙口、济南	水程棉花一千斤，每百里一千文	济南、烟台、龙口用船运，其他运出者多用车	关税每百斤二钱二分
蒲台	该县无征税局，农会及花行，故运销数无从调查	昌邑、潍县			
商河		济南、章邱		用人力或牛马力车运送	

---

①　中华棉业统计会：《中国棉产统计》，1937，第 7 页。

县名	运销数	运销地点	运费	运输情形	关税厘金及杂费
阳信	产量不多故运出者甚少				
惠民		周村、潍县、滨县	花衣百斤，每一百里一千文		
章邱	产花不多故无运出者				
夏津	十万担(花衣)	天津、济南、临清	直接运济南，百斤一千八百文	运天津者多由武城上船，运济南者多用马力车	坐地税花衣百斤六百文，籽花二百文
武城		天津、济南	运天津每百斤一千一百文，至济南二千三百文	至天津用船，至济南用马力车	本县坐地税由花商家分担故无从考查确数
邱县		直隶尖庄、开州、曲州等处	百里每百斤一千文至一千四百文	用大车或小车，或用驴车	坐地税花衣百斤六百文，籽花三百文
清平		济南、长清、禹城、茌平、博平	直接运济南每大车(装千余斤)二百二十里费十五元至二十元左右	大宗用车运济南	坐地税花衣百斤六百文，籽花二百文，过路税每千余斤之大车纳二三千文
馆陶		临清、朝城、阳谷等处	水程花百斤每百里一千二百文左右	运县北者从卫河用船或小车，运南者纯用小车或大车	坐地税花衣百斤八百文，籽花四百文，过路税花衣四百斤四百文，籽花二百文
堂邑		济南、运城、阳谷、寿张、观县	直接运济南每大车花衣一千八百斤三十五至四十五千文	运济南用马力车，运黄河以南者用人力车	坐地税花百斤六百文，籽花二百文，过路税花衣每大车三千五百文，籽花二千文
冠县		济南、临清、观县、朝城、阳谷、寿张	直接运济南者每大车二十至二十四元，运至南北者每一人力车百里约六千文	运济南用马力车，其他各处多用人力车	坐地税每百斤花衣八百文，籽花二百六十文，过路税大车三马者须三千文，人力车八百文(花衣)

续表

县名	运销数	运销地点	运费	运输情形	关税厘金及杂费
高唐		除运于博平、长清邻县外，大宗运往济南	运济南一百六十里花衣百斤一千六百文	运济南多用三匹马力车	坐地税花衣百斤六百文，籽花二百文
恩县	运出者甚少	济南	每一小车（约三百五十斤）三元五角	用人力车运送	杂费花衣每担一百五十文
博平	无运出			本地用棉多从高唐清平输入	过路税花衣百斤四百文，籽花二百文，落地税三百文。
临清	七万余担	天津、济南、潍县	往天津者每包一千文，往济南者每包一元	运天津由御河用船，往济南用车	运天津税金每包一千文，济南每包六百文，杂费每百斤一角。

资料来源：《山东省棉产调查报告（附表）》，《棉产调查报告》1920年第8期，第41~43页。

表4-4　1919年山东省花行调查统计

县名	花行名	行佣	称别	备考
滨县	无著名行家	籽花每担四百文，花衣每担抽一千文	十八两为一斤	如委托本地店号收买籽花，每百斤约需杂费二千文
利津	同上	值百抽五（买进抽二分，卖出抽三分）	二十四两一斤	十六两行称用者甚少
蒲台	无			销出者甚少故无行家
商河	无著名行家	买卖每百斤各抽三四百文	籽花二十六两一斤，花衣十六两一斤	
阳信	同上	每斤买进抽三文，卖出二文		
惠民	义成	买进卖出每斤均抽三文	二十两为一斤	
章邱	无			销出甚少故无行家
夏津	庆合成、恒仁同协、同合成	花衣百斤抽八百文，籽花二百文	十八两为一斤	
武城	德兴栈、德丰厚、李官屯	花衣百斤抽五百文，籽花二百文	十七两为一斤	
邱县	无著名行家	花衣百斤抽四百文，籽花二百文	十六两为一斤	

续表

县名	花行名	行佣	称别	备考
清平	无著名行家	花衣百斤抽六百文至八百文	同上	
馆陶	各大镇俱有轧花庄，无著名行家	花衣百斤六百文，籽花三百文，买卖分担	同上	
堂邑	同上	花衣百斤买卖各二百文	同上	
冠县	同上	花衣百斤八百文，籽花五百文		
高唐	有裕昌等各大轧花厂，并无著名行家	籽花百斤二百文	十八两为一斤	
恩县		花衣百斤五百文，籽花二百文	十七两三钱为一斤	
博平		值百抽二	十六两为一斤	
临清	裕达、怡聚永等	籽花百斤抽六百文，净花百斤约三千文		该地习惯以铜圆五十枚为一千

资料来源：《山东省棉产调查报告（附表）》，《棉产调查报告》1920年第8期，第43~44页。

表4-5　1919年山东省棉花打包调查

县名	包之式样	每包重量	制包质料	包绳包布价值（每包）
滨县	长方形	九十六斤	白布	四千二百文
利津		大包一百六十七斤，小包一百一十斤	本地粗布	大包五千余文，小包三千余文
蒲台		一百二十斤	同上	五六千文
商河		一百二十斤	同上	四千一百文
阳信	无定式	无定量		
惠民	长方形	九十六斤	滨县白布	四千二百文
章邱	无定式	无定量		
夏津	长方形，长五尺、厚二尺	一百斤	本地土布	
武城	同上	九十六斤	同上	
邱县	同上	大包一百八十斤，中包一百二十斤，小包一百斤	本地次等粗布	四千二百文
清平	同上	同上	土布	小包三千一百文 大包四千二百文

续表

县名	包之式样	每包重量	制包质料	包绳包布价值（每包）
馆陶	同上	同上	次白土布	小包两千八百文，大包三千二百文
堂邑	同上	小包一百斤，大包一百八十斤	白土布	二千文左右
冠县	同上	净重一百斤	粗布	同上
高唐	同上	一百斤	同上	四千文
恩县	同上	小包一百五十斤，大包一百八十斤	白土布	三千二百文
博平	无定式	无定量		
临清		小包一百斤，大包一百五十斤	土布	小包三千文，大包四千文

资料来源：《山东省棉产调查报告（附表）》，《棉产调查报告》1920年第8期，第45~46页。

从表4-3、表4-4和表4-5可以看出，发展至1919年，山东所产的棉花多运往济南和天津两个棉花市场。在运销方面，多用水运、人力、畜力运输，棉花税主要包括坐地税、过路税、杂费。山东各大产棉县棉花买卖主要依靠花行和轧花厂，各地花行的佣金相差悬殊，称重单位也大不相同。山东省棉花打包分为大包和小包，用土布进行包装。以上特征均表明，山东省棉花市场处于初期发展阶段。

正如前文所述，在1918~1923年这段时间，直隶省为华北五省棉业发展最快的省份，这不仅表现在植棉面积及棉产额的快速增长，其运输效率因京汉铁路的开通亦大大提高。棉花市场繁荣，花行数量众多，这一时期直隶的棉花运销、花行、棉花包装、棉花税等详情见表4-6~表4-8。

表4-6　1919年直隶省棉产运销调查统计

县名	运销数（担）	运销地点	运费	运输情形	关税厘金及杂费
藁城	约505527	天津、山东	每担洋二角由藁运至石庄	由京汉火车输出每廿吨一法里，运费六角三分，由京奉每廿吨一英里，运费七角	杂费每担洋七分
晋县	约300000	天津、山东、山西	每担洋三角由晋运至石庄	同上	同上

县名	运销数（担）	运销地点	运费	运输情形	关税厘金及杂费
束鹿	约460000	天津、山东		同上	本地捐洋三分，杂费每担洋七分
无极	1540	天津	每担洋一角五分运至正定车站	由京汉路运至汉口一千八百六十二里，每廿吨运费五百八十七元九角一分	本地捐洋三分，杂费每担洋一分
深泽		天津、山东	每担洋四角五分，由深运石	由京汉路每二十吨一法里，运费六角三分四厘	杂费每担洋七分
博野		北京、天津	每担洋二角五分，由博运定县车站	由京汉运费同上，由京奉一英里每廿吨洋七角	杂费每担一角
定县		同上	每担洋四分，由城至火车站		直豫大车货捐花衣每担一角二分八厘，籽花每担四分八厘
蠡县		北京、天津、张家口	每担二角五分运至定县车站	同上	杂费每担洋一角
安国		同上	每担一角五分运至定县车站	同上	杂费每担五分
完县		北京、天津、张家口、归绥	每担一角五分运至方顺桥车站	同上	同定县
满城		同上	每担一角四分运至保定车站	同上	同上
玉田		北京、天津、山海关、奉天	每担洋三角运至河头车站	由京汉路花衣照吨算价，籽花过半车者，按实数计算，如廿吨每英里须运费五角	至天津进口税每担银三钱厘金，每担银一钱五分，杂费每担洋五分
丰润		同上	每担洋二角运至河头庄车站	同上	同上
栾城	47500	天津、山西	每担洋二角运至石家庄车站	由栾城装骡车运至石家庄，由京汉车转运他处	当地税每担洋二分五厘，杂费洋每担七分
元氏	35700	天津、河南、山西	每包洋八分五厘运至车站	由栾城装火车运至元氏车站，由京汉火车运往他处	当地税每包洋三分四厘，杂费同上

续表

县名	运销数(担)	运销地点	运费	运输情形	关税厘金及杂费
赵城	170000	天津、河南、山东	由水路运津每担洋拾角	由赵城装骡车至元氏车站，由京汉车运送或由此陆行一百二十里至冀县李家庄，由水路用船运津	当地税每担洋一分五厘，杂费同上
正定	80000	天津	正定运至车站每包洋三分五厘	由正定装火车运至火车站再运送他处	当地警学捐每包洋三分五
获鹿	8240	天津、张家口	每包洋七分运至石家庄车站	先装骡车或小车至石家庄京汉车站	当地警学捐每担洋一角一分，杂费每担洋一角
高邑	18000	天津、河南	每包洋三分五厘运至京汉车站	先装火车运至京汉车站再转运他处	本地税每担洋七分
邯郸	50000	天津、山东	每包洋三分五厘运至火车站	先装火车运至京汉车站再转运他处	本地公益捐每包洋七分
永年	92000	天津、河南、汉口	每包三分四厘运至京汉车站	先装小车运至京汉车站再转运他处	杂费每担洋一角

资料来源：《直隶省棉产调查报告（附表）》，《棉产调查报告》1920 年第 8 期，第 31~33 页。

表 4-7　1919 年直隶省花行发展情况调查统计

县名	花行名	行佣	称别	备考
藁城	善德永、乐善堂、广豫隆、兴盛同、广泰店、魁升花栈等	值百抽一	十六两为一斤	英商永裕洋行、日商大通洋行在此收花 德善永、兴盛同、魁升代为经理
晋县	德合店、福聚公、恒茂店、合益花栈、聚兴花店	值百抽二	同上	法商永兴洋行、日商大通洋行均设庄收花 聚兴花店代为经理
束鹿	永立兴花店等	值百抽一	同上	该县花市不甚发达，均赖藁县为集散市场
无极	天义和、恒善、和瑞兴、永和记花店		同上	
深泽	聚益花店等十八家	值百抽一	同上	
博野	兴瑞花店等四家	值百抽二	同上	
定县	广兴成、瑞生花店、庆和店、全庆花店	值百抽一	同上	
藁县	聚成花店等计十九家	值百抽二	同上	

县名	花行名	行佣	称别	备考
安国	复盛公等计十号	值百抽二	同上	
完县	裕顺兴、广和花店计十一号	值百抽一	同上	该县习惯购买籽花除花价外，另有经纪费一分三厘
满城	德聚花店、同兴花店计十二号	值百抽二	十七两为一斤	该县附近易县徐水清苑花多以此为集散市场购买净花，行佣二分，籽花另有经纪费，每百斤抽洋一角四分
玉田	会全永花店等计十五号	值百抽一		该县以窝洛沽为花市集散最大市场，各花行及轧花弹花等均与农夫直接接洽，无籽棉净棉出入，每百斤另加五六斤
丰润	无著名花行，轧花房弹工等计二百余家	值百抽一		
栾城	永恒、萃丰、增福、泰来、晋源、德风等	值百抽二	十六两为一斤	永恒、萃丰、增福代英商仁记平和等洋行经理收花
元氏	慎长永、协和庆	值百抽二	十七两五钱为一斤	乡间贩户收籽花均用二十四两称
赵城	同益成、万元、吉逢厚、恒茂	值百抽二	十六两为一斤	
正定	荣庆永、益诚信、裕庆永、永裕魁、积庆永	值百抽二	同上	
获鹿	义记、万丰、阜丰、恒泰玉、丰合和	值百抽二	同上	去年日人在此收花颇多，万丰义丰等行代英商仁记隆茂平和洋行经理收花
高邑	广成、复隆	值百抽二	十七两六钱为一斤	该县只有花行两家，故市面不甚发达，所产之花多运往赵州出售
邯郸	吉庆、兴隆、中和、德升、积庆、贞元亨	每担抽佣钱五百文	皮花二十两为一斤，籽花二十两零六钱一斤	
永年	德升泰、广兴、丰源泰、全义、永文记、同盛、复恒	每担抽佣钱一千	二十两为一斤	

资料来源：《直隶省棉产调查报告（附表）》，《棉产调查报告》1920 年第 8 期，第 31~33 页。

表 4-8　1919 年直隶省棉花包装情况调查统计

县名	制包质料	包之式样	每包重量	包绳及包布价值
藁城	白布	长五尺宽三尺之长形	一百三四十斤	1.1 元
晋县	同上	同上	同上	1.4 元

续表

县名	制包质料	包之式样	每包重量	包绳及包布价值
束鹿	同上	同上	一百二三十斤	1.1 元
无极	同上	用宽面布三袱缝合宽五尺五寸	一百三四十斤	1.4 元
深泽	同上	扁方长五尺八寸宽二尺五寸	一百三四十斤	1.4 元
博野	同上	扁长方长五寸宽二尺三寸	同上	1.3 元
定县	同上	同上	同上	同上
蠡县	同上	同上	同上	1.3 元
安国	同上	扁方长五尺阔二尺	一百二三十斤	1.5 元
完县	土布	扁方长六尺三寸阔二尺五寸	一百二三十斤	1 元
满城	同上	扁方长五尺阔二尺三寸	一百三四十斤	1.4 元
玉田	蒲草	长圆形两包对合为一件长五尺直径三尺	二百斤	0.57 元
丰润	同上	长圆形两包合一件长五尺直径三尺	同上	同上
栾城	布		大：一百七八十斤，中：一百五六十斤，小：一百二十斤	小包 1.26 元
元氏	布		一百三十斤	1.32 元
赵城	同上		一百三四十斤	1.35 元
正定	同上		同上	1.5 元
获鹿	同上		一百二三十斤	1.45 元
高邑	同上		一百三四十斤	1.36 元
邯郸	同上		一百一二十斤	1.7 元
永年	同上		一百二十斤	1.3 元

资料来源：《直隶省棉产调查报告（附表）》，《棉产调查报告》1920 年第 8 期，第 35~37 页。

从表 4-6 可以看出，直隶棉花输出量巨大，运输方式先进，主要依靠铁路运输，输出范围不仅包括几乎整个华北地区，还有部分运输到东北和汉口。棉花税主要包括杂费、公益捐、本地税。从表 4-7 可以看出，直隶各县总花行数量众多，有近 150 家，此外，还有轧花房等二百余家，同时也经营棉花买卖，行佣基本都是值百抽一或值百抽二，称重单位多为十七两为一斤或十六两为一斤，并不统一。在棉花贸易方面，直隶棉花对外贸易占比较大，外国势力介入已经比较深入，尤其是日本和英国，此外也有法国洋行在直隶省经营棉花贸易。从表 4-8 可以看出，直隶棉花包装大多数也均为小包。

在陕西省，1919 年始有关于花行情况的调查。据载，华阴县有花行长盛、长盛和两家；华县棉花市场较为繁盛，花行有敬三新、同兴、庆盛元等数十家；临潼县花市以斜口镇及零口镇为最盛，花行有信义公、万顺生等；兴平县有花行诚和永、永兴吉数家。长安县的花市首推东关西关最盛，日本人在东关设有分庄，由益盛、德厚经理；三原县有花行广生、庆生两家，均代日人收花。其他如渭南县、鄠县、盩厔县、郿县、凤翔县、岐山县、扶风县、醴泉县、咸阳县等或因产额较微，或因产棉大都供当地需用，运销甚少，棉市清淡，无花行或有花行但无著名花行。[①] 1920 年，华商纱厂联合会调查员调查统计了陕西省棉产运销和打包情况，详情见表 4-9 和表 4-10。

表 4-9　1920 年陕西省棉产运销统计

县名	运销数	运销地	运销情形	运费	国税厘金及杂费
潼关	本县产棉甚少，但他县之棉由此转运者甚多				关税每担二角八分，厘金每担二元三角
华阴	30000	汉口	由三河口至运河南泗水（相距三百里）再转运他处	每担二元三角	税金每担九百文，杂费每包五分。
华县	华县花市最盛，合他县转运者约一万五千包	汉口	由运河直运汉口	每包银十三两	税金一元三角，杂费每包银一钱。
渭南		汉口	由运河直运汉口约两千里	每包银十两	关税每担一元三角，厘金一角，杂费七分
临潼		汉口	先用畜力车运至渭南，由渭南装船运汉	每担银十四两	关税一元三角，厘金一角，杂费七分。
兴平		汉口	先用车运至运河，再装船运汉，相距两千四百里	运至运河每担一千八百文，由运河至汉每担银十三四两	关税三角，厘金一元，杂费九分。

[①] 《民国九年各省棉产概况（续前期）：陕西省》，《华商纱厂联合会季刊》1921 年第 2 卷第 3 期，第 255~257 页。

续表

县名	运销数	运销地	运销情形	运费	国税厘金及杂费
长安	合他县转运者约十万包	汉口	先运运河（一百三十里），由运河装船运汉（一千二百三十里）	至运河车费每担约一千文，运河至汉十三四两	税金一元三角，杂费九分。
三原	1500	汉口	先运运河（一百八十里）再用船运汉（一千二百里）	至运河一千八百文，至汉口每担十三四两	同上
岐山、鄠县、盩厔、郿县、凤翔、扶风、醴泉、咸阳	当地用棉甚多，运销甚微，故不列。				

资料来源：华商纱厂联合会调查部：《民国九年棉产调查报告（附表）》，《棉产调查报告》1921年第9期，第57页。

表 4-10　1920 年陕西棉花打包情况统计

县名	包式	包质	包重	包价	称别
潼关、华县	长方形	粗布	一百二十斤至一百五十斤	包价二元，包绳五角	十六两秤
华阴	同上	粗布	一百二十斤至一百四十斤	二元一角七分	同上
长安、三原	长方形，长五尺，宽三尺	土布	二百斤	包值二千七百文，包绳银一钱三分。	同上
渭南、临潼、兴平	长方形	天字官板布	二百四十斤	包值银九钱，绳值银一钱四分。	同上
鄠县、盩厔、郿县、凤翔、岐山、扶风、醴泉、咸阳	运销甚少，故包式等未列。				

资料来源：华商纱厂联合会调查部：《民国九年棉产调查报告（附表）》，《棉产调查报告》1921年第9期，67页。

　　通过表 4-9 和表 4-10 可以看出，在 20 世纪 20 年代初期，汉口为陕西棉产运销最主要目的地，陕西省重要的棉花运输转运点为潼关、华县、华阴、长安，运输手段主要是水运，水运路线多由渭河运至河南泗水，再由泗水运往汉口。据华商纱厂联合会调查，1919 年，陕西省所产之棉，除 20 万包（每包

200 斤至 240 斤）由运河运销汉口外，由大庆关运山西的亦不少。1920 年，因陕西省棉产欠丰，仅华阴、长安等处略有输出。[①] 运输所需运费较高，一般为每担十三、十四两及以上。运费因距离远近不同，棉花税包括关税、厘金、杂费等。棉秤较为统一，皆为十六两。[②] 包装形式主要是小包装，用土布或粗布包装。在花行方面，陕西省重要的产棉县和棉花转运地点的花行较多，且有外商在陕西省购买棉花，如 1917 年，有日本商人在陕西省购买棉花。[③] 陕西省棉花市场最繁盛的为渭南，棉商经营的花行分行庄和花店两种，行庄系纯粹经营棉花收买，每斤抽三四文，专以运销汉口出售为业；花店系代客买卖，每担赚佣金若干。[④] 以上为 20 世纪 20 年代初期，陕西棉花市场的运行概况。

河南省虽为华北棉业改良较晚的省份，但其较早拥有现代纱厂[⑤]和现代交通，它们促进了省内新棉花市场——郑县作为全省最重要的棉花集散地的形成和郑县在棉花市场网络中地位的提升。郑县既近黄河又为京汉铁道及汴洛铁道的交点，由此，河南棉花市场较早地跨入了现代化交通运输体系，早于山东和陕西。以下是 1919 年河南省棉花运销、花行、打包等方面的统计情况，详见表 4-11~表 4-13。

表 4-11　1919 年河南省棉花运销调查统计

县名	运销地点	运费	运输情形	税金及杂费	备考
武安	天津、汉口	至邯郸京汉车站，每包约洋三角五分	至京汉车站用骡马或人力车运载	本城征捐每担九百文，缝包打包等每包五分	
郑县	汉口、上海天津		由火车运载	出省每包厘金一角八分	
偃师	郑县、汉口		同上	厘金每年每行七十一元，杂费约百分之一	
洛阳	郑县	至郑县每包一元六角	同上	每行每年厘金一百元	

① 华商纱厂联合会调查部：《民国九年棉产调查报告（附表）》，《棉产调查报告》1921 年第 9 期，第 8~9 页。
② 华商纱厂联合会调查部：《民国九年棉产调查报告（附表）》，《棉产调查报告》1921 年第 9 期，第 8~9 页。
③ 《民国八年棉产调查报告：陕西：陕西棉花向以东路之临潼、渭南、华县、华阴及河北之三原高陵富平等县为最多……》，《华商纱厂联合会季刊》1920 年第 1 卷第 2 期，第 229~230 页。
④ 华商纱厂联合会调查部：《民国九年棉产调查报告（附表）》，《棉产调查报告》1921 年第 9 期，第 8~9 页。
⑤ 《民国八年棉产调查报告：河南》，《华商纱厂联合会季刊》1920 年第 1 卷第 2 期，第 229 页。

续表

县名	运销地点	运费	运输情形	税金及杂费	备考
陕县	郑县、汉口	至汉口每百斤七元，至郑县每百斤三元	陆路由京汉车，水路由黄河	厘金每斤八文，杂费至汉口每百斤一元，至郑县五角	

资料来源：华商纱厂联合会调查部：《河南省棉产调查报告（附表）》，《棉产调查报告》1920年第8期，第51页。

表4-12　1919年河南省花行调查统计

县名	花行名	行佣	称别	备考
武安	双和、益和、人和、久恒、复兴、兴仁	皮花每担四百文	二十两三钱二分为一斤	
郑县	祥记、玉庆长、立兴长、益大德、集盛元、天丰、集义成、复兴和、裕德	值百抽一		转运棉花公司计五家：公兴存、元顺、刘万利、汇通、新顺
偃师	无一定之花行	花衣每斤十文		
洛阳		花衣每斤十文		
陕县	天兴店、和盛、隆祥、发昌	花衣每担四角		

资料来源：华商纱厂联合会调查部：《河南省棉产调查报告（附表）》，《棉产调查报告》，1920年第8期，第52页。

表4-13　1919年河南省棉花打包调查统计

县名	棉包式样	每包重量	制包质料	包绳包布价值	备考
武安	长方	一百斤	白布	每包须布一丈四尺，价一元一角七分，绳二斤三角，共一元四角七分	
郑县		二百斤、一百八十斤	白布	包及绳，花行自备	
偃师	长方，长五尺，宽三尺	二百斤连包重二百零三斤	白土布	布包一元七角，绳二角，共一元九角	
洛阳	长方，长五尺，宽三尺	同上	白布	布包一元，包绳二毛	
陕县	长方，长五尺五寸，宽三尺	二百斤	白布	布包二元，绳三角五分	

资料来源：华商纱厂联合会调查部：《河南省棉产调查报告（附表）》，《棉产调查报告》1920年第8期，第52页。

从表4-11、表4-12和表4-13可以看出，河南省所产的棉花以运销外省占多数，主要销往天津、汉口、上海。运输方式以铁路运输为主，此外还包括畜力运输、人力运输、水路运输。河南省棉花税包括本城征捐、厘金、杂费。从棉花市场发展角度看，郑县是河南省最大的棉花集散市场，在花行方面，河南省棉花交易市场发展速度和规模都较快，因运销外省数量大，交通便利，尤其是郑县花行林立，此外，还有五家专门负责转运棉花的转运公司，分别是公兴存、元顺、刘万利、汇通、新顺。另外，外商在河南省购买棉花颇多，尤其是日本购买量最大，英美次之。就花行佣金而言，各县行佣不同，如郑县抽百分之三，陕州抽百分之四。① 在包装上，大部分重量较华北其他省份重。据统计，每年来自上海、天津、汉口的大量棉商汇集于郑县，采购棉花后运销天津、上海各处，总量达二三十万担。可见河南省棉花市场发展至1919年，已经成为中国中部规模最大的棉花集散市场。②

山西棉业起步较晚，1916~1917年，除西南部黄河东岸及汾水流域一带播种较为普遍外，其余地区无植棉，此时山西所需棉花，大部从直隶、河南等省输入。1918年，山西省政府颁布奖励植棉政策，鼓励农民植棉，但农民实际种植者寥寥，播种面积不及十亩。当年，山西当局按户给予奖金百元，农民受此鼓舞，1919年植棉农户骤增，棉田扩至六千亩。1920年，棉农植棉更加踊跃，当年棉田激增至五万亩，每亩产棉达百斤的棉田占一半，达五十斤的占30%，30斤的占20%。③ 1921年又设第一经济植棉试验场于太谷，第二经济植棉试验场于文水，第三经济植棉试验场于定襄，第四经济植棉试验场于高平。④ 自此各县植棉更形扩张。至此，山西植棉区域扩张雏形已定。山西植棉区主要在山西西南部及与陕西交界处，如绛州、洪洞、平阳、平遥、赵城、荣河、韩城、朝邑、汶水、渭南等地，其中以绛州、洪洞、平阳出产为最多。⑤ 1919年，山西棉产量20多万担，⑥ 山西无纺织厂，需棉不多，大半运销天津或再转运他处。⑦ 山西省棉花运销、花行、包装等情况详见表4-14~表4-16。

---

① 《民国八年棉产调查报告：河南》，《华商纱厂联合会季刊》1920年第1卷第2期，第229页。

② 《河南省棉产调查报告（附表）》，《棉产调查报告》1920年第8期，第46~47页。

③ 际云：《调查：山西棉产调查》，《钱业月报》1927年第7卷第3期，第110~113页。

④ 《山西棉产概况》，《大公报（天津）》1931年4月20日，第0006版。

⑤ 《天津棉市：山西花甲产地来源》，《大公报（天津）》1928年3月25日，第0004版。

⑥ 中华棉业统计会编《中国棉产统计》，1937，第6页。

⑦ 《山西省棉产调查报告（附表）》，《棉产调查报告》1920年第8期，第53页。

表 4-14　1919 年山西省棉花运销调查统计

县名	运销数	运销地点	运费	运输情形	税金及杂费
虞乡	13663	天津	每包 14.3 元	由车马运至榆次,由京汉火车运至天津	出境税每百斤一角八分
临晋	14012	天津	每包 14 元	同上	出境税每百斤一角八分,地方捐每斤二文
猗氏	4899				出境税每百斤一角八分,地方捐每斤二文
荣河	23413	天津	每包 13 元	同上	落地税每百斤一角八分,地方捐每斤一文
解县	11469	天津	每包 14 元	同上	出境税每百斤一角八分,地方捐每斤一文
安邑	4118	天津	每包 13.6 元	同上	出境税每百斤一角八分
夏县	3063				出境税每百斤一角八分
河津	16885	天津	每包 11.5 元	同上	每斤售卖税三文
稷山	1726	天津	每包 10.8 元	同上	每斤地税三文
新绛	8874	天津	每包 10.5 元	同上	同上
曲沃	11202	天津	每包 10 元	同上	同上
永济	10981	天津	每包 14.6 元	同上	出境税每百斤一角八分
洪洞	21000	天津	每包 5.3 元	同上	每斤地捐三文
临汾	17026	天津	每包 6 元	同上	同上
闻喜	无				
合计	162404				

　　资料来源:华商纱厂联合会调查部:《山西省棉产调查报告（附表）》,《棉产调查报告》1920 年第 8 期,第 56~58 页。

表 4-15　1919 年山西省花行调查统计

县名	花行名	行佣
虞乡	同顺、三合、信义、中和	抽全价百分之二
临晋	桑林泉、兴盛行	同上
猗氏	无	
荣河	德盛合、东升昶、福永生	每十斤抽六十文
解县	同升、茂林、五福、永兴	抽全价百分之一点五
安邑	天顺花店	每十斤抽洋四分
夏县	无	

续表

县名	花行名	行佣
河津	三胜、新兴元	抽全价之百分之二
稷山	永长祥	同上
新绛	德丰成、天相昌	同上
曲沃	长春懋	同上
永济	永盛辞、义和店	每十斤抽八十文
洪洞	洪盛源	抽全价之百分之二
临汾	永源公、洪昌	同上
闻喜		同上

注：1919 年调查初始手续尚缺纯熟，本表称别一项，因未得精确之结果，故未列入。

资料来源：华商纱厂联合会调查部：《山西省棉产调查报告（附表）》，《棉产调查报告》1920 年第 8 期，第 58~59 页。

表 4-16　1919 年山西省棉花包装调查统计

县名	包之式样	每包重量	制包质料	包绳包布价值	备考
虞乡	长圆形	160 斤	布	1.1 元	
临晋	同上	同上	同上	1.2 元	
猗氏					本县运销他处之棉甚少
荣河	长圆形	160 斤	布	1.1 元	
解县	同上	同上	同上	1.2 元	
安邑	同上	同上	同上	1.2 元	
夏县					本县无运出之棉，故包样不列
河津	长圆形	160 斤	布	1.1 元	
稷山	同上	同上		同上	
新绛	同上	同上		同上	
曲沃	同上	同上		同上	
永济	同上	同上		同上	
洪洞	同上	120 斤		0.9 元	
临汾	同上	同上		同上	
闻喜					

资料来源：华商纱厂联合会调查部：《山西省棉产调查报告（附表）》，《棉产调查报告》1920 年第 8 期，第 59~60 页。

从表 4-14、表 4-15 和表 4-16 可以看出，山西产的棉花几乎都运往天津，榆次为最重要的中转站，因路程较近，运费较少，运输方式是先由马车运至榆次，再由京汉铁路运至天津。山西省 14 个县均有花行，数量可观，行佣普遍为棉货全价的 2%。棉花包装以小包装为主。

综上，华北五省棉业自 1918 年或 1919 年开始，迈入快速发展时期，这种快速发展除陕西省外，[1] 其他四省基本一直持续到 1923 年前后。在棉花市场发展方面，以现代化转型因素为参照，直隶和山东进行棉种改良、建立棉业试验场较早，直隶、河南、山西在运输方面，尤其是借助铁路交通的便利较早，山东和陕西则在利用现代交通运输方面较晚，水运、人力、畜力运输占主要地位。这一时期华北棉花市场处于初期发展阶段，整体呈现出度量衡多样，棉花包装缺少统一标准，各地棉花税亦不相同等特点。

在植棉和棉产量方面，1918~1923 年，华北棉花市场处在中国近代史上第一个高位发展阶段。其显著特征是植棉及棉产量大幅增加，如直隶省和河南省产棉量在 1919~1923 年均处于历史高位。山东除了 1920 年受干旱影响，1921 年受阴雨连绵影响而产量减少外，1919 年、1922 年、1923 年产量均处于高位。此外，华北现代棉花市场体系构建基本完成，主要体现在现代运输、管理、打包、轧棉、贸易、仓储等现代化生产和服务部门的建立及逐步完善。这段时期华北棉业迅速发展的原因主要有三点，一是现代纱厂的建立推动了植棉业发展，二是官方对植棉纺纱事业极力提倡，并颁布奖励政策，[2] 建立棉业试验场等。[3] 三是民间绅商及社会组织团体对棉业的关注、改良、实践及推广。如华商纱厂联合会在 1921~1923 年与河南省实业厅合作，在交通便利之县建立棉场 30 处，实业厅负责所有试验技术及报告，华商纱厂联合会负责提供资金，推广美棉。[4]

总之，1918~1923 年，华北棉业快速发展，无论植棉扩张、棉产数量，还是棉花市场的发展均处于中国近代史上第一个高位发展阶段。此时期华北现代棉花市场体系的构建及逐步完善为后续中国棉业的发展奠定了基础。

第三节　低谷：20世纪20年代中后期华北植棉及棉花市场的发展困境

1924~1931 年，华北棉业发展陷入低谷期，不仅产量骤减，棉花市场交易

---

[1]　陕西省一直持续到 1925 年。参见中华棉业统计会：《中国棉产统计》1937 年，第 7 页。

[2]　《津埠棉业之发展》，《大公报（天津）》1920 年 6 月 24 日，第 0010 版。

[3]　《法令：呈：棉业试验场暂行规则》，《中华全国商会联合会会报》1915 年第 2 卷第 11 期，第 2 页。

[4]　《国内农业消息：河南棉产概况》，《农业周报》1931 年第 1 卷第 5 期，第 195~196 页。

亦受到运输、高税率、战争、天灾等因素的制约。本节以省为单位，分别阐述华北五省在这一时期的植棉及棉花市场发展情况。

一 河北[①]

1924~1931 年，河北省植棉面积和棉产量与 1919~1923 年相比均大幅度减少，处于本省植棉收获的历史低位。[②] 究其原因，气候影响、战事影响、交通停滞、运销受阻，粮食昂贵等都是导致棉产额减少的主要原因。如在气候方面，1928 年因降雨过多，在棉田数量本就不及 1919~1923 年五年平均数一半的情况下，每亩产量又降低，以致总收成锐减，只有 65 万担，比 1918~1923 年的平均产量减少一百万担。[③] 1930 年，因春夏两季久旱无雨，大半棉田未能播种，棉花收获量大减。据调查，1930 年河北省棉田面积约 437 万亩，产皮棉约 932500 担，棉花市场亦远不如昔时繁盛。[④] 通过 1930 年河北省气候、产棉、棉花运销、花行等统计情况可窥见此时期河北省棉业发展势弱之一般情形，详情见表 4-17。

表 4-17　1930 年河北省气候、产棉、运销、花行等概况统计

县名	棉田面积（亩）	产棉	气候	运销地	运输方式及运费	花行	税
获鹿县	50000	1500 余担	干旱,棉苗枯死	天津、张家口	京汉铁路	英日棉商均有花行	
赵城县	540000	净棉115500 余担		山东、天津		花行有万元吉逢厚恒茂长等家	
栾城县	160000	约产净棉47500 担		由石家庄运销天津、北京	运费至石家庄每包二角。	英商仁记平和设有分庄于此。委萃丰永恒增福代为经理	税金 2分 5 厘
元氏县	115000	产净棉28200 担		天津、山东、河南		花行有永敬慎长惠诚等家	
高邑县	58000	产皮棉15800 担		赵州		花市不繁盛,花行亦少	

<hr>

① 直隶改称河北是在 1928 年，故文中如果阐述的是 1928 年以后的内容，就用河北省，1928 年以前的就用直隶。
② 中华棉业统计会：《中国棉产统计》，1937，第 6 页。
③ 《河北棉田减少颇巨》，《大公报（天津）》1929 年 5 月 17 日，第 0006 版。
④ 宣阶：《河北省棉花产销及棉田之调查》，《军需杂志》1930 年第 9 期，第 20~24 页。

续表

县名	棉田面积（亩）	产棉	气候	运销地	运输方式及运费	花行	税
临洺县	360000余亩	产净棉19300担		济南、河南		花行有广兴德升泰丰等家	
邯郸县	250	约产皮棉30担	惟自去秋迄今夏未雨			花行有吉庆兴隆贞元等家，现亦暂歇	
正定县	300000	统计产净棉65000余担	久旱无雨，收量大减	京津两埠者计50000余担	由县城运至车站，每包（130斤）3分5厘	花行有益诚信永裕魁等家	本地警学捐3分5厘
无极县	85000	产净棉2000余担		天津			
叶城县	345000	产净棉110000担	雨泽衍期，高地多未能播种，九月发生棉病	山东、天津			
晋县	420000	皮棉151900担				花市有四大集，东西两关小樵镇及束卓宿，花行有同春和中盛等30家	
束鹿县		产皮棉96000担	雨泽稀少	多运销天津			
深泽县	110000	衣棉36000担		多由滹沱河运销天津	运费每石8角	花行有聚胜德育隆等22家	杂费7角
安国县	201000	产净棉22000担	因自春徂夏未雨故也	京津、奉天、张家口等处		花行有复盛公广生堂等十家	
蠡县	约460000	仅产棉10000余担	亢旱故	天津			
博野县	108800	产衣棉14000余担		由安国县、蠡县转销京津		花行有兴瑞等四家	
定县	214600	产棉79000担		运销天津、张家口等处		无花行，有轧花及弹花店百数十家	

续表

县名	棉田面积（亩）	产棉	气候	运销地	运输方式及运费	花行	税
徐水县	约 36000	产衣棉8300 担		多运销天津			
涿县	22100	约产700 余担	遭旱灾			花行有同和庆昌等五家	
丰润县	305000	产净棉55000 担	亢旱，其后复罹虫害	运销天津、奉天	每石至津6角，至奉3元	花行有中和栈，1929 年日商在此栈购买甚多	
涿县	110000	产净棉仅25000 担	虫害甚烈	同上			
玉山县	120000	产净棉25000 担		同上		行亦为丰润分庄	

资料来源：宣阶：《河北省棉花产销及棉田之调查》，《军需杂志》1930 年第 9 期，第 20~24 页。

从表 4-17 可以看出，1930 年，气候不佳和虫害对棉田产量影响极为关键，棉产减少导致棉价高昂，如束鹿县棉价因歉收而昂贵，皮花最高每担 40元，籽花 13 元 5 角；叶城县皮花每担最高 44 元，籽花 10 元，[1] 徐水县棉价同样昂贵。在生产技术方面，部分县轧棉率有所提升，如晋县虽多种本地棉种，但轧棉率达到每百斤籽花出 40 斤皮花。[2] 此外，从表 4-17 还可看出，外国洋行或贸易活动已经深入河北腹地，中国棉商与外国棉商交易更加直接普遍。

除了气候和病虫害因素外，棉花税也过重，"1919 年厘金计关平银一钱五分；1920~1921 年改为统税计关平银三钱，1926 年加征附加税三钱，共计关平银六钱，1927 年冬改为国币二元，1929 年 5 月 15 日加征附加捐三成，共计国币二元六角，1930 年 2 月 15 日取消附加捐三成，并正税四角，计减为国币一元六角。"[3] 河北棉花统税属于河北省财政厅负责，归棉花干果税局征收，[4] 其路程、分卡与应纳验单费等详情见表 4-18。

---

① 宣阶：《河北省棉花产销及棉田之调查》，《军需杂志》1930 年第 9 期，第 20~24 页。
② 宣阶：《河北省棉花产销及棉田之调查》，《军需杂志》1930 年第 9 期，第 20~24 页。
③ 《天津市棉花入口之手续及其捐税概况：河北棉花统税之沿革》，《天津棉鉴》1930 年第 1卷第 6 期，第 3 页。
④ 《天津市棉花入口之手续及其捐税概况：统税之征收及其分卡验单》，《天津棉鉴》1930年第 1 卷第 6 期，第 3 页。

表 4-18 1930 年河北省运棉路程、棉花税分卡所在及其验单费统计

运棉路程	终过之统税分卡及其验单费
西河水运	杨柳青后河(四角)大红桥(二角)龙王庙(二角)东站(二角)万国桥专卡(二角)，共计一元二角
御河水运	杨柳青前河(四角)西北门(二角)龙王庙(二角)东站(二角)万国桥专卡(二角)，共计一元二角
西路大车	正西门(四角)龙王庙(四角)东站(二角)万国桥专卡(二角)共计一元二角
北路大车	大红桥(四角)北营门(四角)龙王庙(四角)东站(二角)万国桥专卡(二角)共计一元六角
东河水陆路	小王庄(四角)龙王庙(四角)东站(二角)万国桥专卡(二角)共计一元二角
北河水运	罗家嘴(四角)大红桥(四角)龙王庙(四角)东站(二角)万国桥专卡(二角)共计一元六角
北河大车	(与北路大车同)
总站铁路	总站(四角)龙王庙(四角)东站(二角)万国桥专卡(二角)共计一元二角
西站铁路	大红桥(四角)北营门(四角)龙王庙(四角)东站(二角)万国桥专卡(二角)共计一元六角
东站铁路	东站(二角)万国桥尊卡(二角)共计四角
附注	河北棉花统税局，查验三聊单运棉之挂号办法及验单费等，与此不同，本年二月十五日统税及附加捐减去一元后，三联单之使用已渐减少，近以统税局稽查严密之故，用者更稀矣。

资料来源:《天津市棉花入口之手续及其捐税概况：统税之征收及其分卡验单》,《天津棉鉴》1930 年第 1 卷第 6 期，第 3~4 页。

但实际交税情形远非以上税种可以涵盖，实际情况是"税制之紊乱，税吏之不法，税率之重，无以复加，各省若是，河北情形亦无二致"。[①] 具体而言，河北的棉花税捐，一为通过税，一为营业税（也称牙税），一为出口关税，出口关税系国税之一，税额透明。通过税（也称落地税或消费税）系按货品通过关卡征收，这个税种又有省征、市征、县征之别，时人评论此税重叠繁重。不仅如此，河北特有军事善后捐，天津有棉花公益捐，其后相继裁撤。对于棉花牙税，各县自行巧立名目。营业税主要是对棉花行征税，亦有省、

---

① 陈振汉：《河北省之棉花捐税》,《大公报（天津）》1934 年 9 月 2 日，第 0013 版。

市、县税之别，省税和市税主要包括棉花行牙税，县税指棉花行附加捐等。[①]
在收税形式上，各县采取包税制，更是弊端频出，不仅加重棉农负担，棉商亦
苦税率之重，苛索之扰，阻碍棉花运销，更为关键的弊端是延长运销周期。而
此时的中国棉花市场早已融入全球棉花市场，需要时时面对美国棉花和印度棉
花的强势竞争，市场价格情形变化极快，供求关系朝夕变幻，棉花运输常因税
卡稽留，导致货价跌落，于商于民于国，损失皆大。[②]

二　山东

山东省为华北产棉大省，从 1924 年开始，棉产额逐渐降低，此种情况一
直持续至 1928 年。[③] 1924 年，因黄河流域各省水灾旱灾接连发生，棉花产额
减少，山东亦不例外，例如青岛在 1924 年以前，每年输出棉花不下二三十万
担，但 1924 年输出的棉花只有十万零五百余担。[④] 此外，因山东省棉纺织业
发展较快，1924 年，青岛及其附近地点共有纱厂六家，一家为华商所办，有
锭子 33000 枚，其余五家均为日商所办，有锭子 183000 枚。[⑤] 本地需棉量增加
也是青岛输出量减少的原因之一。

1926~1928 年，山东棉产量在低位徘徊，据纱厂联合会统计，1926 年山
东省棉产只有 50 多万担，1927 年有 70 余万担，1928 年 60 余万担，而据当时
青岛日本商工会议所调查，山东仅适于种植美棉的主要产区每年大约就可产皮
棉 90 万担，青岛纱厂可消费其半数。[⑥] 当时也有其他机构的调查认为，1928
年，山东产皮棉约 90 万担，但无论是 90 万担还是 50 万~70 万担，其产量都
与之前产棉高峰期时的产量相差甚远。

自中国政府于 1923 年 1 月 1 日收回胶济铁路主权后，[⑦] 发展至 1928 年，
从运输角度看，济南成为山东物产集散中心，棉花亦不例外，又因济南地处津
浦、胶济两铁路交叉处，铁路运输、水运、公路运输均便利，济南又与天津、
浦口、青岛各棉花贸易市场紧密联络，价格及贸易信息沟通较为便利。[⑧] 就棉

---

① 陈振汉：《河北省之棉花捐税》，《大公报（天津）》1934 年 9 月 2 日，第 0013 版。
② 陈振汉：《河北省之棉花捐税》，《大公报（天津）》1934 年 9 月 2 日，第 0013 版。
③ 中华棉业统计会：《中国棉产统计》，1937，第 6 页。
④ 《青岛输出棉花减少》，《纺织时报》1925 年第 180 期，第 1 页。
⑤ 《杂纂：青岛棉花厂》，《中外经济周刊》1924 年第 69 期，第 41 页。
⑥ 《山东省之棉产（青岛日本商工会议所调查）》，《纺织时报》1928 年第 512 期，第 45 页。
⑦ 金世宣、徐文述：《中国铁路发展史》，中国铁道出版社，2000，第 265 页。
⑧ 《山东省之棉产（三）》，《纺织时报》1928 年第 515 期，第 58 页。

花市场网络而言，济南成为山东省最重要的棉花集散地，济南棉花市场汇集棉花量达50万担左右。棉花主要来源于四个产棉区，第一个产棉区以滨县、利津、蒲台为中心，由小清河和黄河运来，数量有七八万担；第二个产棉区是直隶南部的威县、吴县和南宫，每县各有二三万担，合计有七八万担；第三个产棉区是以冠县、高唐、夏津、临清等为中心的山东西北部产棉区，此产棉区以临清为转运中心，由马车和津浦铁道运入，数量约为三十万担；第四个来源是郑县，郑县棉花市场的棉花经徐州运至济南，再由津浦线运出，一部分被鲁丰和华新纱厂购买，其余运销青岛。[1]

山东铁路运输棉花发展迅速，每年由津浦、胶济两铁路发送的棉花总额在五十万担以上。据1928年铁路局统计，以济南为中心运销的棉花每年总额在三十八万担左右，其中济南当地用棉约十二、十三万担，包括当地鲁丰纱厂用棉七万五千担，居民衣服被絮等用棉四五万担。[2] 在1928年以前，济南运销棉花数量因丰欠而有增减，[3] 其中1919年至1927年由济南站发出的棉花数量详细情况见表4-19。

表4-19　胶济跌路济南车站发送棉花数量

单位：担

年份	发送棉花数量	年份	发送棉花数量
1919	136080	1924	274335
1920	93240	1925	317715
1921	122220	1926	126600
1922	195150	1927	312900
1923	292650		

资料来源：《山东省之棉产（三）》，《纺织时报》1928年第515期，第58页。

山东济南棉花市场中的交易群体主要是当地的花行，大宗购买的群体主要包括外国洋行、上海纱厂、鲁丰纱厂等；其中洋行势力非常强大，尤其是日本，当时有"日本棉花东洋棉花瀛华洋行清喜洋行吉诚号华康公司等"，与这些洋行交易的花行及其资本情况如表4-20所示。

[1] 《山东省之棉产（二）》，《纺织时报》1928年第513期，第49页。
[2] 《山东省之棉产（二）》，《纺织时报》1928年第513期，第49页
[3] 《山东省之棉产（三）》，《纺织时报》1928年第515期，第58页。

表 4-20　1928 年山东济南棉花市场中与外商交易的花行及其资本情况统计

单位：万元

号名	资本金	号名	资本金
阜成信西记东记	10	文记	5
华信	5	恒祥栈	5
益增	15	兴华泰	1
天兴裕	1.5	天聚兴	10
崇宝	5	恒升	2
万恒	1	东武	2
广益成	2	济东	2

资料来源：《山东省之棉产（三）》，《纺织时报》1928 年第 515 期，第 58 页。

从表 4-20 可以看出，1928 年时，山东济南棉花市场中与外商交易的花行多达 14 家，且资本雄厚。虽然山东省棉产自 1924~1928 年处于历史低位，但这一时期，山东省一直通过建立棉业试验场的方法注重改良棉产，系统学习，提高应对不良气候或病虫害的能力。1918 年，山东省设立临清棉花试验场，试验场设有技术室、测候台、标本室和轧花室，试验地划分为中、美棉品种观察区，美棉品种试验区，并备有新式农具、显微镜及气候观测仪器。1926 年试验场改称山东省立第一棉业试验场，试验场成立后，注重脱字美棉和临清狮子头中棉的育种工作，并负责在鲁西地区推广美棉种植。1926 年 10 月，山东省实业厅又在齐东县开办省立棉种场，专门从事脱字棉和中棉良种的育种改良及配发良种工作。1930 年，山东棉种场改称山东省立第二棉业试验场，内部组织分试验、推广、总务三股，场内置有洋犁、中耕器、播种机、轧花机等新式农具，同时配备显微镜、喷雾器、发芽试验箱、昆虫试验箱等仪器设备，1931 年设于临清的第一棉业试验场改组为省立棉作改良分场，集中繁育和推广脱字号棉种。[1] 由于棉业试验场在改良棉种、育种、改进生产机器、解决虫害等方面均获得了实质性的进步，再加上 1929 年以后，气候条件正常，山东省棉产在 1929 年以后呈现大发展趋势，在轧棉方面，轧棉率达到了 30% 以上。[2] 1929 年山东全省产棉 120 多万担，1930 年更是达到了 200 万担以上。[3] 在 1929 年和 1930 年两年中，山东省是华北五省中唯一棉产大幅增加的省份。

---

① 庄维民、吕景琳：《近代山东农业科学试验改良的兴起与发展》，《中国农史》1991 年第 2 期。
② 《山东省之棉产（二）》，《纺织时报》1928 年第 513 期，第 49~50 页。
③ 中华棉业统计会：《中国棉产统计》，1937，第 6 页。

三 陕西

在陕西省，1921~1925 年，陕西棉产逐年增加，尤其是 1925 年陕西棉产丰稔，达到近 80 万担，① 在棉种方面，陕西不仅较早引进美国棉种，还产出优质德棉，不仅如此，陕西本地棉品质亦优良，在上海和汉口棉花市场上，棉商对陕西棉的认可度极高。② 发展至 1925 年，陕西棉业的生产技术和包装技术均有提升，如陕西棉业研究社在南关设立日新新式轧花厂，并以日新两字为正副牌号，代客买卖籽花和皮花，同时还采办现代机器进行打包，运销外省，杜绝掺杂伪劣，棉花品质信誉度高。③

但自 1926 年以后，陕西省棉产量减少颇巨，此种情况一直持续到 1932 年，在这段时期，陕西棉业发展陷入低谷期，④ 首先是棉田面积逐渐减少，1924 年有棉田面积 1642288 亩；1925 年 1316260 亩，1926 年 1056585 亩，1927 年 807347 亩。⑤ 可见自 1925 年以后棉田面积逐年减少，且减少幅度很大。同样，就棉产数量而言，1927 年每亩收获量少者仅有籽棉十斤，多者也只有五六十斤，为历年罕有之歉收。⑥ 从总量上看，1925 年是陕西 20 世纪 20 年代里棉产额最高的年份，有近 80 万担，1926 年棉产额急转直下，只有 1925 年的一半，约 37 万担，1927 年约 35 万担，1928 年约 26 万担，而到了 1929 年只有 3 万余担，可以说 1929 年是陕西自有棉产记录以来，棉产额最低的年份，此后的 1930~1932 年，棉产额依然在低位徘徊。⑦

陕西棉产缘何急剧减少呢？探究根本，1926~1932 年陕西棉产降低的主要原因包括战乱匪祸、棉种退化、捐税苛重、天灾气候、运输受阻等。具体而言，自 1924 年以后，陕西省战乱匪祸频仍，据时人评述，此段时期陕西省兵匪灾祸较任何省为烈，农田变荒野的惨状随处有之。这种状况直接导致农业土地、地租、肥料、人工、种籽等价格全部上涨甚高，如据当时在陕西的吴味经君调查，当时棉农种一亩棉田的成本包括每亩地租三元，肥料、人工、种籽等需五元五角，捐差预借等每亩需一元五角，总计支出需十元。而当时气候不

---

① 中华棉业统计会：《中国棉产统计》，1937，第 7 页。
② 《十七年棉产概况：（二）陕西省》，《纺织时报》1929 年第 583 期，第 331 页。
③ 《陕西设厂整顿棉产》，《纺织时报》1925 年第 179 期，第 1 页。
④ 中华棉业统计会：《中国棉产统计》，1937，第 6 页。
⑤ 《陕西省棉产调查报告（待续）》，《纺织时报》1928 年第 478 期，第 322 页。
⑥ 《十七年棉产概况：（二）陕西省》，《纺织时报》1929 年第 583 期，第 331 页。
⑦ 中华棉业统计会：《中国棉产统计》，1937，第 7 页。

佳，产量减少，1927 年每亩只收皮花二十六斤，在秋期旺季时，市价每担为15 元，按照市价每亩卖皮花只得三元五角，另外在算入卖棉籽、棉杆的收入一元七角，每亩共计只收入五元二角，收支相比，亏四元八角。在这种情况下，甚至有棉农弃种棉花改植罂粟。①

在棉种退化方面，陕西省原先种植的棉种为湖花（后称老花），这种称谓是为了与美种棉区别，陕西自 1894 年开始有外国棉种种植，此后年年增植，湖花逐渐减少，湖花种植面积只占百分之五，供家庭手工纺线。陕西省美棉品种经多年耕种，未加改良，品质退化严重，每亩产额下降。②

在气候灾害方面，棉产收获极受气候因素制约，陕西土壤适宜植棉，气候良好时，每亩甚至收获皮棉百斤左右。但自 1924 年起，气候连续不佳，1925 年"春期微旱、种播略迟、开花期间、雨水稍多、平均收成可七成半"，1926 年"雨晹时若、大部可称丰收、惟下湿地稍嫌水涝、平均收成可七成半"，1927 年"六七月甚旱，及后得雨、发育已迟、收获嫌晚、收成仅及六成半"。③可见气候情况是影响棉产额的关键因素。

在运输方面，渭河是陕西省重要的水运通道，渭河运输口岸以草堂、交口、下庙、三河口为主，出境则以陕豫交通要口潼关、大庆关（系潼关分关）为总枢，据统计，1925 年由潼关和大庆关运出的棉花共 19 万担，1926 年为 15 万担，1927 年为 13 万担。芝龙关为陕晋的主要关口，因芝龙关地处北部，棉产较少，年出口仅数千担至万余担，大部分棉花经山西运至天津销售。④

在棉花税和运费方面，以交口为例，交口为渭河流域重要的棉花市场，如棉花由交口运至陕州，运费及捐税每担共四元七角九分，其中船力一元八角，包运费⑤六分，潼关棉捐一元，潼关厘金一元，潼关常关税三角三分，商税三角，其他小税三角。如运至郑县约需十六元，由郑县再运沪亦须十六元。以当地棉花市价十元计，陕棉运至上海每担须四十六元之多。⑥ 1927 年，陕西省财政厅新订全省各棉捐征收数目，财政厅为增加税收，竟按 1917 年和 1918 年最

---

① 《陕西省棉产调查报告（待续）》，《纺织时报》1928 年第 478 期，第 322 页。
② 《陕西省棉产调查报告（待续）》，《纺织时报》1928 年第 478 期，第 322 页。
③ 《陕西省棉产调查报告（待续）》，《纺织时报》1928 年第 478 期，第 322 页。
④ 《国内外工商消息：陕西棉产退化之前因后果》，《商业月报》1928 年第 8 卷第 3 期，第 7 页。
⑤ 包运费设立于 1926 年，因转运船车每被军阀占用，特设包运局，纳费后即可通行。参见《国内外工商消息：陕西棉产退化之前因后果》，《商业月报》1928 年第 8 卷第 3 期，第 8 页。
⑥ 《国内外工商消息：陕西棉产退化之前因后果》，《商业月报》1928 年第 8 卷第 3 期，第 7~8 页。

盛时代为标准。① 以上种种，足见运费及棉花税之繁重。1917~1928 年潼关的棉捐累计共达一百万元，此项税收本为筹备建立纺纱厂之用，但均被军阀占用。不仅如此，因陕西省兵战频起，土匪骚扰，棉农辍耕，商人裹足，交通不便，运输困难，导致棉产无处销售。② 表 4-21 为 1924~1927 年陕西省棉花存底状况。

表 4-21　1924~1927 年陕西省棉花运销存底状况统计

单位：担

年份	存花	产数	销数	存底
1924	93577			
1925		428772	320000	302349
1926		320970	280000	243319
1927		211626	250000	204955

资料来源：《国内外工商消息：陕西棉产退化之前因后果》，《商业月报》1928 年第 8 卷第 3 期，第 8 页。

从表 4-21 可以看出，同 1924 年相比，1925~1927 年陕西省棉花积压在本省无法销售的情况十分严重。综合上述陕西棉业发展情况，20 世纪 20 年代中后期，陕西棉业发展呈现倒退的迹象。时人评论"陕棉前途极为悲观，尚望战事平静，政局入轨，农民担负减轻，交通畅达，运输便利，棉产始有恢复发展之可能"。③

面对 20 世纪 20 年代中后期陕西棉业的急剧衰落，1930 年前后，陕西从事棉作改良的工作者积极筹谋改良，在累年旱荒中，棉业界捐献二百吨美棉种子，散发给各县农民，但种子散后，无人过问，效果甚微。陕西省有两所农棉试验场，其中一所在西安西关，面积 201 亩，另一所在西安北三十里之草滩，面积七百余亩，④ 此两所农棉试验场皆系其他作物与棉花并重，并非专门的棉业试验场。⑤ 且因天灾人祸及经费等原因，未有进展。

发展至 20 年代末 30 年代初，与清末民初相比，陕西棉花销售网络逐渐发生变化。变化一为在清末，陕西棉花除供本省外，大部分以骡车运销甘肃；民

---

① 《陕西省棉产调查报告（待续）》，《纺织时报》1928 年第 478 期，第 322 页。
② 《国内外工商消息：陕西棉产退化之前因后果》，《商业月报》1928 年第 8 卷第 3 期，第 8 页。
③ 《国内外工商消息：陕西棉产退化之前因后果》，《商业月报》1928 年第 8 卷第 3 期，第 8 页。
④ 《陕西棉产概况》，《大公报（天津）》1931 年 4 月 21 日，第 0006 版。
⑤ 《陕西棉产概况（续）》，《大公报（天津）》1931 年 4 月 22 日，第 0006 版。

国初年以后，陕西棉花已经开始大量销往汉口；20 年代末 30 年代初，陕西棉花已经在天津、上海、汉口、郑县等地获得极高的市场地位，国内上海、汉口、天津、郑县等各大棉花市场均喜陕西棉花，陕西所产棉花大部分皆由水路（渭河黄河）或陆路出潼关经河南转道陇海、平汉、津浦等路，运销至上海、汉口、天津、郑县等大市场。变化二为陕西棉花昔年由大庆关及风陵渡运至山西销售者不少，但因 1919 年以后，山西植棉逐渐增多，陕棉销往山西逐渐减少。此外，四川北部所用棉花亦仰给陕西，多由人力运输，常有苦力由陕西关中道背棉一二百斤，翻秦岭、经汉中，而入四川。川人称陕棉曰"西花"，因陕西棉花品质优良，故极受四川人喜爱。①

鉴于 20 年代陕西省棉业发展的颓势，陕西省在总结经验教训的基础上，于 30 年代初设定计划，决定在改良棉种，设立专门省立棉业试验场，将烟田改作棉地，开浚"钓儿嘴"工程，计划引泾河之水浇灌陕北七县宜棉之区，筹备民生纱厂等方面力行改革，发展棉业。并呼吁国家、华商纱厂联合会、棉业专家及各农科大学给予支持。②

四　河南

河南土质气候适宜植棉，1925 年，河南省适宜植棉之县多达 90 个，尤其是豫西棉产最盛。③全省常年棉田面积不下三百万亩，产量在七十万担左右。据纱厂联合会统计，1922~1927 年，河南省每年棉产额较为稳定。④在棉种改良方面，河南省政府自 1919 年开始提倡美棉，每年春季免费散发棉种，农民亦乐于种植，数年间，在孟津、渑池、陕县、闵乡等县，几乎所有棉田均改种美棉，收获颇丰。⑤

发展至 1928 年和 1929 年，河南棉产受到战乱和干旱的影响，不仅棉田大量减少，⑥棉产收入也陷入低谷，收获量不及往年的一半。⑦除此之外，1928 年和 1929 年河南省棉业还面临交通阻梗、运输困难、销售迟滞、市价不敷生产成本等困难。因数年军事不休，京汉铁路全部移充军用，导致郑县

---

① 《陕西棉产概况》，《大公报（天津）》1931 年 4 月 21 日，第 0006 版。
② 《陕西棉产概况（续）》，《大公报（天津）》1931 年月 22 日，第 0006 版。
③ 《河南棉产概况》，《钱业月报》1925 年第 5 卷第 9 期，第 11~12 页。
④ 中华棉业统计会：《中国棉产统计》，1937，第 6 页。
⑤ 《河南棉产概况》，《钱业月报》1925 年第 5 卷第 9 期，第 11~12 页。
⑥ 《河南棉产大减》，《大公报（天津）》1928 年 10 月 13 日，第 0004 版。
⑦ 《国内农业消息：河南棉产概况》，《农业周报》1931 年第 1 卷第 5 期，第 191~192 页。

和彰德等地囤积棉花数额甚巨。[①] 表4-22为1925~1927年底销棉与存棉统计情况。

表4-22　河南省1925~1927年底销棉与存棉统计

单位：担

年份	产数	销数	存数
1925	544634	540000	119062
1926	554242	510000	163304
1927	586444	440000	309748

资料来源：《各埠市况：豫棉近三年产销状况：河南棉产甚富……》，《银行月刊》1928年第8卷第3期，第83页。

从表4-22可以看出，1927年滞销的存棉数占了总产量的一半多，可见运输情况之糟糕。在成功外销的棉花中，铁路运输只有十一万担，用畜力、水运外销八万担，因邮寄所用的费用比车运捐税少，河南省由邮寄方式外销的棉花有五万担。河南本省用棉十五万担，其中本省纱厂用棉五万担。[②]

从1930年至1932年，河南棉产量恢复以往稳定的产量，在60万担左右。[③] 1931年河南大学推广部对河南棉花生产和贸易情况进行了调查，根据其调查情况，可以窥见河南省棉花业在进入30年代时的发展状况。[④] 首先在轧棉率方面，河南外国棉种棉花的轧棉率在20%至40%，在30%左右的最为普遍，其中以洛阳的德棉轧棉率最高，轧棉率为40%。河南本地种棉的轧棉率在20%至42%，其中以33%最为普遍。在植棉收益方面，棉农收益情况十分严峻，每亩棉田地租、人工、肥料等共需成本洋八元，政府捐派加上军队酷索又将近四元，但每亩所产棉花售卖价格只在十元上下，每亩亏损多达三元，棉农实际生活状况非常困窘。[⑤]

河南省的棉花市场运输网络可概括为四区一点，首先是豫北地区所产的棉花除供本地纱厂使用外，其余皆运至上海、汉口、天津等地。其运输方向有三，一为运至天津、郑县、汉口等处，运输方式为先由陇海铁路运至郑

---

① 《各埠市况：豫棉近三年产销状况》，《银行月刊》1928年第8卷第3期，第83页。

② 《各埠市况：豫棉近三年产销状况》，《银行月刊》1928年第8卷第3期，第197~198页。

③ 中华棉业统计会：《中国棉产统计》，1937，第6页。

④ 《国内农业消息：河南棉产概况》，《农业周报》1931年第1卷第5期，第190页。

⑤ 《国内农业消息：河南棉产概况》，《农业周报》1931年第1卷第5期，第193页。

县，再由郑县分运至天津、上海、汉口等处。其中由郑县运上海，多由陇海路运至大浦，然后改装小轮，迳运上海；运至天津和汉口两地的棉花多由平汉铁路装运。二为东运齐鲁，三为西运山西。运至山西和山东的棉花多用畜力；其次是豫西灵实、闵乡、陕州等地所产的棉花多由黄河运至汜水阳桥渡口再转陆运至郑县；然后是豫东太康所产棉花除供邻近各县销用外，大部用畜力运往皖北，各县亦有用马车运至郑县销售；最后是豫南棉花多由襄河运销湖北。①

在棉花税方面，河南省 30 年代初"苛捐杂税，十倍于昔，运费增加，亦多倍蓰",② 河南省各主要区域的运棉税捐及运费详情见表 4-23~表 4-25。

表 4-23　1930 年安阳至郑县运棉税捐及运费详情统计

包捐	每包(一百五十斤)	一元
厘金	每包	七角
火车捐	每百斤	五角八分八厘
杂费	每百斤	一元
运费	每百斤	一元五角

资料来源：《国内农业消息：河南棉产概况》，《农业周报》1931 年第 1 卷第 5 期，第 194 页。

表 4-24　1930 年陕州至郑县运棉税捐及运费详情

包捐	每包	一元
厘金	每百斤	七角五分
特捐	每百斤	四角
火车货捐	每百斤	三角
杂费	每包	一元
运费	每吨	十四元二角

资料来源：《国内农业消息：河南棉产概况》，《农业周报》1931 年第 1 卷第 5 期，第 194 页。

表 4-25　1930 年由郑县至上海运棉税捐及运费详情

包捐	每包	一元
厘金	每百斤	七角
经纪捐	每百斤	抽一元
公益捐	每百七十七斤	一角

---

① 《国内农业消息：河南棉产概况》，《农业周报》1931 年第 1 卷第 5 期，第 193 页。
② 《国内农业消息：河南棉产概况》，《农业周报》1931 年第 1 卷第 5 期，第 193 页。

续表

包捐	每包	一元
火车捐	每百斤	二角九分四厘
保险捐	每二十吨	二十元
运费	每包	五元

资料来源：《国内农业消息：河南棉产概况》，《农业周报》1931年第1卷第5期，第194页。

从表4-23~表4-25可以看出，如果想将安阳的陕州产的棉花运至上海销售，需经过郑县中转，运输过程中的棉税捐和运费耗资均较大，足见运费和捐税负担之重。上述表格主要统计的是铁路运输费用，此外，在河南省县与县之间的运输多用人力或畜力，费用为每百里洋一元。[①]

在河南省棉花贸易市场网络中，郑县是中心。贸易习惯是棉花收获后，小贩持秤至乡间收买棉花，然后再转售花客，或送附近花行出售。此种花行，多为代客买花，收取行佣。也有在棉花贸易繁盛时代办花行的商家，过了棉花交易高峰期之后又改营他业。专门经营棉花交易的花行较少。1930年，郑县有德昌、立兴长、天成、德记、大生等十数家花行。彰德有蔚丰和、隆泰厚、义兴恒、永源等数十家花行，以上花行资本均较雄厚，但因连年捐派过重，营业萧条。在称重标准方面，河南买卖棉花所用的秤极不统一，如新乡用的称大宗二十两、零售十六两，延津二十两，孟县二十两，济源二十两，沁阳二十两，淇县二十两，林县二十四两。临漳、安阳、汤阴、武安都为二十两零八分。温县、获嘉都为二十二两，偃师花行二十两，街上零售有二十七两、三十两、三十二两。禹县十七两，其他各县均为十六两。[②]

综上所述，在华北五省中，河南省棉业在棉产额方面虽然居于河北和山东之下，但其在交通运输方面处于重要地位，仅次于天津，尤其是郑县的中转棉花市场的地位可以说既连接了西部和东部，也贯通了南北棉花运输。在棉花市场发育方面，至30年代初期，河南省棉花市场较为成熟，但同时具有税率高、度量衡纷繁复杂的特点。

五　山西

在华北五省中，山西产棉量最少，1921~1928年，山西棉产额除了1926

---

① 《国内农业消息：河南棉产概况》，《农业周报》1931年第1卷第5期，第194页。
② 《国内农业消息：河南棉产概况》，《农业周报》1931年第1卷第5期，第194~195页。

年产棉近40万担，1927年达50多万担以外。其他年份产棉量均较低，尤其是1929~1932年，山西棉花产额骤减，1929年仅有4万余担，1930年6万余担，1931年8万余担，1932年仅有5万余担。① 1929~1932年山西棉产骤降的主要原因与其他省份相同，包括气候干旱、军事频仍、交通堵塞、存棉输出受阻等。② 其中气候起决定性作用，如干旱导致棉产量仅及往年十分之二三。③ 1929~1932年，山西省政府欲改善棉产萎缩的处境，于1930年10月设立山西推广处，专事植棉推广。④

山西棉种分为本地棉种和美棉种，本地种者占75%左右，美国棉种占25%左右。山西棉产运销地一为天津，一为郑县。运到天津的棉花通过正太铁路运输，榆次为集中点；运销郑县的棉花大部分先通过水运到达解州、荣河、临汾，此三地为集中点，然后通过陇海、津浦铁路南下。⑤ 在包装方面，山西各主要出产地设有轧花房及打包厂，棉花收获后，送轧花房打成皮花，轧棉率通常在30%以上，即百斤籽花出皮花三十余斤，然后将皮花交打包厂打包，每包重一百五十斤上下。⑥

综上所示，1924~1931年，华北五省棉业发展不同程度陷入低谷期，主要表现为产量骤减。相对而言，在五省中，山东植棉的低谷期最短，遭受的损失最小，这得益于山东省成立了两个棉业试验场，并在改良棉种、育种、改进生产机器、解决虫害等方面均获得实质性进步。其他省份在战争、天灾频仍等因素的制约下，植棉和棉产受到不同程度的损失。此外，棉种退化、运输受阻、税费繁苛也是这一时期影响植棉及棉产的重要因素，其中税费繁苛、运输受阻不仅影响了棉花市场的运行及效率，还导致了地方棉花市场不同程度的萎缩。这一时期，还有几个显著特点反映了华北棉花市场的变化及发展趋势，首先是运输方式的改变，铁路运输的快速发展，催生了一批新型棉花转运市场，如河南郑县、山西榆次等。其次是外商已经广泛深入华北腹地，深度参与华北棉花业的交易和生产环节，尤其是日本势力最为强劲。再次，这一时期，华北重量度量衡依然极不统一，为交易、运输和税收均带来极大不便。但是，这一时期的轧棉技术、轧棉率

---

① 中华棉业统计会：《中国棉产统计》，1937，第6页。
② 际云：《调查：山西棉产调查》，《钱业月报》1927年第7卷第3期，第1~4页。
③ 《山陕棉受旱害减收》，《大公报（天津）》1928年9月25日，第0017版。
④ 《山西棉产概况》，《大公报（天津）》1931年4月20日，第0006版。
⑤ 际云：《调查：山西棉产调查》，《钱业月报》1927年第7卷第3期，第1~4页。
⑥ 《天津棉市：山西花甲产地来源》，《大公报（天津）》1928年3月25日，第0004版。

及包装技术均有提高。总之，1924~1931 年，华北棉花业的发展虽备受困境和压力，但也伴随着技术进步，可谓在困境中艰难前行。

第四节 再次小高峰：20世纪30年代华北植棉及棉花市场的发展

20 世纪 30 年代初直到 1937 年是中国近代棉业发展的特殊时期，这一时期，中国棉业发展受到国外尤其是日本、美国、印度的激烈竞争，中国棉业发展呈现内忧外患的局面，在棉花生产领域，虽然从 20 世纪 30 年代初期一直到 1937 年，中国的产棉量处于近代史上第二个高峰，但由于中国所产的大部分棉花品质不利于生产高支数的细纱，因此每年从美国和印度进口大量优质原棉。[①] 如 1930 年，中国进口外国棉花约 35 万担，价值约一亿三千万两，与处于进口首位的棉制类货物不相上下。[②] 与 1930 年相比，1931 年和 1932 年的棉花进口量在原来的基础上继续增加，[③] 加重了国内棉花市场的危机。

此外，中国棉业此时面对的竞争并不是局限于棉花产业，无论是棉业贸易领域，还是纺纱、织布以及销售环节，无一不面临各国的强势竞争和压制，在这种背景下，南京国民政府开始以国家力量参与中国棉业建设，在新制度、新技术、新管理等方面开启了国家布局下的现代化转型的新局面。

1929 年南京国民政府在收回上海和天津由外国势力掌控的棉花检验权和相应机构后，为了加强中国棉花在国际市场上的竞争力，工商部在上海成立商品检验局，并成立棉花检验处，率先检验棉花，以提高中国棉花品质。此后，国民政府不断根据实际情况，吸取棉商及棉业团体的意见和建议，制定并修正棉花检验政策及细则，在新经济管理制度方面做出探索。与此同时，中国棉业种植和棉花贸易进一步发展，这一时期，华北五省的棉产量均达到了各省有史以来的最高峰，尤其是河北和山东两省，其中河北省 1932~1937 年棉产量平均超过 200 万担。山东在 1929~1937 年，除了 1935 年外，每年棉产额都在 100 万担以上，年均达 190 万余担。此外，河南在 1934 年、1936 年、1937 年的棉

① 《棉业要问简报：国内：美棉印度棉进口数量激增》，《天津棉鉴》1931 年第 10 期，第 39~41 页。

② 《每周论坛：利用外棉前途之隐忧》，《纺织周刊》1931 年第 33 期，第 877 页。

③ 《集锦：零金碎玉：历年棉花输入统计》，《实业季报》1934 年第 1 卷第 4 期，第 141 页。

产量均超过 100 万担。山西在 1934 年也超过了 100 万担。①

此后，各省在植棉，改良棉种、改进生产机器等方面均不同程度地获得了较快发展。1933 年，国家对棉业进行大力调整，从发展路线到政策制定都发生了转变。三个重要的转折点对棉业整体发展产生了重大的推动作用，分别是实业部商品检验技术研究委员会于 1933 年 3 月召开第一次大会，讨论改进棉检提案共五点；1933 年 10 月成立棉业统制委员会；1934 年 5 月成立棉产改进所。此后棉业的现代化目标更具体，更具有针对性，核心就是提高国产细绒棉产量，整体上提高棉花品质，在美日对中国棉业的围剿中杀出一条自我革新的道路。在棉业发展政策上，从 1933 年 10 月棉统会的成立及陆续设定的目标和计划看，国家对棉业发展的管理达到了全局统筹、分途改进，并从关键环节把控的程度，此后在提升棉业发展关键点和核心点方面，有了明确的要求和实施计划。

自棉业统制委员会成立后至 1934 年 3 月，五个月中，棉业专家叶元鼎②对华北地区的济南、青岛、天津、石家庄等重要棉花市场进行调查。③ 虽然对华北的调查主要集中在山东和河北二省，但根据调查内容基本可以可窥见 20 世纪 30 年代华北棉花市场的棉花运销路径、运销量、打包、花行、仓库等进一步的发展情况。

在山东省，随着棉花市场规模进一步扩张，棉花主要集散地为济南、张店、高密、青岛。④ 20 世纪 20 年代，济南就成为山东省棉花运销的集散中心，每年在济南集中的棉花有二三十万担。30 年代以后，因青岛对棉花的需求量增多，又因银行押款便利，济南棉市集中的棉花增至 80 万担至 120 万担。⑤ 以 1933 年济南集中的 138 万担棉花为例，其来源主要包括四路，一是高唐、临清、夏津以临清为集中点，称为临清细绒棉，产额达 100 万担；二是滨县、蒲台、利津，以张店为集中点，1933 年装一千辆车⑥运销青岛，约 21 万余担；三是小清河流域细绒美棉，约 25 万担；四是武定和曹州产的粗绒棉约 25 万担，由

① 中华棉业统计会：《中国棉产统计》，1937，第 6 页。
② 《棉业统制委员会之组织：附图、表》，《中国国民党指导下之政治成绩统计》1934 年第 3 期，第 1~7 页。
③ 叶元鼎、马广文：《吾国重要棉市调查记》，《国际贸易导报》1934 年第 6 卷第 9 期，第 33 页。
④ 中国纺织建设公司青岛分公司青纺编委会：《山东棉花概况》，中国纺织建设公司青岛分公司，1947，第 13 页。
⑤ 元鼎、马广文：《吾国重要棉市调查记》，《国际贸易导报》1934 年第 6 卷第 9 期，第 33 页。
⑥ 每辆车装 140 包，每包 150 斤。参见叶元鼎、马广文：《吾国重要棉市调查记》，《国际贸易导报》1934 年第 6 卷第 9 期，第 33 页。

山东西北部直接运至天津，每年有二三十万担。此外，河北、河南的棉花运销济南者，每年亦有二三十万担。到了1936年，济南上市棉花更是达到了150万担，约占全省产量的84%。[①] 济南市场的棉花大都是美棉，可纺三十二支纱，且颜色洁白光泽好，1933年秋季棉花价格为39元至43元，均价在41元上下，不足之处是山东棉花原本干燥，但1933年市场中棉花含水量大都在14%上下，且掺杂棉籽、夹杂粗绒，掺水掺杂较严重者以高唐、临清、夏津为最甚。[②] 截止到抗战前，济南有花行22家，其中以中国银行经营的中棉历记资本最为雄厚。[③]

在棉花市场网络中，与济南不同，青岛是山东重要的销棉中心。20世纪30年代，青岛有纱厂七家，其中华兴纱厂为中国商人创办；日本纱厂有六家，分别是内外、富士、公大第五厂、隆兴、宝来、大康。青岛纱厂共有纱锭三十万枚以上，每年青岛本地消费棉花计七八十万担。青岛附近的产棉区并不多，只有高密、胶州、周村、青州、龙山产棉稍多，每年由青岛运出的棉花平均为八万五千担，但1933年仅有五万担。输入青岛的棉花多来自张店、滨州、蒲台、利津所产的粗绒棉，如1933年输入21万担。其余多来自济南，主要为临清、高唐、夏津所产的美种细绒棉。青岛棉花的收益较高，如高密附近每亩地平均产皮花30余斤，皮花每担平均价格约46元，每亩约收入15元，除去一切费用，每亩大概可收净利5元至7元，相比较而言，种小麦仅敷开支，种花生或高粱则是入不敷出。[④]

从棉花科研机构和服务部门的发展情况看，山东省改良棉业机关较多，邹平乡村研究院、山东省立第二棉作试验场等在棉种改良方面不遗余力，尤其是对脱字棉的改良比较有成效，1934年邹平推广良好脱字棉籽20万斤，在齐东推广也达15万斤，产销均由山东中国银行资助。此外，省政府还在济南附近推广良好脱字棉籽达10万斤，发给其他植棉区良好脱字棉籽5万斤，用以推广。其他的生产服务部门则包括打包厂等，济南有打包厂一处，系中国银行和数家花行所组织，资本30万元，机器式样较旧，打长方形棉包，每小时可打22包至23包，

① 中国纺织建设公司青岛分公司青纺编委会：《山东棉花概况》，中国纺织建设公司青岛分公司，1947，第13页。
② 叶元鼎、马广文：《吾国重要棉市调查记》，《国际贸易导报》1934年第6卷第9期，第33页。
③ 中国纺织建设公司青岛分公司青纺编委会：《山东棉花概况》，中国纺织建设公司青岛分公司，1947，13页。
④ 叶元鼎、马广文：《吾国重要棉市调查记》，《国际贸易导报》1934年第6卷第9期，第34页。

每担收费一元三角，1933 年共计打 3 万包。济南的 22 家花行均有堆场，但均无现代仓库，棉花皆露天堆积，易发生火灾。[1] 在青岛，较现代的棉花堆栈有中国银行山东仓库及复成信仓，其余码头的仓库有七个，均为临时堆栈。[2]

在河北省，天津是整个华北棉花市场的核心，在全国棉花市场中，其与上海一样，占据着最重要的地位。天津既是销棉中心也是整个北方棉花出口中心，同时还是新管理制度和政策率先实施的中心。1933~1934 年间，运销天津的棉花平均每年有 130~140 万担，最多至 200 万担，最低为 120 万担。天津市纱厂年销棉 40~50 万担，衣被等每年需 10 万担，由天津出口的棉花每年为 80 万担至 100 万担。天津棉花的来源地有三，分别是西河流域、东河流域和南御河棉区，其中西河流域产棉最多，主要为粗绒棉，每年运销天津约 100 万担，包括成安、广宗、束鹿、曲周、正定、赵县、晋县、定州、永年、元氏、宁晋、磁县、满城十三县；东河流域产棉区域包括丰润、玉田、宁河、唐山、香河、武清、宝坻、通县、南苑、固城等处，主要产美棉，每年运往天津约 30 万担；南御河棉区包括南宫、威县、蓟县、吴桥、东光、南皮六县，主要产粗绒棉，运销天津年约 40 万担。[3] 天津棉花市场棉花价格上下浮动较大，1932 年底粗绒棉每担 45 元至 46 元，1933 年底，每担 30 元。1932 年底细绒每担值 50 元，1933 年底，每担只值 41 元，各地花行倒闭者甚多。[4]

1929 年，实业部天津商品检验局设于天津万国桥旁，自该年起，该局所在地左侧附近成为天津棉花的交易市场。天津棉花市场的交易主体包括卖方、买方、经纪人及附属机关。买卖双方委托棉花货栈代办交易。整个交易过程需一系列棉业机关和服务部门配合，如牙税局、检验局、仓库、打包公司、运输公司、保险公司及银行等，这些机构对于交易的进行均不可或缺。[5]

随着天津棉花贸易的扩张，天津货栈达 46 家，位于租界内的有 31 家。依据其营业范围和目标的不同，棉花货栈可分为五类。第一类的主要业务是作为

---

[1] 叶元鼎、马广文：《吾国重要棉市调查记》，《国际贸易导报》1934 年第 6 卷第 9 期，第 33~34 页。

[2] 叶元鼎、马广文：《吾国重要棉市调查记》，《国际贸易导报》1934 年第 6 卷第 9 期，第 34 页。

[3] 叶元鼎、马广文：《吾国重要棉市调查记》，《国际贸易导报》1934 年第 6 卷第 9 期，第 34 页。

[4] 叶元鼎、马广文：《吾国重要棉市调查记》，《国际贸易导报》1934 年第 6 卷第 9 期，第 34~35 页。

[5] 金城银行总经理处天津调查分部编《天津棉花运销概况》，金城银行，1937，第 19 页。

中间人代办棉花进口手续，代客买卖，通融资金，这类货栈占最多数。第二类以代客买卖为主，自做买卖为辅。第三类则以自做买卖为主，而以代客买卖为辅。第四类除自作及代客买卖外，还兼营仓库。第五类则以经营杂粮、皮毛等为主，经营棉花只是附带业务。[①]

30 年代，天津作为整个北方棉花市场的转运中心及销棉中心地位愈发重要，不仅如此，天津作为链接国内北方棉花市场和国际棉花市场的作用也愈加凸显。表 4-26 显示了自 1935 年 11 月至 1936 年 8 月 10 个月间，天津 71 家棉花出口商的棉花输出情况。

表 4-26 天津棉花按出口商之行名及国籍分配之出口情况
（1935 年 11 月至 1936 年 8 月）

出口商国籍	出口商行名	输往国外		输往国内各埠		总计	
		数量（担）	占比（%）	数量（担）	占比（%）	数量（担）	占比（%）
华商	华商总计	5502240	23.26	14341685	81.18	19843925	48.02
	同孚	1728506	7.34	3682073	20.84	5410579	13.09
	燮昌			2942674	16.66	2942674	7.12
	裕记	412368	1.74	1724447	9.76	2136815	5.17
	同义兴	1444500	6.10	460		1449960	3.50
	茂丰			1231014	6.97	1231014	2.98
	永大与	546993	2.31	609125	3.45	1156118	2.80
	义长丰			1072223	6.07	1072223	2.59
	华孚贸易公司	758488	3.21			758488	1.84
	德泰厚			754768	4.27	754768	1.83
	集义成			715183	4.05	715183	1.73
	启林公司	441704	1.85			441704	1.06
	其他 20 家	169681	0.71	1609718	9.11	1779399	4.31
日商	日商总计	10489928	44.34	3324265	18.82	13814193	33.43
	东棉	2106605	8.90	2187436	12.38	4294041	10.39
	三昌	2159018	9.13	44323	0.26	2203341	5.34
	松本	1835214	7.76			1835214	4.44
	中国土产	1477169	6.24	46489	0.16	1523658	3.69
	武齐	1363354	5.76	17316	0.10	1380670	3.34
	日棉	423121	1.79	900142	5.09	1323263	3.20
	清喜	451332	1.91	4614	0.03	455946	1.10
	其他 9 家	674115	2.85	123945	0.70	798060	1.93

① 金城银行总经理处天津调查分部编《天津棉花运销概况》，金城银行，1937，第 21 页。

续表

出口商国籍	出口商行名	输往国外		输往国内各埠		总计	
		数量（担）	占比（%）	数量（担）	占比（%）	数量（担）	占比（%）
西洋商	西洋商总计	7605987	32.40			7665987	18.55
	福家（瑞士）	1975115				1975115	4.78
	平和（英）	809904				809904	1.96
	安利（英）	690978				690978	1.67
	高林（英）	570206				570206	1.38
	礼和（德）	553943				553943	1.34
	怡和（英）	456251	1.93			456251	1.10
	德隆（英）	449491	1.90			449491	1.09
	其他17家	2160099	9.13			2160099	5.23
	合计	23658155	100.00	17665950	100.00	41324105	100.00

资料来源：金城银行总经理处天津调查分部编《天津棉花运销概况》，金城银行，1937，第32页。

从表4-26可以看出，天津棉花出口商可分为国内出口商和国外出口商，将棉花出口至外国的棉花出口商以日商为最多，英、美、德、华商次之。输往国外的棉花大部分运往日本和美国。天津的国内出口商主要将棉花运至上海、大连、丹东、青岛等地，出口商多为各埠的商人。无论华商洋商，皆兼营国内及国外棉花输出业务。运至外国的出口棉花业务几为外商所包办。输往国内各埠的业务为华商所主导，在外国商人中，日商势力最大，输出量最多。通过表4-26可以看出，在此十个月内，日商输出的棉花量占天津棉花输出总量的33.43%，而其他国家的外商输出总量只占18.55%，可见日本商人势力之强。[1]

20世纪30年代，石家庄发展成为仅次于天津的第二重要的棉花市场和销棉中心，石家庄的运棉量大小主要取决于天津棉花市场的需要量，石家庄棉花来源主要包括石家庄获鹿及正定一带，这一带每年产棉十万包至十几万包。由晋县、邑城、栾县、赵城、平山、元氏、高叶、宁晋等处运来的棉花主要是路过石家庄，在石家庄本地并无交易，终点为天津。由石家庄运往天津的棉花，车运占十之二三，河运占十之七八。石家庄的运棉量大小主要取决于天津棉花市场的需求量，天津棉花市场需求量大时，由石家庄运往天津的棉花达十之五六，天津棉花

---

[1] 金城银行总经理处天津调查分部编《天津棉花运销概况》，金城银行，1937，第31~33页。

市场需求量小时，多由内地河运。1933 年由石家庄运出二百辆多至三百辆车棉花。① 石家庄有大兴纱厂一家，此纱厂有三万锭子，有布机一千架，石家庄还有花行六家兼营堆栈，1933 年因收成不佳，生意清淡，秋冬间每担籽棉售价 12 元，皮花价格每担 34 元，棉贩多亏赔，掺水掺杂时有发生，影响棉市价格。②

1934 年，棉业专家叶元鼎依据调查结果预言，中国棉花产额虽以江苏和湖北为最多，但中国将来棉花产地中心或将由长江流域移至华北地区。原因是中国需要的细长原棉日渐增多，由于气候和地理原因，河南、河北、山东、陕西等地所产棉花的品质远胜其他地区，依据棉花品质优劣，叶元鼎指出，灵宝、咸阳，洛阳、彰德，山东齐东、邹平等处的棉花品质均较优越。③

本章小结

纵观 1908~1937 年华北棉花市场的发展，依据其植棉扩张程度、棉产涨幅大小、交通运输变化、棉花市场发展等实况，可以看出其发展的阶段性特征及棉业产业结构递进的概貌。

华北五省的棉业发展大致可分为四个阶段，第一阶段为 1908 年到 1917 年前后，这段时期，在清政府奖励植棉的倡导下，直隶、山东、陕西三省植棉开始扩张，棉产额亦骤增，民国初期，官方重视引进植棉科学，注重棉种改良和栽培。此时期的棉花市场也在不断发展中，虽然规模小，但已经发生了棉业贸易的专业化倾向。

第二阶段是从 1918 年至 1923 年前后，这段时期，华北五省棉业迈入快速发展阶段，植棉与棉产量增幅显著，在棉花市场发展方面，开始全面向现代化转型，包括现代运输、管理、打包、轧棉、贸易、仓储等环节的建立及逐步完善。在此阶段，华北现代棉花市场体系得到了基本构建。1918~1923 年，华北棉业快速发展，无论是植棉扩张还是棉产数量，抑或是棉花市场的发展均处于中国近代史上第一个高位发展阶段。此时期华北现代棉花市场体系的构建及逐

---

① 叶元鼎、马广文：《吾国重要棉市调查记》，《国际贸易导报》1934 年第 6 卷第 9 期，第 35 页。

② 叶元鼎、马广文：《吾国重要棉市调查记》，《国际贸易导报》1934 年第 6 卷第 9 期，第 35 页。

③ 《吾国棉花检验现况及棉统会对于棉检将来之努力》，《中华棉产改进会月刊》1934 年第 2 卷第 6/7 期，第 42 页。

步完善为后续中国棉业的发展奠定了基础。

第三阶段为 1924~1931 年，这段时期，华北五省棉业发展不同程度陷入低谷，主要表现为棉田面积减少，棉产额骤减，主要有战争肆虐、天灾频仍、棉种退化、运输受阻、税费繁苛等多重因素。不仅如此，这些因素还造成了棉花市场不同程度的萎缩。1924~1931 年，华北棉花业的发展备受困境和压力，但也有技术进步因素并存，可谓在困境中艰难前行。

第四阶段为 1932~1937 年，这段时期，中国棉业发展面临美国、日本的强力竞争和压制，此时中国国家力量大举介入棉业发展，在新制度、新技术、新管理等方面开创新局面，奋力实现国家布局下的升级版现代化转型。此时国家对棉业发展的管理达到了全局统筹、分途改进，并从关键环节把控的程度，在提升棉业发展关键点和核心点方面，有了明确的专责机构布局和计划实施。

总体上讲，1918~1937 年，华北植棉发展有两个历史高位，一是 1918~1923 年，二是 1932~1937 年。如果不是日本悍然发动侵华战争，当时中国棉业现代化的发展本应会迎来一个崭新的局面。

第五章　棉花市场的分工与扩大
（1890～1937）
——以河北棉花市场为考察对象

华北地区是我国重要的经济区之一，19 世纪 60 年代，华北地区的重要农产品棉花通过天津迅速融进国际市场。1890 年，国内开始大范围建立纱厂，棉纺织业的专业化分工及生产率的提高使得对棉花的需求增加，棉花种植范围和棉花市场都不断扩大，棉花商品率提高，现代棉花市场体系逐渐形成。以天津为中心的华北棉花市场出现了分工及扩大，其中，生产设备的进步、中间商群体的建立、质量检测体系的形成等因素不仅促进了我国现代棉花市场体系的不断完善，还成为棉花市场分化的重要指标。

民国时期是我国由传统商业经济①向现代工业转变的重要时期，其中市场发展变化甚为关键，原始市场的分化、新兴市场的形成、与国际市场的博弈都影响中国走向现代工业的步伐。关于中国近代市场问题，国内外学者给予了极大关注，施坚雅和马孟若的研究影响较大，两者运用的材料、方法及提出的观点有很大不同；② 日本学者的晚清农村集市研究成果是很重要的补充；③ 滨下武志、彭慕兰及龙登高等都从不同的角度论述了中国近代市场的特点。④ 对民

---

① 民国之前，我国工业发展指数非常弱，制造业依托农业占绝大部分比重，商业经济占主导地位，商业总值远高于工业总值，参见《河北省各县工商业售价总值比较图》，河北省建设厅第一科统计室编《河北省建设厅统计概览》，1929 年未刊本。

② 施坚雅的中国农村市场理论主要基于四川省的资料，马孟若的分析基于华北的资料，所以得出了不同的结论。参见施坚雅：《中国农村的市场和社会结构》，史建云、徐秀丽译，中国社会科学出版社，1998；马孟若：《中国农民经济——河北和山东的农民发展，1890-1949》，江苏人民出版社，2013。

③ 中村哲夫：《清末华北的农村市场》，张仲礼编《中国近代经济史论著选译》，上海社会科学院出版社，1987，第 180 页。

④ 参见彭慕兰：《腹地的构建——华北内地的国家、社会和经济（1853～1937）》，马俊亚译，社会科学文献出版社，2005；滨下武志：《中国近代经济史研究——清末海关财政与通商口岸市场圈》，江苏人民出版社，2008；施坚雅：《中国农村的市场和社会结构》，史建云、徐秀丽译，中国社会科学出版社，1998；龙登高：《江南市场史——十一至十九世纪的变迁》，清华大学出版社，2003。

国时期的棉纺织业进行整体研究的代表性学者是方显廷和严中平，①　方显廷将我国近代棉纱市场分为原始市场、中级市场、终点市场，在棉纱市场研究方面，这是一个重要的基础。当代学者对棉花市场的研究包括了长江三角洲地区、华北地区及华中地区，在这三个区域，研究成果的深度及广度不同。对长江三角洲地区棉花市场的研究较为全面；②　对华北地区棉花市场的研究主要集中在集镇方面，③　对山东、河南郑县、山西只是有所考察，④　研究华中地区棉花市场的论著不多，重点集中在汉口或武汉的棉纺织业。⑤

　　纺织业是19~20世纪世界经济发展的最强引擎，无论对于最早诞生工业革命的英国，还是想要脱亚入欧的日本，抑或半殖民地的中国和完全殖民地的印度来说，棉纺织业都是率先发展并对本国工业体系和农村经济产生重要作用的产业部门。针对纺织工业的研究成果较为丰富，但对于我国重要的农产品市场——棉花市场还有待于进一步深化研究，本章选取棉花市场作为考察对象，在前人研究基础上，从宏观和微观两方面来考察1890~1937年华北地区市场的发展变化及诱因。

第一节　专业化分工前的市场（1890~1910）

　　近代华北成为棉纺织中心得益于广阔的棉田和悠久的植棉历史、⑥　煤与电

---

① 方显廷：《中国之棉纺织业》，商务印书馆，2011；严中平：《中国棉纺织史稿》，商务印书馆，2011。
② 于新娟：《长江三角洲棉业外贸研究》，上海人民出版社，2010；李义波：《民国时期长江三角洲棉业研究》，中国社会科学出版社，2015。
③ 许檀：《明清时期华北的商业城镇与市场层级》，《中国社会科学》2015年第11期；慈鸿飞：《近代中国镇、集发展的数量分析》，《中国社会科学》1996年第2期；龚关：《近代华北集市的发展》，《近代史研究》2001年第1期；史建云：《从市场看农村手工业与近代民族工业之关系》，《中国经济史研究》1993年第1期；王士花：《华北沦陷区棉花的生产与流通》，《清华大学学报》（哲学社会科学版）2008年第5期；徐浩：《清代华北的农村市场》，《学习与探索》1999年第4期。杨庆堃：《华北地方市场经济》，太平洋系学会，1944；杨庆堃：《邹平市集研究》，1934年未刊本。
④ 庄伟民：《近代山东市场经济的变迁》，中国社会科学出版社，2015；龙登高：《江南市场史——十一至十九世纪的变迁》，清华大学出版社，2003；朱军献：《近代郑州棉花市场与城市发展》，《史学月刊》2009年第3期；吴孟显：《美棉推广与近代华北腹地的市场变动》，《农业考古》2015年第6期。
⑤ 参见刘岩岩《民国武汉棉纺织业问题研究1915~1938》，中国社会科学出版社，2016。
⑥ 华北是我国最大的产棉区，棉田面积占全国总面积的一半，棉田主要集中在三个地带：一是北起保定，南至郑县、洛阳的太行山东麓地带；二是冀鲁两省之间南运河与黄河两岸地带；三是晋南平原与豫西黄河沿岸的地带。孙敬之：《华北经济地理》，科学出版社，1957，第30页。

力供给之便利、交通之进步、[①] 人口之密度。[②] 华北的棉花市场辐射范围广，以天津为中心，纳入河北棉（包括西河棉、御河棉、东北河棉）、山西棉、陕西棉、吐鲁番棉、河南北部和山东北部的棉花。[③] 19 世纪初期，天津已经成为华北地区最大的棉花集散地，[④] 其中西河棉势力最大；其次是御河棉、山西棉、东北河棉；陕西路途遥远，又有郑汉沪各市场的竞争，棉花进入天津市场较少，新疆吐鲁番因路途较远，棉花输入量也较少。[⑤]

　　1890~1910 年是华北棉纺织工业的前专业化阶段，这一阶段的生产与市场的布局非常接近传统形式。棉花与布匹市场还未达到完全分离，原材料与制成品被统一于同一市场体系内。在棉产区，农家从当地购入以副业形式制造的土线，织成布匹，直接转入小贩之手或转入小资本收商之手，销售于当地或邻近的市场。以青塔镇集、大庄镇集、莘桥镇集、高阳镇集为例，1890 年至 1910 年间，这些镇集成为整个生产关系的枢纽，棉花、土线与土布皆于一定的集日在集址进行交换，青塔镇每一次市集出售棉线的商贩平均达 200 人，每人平均售棉线 6 斤，大约可织布两匹，每一次市集上卖布匹的织工平均达 400 人，售布平均达 1000 匹，莘桥镇集每集约有 1000 匹，大庄镇集约有 1200 匹，高阳镇集约有 1242 匹。[⑥] 这时期的棉花市场专业商人较少，市场商品流通局限在狭小的范围内，很少远距离贩运，产品消费限于产地附近，只有少量能够进入城市高层次消费，[⑦] 如定县的清风店、内丘县的管庄。在此种市场上交易的主要是棉农、收买布匹的商人、买棉卖布的织户。当时销售的商品以棉花制成品即棉布为主，棉花之远销甚少，西河棉直到 1908 年才出现在天津市场。[⑧]

---

① 铁路方面有北宁路（1903 年）、胶济铁路（1904 年）、平汉铁路（1905 年）、津浦路（1912 年），参见方显廷《中国之棉纺织业》，商务印书馆，2011，第 24 页。

② 河北与山东两省的产煤量在 1927 年占全国的 28.2%，1924 年占 34.9%。人口方面，山东的人口密度居第三位，每平方英里为 466 人，河北居第四位，密度为每平方英里 450 人。参见方显廷《中国之棉纺织业》，商务印书馆，2011，第 25 页。

③ 曲直生：《河北棉花出产及贩运》，商务印书馆，1931，第 65 页。

④ 天津档案馆编《天津近代纺织工业发展简史》，2009 年 3 月 31 日整理，天津市档案馆藏。

⑤ 1919 年西河棉入津市场占 71%，1920 年占 67%，1921 年占 65%；御河棉 1919 年占 16%，1920 年占 17%，1921 年占 21%；山西棉 1919 年占 13%，1920 年占 13%，1921 年占 15%。参见《天津常关移入内地棉原产地比较表》，曲直生：《河北棉花出产及贩运》，商务印书馆，1931，第 68 页。

⑥ 冯和法：《中国农村经济资料续编》，华世出版社，1935，第 971~97 页。

⑦ 庄伟民：《近代山东市场经济的变迁》，中国社会科学出版社，2015，第 122 页。

⑧ 曲直生：《河北棉花出产及贩运》，商务印书馆，1931，第 87 页。

所用的生产工具也比较原始，例如在棉产区的高阳地区，有织户织布始于1906年，仅用木机，[1] 1909年使用铁轮机，仅织平面白布。[2] 1890年以前，整个河北省至少有54个县的棉织产品直接以当地为消费市场，占全部棉织县数的60%。[3]

在原料供给充足、劳动力过剩、商业资本比较充裕的地区，生产的产品不以供当地与邻近之地消费为目的，而是供给远处的市场。市场上主要供给棉花、土线、布匹，中心集市为整个生产关系的枢纽。相邻省份的竞争会导致参与竞争的市场发生变化，但并未促使棉花市场的组织形式发生改变，棉花市场分工也没有得到发展，这说明在原始的棉纺手工业中，原材料市场始终没有从与之相关的手工业制成品市场中分离出来。1910年前，河北商人与山东商人之间的竞争可以说明这一点，1860~1875年，山东寨子布行销于华北，河北饶阳商人也从事布匹经营，与山东商人角逐于市场，与饶阳毗邻的肃宁县受到影响，产生了肃宁邦布商，肃宁布商的足迹开始出现在集镇上，他们是一种流动的收布商，随时收购随时输送至肃宁本号，然后发运外埠市场，每一集日，此种布商在青塔镇收购布匹多至400~500匹，这种流动布商的活动，又促成了当地出现一种固定的但规模较小的专门收布商，这种专门的收布商不直接向外埠运销，而是在当地收买布匹，随机售于上述的流动收布商，是一种中间商的地位，此种中间商不设门面，藏身于集市附近之乡村。流动收布商与这种专门固定的规模较小的收布商在一些大的集镇都存在。1890年时，重要棉产区的布匹得以销售于山西太谷、张家口、益州、宣化、北平、涿、良、房山诸县，此两种收布商人功不可没。[4] 但此种布商的商业活动，并没有带动棉花市场的扩大及专业化分工。可以看出，华北棉花原始市场在1910年以前的布局是以集镇为中心，棉花与布匹市场还未达到完全分离，原材料与制成品在同一市场体系内，棉花市场附属于棉纺市场。棉花市场专业商人较少，棉花流通局限在狭小的范围内，很少进入远距离贩运，产品消费限于产地附近，且以自给自足经济为主。虽然布商的商业活动范围扩大并充满竞争性，但并未带动棉花市场

---

① 《农工商部为调查各地种植棉纺织情形给天津商会的札》，1908年2月6日，《天津商会档案》，天津市档案馆藏，档案号：J0128-2-000773-004。

② 《高阳县志》，成文出版社，1931，第116页。

③ 万风：《五十年来商业资本在河北乡村棉织手工业中之发展过程》，《农村月刊》1934年第1卷第3期。

④ 万风：《五十年来商业资本在河北乡村棉织手工业中之发展过程》，《农村月刊》1934年第1卷第3期。

的扩大及专业化分工。然而到了 1936 年，棉花市场的数量变化令人惊讶，[①]功能也与 1910 年之前大不相同了。

第二节　专业化分工后的市场（1910~1937）

在近代国际棉花市场上，美国、印度、中国、埃及、苏联是五大产棉国。英国和日本工业发达，虽不产棉花，但因棉布输出最多，故对棉花需求量最大。[②] 美国、印度和中国在棉花及纺织品方面，都是出口大国。1910 年之后，中国棉花市场发生变化，参与国际市场程度越来越深。在国际市场上，中国原棉市场供给有三种：印棉、美棉、国产棉。国产棉花为纱厂的主要原料，美棉仅为纺三十支以上细纱的原料。埃及棉有少量输入，仅用于特种用途，对我国纺织工业无大影响。中国市场所需要者，皆为二十支左右之粗纱，随着国产棉花改良，品质日趋优良，我国的纺纱工业逐渐脱离外来美棉。[③] 但我国原棉市场大部分被日本垄断，价格操纵于日人之手，中国银行虽有在棉花贸易中心建筑棉花仓库以救济棉农、棉商之举措，但因历时短，成效未显。邹平研究院、华洋义赈会虽均兴致勃勃，大办棉花运销合作，然范围甚狭，不足以关涉全局，不能使日商受到丝毫动摇，所以中国改良棉花的受益，大多落入日商之手。[④]

在国际棉花市场上，日本对中国棉花市场亦施行垄断控制的政策，[⑤] 其不仅控制中国棉花的生产及运销，也控制与中国贸易关系密切的国际市场部分。在中国棉花市场上，印、美棉花的出口由四十余家洋商办理，以日本商家为多。日本株式会社东棉洋行、日本棉花株式会社及江商株式会社三日商主持日本输入棉花的 70%，包办印度棉花输入中国之大部分，1921~1923 年，我国输

① 根据 1936 年华北棉产改进会特刊《河北棉产调查报告》，1936 年时河北省一百个县共有388 个较大的棉花原始中心市场，在河北省所有 2652 个棉花原始市场中约占 15%。
② 海若：《一九三六——九三七年度世界棉花需给之观测》，湖北省棉花掺水掺杂取缔所编《棉报》，1937 年第 1 卷第 2 期，第 2~3 页。
③ 统九：《工业之话：从中国"纱业危机"说到"棉花市场"》，《工业周刊》第 210 期，第 1 页。
④ 统九：《工业之话：从中国"纱业危机"说到"棉花市场"》，《工业周刊》第 210 期，第 2 页。
⑤ 中国社会科学院科研局组织编选《中国持续抗战的前景》，《陈翰笙集》，中国社会科学出版社，2002，第 398 页。

往日本之棉花约 163 万担，每年值银约两千数百万两之多。① 1928 年，从印度喀喇基输入棉花至中国及日本共计 232809 包，其中 117351 包约 50.4%由前述三日商运输。上海日华纱厂及洋行为便利运输印棉起见，曾组织"印棉运华联谊会"，会员以日商为多，他们与日本邮船株式会社、大阪商船株式会社及大英轮船公司订立协定，凡联谊会员装运印棉，可以给予折扣。自印度运至中国的运费折扣与运至日本者相同，每担为 0.30 两或每包 0.90 两。② 我国棉花出口之十分之八运往日本，尤以天津棉花之输出日本为多。1936 年，天津有出口商二十四家，日商出口量占大部分，而华商所经营之出口贸易，则多为天津与上海间及天津与其他口埠间的转口贸易。③ 20 世纪 30 年代，我国进出口棉花之贸易已呈现被日商支配之势，日商精干有为，日本政府亦为其提供种种便利，如低率贷款、联合运输、保护商人等，不仅华商不能与之对抗，欧美商人也望而却步。④ 我国每年的土棉输出以运往日本及台湾地区为多。1927 年，出洋总数为 1446950 担，运往日本境内 1146649 担，占总输出量的 79%以上，虽非全由上海输出，但上海日商实为枢纽，我国棉花之输出输入业，几乎完全由日商操控。⑤

　　1910 年后，我国棉花市场受到国际市场与国内市场合力的影响，逐渐发生分化，专业化趋势不断加强。从国际市场角度来看，质量标准是最为重要的影响因素，其次是包装标准；⑥ 从国内市场角度来看，新式纱厂的勃兴带动了棉花市场的扩大，⑦ 其中华北地区共成立纱厂 28 家，占全国总数 122 家⑧的23%，对土布的大量需求转变为对棉花需求的增加。在需求增加及技术进步的情况下，华北棉花原始市场出现专业分工，专业分工致使原始市场发生分化。专业分工之前，棉花与棉布的消费量大致相同，棉布略高。1910 年后，棉花交易量日渐增大，棉布交易量降低，随着棉产量的增加，各县专供棉花交易的

---

① 《为如何完善棉花市场的事致天津总商会的呈》，1924 年 8 月 2 日，天津市档案馆藏，档号：401206800-J0128-3-005591-008。
② 方显廷：《中国之棉纺织业》，商务印书馆，2011，第 66~67 页。
③ 实业部天津商品检验局：《统计：棉花出口商行报验数量统计》，《天津棉鉴》第 6~9 期，第 88 页。
④ 阿立达·阿托列：《世界市场上英日之对立》，何伟译，东亚图书馆，1937，第 1 页。
⑤ 叶元鼎：《中国棉花贸易情形》，工商部上海商品检验局，1930，第 41 页。
⑥ 叶元鼎：《中国棉花贸易情形》，工商部上海商品检验局，1930，第 6~9 页。
⑦ 根据《中国纱厂沿革表》整理。参见严中平：《中国棉纺织史稿》，商务印书馆，2011，第426~458 页。
⑧ 严中平：《中国棉纺织史稿》，商务印书馆，2011，第 457 页。

市场产生，可称之为原产地棉花市场。如定县的清风店，束鹿县的辛集、旧城、木邱、位伯等镇，栾城县的县城，正定县城，石家庄，永年县的临洺，吴桥县的连窝镇，南宫县的县城，这些都是比较著名的原始市场，[①] 在这样的原始市场之下，出现了一种更小的棉花原始市场，这种市场一般分布于棉产量大的县所属的村，在这样的地区，甚至每一村都有棉市。较小的棉花原始市场与较大的棉花原始市场之间的关系及特点可以藁城县为例来说明，在藁城县城北八里有谈下村，村中耕地的70%为棉田，每年新棉收获时，村西部早晨有棉市，每日早晨，棉农将籽棉或花衣担至市上出售，在谈下村北八里有南董镇，为较大的原始市场，镇上有棉花店和轧棉店（也称轧花店），每日早晨，该镇都有人赴谈下村收买棉花，收买后再运至镇上，未轧之籽棉轧出，已轧者分类，该镇无打包设备，客人需将花衣运至石家庄或正定车站实行打包，之后再向外装运。[②]

棉花自谈下村到南董镇再到石家庄的过程中，可以看出，谈下村代表了最小的原始棉花市场，南董镇代表了较大的棉花原始市场，从生产设备及技术进步的角度讲，轧花店是促使原始市场分级的重要因素。在较大的原始市场中，必有轧花店，有的轧花店自带打包机，轧花后直接打包。有的轧花店没有打包机，就将皮棉售于打包店，例如在东光县，有三兴、东盛、文利源、中立源等轧花店，从当地市场购入大批籽棉，经轧花机脱籽后，再将皮棉售于打包店。但多数轧花店自备打包机，直接打包，运往终点市场。这种较大原始市场的轧花店一般常备工人1人到3人，且大多为1人，每年开工期在9月，翌年1月停工。[③] 在以谈下村为代表的最小的原始市场中基本上不存在轧花店。

较大的原始市场与最初级原始市场的另一个不同之处是经营主体，从经营主体来看，较大原始市场的买卖方可分为以下几种：棉农、轧棉店、棉花店、棉花贩运商、出口洋行之分庄、纺纱厂特派之采购员、天津及北京零售棉花店及其他制棉商店的采购员。其中棉农分为两种，小农户和大农户，小农户在最小的原始市场活动，比较大的农户自备车马到较大的原始市场出售棉花，这样可避免付给部分中间商费用。棉农的活动即止于此。[④] 棉花店是棉花经营主体的核心，花店中住有各地棉客、洋行代理等，从经营主体来看，棉花店也是促

① 曲直生：《河北棉花出产及贩运》，商务印书馆，1931，第88页。
② 曲直生：《河北棉花出产及贩运》，商务印书馆，1931，第98页，注（二）。
③ 华北棉产改进会编《华北棉产丛报》第2卷第5期，第12页。
④ 实际上棉农兼为棉贩者甚多，但这类棉农的目的是收买棉花在原始市场出售，并非贩运自家棉花。

使原始棉花市场分化的重要因素，从表5-1可以看出，棉花店具有经营与服务的双项职能。棉花店所服务的买方几乎包括了所有种类的棉商，棉花店作为中间人的身份，建立了与轧棉店、国际市场的关系，1910年以前，这种功能较全的棉花店在较大的原始市场中是不存在的，棉花店对整合华北区域棉花市场，促进商品流通和市场一体化具有很大的作用。经营棉花店的商人有的具有多重身份，这也是非常值得注意的现象。例如，在东鹿县有甲、乙、丙三人，家中均植棉，三人又均为独立的棉贩，三人中，甲乙合开了一个字号，贩卖棉花，甲乙丙三人又共同开了一间棉花店，聘了一个经理经营，丙又为日本某洋行买办，又代办东鹿县某洋行的分庄，甲乙丙所开之花店中，有轧花机、打包机，甲乙丙三人至少有三种资格和身份，① 这种情况与当时的商品化特征很相符，虽然当时的农业经济仍占主导地位，但与日本学者口中的"华北仍处于没落的中小地主继续占有领导权的时期"大为不同，② 部分农产品开始进入现代工业流通体系，农产品的商品率已经有了很大的提升，③ 很多富裕的农民经过多年的经营开始向商人阶层转化，这与农产品逐渐商品化、市场逐渐扩大是一致的。

表5-1　棉花店的功能（住客←棉花店→轧棉店）

棉花店的功能	具体内容	手续费
代客买花	1. 为客人提供膳宿 2. 撮合棉农与棉客的交易 3. 撮合轧棉店与棉客的交易 4. 代为过称 5. 为洋行之分庄服务	手续费为棉价的2%（花衣）或3%（棉籽）
自己收买棉花出售	在棉花初上市时以低价购进，以高价转卖给外来棉客	对贩运的成本及能力有要求，如经营不当，恐有损失
	在本地收买转运至终点市场出售	

资料来源：曲直生：《河北棉花出产及贩运》，商务印书馆，1931，第63~85页；金城银行总经理处天津调查分部编《天津棉花运销概况》，1937，第18~40页。

① 曲直生：《河北棉花出产及贩运》，商务印书馆，1931，第94页。
② 〔日〕中村哲夫：《清末华北的农村市场》，《中国近代经济史论著选译》，上海社会科学院出版社，第182页。
③ Madyyarr认为中国农村经济的60%~70%已经流通经济化，J. Lossing Buck认为华北农作物运销商品化的比例可达40%，根据满铁的调查，此项比例为30%。参见李洛之、聂汤谷编著《天津的经济地位》，经济部冀热察绥区特派员办公处，1938，第27页。

　　棉花贩运商的不同也是原始市场分化的另一重要特征，较大的原始棉花市场的主要棉花贩运商有棉花店特派员、纱厂特派员、①专以贩运棉花为业务的商人、零售的较大的棉絮店及制棉店、外国洋行在内地所设花庄。其中，专以贩运棉花为业务的商人收买棉花的地点与运输棉花的目的不定，追逐利润是根本，这种商人有单独经营者、合伙经营者、每年继续经营者、临时经营者。在棉花市场上，这种商人的力量很大，各地棉花店的住客中，此种商人占大部分，因为数量大，且游行不定，棉花市场竞争比较充分，所以各地棉价比较稳定，趋于平均。②零售的较大的棉絮店及制棉店直接到原始市场采购花衣，运到目的地，加以弹松，制为棉絮或塞被棉套。丰润县小集及武清县杨村一带是天津较大的原始市场的采购地。平谷县、武清县，京南定兴、容城、涿县一带的小村棉市是北京地区较大的原始市场的采购地。零售的较大的棉絮店及制棉店亦是原始市场分化的重要标志之一。关于外国洋行在内地设庄，此种尤以日本为多，洋行之分庄多设在本地花店或由花店派出代理员代理。③这种洋行代理员于1919年前后非常活跃，但30年代多停止活动。缘由有二，一是受内战、交通、国内汇兑率及运费的影响；二是受到关税的影响，我国的税率原来实行的是由各列强强制的5%低率关税及使用三联单，④1930年恢复关税自主权后，关税收入成为主要财源，平均进口税率逐年增加，增加情况如表5-2所示。

表5-2　1928~1935年平均进口关税率

年份	关税率(%)	摘要
1928	3.9	多半商品按照通商条约征收5%的关税
1929	8.5	恢复关税自主权，实行7种差别税率
1930	10.4	采用海关金单位，结果造成实际税率的提高

① 天津、郑县、石家庄的纱厂特派员在1927年前后时也不普遍了，因为特派员开支大，棉花掺假较多以及寄样不便，预先存棉成本较大的问题。
② 曲直生：《河北棉花出产及贩运》，商务印书馆，1931，第91，页注（二）。
③ 方显廷：《中国之棉纺织业》，商务印书馆，2011，第69页。
④ 内地棉经常关移入天津，分为三联单移入和大报移入，三联单移入是根据清光绪二十八年与英使马凯订立的《马凯条约》所定，条约规定，凡跟随三联单自内地运出的土货，沿途一切杂税厘金只在第一次经过常关时征纳出口半税，洋商在海关请发三联单每张只费五钱，三联单只限于出口的货物，但洋行在天津销售货物时，也常用三联单运输，甚至有洋人发卖三联单与中国商人，故三联单的应用漫无限制。

续表

年份	关税率(%)	摘要
1931	14.1	部分改定进口税,实行新出口税率
1932	14.5	提高白糖及人造丝布的税率
1933	19.5	实行全面的税率改订
1934	25.2	实行全面的税率改订
1935	27.2	

资料来源：李洛之、聂汤谷编著《天津的经济地位》，经济部冀热察绥区特派员办公处，1938，第15页。

    由以上分析可以看出，以轧花店为代表的生产技术、生产设备的进步和以棉花店为代表的经营主体的多元化功能，都是较大原始市场区别较小原始市场的最重要特点。这种原始市场的分化及专业化促进了农产品商品率的提高，同时对区域市场的整合起到了有效的辅助作用。此后棉花销售量大增，布匹吞吐量减少，以青塔镇集、大庄镇集、莘桥镇集、高阳镇集为例，1929年，河北当地有33个县的布匹销售范围主要在本县内，这33个县销售的布匹总额是2628830匹，平均每县全年出产79661匹，所售的数量比1890~1910年的四集镇总额还少。[①]

    棉花中级市场也可以称为转口市场，特点是拥有较为便利的交通条件，根据转口贸易规模不同，中级市场可以分为两种，一种是交通功能性占主导地位，纯粹以交通便利为主要特征，棉花商业不甚发达，如南苑、丰台、廊坊、胜芳镇、石沟等；[②] 虽然此时期有铁路运输对速度的提升，但这种影响不宜估计过高，据棉花运销调查统计，水路运输仍占重要地位，因为运输费用火车最贵，公路次之，水运最便宜。[③] 这与我国棉花销售季节和水运价格[④]有极大的关系。中国棉花的上市期为9月、10月、11月，这三个月为棉商最繁忙的阶段，此时期河水未封冻，为节约运费，棉农多会采用水运。阴历11月末，河道结冰，运输停止，只有依靠铁路或公路运输。阴历年逼近之时，各商家忙于

---

① 四集总额为357866匹，平均每集约为89466匹。其中，大庄、青塔、莘桥产额系从当地人估计得所，高阳产额则从三者平均估计得知。厉风：《五十年来商业资本在河北乡村棉织手工业中之发展进程》，《中国农村》，1934年第1卷第3期，65页。

② 华北棉产改进会：《河北棉产调查报告》，1936。根据笔者统计，这种以交通运输便利为条件的中级市场约有25个。

③ 曲直生：《河北棉花出产及贩运》，商务印书馆，1931，第19页。

④ 叶元鼎：《中国棉花贸易情形》，工商部上海商品检验局，1930，第33页。

收束，小农所存之棉尽数卖出，棉市告一段落。次年春，阴历二三月时河道开运，棉市又开始活跃，棉花价格普遍上涨，但交易额比年前少很多，一直到阴历五六月，农户的所有旧棉须全数卖出，[①] 此为一年销售之周期。在此周期中，水运至为重要，位于水运中心的中级市场数量依然较多。

一种是功能性较全的，例如河北的石家庄、唐山，山东的济南，河南的郑县等都是非常重要的综合性中级市场。[②] 这种功能性较全的中级市场具有以下几个特点。一是拥有货栈，货栈的功能是代客运输、代客买卖、收取佣金，并有打包机代客打包。二是有棉花公司，例如在石家庄，这种棉花公司在1926年有4家。[③] 棉花公司专门在当地收买棉花，向天津运输，各家均有打包厂，除自用外，还可以代客打包，赚取工费。三是这类高级的中级市场交易额较大，是交通性占主导地位的中级市场无法比拟的。四是有较大的棉花栈，此种棉花栈多由洋行设立，并置打包机，派买办为营业主任，如平和、隆义、仁记诸行皆有分栈，买棉力甚强。[④]

终点市场的分化是华北地区独有的特点，这种分化是建立在城市不同功能的基础上。北平和天津同为华北地区棉纺织业的两个非常重要的终点市场，北平也可以称为消费市场，[⑤] 但从专业化分工的角度来看有很大的不同，天津为重要的经济型城市，其棉纺织市场的专业化分工较为精细，代表着工业化的雏形，北平是政治和文化功能型城市，棉花市场依然沿着传统商业的运作模式前行。与天津相比，北平的棉花销售数量与用途都大相径庭。首先，从销售的数量上看，北平与天津相差太多，从1916年到1926年，北平棉花销售总量只有45万担，且多作为塞衣被原料及其他零星棉制品。[⑥] 北平的棉花店经营时间非常短，一年只有9月、10月、11月、12月这四个月是旺季。而天津的棉花栈[⑦]是天

①　曲直生：《河北棉花出产及贩运》，商务印书馆，1931，第95页。
②　履仁：《中国棉花市场之组织与棉产运销合作》，《农村合作月报》1936年第2卷第1期，第56~76页。
③　这四家是仁记、和平、隆茂、兴华。曲直生：《河北棉花出产及贩运》，商务印书馆，1931，第101页注（二）。
④　叶元鼎：《中国棉花贸易情形》，工商部上海商品检验局，1930，第33~34页。
⑤　杨逸农：《经济资料：我国棉花市场》，《经济汇报》1944年第9卷第10期，第52页。
⑥　曲直生：《河北棉花出产及贩运》，商务印书馆，1931，第125页。
⑦　棉花栈并非自古有之。清末年间，棉花出口数量不大，棉花交易为经营杂货、干果、皮毛等货栈所兼营，待棉花产量与棉花交易发达后，货栈乃舍弃他物而专营棉花，此为货栈蜕化之由来。此类货栈多在租界之内。参见金城银行总经理处天津调查分部编《天津棉花运销概况》，1937年未刊本，第19页。

津棉花市场的交易主体，提供了买卖及其他一条龙服务，包括代办内地棉花运津之一切手续、资金之融通、棉花待售等诸项服务，[1] 1929 年天津的棉花栈多达 15 家。[2] 事实上，天津作为华北地区最重要的棉花终点市场，市场内部组织完善，买方、卖方、经纪人及附属机关协同合作，附属机关的成立是终端市场分化的最重要特征，包括检验局、仓库、打包公司等，这些附属机关的成立和完善是我国近代工商业发展及与国际市场接轨的结果。

第三节　河北棉花市场的扩大

　　生产设备的进步、质量服务部门的成立与完善、与国际接轨的压力，推动了棉花原始市场、中级市场及终点市场的分化，这种分化加速了棉花市场及棉花商品率的提升。这一点可从原始市场的数量看出，近代以来，华北集市的数量和分布密度迅速增长。[3] 这种增长与棉田增加、棉花商品率提高、棉花市场网络的扩大相辅相成。从 1910 年到 1937 年，政府对棉产业在制度管理设计上颇费心思，在技术和金融交通等领域都给予一定的扶持。国民政府成立后，全国经济委员会设立棉业统制委员会，棉业统制委员会在全国主要棉产省份分别设置棉产改进所（会）促进棉花的生产与运销。[4] 根据棉产会的调查，华北四省的棉产情形如下：1933 年至 1935 年三年间，棉田面积平均为 15555 千亩，皮棉产量平均为 4423 千担，1936 年至 1937 年两年间，棉田面积平均为 27692 千亩，皮棉产量平均为 5753 千担。棉田面积约增加 78%，皮棉产量约增加 30%。[5] 河北省的棉田和棉产量都有所增加，有的县棉花的商品率达到 90% 以上。1936 年定县的棉田面积有 205516 市亩，[6] 棉田面积占到总耕种面积的

---

① 金城银行总经理处天津调查分部编《天津棉花运销概况》，1937 年未刊本，第 21 页。

② 《商标注册棉花栈商名册》，1929 年 1 月 1 日，天津市档案馆藏，档号：401206800-3-006231-110。

③ 慈鸿飞：《近代中国镇、集发展的数量分析》，《中国社会科学》1996 年第 2 期；龚关：《华北各地集市空间分布密度表》，《近代华北集市的发展》2001 年第 1 期。

④ 华北棉产改进会：《华北棉产改进会业务概要》，华北棉产改进会调查科，1940，第 2 页。

⑤ 华北棉产改进会：《华北棉产改进会业务概要》，华北棉产改进会调查科，1940，第 2 页。

⑥ 笔者根据《河北省各县 1935 年、1936 年棉田面积及皮花产额比较表》、《河北棉产报告》，对河北省各县 1935 年、1936 年棉田面积进行统计，河北 130 个县中，棉田超过 100000 市亩的县有 30 个，占总数的 23%。其中定县就是其中之一，是产棉大县。

15.28%，① 1933 年来自定县本县的籽棉、皮棉、熟花总的交易量达到了3320184 市斤，来自外县的籽棉、皮棉、熟花的交易量达到了 2934505 市斤。② 随着棉花交易量的增长，各级棉花市场的数量都有所增加。通过对河北省产棉县的棉花市场的统计发现，河北省约有 100 个县是产棉县，在这 100 个县中，棉花交易量大、市场数量多的县棉花商品率较高。

据《中国棉产统计》，就华北棉花自 1933 年至 1935 年的平均产量而言，河北为 2149612 担，山东为 1078277 担，山西为 452754 担，合计为 3680643 担。最终的集中地包括天津、济南、青岛（张店、高密、周村）、榆次等地。除去华北以外地区（河南省彰德棉），天津约为 72 万担，济南 85 万担，青岛 25 万担，榆次 20 万担，合计约为 202 万担。华北棉花的五成以上是运到主要集货市场，如果再加入华中方面的收集量，及产地附近小的收集地已商品化的数目，棉花商品化的比例已突破 70%。③ 从具体的县城来看，深泽县的梨园村和南营村代表了两种类型，梨园村是典型的主要产棉村，可耕种的土地有 2447 亩，棉田 798 亩，约占总数的 33%，④ 梨园村收入的棉花出售 92%，家用 8%；南营村总耕地面积为 2790 亩，棉田有 271 亩，约占总耕地面积的 9.7%，⑤ 南营村所产棉花出售 63.8%，家用 36.2%。⑥ 在农产品收入总数里，就现款收入与非现款收入的比例而言，梨园村的现款收入与非现款收入各占约一半，梨园村售卖棉花的收入成为该村现款收入的主要部分，占总收入的 39.05%，⑦ 由此可见，在棉花商品率越高的地方，现款收入越高，在现款收入高的情况下，如果税率和粮食价格较稳定，棉农就容易改善生活甚至是扩大生产规模。

河北省棉花市场到底扩大了多少呢？笔者根据搜集的集镇数据与原始棉花市场数据做了简要的分析。

---

① 河北省棉产改进会：《河北省棉产调查报告》（特刊第二种），1936，第 113 页。
② 李景汉等：《定县经济调查一部分报告书》，河北省县政建设研究院，1934，第 146 页。
③ 李洛之、聂汤谷编著《天津的经济地位》，经济部冀热察绥区特派员办公处，1938，第 30 页。
④ 韩德章：《河北省深泽县农场经营调查》，《社会科学杂志》第 5 卷第 2 期，1934 年 6 月，见第八表“梨园、南营两村作物之种类与分布”。
⑤ 韩德章：《河北省深泽县农场经营调查》，《社会科学杂志》第 5 卷第 2 期，1934 年 6 月，见第八表“梨园、南营两村作物之种类与分布”。
⑥ 韩德章：《河北省深泽县农场经营调查》，《社会科学杂志》第 5 卷第 2 期，1934 年 6 月。
⑦ 韩德章：《河北省深泽县农场经营调查》，《社会科学杂志》第 5 卷第 2 期，1934 年 6 月，见第十三表“平均每农场之各项收入”。

　　图 5-1 显示了河北省较大的棉花交易市场对大的集镇①的覆盖率，笔者根据 1936 年《河北棉产调查报告》整理出 100 个有效县数，直隶改称河北省之后共有 131 个县，② 其中有 21 个县地处偏远，且不在棉花产区，可忽略不计。③ 根据 1915 年《直隶风土调查录》中对较大集镇数量的统计，府州县共有 156 个地区，其中对应产棉区的 100 个县的 80 个具备有效数据，共剔除掉 20 个县，剔除掉的这 20 个县或是因为棉花市场没有调查数据，或是因为缺少较大的集镇数，它们在规模上属于大、中、小县，分布比较均衡，④ 故不影响研究结果。

　　事实上，根据《直隶风土调查录》和《河北省棉产调查报告》的两次调查的数据可以看出，从 1915 年到 1935 年，经过 20 年的发展，河北省棉花市场对较大集镇的覆盖率达到了约 69%，1935 年有 28 个县的棉花市场数额超越了较大集镇的数量。⑤

---

① 这里指的集镇不是小集镇，慈鸿飞在《近代中国镇、集发展的数量分析》一文中有对小镇的界定，即人口一两千人，多则一两万人的区域，本书所指的是大的集镇，按照民国时期学者及调查人员的划分标准，为居民千户至万户的镇。参见慈鸿飞：《近代中国镇、集发展的数量分析》，《中国社会科学》1996 年第 2 期；直隶省视学：《直隶风土调查录》，上海商务馆，1915，每县的集镇部分。

② 河北省棉产改进会：《河北省棉产调查报告》（特刊第二种），1937，第 3~10 页。

③ 昌平县，不宜植棉，棉田只占 0.56%，第 21 页；顺义县，不宜植棉，棉田占 0.37%，第 22 页；兴隆县，不宜植棉，棉田占 0.60%，第 46 页；涞源县，农产不丰，棉花极少，棉田只占 3.03%，第 122 页；阜平县，棉田只占 0.20%，棉花产量极少，无运输可言，第 123 页；曲阳县，交通不便，运输困难，棉田极少，面积只占 0.34%，第 126 页；献县，交通虽便利，棉田甚少，面积只占 0.82%，第 152 页；河间县，无水利，棉田只占 0.53%，交通便利，第 154 页；武邑县，无水灌溉，交通便利，棉田只占 0.44%，第 163 页；武强县，运输甚便，不宜植棉，无水灌溉，棉田面积只占 0.90%，第 165 页；盐山县，无灌溉，交通非常不便，棉田面积只占 0.03%，第 169 页；庆云县，无灌溉，棉田只占 0.03%，第 170 页；南和县，交通不便，民性守旧，棉田占 0.86%，第 227 页；平乡县，棉产甚少，运输尚便，棉田面积占 3.02%，第 228 页；巨鹿县，交通不便，无棉花市场，无运销可言，第 229 页；邢台县，交通便利，棉产不多，棉田占 0.90%，第 237 页；南乐县，棉田甚少，交通不便，距铁路极远，棉田占 1.53%，第 260 页。东明县，棉田甚少，尚不足自给，棉田占 2.07%，运输不便，第 262 页；长垣县，棉田甚少，棉田占 0.63%，第 366 页。以上数据均出自河北省棉产改进会：《河北省棉产调查报告》（特刊第二种），1937.

④ 直隶省视学：《直隶风土调查录》，上海商务印书馆，1915。

⑤ 参见附录 1。

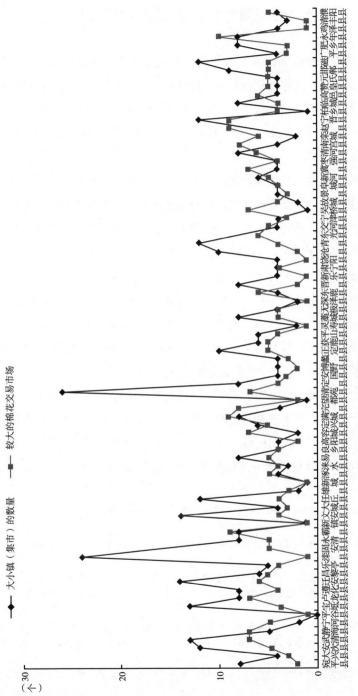

图 5-1　1915 年河北省原始棉花集镇数据与 1935 年较大棉花市场数据统计

资料来源：河北省棉产改进会：《河北省棉产调查报告》，1936；直隶省视学：《直隶风土调查录》，商务印书馆，1916；廖飞鹏，马庆澜修，高书官等纂《房山县志》，1928 年铅印本；李芳等修、杨得鑫等纂《文安县志》，天津人民出版社，1992；《顺义县志译注》，台北：成文出版社，1968，根据 1933 年铅印本影印。

第四节　影响河北棉花市场分化的因素

生产设备的进步和质量检测与服务部门的成立是棉花市场分化的主要原因，牙税局、检验局、仓库、打包公司、运输公司、保险公司及银行都被民国时期学者视为棉花贸易的辅助机关，[①] 本书主要关注与生产设备和质量服务密切相关的服务性部门，[②] 包括轧花厂、棉花仓库、打包厂、棉花检验的实施等对棉花市场的影响。

打包机和轧花机两种机器的使用与不断地更新是促进棉花市场逐渐专业化的重要因素，其中轧花厂是促成原始市场分化的核心，与国际接轨的打包技术是促进中级市场分化的重要因素之一。我国使用的轧花机有三种：日本式足踏轧花机、美国发明的辊轴轧花机和锯齿轧花机，从动力上来讲分为人力、畜力、引擎力，其中以人力为动力的足踏式轧花机最为普遍，效率也最低。[③] 现代轧花机在我国发展始于 1909 年，当时上海陈全记轧花机皮辊厂购机设厂，仿造洋式轧花机器及皮辊、闸刀、地轴等零件并以双马为商标。[④] 1919 年，此种轧花机的销售受到了财政部的关照，即经过第一税关完纳正税，沿途概免重征。[⑤] 在辊轴轧花机中，十六寸径的是足踏式轧花机。[⑥] 用畜力或动力机牵动者分为二十六、二十八、三十二、三十六刀径数种，用机力牵动者多为三十二寸机、三十六寸机。因用上下刀及皮轴等件，价值较贵，出花量并不较多，故使用者甚少。比较先进的英制辊轴机有单轴式及复轴式两种，单轴式每小时可出皮棉 30~90 磅，复式每小时可出皮棉 40~70 磅。[⑦] 20 世纪 20 年代以后，我

---

① 履仁：《中国棉花市场之组织与棉产运销合作》，《农村合作月报》1936 年第 2 卷第 1 期，第 56 页。

② 本书把保险公司和银行这两个机构归入金融范畴，故不对其进行分析，只分析技术、设备及组织形式的专业化。

③ 许震宙：《各种轧花机之速率比较》，《农学杂志》1928 年第 1 期，第 128~133 页。

④ 胡翔林：《训令：江苏财政厅训令第三千四百八十六号》，《江苏省公报》1919 年第 2131 期，第 6 页。

⑤ 《命令：财政部训令：训令各省区财政厅长、各常关税务监督、津浦商货统捐局：准税务处咨上海陈全记轧花机皮辊厂运销机器征税办法仰即遵照办理文》，《财政月刊》1919 年第 6 卷第 72 号，第 20~21 页。

⑥ 胡竟良：《棉花轧花打包问题》，《中华棉产改进会月刊》1935 年第 2 卷第 10 期，第 330 页。

⑦ 《轧花运销：三十二寸径辊轴轧花机》，《棉业月刊》1937 年第 1 卷第 5 期，第 846 页。

国皮辊轧花机使用较多，主要集中在纱厂和棉产试验场，更为先进的锯齿轧花机直到抗战前才开始引进使用，数量极少。[1] 这种轧花机由美国发明，与辊轴轧花机相比，在速度、操作、占地面积、管理成本等方面都具有优势。[2] 但这种具有优势的轧花机在我国使用极少，因为我国自主生产的轧花机都是辊轴轧花机。[3] 我国所用的最先进的轧花机是三十二寸新式辊轴机，每小时能产皮棉24~28磅。[4] 在天津市场上，由本地出产的轧花机有两种，一种是郭天祥所出的铜瓦轧花机，每架21元5角，每日可轧棉花300余斤。另一种是马力轧花机，每架30元，每日可轧花200余斤。马力轧花机价值较贵，但一匹马可同时牵引4个轧花机，实际上每日可轧花800余斤。春发泰所出为普通轧花机，每架定价在21元5角，每日可轧花300斤。[5] 棉田试验场购买轧花机数量较多，1937年河北正定、沧县及河南的卫辉在上海定制轧花机120部。[6] 农家自用的轧花机一般都为足踏式轧花机，轧花机的效率及出花质量都会极大影响棉花的价格。

籽棉经轧花机轧花后，必须打包才能开始运销。打包厂于20世纪20年代在天津广泛建立。[7] 打包在轧花运销上极为重要，直接关系到对棉花质量的保护和在包装上与国际市场的接轨。华北各地打包的习惯有几个专业化的倾向，一是舍人力逐渐趋向机械化；二是各地的棉包样式和打包机械的标准逐渐统一；三是机械多附设在较大的花店，棉商缴纳工费和皮绳的费用。[8] 根据打包的种类、密度、重量，打包材料可分为四种：圆包、散包（60~200斤不等）、木机包、铁机包（500磅）。包装的紧密度尤为重要，包装紧密可以防止掺杂、偷漏，减少运费、节省时间。在国际市场上，印度包的密度最高。在我国原始市场中，棉花包普遍较小，打包的规格不同。例如在东光县，棉包概由扎包机包扎而成，外面包以粗布包皮，并以铁丝紧系之，每包重180市斤左右，棉包

[1] 胡竟良：《棉花轧花打包问题》，《中华棉产改进会月刊》1935年第2卷第10期，第331页。
[2] 胡竟良：《棉花轧花打包问题》，《中华棉产改进会月刊》1935年第2卷第10期，第330~331页。
[3] 胡竟良：《棉花轧花打包问题》，《中华棉产改进会月刊》1935年第2卷第10期，第332页。
[4] 《轧花运销：三十二寸径辊轴轧花机》，《棉业月刊》1937年第1卷第5期，第846页。
[5] 《哪儿去买轧花机》，《华北合作》1935年第21期，第11页。
[6] 《订购轧花机共一百二十部》，《农建月刊》1937年第20期，第7页。
[7] 天津档案馆编《三条石的承转繁华（二）》，2005年8月17日整理，津沽史料，天津市档案馆藏。
[8] 曲直生：《河北棉花出产及贩运》，商务印书馆，1931，第97页。

长 4.6 尺，宽 2 尺，高 2.5 尺。普通三十吨之车皮容量约 100 包。[1] 究其原因，一是打包机较为落后；二是为了运输方便，到了终点市场天津，要出口的棉花包再改成大包，与国际接轨。[2] 如天津棉花商启林公司运销东洋之棉花必须将 145 斤之原包，另行改成约 370 斤之大包，标准色头、墨迹、水印仅用英文行名缩写为字母。[3] 打包机器也在不断更新。1916 年至 1917 年，引进的打包机大都是日本的螺旋打包机，螺旋打包机分为压力打包机和顶力打包机，两种打包机都分木制和铁制，顶力打包机的工作效率更高，六个人合作每日可打一百包，铁制压力打包机八人或十人每日可打六十包。[4] 20 世纪 30 年代出现了比较先进的蒸汽打包机。1936 年，山东省各大花行使用人力铁机较多，河南省多用德国克虏伯打包机，天津市场上有最先进的电机和蒸汽式打包机。[5] 棉花包有统一规格，出口的棉花打包时用"铁捲"水压机，棉包宽二尺，高一尺，重量在五百磅左右，这种机器在直隶很少用。[6] 打包机的先进与否也是区分市场级别高下的重要依据。

棉花仓库是另一种为保证质量的服务部门，多建立在大的中转市场和终点市场，多为银行或大商行经营。[7] 民国时期，中国棉花仓库的管理规程依据美国仓库法制定，于 1926 年 4 月 28 日开始实施。[8] 在天津地区，1930 年之前，主要的棉花仓库多为英商和华商的，共计 18 处，华商有 13 家，英商有 4 家，德商有 1 家，都设在租界或特三区。[9] 在天津地区，对仓库的管理归天津商品检验局。[10] 棉花仓库在内地设立较晚，农本局给予支持以后，内地各省建立省

---

① 华北棉产改进会编《华北棉产丛报》第 2 卷第 5 期，第 11 页。

② 国际上的标准包为 500 磅左右。参见叶元鼎《中国棉花贸易情形》，工商部上海商品检验局，1930，第 21~23 页。

③ 《为启林公司转往西洋棉花解包改榨事致天津总商会函》，1929 年 9 月 30 日，天津市档案馆藏，档号：401206800-J0128-3-006142-094。

④ 曲直生：《河北棉花出产及贩运》，商务印书馆，1931，第 160 页。

⑤ 《全国机器打包厂调查表》，《全国棉花掺水掺杂取缔所通讯》1935 年第 13 期，第 15~18 页。

⑥ 这是当时世界棉包标准。特点是体积小，重量大，运输方便。曲直生：《河北棉花出产及贩运》，商务印书馆，1931，第 162 页。

⑦ 曲直生：《河北棉花出产及贩运》，商务印书馆，1931，第 110 页。

⑧ 《依美国仓库法制定之棉花仓库规程》，《工商部上海商品检验局丛刊》1930 年第 6 期，第 103~129 页。

⑨ 《天津市棉花仓库一览》，《天津棉鉴》1930 年第 1 卷第 6 期，第 1~2 页。

⑩ 参见《河北省棉花运销合作之第三年：实业部天津商品检验局查验仓库存棉规则》，《中国华洋义赈救灾总会丛刊·乙种》，1935 年乙种 69，第 98~99 页。

县仓库才逐渐增多。① 在棉花市场中，仓库起到保护棉花质量的作用，一般是棉客请棉花栈存棉，棉花栈再转求仓库业。天津的仓库业多集中在车站和海河码头的交接点，装卸货物极为方便，仓库的营业不限于存棉，但有数家以存棉为主。②

棉花检验是民国时期才出现的新鲜事物，检验制度的执行与棉农的遵守虽不顺畅，但棉花检验对我国棉花市场有着极重要的影响，既关系着中国棉花能否进入国际市场，也关系着纺织品的质量问题。据日本人调查，我国棉花含水量居世界之首，③ 华北地区棉花含水量 11%~12.5%，也有的约在 15%~20%。棉花含水量过高会使棉花易腐败、不利于储藏、色泽暗淡，易使纺织机生锈，增加运费和捐税。除了我国棉花本身含水量较高外，也有棉农为增加重量注水或掺杂其他物质，这样做的结果是外国人购买中国棉花时裹足不前，对中国棉农和商人的利益多有损害。

天津并不是我国最早实行棉花检验的地区，我国最早的棉花检验机构出现于上海地区，1901 年上海的外国纺织厂商和中国出口商组织的水气检查所负责检验棉花含水量，成绩不甚理想。1912 年排除劣棉协会的棉花检查所成立，实施棉花含水量的检验业务，成绩良好。④ 华北地区棉花的检验晚于上海地区，1911 年 8 月，欧美商人组织天津总商会纠合日本商人于 1912 年 5 月组织天津混水棉花排除会，董事部由欧美商人二名、日商二名，及华商二名组成，该会与海关合作，设棉花检验所，实行检验。1915 年前农商部接美国商会通知，凡由天津输出至美国的棉花，必须验其有无害虫。当时农商部令直隶巡按使与洋商交涉棉花检验所归中国厅办理，旋因内乱发生而终止，⑤ 1928 年 9 月实业部即前工商部复前代表与洋商交涉接受棉花检验所，初，洋商不愿交出管理权，后经屡次交涉，于 1929 年 4 月答复实业部请由海关总税务司决定，总税务司奉财政部命令，决定将棉花检验所归中国实业部管理。至此，天津棉花

① 《国内金融消息：农本局办理棉花储押仓库》，《金融周报》1937 年第 4 卷第 18 期，第 5 页。
② 仓库的大小大概有五六丈长，十数丈宽，能存棉花六七千包，仓库的墙壁用砖和洋灰建成，所有门窗均为铁制，库底铺上木梁，用以防潮。
③ 南满洲铁道株式会社产业部：《支那经济综览》，日本评论社，1940，第 336~339 页。
④ 《上海棉花检验所历史》，南满洲铁道株式会社产业部：《支那经济综览》，日本评论社，1940，第 351 页。
⑤ 《为整顿棉花市场事与天津商务总会往来函》，1918 年 1 月 31 日，天津市档案馆藏，档号：401206800-J0128-2-000771-024。

之检验权复归中国人之手，1929年8月，天津商品检验局正式成立。1月后，始检验棉花。①

检验棉花的标准自1912年10月1日起，凡含水分在12%以上的棉花不准通过"常关"，检验费每100斤至120斤一包为七分，每60斤至100斤一包为五分，60斤以下一包为三分，如遇特殊情形，"常关"会斟酌限制检验之范围，仅验出口棉花。初验后48小时内，商人可请求复验。若复验结果仍与初验结果相同，则需缴纳复验费。② 天津市场的棉花除了本地纱厂用棉和洋棉外，均须检验。检验所就设在万国桥，万国桥站为铁路河船的终点站，非常便利。

此后，棉花检验在项目和范围上都有所扩充。在检验的项目方面，除了检查水气，还扩充到害虫和棉花的种类，1929年天津商品检验局正式成立以后，水分百分比仍为12%，但通过"常关"之各种棉花，均需受验，不仅限于出口棉花。③ 此种全面的检验一经开始，就对华北地区棉花的销售产生了重大的影响。

图5-2显示的是1922~1936年天津收集棉花量占华北产量的比重走势，可以说明棉花检验对天津棉花市场收集棉花量的影响。

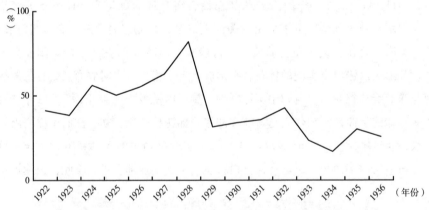

图5-2　1922~1936年天津收集棉花量占华北产量的比重走势

资料来源：李洛之、聂汤谷编著《天津的经济地位》，经济部冀热察绥区特派员办公处，1938，第33页第23表。

---

① 金城银行总经理处天津调查分部编《天津棉花运销概况》，1937年未刊本，第15页。
② 方显廷：《中国之棉纺织业》，商务印书馆，2011，第41页。
③ 实业部天津商品检验局棉花检验所：《天津棉鉴》，1930年6月及7月。

图 5-2 显示 1929 年、1934 年天津收集棉花的数量陡然降低，战事和歉收固然为重要因素，[1] 棉花检验结果的影响也不容小觑。1929 年天津开始实施棉花检验，不合格的棉花甚多，导致收集量骤减。可见棉花检验也是重要的原因之一。1930 年以后，棉花检验规定更为严格，无论出口还是集散市场买卖之棉花均须经过检验，检验费为每公担一角，棉花所含的水分以 11% 为法定标准，最高不得超过 12%，棉花含杂质以 0.5% 为法定标准，最高限度为 2%。[2] 华北地区不合格的棉花比例甚高。

从 1930 年 6 月到 1933 年 12 月，天津棉花初验总数每月不合格的范围在 17%~38%。[3] 这使中国棉花在进入国际市场，尤其是出口至英美方面处在劣势地位。在进入国际市场的棉花中，日商的要求更高，日商要求含水量不得超过 10%，毫无杂质。付款规则也严苛，过磅后付八成，余两成须将棉用罄，成色无讹后始行付齐。[4] 对于不合格的棉花，实业部颁布了《天津商品检验局查验仓库存棉规则》，规定凡不合格之棉花，除检验局之仓库外，其他仓库一律不得堆存，堆存不合格棉花的仓库不得堆存合格棉花，不合格的棉花如果未经检验局重新检验合格给予证书，则不得通融外运。不合格的棉花平均含水量在 13% 以上的，拆包摊晒，所含水分在 12% 以上的，松包摊晒，掺杂其他杂质在 2% 以上的，须将棉籽及其他杂物检出，后经重验合格，给予证书，否则不得运销国内外各口岸及当地市场。最后，检验后的棉花如果平均含水量未超过 13%，杂质检验合格，可改为运销国内，如果平均含水量未超过 12%，杂质合格，可运销国外。[5]

除天津外，华北的其他重要棉花市场也陆续设置了棉花检验机构。青岛棉花之检验始于 1913 年 4 月，由山东省政府设局办理，旋以棉商反对而罢。后青岛棉花出口商为了维持商业信用，迫而组织新棉花检验所，但该所并无强迫商人受验之权，采取商人自愿的原则。1929 年，青岛商品检验局成立，复于济南设一检验所，其检验棉花之章程亦与他处相同。从 1936 年开始，山东又

---

① 李洛之、聂汤谷编著《天津的经济地位》，经济部冀热察绥区特派员办公处，1938，第 33 页，见第 23 表"天津棉花收集量历年比较表"备注。
② 金城银行总经理处天津调查分部编《天津棉花运销概况》，1937 年未刊本，第 15 页。
③ 方显廷：《第五表：天津棉花检验总数与合格及不合格数量统计表》，《天津棉花运销概况》，天津南开大学经济研究所，1934，第 66 页。
④ 《棉事辑要（五月）：天津棉花市场新趋势》，《棉报》1937 年第 1 卷第 3 期，第 86 页。
⑤ 金城银行总经理处天津调查分部编《天津棉花运销概况》，1937 年未刊本，第 17 页。

增设高苑、博兴、蒲台、滨县、广饶检查处。河南省也增设五处。①

除了在天津、青岛这样的终点市场设置专业的检验机构外，一些较大的棉产区如南宫县设置了棉花检验机构。南宫县的棉花检验机构不同于天津、青岛，在技术上不专业，主要由当地有知识的商人互相联合组织棉花检验机关，检验的方法由老棉商评判，如有掺水过多的情形，任何人均可以告发，这种组织虽然在技术上缺少专业性，但南宫县棉花掺水的现象少了很多。② 回到图5-2，1929年天津棉花的收集量减少的原因，除了国际市场的影响外，对棉花的检验不仅限于出口棉花，经过"常关"的棉花也需要检验同样是重要的因素之一。

本章小结

棉花是民国时期重要的农产品，随着棉田及棉花产量的增加，棉花市场逐渐从棉纺市场中独立出来，在生产设备的进步、质量检测与服务体系的建立下，棉花市场不断扩大并发生分化。民国时期的棉花市场已经在乡村、中小城市、大城市之间初步完成销售、运输以及相关专业化分工的布局，促进了区域经济一体化和市场一体化的进程。尽管这种进程仅仅局限在棉、麦、丝、茶等少数几种农产品中，且商品运销成本较高、套利空间较大、中间人层级复杂、不同地域价格水平不一致、市场分割现象仍然在原始市场中大量存在，③ 但这与日本学者以及施坚雅对清末农村市场的考察结果大不一样了。④ 日本学者主要从税收角度对农村集市进行考察，并根据有没有牙贴来划分农村集市的层级，有牙贴的集市称为大集，没有牙贴的集市称为小集，此外，他们还根据我国的县志考察出集市的另外一个重要特征是有没有骡马市或牲畜集市，有骡马

---

① 全国经济委员会棉业统制委员会：《棉花掺水掺杂取缔事业工作总报告》1936年第2期，第1页。

② 曲直生：《河北棉花出产及贩运》，商务印书馆，1931，第297页。

③ 市场分割现象大量出现在原始市场，是因为原始市场的通信设备普遍比较落后，但从民国18年河北省建设厅电政统计结果来看，在1929年，河北省已经有26条电话线，有48个城市或县城通电话，第二长途电话局统计有18个商户安装了电话，通话次数达500多次。见第一科统计室编《河北省建设厅统计概览》，电政，1929年未刊本。

④ 国外学者对晚清市场的考察点着力于农村市场，主要把集市作为研究对象，运用的方法有三种，一是由加藤开始的，以经济史料为基础；二是天野元之助的实地调查；三是计量地理学，其中施坚雅运用的是实地调查与计量地理学相结合的方法。

市或牲畜集市的即为大集，① 这种原始市场与民国时期的原始市场在功能上已经有了很大的差距，最大的特点就是原始市场交易主体的丰富性与生产设备的进步性。从棉花市场角度来讲，有无棉花店与轧花厂是大原始市场区别于小原始市场的重要标准。中级市场起着承上启下的作用，既是区域市场一体化的重要枢纽和中转中心，也是销售与再加工的重要集散地，通过铁路、公路、② 水路、大量的运输公司，以及棉花公司和生产设备较为先进的打包厂，棉花被源源不断地输送至终点市场。其中棉花公司和先进的打包厂是功能较全的中级市场区别于功能单一的中级市场的特征。在终点市场，棉花市场直接与国际市场接轨，包装技术与质量标准要符合国际化水平。检验局的成立、仓库业的完善及符合国际标准的包装是棉花顺利进入国际市场的前提，终点市场向现代市场转型，基本完成了现代棉花市场与国际接轨的要求。至此，区域棉花市场的布局基本完成。在转型中，由于机器和服务部门的专业化促进了原始市场、中级市场和终点市场的分化，其中轧花机、打包机、棉花检验制度、专业仓库都是促使市场分化的重要因素。在原始市场、中级市场与终点市场的分化过程中，带来了另外一个重要的结果，那就是棉花市场的逐步扩大，从1915年到1935年的20年中，河北省棉花市场的覆盖率约达到了产棉区总集镇市场的70%，1935年河北省有28个县的棉花市场数超过了大的集镇的数量，占集镇总数的35%。棉花市场覆盖率的提高促进了棉花商品率的提升，农产品商品率的提升意味着货币对农民生活的影响越来越重要。市场的变化对于了解民国时期农村经济的诸多问题有着重要的意义。

---

① 张仲礼编《中国近代经济史论著选译》，上海社会科学院出版社，1987，第182~185页。
② 根据河北省建设厅1929年统计，第一省路局和第二省路局一共建有37条主公路，覆盖72个县市，在全省县公路方面，有公路462条，10462公里，经过村镇为1530个。第一科统计室编《河北省建设厅统计概览》，路政，1929年未刊本。

第六章　中国收回棉花检验权始末

17世纪中期后，国际市场中商品质量问题日益受到重视，现代商品检验首先诞生在欧洲；中国的棉花检验始于1901年，直到1929年之前，棉花检验权主要掌握在外人手中。中国政府和商人为适应国际市场提高棉花品质的要求，一方面开展棉花检验事业，一方面力图夺回棉花检验权。棉花检验的发展是当时中国参与国际贸易时提高商品质量、制定商品检验政策、收回商品检验权的典型代表案例。从1901年中国诞生棉花检验机构，到1929年南京国民政府收回上海和天津的棉花检验权，其间历经了中国棉花检验机关外役、中外争夺棉花检验权、中方最终收回棉花检验权并建立全国统一的商品检验机关几个过程。在此过程中，中国政府与外国棉商在争夺棉花检验权、争夺棉花贸易利源及完善棉花检验技术等方面展开了互动与博弈，体现了民国时期的商业在面对西方资本主义经济制度和技术双重压力下的转型与应对，也反映了南京国民政府初期所建立的新经济管理制度的特点。

商品检验是运用科学的检验技术和方法确定商品的特性，包括商品的成分、结构、性质及其对商品质量的影响等，商品检验能够为商品选择适宜的包装、保管、运输方法、生产注意事项等提供科学的依据。商品检验权是一个国家对本国商品检验事业拥有独立行政管理、制定规则、施行检验等一系列权利的主权，商品检验权涉及国家利益和民族利益。从17世纪中叶开始，商品的质量和品级在国际贸易中日益重要，欧美各国为了发展对外贸易，严格执行对外出口商品检验，法国、美国、日本等相继建立商品检验机关。其中法国于1664年首创商品检验[1]；日本于1896年制定生丝检查法，随后对花、席、绢等商品均制定检查法规。[2] 在国际棉花贸易市场上，棉花检验于19世纪末20世纪初普遍受到重视。

棉花检验权是一个国家对本国棉花进出口及国内棉花贸易进行独立制定检验规则、施行检验等一系列权利的主权。中国的棉花检验始于1901年，直到1929年以前，棉花检验权主要掌握在外人手中。棉花检验权的丧失不仅影响

---

① 狄建庵：《我国棉花检验之沿革》，《国际贸易导报》1933年第5卷第7期，第169页。
② 邹秉文：《二年来之检证》，《国际贸易导报》1931年第2卷第1期，第2~3页。

中国棉花的进出口贸易，同时也制约着中国国内棉花市场的运作并损害棉商和棉农的经济收益。① 南京国民政府成立后，于 1928 年开始收回上海、天津两埠由外籍管理的棉花检验机构，并统一检权、制定棉花检验规章制度；直到 1929 年 9 月，历时一年有余，全国统一的商品检验机关正式诞生。

民国时期商品检验工作的开展制约着当时中国参与国际贸易的深度与广度，检验工作不仅关系到农产品、牲畜产品、轻工业品等多个领域的出口问题，同时对国内市场也产生了诸多影响，在民国时期建立全国统一的商品检验机关之前，棉花检验机构于多地成立，主要集中在以上海和天津为代表的棉花终点市场，以及重要的棉花中转市场如武汉、济南、青岛、郑县、宁波等地。但由于各地棉花检验机构成立的主导因素不同及地方社会经济的多样化，棉花检验机构的建立及其具体实践呈现出多样性。民国时期的学者对商品检验问题多有关注及讨论。② 近年来，民国商品质量检验问题逐渐引起了当今学界的关注，③ 但研究的内容及深度还有待进一步拓展和深化。棉花检验作为中国最早开展的农产品检验项目，对中国棉花参与国际市场竞争起到了重要的促进作用。研究民国时期的棉花检验问题，对揭示民国时期中国经济转型中的外来新技术、新制度因素的重要影响具有十分重要的意义。本章以上海和天津的棉花检验权为考察中心，梳理两地棉花检验机关从最初萌生到中国于 1929 年收回棉花检验权，建立全国统一、正式的棉花检验机关的全过程，并揭示此过程中，中国政府和华商的应对措施及执行策略等，以期对探讨民国时期棉花市场转型问题和揭示南京国民政府建立新经济管理制度的特点有所助益。④

① 陈天敬：《我国各口岸棉花检验略史》，《河北工商月报》1929 年第 1 卷第 10 期，第 68~69 页。

② 民国时期商品检验工作受到较高的关注，从事检验工作的专家、教授等梳理商品检验事业原委，参见邹秉文：《二年来之检政》，《国际贸易导报》1931 年第 2 卷第 1 期；狄道庵：《我国棉花检验之沿革》，《国际贸易导报》1933 年第 5 卷第 7 期；陈天敬：《我国各口岸棉花检验略史》，《河北工商月报》1929 年第 1 卷第 10 期；一些从事经济研究工作的专家学者也对检验事项发表看法及建议，参见叶元鼎、顾鹤年：《二十年来之棉业》，《国际贸易导报》1931 年第 2 卷第 1 期；方显廷：《中国之棉纺织业》，商务印书馆，2011，第 37~43 页。

③ 当代学者的主要论文有：宋石磊：《检权之争：上海万国生丝检验所始末》，《中国经济史研究》2017 年第 6 期；陈晋文：《近代商品检验制度研究》，《北京工商大学学报》(社会科学版) 2012 年第 27 卷第 5 期。

④ 晚清及民国初期，我国棉花市场处在由传统的个人消费品市场向近代的组织市场转变的过程中，组织市场中的中间商市场及服务部门的完善、棉花检验及包装制度的建立是棉花组织市场成熟的标志。参见李佳佳：《民国时期华商棉花打包业探究 (1920-1937)》，《中国社会经济史研究》2019 年第 4 期；白长虹、范秀成：《市场学》，南开大学出版社，2007，第 27 页。

第一节　困局与迷茫：上海和天津的棉花检验权外役

棉花是重要的工业原料，棉花掺水掺杂对棉花销售及纺织业损害甚大，其弊端包括使棉花不易久藏、易腐败、色泽消失、变软变弱、发生霉斑、损坏纺织机器并增加运费负担及关税支出等。[①] 在世界范围内，随着近代科技的进步，棉花分级及棉花检验得以实现。由于全球棉花贸易增加，在国际棉花市场上，棉花质量和品级问题受到重视，欧美、日本先后开启了棉花品级鉴定及棉花检验工作。

在1929年中国政府设立正式、统一的棉花检验机关之前，中国的棉花检验机构主要设在上海和天津两埠。1901年，中国最早的棉花检验机构出现在上海，并由外国纺织商人发起，当时上海外国纺织商鉴于我国棉花掺水弊端严重，共同向清政府上海道交涉[②]，拟在上海附近棉花产地设水气检验所38处，以便检查，清政府照准，洋商于1901年5月在沪南设局办理。但第二年便受到了中国棉农的反抗，1902年2月，乡民愤其苛罚，聚众毁局，大起交涉。上海花业董事程鼎全力顾及主权，柬请上海道设局自验，由道派专员与程董事共同办理，于是1902年9月，在花业公所设上海棉花检查局，负责取缔掺水工作，洋商所办的38处水气检查所于1902年10月停止办公。

从1902年一直到1911年春，上海地区的棉花检验是由上海花业公所设立的上海棉花检查局负责。在此期间，清政府亦非常重视上海的棉花检验工作，考虑到上海为通商巨埠，每年出口棉花为数甚巨，[③]"恐不能周密，饬沪海关切实查验，并令上海商务总会遴选通晓棉业人员帮助清除棉花掺水弊端"。[④] 武昌起义以后，该局停止检验。[⑤] 民国成立后，掺水作伪现象依旧，江苏省政府令上海花业公所在原处恢复上海棉花检查局，按照旧章于1912年9月1日开办棉花检验，但由于经费不足和检验技术不完善，上海棉花检查局形同虚设。[⑥]

[①] 冯次行：《中国棉业论》，上海北新书局，1929，第178页。

[②] 《棉花检验略史》，《纺织时报》1929年第648期，第190页。

[③] 《为整顿棉业严禁掺杂水泥致皇上的奏折》，1911年6月18日，天津档案馆藏，401206800-J0128-2-000581-011。

[④] 《为整顿棉业严禁掺杂水泥诸弊——折事给天津商务总会的札（附原奏折）》，1911年6月29日，天津市档案馆藏，401206800-J0128-2-000581-012。

[⑤] 邹秉文：《二年来之检证》，《国际贸易导报》1931年第2卷第1期，第7页。

[⑥] 陈天敬：《我国各口岸棉花检验略史》，《河北工商月报》1929年第1卷第10期，第65页。

1913 年，棉花检验局再度成立，但仍面临检验技术和方法不完善以及经费支绌的难题，掺水弊害日盛一日，该局信用扫地。可见，上海从 1901 年开办棉花检验到 1913 年间，棉花检验工作的开展几度中断，并不顺利。

但这种情形因为日本纺织业的快速发展和从中国购买的棉花运往日本时遇到的困境而急速发生变化。20 世纪初期的日本是中国最大的棉花顾客，受棉花掺水之弊的影响最重。[①] 鉴于此，1914 年日本纺织联合会于横滨、神户、门司、长崎四处设立华棉水气检查所，专查由中国输往日本的棉花，规则非常严厉，当时被验不合格退回之棉，时有所闻[②]。在此种情况下，在沪日本棉商倍感困难，于是在 1916 年，在沪日本棉商联合三井、日信、吉隆、松村、东亚等大公司在上海成立棉花水气检查所。1917 年，英、美等国家的商人（包括中国）加入该所，协同进行棉花检验，最后仍因技术不良，于 1919 年 3 月停办。

直到 1921 年，棉花检验工作再次受到外商的重视，该工作被认为势在必行，于是在 1921 年 3 月，中外纱厂代表、日本输出商代表、欧洲输出商代表联合成立上海禁止掺水公会（The Shanghai Cotton Anti-Adulteration Association），该会于 1921 年 6 月在上海苏州路 7 号设立上海棉花检验所（The Shanghai Toasting House）。后华商陆续退出该公会，组织管理完全被外商掌控，设有洋经理一人，为海关推举，规定公会会员购买棉花或在上海出口棉花，均须在该所检验，方许出口。[③]

此后，上海禁止掺水公会设立的上海棉花检验所控制了上海地区出口棉花的检验工作。在上海，除了由外国棉商发起建立的棉花检验机构外，还有一些重要的华商棉花交易机构也先后附设自己的棉花检验部门，包括上海华商纱布交易所于 1924 年附设的棉花检验处、证券物品交易所于 1919 年附设的棉花水分检查、华商棉业交易所于 1920 年附设的棉花水分检查、上海花业公所与公会附设的棉花检查局等，这些部门主要负责非出口、自销自用棉花的检验工

① 19 世纪 80 年代，日本纺织业的大机器生产迅速推进，对原料棉花的需求日益增大，在日本从中国进口的货物中，棉花所占比重越来越大。参见李少军编《晚清日本驻华领事报告编译》第 1 卷，李少军等译，社会科学文献出版社，2016，第 3 页。当时另外一个购棉大国是英国，英国工厂用棉主要来自印度、巴西、美国。参见何顺果：《美国棉花王国史》，中国社会科学出版社，1995，第 17 页。
② 《在天津总领事冈本武三ヨリ外务大臣男爵币原喜重郎宛（机密第 679 号）》，昭和 4 年 10 月 1 日，Ref: B08061973900。
③ 狄建庵：《我国棉花检验之沿革》，《国际贸易导报》1933 年第 5 卷第 7 期，第 169 页。

作。除此以外，上海其余各纱厂也多有附设棉花水分之检验部门，但其规模大小和设备多寡各有不同，主要依据棉花交易的规模而定，检验的工具亦各有不同，检验的标准也不一致。[①] 可见，在中国未有统一的棉花检验机关之前，上海地区的棉花检验呈现了不同机构先后办理的局面，其中既有由外籍商人掌管的棉花检验机构，也有由上海本地华商举办的棉花交易机构、花业团体、纱厂等附设的棉花检验部门，后者缺乏统一的检验标准、规章制度以及检验工具。

由外商管理的棉花检验机构在成立之初受到了外商急迫的推动，尤其是进口我国棉花最多的日商起到了强势的推动作用，日商的强势推动也带来了一系列的后续影响，这为日后中国收回棉花检验权时，与日商谈判的曲折埋下了历史伏笔，在此方面，天津棉花检验机构的出现、发展及后续的棉花检验权的收回都充分印证了这一点。

天津与上海的棉花贸易情况较为类似，天津也是中国重要的棉花出口地，其地位仅次于上海。天津棉花对外出口于1908年开始急剧增长，出口量超出输入量，这种情形一直持续到1919年。但天津棉花质量参差不齐的现象同样比较严重，因当时内地棉商棉农并无科学质检意识和相关的科学技术知识，更有部分内地商贩贪图小利，导致供给外商的棉花掺水过多，砂土的混入亦较多，甚至有冬季注水结冰以图增加重量的现象。[②] 各洋商所购之棉花交货时因过于潮湿，运到国外时变色霉烂，使外商大受损失，于是从1910年春以后，"洋商购花非经暴晒不敢收买"，[③] 运销欧美的棉花不得不事先晒干然后整理，这样导致的结果是"不仅耗费浩繁，乏地收容，且火灾保险收费奇昂"，[④] 直接提高了棉花贸易的成本，棉花的质量问题直接影响了棉花的价格和销售。1910年初，天津地区棉花价格每百斤由20两涨至24两，由于棉花质量问题，1911年很快又跌落至每百斤22两。[⑤]

为了挽回华棉的信誉和外商的信任，断绝掺水之弊，1911年中国政府在提高棉花品质方面做出了最初的尝试与努力，政府一方面从花店和乡民入手，

---

① 程天绶：《上海棉花检验之过去情形及本局棉花检验处现在之检验状况》，《国际贸易导报》1930年第1卷第1期，第5~6页。
② 叶元鼎、顾鹤年：《二十年来之棉业》，《国际贸易导报》1931年第2卷第1期，第39页。
③ 《为直省棉业利奖明定章程事照会天津商务总会》，1911年5月24日，天津市档案馆藏，401206800-J0128-2-000581-008。
④ 狄建庵：《我国棉花检验之沿革》，《国际贸易导报》1933年第5卷第7期，第169页。
⑤ 《为直省棉业利奖明定章程事照会天津商务总会》，1911年5月24日，天津市档案馆藏，401206800-J0128-2-000581-008。

令地方官出示晓谕，悬挂明定法规于各花店门首，令各花店严格遵守章程法规，不准收、售掺水棉花，同时也令乡民严禁出售湿花[①]；一方面从行政管理角度加快对棉花质量的把关，要求"农工商部妥订检查办法，明定罚章，通行各省，一律遵办，查出确有此弊者，通行各省出示严禁"。针对天津地区，1911 年 7 月 3 日、9 日，农工商部分别照会天津商务总会及各分会整顿棉业，严禁掺杂水诸弊。[②] 但政府早期的这些努力显然已经不能满足当时的国际市场对商品质量的要求，其规定的法令仍然停留在传统的技术规则层面，缺乏先进的科学检验技术内核，也没有完善的、严谨的实施机制，故很难根除已经存在的问题。

在外商方面，针对华棉存在的质量问题，及由此引发的成本提高的困扰，外商急谋对策并快速采取了行动。天津洋商会（Tientisn General Chamber of Commerce）于 1911 年 8 月发起棉花水气检查所，最初由津埠外商（经销商）主动联合欧、美、日、华各棉商商讨举办棉花检验工作。当时外商中唯有日本态度不甚坚决，因湿棉运往日本向不拒绝，故日商初颇反对[③]，但终以欧、美商人坚持不懈，并举办商会联席会议，议决通过设立天津禁止棉花掺和会（Cotton Anti-Adulteration Association of Tientsin）。在人员构成上，选举董事共 8 人，欧、美、中国、日本棉商各 2 人，共同筹备设置棉花检查所（俗称烤潮所）。此棉花检查所专门烘验进出口棉花水分，隶属天津洋商会。待筹备完毕之后，该所获天津领事团许可，又经我国政府批准，于 1911 年 10 月宣告正式成立。该所管理收费等事项，因津海关协助，由常关总局在收税时代收。[④]

在具体的检验工作上，该所仅负检验棉花之责，至于管理方面，由天津常关办理，水分检验标准为 12%，对检验不及格的棉花，采取两种办法，一种是不许通关，禁止出口或令暂存"税关仓库内"，待其干燥再行检查，一切费用

①　之所以从花店入手是因为产棉之各乡镇皆有棉花店零星收买棉花，然后转售给贩商，参见《为直省棉业利奖明定章程事照会天津商务总会》，1911 年 5 月 24 日，天津市档案馆藏，401206800-J0128-2-000581-008。

②　《为整顿棉业掺杂水泥一折事照会天津商务总会（附抄原奏折）》，1914 年 7 月 3 日，天津档案馆藏，401206800-J0128-2-000581-013；《为整顿棉业掺杂水泥诸弊——折事照会各分会》，1914 年 7 月 9 日，天津市档案馆藏，401206800-J0128-2-000581-016。

③　日本的华棉水气检查所于 1914 年成立，成立之后，开始退回由我国输入的不合格棉花，在此之前，日方并未对华棉进行检验及退货。

④　陈天敬：《我国各口岸棉花检验略史》，《河北工商月报》1929 年第 1 卷第 10 期，第 68~69 页。

由卖主承担；第二种方法是令商人自己选择合适的场所保管，待干燥后再行检查，合格之后方准买卖。此后，掺水之风大减。在管理权方面，虽欧、美、日、华各选举董事二人，但当时华董受外商排斥，不能参与管理事宜，内部组织皆为外商主持。[①] 在管理上，对华商输出之棉，任意苛剔，额外勒索，华商受欺压宰割，亦不能据理交涉，大权旁落，积习即久，棉商啧有烦言。[②] 在对内销本地的棉花进行检验方面，天津的华商纱厂与内地棉商合作，采取传统的方法进行查验，中国棉商在检验技术和规章制度方面都尚处在初期探索阶段。

　　天津和上海是中国最早开展棉花检验的商业大都市，两者在中国对外出口贸易中都占有十分重要的地位，上海和天津两地棉花检验机构的最初诞生都是由在华的外国商人发起，但两埠棉花检验的后续发展既有相同之处，又有不同点。相同点是两埠由外商设立的棉花检验机构都控制了两地出口棉花的检验工作，即控制了出口棉花的检验权。且因具有统一的检验标准、规章制度以及先进的检验设备，所以由外商建立的棉花检验机构在两埠都处于主导地位。不同点是上海棉花检验机构的设立主体更加多元化，既有由外商设立的棉花检验机构，也有由上海较大的华商棉花交易机构和纱厂等附设的棉花检验部门。上海华商控制了部分本地消费的棉花的检验工作和棉花检验权，从棉花检验权角度看，上海的中外棉商呈现了对棉花检验权争夺的局面，只不过因为华商的棉花检验部门缺少统一的先进的检验方法及规章制度，没有足够的实力与外商建立的棉花检验机构相抗衡。而天津的棉花检验从诞生开始，就一直被外商操控，天津华商创办的纱厂只有6家，[③] 纱厂和棉商在棉花检验方面势单力薄，几乎没有还手之力，天津纱厂和棉商要么采用传统的查验方法，要么也经由外商控制的棉花检验机关检验棉花，无法像上海的中国棉商那样与外国棉商争夺部分棉花检验权。[④]

---

① 《津埠检验棉花之主权》，《纺织时报》1929年第590期，第362~363页。

② 狄建庵：《我国棉花检验之沿革》，《国际贸易导报》1933年第5卷第7期，第169页。

③ 6家数量是根据严中平：《中国棉纺织史稿》，商务印书馆，2011，第426~457页的附录一《中国纱厂沿革表（1890-1937）》查阅并统计。天津的纱厂均由华人创办，1936年，有一半被日商收购。

④ 参见吴弘明：《天津常关的演变》，《天津经济》2003年第112期；吴弘明：《天津常关归并海关税务司英文档案选译（下）》，《历史档案》2005年第3期；吴弘明：《天津常关归并海关税务司英文档案选译（上）》，《历史档案》2005年第2期；陈诗启：《中国近代海关史》，人民出版社，2002，第617~622页。陈向元：《中国关税史》，河南人民出版社，2018，第101~102页。

上海与天津存在以上不同之处的原因有两点，一是上海和天津华商纱厂的数量相差悬殊，截至 1930 年时，上海的华商纱厂数量有 28 家，天津的华商纱厂数量有 6 家。二是因为天津的棉花检验机关的隶属关系更加具有外国色彩，其隶属天津洋商会，是经由天津领事团许可，又经我国政府批准成立的。1911 年 10 月正式成立后。该所的管理与收费等事项由津海关协助，由常关总局执行，但因为 1902 年《辛丑条约》规定天津常关归津海关兼管，其下属的 19 个分关和分卡也在兼管之列，常关官员的任命虽仍听命于津海关道，但在税则制定、税务征收等方面由海关税务司主管。而当时从中央到地方的海关税务司皆由洋人把持，故天津常关完全受制于人。天津棉花检验局的内部实际掌权人全都是外商，此种情况一直持续到南京国民政府成立后收回棉花检验权。而上海的情况有所不同，上海的棉花检验机构设立主体多元，上海的江海关对上海的棉花检验机构并无如此强大的管理权，故两地的棉花检验呈现不同的特点。

综上所述，虽然两埠均无独立的棉花检验权，但这并不意味着中国政府和中国棉业商人甘愿将棉花检验权拱手送给他人，辛亥革命之后，在开展棉花检验及试图夺回棉花检验权方面，中国政府陆续制定了一系列的政策措施。

第二节 发展与抗争：中国收回棉花检验权的尝试及影响

19 世纪以来，由于国际和国内市场对棉花的需求扩大，全球的棉花产量逐年增加。中国作为全球第三大产棉国，棉花的种植、棉种的改良、棉花品质的提高等几个方面都日益受到重视。中国棉花种植的推广和产量的增加有多种原因，其中政府层面的倡导、支持与奖励起到了重要的推动作用。值得注意的是，政府对植棉的奖励政策不仅注重棉产量的提高，同时也强调了棉花品质的提高。此点可谓是抓住了适应国际棉花市场竞争的关键。1910 年，农工商部拟奖励棉业、化分、矿质局及工会各项事宜，其中棉业为重要奖励方面①，农工商部于 1910 年 12 月 23 日拟制棉业、化分、矿质局、工会各奖励章程，在制定奖励章程的过程中，要求各州县设立并完善工会，并指出"需筹设会所，

---

① 《为拟奖励棉业化分矿质局及工会各章程事给天津商务总会的剳》，1911 年 3 月 9 日，天津市档案馆藏，401206800-J0128-2-000581-005。

地方官长应尽心劝导，地方士绅协力组织所有工会事宜，为地方事业要政之一"①。针对棉业奖励一项，制定了较为详尽的棉业奖励章程十四条，棉花质量一项被提升到相当重要的位置，明确规定"改良棉花种法，使收成丰足、棉质洁白，品质以坚韧能纺细纱者为断"②。且这种奖励及改革得到了棉农、棉业团体及棉商的支持，总体上达到政府与棉商、棉农的良性互动。

这种良性互动的结果非常明显，以天津地区为例，1910 年，天津政府着手开展建立工商业社会组织并制定相关政策，注重实行棉花种植改革和奖励。首先，在种植上，天津政府主导禁种罂粟，将种烟土土地一律改种棉花。③ 此后，天津棉花出口量大幅增加，据天津商学公会统计，直隶的保定、正定、顺德，河南彰德等府出产棉花尤多，除供内地使用外，经花商售与洋商后由天津出口，1908 年出口总额约白银五万两，1909 年增至一百五十万两，1910 年春增至六七百万两。④

然而，20 世纪初期的国际贸易已经不同于原始工业化及前工业化时期的国际贸易，⑤ 产品的规格和质量逐步开始有了统一标准，并逐步成为影响国际贸易结构的重要因素。⑥ 此种标准不同于传统时期的质量验证，传统时期的质量验证主要采取肉眼观察及感官上的触摸，或是凭商人的信誉做担保等手段。而 20 世纪的商品质量检验已经融合了现代科学和科技因素，其中包括生物学、化学等知识的运用。面对这样的趋势，民国以后，鉴于欧美各国工商事业日新

---

① 在此之前，直隶各州县已经由劝工陈列所在天津创设工商研究总会一处，并有竹、瓦、木、漆、铜、铁、胰皂、帽鞋各商分项设立研究分会。参见《为拟奖励棉业化分矿质局及工会各章程事照会天津商务总会》，1911 年 3 月 26 日，天津档案馆藏，401206800-J0128-2-000581-006。

② 《为拟奖励棉业化分矿质局及工会各章程事照会天津商务总会》（棉业奖励章程第二条），1911 年 3 月 26 日，天津市档案馆藏，401206800-J0128-2-000581-006。

③ 《为整顿棉业严禁掺杂水泥致皇上的奏折》，1911 年 6 月 18 日，天津档案馆藏，401206800-J0128-2-000581-011。

④ 《为直省棉业利奖明定章程事照会天津商务总会》，1911 年 5 月 24 日，天津市档案馆藏，401206800-J0128-2-000581-008。

⑤ 本章中关于原始工业化及前工业化时期的内容，请参考门德尔斯（Franklin Mendels）于 1969 年在其博士学位论文《18 世纪佛兰德的工业化和人口压力》中的论述，他指出，前工业化一般是指 18 世纪晚期工业革命与工业化之前的社会和文明，原始工业化作为一个术语，用来定义欧洲 16~17 世纪的农村工业作为现代工业最早或原始形式的状况。亦可参见杨·卢腾·范赞登：《通往工业革命的漫长道路》，隋福民译，浙江大学出版社，2016，第 2~4 页。

⑥ 产品质量及规格的全球标准化始于国际行政联盟时期，此时期各种标准的制定为商品经济全球化的规范化展开提供了最早的法律文本与准绳。

月异，为促进国内产业发展，工商部决定吸取欧美及日本的方法。当时欧美为经济发展服务的理论著作及调查报告先后问世，使欧美诸国悉数掌握国内外经济情报，以至产业发达；日本在维新之初，由"文部省、农商务省翻译欧美产业名著，劝导民间，致工商繁荣"。由此，工商部于 1913 年训令天津商务总会将促进产业发展提上日程，棉业就为其中重要一项，工商部制定了《调查棉业各项条款》，在条款第一项中明确提出提高棉花成色的要求及要采取的相关措施。同年，工商部编纂了基本产业论丛书，① 其中《棉业论》系统阐述、比较了中国棉花与国外棉花的质量差异，为官方制定棉花业发展政策提供了系统的依据。

除了重视棉花种植、提高棉花品质以外，在检权方面，从 1915 年开始，北京政府就努力试图抓住契机收回检权。第一个契机是 1915 年中国农商部接到美领事函，要求运美棉花检虫疫。此时农商部设想在津、沪两关自设检查机关，并趁机将由外籍控制的棉花检验机构收回。② 于是 1915 年，农商部设想改组天津的禁止棉花掺和会，将天津的棉花检验权收回，并为此设立办法大纲八条，③ 具体是改组天津棉花检查所，由农商部设立，归直隶行政长官监督执行，除棉花水分标准照旧章办理外，还必须执行虫疫检验，"每值一百元，抽费一元"。此办法经农商部核准确定后，派直隶巡按史赴天津交涉。当时，天津市行商公所和天津商务总会还委托了棉商董事苏云圃、陈宝卿二人和翻译何子珍一同前往与外商方面交涉，④ 但与外商交涉时，外商方面不甘放弃，极力抵抗。"时值国家命运多舛，时局变更，未能继续进行，遂行中止"。⑤ 经此次交涉失败，又因中国棉商未能参与管理，外商对于华商任意苛扰，对输出之棉花进行检查时百般挑剔，额外勒索的情况多有发生，华商苦于无处申诉，听其欺压

---

① 《调查棉业各项条款》，1913 年 11 月 8 日，天津市档案馆藏，401206800-J0128-2-000772-013。

② 《为整顿棉花市场事与天津商务总会往来函》，1918 年 1 月 31 日，天津市档案馆藏，401206800-J0128-2-000771-024。

③ 《为筹议棉花检验办法事给天津商务总会函》，1916 年 1 月 10 日，天津市档案馆藏，401206800-J0128-2-000771-018。

④ 《为筹议棉花检验办法事给天津商务总会函》，1916 年 9 月 27 日，天津市档案馆藏，401206800-J0128-2-000771-019；《为筹议棉花检验办法事禁止棉花掺和会函》，1916 年 9 月 27 日，天津市档案馆藏，401206800-J0128-2-000771-020。

⑤ 陈天敬：《我国各口岸棉花检验略史》，《河北工商月报》1929 年第 1 卷第 10 期，第 68~69 页。

宰割，此种黑幕甚多。① 这是北京政府第一次与外商谈判，试图收回检权，虽然没有成功，但设法收回检权之举足以证明当时政府对国家商品检验权的重视。

第二次契机是在1918年。时值欧战，国内外市场对棉花的需求量进一步增加，中外棉商均以禁止掺水等弊为要图，认为稳定并发展此项大宗贸易，必须竭力提高棉花质量以适应市场需要。北京政府也非常重视提高棉花质量问题，并趁机想收回由外籍掌控的棉花检验机构和棉花检验权。1918年1月，直隶实业厅"致驻京美使及税务处函，称棉业急需整理"，派技师卓伯森、技正谢恩隆前往上海参与检验棉花掺水会，并与之商议改良棉业事宜，然后回京报告。报告认为津、沪两埠为中国重要商埠，棉花出口数量尤多，宜先就该两处由我国各设棉花检验所一处，严行棉花检查，以期恢复信用，提高棉花价值，使销路日畅，于农商两业均有裨益。随后北京政府"咨行江苏省长查照，并分令直隶、江苏实业两厅遵办"。② 同时，直隶实业厅派人联系天津总商会，但天津总商会回复直隶实业厅，说明关于棉花检验，洋商早经设立棉花检查所，认为"毋庸另立，应就该所加以改良，并委托董克臣、董春亭二人，关于改良事情随时接洽"③由于时局不稳，这次关于在津、沪两埠建立由中国政府主管的棉花检验机构的尝试又失败了。虽然此次由北京政府主导的关于建立棉花检验机构的尝试没有成功，但是在改变国内棉业社会力量分散现状方面取得了诸多新的突破。

因为当时的天津棉业商人也注意到，我国的棉花业社会团体并没有形成一个有机联系的整体，本国棉业的发展，除种植与使用机械等方面与欧美有巨大的差距外，在"贸易之精神，操纵之精算，统系之联络"方面同样存在巨大的差距。时人看到英美有世界棉业会，其商业眼光关注全球，日本亦有纱业公会，指导襄助东亚棉业，"反观吾国棉业界，平时各自筹谋，如遇艰阻，束手无策，无远大之眼光"，④ "是故商有商会，工有工会，农有农会，惟于棉业一事合农、工、商三者兼备，但我国棉商多各自为谋"，⑤ 如欲改变我国棉业之

---

① 《津埠检验棉花之主权》，《纺织时报》第590期，1929年4月，第363页。
② 《为整顿棉花市场事与天津商务总会往来函》，1918年1月31日，天津市档案馆藏，401206800-J0128-2-000771-024。
③ 《为整顿棉花市场事与天津商务总会往来函》，1918年1月31日，天津市档案馆藏，401206800-J0128-2-000771-024。
④ 《为拟计划事给天津总商会函附计划》，1919年10月1日，天津市档案馆藏，401206800-J0128-2-000772-003。
⑤ 《为拟计划事给天津总商会函附计划》，1919年10月1日，天津市档案馆藏，档号：401206800-J0128-2-000772-003。

幼稚发展现状，在改良种植、推广纺织、便利运输、清楚世界之供求、谋海外贸易之扩张、调查市况等方面有所进步，必须有统一机关，加以管理协调才能收到明显效果。①

当时棉花检验机构、棉商以及棉业团体之间并没有得到有效的整合，这种情况从 1918 年开始得到改变，首先是前文提到的天津商务总会委托董克臣、董春亭二人负责棉花检验事项，随时与直隶实业厅和外商设立的棉花检验所接洽。紧接着，在 1919 年 8 月，大总统下令成立天津整理棉业筹备处，地址设在天津奥租界，9 月开始办公，② 1919 年 10 月，天津市整理棉业筹备处向天津总商会提出改善棉业四条建议，其中就包括设立棉花检验所、提倡建立全国棉业公会，使全国棉商能团结一致，兴棉业，挽利权。③ 1920 年 9 月，天津总商会推举棉商 20 人与棉花检验所接洽棉花贸易问题，为棉花检验所提供了"历年全入账，饬一切情形等当即报全"，这 20 人包括冯云卿、黄云舫、王宇明、刘少修、高金壹、王泽春、杨雅泉、许辅延、程铸三、郝迪吉、陈宝卿、李月臣、张子久、邹仁甫，闫寿山、刘寿萌、骆澄甫、陈祝路、于桂笙、杜克臣，均为较重要之棉商。④ 于是，当时重要的棉商王筱汀、王祝三、曹秉权、周宝之、杨味云、言仲远、张华孙、张问泉、赵聘卿、吉士贞、暴子周、范竹齐等联合发起成立天津棉业公会，制定并发布了《天津棉业公会简章》。⑤ 同时，上海的棉花商人团体力量花业公所也得到了有力的整合，后于 1933 年，上海棉花号业同业公会成立。⑥

1920 年以后，一方面由于政府在改良棉种、扩大种植、提高棉花质量等方面不断加大力度；一方面在天津、上海的由外商管理的棉花检验机关严格要

---

① 《发起天津棉业公会宣言书》，1920 年 1 月 2 日，天津市档案馆藏，401206800-J0128-2-000772-007。

② 《为本处成立事给天津商务总会函》，1919 年 8 月 22 日，天津市档案馆藏，401206800-J0128-2-000772-001。

③ 此四条建议几乎包括了所有与棉业相关的内容，除了文中提到的，还包括查明各省宜棉地亩数目，分划棉区，奖励开垦，扩充植棉点，广泛建立棉业公司，培养各类棉业人才等。参见《为拟计划事给天津总商会函附计划》，1919 年 10 月 1 日，天津市档案馆藏，401206800-J0128-2-000772-003。

④ 《为派员出席会议给棉花检验所函附名单》，1920 年 9 月 28 日，天津市档案馆藏，401206800-J0128-2-000772-006。

⑤ 《发起天津棉业公会宣言书》，1920 年 1 月 2 日，天津市档案馆藏，401206800-J0128-2-000772-007。

⑥ 《上海市棉花商业同业公会章程、业规办事细则和棉花检验处保证金、公断委员简章》，1933 年 4 月 11 日，上海市档案馆藏，431001-S233-1-5。

求的带动下，中国地方政府（主要是县一级的地方政府）也逐渐重视棉花检验。县一级棉花检验机关的建立进度不同，棉花质量问题各有特点。首先是棉花店品牌的造假问题，1924 年，河北威县设立棉花检查所，威县花店代客收买干白净花，经所查验后，加盖"查讫紫印为凭"，后发现屡有外县商人仿造紫印，冒充威县花店棉花，导致鱼目混珠影响市面，威县检查所遂发明证明书一种，证明书"盖有商会钤记，凡属注册花店，敝所各发给证明书二张以保传用，并于每年 7 月、8 月间，花样挂齐，以便详细填列，制成威县花店一览表，通知各商会、公会、花行、纱厂查照，使冒牌钤记不得售，各处花客不至再受蒙蔽，随时派员调查伪货，切实取缔"，由此达到买卖威棉，只需查阅该花店证明书及威县花店一览表便知真伪的目的。[①]

其次是在检验方法上，县一级的重要棉花产地分别针对自身的实际情况，采取灵活的应对方法。在南宫县，棉花检验工作进展缓慢，虽然实业厅数次令其成立棉花检验机关，但直至 1924 年仍没有成立。但南宫县商会向天津总商会表态："敝会虽不甘受人宰割，而苦无能为力，恳总会设法维持以求公理所在，敝会与各县棉业检查均附设于商会，同归一致办法。"[②] 后曲直生评论了南宫县的棉花检验办法，认为南宫县的棉花检验虽在技术上不专业，缺少专业性，主要根据老棉商的评判，如有掺水过多的现象，任何人都可以告发等，但南宫县棉花掺水的现象的确少了很多。[③]。在安阳县，鉴于棉价逐年增高，棉花掺水弊病频发，导致外埠棉商裹足不前，连累安阳棉业界的信用失坠于本地棉行，各家有鉴于此，成立安阳棉业公会，以期杜绝潮花，扩充销路。采取的办法是任用检查员，每日赴各花店及车站和各货栈认真检查，不容再有潮湿棉花出现。[④] 同时，安阳棉业公会积极向天津棉业公会咨询棉检办法，以期有所改进，并及时把安阳的棉检措施通报给天津棉业公会，使天津各大商号悉知安阳对于棉检的重视和实施，[⑤] 提高安阳棉花信誉。青河县组织检查棉业会，并

---

① 《为收买干白净棉花开具证明书事致天津总商会的函》，1924 年 8 月 1 日，天津市档案馆藏，401206800-J0128-3-004022-021。

② 《为棉业检查附设商会同归事致天津总商会的函》，1924 年 10 月 3 日，天津市档案馆藏，401206800-J0128-3-004022-027。

③ 曲直生：《河北棉花出产及贩运》，商务印书馆，1931，第 297 页。

④ 《为杜绝潮花再出现的函》，1924 年 10 月 5 日，天津市档案馆藏，401206800-J0128-2-001969-009。

⑤ 《为安阳棉业公会杜绝潮花出现致天津棉业公会的函》，1924 年 10 月 11 日，天津市档案馆藏，401206800-J0128-2-001969-006。

呈请青河县县长派员检查，检查的结果如果是干白纯花，即盖"查讫色印"，使自买、代买信用昭彰，销路自畅，并让天津总商会通知各行栈及各纺纱织布厂，待棉货到时"认此色针印为凭证"，检查员于 1924 年 11 月初始实行检查。① 随后，天津总商会将青河县的棉花检验情况通知到天津行商公会、纱厂联合会、棉业公会等，② 青河县棉花信誉逐渐提高。可见，县一级的棉花检验在检验方法和实施力度上虽有不同，但都逐渐认识到并十分重视棉花的品质与销售问题。

1925 年，直隶实业厅发布整顿棉业行简章，规定"经棉商贩运棉花，不得掺和杂质及所含水分过高，如有违规，交由天津棉业公会协议处罚；棉商与洋商交易时，须格外慎重，不得将搋土、掺水之棉蒙混售卖，以维护国际商誉信用；棉商运棉到津，如托各棉花货栈代售，应由各货栈妥善保管，不得有操纵货价及欺蒙棉商情事；各棉花货栈对于代售之棉不得有侵蚀斤两事情"。③从这次发布的简章内容来看，政府对棉花质量的重视程度加深，并且逐渐成系统化，从贩运、交易主体、保管三个方面同时兼顾并采取惩罚措施，与最初的棉花检验政策相比，更具体更细化，操作性更强，从一开始的只在终端销售环节检验深入到棉花的生产、运销、仓储等环节。

综上所述，从辛亥时期至 1925 年，中国的棉花检验之路经历了由外商带动，到中国政府与棉业团体共同促进并整合棉业（横跨农、工、商三个领域）发展的历程。在这个过程中，不同主体间的博弈同时也带来了进步，主要表现为北京政府与外国棉商在棉花检验权方面的博弈；中国地方政府、棉业团体在检验技术方法上与棉花掺杂掺伪行为的博弈，北京政府两度想要收回检权，虽然都没成功，但促成了中国棉业团体的团结和统一机关的建立。在开展棉花检验工作方面，中国政府、棉花商人、棉业公会以及县一级的地方公会都起到了相当重要的作用，地方（县一级）的棉业公会、棉业商人与津、沪的棉业公会的互动和对棉花质检环节的探索更能体现中国地方商人团体与中西方先进技术对接时的特点。在天津和上海，由外商成立的棉花检验机关在技术上与管理

---

① 《为寄送检查棉业会查讫色印事致天津总商会函》，1924 年 10 月 30 日，天津档案馆藏，401206800-J0128-3-005798-065。

② 《为送检查棉纱查讫色印事致天津行商公会纱厂商联合会棉业公会函》，1924 年 12 月 31 日，天津档案馆藏，401206800-J0128-3-005798-082。

③ 《为送整顿棉业简章给天津总商会函附简章》，1925 年 12 月 21 日，天津档案馆藏，401206800-J0128-3-000772-009。

上代表了当时最先进的棉花检验技术。至 1925 年，以外商于津沪两地建立的棉花检验机关为中心，地方（县一级）初步建立的棉花检验系统初步成型。对于中国政府来说，收回由外籍控制的棉花检验机构和棉花检验权便成为下一步最重要的历史任务。

第三节　曲折与胜利：中国收回棉花检验权

南京国民政府成立后，着手建立全国统一的商品检验机关。上海为全国棉花检验首要地区，起到总揽全局的作用。1928 年 5 月，农矿部计划在上海设立全国棉花检验局，10 月 24 日任命陆瑞甫为棉花检验局局长，[1] 11 月 1 日在上海九江路二十二号三楼设局，[2] 分检验、会计、总务三处，颁布了全国棉花检验局新章和《烘验大纲》，并于 11 月 20 日开始检验；[3] 规定此后各地运沪、运津棉花无论本销、外销还是各厂采购专供纱厂用的棉花，一律接受检验；未经该局检查合格并发给合格证书的，不得行销或转运内地及报关出口；各埠纺织厂亦不得收用。同年，南京国民政府开始与外国棉商接洽，准备彻底收回上海和天津的由外籍商人掌控的棉花检验机关和棉花检验权。

上海收回棉花检验权历经两个过程，首先是与外商进行交涉。鉴于棉花检验权的回收事关国家主权，农矿部部长易培基在棉花检验局设立之前，为了顺利将棉花检验权收回，提前做了数月准备，其中就包括与上海的外国棉商展开的数月谈判，结果是与英、美棉商谈判顺利，[4] 唯独与日商磋议多次，[5] 但最终顺利地收回了上海的棉花检验权。之所以出现这样的谈判结果，是因为英国纺织业所需要的棉花原材料主要来源于印度、埃及和美国，而不是中国；而美国是世界第一产棉大国，在国际棉花市场中与中国甚至是竞争对手的关系，中国的棉花品质对英、美影响较小，所以英美在中国收回棉花检验权方面也并未

① 《在南京领事冈本策ヨリ外务大臣男爵田中义一あて宛（普通送電報第 419 号）》，昭和 3 年 10 月 26 日，Ref：B08061973900。

② 《全国棉花检验局致上海市公安局有关委任陆瑞甫、朱奇二人该局棉花检验局正副局长的公函》，1928 年 11 月 7 日，上海市档案馆藏，431001-Q176-3-15。

③ 《棉花检验局定期开始》，《纺织时报》1928 年第 553 期，1928 年 11 月 12 日，第 209 页。

④ 英国的棉花进口主要来自印度、埃及和美国，而美国是世界第一大产棉国，中国的棉花市场对英、美影响较小，故英美在中国收回棉花检验权方面并未阻挠。

⑤ 《训令：中华民国国民政府行政院训令：第一一三号：令工商部：为令行事案据农矿部长易培基呈请复议筹设棉花检验局一案》，《行政院公报》1928 年第 3 期，第 15 页。

阻挠。谈判过程中受日商阻力较大是因为中国是日本最为重要的棉花原料供应地，且日本棉商在中国拥有众多的棉花公司和纺织公司，[①] 所以对中国的棉花检验工作更加重视。

在收回棉花检验权之后，第二步是从行政和技术人员配置上解除了外国人检验中国出口棉花的职务，主要表现为南京国民政府命令江海关税务司撤回所有之前海关派驻的洋商验货员，规定由洋商管理的检查所颁发的验水单无效，凡行销棉花需向南京国民政府设立的棉花检验机关报明检验后方准装运。[②] 至此，南京国民政府较为顺利的完全收回了上海由外籍掌控的棉花检验权。

与收回上海棉花检验权相比，天津棉花检验权的收回过程更为曲折，因为华北对日本来说是最重要的棉花原料供应地，从 1919 年至 1929 年，从天津出口到日本的棉花年均达 38 万担，[③] 在青岛，纱厂一共有 9 家，日本纱厂即占 8 家。日本在华北的经济政策是垄断中国华北纺纱工业，并为此制定了"百万纱锭计划"，[④] 所以日商并没有把最大的阻挠力量放在上海，而是设在了天津，故收回天津棉花检验权遇到了日商较强劲的阻力，谈判非常曲折。[⑤]

1928 年 6 月，天津归南京国民政府统治后，南京国民政府于 7 月任命李顺卿为该检查所正所长，李顺卿一边负责筹备天津棉花检验处事务，一边于1928 年秋冬之交开始就旧水气检查所（隶属于禁止棉花掺和会）的合并及让渡等问题与相关方面进行交涉，[⑥] 李顺卿计划重新在天津设立新机构（与原有的外商管理的棉花检验处合并），并与美、欧、日及相关当局进行交涉。首

---

① 截止到 1928 年，日本在上海、天津、青岛有纱厂 40 家，而英商只有 3 家。根据方显廷：《中国之棉纺织业》，商务印书馆，2011，附录三（甲）、（乙）、（丁）整理。

② 狄建庵：《我国棉花检验之沿革》，《国际贸易导报》1933 年第 5 卷第 7 期，第 170 页。

③ 根据方显廷：《天津棉花运销概况》，天津南开大学经济研究院，1934 年 8 月，第 43 页，第二十表数据计算得出。

④ 《在华日厂最近发展之趋势》，《棉业月刊》1937 年第 1 卷第 4 期。

⑤ 上海检权的收回主要是农矿部部长易培基的努力，他为棉花检验工作的开展做了数月的准备，他与上海的外商尤其是日商经过多次磋议，方收回上海的棉花检验权。南京国民政府与日商的谈判颇为曲折的原因是，华北是日本商人势力强大的地区，天津、青岛的棉花多出口到日本，且日本的棉花与纺织公司在华北甚多。关于这一点，易培基也认为收回棉花检验权的关键是日本在华棉商的态度。参见《训令：中华民国国民政府行政院训令：第一一三号：令工商部：为令行事案据农矿部长易培基呈请复议筹设棉花检验局一案》，《行政院公报》1928 年第 3 期，第 15 页。

⑥ 《在天津总领事冈本武三ヨリ外务大臣男爵币原喜重郎宛（机密第 679 号）》，昭和 4 年10 月 1 日，Ref：B08061973900。

先，中国提出承认合并或让渡的申请，并就此事向天津的禁止棉花掺和会的四名欧美委员和两名日本委员提出商量。当时英国与欧美方面并未提出反对意见，[1] 但与日本的交涉过程充满了波折。[2] 日本委员的意见（主要是日本棉花输出商的意见）是，隶属于禁止棉花掺和会的棉花水气检查所本就是各国棉花商人为提高输出棉花的声誉，得到中国"政府谅解的，在自卫基础上设立的"。设立之后的检验工作也顺利进行，各国人员之间保持了较好的协调运作，并取得了良好的成绩。日方担心"将该事业全权委托给中国方面后，便会产生只重视收入，而实际的检验成效被无视的忧虑"，因此，无论合并还是让渡都遭到了日方极大的反对。[3] 随后，1929 年初，日方向禁止棉花掺和会委员会提议推选中国委员 1 名担任会长，日本及欧美方面各增加委员 1 名（这样，委员人数为中方 3 名、欧美 3 名、日方 3 名，共 9 名），将此结果呈报给南京国民政府，对此，南京国民政府未予同意。

1929 年 5 月 25 日，南京国民政府为了尽快收回检权和统一事权，规定各通商港口的出口品检查事务统归工商部管辖，取消一切在通商港口既设的与工商部法令相抵触的检查机关，并根据工商部已经制定的商品出口检验暂行条例及商品检验局暂行章程，于 4 月 1 日在上海率先开设上海商品检验局的棉花检验处，5 月 1 日又开办从属于该局的牲畜正副产品检验处，汉口及天津也正在进行开设的准备。[4] 工商部制定的法令传达至天津特别市政府后，天津商品出口检验局马上开始筹备检验工作。[5] 棉花湿气检查机械与检查肉类用的细菌培养机及显微镜等一同从上海订购，并在该局的特别第三区内安装完毕。[6]

随后，工商部于 1929 年 7 月任命李荣凯为新的天津商品出口检验局副局长，李荣凯到达天津后，一边提出会见禁止棉花掺和会委员进行磋商，一边开展天津商品出口检验局棉花检验处的具体工作，1929 年 8 月，天津商品出口

---

① 当初英国总领事出于大局考虑，提出"新兴支那"，故采取支持态度。
② 《在天津总领事冈本武三ヨリ外务大臣男爵币原喜重郎宛（机密第 679 号）》，昭和 4 年 10 月 1 日，Ref：B08061973900。
③ 《在天津总领事冈本武三ヨリ外务大臣男爵币原喜重郎宛（机密第 679 号）》，昭和 4 年 10 月 1 日，Ref：B08061973900。
④ 《上海驻在商务参事官横竹平太郎ヨリ汉口商工会议所土井米市宛（实第 71 号）》，昭和 4 年 9 月 9 日，Ref：B08061973900。
⑤ 《在天津总领事冈本武三ヨリ外务大臣男爵币原喜重郎宛（机密第 679 号）》，昭和 4 年 10 月 1 日，Ref：B08061973900。
⑥ 《在天津总领事冈本武三ヨリ外务大臣男爵币原喜重郎宛（机密第 679 号）》，昭和 4 年 10 月 1 日，Ref：B08061973900。

检验局棉花检验处从上海订购了棉花水气检查机，并得到了工商部部长孔祥熙的支持，孔祥熙来津与天津商品出口检验局棉花检验处的负责人员见面，宣告工商部天津商品出口检验局从此开始事业的展开，检验局的组织权限收归南京，并将天津商品出口检验局划分为小事务所、棉花检验处、毛革肉类检验处、商品化验处四处，各处设主任一名（棉花检验处副主任是农学专家陈天敬，在正主任来津前担当检查的责任；毛革肉类检查处主任是曾经留学法国的军医周维廉），之外设职员 10 余名，对输出品进行检查，主要是羊肠及猪肠、兽毛、兽皮、兽肉、棉花、麻等商品。① 1929 年 8 月 23 日天津商品检验局棉花检验处检验细则公布，同时《河北工商月报》等也刊登了具体内容，② 10日，天津商品检验局棉花检验处开始检验，水分定 12% 为标准，过此不准出口。③ 天津商品检验局为开展棉花检验所做的工作不仅让外方看到了中国实施检验工作的态度和努力，同时也展现了技术和人才储备上的实力与努力，为强势收回检权打下了良好的基础。

从外交的角度来看，南京国民政府对外商的态度也较为强硬，1929 年 9月 5 日，工商部致信禁止棉花掺和会的会长，限在 9 月 9 日之前停止发放以往的棉花水气检查所的检查证书。1929 年 9 月 7 日，工商部天津商品出口检验局发布了 9 月 10 日以后在棉花检验处开始对棉花实施检查的告示，用高压的手段回收了棉花水气检查所。④ 1929 年 9 月 9 日，南京政府致天津海关长电报，规定凡 9 月 10 日之后由天津输出的棉花都必须有中方的商品出口检验局的检查合格证明书及出口申请书，方能出口。⑤

对于南京国民政府强力收回检权的要求，日本棉花同业组合表示了强硬的反对意见，提出反抗，为了增强与南京国民政府之间的联络与抗争的力度，野崎、冈本二人联合作为禁止棉花掺和会的代表（日本棉花同业组合的代表），

---

① 《在天津总领事冈本武三ヨリ外务大臣男爵币原喜重郎宛（机密第 679 号）》，昭和 4 年10 月 1 日，Ref：B08061973900。
② 《工商部天津商品检验局棉花检验处检验细则》，《河北工商月报》1929 年第 1 卷第 11期，第 33~36 页。
③ 陈天敬：《我国各口岸棉花检验略史》，《河北工商月报》1929 年第 1 卷第 10 期，第 68~69 页。
④ 《在天津总领事冈本武三ヨリ外务大臣男爵币原喜重郎宛（机密第 679 号）》，昭和 4 年10 月 1 日，Ref：B08061973900。
⑤ 《在天津总领事冈本武三ヨリ外务大臣男爵币原喜重郎宛（机密第 679 号）》，昭和 4 年10 月 1 日，Ref：B08061973900。

于 1929 年 9 月 7 日拜访商品出口检验局局长、副局长及棉花检查所主任，就棉花检查相关情况做了种种陈述并提出交涉，经过此次交涉，日方也认识到，中国此次收回检权的决心之大，并不是抗议和反对能阻止的，而是势在必行，所以后期交涉的内容主要是围绕一些善后的问题。

很快，日本棉花同业组合开始与南京国民政府当局就具体善后事宜进行交涉。根据事件的缓急，前后进行了两次交涉，交涉的内容主要是围绕如何处理库存的已经检验过的棉花（由隶属于外商的禁止棉花掺和会的棉花水气检查所检验的棉花）和日方反对工商部规定的若干项检验细则问题。第一次交涉的主要内容是如何处理水气检查所（隶属于禁止棉花掺和会）已经检查完毕的库存棉花，当时库存棉花有两万袋，其中大部分由日本人购买，同时就卖往日本的棉花的价钱及交付日期做出约定；对于水气检查所已经检查完毕的棉花，特别是已经发给合格证的棉花，天津商品出口检验局与海关规定，到 9 月 10 日，在水气检查所的合格证之外须加盖检验局的印章，海关方能放行。[①] 可以说，南京国民政府的处理方式，强烈地彰显了主权意识。

第二次交涉是关于修正检验细则的问题。9 月 14 日，日本方面针对南京国民政府工商部制定的检验细则提出三点修正要求，一是工商部规定入天津市场的棉花均须接受检查，对于合格的棉花，由检验局发给证书。日本要求对持有旧水气检查所（隶属于外商的禁止棉花掺和会）检查证书的，可以凭此得到出口合格证书。二是输往外国及国内各地的棉花，检查费由每百斤大洋六钱降至五钱。三是水气检验所（隶属于外商的禁止棉花掺和会）发给的检查合格证书有效期由一个月变为无期。日本及天津工商部方面就此与南京国民政府大概进行了两周的通信往来，南京国民政府最终未准许。南京国民政府要求日本按照中国制定的细则对棉花进行检验，日本棉花同业组合于 9 月 16 日无奈接受由南京国民政府工商部制定的棉花检查规则。[②] 其后，工商部天津商品出口检验局通知当地总商会，天津商品出口检验局的棉花检验处自 9 月 10 日开始依照棉花检验细则实施棉花检查事务，至此，一直以来由外国人控制管理的

---

① 《在天津总领事冈本武三ヨリ外务大臣男爵币原喜重郎宛（机密第 679 号）》，昭和 4 年 10 月 1 日，Ref：B08061973900。

② 《在天津总领事冈本武三ヨリ外务大臣男爵币原喜重郎宛（机密第 679 号）》，昭和 4 年 10 月 1 日，Ref：B08061973900。

天津棉花水气检查所停止了棉花检验工作。①

　　关于日本与中方的两次交涉，南京国民政府虽均未同意，但在外交策略上，是尽显礼貌和诚意的，这一点从当时南京国民政府让财政部发给天津海关妥善处理的调令及命令通告中可以看出，与此同时，中国天津棉业组合与日本棉花同业组合也保持了良好的联络。南京国民政府虽持必定收回检权的决心和态度，但并未失了礼貌和谦逊。②

　　在日本方面看来，自1928年南京国民政府欲收回检权以来，天津禁止棉花掺和会的棉花检验工作大都是在天津方面的高压手段下进行的，日方认为"由外商管理的棉花水气检查所已经丧失了功能"③，已无继续存在的必要，遂决定该水气检查所的事务于9月10日停止，并发布了于10月之前解雇其成员的通告。最后，对于禁止棉花掺和会的海关借地问题、建筑物等的处分决定也相继公告。9月27日，外商的禁止棉花掺和会总会就以下事项进行了协议：（一）棉花水气检查所的用地是从海关所借，借地期限为12年，一年的使用费为3451两，分4期缴纳。新设棉花检验处希望租用上述土地，海关方面将其移转给检验处，解决方法是10月至12月第4期的费用由天津棉花检验处支付。（二）棉花水气检查所的建筑物（约值一万两价格的物品）以与时价相当的价格让渡给海关方面（海关长与总税务司商谈中）（三）日常用具类按情况进行拍卖。（四）棉花水气检查所的资金由外国贷给。（五）棉花禁止棉花掺和会成员（日、外、中方各两名）作为善后工作整理委员任职于天津商品检验局。④

　　南京国民政府成立后，中国开始致力于收回检权，虽然遇到了来自日方的阻力，但经过近一年的磋商与谈判，最终成功收回棉花检验权。与日本棉商的多次谈判进一步体现了中国政府与外国棉商在棉花检验权方面的博弈。国人对于棉花检权的收回既有赞许，也有深感不易之处，正如时人评论"外商方面多有不愿，但决将主权收回，虽交涉有时不得要领，然取断然之手段"，总体上，检权的收回获得了国人的好评。中国棉花检验操控于外人之手有16年10

---

① 《在天津总领事冈本武三ヨリ外务大臣男爵币原喜重郎宛（机密第679号）》，昭和4年10月1日，Ref：B08061973900。
② 《在天津总领事冈本武三ヨリ外务大臣男爵币原喜重郎宛（机密第679号）》，昭和4年10月1日，Ref：B08061973900。
③ 《在天津总领事冈本武三ヨリ外务大臣男爵币原喜重郎宛（机密第679号）》，昭和4年10月1日，Ref：B08061973900。
④ 《在天津总领事冈本武三ヨリ外务大臣男爵币原喜重郎宛（机密第679号）》，昭和4年10月1日，Ref：B08061973900。

个月又 9 日。收回棉花检权之后，先有上海于 1929 年 4 月 1 日开始棉花检验，后有南京国民政府之天津商品检查局棉花检验处于 1929 年 9 月 10 日正式开始检验，从而结束了中国棉花检验由外人组织管理的历史。[①]

本章小结

商品检验是国际贸易发展的产物，随着近代科技发展和制造业技术的提高，商品质量越发重要，商品检验的开展逐渐成为现代经济的重要组成部分，它既是国家监督商品质量的有效工具，也是保障消费者利益的根本方法。同西欧国家相比，民国时期中国商品检验机关的诞生和发展相对滞后且缺乏独立性，从诞生伊始就存在着多领域、多层次的交锋与碰撞，涉及了中外政治、经济、技术等多方面的互动与博弈。

从政治层面看，自 1915 年起，中国政府两度试图收回棉花检权，并与外商展开谈判，但因时局动荡均告失败。南京国民政府成立后，中国开始致力于收回棉花检验权，主要围绕上海和天津两地展开。在收回的过程中，天津和上海两地呈现了不同的局面，上海棉花检验权的收回较天津顺利，与英、美棉商的谈判也比与日商谈判顺利，这不仅反映了英、美、日等国在中国所占经济利益比重的变化，同时也反映了日本在东亚进行经济和政治扩张的态势。与英美相比，日本有垄断整个华北纺织业的企图，故日本更不愿意放弃在中国享有的棉花检验权，尤其是天津的棉花检验权，所以中国与日商的谈判也更为曲折。在中国政府一系列收回检权的行动中，形成了中国中央政府与外国棉商在检权方面的博弈；直到 1929 年 9 月，中国最终收回检权，结束了中国棉花检验权主要由外人操控的历史。

从经济的角度看，上海的棉商努力同外国棉商争夺棉花检验机构的管理和经营权，以挽救经济利润和发展本国棉业。在上海，由外籍管理的棉花检验机构控制了中国大部分棉花的出口贸易，从国际贸易角度来讲，由外籍管理的棉花检验机构起着绝对的主导作用。上海地区由华商举办的棉花交易机构、花业团体、纱厂等附设的棉花检验部门主要对内销棉花进行检验，以期本国生产的棉纱能够从品质上与外国棉纱竞争，挽回利权，体现了中国棉商在经济方面与外国棉商的博弈。

从检验技术和检验规章制度方面看，整个上海地区华商的棉花检验缺乏统

---

① 狄建庵：《我国棉花检验之沿革》，《国际贸易导报》1933 年第 5 卷第 7 期，第 169 页。

一的检验标准和规章制度，技术设备水平参差不齐，但这并不意味着中国在棉花检验技术方面没有努力与进步。无论内地还是上海地区，它们都根据实际情况努力提高棉花品质和棉花检验方法。从 1915 年开始，北京政府和后来的南京国民政府均重视棉花品质，从棉花种植、改良到棉花检验等方面都制定了提高棉花品质的相关政策；在县一级的重要产棉地区，棉业公会和棉业商人结合地方实际情况，探索棉花检验方法，同时进一步完善棉花检验制度和检验细则。上海和天津的棉花检验机关虽然都是在外国棉商的发起下成立，但上海华商抓住时机顺势发展本地消费棉花的棉花检验工作和检验技术，从而尽量使中国棉花能够与埃及、印度、美国等国家的棉花在市场上竞争，也避免了上海的棉花检验机构和棉花检验权完全由外国操控。

从 1928 年中国开始计划收回上海和天津的棉花检验机构和棉花检验权，直到 1929 年成功收回，历经一年有余，其间政府不仅与外国进行数月的谈判，农矿部、工商部、社会棉业团体、棉商等也围绕检验局设立地点、领导权归属等问题展开了一系列的交流与争论，最终，棉花检验机关的行政管理权归工商部所有。总体来说，由于国家行政机构的设置初步确定，在棉花检验方面，还未形成完善的管理体系，也并未制定出完善的检验章程，棉业团体、棉商团体与国家管理机构之间在棉花检验制度安排及检验细则方面也展开了争论和协商。在民国政府建立棉花检验机关的过程中，棉商以及棉业团体与政府之间存在着既合作又对抗的一面，其间有不同意见的提出，也有广泛的支持，体现了南京国民政府初期商民、商业团体与国家的关系。

民国时期各项商品检验技术的进步与制度设计上的完善不是孤立的，其发展无法离开当时欧美国家的先进检验技术与制度设计所带来的示范效应，只不过，在国人应变的过程中，既要迎合国际制度的要求，又要结合本国商业传统的特点。在 1929 年中国收回棉花检权的同时，南京国民政府也收回了生丝、牲畜正副产品、桐油、豆类、油类等所有商品检验权，自 1929 年检政统一后，商品检验细则不断调整，检验制度逐渐由散漫而成系统，检验技术亦不断完善，现代检验制度及检验技术逐渐推广至全国。民国时期商品检验制度的建立与发展对当时的政治、经济和技术均影响深远，在政治方面，检权和海关管理权的收回，使中国在参与国际贸易时，不再受外国势力的制约；在经济方面，现代商品质量管理制度的出现有效推动了民国时期多个产业的转型升级；在技术层面，商品检验事业的开展不仅使科学观念逐渐普及、得到实践，并产生了联动促进的作用，尤其是促进了农业生产技术的进步和生产机器的进一步改良。

第七章　易被忽视的力量：1930年以前农矿部及中级棉花市场棉花检验工作的开展

　　民国时期，在开展棉花检验事业的过程中，工商部和上海、武汉、天津三埠的商品检验局及当地的商人团体一直是主要力量。但事实上，农矿部和一些中级棉花市场在开展棉花检验工作方面也做出了比较重要的贡献。在 1929 年工商部成立全国统一商品检验局棉花检验处之前，农矿部于 1928 年成立的棉花检验局是中国最早建立的国家级棉花检验机关。棉花检验局一经成立便受到棉业团体质疑，又因工商部与农矿部争夺棉花检验管理权，最终棉花检验权归属工商部。棉花检验局在建立检验机关、收回检验权、制定政策、实施检验技术方面均有所创建与贡献，还于 1929 年为解决江北棉商检验棉花需求开展产地检验。1930 年底，农矿部与工商部合并为实业部，农矿部检验棉花工作至此结束。农矿部棉花检验的实施体现了南京国民政府建立初期经济管理部门及实施制度建设的探索性特点。在中国近现代棉花市场层级构成中，中级棉花市场是区域棉花市场网络的重要组成部分，承担着转承枢纽的作用。宁波、青岛、郑县、沙市、长沙是长三角、华北和华中三大经济区最具代表性的棉花中级市场，在这些中级棉花市场的发展过程中，棉花检验工作同样受到重视，并起到了助力棉花市场运行和增强国际贸易竞争的作用。只不过在发展过程中，由于区域经济内部构成要素的差异，不同中级棉花市场在开展棉花检验工作时，面对建立新经济管理制度时的应对力度和效果也有些许差异。

第一节　民国时期农矿部办理棉花检验始末（1928~1930）

　　南京国民政府成立后，中国着手成立全国统一的商品检验机关，把商检工作纳入国家统一管理体系，并与国际商检制度接轨。工商部商品检验局是中国历史上第一次建立全国统一商检机关的部门，但实际上，农矿部在棉花检验方面先于工商部着手探索，并在探索设立检验机关、收回检验权、制定政策、实施技术等方面均有所创建，但由于所属权争议、民商质疑等一系列原因，农矿部建立的棉花检验局最终被快速取消。虽然其历时甚短,但其开创性的工作不应被忽视。① 本章利用相关资料钩沉原委,还原其发展轨迹,以期进一步较完整地呈现南京国民政府建立初期,经济管理部门及制度建设的探索性特点。

一 农矿部棉花检验局的成立

南京国民政府成立以后,农矿部于1928年2月成立②,掌管农林矿业。1928年10月,农矿部改为隶属于行政院。1928年10月,农矿部部长易培基为整理棉花进出口事业,组设全国棉花检验局,专责办理棉花检验事宜。陆端甫、朱奇为正副局长。③ 农矿部棉花检验局是南京国民政府成立后首创的棉花检验机关。农矿部棉花检验局成立后,中央政府令外交部和棉花检验局与外商交涉,将棉花检验权及检验机关收回自办。④ 棉花检验局于11月1日在上海九江路22号3楼设局办公,启用关防,制定各项章程,⑤ 指定各科办事人员,并通告各棉花商。⑥

接下来,棉花检验局在组织建设、制定检验规则等方面完成初步构建。在组织方面,全国棉花检验局内部共分检验、会计、总务三处;在设备方面,预制大批马口铁箱,做好编号,用来存贮已经检验的棉花;并积极购置烘验室器械⑦;在制定规则方面,首先,遴选检验员若干名,派赴上海各纱厂调查检验方法以积累经验,结果发现上海各纱厂的检验方法为每百包检出五包,然后再从五包内检出若干,用科学方法检查棉花质量。⑧ 其次,棉花检验局规定报验标准,在检验对象上,注重运销出口的棉花及厂商收货的棉花两个方面,规定棉商与棉商之间的交易可自由报验,不加制限;检验水分标准为12%~15%;在扦样标准方面,规定在每百包中的五包内扦样;在烘验时限上力求迅捷,规定自扦回样花至烘验发单为止,不得超过36个小时;烘验手续费每百斤征收

---

① 学界对此问题关注甚少,目前关注较多的是工商部商品检验局建立的棉花检验处。参见李佳佳:《中国收回棉花检验权始末》,《史林》2020年第6期;李佳佳:《国际视野下近代中国棉花检验制度的建立与演进》,《湖北大学学报》2021年第4期。

② 1930年12月10日该部与工商部合并为实业部。

③ 《农部设棉花检验局》,《新闻报》,1928年10月25日,第0007版。

④ 《全国棉花检验局不日成立》,《时报》,1928年10月30日,第0005版。

⑤ 《农矿部直辖全国棉花检验局通告》,《新闻报》,1928年11月2日,第0002版。

⑥ 《全国棉花检验局成立》,《申报》,1928年11月4日,第0014版。

⑦ 《棉花检验局缓期开验》,《申报》,1928年11月21日,第0014版。

⑧ 《棉花检验局检验方法》《申报》,1928年11月9日,第0014版。

大洋六分，在 70 斤以下者，每包收四分五厘。[①]

随后，棉花检验局颁布了较为完善的烘验大纲，具体内容如下。

第一条　本局为整理棉花，编制统计起见，凡各地运沪棉花不论本销，及中外各纺织厂自向内地采办，专供厂用者，一律受本局之检验。

第二条　凡经本局检验合格者，给予合格证书。

第三条　凡未经本局检验给有合格证书者，不准运销出洋或转运内地，本埠各纺织厂，亦不准收用。

第四条　本局所定烘验棉花之标准，以百分之十二为度，如超过百分之十五者，不准在市销售（其施行期间另订之），其计算方法及罚则，则另行规定之。

第五条　本局对于报验之棉花，派监查员带同扦样，前往扦样，每花百包内，任意抽出五包，于五包内扦样五筒，作为样品，不准报验人自行指定。

第六条　本局抽定之样包，应由监查员盖用样包图记，及监查员私章为负责之标准。

第七条　本局扦样员，受监查员之指挥，对于机包花，每筒扦花二磅，布包扦花一磅。

第八条　本局烘验之棉花，无论及格不及格，均于验单上盖用检验课课长及烘验员图记，以明责任。

第九条　本局烘验棉花，应以最迅速之方法处理之，不得迟延，但有正常理由者，不在此限。

第十条　本局烘花，规定冷热，热度放至华氏四百度表至二百度以上，进花至三百度时，出花不得参差（按本条为未决定适用何种烘箱以前之假定办法）。

第十一条　买卖双方，对于本局检验及格，或不及格之棉花，得于五日内，请求复验者，所有监查员、扦样员，及烘验员等，均另行派员办理，以杜流弊。

第十三条　本局对于请求复验者，认为有必要时，得由局长指派课长秘书等，商级职员，成聘请顾问监同扦样及烘验，以免舞弊。

第十四条　本局所收验花手续费，每百斤规定大洋六分、车马费每次

① 《棉花检验局规定报验标准》，《新闻报》，1928 年 11 月 17 日，第 0016 版。

大洋五角,不得增减。

第十五条 本局发现办事员有舞弊情形者,即时开除,其重大者,送法庭办理,不得徇情。①

上述农矿部棉花检验局于 1928 年 11 月颁布的验水标准及烘验大纲是中国以中央机关的名义首次颁布的棉花检验政策,但由于接下来一连串的质疑,其实际检验工作并未全面展开。

二 来自棉业团体的质疑

农矿部棉花检验局是中国历史上首次建立的全国性商品检验机关,甫一成立,便出现反对之声,先是在 1928 年 11 月 5 日,上海中华棉业联合会致电南京工商部,提出意见,这些意见反映出两个观点,一是认为棉花检验应始自产区,分赴各乡实地检验,棉花检验局若在上海市区进行检验,易使棉商遭受损失;二是认为涉及对外贸易信用关系的商业交易并非农矿部检验局职责,而应属工商部管理,应厘请界限以惠商民。②

紧接着,11 月 13 日,棉业联合会发出电文三通反对上海检验棉花,第一通电文发给南京国民政府蒋主席及行政院谭院长,电文大意为中华棉业联合会针对农矿部颁布的全国棉花检验局烘验大纲中规定的上海棉花无论本销、外销及自用,未经检验合格给证者,不得行销、转运、收用及出口等内容③提出反对意见,认为“销区非产地可比,检验应求根本,今乃反道而行,变本加厉,商货既不能销,唯有停市请命,如谓国产对外贸易,关系不止棉花一类,应由工商部另筹妥善办法,敢请钧长迅令农工两部,分别产销,明定章制,并先制止该局,勿在擅专,绝商生命”。④ 第二通电文致南京工商部,电云“沪市棉花经电农矿部,请检自乡,今接沪局函,凡未经检验给证,不得行销转运收用及出口,是直致商死命,务恳钧部命令国内棉商贸易章制,倘任该局擅专,唯有停市待命,万乞拯救”。⑤ 第三通电文致南京农矿部电云:“沪市棉花,电请检自乡,今接局函,凡未经检验给证,不得行销转运,收用及出口,是直使商

① 《棉花检验局开办讯》,《民国日报》,1928 年 11 月 21 日,第 0010 版。
② 《棉业联合会之两要电为设立棉花检验局事》,《新闻报》,1928 年 11 月 6 日,第 0016 版。
③ 《棉花检验局烘验大纲》,《纺织时报》1928 年第 555 期,第 218~219 页。
④ 《棉业联合会反对沪市检验棉花》,《纺织时报》1928 年第 554 期,第 215 页。
⑤ 《棉业联合会反对沪市检验棉花》,《纺织时报》1928 年第 554 期,第 214~215 页。

停市，敢情划分农商，明定章制，并令局勿再擅专，致商死命"。① 同时《时报》也刊登了这三通电文，② 从这三通电文可以看出，中华棉业联合会主要针对棉花检验的三个问题，一是检验地点问题，二是检验局的行政部门归属问题，三是指出了检验规定过于严苛的问题。

1928 年 11 月 13 日③，上海总商会亦呈南京国民政府行政院谭院长文，云："棉花检验局既为农部名义设立，具体地点应设于棉产地为适当，若设在市区，无异于置棉商于死地，事关棉业存亡，务请主持公道，尽力拯救"，认为"棉花检验原属勤政，应是产地负责检验，切实整顿，勿使棉商购入劣花、包括掺杂砂石或过潮之棉花。而对于推广棉花销路，农、工、商三方皆受其赐，仅设棉花检验局于销区，恐必骚扰病商，棉商已有停市请命之举，鉴于现在各局之积习，使人闻而震聩，此事关系国际贸易信用，应会同工商部另筹办法，妥慎办理"。④ 从上述上海总商会提出的意见可以看出，上海总商会与中华棉业联合会提出的观点大致相同，由于中华棉业联合会和上海总商会以及棉商的反对，农矿部在沪设立棉花检验局的原定日期向后推延。

面对棉业团体的质疑，农矿部并未置之不理，1928 年 11 月 16 日，棉花检验局致函棉业联合会，解释在上海设局检验棉花的原因。农矿部棉花检验局从上海棉花检验历史发展角度阐释棉花检验地点设在上海的历史性和正当性，并援引三例证明。第一例是 1901 年洋商在上海设立水气检查所 38 处之多，当时棉业会董程鼎为顾全主权，禀请上海道设局自验，此为在上海检验棉花之嚆矢；第二例为在辛亥革命期间，棉花检验局解散，1913 年江苏民政厅将检验局恢复，仍设上海，只因办法未善，以致停搁。故农矿部指出在上海设局验花，非农矿部棉花检验局倡始，而是早已有之⑤；第三例是援引 1918 年之后，当时上海总商会和中国棉业联合会为了改变因棉花掺水作伪导致信用日坠，以致出口减少，进口连年增加的情况，请自设验水局于上海，当时，经前北平农商部批准，江苏实业厅和海关监督筹议办理，农商部又专派技师卓伯森等来上海与各团体商酌开展。不仅如此，既是棉业专家又是南京国民政府成立后工商部次长的穆湘玥（穆藕初）也认为乡公所在棉花检验及烘验方面没有完善的

① 《棉业联合会反对沪市检验棉花》，《纺织时报》1928 年第 554 期，第 215 页。
② 《棉业联合会致国府电反对沪市检验棉花》，《时报》，1928 年 11 月 14 日，第 0005 版。
③ 《总商会电陈棉花检验局利害》，《时报》，1928 年 11 月 14 日，第 0005 版。
④ 《棉业联合会反对沪市检验棉花》，《纺织时报》1928 年第 554 期，第 215 页。
⑤ 《棉花检验局致棉联会函在沪设局验花之解释》，《新闻报》，1928 年 11 月 16 日，第0014 版。

设备，即使农民积极报验，也无法保证其后不再掺水，故检验机关应设于棉花聚集之地。农矿部棉花检验局指出在上海设局理由正当，因为上海是棉花集中区域，也与穆次长的意见吻合。

面对棉商团体提出的检验规定过于严苛的问题，农矿局棉花检验局在细则制定原则方面会务求烘验办法平允、手续简便，承诺对棉业团体提出的建议会尽量采纳，以利商民。[①]

农矿部棉花检验局开展棉花检验的波折影响较大，其他领域对此多加以关注，除了涉及棉业团体、商业人员、外国棉商和中央政府机关之外，此事也受到了当时多个媒体的关注，如东南通信社于1928年11月14日赴农矿部棉花检验局详询一切，并于1928年11月15日报道了整个事件。[②] 报道客观公正地评价了农矿部设立棉花检验局开展棉花检验的渊源及历史意义，肯定了农矿部棉花检验局为中国棉花检验开办做出的开创性贡献。

综上，农矿部棉花检验局在刚刚成立时，在筹备检验设备、制定检验方法、颁布检验细则、确定烘验方法、收回检验权等方面都做了首创性贡献。但检验还未开始，便遭到棉业联合会和上海总商会的反对和质疑，质疑之点主要集中在检验地点、检验方法、行政管理权归属三个方面，农矿部针对这些质疑给予了解答。这既反映了在新的经济管理制度建设探索初期，还未形成完善的管理体系时，重要社会团体的意见在一定程度上影响着管理部门的管辖范围及政策实施，也体现了社会团体与国家行政机构之间的互动情况。

三 权力转移：工商部的争夺

当农矿部棉花检验局在上海实施棉花检验遭到棉业团体质疑后，在棉花检验管理权方面，工商部也展开了与农矿部的争夺。

设立棉花检验局最初是由农矿部部长易培基提出，但当时因未就外商接洽问题谈妥，所以没有直接呈请行政院批示，而是在呈送农产物检查所检查条例和组织章程时，将棉花检查一项列入农矿部管理，并转呈国民政府。[③] 而从工商部方面看，前有棉业联合会和上海总商会对农矿部棉花检验局的质疑，后有

---

① 《棉花检验局致棉联会函在沪设局验花之解释》，《新闻报》，1928年11月16日，第0014版。
② 《关于棉花检验局之谈话》，《新闻报》，1928年11月15日，第0016版。
③ 参见《训令：中华民国国民政府行政院训令：第一一三号：令工商部：为令行事案据农矿部长易培基呈请复议筹设棉花检验局一案》，《行政院公报》第3号训令，1928年第3期，第15页。

中华棉业联合会主席罗幼甫向工商部请求棉花检验机关应当属于工商部①，顺势，孔部长也向行政院提议。② 在随后 11 月 20 日的行政院第四次会议上，工商部正式提出："原料督促改良应在产地施行"，如在通商口岸，出品即为商品；检查商品关系国际贸易信用，属工商部范围，并援引天津毛革肉类检查所由工商部接管一例，提出棉花检查事务应归工商部办理，当时农矿部长易培基因病在沪，未能列席陈述意见，遂通过决议，决定将农产品产地检查权划归农矿部，检查工作归农矿部办理，在通商口岸出口的商品归工商部管理和办理。③ 接下来，工商部的行动非常迅捷，11 月 25 日，工商部便函请农矿部，请农矿部将检验管理权及各项事务移交棉花检验局。④

事实上，在行政院第四次会议决议之前，农矿部部长易培基在两个方面为棉花检验局的成立进行了非常重要的筹备工作，一是为收回棉花检验主权，尽力与外国交涉，英国棉商最初不赞成农矿部设立棉花检验局，但经该局与江海关税务司屡次交涉与斡旋，税务司较快同意该局验讫之单报运出口。⑤ 对比而言，与日商交涉时阻挠颇多，经过多次磋议才达目的。二是连续数月与沪棉商、厂商、团体接洽，使其明了设局检验棉花的重要性。⑥ 农矿部的工作为棉花检验局的设立打下了重要的前期基础。

面对工商部的做法，针对行政院第四次会议的决议，农矿部部长提出了申述意见。首先认为"天然产品与制造品截然不同，执掌各有专司，万不能随地点而有所区分，棉花为天然产品，检验之权应归农矿部，非其他制造品可比"。其次，针对工商部所引的天津毛革肉类检查所由工商部接管一例，陈述了该所建立的缘由，指出"天津毛革肉类检查所系前农工部根据英国农部请求而设，当时农工未分部，故天然农产品与制造品未分列。现政府将农工划分两部，掌管该所亦实有变更之必要，但就棉花检验一项，未必要隶工商部"。再次，农矿部部长指出"我国棉田广阔，产棉区甚多，检验器具缺乏，而工

---

① 《批令：中华民国国民政府行政院批：第二十九号：具呈人中华棉业联合会主席委员罗幼甫：呈为设局检验棉花买卖皆知自由，请分令农工两部迅速划分产销颁示章制，并先制止棉花检验局勿许妄动由》，《行政院公报》，1928 年第 3 期，第 46~47 页。

② 《棉花检验局结束移管》，《纺织时报》1928 年第 560 期，第 239 页。

③ 《棉花检验局主管问题》，《纺织时报》1928 年第 559 期，第 235 页。

④ 《棉花检验局》，《民国日报》，1928 年 11 月 26 日，第 0004 版。

⑤ 《棉花检验局消息》，《时报》，1928 年 11 月 18 日，第 0005 版。

⑥ 《训令：中华民国国民政府行政院训令：第一一三号：令工商部：为令行事案据农矿部长易培基呈请复议筹设棉花检验局一案》，《行政院公报》第 3 号训令，1928 年第 3 期，第 15 页。

商部提出农矿部就产地检验，事理实不可解"。工商部穆湘玥次长也针对工商部提出的农矿部应在棉产地检验棉花的建议方面提出不同看法，言到"各县能否有完全之烘验设备，农民报验后安知其不再掺水希图混售，故检验机关应设于棉花集中之地，再就手续而言，凡棉花非由检验局发给合格证书，不准销售，上海纱厂林立，又为棉花集中之地，若不在上海设局，试问从何办理，且农矿部职务止于检验并不限于出口商品，与工商部职权毫无重复之嫌"。[①]

农矿部部长和工商部次长以上的看法说明农矿部的棉花检验局与工商部职权并未冲突，所以农矿部呈请行政院请求准予提交复议，1928 年 11 月 27 日，行政院第五次会议将易部长的呈文详细讨论，再由其本人说明，[②] 最后，行政院第五次会议达成决议，"一：上海棉花检验局及人员移归工商部照原有组织接受办理，二：农矿部垫用各款由工商部从速拨还，三：农矿部准另设农产物检验所"。[③] 至此，关于棉花检验机关的行政管理归属问题得到解决。

同日，农矿部暂停检验。[④] 1928 年 12 月 5 日，农矿部棉花检验局移交工商部接收办理，局长陆瑞甫、副局长朱奇等待工商部派员到沪接收。[⑤] 同日，国民政府行政院令农矿部部长易培基拟定农产物检查所暨中央农事试验场组织条例及章程送请转呈国府备案。[⑥] 1928 年 12 月 6 日，中华棉业联合会也接到工商部批示。[⑦] 1928 年 12 月 25 日，工商部办理出口商品检验事务，接收上海棉花检验局，并拟具商品出口检验局暂行规则及章程。[⑧] 至此，农矿部与工商部关于棉花检验局的移交过程告一段落。

---

① 《训令：中华民国国民政府行政院训令：第一一三号：令工商部：为令行事案据农矿部长易培基呈请复议筹设棉花检验局一案》，《行政院公报》第 3 号训令，1928 年第 3 期，第 14 页。

② 《棉花检验局主管问题》，《纺织时报》1928 年第 559 期，第 235 页。

③ 《训令：中华民国国民政府行政院训令：第一一三号：令工商部：为令行事案据农矿部长易培基呈请复议筹设棉花检验局一案》，《行政院公报》第 3 号训令，1928 年第 3 期，第 15 页。

④ 《棉花检验局暂停检验》，《新闻报》，1928 年 11 月 27 日，第 0016 版。

⑤ 《棉花检验局业已结束》，《新闻报》，1928 年 12 月 5 日，第 0016 版。

⑥ 《指令：中华民国国民政府行政院指令：第七七号（中华民国十七年十二月五日）：令农矿部长易培基：函呈为拟定农产物检查所暨中央农事试验场组织条例及章程送请转呈国府备案由》，《行政院公报》，1928 年第 3 期，42~43 页。

⑦ 《棉花检验局结束移管》，《纺织时报》1928 年第 560 期，第 239 页。

⑧ 《指令：中华民国国民政府行政院指令：第一六七号（中华民国十七年十二月二十五日）：令工商部：呈遵令办理出口商品检验事务并接收上海棉花检验局拟具商品出口检验局暂行规则及章程请核准备案由》，《行政院公报》，1928 年第 9 期，第 45 页。

综上所述，南京国民政府成立以后，农矿部与工商部展开了关于棉花检验机关管理权的争夺，其间涉及对农业及对外贸易的管理主旨探索，以及对现代科学技术的运用和实施。农矿部与工商部的争论和移交过程，也反映出南京国民政府在新领域建立管理制度初期的探索特点。

四　农矿部开展的棉花检验工作

1928 年 12 月 5 日，农矿部颁布了农矿部农产物检查条例，共九条，[①] 17 日，农矿部颁布了农产物检查所组织章程。[②] 此后，农矿部遵照行政会决议案，一面移交上海棉花检验局于工商部，一面开始筹备成立农产物检查所，1928 年 12 月底派常任次长陈郁，农政司长徐廷瑚，林政司长胡庶华，秘书方叔章，科长刘维藻，驻沪办事处主任朱鹤皋及余千山七人为上海农产物检查所筹备员。随即于 1 月内拟定计划，先设总务及肥料检查两课，同时筹措开办经费，并定所址在闸北，派徐廷瑚兼所长，蔡无忌兼副所长，朱鹤皋任主任，帮办所务，农产物检查所即于 1929 年 2 月 1 日正式成立。[③]

农产物检查所正式成立后，于 1929 年 3 月 9 日颁布了农产物检查条例施行细则，共 14 条。[④] 1929 年 3 月 20 日，农矿部农产物检查所颁布办事细则共 33 条。[⑤] 此后，农产物检查所工作步入正轨，从检查内容上来看，产物检查所最为重视的是肥料检验，其次是蚕种检验，[⑥] 而在棉花检验方面，因为有工商部分去大部分职责，故棉花检验工作开展稍晚。

1929 年春夏间，南通花纱布同业工会代表程心斋等数十人，以通属棉花、棉纱及土布等掺水、泥、石灰及膏糊等情况甚多为原因，呈请江苏省府或工商部施行检验。当时工商部认为产地检查应归农矿部办理。遂多次呈请农矿部在南通地区设分所施行检验，农矿部派萧科员前往调查筹备成立分所，并接受上

① 《法规：农矿部农产物检查条例（十七年十二月五日呈准行政院备案由部公布施行）》，《农业特刊》，1930，第 8~9 页。
② 《法规：农矿部直辖农产物检查所组织章程（十七年十二月十四日部令公布）》，《农业特刊》，1930，第 10~12 页。
③ 余千山：《报告：筹办上海农产物检查所之经过》，《农业特刊》，1930，第 7~8 页。
④ 《法规：农产物检查条例施行细则（十八年三月九日部令公布施行）》，《农业特刊》，1930，第 9~10 页。
⑤ 《农矿部直辖农产物检查所办事细则》，《农业特刊》，1930，第 12~18 页。
⑥ 《报告：农矿部上海农产物检查所十八年全年工作报告：［表格］》，《农业特刊》，1930，第 79~107 页。

海农产物检查所的指导和监督。①

农矿部鉴于江苏江北各县为产棉最富区域，棉花检验尤为重要，1929年11月10日，在南通设立农产检查所江北分所，19日，农矿部农产物检查所江北分所制定了组织章程。②

章程定于11月15日起开始检查，规定境内所有出售棉类，均须报该分所检验，粘贴检查凭证，然后方准销行，如不粘贴凭证，私自运销或购买者，一经查出，按照检查农产物处罚规则处罚。③

1930年3月，农矿部农产物检查所颁布江北分所检验棉花试行办法十五条，详细内容如下。

第一条　凡在江苏所属江北各县棉花暂依本办法检验之。

第二条　检验棉花所含水分暂定百分之十二为标准，百分之十五为合格，超过百分之十五为不合格，凡棉花掺和石膏、沙土及其他杂质均作不合格论。

第三条　本分所得遴派检验员于各行庄厂收买时施行检验。

第四条　检验员检验棉花于必要时得托样送所烘验，每次托样以一磅为标准。

第五条　检验员检验合格之棉花方准收买装包，并须按包发贴检验证准其运销。

第六条　检验员检验不合格之棉花应随时禁止其售资或将其货扣留，送交本分所处罚不得循情。

第七条　检查费暂定每百斤收银元二分，其不满百斤者按重计算，检查费之收缴由本分所发给三联收据。

第八条　本分所得随时派员赴各地流动稽查，如遇有漏验之棉花，得随时送交检验员检验补贴检查证，但漏验至三次以上者应予以相当之处罚。

第九条　如察觉有复验之必要时得报告所长或办事处主任派员复

---

① 余千山：《报告：筹办上海农产物检查所之经过》，《农业特刊》，1930，第10~11页。

② 《农矿部农产物检查所江北分所组织章程（十月十九日部令公布）》，《农矿公报（南京1928）》1929年第18期，第41~42页。

③ 《通棉亦将检验：南通设农产物检查所江北分所，农矿部布告于本月十五日起验》，《纺织时报》1929年第647期，187页。

验之。

第十条　凡经检验认为不合格之棉花，本分所得禁止其运销或酌量情形分别处罚如下：

（1）棉花所含水分超过百分之十五者，按照全货超过重量之价值处以三倍以内罚金。（2）棉花内如掺和石膏、沙土等杂质者，酌量情形轻重，处以全货价值百分之十百分之五十之罚金。（3）凡中途作伪查有实据者加重处罚。

第十一条　凡有受授贿赂或串通舞弊或伪造凭证者送交法院依法惩办。

第十二条　凡处罚事项如有疑问时三日内声请提交惩罚委员会议处，惩罚委员会由本分所当局于所在县召集左列各党政机关各法定团体代表各一人组织之：（1）县党部，（2）县政府，（3）县农民协会，（4）县农场，（5）县商民协会，（6）县商会，（7）棉业公会。惩罚委员会议以本分所当局为当然主席，其议事细则另订之。

第十三条　检查费及罚金除充本分所经常临时各项开支外，如有余款得拨充改良当地棉业之用。

第十四条　本办法得随时呈请修改。

第十五条　本办法自公布尔日试行。①

从上述江北分所检验棉花试行办法与工商部颁布的棉花检验政策来看，相较而言，江北分所检验棉花试行办法具有鲜明的原产地检验特色。尤其是以下三点，第一点是检验地点为各行庄或厂而不是在检验局；第二点是除了在各行庄或厂检验外，还补充了流动稽查的检验方式；第三点是惩罚委员会的构成包括县党部、县政府、县农民协会、县农场、县商民协会、县商会和棉业公会等。虽然工商部自1929年3月开始也颁布了众多棉花检验管理条例和细则，但都是针对各大城市中的棉花贸易，其具体检验细则与原产地检验还是有较大的区别。江北分所检验棉花试行办法是中国第一部针对棉产区制定的检验细则，具有比较重要的开创性意义。

1930年5月，农产物检查所考虑江北产棉区域有十一县之多，为检查便

---

① 《法规：农矿部农产物检查所江北分所检验棉花试行办法（十九年三月呈准农矿部公布施行）》，《农业特刊》，1930，第214~216页。

利起见，拟在崇明、海门、启东、如皋各分设办事机关；靖江泰兴合设办事机关；泰县、东台、盐城、阜甬合设一办事机关，以便就近检验。在人员配备方面，派龚亚虞前往崇明，派洪维清前往海门，派严敬之前往启东，派薛永宗前往如皋，派葛冀贤前往靖泰，派徐玉波前往泰东，经两月筹备就绪。[①]

从1929年11月10日农产物检查所在南通设立农产检查所江北分所直到1930年7月，可以说农矿部对棉花检验工作刚刚完成初步布局，但到了1930年年底，由于中央行政机构调整，农矿部棉花检验工作戛然而止。12月9日，新任实业部长孔祥熙将农矿部与工商部合并，并限12月10日结束。[②] 实业部接收了农矿部农产物检查所，[③] 紧接着，上海商品检验局奉实业部令接收农产物检查所，并于12月22日派员前往接收。自上午十时迄下午四时接收完毕。接收后，棉花进口及小麦进出口，拟另订办法，再行检验，原有江北分所及附设各县检查办事处等一律裁撤，棉花及小麦等检验并入工商局棉花检验处。[④] 至此，农矿部农产物检查所工作结束，相应地，所有的棉花检验工作也全部结束。

从以上农矿部农产物检查所开展的棉花检验工作内容可以看出，其工作成绩主要体现在两点，一是为收回棉花检验权所做的努力；二是应棉商要求，开展对江北各县的棉花检验工作，并制定了相关组织管理及检验细则。但由于行政机构的调整，农矿部棉花检验工作很快结束。虽然农矿部开展的棉花检验工作较为短暂，但农矿部农产物检查所开了中央针对棉产区制定棉花检验细则的先河，为后期棉花检验事业的发展提供了经验。

由上观之，农矿部棉花检验局是南京国民政府成立后首创的国家级棉花检验机关，农矿部棉花检验局在引进设备、政策制定、收回检验权等方面均做出了重要贡献。但由于制度建设尚处初步阶段，受到棉业团体反对和质疑，不仅如此，工商部与农矿部也展开了关于棉花检验机关管理权的争夺，最终农矿部只负责产地检验，重要港埠的棉花检验权归工商部。此后，农矿部成立了农产

---

① 《部令：训令：令上海农产物检查所据呈江北分所拟分设崇明等县办事机关应准设立文（五月十五日）》，《农矿公报（南京1928）》1930年第25期，第16~17页。

② 《实业部令依期成立工商农矿两部今日结束 行政院令孔祥熙即就职》，《新闻报》，1930年12月10日，0006版。

③ 《局务纪要：局务分志：接收上海农产物检查所》，《国际贸易导报》1931年第2卷第1期，第5~6页。

④ 《局务纪要：局务分志：接收上海农产物检查所》，《国际贸易导报》1931年第2卷第1期，第5~6页。

物检查所，对江北各县运用现代管理知识及技术进行棉花检验。1930 年 12 月底中央行政机构调整，农矿部棉花检验工作结束。

第二节　中级棉花市场棉花检验发展特点（1920～1929）

晚清民国时期，中国棉花产地逐渐覆盖长三角经济区、华北、华中的 12 个省份，上海、天津、武汉是最重要的棉花终端市场。此外，每个经济区又有不同数量的中级棉花市场，中级棉花市场又可分为较大的和次要的两种类型，其中宁波、沙市、青岛、郑县、长沙是三大经济区中最重要的棉花中转市场，对全国棉花贸易流通具有重要的转承作用，其棉花检验发展具有代表性，发展呈现区域特点。①

中国最先建立棉花检验机关的是上海和天津，其次是武汉。在 1929 年 4 月工商部设立上海商品管理局并建立棉花检验处之前，中国并没有真正意义上的全国统一棉花检验机关，全国各地开展的棉花检验工作呈现多样性，对上海、天津、武汉的棉检发展，国内已有相关研究。② 但对晚清民国时期中级棉花市场的棉检发展少有剖析。事实上，从民国时期全国棉花市场网络构成上看，中级棉花市场不仅是各经济区棉花市场运行的重要组成部分，其检验事业的发展同时也是中国工业文化的重要体现。③ 在中级棉花市场棉花检验发展过程中，各地棉商发挥了不同的自治力度，与当地经济、技术吸收程度差异等因素相叠加，使中国中级棉花市场的棉花检验工作呈现出多样性。研究并揭示这些特点，可以进一步勾勒出 1929 年工商部设立全国商品检验局之前中国中级棉花市场开展棉花检验工作的特点，有利于进一步呈现中国棉花市场现代化转型的风貌及脉络，进而深化民国时期的检政研究和棉业研究。

一　宁波棉花检验发展及特点

江苏、浙江为长江三角洲经济区重要的产棉省份，上海和宁波分别是这两省最重要的棉花市场，上海于 1927 年 7 月成为上海特别市后，也成为隶属于

---

① 棉花市场的分级，可以分为原始市场、中级市场（也可称为中转市场）和终点市场，划分依据为棉花贸易量和服务部门的完善程度。参见方显廷：《中国之棉纺织业》，商务印书馆，2011，第 68 页。严中平：《中国棉纺织史稿》，商务印书馆，2011，第 398 页。

② 李佳佳：《中国收回棉花检验权始末》，《史林》2020 年第 6 期；李佳佳：《国际视野下近代中国棉花检验制度的建立与演进》，《湖北大学学报》2021 年第 4 期。

③ 李佳佳：《工业文化融入中国近现代史教育路径分析》，《山西高等学校社会科学学报》2022 年第 6 期。

中央的一级建制，上海也就成为全国最重要的棉花市场。依据棉花市场规模，宁波地位逊于上海，但在1929年4月国家建立统一棉花检验机关之前，宁波是长江三角洲经济区最重要的棉花中级市场。① 宁波吸收的棉花一部分直接出口，一部分销到上海、海门、温州等地。②

浙江棉花检验发轫于1911年。③ 1911年，北洋商学公会通过实际调查，发现棉花掺水掺杂现象频有发生，导致棉花发霉、变色、无法使用，外国棉商裹足不前。④ 此情形严重损害了中国棉花出口。有鉴于此，北洋商学会于1911年4月向农工商部陈列出棉花掺水掺杂情形及引起的各项弊端，农工商部遂开始整顿棉业。将种烟之地一律改为植棉；调查中外植棉成法，编辑成书，印行发放各省；制定奖励章程，严禁掺水掺杂。⑤ 这是中国第一次为了提高棉花品质出台系列政策。随后，浙江省也十分注意解决棉花掺水掺杂问题，同年，《浙江教育官报》和《浙江官报》均刊登了农工商部颁布的关于严禁掺水掺杂、奖励棉业的政策。⑥ 1913年，农林部令各省民政长官在棉产区严行禁止掺水掺杂。⑦ 1920年，浙江省令余姚县拟定取缔棉花掺水暂行办法，并令其他37个产棉县根据地方实际情形仿办。⑧

① 晚清时，随着国内棉花商品化的进展，国内棉花市场网络逐渐形成，宁波、上海、天津是19世纪后半期至20世纪前十余年间形成的最早的三个出口市场，后来，随着中国铁路交通事业的进步，新的棉花中转市场出现，宁波棉花市场地位有所削弱，但仍然是长江三角洲地区十分重要的棉花中转市场。参见严中平：《中国棉纺织史稿》，商务印书馆，2011，第398页。

② 《宁波城区棉花布业近况》，《天津棉鉴》1931年第4、5、6期，第72~73页。

③ 参见《为直省棉业利奖明定章程事照会天津商务总会》，1911年5月24日，天津市档案馆，档号：401206800-J0128-2-000581-008；《为整顿棉业掺杂水泥一折事照会天津商务总会（附抄原奏折）》：1914年7月3日，天津市档案馆，档号：401206800-J0128-2-000581-013；《为整顿棉业掺杂水泥诸弊——折事照会各分会》：1914年7月9日，天津市档案馆，档号：401206800-J0128-2-000581-016。

④ 狄建庵：《我国棉花检验之沿革》，《国际贸易导报》第5卷第7期，第169页。

⑤ 《为整顿棉业严禁掺杂水泥诸弊—折事给天津商务总会的札（附原奏折）》，1911年6月29日，天津市档案馆，档号：401206800-J0128-2-000581-012。

⑥ 《章奏：农工商部奏整顿棉业严禁掺杂水泥诸弊折》，《浙江教育官报》1911年，第88期。

⑦ 《中央文牍：农林部咨各省民政长请通饬产棉各区域严行禁止掺水之弊并将办理情形报部备查文》，《浙江公报》1913年，第441页。

⑧ 余姚县为浙江省棉产量最大的县，余姚县初拟的办法有八条。参见《训令：令余姚县知事：第三六二号（九年五月十八日）：奉省令改正余姚县拟订取缔棉花掺水办法通令产棉各县各就地方情形参酌仿办由》，《浙江实业月刊》，1920年，第1期，第50页；《训令：令海宁、江山、上虞等三十七县知事：第三六二号（九年五月十八日）：奉省令改正余姚县拟订取缔棉花掺水办法通令产棉各县各就地方情形参酌仿办由》，《浙江实业月刊》1920年第1期，第47~49页。

宁波是江浙最早开展棉花检验的城市，1921 年，宁波棉商为了提高浙江棉花的品质与信誉组织棉业公会，并于公会内部附设验水所，定名为会稽道棉花验水所。此验水所属于民间组织，官方并未给予认可，宁波海关亦不予合作，出口棉花无须检验合格证书即可放行。1926 年，宁波棉商计划再设立棉花水气检查所，但自成立后，在具体实施细则方面，因未达统一而作罢。① 从宁波棉花检验机构的最初建立与实施可以看出，宁波最初的棉花检验机构主要由棉商筹办，在发展的过程中，棉商的意见存在分歧，分歧点主要集中在如何制定检验细则规定等方面。宁波棉商的初期努力为浙江省的棉花检验及棉花出口贸易做了最初的有益探索。

1928 年，浙江省政府开始管理棉花检验工作，棉花检验工作由纯商人自办改为官督商办。② 具体实施是浙江省以棉业改良场棉花检查所名义开始棉花检验，并制定了《浙江省立棉业改良场棉花检验所章程》③、《浙江省棉花检验规则》④、《浙江省棉花检验规则施行细则》⑤，检验证书由省建设厅发给，⑥ 海关开始承认出口证书。1928 年年底，浙江省建设厅进一步加强对棉花检验机构的管理，将棉花检验所收为省办，定名为浙江省立棉花检验所，地点依旧设立在棉花改良场内。⑦ 浙江省建设厅委任方君强为棉业改良场场长。⑧ 王淘为浙江省立棉业改良场棉花检验所主任，⑨ 设检验员、监察员若干人。⑩

1929 年 1 月，浙江省政府建设厅考虑到杭县为萧山和绍兴两地的棉花出口地，令省立棉业改良场场长方君强委任杜鞠人为棉花检验所杭县分所主任兼检验员，开展检验棉花工作⑪。接下来，浙江省政府明令相关部门配合棉花检

---

① 《棉花检验略史》，《纺织时报》1929 年第 648 期，第 191 页。
② 《出口商品检验之目的与方法》，《国际贸易导报》第 1 卷第 1 期，第 7 页。
③ 《浙江省立棉业改良场棉花检验所章程》，《浙江建设厅月刊》1928 年第 18~19 期，第 19~20 页。
④ 《浙江省棉花检验规则》，《浙江建设厅月刊》1928 年第 18~19 期，第 20~21 页。
⑤ 《浙江省棉花检验规则施行细则》，《浙江建设厅月刊》1928 年第 18~19 期，第 21~23 页。
⑥ 《棉花检验略史》，《纺织时报》1929 年第 648 期，第 191 页。
⑦ 狄建庵：《我国棉花检验之沿革》，《国际贸易导报》第 5 卷第 7 期，第 170 页。
⑧ 《浙江建设厅月刊》1929 年第 22~23 期，第 134 页。
⑨ 《公牍：命令：浙江省政府建设厅令：委任王淘为浙江省立棉业改良场棉花检验所主任》，《浙江建设厅月刊》1929 年第 20 期，第 18 页。
⑩ 《浙江省立棉业改良场棉花检验所章程》，《浙江建设厅月刊》1928 年第 18~19 期，第 19~20 页。
⑪ 《公牍：命令浙江省政府建设厅指令》，《浙江建设厅月刊》1928 年第 21 期，第 99~100 页。

验工作，1929 年 1 月 11 日，浙江省政府财政厅训令各统捐局和建设厅，要求商人运输棉花时，一切检验手续遵照检验规则施行细则办理，对于检验合格或及格的棉花分别给予检验合格或及格证书，凡运输棉花经过出口关卡或税局时，应呈检验证书方准放行。①

在实施棉花检验过程中，浙江棉花检验工作不断遇到新问题，并注重摸索解决方案，如面对棉商多次复验，棉花检验所将这种情况呈报给浙江省政府，称"部分棉商请求再验棉花，甚至达五六次以上，大有不达及格不罢休之势"，并认为这样做的后果是造成手续烦琐，延误时间，在采取样花时，易受蒙蔽。针对多次复验，棉花检验所主任王淘提出"检验三次以上仍不及格者，每包处罚洋一元，并将该批棉花全数退回原产地，并不得请求再验"。② 针对检验三次不及格的棉花，浙江省政府建设厅认为检验棉花原本就是为了防止掺水掺杂，促进全省输出的棉花达到完全及格或合格为宗旨，所以检验手续应不厌求详，况且棉花检验施行细则有再验、复验之规定，故棉花检验所不能以手续烦琐和考察有难度而有所更改，认为王淘所拟的处罚检验三次不及格棉花的办法与章则不符，有失改良棉业本旨。③

1929 年 4 月，新的问题接踵而至，棉花检验所主任王淘发现棉花储藏地不敷使用，并向浙江省政府汇报并提出建议，认为"棉花检验所应设公栈和晒场，租与棉商供其堆储湿棉和晒干"。鉴于棉花检验所成立伊始，尚无足够大的公栈，而检验不及格的棉花数量较大，遂拟"第三次检验仍不及格的棉花，如用本所公栈堆储，每日每包收银一分，这样既可以补助本所租赁公栈经费，又可使各棉商知所儆戒，并拟给收据"。④ 针对以上建议，浙江省建设厅给予答复，对检验三次不及格的棉花，一方面要求棉商将湿棉存于公栈，一方面令棉花检验所监督棉商在十日内，"将湿花晒干或拣出杂物，如再验仍不合格，再按日征取租金"。⑤ 可见，在浙江省棉花检验机关正式隶属于中央之前，

① 《浙江省政府公报》1929 年第 501 期，第 10 页。
② 《浙江省政府建设厅指令：原呈，检验不及格之棉花请求》，《浙江建设厅月刊》1929 年第 22~23 期，第 133 页。
③ 《公牍：浙江省政府建设厅指令：令浙江省立棉业改良场：呈一件呈为转呈处罚检验三次不及格棉花各办法请核示由》，《浙江建设厅月刊》1929 年第 22~23 期，第 133 页。
④ 《命令：浙江省政府建设厅指令：令浙江省立棉业改良场：呈一件呈送棉花检验所征收公栈租金三联收据样式祈备案由》，《浙江省政府公报》1929 年第 24~25 期，第 61~62 页。
⑤ 《浙江省政府建设厅指令第二六七八号：令浙江省棉业改良场：呈一件呈送棉花检验所征收公栈租金三联收据样式祈备案由》，《浙江省政府公报》1929 年第 575 期，第 12~13 页。

在面对棉花检验过程中出现的一系列问题时，浙江省立棉花检验所和浙江省政府都做出了诸多探索。

在含水标准和检验对象的规定方面，浙江棉商和浙江政府也提出了自己的见解。在检验标准方面，宁波验水所收归省办之初，暂订棉花含水量及格标准为15%，棉业公会与和丰纱厂提出异议，认为应遵循各国惯例，将棉花含水量改为12%。在检验对象方面，浙江省检验棉花视出口、内销二者并重，而1929年4月工商部检验棉花只检验出口棉花不强制检验内销棉花，[①] 可以看出，浙江省在棉花检验权收归中央之前的检验标准高于中央设定的标准。之所以设定高标准，是因为浙江政府以棉花检验促进本地棉花品种改良，考虑到浙江本地棉花品种织维粗短，吸水性强，每担能吸水二十余斤之多。而纤维细长的优良棉种吸水性弱，棉农贪利，常弃优良棉种，久之会导致浙江棉花品质日趋低劣。鉴此，浙江省政府建议除宁波设立棉花检验所外，在浙江省内地产棉旺盛之区也应设立棉花检验所。[②]

1929年5月，国民政府工商部发布法令，令各省市政府凡在通商口岸不得设立与中央法令抵触之检验机关，如已设立一律取消。[③] 1929年6月19日，浙江省政府呈行政院，遵令取消宁波棉花检验所，并请工商部迅速设浙江省棉花检验处，确定验水标准。[④] 1929年8月，工商部上海商品检验局棉花检验处派员赴宁波，筹设分处，规定1929年9月20日成立并开始检验[⑤]，同时撤销原省立宁波棉花检验所。[⑥] 至此，浙江省棉花检验机关开始在中央领导下开展棉花检验工作。此后，工商部上海商品检验局对宁波棉花检验处有了指导性管理政策。1929年9月4日，工商部上海商品检验局颁布了棉花检验宁波分处检

---

① 1929年，工商部上海商品检验局成立，其中棉花检验处于1929年4月1日首先举行出口检验，水分标准定为12%，规定出口棉花必须检验，内销棉花除外，1929年9月下旬，中华棉业联合会为求彻底检验清除积弊，对上海各纱厂所用之棉一律施行检验。参见《棉花检验略史》，《纺织时报》1929年第648期，第190页。

② 《浙江省政府呈行政院文：为遵令取消通商口岸棉花检验所恳饬工商部迅设浙江省棉花检验处由》，《浙江省政府公报》1929年第669期，第8~10页。

③ 《咨文：浙江省政府咨建字第三三五号：咨工商部准咨请将省立宁波棉花检验所撤销已转饬遵办请查照由》，《浙江省政府公报》1929年第743期，第28~29页。

④ 《浙江省政府呈行政院文为遵令取消通商口岸棉花检验所恳饬工商部迅设浙江省棉花检验处由》，《浙江省政府公报》1929年第669期，第10页。

⑤ 《咨文：浙江省政府咨：为咨复事案准贵部为上海商品检验局棉花检验宁波分处准自本月二十日起开始检验》，《浙江建设月刊》1929年第31期，第80~81页。

⑥ 《棉花检验略史》，《纺织时报》1929年第648期，第191页。

验细则十五条①，1929 年 9 月 19 日，工商部上海商品检验局派棉花检验处技术员张云前赴浙江省余姚县、林东云、漾浒山、义山、保德、廊夏、泗门等乡劝导乡农，并携带《棉花掺水弊害浅说》一千册，分散给农民。② 在棉花检验标准方面，考虑到浙江棉花检验设局伊始，不宜过严，故规定水分标准为15%，逐渐递减，以期循序渐进。③ 浙江省同样也做出了努力，继续完善本省的棉花检验工作，1929 年 9 月令浙江省立棉业改良场就设立棉花检验分所地点的问题请示工商部，决定在龙山设立蜀山港分所，将杭县分所改设于萧山的瓜沥，并令浙江省棉花检验所实地考察。④ 至此，浙江地区的棉花检验工作布局基本完成。从浙江宁波棉花检验从无到有，再到收归中央的整个过程来看，宁波棉花检验机关的建立及发展可谓涉及了棉商、省政府、社会团体、国家几个方面的力量互动，展现了长江三角洲经济区一项新的经济管理制度建立的特点。

宁波和上海同属长三角重要棉花市场，宁波与上海关系既密切但也有诸多不同之处。上海为长三角地区最重要的棉花终点市场，也是全国最重要的棉花市场，其市场功能主要体现在四个方面，一是国内最主要的消耗棉花原料地，上海本地自晚清至 1937 年前后所建大小纱厂近 50 家⑤，耗棉量达全国之最，二是上海是链接国内和国际棉花市场的最大中转市场，从近代全球棉花市场角度看，上海具有重要的国际地位。三是上海棉商构成复杂，在与西方争夺棉花检验权方面，棉商群体一直发挥着主力作用，四是在棉花市场制度建设方面，上海也一直是首创最多且积极实践的地区。

宁波为长三角地区重要的中级棉花市场，浙江省棉产额虽比不上江苏、湖北、河北等地，但年产量（皮棉）也达几十万担。⑥ 除供浙江本地纱厂消耗外，⑦ 多

① 《工商部令：公字第三三五号：兹指定工商部上海商品检验局棉花检验宁波分处检验细则十五条公布之此令》，《行政院公报》1929 年第 82 期，第 57~58 页。
② 《命令：浙江省建设厅训令第一三〇二号：令杭县等四县县长：准工商部上海商品检验局函为派员分赴各县劝阻乡农棉花掺杂请予赞助并附赠棉花掺水弊害浅说请即发饬遵办由》，《浙江省政府公报》1929 年第 716 期，第 11 页。
③ 《训令：第三三〇四号：令浙江省政府：为工商部呈覆棉花检验宁波分处各情形由》，《行政院公报》1929 年第 88 期，第 32~33 页。
④ 《命令：浙江省建设厅指令第六五二六号：令浙江省立棉业改良场：呈一件呈为据情转呈变更设立棉花检验分所地点请核示由》，《浙江省政府公报》1929 年第 704 期，第 17 页。
⑤ 严中平：《中国棉纺织史稿》，商务印书馆，2011，第 426~457 页。根据中国纱厂沿革表估算。
⑥ 《浙江省棉花产销及棉田之调查》，《军需杂志》1930 年第 7 期，第 61~64 页。
⑦ 严中平：《浙江省在宁波杭州萧山均有纱厂设立》，《中国棉纺织史稿》，商务印书馆，2011，第 426~457 页。

运往上海、杭州。如宁波和丰纱厂全年需棉花原料九万担（姚花占多数，余如陕花印棉略有搭用)[1]。宁波作为长三角地区的中级棉花市场，虽然其销棉及中转量较小，但是在棉花检验事业的开展方面，展现出较强的自治力度，宁波的棉花检验机关由本地棉商发起，并无涉及外人操控检权情形；宁波本地棉商组织亦不复杂，故宁波棉商对棉花检验的倡导与实践更具进取性，表现为意见分歧较小，自治力度较强，除了自发组织棉花检验机构并实施棉花检验以外，还十分注意发现新问题并探索解决问题的办法，宁波的棉花检验发展历程展现了较强的棉商自治色彩。这一点与上海较像，个中原因，除了地理位置较近外，从商人团体组成看，宁波商人也是上海商人团体的重要组成部分，如宁波著名商人严信厚是上海商会的创始人，上海四明公所等更是势力强大的宁商团体，沪上商家素以宁人为最盛。[2] 故商人习俗多有共通之处，在棉商构成及组织团体上具有同源性。

宁波作为长三角经济区重要的棉花中级市场，其棉花检验工作的开展固然离不开上海的辐射带动，但宁波棉花检验的发展具有自身特点。宁波棉花检验的开展经历了棉商自治、官督商办、收归省办、国家统一管理四个步骤；在发展过程中无外国势力介入；在国家未有统一棉花检验机关和政策之前，浙江本地棉商和浙江省政府做了诸多努力与探索，展现出较强的自治能力，效果显著。浙江本地棉商的棉花检验自治过程不仅对浙江省棉花检验工作起到了重要的奠基和推动作用，同时还促进了棉花品种的改良。

二 青岛、郑县棉花检验发展及特点

山东、河北均为华北地区产棉大省，青岛和郑县是华北地区一南一北两个最重要的中级棉花市场，也是华北地区中级棉花市场的代表。华北地区的中级棉花市场发展呈现独有的发展特点，但青岛和郑县的棉花市场发展特点又不相同，在青岛棉花检验发展过程中，辐射带动起主要作用，同时受外国势力影响也较大。

青岛是山东最重要的棉花市场，同时也是华北地区最重要的中级棉花市场，青岛的棉花输出量虽无法与天津相比，但自 1907 年至 1913 年棉花出口量

---

① 《工商业丛载：宁波和丰纱厂纪略（附表）》，《宁波旅沪同乡会月刊》1929 年第 77 期，第 1~5 页。

② 了翁：《传记：欧美实业名人小传：严信厚传（其二）》，《上海总商会月报》1922 年第 2 卷第 3 期，第 1~2 页。

逐年增长①，1912 年天津输出 421289 担，青岛输出 69570 担，发展至 1925 年，青岛每年输出棉花不下二三十万担。② 此外，青岛及其附近地点共有棉花厂 6 所，1 所为华商所办，有锭子 33000 枚，其余 5 所为日商所办，有锭子 183000 枚。③ 可见，青岛不仅是棉花中转市场，也是重要的销棉地。

山东棉花检验检始于民国初年，1912 年天津洋商组织天津禁止棉花掺和会，实行棉花检验后，天津棉花声誉和价格均日渐高涨。山东受此影响，青岛、济南等地开始重视提高棉花品质，山东省公署于 1913 年 2 月就提高棉花品质一事向十四县发布训令，这十四县包括济南商会及高、唐、临、青等，④ 并于 1913 年 4 月颁布山东棉花检验条例，严加限制，并训令各地商会、花行、各产区及与棉花有关的各机关遵守，条例具体内容如下。

（1）棉花所含水分，不得超过百分之六，过此即为掺水，倘超过百分之十而致花衣湿烂，则处罚。

（2）包内花衣之色泽，无论赤白，花衣品质，无论良劣，概须一律，不得于色白质良棉包之四隅及包底，挽填赤棉及劣棉，并不得掺杂瓦土砂石棉籽等物。

（3）交易时，卖方须捺印于包皮上，倘买方于当时查出作伪情事，固得提出商会处罚，即业经运到他处而发现作伪情事时，亦得提出证据，退回原包，付诸公议处理之。⑤

以上条例是山东省最早颁布的棉花检验政策，从条例内容可以看出，山东不仅对棉花含水量制定了较高的要求，而且注意杂质及劣棉的检查。不过，时人评论，虽然有此规定，但由于棉商互相迁就，且无现代检验棉花方法，故成效不大，出口棉花声誉日形低落。⑥

除了采取经验式检验法对棉花进行检验以外，青岛的棉花市场上还有小部分棉花是经过现代棉花检验方法检验的，实施主体主要是来自青岛的日本棉

① 《近闻：青岛港棉花之输出入额》，《农商公报》1915 年第 2 卷第 1 期，第 152～153 页。
② 《青岛输出棉花减少》，《纺织时报》1925 年第 180 期，第 1 页。
③ 《杂纂：青岛棉花厂》，《中外经济周刊》1924 年第 69 期，第 41 页。
④ 狄建庵：《我国棉花检验之沿革》，《国际贸易导报》第 5 卷第 7 期，第 172 页。
⑤ 王强主编《近代中国实业志》第 11 册，凤凰出版社，2014，第 280～281 页。
⑥ 王强主编《近代中国实业志》第 11 册，凤凰出版社，2014，第 281 页。

商。1913 年，在青岛的日本棉商为保证出口棉花质量，经过中国当局批准，"邀同埠头局、山东铁路实业协会及商务总会，选出委员，组织棉花检查所"① 其检验工作覆盖范围较小，仅检验出售到日本的棉花，且由出口商提出检验请求后施行检验，② 可见，在 1929 年之前，青岛在华北经济区核心城市天津的带动下，在缺少现代检验技术和设备的背景下，主要采取传统检验方法进行棉花检验，且存在外国因素的介入与影响。

青岛棉花检验之所以呈现日本棉商介入的情况，是由于青岛本地棉商力量不足，外国棉商尤其是日本棉商实力雄厚。1921 年，《民国日报》根据实际情况阐述，日本人自 1919 年开始，尽力在山东扩充各种事业，间接和直接投资超过八亿元。在棉业方面，日本于 1916 年便在青岛设立内外棉支店，投资一千六百万，另有成立的日本棉花出张所，投资五千万。③ 可见，日本对青岛棉花市场的影响甚巨。总体而言，青岛作为华北地区的中级棉花市场，与宁波呈现不同特点，即外国势力介入较大。

1929 年 7 月 6 日，青岛棉花检验机构划归中央管理，成立工商部青岛商品检验局，附设棉花检验处，并于济南设立分处，开始棉花检验工作，取消了之前设立的所有棉花检查所。④ 1929 年 12 月 18 日，工商部分别为工商部青岛商品检验局和济南检验分处制定了棉花检验细则十四条，⑤ 山东省的棉花检验布局基本完成。

在华北地区，除了青岛，郑县是另一重要的中级棉花市场。其发展特点完全不同于青岛。在近代棉花市场网络中，郑县是连接华北经济区与长江三角洲地区棉花市场的重要枢纽，尤其是 1905 年和 1909 年京汉铁路和汴洛铁路（陇海铁路的前身）相继建成并交会于郑县后⑥，郑县的棉花贸易地位与日俱增，聚集在郑县的棉花北走天津，南运汉沪，运销繁盛，水路和铁路的畅通更加促进了郑县的棉花交易，到了 19 世纪末 20 世纪初，郑县不仅是河南省棉花交易中心，也是山西、陕西、河南三省棉花聚散之地，棉花客商众多，沪、鄂、

---

① 王强主编《近代中国实业志》第 11 册，凤凰出版社，2014，第 281 页。
② 《我国各口岸棉花检验略史》，《河北工商月报》1929 年第 1 卷第 10 期，第 68～69 页。
③ 《日人在青岛事业之调查会社已增至数十处》，《民国日报》，1921 年 10 月 29 日，0007 版。
④ 狄建庵：《我国棉花检验之沿革》，《国际贸易导报》第 5 卷第 7 期，第 172 页。
⑤ 《工商部令：公字第三八七号：制定工商部青岛商品检验济南检验分处棉花检验细则十四条公布之此令》，《行政院公报》1929 年第 111 期，第 54～55 页。
⑥ 刘晖：《铁路与近代郑州棉业的发展》，《史学月刊》2008 年第 7 期，第 102～109 页。

津、鲁各纱厂及日本三井、武林、吉田、日信四洋行均派员在郑县从事采购。[①] 棉花贸易额逐渐成为郑县全市贸易之最。

郑县是棉花检验事业开展较为独特的地方，其建设初始及检验过程呈现出了地方特点。首先是郑县棉花检验所的发起人并非棉商，而是地方最高长官即军阀。民国以后，外地客商到郑后，由于人地生疏，棉花买卖均由花行介绍，而后达成交易，部分花行有掺杂情形，河南督军赵倜面对此种情况，积极整顿，设立棉花交易检验所。主要采取的办法是选择有资本和经验的花行充当经纪，向买卖双方收取二分五厘佣金，其中一分五厘作为经纪费用，一分作为郑州市经费，这部分经费用于检验棉花潮湿情况，便利棉商，[②] 采用的检查方法是传统的经验性检查方法。由上可知，郑县棉花检验最早是由官方推动，检验费用直接来源于花行经纪的佣金，采用的也是传统的经验性检查方法。

到了1928年，郑州市政府决定收回棉花交易检查所管理权，[③] 并颁发了郑州市棉花交易检验所新章程，共30条。[④] 此章程规定棉花交易检查所包括物品交易所和商品检查局两个部门，也就意味着此棉花交易检查所具有交易和检验棉花两个职能，两个部门各有法规，但在实施过程中，棉花检验工作受到了棉商的激烈抨击。

1929年8月，郑县棉业公会和山、陕、豫旅郑棉业公会呈文给工商部，告郑州市政府违法征收棉花交易检验费，并于1929年8月电请裁撤郑州市棉花交易检查所，理由是该所筹设的本旨只是"抽取费用，根本没有检验器械，对过境棉包除收取费用外，没有检验，没有改良"。随即，工商部认为郑县棉花交易检查所的设立与工商部举办商品检验宗旨大相悖谬[⑤]，立即裁撤郑县棉花交易检验所。[⑥]

对于工商部的裁撤，也引发了河南和郑县当地政府的重视及申诉，1929

---

① 《郑州之棉花业》，《中外经济周刊》1925年第137卷，第41页。

② 《训令：第三四一二号：令工商部：为河南省政府呈复撤销郑州市棉花交易检查所办法由》，《行政院公报》1929年第91期，第8页。

③ 《郑州市市政府委任令（中华民国十七年十二月十日）：令张绍芝：委任张绍芝筹备棉花交易检验所事宜由》，《市政月刊》1928年第3期，第22页。

④ 《郑州市棉花交易检验所章程》，《市政月刊》1928年第3期，第76~78页。

⑤ 《训令：第二八二六号：令河南省政府：为工商部议复郑州市商会请裁撤棉花交易检查所案由》，《行政院公报》1929年第78期，第32页。

⑥ 《指令：第二三三八号：令工商部：呈为遵令核办郑州市商会电请裁撤棉花交易检查所案并呈该所章程请鉴核令遵由》，《行政院公报》1929年第78期，第52页。

年 9 月，河南省政府主席韩复榘陈述了建立棉花交易检查所的前因和裁撤郑县棉花交易检查所的后果，首先认为设所的宗旨是"革除弊端，便利棉商。只是管理办法不完善而已"，其次他也认可工商部裁撤郑县棉花交易检查所。[①]最后他指出了裁撤后的关键问题，即郑州市的经费问题，原来当时"郑州市全年经常用款需二十余万，大部依赖棉花经纪佣金，一旦裁免，全市建设事业将停顿。[②] 针对以上的情况，郑州市市长提出郑县棉花交易检查所遵令撤销，但其买卖两方的二分五厘佣金，一分五厘作为经纪费用，仍抽提一分作为全市经费，定名为棉花经纪捐，由市府派员征收。[③]

最后，工商部接纳了郑县的建议，于 1929 年 10 月 9 日令河南省政府裁撤郑县棉花交易检验所，另征棉花经纪捐充该市建设及经常各费。[④] 至此，郑州市棉花交易所撤销风波结束。

从郑县棉花检验发展过程看，郑县最初的棉花检验工作是由官方推动建立，采取传统的经验式的检查方法。1928 年至 1929 年，在经历了郑县棉花交易检查所裁撤风波之后，随着 1929 年 5 月南京国民政府开始陆续收回全国各大城市的棉花检验事务管理权，郑县的棉花检验事务也于 10 月收归国家统一管理。

综上，在 1929 年全国建立统一棉花检验机关之前，青岛和郑县作为华北经济区最重要的两个中级棉花市场，其发展呈现较大的地区差异，青岛受天津辐射带动影响明显，受外国经济势力影响较大，而郑县棉花检验的发展更多是由本地区市场需要而诞生，并且是在官方的强力推动下建立棉花检验机关，且无外国势力干涉；二者的相同点是在检验方法方面，均缺少现代技术和设备，而是采用依靠肉眼观察或感官触摸来鉴定棉花品质与潮湿程度。青岛和郑县在棉花检验发展方面的区别表明，即使是在同一经济区的中级棉花市场中，像棉花检验这种新的经济管理制度，如果不是国家强力统一推行，其建立与发展也会呈现出很大的差别。

---

① 《训令：第三四一二号：令工商部：为河南省政府呈复撤销郑州市棉花交易检查所办法由》，《行政院公报》1929 年第 91 期，第 8 页。

② 《训令：第三四一二号：令工商部：为河南省政府呈复撤销郑州市棉花交易检查所办法由》，《行政院公报》1929 年第 91 期，第 8 页。

③ 《训令：第三四一二号：令工商部：为河南省政府呈复撤销郑州市棉花交易检查所办法由》，《行政院公报》1929 年第 91 期，第 8~9 页。

④ 《指令：第二八七一号：令河南省政府，呈复郑州棉花交易检验所已令饬裁撤并饬另征棉花经纪捐以充该市建设及经常各费请鉴核备案由》，《行政院公报》1929 年第 91 期，第 27 页。

三　沙市、长沙棉检发展及特点

在华中地区，湖北省棉业于晚清时期开始快速发展，且处于主导地位。民国时期，湖北棉花产量优势得到巩固和加强①，并带动了湖南和江西棉花市场的发展，促使华中地区棉花市场覆盖范围进一步扩大，每年输出国外及内地各埠棉花为数较多，吸收外资亦有不少。② 相对而言，湖南与江西棉花市场起步较晚，于民国时期才初步壮大。在华中地区棉花市场网络中，武汉是华中地区最重要的棉花终点市场，此外湖北的沙市、湖南的长沙是重要的中级棉花市场，但因为沙市棉花市场发展较早，且受武汉辐射影响更直接，故沙市是华中地区最为典型的中级棉花市场，长沙次之。

沙市作为华中地区重要的棉花中转市场，是仅次于武汉的棉花集散地，其地理位置非常重要，沙市上扼长江上游，下控全鄂，素有小汉口之名，棉市兴盛③，从湖北省内来讲，沙市为鄂西重要口岸、鄂西各区棉产都由沙市出口。④ 在运销方面，沙市不仅向汉口、上海及日本输出棉花，同时也是链接四川、湖南、云南、贵州棉花市场的集散之地。⑤ 在 1921~1930 年，沙市出口棉花的峰值在 1928 年达 704 担、420 担，⑥ 在 1926 年、1927 年、1928 年三年间，除产地自用外，散聚于沙市市场上者，年均不下五六十万包（每包计黄秤一百六十六斤，每斤二十两），合一万万余斤。⑦

在棉花检验方面，由于受自然气候影响，沙市棉花含水量较大，潮湿棉花大量流通于市，致使品质较高的棉花沦为劣质货，外商裹足不前，棉商吃亏，

① 湖北在全国棉花市场上占有重要地位，是我国第二大产棉区，产量在二百二十万担左右，约占全国的四分之一。参见实业部天津商品检验局：《湖北省棉产概况》，《天津棉鉴》1933 年第 4 卷第 1 期，第 23 页。
② 实业部天津商品检验局：《湖北省棉产概况》，《天津棉鉴》1933 年第 4 卷第 1 期，第 23 页。
③ 《厅令：训令：湖北省政府农矿厅训令农字第九二号：令江陵县县长荆州棉场技士：转省府令准工商部咨为设立汉口商品检验局棉花检验沙市分处一案仰各知照文》，《农矿月刊》1929 年第 3 期，124 页。
④ 《近十年沙市棉花出口统计》，《申报》，1932 年 8 月 16 日，0016 版。
⑤ 《近闻：棉业：沙市棉花》，《农商公报》1916 年第 3 卷第 2 期，第 183~184 页。
⑥ 《近十年沙市棉花出口统计》，《申报》，1932 年 8 月 16 日，0016 版。
⑦ 《产业：农业：鄂沙市棉花产销状况》，《中行月刊》1935 年第 10 卷第 1~2 期，第 168~170 页。

棉业不振。① 鉴于此，沙市商会于 1925 建立棉业公会及棉花检验所，采取的办法是派员分途检查，请各县县长对当地棉业公会及检验所实行保护与援助，结果是"因各地厅、县未给予该公会检验所帮助，故收效甚微"。② 1929 年 8 月，工商部汉口商品检验局棉花检验处在沙市筹设分处，1929 年 10 月 10 日开始检验。③ 至此，沙市的棉花检验步入现代检验历程，检验工作也统一于政府。可见，在 1929 年全国建立统一商品检验机关之前，沙市棉花检验的诞生和发展呈现几个特点：一是在沙市棉花检验发展历程中，当地棉商起主导作用；二是在检验方法方面，采用较为原始的检验方法；三是在组织上，采取官商合作的办法开展检验，四是无外国因素干涉。

　　沙市作为华中地区重要的棉花中级市场，其发展之所以会呈现以上几个特点，是因为沙市棉花检验的发展受武汉辐射带动影响较大。关于武汉棉花市场的特点，学界已有探讨，总结起来，在棉花市场的地位上，武汉棉花市场地位比较特殊，主要体现在三个方面。一是武汉棉花市场地位具有重叠性，因武汉居鄂省中心，水路交通均便利，不仅是华中地区最重要的棉花集散市场，又因张之洞在汉口建立湖北织布官局之后，武汉陆续有大型纱厂设立，纱厂消耗大量本地原棉，④ 这也就意味着武汉也是内地最为重要的棉花终端销售市场；⑤同时武汉大量吸纳华中地区的棉花，甚至包括陕西原棉，将其运往上海，故武汉棉花市场既有终点棉花市场特点，又有中转棉花市场的特点。二是武汉市场内部棉商群体构成较复杂导致棉花检验开展波折频发。武汉棉花市场包括棉花进口业（也称棉花号业务）、棉花出口业、棉花打包业。棉花号业务分成两帮，分别是号业公会帮和棉花进口帮；棉花出口业向有申、黄二帮，申帮多属

---

① 《为保护棉业检验所及棉业公会的提案》1925 年 6 月 25 日，天津市档案馆，档号：401206800-J0128-2-001028-34。

② 当时农商部号召整顿棉品，认为须由各地棉商联合会自治。参见《为保护棉业检验所及棉业公会的提案》，1925 年 6 月 25 日，天津市档案馆，档号：401206800-J0128-2-001028-34。

③ 《厅令：训令：湖北省政府农矿厅训令农字第九二号：令江陵县县长荆州棉场技士：转省府令准工商部咨为设立汉口商品检验局棉花检验沙市分处一案仰各知照文》，《农矿月刊》1929 年第 3 期，124 页。

④ 李佳佳、牛青叶：《晚清民国时期湖北省轧棉业发展探究》，《中国农史》2023 年第 2 期，第 96~110 页。

⑤ 武汉对原棉的需求量大，湖北的纺织业发达，截止到 1935 年，共有 7 家纺织厂，纱锭、线锭、布机数仅次于上海和江苏，位居全国第三。冯肇传：《湖北应划为棉业改良中心实施区之拟议》，《鄂棉》1936 年第 1 期，第 3 页。

于上海棉花分号，势力强大。① 正是由于武汉地区棉商帮系复杂，所以在1924年开展棉花检验后，由于意见分歧，不得不依靠商会和官方合力开展棉花检验，且缺乏现代检验技术，主要依靠传统检验方法进行检验。三是从棉花质量角度看，由于汉口棉花市场的棉业商人并不直接跟外商贸易，并没有津沪两地的外商倒逼压力，也没有较久的棉花检验历史。故商贩掺水较随意，尤其是1916年至1917年间印度棉花荒歉时，由于陕西细绒棉供不应求，于是鄂省各路细绒棉乘时崛起，滥竽充数，各纱厂急不暇择，变本加厉掺水掺潮，即久相沿，掺水成为不易革除之习惯。② 武汉于1924年开始建立棉花检验机关，虽晚于上海和天津，但也是内地最早建立现代商品检验机关的城市。

沙市棉花检验开展与武汉基本相同，也是因为在沙市棉花市场上活跃的棉商帮派主要为黄帮。沙市棉号往昔有黄、申、川、陕、荆、汉等帮，后则陕帮绝迹，川、汉、荆各帮实力弱小，黄帮资金雄厚，势力最大，营业活跃，沙市棉花贸易十分之七八在其掌握中，有左右沙市棉花市场之力，与申、汉同行方面互相往来密切。③ 总之，从商人群体看，沙市棉商与武汉也具有同源性。

在华中地区，除了湖北沙市以外，湖南长沙也是华中地区较为重要的中级棉花市场，且湖南的棉花除自用外，销往汉口最多④，无论是棉花价格还是棉花检验同样受武汉棉花市场影响较大。就湖南省内而言，长沙为湖南最大的棉花交易市场，因其交通便利，水路溯江而上可至衡州，下经江阴至岳州；粤汉铁路可上达涂口，下通武昌；全省公路亦以长沙为中心，故长沙棉花市场发达。又因长沙于1912年创设第一纺织厂，年销棉量多则达十余万担，少则五六万担，⑤ 为全省销棉、运棉中心，长沙亦为全省商业金融中心，更促进长沙棉市发达。⑥

在1929年国家建立统一的棉花检验机关之前，湖南省的棉花检验开展情况是每年在棉花上市时，由行家共同组设棉布检验所，检验进出口棉花。采取

---

① 履仁：《中国棉花市场之组织与棉产运销合作》，《农村合作月报》1936年第2卷第1期，第48页。

② 王彦祖：《棉花检验处成立以来棉花检验之成效》，《检验年刊》1932年第1期，第34页。

③ 胡邦宪：《沙市棉花事业调查记（附表）》，《国际贸易导报》1934年第6卷第12期，第138页。

④ 孟学思：《湖南棉花及棉纱》，湖南省经济调查所，1935，第17页。

⑤ 孟学思：《湖南棉花及棉纱》，湖南省经济调查所，1935，第35页。

⑥ 孟学思：《湖南棉花及棉纱》，湖南省经济调查所，1935，第64页。

的检验方法是在各埠进出口河岸派员巡查，棉花到埠时提取样棉，依据传统检验方法评定棉花品质。对于合格的棉花，在花包上加盖戳记，并发给检验证，运转外埠发售；检验不合格的棉花，不发检验证书，要求退回晒干。每包收取检验费八分至二角。但时人评论此组织多不健全，执行不严格，未经检验的棉花也可在市场销售，交易若发生争执，检验机关不能为之负责，加以检验费过高，各地棉农常以税收机关视之，成效较微。①

综上，在 1929 年国家建立统一商品检验机关之前，沙市和长沙作为华中地区重要的中级棉花市场，都受到本经济区核心商业城市武汉的影响，在其辐射带动下发展棉花检验，检验组织和检验方法基本相同。在组织上，棉商群体起主要推动作用；在检验方法上，初期都采用传统的经验检查方法对棉花进行检查，其收效与现代利用机器设备和科学检验技术检验相比，固然相差甚远，但在现代检验技术未普及之前，也在一定程度上起到了提高棉花品质的作用。

本章小结

从农矿部成立到 1930 年底工商部与农矿部的合并历时仅一年，其间，农矿部在棉花检验方面取得的初步成绩和几经波折主要反映了三个问题，首先，民国时期是中国工农业开始向现代化方向转变的特殊时代，其现代化因素发展呈现不均衡性和外部环境的不确定性。尤其是当新技术、国际贸易、工农经济等因素高度融合进制度建设时，其稳定性不仅缺乏且矛盾点均较多；其次，制度的创新是民国时期较为重要的发展基础，棉花检验制度及政策的实施更是清晰地体现了技术知识与制度框架的逐渐融合在发展市场方面所起到的巨大作用。最后，从农矿部与工商部的争论和移交过程来看，虽然农矿部开展的棉花检验工作较为短暂，但农矿部农产物检查所开创了中央针对棉产区制定棉花检验细则的先河，为未来进行产地检验积累了初期探索经验。

在 1929 年中国正式建立全国统一棉花检验机关之前，中国中级棉花市场不仅在全国棉花贸易市场的运行中具有重要的转承和销棉作用，在经济管理制度建设上，同样也起到了助力棉花终点市场运行和增强国际贸易竞争的作用。只不过在发展过程中，由于区域经济内部构成要素的差异，不同的中级棉花市场在面对建立新经济管理制度时的应对力度和效果也不同。

---

① 孟学思：《湖南棉花及棉纱》，湖南省经济调查所，1935，第38~39页。

　　总体来说，上海、天津、武汉的棉花检验事业开展时间较早，且深受国际棉花市场影响与制约，三地棉商团体内部构成复杂程度不同，[①] 各经济区的中级棉花市场的棉花检验的开展也呈现出普遍性与个案同时存在的特点。

　　普遍存在的相同点包括各经济区的中级棉花市场的发展绝大部分受本地区核心棉花市场辐射带动影响，在棉商组织构成方面，与核心经济区的棉商组织构成具有同源性。检验技术方面，在 1929 年中国正式建立全国统一棉花检验机关之前，三大经济区的中级棉花市场基本都采用传统的检验方法，即依靠肉眼观察或感官触摸来鉴定棉花品质与潮湿程度，检验成效并不显著，并且与现代检验技术相比，缺乏科学和严谨性；在各经济区中级棉花市场发展过程中，各地棉商群体普遍起到了主要推动作用。

　　除了上述普遍性，个案的存在则反映了区域经济发展的差异，主要表现在以下几个方面，首先是外国经济势力的影响，这一点以青岛最为典型；其次是存在官方强力推动的案例，以郑县为典型；最后是宁波棉商群体突出的自治力度与较好的检验成效，展现了民国时期新经济管理制度发展时，棉商群体积极应对的力度与成效差异。

　　总而言之，在 1929 年国家建立全国统一棉花检验机关之前，农矿部和一些中级棉花市场在开展棉花检验工作方面，也做出了比较重要的贡献。青岛、沙市、宁波、郑县等这些典型的中级棉花市场的棉花检验开展受多重因素影响，棉花市场的发展及壮大程度、商人团体内部构成与本地区终点棉花市场商人团体构成的同源性程度、本地纱厂的发展规模程度都是影响中级棉花市场棉花检验发展的重要因素。

---

① 李佳佳：《中国收回棉花检验权始末》，《史林》2020 年第 6 期；李佳佳：《国际视野下近代中国棉花检验制度的建立与演进》，《湖北大学学报》2021 年第 4 期。

第八章　晚清民国时期湖北省轧棉业的发展

轧棉业即棉花加工业，是提高现代棉业竞争力的关键环节，也是中国近现代民族工业的重要组成部分。湖北省现代轧棉业从 1892 年湖北省纺纱局附属轧花厂的设立开始，至新中国成立，发展历经 50 余年，具有阶段性特征。第一阶段（1892~1933 年），商人群体逐渐取代官营的地位，成为推动湖北省轧棉业发展的主力；第二阶段从 1933 年开始，国家权力介入轧棉业，在生产技术上，湖北省经多方尝试，引进全球最先进的轧棉技术；在管理制度上，施行产销合作方式，所以当时的湖北省代表了内地轧棉业最先进的发展力量。第三阶段从抗战爆发后至新中国成立前，这一时期湖北省轧棉业的发展遭到极大削弱，抗战后，其虽力图恢复 1937 年之前的生产规模，但由于金融危机及军事等因素，成效未著。湖北省轧棉业的发展是内地轧棉业发展的典型代表，其历史沿革揭示了轧棉新技术和新制度在内地的适应性及存在的问题。

自晚清开始，中国逐渐成为国际棉花市场中重要的原料来源地之一，又因中国现代棉纺织业的发展，棉花需求量大增。此后，棉花商品化程度进一步加深，西方先进的棉业生产技术被不断引进和应用，在此背景下，中国现代轧棉业应运而生。

晚清时期是中国现代轧棉业的初创时期，民国以后发展加快。与此同时，美国、埃及、印度等产棉大国亦都重视本国轧棉技术的完善。[1] 与这些国家相比，中国轧棉业的发展情况较为复杂，因中国不同产棉区的生产水平、经商传统、资本体量、技术掌握程度等均存在显著差异，故各地轧棉业的实体形式多样，有专门轧花的轧花厂，有大型纱厂或棉纺织厂附设的轧花部，还有大量存在于产棉区的轧花店和轧户。

湖北省在中国近现代棉纺织业领域具有重要地位。作为内地和华中地区的产棉大省，湖北省的棉田面积及皮棉产量长期位居全国前列；[2] 1890 年以来，

---

[1] 李佳佳：《近代农业生产技术全球扩散与中国的协同应对——以轧花机为视角》，《清华大学学报》（哲社版）2022 年第 6 期。

[2] 冯肇传：《创刊词》，《鄂棉》1936 年第 1 期。

湖北棉花市场渐趋专业化，其发展水平仅次于江浙沪地区，是连接内地与沿海棉花市场的重要转承中心，其棉花市场活跃，市场价格与江浙地区互为参考。①

湖北省轧棉业不仅是中国内地轧棉业发展的核心力量，也是民族工业发展的典型代表。晚清民国时期，湖北省轧棉业的发展历经抗战前的奋进与挫折、抗战时的重创与抗战后的恢复阶段。综观国内轧棉业的研究，数量较少，② 更缺乏对区域轧棉业较为系统和深入的阐述，为进一步丰富及深化相关研究，本章依据档案、报纸、期刊、政府统计等资料，探究晚清民国时期湖北省轧棉业的发展过程，以期对湖北省轧棉业发展的阶段性特征有所揭示。

第一节　发轫与扩张：1933年以前的湖北轧棉业

一　晚清时期的发轫与发展

湖北织布官局附设的轧花厂为湖北省官方开办现代轧花厂的开端。1890年，张之洞在创设湖北织布官局之初，因轧棉获利颇丰，便将原先按布机千台配置的轧花机增加一倍，后为提高产能，又新增轧花机及锅炉，并于1892年正式开工。③

湖北织布官局及附设轧花厂开工后，对棉花的需求与日俱增，推动了当地棉种改良和植棉扩张。1892年，湖广总督张之洞购买美国棉种，通过地方官员发放给农民，④ 并聘请美籍植棉专家进行指导。1915年，农商总长张謇在武昌徐家棚创设第三棉业试验场，进一步改进植棉技术。⑤ 此后，棉花逐渐成为

---

① 《各省商情·棉花丰歉异情》，《湖北商务报》1899年第16期，第14页。
② 国内关于轧棉业的相关研究有李佳佳：《近代农业生产技术全球扩散与中国的协同应对——以轧花机为视角》，《清华大学学报》（哲学社会科学版）2022年第6期；赵文榜：《中国近代轧棉业的发展》，《中国纺织大学学报》1994年第3期；谢振声：《宁波工业化的起点：通久源轧花厂》，《宁波职业技术学院学报》2009年第1期；贾丝婷、张莉：《吐鲁番"洋车"的传入及其社会经济影响——基于民国档案的分析》，《中国农史》2020年第3期。
③ 《光绪十六年三月十三日致伦敦薛钦差》，苑书义、孙华峰、李秉新：《张之洞全集》第七册，河北人民出版社，1998，第5478页；严中平：《中国棉纺织史稿》，商务印书馆，2011，第136~140页。
④ 《札产棉各州县试种美国购回棉子》，苑书义、孙华峰、李秉新主编：《张之洞全集》第四册，第110卷，河北人民出版社，1998，第2991页。
⑤ 冯肇传：《创刊词》，《鄂棉》1936年第1期。

当地主要农产品。① 发展至 1920 年，湖北有产棉大县 16 个，分别是鄂县、大冶、汉阳、黄陂、孝感、黄冈、蕲春、襄阳、宜昌、江陵、公安、石首、监利、松滋、枝江、宜都。② 1928 年至 1930 年，湖北省皮棉产额达到顶峰，分别为3637975 担、2061304 担、3061588 担。③ 至 1933 年，全省产棉县扩张至 40多个。④

湖北省的植棉扩张又进一步促进了轧棉业的发展。晚清时期，湖北地区大量购入产自上海和国外的轧花机，其中以日本产最多。以沙市为例，据不完全统计，1903 年中国输入轧花机总数为 4000 台，其中沙市就有 1270 台，此种轧花机在湖北省的使用极为普遍，如在江口地区，1901 年的数量是 48台，1903 年便增加到 1290 台。上海产的轧花机每台价格约为 25 两至 30 两，价格是日本产的 2 倍，单人操作此种机器，轧棉效率较高，且质量优良，适合市场需求。⑤

随着棉商及棉农对轧花机的需求增加，1903 年，湖北省在轧花机制造方面实现突破，结束了该省依靠从外地购买轧花机的历史。1903 年，洪顺机器厂成立，该厂以制造轧花机为主业，其产品制造精良，除供应本省外，亦销往其他十余省份，购者莫不赞许，供不应求，附带出品的柴油机和煤气机等也是精工制作。⑥ 可见，在晚清时期，湖北省就已成为内地生产轧花机的重要省份，产品亦多销往内地。如 1924 年，山西宏道镇富绅邀集数人筹措巨款，购入汉口新式轧花机数十架。⑦

伴随着轧花机自主制造及应用的普及，湖北省轧棉业的经营主体逐渐向多元化发展。至清末，湖北省轧棉业的经营主体包括棉农、花行和花厂。以武汉为例，该地区的棉农常将籽花轧成皮棉后送往当地花行售卖，棉农一般仅有少量旧式脚踏轧花机，轧花效率较低。花行在经营时，同时收购籽棉和皮棉，将籽花轧成皮棉后，与所收皮棉混合，最后卖给花商或外商。厂商（亦称之为花厂）是指自行轧花后自主负责出售皮棉的轧花厂，据日本学者统

① 张锦云：《关于湖北棉业改良之问题》，《鄂棉》1936 年第 1 期，第 30~32 页。
② 整理棉业筹备处：《最近中国棉业调查录》，新华印刷所，1920，第 53~63 页。
③ 中国棉业统计会编《中国棉产统计》，中华棉业统计会，1937，第 8 页。
④ 中国棉业统计会编《中国棉产统计》，中国棉业统计会，1933，第 144~148 页。
⑤ 湖北省志贸易志编辑室编《湖北近代经济贸易史料选辑》第 3 辑，1985，第 266 页。
⑥ 《汉阳洪顺机器厂关于请求代购钻刨等工具以维工业而利生产的呈及英文附件》（1947 年2 月 13 日），湖北省档案馆藏，档号：LS030-006-0355-0002。
⑦ 《晋省崞县设立轧花厂》，《中外经济周刊》1925 年第 110 期，第 46~47 页。

计，清末汉口的厂商有泰和永、上泰和永、下泰和永、泰和祥、泰和兴、复顺恒、义顺恒、新胜恒、正昌恒、王利记、林炳记、林春记、吴正记、顺记、叶森泰、徐恒泰、燕日京泰、方泰兴、肖义兴、熊恒兴、方同兴、杨永昌、永泰昌、唐公昌、黄万盛、志成厚、万泰利、王永茂、王恒升、怡和成、复昌生、复兴隆 32 家。① 这些轧花厂的规模不同，一般小型的有五六台脚踏轧花机；大型的则有七八十台，其经营方式是将收购的籽棉轧成皮棉，包装好后附商标再出售，因成品含水量较低，故信用较好。②

二　民国时期的稳步推进

民国以后，随着棉田面积的增加，湖北省其他城市出现了更多私人轧花厂，多使用人力。广大棉产区亦分布着众多轧户，轧户大部系代客轧花，也有自买自轧者，农户兼轧户，轧户兼贩花者亦不少。③ 1933 年 10 月 17 日，隶属于全国经济委员会的棉业统制委员会成立。④ 为摸清各地棉业的实际情况，棉业统制委员会派调查团至各省区实地考察棉业产销情形，并令当地各级政府、县商会、相关公会给予便利和保护。⑤ 1934 年，被派往湖北的调查员完成各项调查，⑥ 调查详情见表 8-1。

从表 8-1 可以看出，民国时期湖北省轧棉业的发展较快，20 世纪 20 年代后，轧花厂的数量大幅增加。在 1930 年之前，轧花厂多以小型工厂为主，多使用人力或畜力，雇用规模不大，轧棉总数却反而可观。20 世纪 20 年代末期以后，湖北省民营轧花厂开始使用机器动力或电力，这意味着湖北省轧棉业的效率和产能进一步升级。棉业统制委员会的这次调查，是湖北省轧棉业的首次系统考察，为湖北省掌握本省轧棉业的概况和发展趋势提供了较为准确的数据支持。

---

① 湖北省志贸易志编辑室：《湖北近代经济贸易史料选辑》第 1 辑，1985，第 64 页。
② 湖北省志贸易志编辑室：《湖北近代经济贸易史料选辑》第 1 辑，1985，第 56 页。
③ 梁庆椿、钱英男、李权、杨玉昆：《鄂棉产销研究》，中国农民银行经济研究处，1944，第 242 页。
④ 《国内要闻：全国经委会棉业统制委员会成立纪》，《天津棉鉴》第 1~6 期，第 367 页。
⑤ 《湖北省建设厅关于棉业统委会调查团出发请通知所属各机关予以便利的训令及湖北省政府的训令》（1933 年 12 月 19 日），湖北省档案馆藏，档号：LS31-3-0000608-001；《湖北省建设厅关于棉业统委会调查团团长柳菊生到汉日期请保护的呈及湖北省政府的训令、指令》（1934 年 3 月 2 日），湖北省档案馆藏，档号：LS31-3-0000608-003。
⑥ 《湖北省建设厅关于棉业统制委员会华中区调查团派赴华中区调查棉业产销的训令及柳菊生的函》（1934 年 2 月 22 日），湖北省档案馆藏，档号：LS31-3-0000608-002。

表8-1　湖北省轧花厂调查（1934年6月之前）

县名称	轧花厂号牌	轧花机数量（部）	制造	购买时间（年）	动力	共用工人数	每年共轧皮花数量	附注
武昌县	华丰	20	汉阳洪顺	1925	人力	30	一千二百石	
	周升昌	10	汉阳洪顺	1930	电力	18	每季千石	
	黄同泰	13	汉阳洪顺	1926	人力	20	八百石	
	积昌仁	14	汉阳洪顺	1931	人力	25	一千石	
	钜兴	8	汉阳洪顺	1932	人力	15	五百石	
	周祥泰	5	汉阳洪顺	1926	人力	10	三百石	
	周顺昌	4	汉阳洪顺	1926	人力	8	二百石	
	周森泰	3	汉阳洪顺	1926	人力	6	一百石	
安陆县	萧红发	2	日本产英国产	1924	人力	2	五千斛	萧鸿发号系轧花商店，现已停业
	梅开泰	2	日本产英国产	1923	人力	2	三千斤	现已停业
	耿正记大房	2	英国产	1922	人力	2	六千斤	现已停业
	耿实源札记	2	日本产	1923	人力	2	两千斤	现已停业
	胡万顺	2	英国产	1921	人力	2	五千斤	现已停业
	周鸿兴	2	日本产英国产	1921	人力	2	四千斤	现已停业
	耿实源	1	日本产	1919	人力	1	三千斤	现已停业
	刘庆记	1	英国产	1920	人力	1	两千斤	现已停业
大冶县	余润记	6	由汉镇购买	1912	人力	2	五六百担	
	义兴恒	13	由汉镇购买	1912	人力	2	每部每年五六百担	
	刘同兴	8	由汉镇购买	1912	人力	2	五六百担	
鄂城县	益丰	8	国产	1932	机器	家庭经营未用工人	三百石	
	何大道生	8	日本产	1928	机器	调查时停业未用工人	每年只有八、九两月工作，如遇棉花丰收之年轧花二百担	

续表

县名称	轧花厂号牌	轧花机数量（部）	制造	购买时间（年）	动力	共用工人数	每年共轧皮花数量	附注
潜江县	均系农村花户	800	国产	年月难查	人力或牛力	每机一人或二人	约八万担	
应山县广水镇	黄太兴、黄祥兴、梅茂盛	3	国产	1928	人力一部,畜力二部	无	人力轧出花十余担,畜力机出花六十余担	不雇用工人,来轧花者自行来人来畜收租机之费
天门县	无号	不详	日本产国产	不详	人力或畜力	不详	二百万担	小机每部日轧一担,大机用牛力,日轧皮花四五担
黄安县第一区	无号	21	日本产国产	1918	人力	30	八千担	工人多少及轧花担数以开车多少为断
石首县藕池口	行商附带无轧花厂	200	国产日本产	不一	人力	不详	不详	工人多少及轧花担数以开车多少为断
宜城县第一区	棉农自购轧花机	20	国产	农人自备不能考	人力,畜力,用机器者无	用人力者每机一人,用畜力者每机马一匹	八千五百担	如出产多,亦可多轧
宜城县第二区	棉农自购轧花机	8	国产	不详	人力,畜力,用机器者无	用人力者每机一人,用畜力者每机马一匹	二八九零担	如地方出产旺盛,亦能多轧
宜城县第三区	棉农自购轧花机	6	国产	不详	人力,畜力,用机器者无	用人力者每机一人,用畜力者每机马一匹	一零二零担	如地方出产旺盛,亦能多轧

县名称	轧花厂号牌	轧花机数量（部）	制造	购买时间（年）	动力	共用工人数	每年共轧皮花数量	附注
宜城县第五区	棉农自购轧花机	4	国产	不详	人力、畜力，用机器者无	每机一人	六百八十担	

资料来源：《湖北省建设厅关于请依限填报轧花厂及打包厂调查表的训令》，湖北省档案馆藏，档号：LS031-006-0064-0001；《安陆县政府关于呈报轧花厂、打包厂调查表的呈》，湖北省档案馆藏，档号：LS031-006-0064-0004；《大冶县政府关于呈报轧花厂、打包厂调查表的呈》，湖北省档案馆藏，档号：LS031-006-0064-0005；《鄂城县政府关于填报轧花厂调查表的呈》，湖北省档案馆藏，档号：LS031-006-0064-0009；《潜江县政府关于报送潜江县轧花厂调查表的呈》，湖北省档案馆藏，档号：LS031-006-0064-0010；《应山县政府关于检送轧花厂及打包厂调查表的呈》，湖北省档案馆藏，档号：LS031-006-0413-0001；《天门县政府关于填送轧花厂调查表的呈》，湖北省档案馆藏，档号：LS031-006-0413-0002；《黄安县政府关于填送轧花厂调查表的呈》，湖北省档案馆藏，档号：LS031-006-0413-0004；《石首县政府关于检送轧花厂及打包厂调查表的呈》，湖北省档案馆藏，档号：LS031-006-0413-0005；《宜城县政府关于检送轧花厂及打包厂调查表的呈》，湖北省档案馆藏，档号：LS031-006-0413-0006；《黄陂县政府关于黄陂县并无轧花厂及打包厂的呈》，湖北省档案馆藏，档号：LS031-006-0413-0007。

1934年7月，湖北省建设厅为进一步掌握全省商办轧花厂与打包厂的情况，完善相关统计，再派技士陈志恒、刘钦晏等前往天门、岳口、仙桃镇、沙洋一带调查轧花厂情况。[①] 调查结果发现在沙洋镇，轧花机散布各处，其中日式16寸轧花机共有12部，全镇各乡共有轧花机300余部，每日每机可轧出皮花五六十斤。沙洋镇有花行27家，但均无轧花机。此外，中棉公司在该地设有一大规模轧花厂，该厂备有"32寸皮轴轧花机30部，打籽花机1部，筛籽花机1部，打包机1架，水汀原动机30匹马力及发电机1座"。在四口及多宝湾地区，四口有脚踏轧花机18部，多宝湾有8部机器，均为16寸皮轴轧花机。在天门，该地有花行约20家，无一家有轧花机，轧花机散布于乡农处，多采用人力和畜力，畜力每日轧出皮花约23斤。[②]

在岳口，岳口市面无轧花厂，均为乡间轧户自备，较大的轧户有轧花机12部，专代棉农轧花。在彭市河，该地年产皮棉万担左右，轧花机散布乡间，

[①] 《陈志恒、刘钦晏等关于报告调查沙洋一带轧花厂情形的呈》（1934年8月8日），湖北省档案馆藏，档号：LS031-006-0413-0008。

[②] 《陈志恒、刘钦晏等关于报告调查沙洋一带轧花厂情形的呈》（1934年8月8日），湖北省档案馆藏，档号：LS031-006-0413-0008。

市面有花行 20 余家，仅两家有轧花机 2 部。在毛家场，该地棉产年五六千担，轧花机亦散布乡间，多使用畜力。在鱼新河，该地轧花机兼用牛力和人力，均为农户私设，代他人轧花。在仙桃，该地棉产颇多，共有花行 32 家，每年出口皮棉三万包左右。

仙桃镇的情形与以上各地不同，该镇进口籽花较多，有 60 多家轧花行或轧户，拥有 16 寸人力轧花机 321 部，亦有轧花机散布于乡间，中国棉花贸易公司在该地设有一个大规模轧花厂，有 32 寸皮辊轧花机 30 部。仙桃镇的其他地区，如竹货街至乾河一带，有轧花商户 33 户，轧花机共计 107 台；十全街一带有轧花商户 11 户，轧花机 43 台；真如寺一带有轧花商户 2 户，轧花机 4 台；小河街一带有轧花商户 5 户，轧花机 9 台；油榨塆中场一带有轧花商户 5 家，拥有 22 台轧花机；傅家铭一带有 3 家轧花商户，计有轧花机 15 台；顾家湾一带有轧花商户 3 户，轧花机 13 台。旺嘴一带有 16 寸人力轧花机 40 余部，均为乡农自备。①

根据两次调查，可以看出，晚清民国时期，商人是推动湖北轧棉业发展的广泛力量。当时的轧棉业经营主体多元，有专门轧花的轧花厂，有附设于纱厂或织布局的轧花厂，还有广泛分布于产棉区的自备轧花机的轧户。同样的轧花机，使用人力轧花的效率仅为引擎动力的四分之一。② 此外，湖北省轧棉业所使用的轧花机类型多样，包括国产和进口两种，国产轧花机主要购自汉阳洪顺机器厂；进口轧花机多属日本产和英国产。

此时期，湖北省轧棉业的发展促进了皮棉数量及输出的增长，1898 年湖北省输出皮棉 702 担，1899 年输出 9729 担，1901 年输出 24397 担，1902 年输出 133361 担，1903 年输出 332102 担，1904 年输出 399720 担，1905 年输出 252284 担。③ 可见，从 1898 年至 1904 年，湖北省皮棉输出量逐年提高，1905 年数量虽有回落，也比 1898 年增加了约 358 倍。民国以后，随着植棉及轧棉业的进一步发展，湖北省每年出口的皮棉总额占全国总输出额的 40% 左右。1923 年至 1929 年，湖北年均出口皮棉超过一百万担。湖北省出产的皮棉，武

---

① 《陈志恒、刘钦晏等关于报告调查沙洋一带轧花厂情形的呈》（1934 年 8 月 8 日），湖北省档案馆藏，档号：LS031-006-0413-0008。

② 梁庆椿、钱英男、李权、杨玉昆：《鄂棉产销研究》，中国农民银行经济研究处，1944，第 243 页。

③ 章有义：《中国近代农业史资料》第一辑，三联书店，1957，第 421 页。

汉各纱厂每年承销五六十万担，约占产额总数的三分之一。①

综上所述，湖北省轧棉业于晚清时起步，最早由张之洞创办的湖北织布官局带动，此后，商人群体成为主要发展力量。1934年，棉业统制委员会和湖北省政府针对湖北省轧棉业的发展情况开展了两次调查，掌握其发展特点和不足之后，湖北省政府认为引进最先进的轧花机，建立新式轧花厂是改进棉业的重要方式。此后，湖北省政府在棉业统制委员会的指导下，在引进技术和实施新的管理制度方面开启了新的征程。

第二节　压力与改革：1934~1937年湖北轧棉业的发展

20世纪30年代初，由于国际棉纺织市场的竞争更趋激烈，中国棉业发展呈现内忧外患的局面，主要表现在两个方面：一是国产纱布滞销、纱价下跌、纱厂濒临倒闭；② 二是国内每年从美国和印度进口大量棉花。③ 1930年，中国进口外棉约35万担，价值约一亿三千万两，与处于进口首位的棉制类货物不相上下，棉花与棉制品成为对外贸易的巨大漏卮。④ 与1930年相比，1931年和1932年的棉花进口量均有增加，⑤ 此举更加重了对国内棉花市场的冲击。因轧棉业关系棉花品质及纺纱质量，是挽救棉业发展的关键环节之一，为挽救并发展本国棉业，国家及地方政府开始介入棉业发展。

一　国家权力介入后的改革

1933年，南京国民政府为提升棉花品质、推动棉产改革，成立棉业统制委员会。1934年，棉业统制委员会在南京设立中央棉产改进所，该所成立后，开始推动全国棉产改进具体事宜，与陕西、河南、江苏、山西等省政府合作，设立各省棉产改进所。⑥ 之后，在国家力量和政策的影响下，湖北省决定在轧棉业方面施行两项改革，一是重视棉花加工，为提升轧棉品质，建立大型现代

---

① 湖北省志贸易志编辑室：《湖北近代经济贸易史料选辑》第1辑，1985年，第44页。
② 《经济要闻：国内经济：棉业统制会宣布稳定纱市经过》，《聚星》1933年第12期，第34页。
③ 《棉业要问简报：国内：美棉印度棉进口数量激增》，《天津棉鉴》1931年第10期，第39~40页。
④ 《利用外棉前途之隐忧》，《纺织周刊》1931年第33期，第877页。
⑤ 《历年棉花输入统计》，《实业季报》1934年第4期，第141页。
⑥ 金国宝：《中国棉业问题》，商务印书馆，1936，第3页。

动力轧花厂，引进当时全球最先进的气流式锯齿轧花机。1934年，湖北棉业改良委员会①率先成立机器轧花厂。该轧花厂设施先进，内分轧花间、引擎间、打包间、堆花间、熏毒间、种子间等，设备较完善。除供自用外，轧花厂亦代替棉农轧花，并预计如经费充裕，后续在各产棉丰富区继续扩置，以便农用。② 此外，襄阳与湖北第八区专员公署合办的襄阳垦荒管理处亦筹设轧花厂，向汉阳洪顺机器厂订购总价值达3000元左右的轧花机。③ 1935年，湖北棉业改良委员会提出改进棉业五年计划，先从光谷、光化、襄阳、枣阳、宜城五县着手，然后推及全省。具体措施是在这五县产棉区设置轧花厂并组织合作社，办理棉农生产贷款，增进设备，主要执行方式为先实地调查再合理建厂。④

二是施行新管理制度，即产销合作制度。产销合作制度本是西方舶来品，在西方农业现代化转型发展时期起到过重要作用。⑤ 中国政府和棉业专家认为在发展轧棉业时，以各省棉产改进所成立的轧花厂为依托，采取产销合作制度有诸多益处：其一是可以保护农民利益，发展商业信用；其二是合作轧花厂多由富有棉业知识者主持与监督，便于处理纠纷；其三是易集中良棉，鉴定品级；其四是销售对象明确，合作棉农所产棉花均由合作社轧花厂直接出售给纱厂；其五是事业稳固，信用可靠。时人亦评价："政府主办的轧花厂为合作棉农与政府机关共同组设，资本稳固，主持者多为有识之士，办理完善，可作农商之表率；对于商业道德亦能操守，无掺水作伪之弊，纱厂乐于购买，其出品品质优良，若再行分级以出售，则农商之利无涯。"⑥ 可见，总体来说，政府主办的轧花厂具有枢纽作用，将合作社棉农的种植、产花与纱厂的需求直接对接，不仅减少了中间商环节，简化了产销流程，而且提升了棉花品质。

1935年5月湖北省成立棉产改进处，隶属于省政府建设厅，地址设于老河口，以便随时提挈。⑦ 湖北省建设厅为提高棉花生产效率和品质，决定引进

---

① 成立于1930年，是当时湖北省建设厅为推进棉业改良，倡导湖北纱厂联合会与"国立武汉大学"通力合作而组织设立的省级棉业改良部门。参见《湖北棉业过去之改进》，《天津棉鉴》1931年第11期，第5页。

② 《湖北棉会新建办公厅轧花厂》，《棉讯》1934年第2期，第17页。

③ 《襄阳筹设轧花厂》，《农友》1934年第11期，第36页。

④ 《湖北棉业改良委员会近讯》，《农友》1935年第11期，第27~28页。

⑤ 农业发展的合作社制度包括消费合作、生产合作、产销合作等，其理论和实践起源于西方，在法国、德国、英国、意大利均有创始。参见本位田祥男：《欧洲各国农村合作制度》，王大文、孙鉴秋、唐易庵译，中国合作学社，1935，第1~14页、190页。

⑥ 陈纪藻：《合作轧花厂与举行棉花品级鉴定》，《棉业》1933年第2期，第27~31页。

⑦ 湖北省棉产改进所：《湖北省棉产改进所报告书》，1937，第1页。

当时较先进的锯齿轧花机建立大型轧花厂，在引进之前，湖北省政府考察江苏南通大生纱厂的二部新式锯齿轧花机（Saw Gin），发现其不仅轧棉效率高，而且可保证皮棉干净。湖北建设厅于是决定购买此种轧花机，并建立大型轧花厂。① 1935 年 6 月，湖北省建设厅拟在老河口先设一所轧花打包厂，② 设备费支付预算书见表 8-2。

表 8-2　老河口轧花打包厂设备费支付预算书

单位：元

支出临时门

科目	支出预算数	
第一款　设备费	18176	
第一项　机器设备	15000	
第一目　轧花机	8000	十二英寸轧花机，八十片锯者两部
第二目　打包机	2000	双箱人力打包机两部
第三目　原动机	5000	二十匹马力煤气引擎及木炭或白煤煤氯炉二部
第二项　其他设备	3176	
第一目　厂屋	2000	房屋、仓库、栈房、安机地脚均在内
第二目　杂费	1176	运费、装机、办公设备，以及其他杂费

附注：本厂每年以工作六个月计，可轧花二万担，每担收轧花费 9 角，每年约打包 6300 担，每担收一元四角，每年约可收入二万五六千元。除应付生产开支，如麻包、铁皮等，以及停工之保管费外，尚有甚多盈余，故未拟具收入概算及经常支出概算合并注明。

资料来源：《关于拟设农工化验所、电表校验所及在老河口设轧花厂所需经临各费等的签呈及相关材料》（1935 年 6 月 29 日），湖北省档案馆藏，档号：LS031-006-0207-0001。

湖北省建设厅提出总计划后，湖北省棉产改进处负责具体实施，于 1935 年 11 月就选用何种锯齿轧花机及费用等情况加以说明和报告。③ 湖北省棉产改进处在决定购买机器之前，从出棉率、损耗、含水量、棉花品质四

① 《关于拟设农工化验所、电表校验所及在老河口设轧花厂所需经临各费等的签呈及相关材料》（1935 年 6 月 29 日），湖北省档案馆藏，档号：LS031-006-0207-0001。
② 《关于拟设农工化验所、电表校验所及在老河口设轧花厂所需经临各费等的签呈及相关材料》（1935 年 6 月 29 日），湖北省档案馆藏，档号：LS031-006-0207-0001。
③ 《湖北省政府关于湖北省棉产改进处请就建设费下拨款开办老河口新式轧花厂的训令、指令及相关材料》（1935 年 11 月 16 日），湖北省档案馆藏，档号：LS031-006-0207-0002。

个方面进行了考察。① 经过试验后，总结出锯齿轧花机的优点包括轧花迅速、节省人力、节省管理费、节省消耗费、出品优良、节省建筑费等。② 在机器采购方面，湖北棉产改进处拟采买价格最贵且效率最高的美国气流式锯齿轧花机。③ 在购买之前，湖北省建设厅为谨慎起见，又做了第二次试验，此事由棉业专家胡竟良负责，他将老河口籽花十磅寄送至"美国大来城用气流式锯齿轧花机试轧"④，结果成绩甚佳，湖北省建设厅于是最终决定购买此机器。⑤

二 改革中遇到的困难及应对

但购买气流式锯齿轧花机的过程并不顺利，因外汇高涨及贷款无着，资金出现不足。⑥ 之后，湖北省棉产改进处于 1936 年 3 月呈请变更设立老河口新式轧花厂，并请湖北省建设厅将原计划拨给筹设老河口新式轧花厂的经费转移给老河口和襄阳两地，目的是在此二处分别设立锯齿及辊轴式小规模轧花厂。⑦ 湖北省建设厅考虑到轧花厂关系棉花品质甚大，遂准予拨发 2 万元，用于老河口、襄阳两处设立小规模轧花厂。⑧

1936 年 4 月，湖北省棉产改进处向湖北省建设厅申报了老河口及襄阳小

---

① 国内棉花的含水量基本控制在 12% 以内。参见李佳佳：《中国收回棉花检验权始末》，《史林》2020 年第 6 期。

② 《湖北省政府关于湖北省棉产改进处请就建设费下拨款开办老河口新式轧花厂的训令、指令及相关材料》（1935 年 11 月 16 日），湖北省档案馆藏，档号：LS031-006-0207-0002。

③ 《湖北省政府关于湖北省棉产改进处请就建设费下拨款开办老河口新式轧花厂的训令、指令及相关材料》（1935 年 11 月 16 日），湖北省档案馆藏，档号：LS031-006-0207-0002。

④ 《湖北省政府关于湖北省棉产改进处请缓设立老河口新式轧花厂并请将设立费列入 1936 年预算及开办小轧花厂经费的指令及相关材料》（1936 年 4 月 8 日），湖北省档案馆藏，档号：LS031-006-0207-0008。

⑤ 《湖北省政府关于湖北省棉产改进处请就建设费下拨款开办老河口新式轧花厂的训令、指令及相关材料》（1935 年 11 月 16 日），湖北省档案馆藏，档号：LS031-006-0207-0002。

⑥ 《湖北省棉产改进处关于请核发本处轧花厂开办费通知书的呈》（1936 年 3 月），湖北省档案馆藏，档号：LS031-006-0207-0007。

⑦ 《湖北省建设厅关于湖北省棉产改进处呈请变更设立老河口新式轧花厂办法的签呈》（1936 年 3 月 25 日），湖北省档案馆藏，档号：LS031-006-0207-0005；《湖北省政府关于湖北省棉产改进处请缓设立老河口新式轧花厂并请将设立费列入 1936 年预算及开办小轧花厂经费的指令及相关材料》（1936 年 4 月 8 日），湖北省档案馆藏，档号：LS031-006-0207-0008。

⑧ 《湖北省政府关于湖北省棉产改进处请缓设立老河口新式轧花厂并请将设立费列入 1936 年预算及开办小轧花厂经费的指令及相关材料》（1936 年 4 月 8 日），湖北省档案馆藏，档号：LS031-006-0207-0008。

规模轧花厂计划书。在机器采购方面，老河口轧花厂先购买一部刷式锯齿轧花机，一部 20 匹马力柴油引擎，以及一部启罗发电机，以应需要。其中刷式锯齿轧花机、清化箱连同配件一同向美国大来城采购。襄阳轧花厂在机械设置方面，购买了 30 部辊轴轧花机，2 部 20 匹马力柴油引擎，以及一部启罗发电机，其中辊轴轧花机从上海周茂兴采购，柴油引擎从上海的新中公司采购，发电机从汉口西门子洋行采购。① 以上机器的购入均由湖北省建设厅指定"购料委员会"负责。② 除了上述两老河外，湖北省棉产改进处还计划在襄阳县的双沟，谷城县的太平店，宜城县之小河口及天门县之县城各设一所小型轧花厂。③ 这四所小型轧花厂于 1936 年开始轧花运销，④ 这四个工厂的设备、产量、销售额及运销情况详见表 8-3。

表 8-3　1936 年双沟、天门、太平店、小河口四所轧花厂设备、
产量、价值及运销情况

厂别	32 寸辊轴轧花机	柴油引擎/发电机	皮棉产量总值（市担）	数量（元）	转销厂家
双沟轧花厂	30 部	30 匹一部/10.k.w 一部	16109	649073	裕华、申新
小河口轧花厂	24 部	20 匹一部	23793	4370545	裕华、申新
太平店轧花厂	12 部	10 匹一部/10.k.w 一部	18148	720294	裕华、太平店商家
天门轧花厂	20 部	20 匹一部	60459	2565602	申新、天门南家
备注	四厂皮花出厂数量原为 208978 担，兹表列总数为 208509 担，其相差之 469 担，系交厂时之失称量。设备情况为 1936 年湖北省棉产改进所统计，产量、价值及运销情况为 1937 年湖北省棉产改进所统计。				

资料来源：湖北省棉产改进所：《湖北省棉产改进所报告书》，1937，第 24 页，第 99 页。

各轧花厂成立后产生了两个主要问题，一是辊轴式轧花机效能低下，轧花费用虽较人力减少，但未达到经济效益最大化，需要工人数量较多，因只开工

---

① 《湖北省政府关于湖北省棉产改进处请缓设立老河口新式轧花厂并请将设立费列入 1936 年预算及开办小轧花厂经费的指令及相关材料》（1936 年 4 月 8 日），湖北省档案馆藏，档号：LS031-006-0207-0008。
② 《湖北省棉产改进处关于请购料委员会照轧花厂设立书中厂家定购机械的电》（1936 年 3 月 19 日），湖北省档案馆藏，档号：LS031-006-0207-0009。
③ 《湖北省政府关于湖北省棉产改进处请拨 1937 年轧花厂设备费的指令及湖北省建设厅的签呈》（1937 年 3 月 11 日），湖北省档案馆藏，档号：LS031-006-0207-0012。
④ 湖北省棉产改进所：《湖北棉产改进所报告书》，1937，第 91 页。

数月，管理成本较高，技术工人亦难雇用。而气流式锯齿轧花机具备效能高、费用低、需要工人少等优点，虽原定于1936年购置一部，预算为6万元，但因省库支绌，不能全部拨给，机械虽经订购，终未能成功。① 1936年夏，棉业统制委员会、湖北省政府、湖北棉业改良委员会联合商定合作改进棉产，于是将湖北棉产改进处合组为湖北棉产改进所，棉产改进所成立以后，继续推进湖北省轧棉业发展，并按计划于1936年秋继续在老河口、枣阳、万山等处增设辊轴式小型轧花厂。此外，棉业统制委员会也委派赵君伯赴美研究锯齿轧花机的运用与管理经验。②

二是在经营管理方面遇到波折，主要体现在合作运销方面触犯了当地部分棉商的利益，进而引起部分棉商的阻挠和破坏。湖北省棉产改进处在老河口、襄阳、双沟、小河口、太平店、天门建成轧花厂后，采取合作运销的经营方式。具体是棉产改进处与申新第四纱厂、裕华两纱厂订立运销合约；轧花运销业务由区合作社联合社负责经营，棉产改进处给予协助，帮助厘定办法，以资遵守。区合作社联合社租赁棉产改进处的轧花厂，棉产改进处与合作社联合社合作办理轧花运销。③ 此种合作运销甫一展开，便受到了当地行商与花贩的阻挠，从而影响了棉产改进处与合作社联合社之间的合作。更恶劣者，有太平店花商率百余人闯入轧花厂捣乱，并派人在中途抢夺社员送往轧花厂的棉花，造成冲突与纠纷，致使刚开工不足半月的轧花厂又停工休整。④ 出现此种波折，1936年的轧花运销数量并不如意。⑤ 通过表8-3可以看出，此四厂在1936年轧花运销数量有20万8000余担，主要销往汉口申新与裕华两纱厂。虽因行商花贩破坏，申新合约中途取消，但在各厂努力、社员合作及纱厂协助下，最后仍盈利4000余元。各厂具体经营结果如表8-4所示。

① 湖北省棉产改进所：《湖北棉产改进所报告书》，1937，第2页。
② 湖北省棉产改进所：《湖北棉产改进所报告书》，1937，第1页。
③ 《湖北省政府关于湖北省棉产改进处报送协助棉区各合作社办理轧花运销办法、轧花厂租赁办法等的指令》（1936年12月18日），湖北省档案馆藏，档号：LS031-003-0644-0008。
④ 《湖北省政府关于湖北省棉产改进处呈报太平店棉商邹心田等雇佣浪人包围轧花厂等的电、指令、训令》（1936年12月30日），湖北省档案馆藏，档号：LS031-003-0645-0006。
⑤ 湖北省棉产改进所：《湖北省棉产改进所报告书》，1937年，第92、99页。

表 8-4　各联合社轧花厂营运收支结算情况

单位：元

厂别	收入	支出	盈余
双沟	7682.82	7353.42	329.40
小河	44707.43	42360.79	2346.64
太平	7585.03	7551.63	33.40
天门	29794.47	28360.43	1434.04
总计	89769.75	85626.27	4143.48

资料来源：湖北省棉产改进所：《湖北省棉产改进所报告书》，1937，第99-100页。

从表8-4可以看出，合作运销虽有波折，但终有盈余，如发展顺利，合作运销的优势必进一步显现。此后，湖北省政府为了轧花厂能进一步顺利开展工作，于1936年12月命湖北省棉产改进处制定更为详细的棉区各合作社办理轧花运销办法，具体包括《湖北省棉产改进处协助棉区合作社办理轧花运销办法》《区合作社联合社轧花厂租赁办法》《区合作社联合社轧花厂组织章程》《区合作社联合社轧花厂会计办法》《区合作社联合社轧花厂现金出纳办法》《区合作社联合社轧花厂收花办法》《区合作社联合社轧花厂皮花运输办法》《区合作社联合社轧花厂棉花运销办法》《区合作社联合社轧花厂工务管理办法》《区合作社联合社轧花厂仓库管理办法》十项规定。[1] 这十项规定基本在棉花产销的各个环节都制定了具体、全面的管理措施，为湖北省以合作制度为基础的现代轧花厂的建立和发展奠定了基础。

事实上，不仅在湖北，当时陕西、河南、江苏等省也在国家和地方政府的双重努力下成立了棉产改进所，建立了多家现代轧花厂并实行产销合作制度。其中陕西建有10个厂，河南建有5个厂，江苏建有2个厂，均购买了辊轴轧花机。[2] 四省以外，山东和湖南也相继建立由政府主办的动力轧花厂。[3] 至此，全国主要产棉省份均建成合作社轧花厂。国家权力介入后，现代轧花厂的规模和技术得到大幅提升，国产棉花的产量及质量均有提升，1936年达到历年最

---

[1] 《湖北省政府关于湖北省棉产改进处报送协助棉区各合作社办理轧花运销办法、轧花厂租赁办法等的指令》（1936年12月18日），湖北省档案馆藏，档号：LS031-003-0644-0008。

[2] 《棉统会棉产改进工作概况》，《棉业月刊》1937年第1期，第7页。

[3] 金城银行总经理处天津调查分部编《山东棉业调查报告》，金城银行，1936，第202页；湖南棉业试验场：《津市轧花厂第二次报告书》（内部资料）1934，第1页。

高，共计一千七百余万市担。1935 年中国进口原棉降至 50 余万公担，1936 年进口原棉仅有 40 万公担左右。① 基本扭转了 20 世纪 30 年代初中国需大量进口棉花的局面。

概言之，1934 年后，国家权力和地方政府介入轧棉业，产棉大省陆续建立多家棉产改进所，运用合作社制度及产销结合的经营模式使国产棉花品质与产量得到提升。湖北省轧棉业在政府的推动下实行转型升级，多次努力引进最先进的气流式锯齿轧花机，意图建立大型现代化轧花厂，虽因资金及金融等因素未获成功，但是湖北省在技术升级方面，付出的努力程度在内地最为突出。

本章小结

纵观晚清和民国时期的湖北省轧棉业发展过程，其历经了民族工业创生之后的奋进、国际激烈竞争中的探索、战火中遭受的浩劫和战后的艰难恢复。其发展可谓充满波折与起落，在这一发展过程中，有三个较为重要的启示。

一是轧棉业在官办与商办的合力推动下不断壮大，湖北省轧棉业最初是由张之洞创办的湖北织官布局带动而起，尔后商办轧棉在植棉快速增长的背景下，发展较为迅猛，商办轧花厂及棉产区的轧户等亦大量出现，其生命力顽强，韧劲更足，所属资本系民间资本或农产资金，故当日寇占领湖北部分地区后，仍有小部分轧花厂和轧户能维持生产，使民族工业在艰难中曲折前行，薪火不断。

二是湖北省轧棉业发展呈现明显的阶段性特征，1890 年至 1933 年为创始阶段，此阶段最显著的特点是，私人轧花厂占主体地位，轧花厂规模多以小型为主，应用动力多元，经营主体亦多元，雇工规模不大，轧棉总数反而可观。1933 年至 1937 年为继续发展阶段，在此阶段中，湖北省推行两项改革，一是建立大型现代动力轧花厂，二是施行产销合作制度，这两项改革使湖北省轧棉业自 1934 年起步入了发展新阶段，轧花厂的规模和技术均得到大幅提升。

三是轧棉业映射出中国近现代工业体系演进的特点。从整个棉业体系看，轧棉业承担的是棉花加工生产任务，不仅是棉业现代化转型的重要构成部分，也是最基础的生产环节之一。此外，晚清民国时期湖北省轧棉业的发展也折射

① 农林部棉产改进处：《中国棉讯》1947 年第 1 期，第 1 页。

出中国近现代民族工业发展的特点，其发展是合力促成的结果，这其中既有外国技术、制度、市场的刺激与影响，也有国内官方与民间迭次努力的吸收与应对。

轧棉业不仅是中国近现代农产品加工业的代表，而且是链接农业和棉纺工业生产的关键环节，湖北作为内地最重要的产棉大省，是推动内地棉业发展的核心力量，在带动内地其他省份轧棉业发展方面，表现出了较为突出的作用。

第九章　民国时期华商棉花打包业的发展
（1920~1937）

近代棉纺织工业的建立，促进了棉花以个人消费市场为主转变为以组织市场为主，所谓个人消费市场是指购买者主要是消费者个人或家庭的市场，其特点是购买者人数众多，顾客购买量较小，购买频率很高，受到消费水平、财力以及贮存等方面的限制。组织市场的购买者主要是各类组织单位，如企业、公司、政府、非营利性的社会机构等，其特点是购买者数量少，购买规模较大，组织市场的需求是派生的需求，主要取决于市场对最终消费品的需求，组织市场中的购买多为专业购买，金额比较大，具备较为完善的产品和技术知识。[①]在棉花市场从个人消费市场为主转变为以纺织市场为主的过程中，棉花商品率提高，棉花工业市场和中间商市场发展渐趋完善。服务业中的棉花包装技术革新提升了棉花质量以及进入国际市场的顺畅性。打包技术的完善在长途运输上发挥着越来越重要的作用。20世纪20年代在郑县、汉口等地，华商打包事业逐渐兴起，在生产设备和经营管理方面效仿外国洋行打包厂。华商打包事业的发展与盈利并非一帆风顺，其受到了洋商打包厂强有力的竞争，以及国内政策的影响和传统打包厂的挑战。

中国棉花种植始于宋末元初，棉花的经济价值备受青睐，元朝时期被纳入国家税收体系。明朝政府继续推广棉花及棉布的生产，除了课征以外，还实行奖励，允许农民以棉花或棉布代替粮食完纳粮税，间接促进了棉花和棉布的需求。及至清朝初年，中国棉花种植面积迅速扩大，到鸦片战争时期，中国传统棉业已大致定型。晚清民国时期，中国棉花市场开始逐渐转型。学者对晚清民国时期棉花市场的探析多将其置于棉纺织市场的附属地位。事实上，中国传统棉花市场历经晚清发展至民国，已由个人消费市场向组织市场转变。从中国棉花市场的发展来看，1890年以前，中国棉花市场以个人或家庭消费为主，即棉花生产后，直接被当地棉纺织业吸收（主要是被个人及家庭吸收），未有全

---

① 白长虹、范秀成：《市场学》，南开大学出版社，2007，第44、58~60页。

国大范围的长途运输。① 1890 年以后，这种局面发生变化，原因是 1890 年中国建立了第一家机器纺织厂，此后现代机器纺织厂广泛建立，此种形势一直持续到全面抗日战争前。机器纺织厂需要大量棉花，中国境内出现了新的棉花集中消费方式。棉花市场处在由传统的个人消费市场向近代的组织市场的快速转变中，其中组织市场中的中间商市场及服务部门的完善、棉花检验及包装制度的建立是棉花组织市场成熟的标志。②

中国自 1890 年开始有纱厂设立后，棉花贸易渐臻重要。1890 年以后，我国棉花贸易市场逐渐从棉纺织品贸易中独立出来。在棉花市场的运行中，包装技术的重要性逐渐凸显，中国棉花打包业的兴起与成熟关系着棉花的长途运输效率及对棉花质量的保护。近年来学界对中国棉花打包业垂注不多。③ 中国近代棉花打包厂的发展、管理与盈利等受到诸多因素的影响，既有与传统木机打包的对抗，也有与外国洋行打包厂的竞争与合作，同时也有国家政府力量的介入，实为一个值得探讨的领域。在本章中，笔者力图对中国华商棉花打包行业做一较为系统的梳理，以期对民国时期棉花市场等相关问题的研究有所助益。

第一节　华商打包业兴起之背景

打包业的发展与完善是农产品及工业品流通的重要服务部门。在棉花打包领域，从全国范围来看，我国民国初期的棉花打包业与国外棉花打包业相比，

---

① 中国棉花长途运输现象少，只发生在局部地区，在晚清以前，只有两个时段存在大规模跨省长途贩运，第一次是在明代前期和中期，江南地区所产棉花运往北方山东、河北等地，但这种情况于明末结束，因为北方需要江南棉花的省份运用在地窖中纺织的办法克服了由于气候干燥导致无法纺织的弊端，北方省份的棉纺织业也奋起直追，北省大量种植棉花，棉花达到自给，无须向外购买。第二次是在清代，棉花的长途运输出现在江南与闽粤两省之间，此现象发生的原因是闽广地区的农作物种植结构发生变动，闽粤的蔗糖与生丝的经济利润超过了棉花，所以当地棉花种植急剧减少，因而出现了褚华口中的"闽粤常二三月载糖霜来卖，秋则买棉花以归。楼船千百皆装布囊累累"的现象。另外，古代商人从事长途贩运，风险极大，不但可能蚀本，还常有生命的危险，所以明清时期的棉花打包只是服务于局部的长途贩运，没有大量需求，也就没有形成一个符合当时生产力及技术水平的手工打包业。参见赵冈、陈钟毅：《中国棉业史》，台北联经出版事业公司，1977，第 48~49 页。
② 笔者认为棉花检验与包装制度的最终完成代表了中国棉花市场完全有能力与国际棉花市场无障碍接轨。
③ 李茂盛、梁娜：《民国内地棉花技术设备引进中的近代化趋势——以山西棉花打包厂筹建为例》，《中国社会经济史研究》2017 年第 2 期。

在技术、设备方面较为落后，棉花打包样式复杂，大小不一，没有统一标准，不利于棉花出口。[①] 20 世纪 20 年代以前，我国的机器打包业被外国洋行垄断，其中天津有机器打包厂 9 家，8 家为英国洋行投资建立[②]；上海有隆茂、怡和源、平和、永兴四家，其中三家为英国洋行所建，另一家为法国洋行所建；[③] 汉口有三家，分别是平和洋行、隆茂洋行和汉口打包公司，三家均为英国洋行投资建立；[④] 在郑县有日信洋行和慎昌洋行，为日商所有。[⑤] 我国具有现代意义的机器打包业主要集中在上海、天津、汉口与郑县的洋行打包厂（也称为打包部），而华商所办的机器打包厂尚付阙如。外国洋行打包厂（部）的建立为我国华商机器打包业的创立树立了良好的示范效应，先进机器所带来的标准化生产与惊人的高效率也时刻触动着华商。[⑥]

首先，在生产设备上，外国洋行都采用机器打包，大都以电力为动力，有电力气压机或冷气压机。打包的效率很高，如上海隆茂、怡和源、平和的打包机是三翼式，同时可打三包，每小时可打 35 件左右，若原包打包，每小时可打 60 余件。永兴的打包机为二翼式，专打长包，每小时能打 10 余件。[⑦] 汉口的平和洋行打包厂原名 Liddel Bros. & Co. , Ltd. ，是汉口打包事业之蒿矢，以棉花打包为大宗。消费者以申帮居多，日商三井吉田、瀛华等也是大主顾。该厂共有大小栈房七十余间，水压力打包机二部，日夜能打包一千五百件，买办为朱子芳及凌耀卿。[⑧] 隆茂洋行原名 Macke zie & Co. , Ltd. ，创设于 1916 年 9 月，全年生产量约三万三千余件，[⑨] 有水压打包机二部，大栈房四十余间，日夜能打包一千七百多件，买办为杨锦森。申黄两帮是该厂的主要顾客。汉口打

---

① 国际市场棉花交易多以 500 磅左右的棉花包为标准。在国际市场上，日本对我国棉花包装要求不严格，只需略加修理即可装船，运销到西洋的棉花在装船之前必须改包成满足国际上通用的大小和密度要求。曲直生：《河北棉花出产及贩运》，商务印书馆，1931，第 111 页。

② 参见李洛之、聂汤谷编著《天津的经济地位》，经济部冀热察绥区特派员办公处，1938，第 84 页。

③ 《全国机器打包厂调查表》，《全国棉花掺水掺杂取缔所通讯》1935 年第 13 期，第 15~18 页。

④ 汪海珊：《汉口打包业概况》，《交行通信》1935 年第 7 卷第 6 期，第 23~24 页。

⑤ 陈隽人：《郑州棉花市场概况》，《中行月刊》1931 年第 2 卷第 10 期，第 13~17 页。

⑥ Sven Beckert, *Empire of Cotton: A Global History*, New York: Vintage books , 2014。

⑦ 叶元鼎：《中国棉花贸易情形》，工商部上海商品检验局，1930，第 26~27 页。

⑧ 实业部国际贸易局编《第一编·特种工业·棉花打包业》，《武汉之工商业》，1932，第 93~94 页。

⑨ 汪海珊：《汉口打包业概况》，《交行通信》1935 年第 7 卷第 6 期，第 23~24 页。

包公司创设于 1920 年，全年生产三万五千余件，该厂有棉栈三十余间，水压力打包机一部，另外配有马力起动机及起水机等，日夜能打重约三百八九十斤的机包九百余件。打包的顾客以黄帮居多。①

在郑县，有日信洋行打包厂，因此洋行在郑县大量采办棉花，日商遂于 1925 年在郑县设立一小规模机器打包厂，专收棉花。② 该打包厂设有日本大阪铁工所制造的打包机两架，动力为蒸汽，每天需煤两吨，只为自购的棉花打包，每小时可打 12 包，包的重量为 420 磅至 430 磅。③ 九一八事变后，该厂于 1933 年被华商董芳城收购。④ 慎昌洋行有美国制 Smith Press 四架，系木制框匣，钢制顶力机，每架每小时只能打三包，效率不高，每包重五百磅。⑤ 与英国洋行所设的打包厂相比，日本人所设的打包公司规模较小，专打自己的货物，只为本国服务，不做外来生意。⑥ 截止到抗战前，外国洋行机器打包厂（部）共计有天津英商 9 家，上海英商 4 家，山东日商 5 家，⑦ 郑州日商 2 家（经营时间较短，1934 年被华商收购），汉口英商 3 家、日商 1 家共 24 家。这些打包厂基本上都为洋行附设，非独立专营。外国洋行打包厂资本及使用机器情形见表 9-1。

表 9-1　外国洋行打包厂（部）统计

地名	工厂名	资本额（万元）	打包机器
天津	仁记洋行（英）	30	打包机（皮革、棉花、羊毛各 1 座）
	高林洋行打包厂（英）	60	打包机（皮革、棉花、羊毛各 1 座）
	隆茂洋行打包厂（英）	100	打包机各 2 座
	德隆洋行打包厂（英）	30	打包机（羊毛 1 座），毛皮水压捆包机 1 座
	平和洋行打包厂（英）	20	打包机（皮革 2 座，棉花、羊毛各 1 座）
	怡和洋行打包厂（英）	15	打包机（皮革两座，棉花、羊毛各 1 座）
	新泰兴洋行打包厂（英）	10	羊毛水压捆包机 1 座
	天津打包公司（英）	60	打包机各 1 座
	米丰洋行（美）	70	压榨器 1 座，干燥机 1 座

---

① 事业部国际贸易局编《第一编·特种工业·棉花打包业》，《武汉之工商业》，1932，第 95~96 页。
② 汪晴江：《谈西北打包事业》，《中行生活》1934 年第 30 期，第 733 页。
③ 陈隽人：《郑州棉花市场概况》，《中行月刊》1931 年第 2 卷第 10 期，第 16 页。
④ 汪晴江：《谈西北打包事业》，《中行生活》1934 年第 30 期，第 733 页。
⑤ 《郑州之棉花打包厂》，《纺织时报》1935 年第 1228 期，第 2 页。
⑥ 汪晴江：《谈西北打包事业》，《中行生活》1934 年第 30 期，第 732~733 页。
⑦ 全国棉花掺水掺杂取缔所：《全国机器打包厂调查表》，《全国棉花掺水掺杂取缔所通讯》1935 年第 13 期，第 15 页。

地名	工厂名	资本额(万元)	打包机器
上海	隆茂(英)	18	电力气压机三斗式一架
	怡和源(英)	14	电力气压机三斗式一架
	平和(英)	20	电力气压机三斗式一架
	永兴(英)	14	电力气压机二斗式一架
汉口	隆茂洋行打包厂(英)	100	水压打包机2部
	平和洋行打包厂(英)	100	水压力打包机2部
	汉口打包公司(英华合办)	100	水压力打包机1部
	日信洋行汉阳棉花压榨工厂(日本)	12750(日金)	Nasmyth Wilson & Co. Duncan Stra-tton & Co.
	汉口打包公司沙市分厂(英华合办)	113.5	水力打包机1部

注：1. 天津的机器大部分为Hydraulic press，这九家打包厂中只有天津打包公司是独立的，其他均为洋行的附设机构。

2. 天津的九家打包厂，以平和、隆茂打棉花包最多，因两行为洋行中经营棉花出口的主要者。参见曲直生：《河北棉花出产及贩运》，商务印书馆，1931，第120页，注5。

资料来源：参见李洛之、聂汤谷编著《天津的经济地位》，经济部冀热察绥区特派员办公处，1938，第84页；上海和汉口的资本额及打包机器数量来源于《全国机器打包厂调查表》，《全国棉花掺水搀杂取缔所通讯》1935年第13期，第15~18页；《汉口棉花打包业概况》，《纺织时报》1935年第1239期，第4425页；《沙市打包公司》，《纺织时报》1932年第882期，第1470页；远翔：《汉口打包业的兴起》，《武汉文史资料》1996年第9期，第20页。

其次，在包装方面，与国外的棉花包装相比，我国棉花包装可谓五花八门，密度不高，与国际通行的标准相差甚远。国际上通用的是密度较高的棉花包装。密度高的棉花包装也被称为紧装棉，紧装棉有运输方便、运费便宜、少走漏、买卖双方少受损失、不易作伪等优点。

考察世界其他产棉大国的棉花包装，实在我国之上。先以美国为例，美国棉包有五种形式：平包、标准包、重压包、圆包、轧厂包，每种棉包密度都比较大。五种棉包的密度由低到高依次是平包密度为12~15磅每立方尺；标准包密度为22~28磅每立方尺；圆包密度为28磅每立方尺；轧厂包密度为25~35磅每立方尺；重压包密度为28~40磅每立方尺。在重量方面，平包包重300磅至750磅；标准包以平包为基础，运用高压力而成，重量颇不一律，以包内棉花之多少为转移；重压包也以平包为基础，用汽力将压板压下，压力比标准包更大；高压包包装形式统一，有九根铁条和铁扣，专用出口或水运；圆包由"轧棉厂取来松棉用轴心卷成圆包"，同时施用压力，包重约 250 磅。①

　　美国棉包优点源自美国棉产地合作社制和机器先进。在美国，棉花打包也分为原产地打包和改装包，原产地打包一般都在棉产区的轧花厂打包，美国的轧花厂用的是 1793 年黄纳氏发明的轧棉机，这种机器的特点是速度快。基本上每个轧花厂都有 4 台至 8 台或更多的轧棉机，每轧 1500 磅棉花最多只需半个小时。"最忙时，棉花一经入场，棉农即可驱车至工厂后方收轧好的花，棉包长 54 英寸，宽 27 英寸，厚 45 英寸，每件重约 500 磅，每立方尺在 12 磅~14 磅。在棉花长距离运送前，须再加以打包，以省吨位。稍大的城镇至少有一个打包厂，将棉花改包后，体积要缩小一半，每立方尺约有 22.5 磅"。②

　　埃及也是产棉大国，居世界第 3 位，③ 棉花打包也分为原产地打包和改装包，改装包专为出口，④ 采用蒸汽打包机完成。包外裹以帆布，捆以铁皮，长 51 英寸，宽 31 英寸，厚 22 英寸，其密度为每立方尺 37.3 磅，计重 700 磅至 800 磅，包皮约重 22 磅，"为世界棉包中之最良打包法"。⑤ 印度棉花用冷气压机强压后，先以麻布包裹，次用铁皮捆圈，"长 48 英寸，高 20 英寸，宽 17 英寸，密度为 39 磅每立方尺，毛重 410 磅，包皮约重 9.5 磅"。⑥

　　我国棉花打包样式与国外相比非常复杂，据民国学者调查，1930 年前，我国市场和堆栈的常见包装式样大概有四种：洋架子、白包（分大、中、小）三种、木架子、灌包（即草包）。⑦ 各地棉花包装形形色色，极不整齐。棉包形式以长方形居多，如冀、鲁、晋、秦、苏、浙、皖、赣、鄂等省；长圆形居少数，如冀、鲁、晋、苏、赣等省；冀之新河、鲁之邱县、浙之萧山间有正方形棉包；鲁之夏津有圆筒形棉包。我国棉包每包重量高下悬殊，普通自 80 斤至 510 斤不等，通行者每包 120 余斤，每立方尺的密度高低悬殊。棉包低密度有诸多弊端，其中为乡贩作伪留有余地最为有害，作伪的手段首先是掺水，其

① 叶元鼎：《中国棉花贸易情形》，工商部上海商品检验局，1930，第 23 页。
② 概然编译《世界棉花市场》，《中农月刊》1942 年第 3 卷第 6 期，第 46 页。
③ 胡竟良：《世界棉产与中国棉产》，《胡竟良先生棉业论文选集》，中国棉业出版社，1948，第 29 页。
④ Ella M. Wilson, "Zagazig: A Cotton Market", *Geographical Review*, Vol. 24, 1934, p. 573.
⑤ 胡竟良：《胡竟良先生棉业论文选集》，中国棉业出版社，1948，第 27 页。
⑥ 叶元鼎：《中国棉花贸易情形》，工商部上海商品检验局，1930，第 22 页。
⑦ 叶元鼎：《中国棉花贸易情形》，工商部上海商品检验局，1930，第 25 页。

次是混入棉籽与混入低级棉与飞花。① 时人将我国棉花包密度与国外棉花包密
度进行比较，如表9-2所示。

表9-2　美国、印度、埃及、中国棉花包密度（平均）及体积统计

类别	包之容量(英寸)	体积(立方尺)	每包重量 lb(平均值)	每立方尺之密度 lb
美棉	54×30×18 78×36×24	26	500	37
印棉	49×22×16	9~10	400	41
埃及	51×31×22	20	400~420,出口包750	37
陕西棉	19.5×28×32	10	477	47.7
御河棉	22×28×49	17.4	279	16.00
通县棉	18×30×68	21	156	7.35
家乡棉	18×22×48	11.3	502	45.70
余姚棉	18×33×34	11.7	78	6.70

　　资料来源：叶元鼎：《中国棉花贸易情形》，工商部上海商品检验局，1930，第23~27页。

　　从表9-2可以看出，我国只有部分陕西棉棉包与家乡棉棉包比埃及棉棉
包密度大。我国棉花包装之所以会在密度和样式上纷繁复杂，主要是因为，在
我国棉花原产地市场或中级市场中，棉商有自己的传统打包技术和打包工具，
可称为旧式打包法。采用的机器主要是人力木机，这种传统机器分布非常广。
在河南，木机打包多为"四柱木架，中夹门板，套以布袋，装填成包"。这种
包装方法须时费力，体积庞大，运输不便。② 陕西棉花打包方法与河南棉花打
包法相同，用木架子，先将棉花以人力足踏坚实后，次用粗麻布包裹，后再用
铁皮捆圈，毛重300余磅，包皮12磅，棉花净重200斤左右；也有与通县之
包装相同的，重量略大，每包重150斤至180斤。③ 山东原产地的棉花包装多
为土包，以松、大、粗、笨为特点。④ 河北地区的打包机有螺旋压力打包机和
螺旋顶力打包机两类，都从日本引进，都依赖人力，每种都分为木制和铁制两
种，"木制6人合作，每天可打30包；铁机要8到10人合作，每日可打60

---

① 叶元鼎：《中国棉花贸易情形》，工商部上海商品检验局，1930，第27页。
② 全国经济委员会棉业统制委员会河南省棉产改进所：《河南棉业》，全国经济委员会棉业
统制委员会，1936，第106页。
③ 叶元鼎：《中国棉花贸易情形》，工商部上海商品检验局，1930，第25页。
④ 金城银行总经理处天津调查分部编《山东棉业调查报告》，金城银行，1935，第235页。

包，铁制螺旋顶力打包机六人合作每日可打 100 包"，木制螺旋顶力打包机与铁制螺旋顶力打包机在效率上没有很大差别，只是耐久力差。[①]

山西各产棉县所用打包机有三种：人力打包机、木铁打包机和杠杆铁轮手攀打包机。人力打包机构造简单，价格低廉，打包重量有一百五六十斤。木铁打包机也是完全用人力，简单的每架七八百元，复杂的每架两千余元，两者打包重量相同，可打一百五六十斤；差别是效率不同，简单的每日可打包七八十件，复杂的每日可打包一百一二十件；杠杆铁轮手攀打包机所打之包，重量较重，约三百斤左右，体积较小，可用铁皮麻袋，价值仅三百五六十元，为郑县铁工厂出品，每日打包数量较少，仅有三十余包。[②]

通县、上海、嘉定、黄渡、太仓、常阴等处棉花打包有自己的特点，一种是用长方木架子一座，或用粗壮竹竿四根，埋入土中，先取花包的四角，以绳子系在打包架子的四角处，一人搬运棉花入袋，一人在袋内用足踏实，直至装满为止，然后将袋口收紧缝住，再用麻绳或草绳（通县用细麻绳，上海用草绳）作十字形捆裹，然后运输。棉包重约 172 磅。另外还有一种对合打包的方法，即也采用足踏法，以两麻包、两草包或两蒲包对合打捆，然后挑肩，或车装入市贩卖，此种包每捆重三四十磅至八十四磅不等。[③]

汉口棉花产地之包装根据地方不同分为三等，大包重约一百七八十斤，中包重约一百三十斤，小包重约六七十斤，包皮大都用白色粗棉布制成，也有用麻布者，捆以麻绳。在湖北省，木机包多设在乡镇，如枣阳之公信、樊城之利华等。用人工摇压，包大而松。[④] 棉产地的棉包运至汉口后，如果销售本地，则可不另打包，如果是运往上海，则需经机器打包厂打成每包三百八十斤的洋铁轧子。[⑤] 在湖北省，除了汉口和沙市有机器打包厂以外，其他棉花原产地多用木机。[⑥] 1933 年湖北省产棉一百八九十万担，除了土法打包及民用外，机

[①] 曲直生：《河北棉花出产及贩运》，商务印书馆，1931，第 160 页。

[②] 冯希彦：《晋省产棉各县棉花查验工作视察报告及建议改良各点》，《全国棉花掺水掺杂取缔所通讯》1937 年第 21 期，第 6 页。

[③] 叶元鼎：《中国棉花贸易情形》，工商部上海商品检验局，1930，第 26 页。

[④] 徐璞生：《棉花打包之布应改用土白棉布之意见》，《湖北省棉花掺杂取缔所月刊》1936 年第 4 期，第 27 页。

[⑤] 履任：《中国棉花市场之组织与棉产运销合作》，《农村合作月报》1936 年第 2 卷第 1 期，第 46 页。

[⑥] 《鄂省木机棉花打包厂查验办法刍议》，《全国棉花掺水掺杂取缔所通讯》1937 年第 20 期，第 1~2 页。

器打包棉花约占九十万担。^① 1934 年至 1935 年，由于干旱，棉产量为一百九十万担，其中因棉价低落，农户不愿出售的占二十万担，用土法打包及纱厂纺织民间自用的约占九十万担。^② 可见在湖北省，土法打包几乎占了一半的比例。

综上可见，我国棉花打包业在 20 世纪 20 年代以前，具有现代性的机器打包业主要被英国洋行垄断，英国洋行的机器打包厂在上海、天津、武汉三大棉花市场处于垄断优势。其次为日本，日本的打包业势力主要在山东，虽在武汉及郑县建立过打包厂，但规模小，影响不大。我国棉花原产地及棉花中级市场多采用人力打包方法，打包样式极为复杂，重量也是高低悬殊，棉包密度更是参差不齐。鉴于我国棉花打包业的落后及利源外流，我国华商在 20 世纪 20 年代中期开始拉开建立现代机器打包厂的序幕。

第二节　华商机器打包厂之建立

1924 年对我国棉花打包业来说是一个重要的分水岭，从 1924 年开始，华商开始建立机器打包厂。华商建立机器打包厂的动机主要有两个方面，一是从发展我国棉业的角度出发，我国棉业进步始于棉种改良，在棉业试验场的建立及中央棉产改进所的设立及与各大高校的合作过程中发展，^③ 其间为保证棉花质量，棉花打包业也受到了关注。二是从经济效益的角度出发，华商逐渐认识到打包业的利润颇为丰厚。^④

---

① 《汉口穗丰股份有限公司关于报送 1933 会计年度营业报告书、资产负债表、损益表等件的呈》，1934 年 12 月，湖北省档案馆藏穗丰公司档案：LS31-5-000303-003。
② 《汉口穗丰股份有限公司关于报送 1934 会计年度营业报告书、资产负债表、损益表等件的呈》，1935 年 11 月，湖北省档案馆藏穗丰公司档案：LS31-5-000304-004。
③ 我国棉种改良始于穆藕初先生输入美种棉籽，政府提倡植棉始于张季直先生之棉铁主义。1914 年张氏为农商总长，4 月颁布植棉奖励条例。工商委员会成立，聘用美国专家，并于正定、南通、武昌等处设立棉业试验场。1933 年，棉业统制委员会成立。陈光甫、童润夫、穆藕初、邹炳文、叶元鼎、蒋迪先等先生都为棉业发展奔走、撰文。1934 年，随着中央棉产改进所的设立及其与各大高校的合作，科学植棉、棉花的科学分级及科学检验进一步发展，为我国棉花质量的提高及顺利进入国际棉花市场奠定了良好的基础。参见金国宝：《中国棉业问题》，商务印书馆，1936，第 3~6 页。
④ 李茂盛、梁娜：《民国内地棉花技术设备引进中的近代化趋势——以山西棉花打包厂筹建为例》，《中国社会经济史研究》2017 年第 2 期。

由于我国棉产地比较分散，[1] 我国棉花打包工作分为两个层次，一是在原产地以木机打包，为长途运输做准备，一是在高级中转市场或终点市场的机器打包公司完成改包，以便运往国际市场或终端市场进行销售。要建立设施较为完备的棉花机器打包厂需要的资金较大，在设施方面，须有办公室、机器房、打包楼、检花房、材料库、宿舍各部，其中检花房尤其重要，占建筑的大部分，如果机器每小时能打四五十包，至少需要半亩地大小的检花房30间，每日捡出之货，才能够跟上机器包装的速度，不然便耽误机器工作，"况且顾客牌号甚多，有时为了支配房间，互相争吵，每使厂方难于应付"。[2] 机器打包厂因占地面积大，房地成本高，机器贵重，若无雄厚资本很难建立。20世纪20年代初期，我国无资本雄厚、资格深老的华商打包厂。[3]

20世纪20年代中期至30年代初期，华商机器打包厂的建立主要集中在内地武汉和郑县。汉口自不必说，早已是华中地区重要棉花市场中心。20年代中期时，山西、陕西两省的棉花多由郑县转销津沪，于是郑县很快便成为内地非常重要的棉花中转市场。[4] 当时郑县市场有棉花行30余家，棉花打包厂3家，棉花堆栈8家，棉花转运公司10余家，此外还有客帮驻郑收购棉花3、4家，纱厂在郑县设庄收购棉花4、5家，棉花行组有棉业公会，客帮组有客商棉业公会，[5] 此种规模棉花市场不容小觑，在这种情况下，郑县率先发展机器打包公司不足为怪。

最先建立的机器打包厂是郑县豫中机器打包有限公司（以下简称豫中打包厂），系华商经营，创设于1924年，资本35万元，是郑县历史最久、面积最大、唯一专营棉花打包的打包厂，[6] 面积约占五十余亩，设在车站附近，交通极为便利。除打包机器占地一亩外，另有检花房30间，每间占面积3000平方英尺，其余空地用来堆花，检花房专供花商来厂打包前分配花品成分之用，

---

① 河北、陕西、山东、山西、河南、湖北、湖南、江西、浙江、江苏、安徽、四川12省为产棉省。其中河北、山东、河南、山西、陕西、江苏、湖北七省是主要产棉区域，皖、浙、赣、湘、川是次要产棉区。胡竞良：《抗战前后的中国棉业》，《胡竞良先生棉业论文选集》，中国棉业出版社，1948，第57页。

② 汪晴江：《谈西北打包事业》，《中行生活》1934年第30期，第33页。

③ 全国经济委员会棉业统制委员会河南省棉产改进所：《河南棉业》，1936，第103~106页。

④ 陈隽人：《郑州棉花市场概况》，《中行月刊》1931年第2卷第10期，第15页。

⑤ 杨逸农：《经济资料：我国棉花市场：郑州市场》，《经济汇报》1944年第9卷第10期，第47页。

⑥ 《郑州棉花打包业概况》，《河南统计月报》1935年第1卷第7期，第122页。

不收租费。① 在豫中机器打包厂设立以前，郑县有人力打包厂三十几家，家家均获厚利，自豫中开办打包厂后，一年之中，人力打包厂完全关闭。全部打包生意由豫中一家独占。②

豫中打包机器在郑县华商打包厂中最为先进，购办的是英国新式大号打包机器，③ 有 200 匹马力，系英国"Cyclone. FaWcett Preston Go"，时价估值需银二十余万两，该机器用蒸汽发动机，每 24 小时需用煤 4 吨至 5 吨（当时郑县煤价合洋 11 元），每小时能打出 30 包至 40 包，每包最重约为 450 磅至 500 磅（每日可打 400 包），棉包体积约为 32x21x17 英寸，合 10.5 立方尺。包料需麻布 3.3 码，钢条九根，合价约 3 元。打包费每担洋一元六角五分，每年能打 8 个月，自 10 月至次年 4 月，平均每季可打 6 万包。④

华商打包厂内部组织管理比外商洋行打包厂简单许多。⑤ 外商打包厂以英商平和、隆茂为例，其内部管理分机器部分与经营管理两部分。机器部分由英国人负责，内部管理及对外招揽营业则完全交给买办负责，所以买办是否精干尽职，影响甚大。⑥ 买办方面，用人多少，视业务繁简不同。内部管理方面有会计，负责司理账目；有出纳，负责现金收付；有管厂，总管全厂出货进货及分配打包时间与仓栈事务；有打包，监视打包工作；有过磅，负责记录磅码单；有收筹，负责收发货物；有练习生及司役，司役中比较重要的工作是看楼、掌管钥匙、看门守更、刷墨头四项。其中看楼负责巡视各仓栈，稽查工人有无不法行为，如偷花等事情；掌管钥匙者负责随时启闭；看门守更工作负责货物出入是否已经获得许可及夜间守值。刷墨头者负责打包后，在棉花包上刷上各商号之标识。在工人方面，打包工人由其工头管理；转花工人和堆花工人均各有其组织，遥归买办管理。⑦

豫中机器打包厂的管理制度分为四部：管理、会计、机务、仓库，除了负责机器的机匠为长工外，其余皆为包工制度。经营最好时，该厂机匠共有 20 人，分两班工作，每月开支约 500 元。固定工人有 40 名，临时工人随营业情

① 陈隽人：《郑州棉花市场概况》，《中行月刊》1931 年第 2 卷第 10 期，第 13 页。
② 汪晴江：《谈西北打包事业》，《中行生活》1934 年第 30 期，第 732~733 页。
③ 《郑州新创打包厂》，《纺织时报》1924 年第 122 期，第 1 页。
④ 陈隽人：《郑州棉花市场概况》，《中行月刊》1931 年第 2 卷第 10 期，第 16 页。
⑤ 全国经济委员会棉业统制委员会河南省棉产改进所：《河南棉业》，1936，第 103~106 页。
⑥ 徐世清：《记打包厂》，《海光（上海 1929）》1937 年第 8 卷第 1 期，第 33 页。
⑦ 徐世清：《记打包厂》，《海光（上海 1929）》1937 年第 8 卷第 1 期，第 34 页。

况而定，以商人货物多少为转移，旺季时约有四五千人，女工约占十分之八。[1] 该厂的防火设备较全，每房都设有太平门（类似于今天的安全门），每个房间顶部都装有自来水管三四十个不等，管头下垂屋内，遇火即开，此种设备，为他厂所没有。另外有打水机一具，效力很大，厂内水量很足，各处均设有水管，随时可以应用。[2]

九一八事变之后，日商离开郑县，日商洋行打包厂停工。随着棉花交易量增长，豫中一家，应接不暇，地方绅商遂集资将日商日信洋行打包厂收购，成立了大中打包厂。1934 年华商又建立了协和打包厂。[3] 协和打包厂有 45 匹马力打包机一具，每天可打两百余包，每包重量 500 磅，固定工人二十余名，临时工人约六七百名，女工占十分之八九。每担棉花收费一元四角。"防火设备有水柜 1 个，太平水门 16 个，均与水柜相通，随时可以应用"。大中打包厂打包机有 80 匹马力，每日可打三百余包，每包约重 515 磅，机器工人 7 名，流动工人数目不定，打包费每担一元五角，每间房有灭火机 6 个，此外尚有水龙 1 架。[4]

郑县各家打包厂营业均很旺盛，1930 年以后，华商还在河南西北部陆续建立了陕州打包厂和灵宝中国打包厂。[5] 永安纱厂在郑县自设一厂，因机器不良，打出的棉包比人力压的松，所以没有正式开工便废弃。截至 1937 年，河南机力打包厂数目达到顶峰，数量及资本等情况见表 9-3。

表 9-3　1937 年河南华商机器打包厂统计

厂名	厂址	资本（万元）	打包机数（个）	每小时成包数（包）	皮棉产地
豫中打包厂	郑县四马路	35	2	35~40	豫陕晋
大中打包厂	郑县福寿街	8	1	20	豫陕晋
协和打包厂	郑县二道街	8	1	13	豫陕晋
陕州机器打包公司	陕县西关	66	2	35	灵宝及陕晋之美棉

---

[1] 《郑州棉花打包业概况》，《河南统计月报》1935 年第 1 卷第 7 期，第 121 页。

[2] 《郑州之棉花打包厂》，《纺织时报》1935 年第 1228 期，第 2 页。

[3] 《丙：本省：本省之轧花厂与打包厂》，《河南统计月报》1937 年第 3 卷第 3 期，第 153 页。

[4] 《郑州棉花打包业概况》，《河南统计月报》1935 年第 1 卷第 7 期，第 122 页。

[5] 王惠康：《晋南设立棉花打包厂之调查及意见》，《中华实业月刊》1935 年第 2 卷第 8 期，第 24 页。

续表

厂名	厂址	资本(万元)	打包机数(个)	每小时成包数(包)	皮棉产地
中华打包股份有限公司	灵宝西关车站	12.7	1	20	灵宝及陕晋之美棉
灵宝中国打包公司	灵宝西关车站	20	3	50	灵宝及陕晋之美棉
安阳中国打包公司	安阳西门车站	15	1	20	安阳、磁州、马头镇

资料来源：《统计消息：丙、本省：本省之轧花厂及打包厂》，《河南统计月报》1937 年第 3 卷第 3 期，第 152~153 页。

郑县是华商机器打包厂的重镇，另外一个在华商机器打包业中占有重要地位的城市是武汉。武汉居长江中游，交通便利，华中各省所产棉花运销出口，均以汉口为其枢纽，故汉口打包业之兴盛，为全国之最。由汉口出口的棉花，昔日以土包为多，俗称土包花，运费昂贵，亦遭散失，故机器打包厂之创设，实为必要。汉口初设打包厂者，仅有英商平和洋行一家，系耗资 500 万元所建，[①] 创设于 1881 年 8 月，为汉口机器打包业之嚆矢。[②] 因系独家经营，获利颇多。[③] 除代客打棉外，兼打苎麻、猪鬃、牛羊皮等。[④]

因利益可观，后有隆茂洋行打包厂、汉口打包公司、穗丰打包有限公司三家打包公司成立。隆茂洋行创设于 1916 年 9 月，全年打包量约三万三千件；[⑤] 汉口打包公司创设于 1920 年，系英华合股开办；[⑥] 由华商建立的穗丰棉花打包有限公司成立于 1929 年。至此汉口共有机器打包公司 4 家，业务均甚发达，4 家公司打包能力极强，[⑦] 在汉市工业界中，占有相当之地位。

穗丰棉花打包公司为完全华股公司，由武汉人经营。[⑧] 资本原定 80 万元，

① 《汉口将有棉花打包厂》，《纺织时报》1924 年第 130 号，第 1 页。
② 汪海珊：《汉口打包业概况》，《交行通信》1935 年第 7 卷第 6 期，第 23 页。
③ 汪海珊：《汉口打包业概况》，《交行通信》1935 年第 7 卷第 6 期，第 24 页。
④ 实业部国际贸易局编《武汉之工商业》（第一编：特种工业·棉花打包业），1932，第 93~96 页。
⑤ 汪海珊：《汉口打包业概况》，《交行通信》1935 年第 7 卷第 6 期，第 24 页。
⑥ 《汉口棉花打包能力》，《纺织时报》1928 年第 475 期，第 310 页。
⑦ 《汉市十个月之棉花打包出口总数》，《汉口商业月刊》1934 年第 4 卷第 7 期，第 4 页。
⑧ 《湖北省建设厅关于汉口穗丰股份有限公司报送改选监察人名单、补选及原任董事名单等件请变更登记换发执照的批》，1936 年 5 月，湖北省档案馆藏湖北省建设厅档案：LS31—5—000303—004。

后增至一百多万元，全厂占地一千四百余亩，共有栈房三十余间，[1] 地皮值洋六十余万元，房屋值洋三十余万元，机器值洋二十余万元，装置灭火管值洋十余万元。有水压打包机 1 座，二百匹马力发动机 2 部，起水机 2 部，发动机 2 座，每座可发二百余匹马力，各发动机均用电力。[2] 每小时打包约在 40 包左右，每包重量约 4 担，通常重量约在三担八强，手续费以担计算，现每担收费一元四角。旺季时，捡花女工达数千余名，[3] 每日可打 1000 件左右，每包重约 389 斤。[4] 4 家打包公司营业以穗丰为最大，约占 4 家打包公司打包总量的百分之四十到百分之五十。[5]

　　华商机器打包厂的发展受到诸多因素的影响，其中外部环境如自然灾害与战争因素对任何华商机器打包厂都会带来极大地冲击。除了上述因素外，地区特点也是影响当地华商机器打包厂发展的重要因素，如竞争环境。在抗击自然灾害与外部竞争这两个方面，汉口穗丰机器打包有限公司发展历程极具代表性。

　　穗丰公司自 1929 年成立后，经营状况良好。1931 年时，湖北省发生大水灾，棉产量急剧减少，打包厂均受到重大打击，穗丰打包业务陷入困境，当年只有四万四千余元打包收入，鉴于收入减少，打包厂遂开始推行堆栈业务。1931 年 7 月到 1932 年 6 月，堆栈业务共收入三万一千五百余元，[6] 此后穗丰公司以打包为主要营业，堆栈及保险业为副业。水灾的次年，打包业务量开始回升，自 1932 年 7 月至 1933 年 6 月，湖北打包棉花共约 13 万余包，其中沙市打包五万余包，在汉口打包共八万余包，穗丰公司打包四万余包，占汉口打包总量的一半。[7] 1933 年湖北省产棉一百八九十万担，除了土法打包及民用、厂用外，机器打包棉花约九十万担，沙市打包公司打包三十一万七千余担，汉口

---

① 实业部国际贸易局编《武汉之工商业》（第一编：特种工业·棉花打包业），1932，第 95 页。

② 《汉口穗丰股份有限公司第一届 1931 营业报告书》，1932 年 10 月，湖北省档案馆藏穗丰公司档案：LS31-5-000301-001。

③ 湖北省棉花掺水掺杂取缔所编《穗丰棉花打包公司》，《棉报》，1937，页尾广告。

④ 实业部国际贸易局编《武汉之工商业》（第一编：特种工业·棉花打包业），1932，第 96 页。

⑤ 《汉口穗丰股份有限公司关于报送 1933 会计年度营业报告书、资产负债表、损益表等件的呈》，1934 年 12 月，湖北省档案馆藏穗丰公司档案：LS31-5-000303-003。

⑥ 《汉口穗丰股份有限公司第一届 1931 营业报告书》，1932 年 10 月，湖北省档案馆藏穗丰公司档案：LS31-5-000301-001。

⑦ 《汉口穗丰股份有限公司关于报送 1932 会计年度营业报告书、资产负债表、损益表等件的呈》，1933 年 9 月，湖北省档案馆藏穗丰公司档案：LS31-5-000302-002。

中外四家公司共打包五十一万七千八百余担，其中洋行三家打包公司共打包二十七万三千余担，穗丰公司打包二十四万四千余担。以整个汉口营业来看，穗丰占 42.80%；加上沙市，穗丰占 27.52%，沙市占 35.69%，平和占 11.87%，隆茂占 11.61%。[1]

除了面对自然灾害的冲击时，穗丰积极拓宽营业项目外，华商打包厂还要面对来自洋商打包厂的强有力竞争。1933 年湖北省棉产颇丰，产额增加，洋商打包厂联合降价以招徕更多顾客，目的是抑制穗丰公司的发展，后由于几家洋行打包厂意识到联合降价对任何一家打包厂都危害极大，遂作罢。后又提出汉口 4 家打包公司组织 pool 池办法，实行营业利益按池均分。穗丰打包公司清楚地认识到如果加入势必受亏，如果不加入，贬价竞争又无止境。

当时穗丰的处境可谓进退维谷，两难抉择。后穗丰公司为避免两败俱伤决定加入联合会，但提出必须以沙市公司同时加入为前提，并制定 pool 池之比例。后经商讨决定，穗丰与沙市公司各占 23%，平和、隆茂、利华各占 18%，无论任何一家营业多寡，均按照此比例分派利益。1933 年 7 月~1934 年 6 月，穗丰公司营业额占 27%，但按照分派比例为 23%，派出两万四千六百一十一元三角七分。[2] 1934 年~1935 年，由于干旱，棉产仅得五六成收获，总产额为一百九十万担，其中因棉价低落，农户不愿出售的占二十万担，用土法打包及纱厂纺织民间自用的约占九十万担。机器打包出口之棉花约有八十万担，沙市占 38.82%，平和占 11.34%，隆茂占 7.77%，汉口公司占 13.38%，穗丰占 28.69%，按照 1933 定的利益分配原则，分配利益为两万五千九百零五元二角四分。[3] 1935 年 7 月~1936 年 6 月，湖北大水，鄂西及襄河沿岸受灾较大，收获仅一百万担左右，湖北五家机器打包公司共打五十六万四千余担，汉口打包公司占 5.62%，隆茂占 14.64%，和平占 23.74%，沙市占 15.60%，穗丰占 40.40%，本年度续订的分配比例改为穗丰 23.75%，另外三家 16.25%，沙市占 27.50%。[4] 从上述情况来看，我国华商机器打包厂不得不在与外国洋行的

[1] 《汉口穗丰股份有限公司关于报送 1933 会计年度营业报告书、资产负债表、损益表等件的呈》，1934 年 12 月，湖北省档案馆藏穗丰公司档案：LS31-5-000303-003。

[2] 《汉口穗丰股份有限公司关于报送 1933 会计年度营业报告书、资产负债表、损益表等件的呈》，1934 年 12 月，湖北省档案馆藏穗丰公司档案：LS31-5-000303-003。

[3] 《汉口穗丰股份有限公司关于报送 1934 会计年度营业报告书、资产负债表、损益表等件的呈》，1935 年 11 月，湖北省档案馆藏穗丰公司档案：LS31-5-000304-004。

[4] 《汉口穗丰股份有限公司关于报送 1935 会计年度营业报告书、资产负债表、损益表等件的呈》，1937 年 4 月，湖北省档案馆藏穗丰公司档案：LS31-5-000305-005。

激烈竞争中，全面权衡利益得失，必要时，做出一定程度的让步。穗丰公司的盈利每年都以打包进项为主，间有栈租、保险等收入，详细营业额可参见表9-4。

表9-4 穗丰股份有限公司利益进项（1931.7~1936.6）

单位：元

时间	打包进项	栈租	银圆兑换	保险部纯益	杂项利益	利息
1931~1932	44207.64	31535.58	1648.78	2925.52	7588.43	
1932~1933	227306.54	12436.42	16288.23	1150.21	1033.61	265.79
1933~1934	352823.26	2929.29		613.99	877.53	54.68
1934~1935	321607.17	3206.57		1458.23	538.48	2054.18
1935~1936	31152598	8547.42			5373.73	1819.03

资料来源：《汉口穗丰股份有限公司第一届1931营业报告书》，1932年10月，湖北省档案馆藏穗丰公司档案：LS31—5—000301—001；《汉口穗丰股份有限公司关于报送1932会计年度营业报告书、资产负债表、损益表等件的呈》，1933年9月，LS31—5—000302—002；《汉口穗丰股份有限公司关于报送1933会计年度营业报告书、资产负债表、损益表等件的呈》，1934年12月，LS31—5—000303—003；《汉口穗丰股份有限公司关于报送1934会计年度营业报告书、资产负债表、损益表等件的呈》，1935年11月，LS31—5—000304—004；《汉口穗丰股份有限公司关于报送1935会计年度营业报告书、资产负债表、损益表等件的呈》，1937年4月，LS31—5—000305—005。

在考察穗丰机器打包公司面对洋行打包公司的竞争时，有一家不在武汉地区的打包公司的打包能力不容小觑，那就是汉口打包公司的支店——沙市打包公司。沙市打包公司1927年在汉创立，当时武汉英租界尚未收回，故在香港注册，由安利洋行派西人一名驻厂。打包公司占地七百万方丈，写字楼与堆栈价值约70万元；有水力压榨打包机2部，价值10万元；有柴油引擎2部，每部200匹马力，价值2万元；发电机150马力，价值一万五千元。[1] 沙市打包厂地处鄂西产棉区，打包厂只此1家，故营业发展在湖北五家机器打包厂中营业额占有较高比重，1932年至1933年，湖北打包棉花大约13万包，其中沙市打包厂打包5万余包；[2] 1933年至1934年，沙市打包占总量的35.69%；1934~1935年，占38.82%。1935年7月至1936年6月间，湖北大水，鄂西及

---

[1] 《沙市两公司：沙市打包公司》，《纺织时报》1932年第882期，第1470页。

[2] 《汉口穗丰股份有限公司第一届1931营业报告书》，1932年10月，湖北省档案馆藏穗丰公司档案：LS31-5-000301-001。

襄河沿岸受灾较大，收获仅 100 万担左右，湖北 5 家打包公司共打五十六万四千余担，沙市占 15.50%。① 可见沙市打包公司在整个湖北机器打包业市场中占有重要份额。

除了郑县和汉口两个非常重要的棉花集散地之外，其他主要棉产区也相继建立或筹备建立棉花机器打包厂。其中济南成立棉花机器打包公司两家，分别为中国打包公司和申新打包公司。中国打包公司由中国银行于 1932 年冬季创立，资本 30 万元，装有水压机 1 台，120 匹马力之柴油引擎 1 具，每小时可打重 450 磅棉包 25 包，为当时山东新兴事业之一。申新打包公司资本 18 万元，由申新纱厂建立，最初只供申新纱厂济南办事处收花打包之用，后来也代客打包，装有柴油引擎水压打包机 1 台，每日可打重 300 磅棉包 200 余件。由山东或河北棉产地运来的棉花，如果转运上海、无锡等地，必须改装成 250 磅之紧包，以省运费；如运往青岛，因路途较近，装车方便，运费又相差无几，不另行改包。② 青岛有机器打包厂丰记 1 家，经营状况与济南 2 家相似，为出口运输方便起见，每包为 400 斤。③

1934 年以后，山西和陕西地区棉花机器打包厂也开始广泛建立。1934 年陕西省参照河南陕县，开始计划建立打包厂。④ 1935 年，陕西机器打包厂大范围建立，除了灵宝、陕州两处以外，其他如西安、渭南等处相继创办。⑤ 在咸阳，华商吕兴三、周寒僧、朱衡堂等鉴于咸阳附近棉产丰富，特邀陕西建设厅秘书兼交通银行副经理刘稚珊，在该处设立利生机棉花机器打包厂，机器由朱衡堂在沪订购。⑥ 在山西，华商建立了陕州打包厂和灵宝中国打包厂。在陕州打包厂打包的棉花有半数都是山西棉花⑦，陕州打包厂的机器较先进，有锅炉 2 个，每个为 240 匹马力，引擎 2 部，大抽水机筒 2 部，打包机 1 部（有筒 3 个），以上机器价格共 21 万余元，虽有锅炉、引擎、机筒各 2 部，但实际应用

---

① 《汉口穗丰股份有限公司关于报送 1935 会计年度营业报告书、资产负债表、损益表等件的呈》，1937 年 4 月，湖北省档案馆藏穗丰公司档案：LS31-5-000305-005。
② 金城银行总经理处天津调查分部编《山东棉业调查报告》，金城银行，1935，第 126 页。
③ 金城银行总经理处天津调查分部编《山东棉业调查报告》，金城银行，1935，第 173 页。
④ 《陕西实业团体建议：四、筹设棉花打包厂计划书》，《陕西省银行汇刊》1934 年第 1 期，第 282~283 页。
⑤ 《咸阳筹设棉花打包厂》，《工商半月刊》1935 年第 7 卷第 10 期，第 105 页。
⑥ 《国内劳工消息：陕西：棉花打包厂》，《国际劳工通讯》1935 年第 8 期，第 106 页。
⑦ 王惠康：《晋南设立棉花打包厂之调查及意见》，《中华实业月刊》1935 年第 2 卷第 8 期，第 24 页。

时，只各开 1 部，其余 1 部则供发生故障时使用。①

1930 年到 1937 年，我国华商机器打包厂处在兴盛时代，截止到抗战前，我国共有华商机器打包厂近十余家，主要分布在河南、湖北、山西、陕西、山东等省份，详情见表 9-5。

表 9-5　1937 年全国华商机器打包厂统计

地名	工厂名	资本额（万元）	生产设备及数量
山东[1]	中国棉花打包公司（1932年）	30	迪塞尔式电力铁机 1 部、水压机 1 台，120 匹马力柴油引擎 1 具，每小时可打 450 磅之花包 25 包。
	申新棉花打包公司（1932年）	18	电力铁机，人力铁机各 1 部，后装有柴油引擎转动之水压打包机 1 台，每日可打三百磅之花包二百余件。
河南	豫中打包厂（1925年）	35	200 匹马力机器打包机 1 具
	大中打包厂（1934年）	8	45 匹马力打包机 1 具
	协和打包厂（1934年）	6	80 匹马力打包机 1 具
	陕州机器打包公司（1930年）	50	机器打包机 1 部，锅炉 2 个，引擎 2 部。
	灵宝中华打包股份有限公司（1934年）	12.7	机器打包机 1 部，锅炉 1 部，引擎 1 部
	安阳中国打包公司（1935年）	15	机器打包机 1 部
陕西	渭南机器打包股份有限公司	50	蒸汽打包机 1 部
	西北棉花打包公司	20	柴油发动机 1 部
湖北	穗丰打包公司（1929年）	100	水力打包机 1 部（英国）

注：1. 山东这两家是纯经营打包事业。

资料来源：李洛之、聂汤谷编著《天津的经济地位》，经济部冀热察绥区特派员办公处，1938，第 84 页；《全国机器打包厂调查表》，《全国棉花掺水掺杂取缔所通讯》1935 年第 13 期，第 15~18 页；全国经济委员会棉业统制委员会河南省棉产改进所编《河南棉业》，1936，第 103~106 页；《实业部汉口商品检验局棉花检验处：1931 年 7 月至 12 月各打包厂及各堆栈棉花数量每月比较表》，《检验年刊》1932 年第 1 期，第 205 页；《机器打包厂驻厂查验工作述要》，《全国棉花掺水掺杂取缔所通讯》1937 年第 22 期，第 1 页。金城银行总经理处听阿金调查分部编《山东棉业调查报告》，金城银行，1935，125~126 页。

---

① 王惠康：《晋南设立棉花打包厂之调查及意见》，《中华实业月刊》1935 年第 2 卷第 8 期，第 24 页。

综上可知，自 1924 年到 1937 年，历经十几年的发展，我国华商机器打包厂广泛建立并分布于河南、湖北、山西、陕西、山东等棉产大省，其发展过程并非一帆风顺，受到诸多因素的影响，其中自然灾害、战争与外国洋行的竞争都给华商机器打包厂带来很大的冲击。但以穗丰为代表的华商机器打包厂审时度势，较好地处理并权衡了利害关系，使得企业能够顺利发展，也体现了我国早期华商较强的经营能力。

第三节　人力打包机并行

虽然自 1924 年起内地华商机器打包厂逐渐建立，但从全国产棉大省的情况来看，以人力木机为主的打包厂仍然大量存在，从木机打包厂的分布来看，木机打包厂多设在棉花原产地或较小的中级市场。

在华北地区，无论是机器打包还是人力木机打包都没有取得独立地位，多是经营棉花贸易机构的附设营业。[1] 河北石家庄是华北地区重要的棉花中转市场，打包工作的完成多是在棉花交易机构之花栈和棉花公司完成，花栈不仅代客运输、代客买卖，而且附设打包机，代客打包。石家庄在 1926 年时有 4 家棉花公司，在当地收买棉花，运往天津销售，4 家均设打包厂，除自用外，也代客打包。[2] 在棉花原产地（也可以称为棉花原始市场），打包厂同样也不具有独立地位。棉花原产地一般都设有棉花打包店或轧花店，打包店附带轧花，或轧花店也附带打包。打包店平均每家有打包机一两架，种类均系人力木制打包机，每日可打 30 余包，每包 180 余斤。[3] 以东光县为例，棉花原产地打包店数量、打包效率及费用如表 9-6 所示。

表 9-6　东光县打包店设备情形

	打包店名称	打包机（架）	日出包数（包）	平均每包用费（元）	轧花机（架）
1	复聚	1	35	2.0	
2	义兴和	1	35	2.0	
3	义德	1	30	2.0	2
4	中立源	1	35	2.0	

① 曲直生：《河北棉花出产及贩运》，商务印书馆，1931，第 120 页，注 5。
② 曲直生：《河北棉花出产及贩运》，商务印书馆，1931，第 100 页。
③ 《东光县打包店业务情形调查》，《华北棉产汇报》第 2 卷第 5 期，第 13 页。

续表

	打包店名称	打包机（架）	日出包数（包）	平均每包用费（元）	轧花机（架）
5	文利源	1	30	2.0	
6	三兴	1	40	2.0	5
7	东盛	1	30	2.0	3
8	裕东	1	30	2.0	
9	福茂昌	1	35	2.0	3

资料来源：《东光县打包店业务情形调查》，《华北棉产汇报》第 2 卷第 5 期，第 12~13 页。

从表 9-6 中可以看出，东光县纯打包店有 5 家，其中 4 家既有打包机也有轧花机，可见县一级的打包店与轧花店存在着合二为一的现象。之所以存在这样的情况，是因为无论打包机还是轧花机价格都不高，纯打包店可以很容易购入轧花机。在东光县，轧花机一般是购自天津的天泰祥、郭泰祥、郭天利三家，每架轧花机 50 元，所以本金百元，轧花机一两架，便可小本盈利。[①] 轧花店也可以很容易购入打包机，东光县的打包机也是购自天津的天泰祥、郭泰祥、郭天利三家，每架价格为 300 元。抗战以前，东光县有人力打包机 50 架，打包工作从 9 月到次年 1 月，每年营业为 5 个月。[②]

湖北省是华中地区产棉大省，在全国也占有重要地位，无论是政府还是华商对棉花打包工作都比较重视，棉花打包业的独立情况要好于华北地区。根据 1934 年老河口沿线调查及湖北省建设厅举办的对全省产棉区打包厂调查数据来看，湖北省的老河口、孝感等地独立的棉花打包厂较多。其中老河口地处鄂北，毗邻陕豫，是湖北省重要的棉花中转市场。有打包厂 12 家，[③] 打包数量十分可观。全镇从 1934 年至 1936 年打包总数为 1933 年两万余包，1934 年三万五千余包，1935 年两万七千二百余包，1936 年六万余包。关于老河口打包情形详细数量可见表 9-7。

---

① 《东光县打包店业务情形调查》，《华北棉产汇报》第 2 卷第 5 期，第 13 页。
② 《东光县打包店业务情形调查》，《华北棉产汇报》第 2 卷第 5 期，第 11 页。
③ 《鄂省木机棉花打包厂查验办法刍议》，《全国棉花掺水掺杂取缔所通讯》1937 年第 20 期，第 1 页。

表 9-7　老河口打包厂及打包情形

厂名	资本(元)	每厂打包机数( )	1935 年打包数(包)
新新	500	6	3000
锦云	400	4	8000
正大	400	4	1500
天然	400	4	3000
华信	400	4	7000
华美	400	4	1500
文明	400	4	无
鼎信	400	4	3000
楚信	400	4	200
同兴	400	4	无
			总计 27200 包

资料来源：殷梦霞、李强编《民国铁路沿线经济调查报告汇编》第 13 卷，国家图书馆出版社，2009，第 326~327 页。

以 1935 年计算，老河口各月占全年打包总数的百分比依次为 1 月占 1%，2 月占 2%，3 月占 4%，4 月至 7 月停工，8 月占 2%，9 月占 16%，10 月占 17%，11 月占 33%，12 月占 25%。[1] 在打包费用中，"由采办商付费的有厂费 0.52 元、工力 0.20 元、草绳 0.10 元、布包 1.20 元、竹皮 0.04 元、麻线 0.05 元、女抖工 0.40 元，共计 2.51 元。另外，"下河力每包由 0.10 元至 0.20 元，价格视距离远近而定，由花行至打包厂每包送力规定 0.5 元"。[2] 棉包每包重约 250 斤，每架打包机每日需用工人 5 名，采取包工制，每包工力 2 角，本地打包工人约有 200 名，每日工作由上午七时至下午六时半，轮流午膳，晚上不打包，每 1 打包机每日能打 40 件，每机约值 50 元，系本地制造，每厂最少有打包机 4 具。[3]

孝感地区棉花原产地的独立打包厂数量也较为可观。孝感地区共有棉花打包厂 9 家。其中孝感第一区有 6 家打包厂，分别是廖荣记，有人力打包机 1

---

[1] 殷梦霞、李强编《民国铁路沿线经济调查报告汇编》13 卷，国家图书馆出版社，2009，第 327 页。

[2] 殷梦霞、李强编《民国铁路沿线经济调查报告汇编》13 卷，国家图书馆出版社，2009，第 328 页。

[3] 殷梦霞、李强编《民国铁路沿线经济调查报告汇编》13 卷，国家图书馆出版社，2009，第 329 页。

座，包重 240 斤，有工人 4 名，每年打约 1000 包；① 泰丰厚，有人力打包机 1座，包重 240 斤，有工人 4 名，每年打 600 包；② 联茂昌，有人力打包机 1 座，包重 240 斤，有工人 4 名，每年打 600 包；③ 严德裕，有人力打包机 1 座，每包 240 斤，有工人 4 名，每年打 700 包；④ 同春，有人力打包机 1 座，包重 240斤，有工人 4 名，每年打 700 包；⑤ 范义盛，有人力打包机 1 座，包重 240 斤，有工人 4 名，每年打 700 包；⑥ 邓义盛，有人力打包机 1 座，包重 240 斤，有工人 4 名，每年打 700 包；⑦ 孝感市第二区有 3 家打包厂。李源记，有人力打包机 1 座，包重 240 斤，有工人 4 名，每年打 700 包；⑧ 周珏记，有人力打包机 1 座，包重 240 斤，有工人 4 名，每年打 700 包；⑨ 周仁记，有人力打包机 1座，包重 240 斤，有工人 4 名，每年打 900 包。⑩

　　根据 1934 年湖北省建设厅全省商办轧花厂及打包厂的调查结果显示，棉花原产地的临时雇工打包情况也较为普遍。在应山县、天门县、石首县、宜城等地区的打包情形多为临时雇工打包。应山县在 1929 年花庄经营兴盛时有打包机数架，"后因花无来源、花业衰落，打包机售卖他处，仅留一架，每年有花则打，无花则售"。大部分打包机被售卖后，打包厂只有源成转运 1 家，有

---

① 《孝感县政府关于填送棉花打包厂调查表的呈》，1934 年 9 月，湖北省档案馆藏，LS31-6-0000413-011-0005。
② 《孝感县政府关于填送棉花打包厂调查表的呈》，1934 年 9 月，湖北省档案馆藏，LS31-6-0000413-011-0009。
③ 《孝感县政府关于填送棉花打包厂调查表的呈》，1934 年 9 月，湖北省档案馆藏，LS31-6-0000413-011-0017。
④ 《孝感县政府关于填送棉花打包厂调查表的呈》，1934 年 9 月，湖北省档案馆藏，LS31-6-0000413-011-0019。
⑤ 《孝感县政府关于填送棉花打包厂调查表的呈》，1934 年 9 月，湖北省档案馆藏，LS31-6-0000413-011-0021。
⑥ 《孝感县政府关于填送棉花打包厂调查表的呈》，1934 年 9 月，湖北省档案馆藏，LS31-6-0000413-011-0023。
⑦ 《孝感县政府关于填送棉花打包厂调查表的呈》，1934 年 9 月，湖北省档案馆藏，LS31-6-0000413-011-0025。
⑧ 《孝感县政府关于填送棉花打包厂调查表的呈》，1934 年 9 月，湖北省档案馆藏，LS31-6-0000413-011-0011。
⑨ 《孝感县政府关于填送棉花打包厂调查表的呈》，1934 年 9 月，湖北省档案馆藏，LS31-6-0000413-011-0013。
⑩ 《孝感县政府关于填送棉花打包厂调查表的呈》，1934 年 9 月，湖北省档案馆藏，LS31-6-0000413-011-0015。

1座人力打包机，棉包每包重250斤，1933年约打100余包。① 天门县只有轧花厂，没有打包厂。② 石首县也没有打包厂设立。③ 根据宜城棉粮业公会和区公所1934年8月的调查，宜城县第一区无专门打包厂，由商人临时雇工打包，有人力木机共5架，棉包包重170斤，临时雇用工人5名，每年约打5000包。④ 宜城县第二区无专门打包厂，由商人临时雇工打包，有人力木机2架，包重约170斤。临时雇用工人2名。每年打约1700包。⑤ 宜城县第三区无专门打包厂，由商人临时雇工打包，有人力木机2架，包重约170斤，临时雇工2名，每年可打600包。⑥ 宜城县第五区无专门打包厂，商人临时雇工打包，有人力木机2架，包重170斤，临时雇工2名，每年打约400包。⑦

　　湖北省除了用木机打包以外，也有少量的人力铁机，枣阳城内有铁机包3家：聚义亨、新兴、同兴厚，3家都成立于1933年，每机价值约300元，打成之包重约250斤，每包打包费洋2.20元。1935年3家合计共打约7000包，此种铁机并不常见。⑧ 樊城有打包厂4家，樊城地方垦荒委员会与中国农民银行投资所组织的打包厂因债务纠纷停办，故事实上只有3家，即利华打包厂、公记打包厂、协旭打包厂。利华打包厂兼轧花厂，成立于1931年10月10日，经理杨百传系黄陂人，有木机打包机3部，铁机1部，木机每日每部可打30包，铁机约出40包，合计该厂每日可出130包，费用均相同，铁机包与木机包重量同，只是体积略小。⑨ 公记打包厂的经理是冀逢恩，山西人，该厂成立

① 《应山县政府关于检送轧花厂及打包厂调查表的呈》，1934年6月，湖北省档案馆藏，LS31-6-0000413-001-0007。

② 《天门县政府关于检送轧花厂调查表的呈》，1934年6月，湖北省档案馆藏，LS31-6-0000413-002-0006。

③ 《石首县政府关于检送轧花厂及打包厂调查表的呈》，1934年7月，湖北省档案馆藏，LS31-6-0000413-005-0005。

④ 《宜城县政府关于检送轧花厂及打包厂调查表的呈》，1934年8月，湖北省档案馆藏，LS31-6-0000413-006-0005。

⑤ 《宜城县政府关于检送轧花厂及打包厂调查表的呈》，1934年8月，湖北省档案馆藏，LS31-6-0000413-006-0007。

⑥ 《宜城县政府关于检送轧花厂及打包厂调查表的呈》，1934年8月，湖北省档案馆藏，LS31-6-0000413-006-0009。

⑦ 《宜城县政府关于检送轧花厂及打包厂调查表的呈》，1934年8月，湖北省档案馆藏，LS31-6-0000413-006-0011。

⑧ 殷梦霞、李强编《枣阳经济调查报告》，《民国铁路沿线经济调查报告汇编》第13卷，国家图书馆出版社，2009，第461页。

⑨ 殷梦霞、李强编《民国铁路沿线经济调查报告汇编》第13卷，国家图书馆出版社，2009，第407页。

于 1932 年，规模较小，仅营打包，有木架机三部，每日每部可打 30 件，收费情形与利华相同，1935 年曾打 2000 余件。① 协旭打包厂经理为戴瑞卿，汉口人，该厂成立于 1935 年，1936 年开始营业，有木机 3 部，打包费及打包能力与公记、利华等同。② 综计以上 3 厂，打包能力每日可打成 400 件。

湖北省棉花原产地花行代客打包情形也较为普遍。随县、枣阳、樊城等地的花行都代客打包。随县花行代客打包，采用人力木机，外裹白布，束以草绳，每包重约 110 斤至 120 斤。③ 枣阳地区花行代客打包，使用人力木机，以白土布包裹，约值洋 1.10~1.20 元，草绳约 0.08 元，人工约 0.10 元，合计每包工费约洋 1.28~1.38 元，每包重约 160 斤。④ 樊城本地花行自备打包机的有 10 家，也都是人力木机，每架价值 70~80 元，因为是兼营性质，工作时间不定，收费比打包厂便宜，所打之包，重量与专门的打包厂所打相同。⑤

从东光县与老河口等县打包的情形来看，华北内地的打包工作每年集中有五、六个月的时间，比华中地区稍短，打成的棉花包比华中地区小，每包的费用最少约 0.5 元。无论是河北还是湖北，原产地的打包条件都无法与机器打包厂相比，"房屋矮小，湿气重，多数打包店没有改进房屋设备，通风设施差。每日收进的棉花多任意堆放在走廊，遇到收花量过多时，堆放门口及街旁，若兼营杂粮行者，棉花与粮食到处都是，更行混乱，影响棉花素洁"。这些都是地方打包厂的通病，管理上也存在很多问题，雇用的女工小的只有七、八岁，老者四五十岁，实行包工制，有的夜间也打包，检查工作不到位。净花仓无人切实负责管理，打成的棉包多置于露天，也常有冒雨装船的情况发生，致使棉包增加不少水分。⑥

即使棉花原产地的人力打包厂存在诸多弊病，但对棉业的发展进步仍起到了重要的作用，得到了政府及商人的支持。除了由商人建立打包厂外，政府组织对

---

① 殷梦霞、李强编《民国铁路沿线经济调查报告汇编》第 13 卷，国家图书馆出版社，2009，第 408 页。
② 殷梦霞、李强编《民国铁路沿线经济调查报告汇编》第 13 卷，国家图书馆出版社，2009，第 409 页。
③ 殷梦霞、李强编《随县经济调查报告》，《民国铁路沿线经济调查报告汇编》第 13 卷，国家图书馆出版社，2009，第 462 页。
④ 殷梦霞、李强编《枣阳经济调查报告》，《民国铁路沿线经济调查报告汇编》第 13 卷，国家图书馆出版社，2009，第 463 页。
⑤ 殷梦霞、李强编《民国铁路沿线经济调查报告汇编》第 13 卷，国家图书馆出版社，2009，第 408 页。
⑥ 《鄂省木机棉花打包厂查验办法刍议》，《全国棉花掺水掺杂取缔所通讯》1937 年第 20 期，第 1~2 页。

棉产地打包工作起到了重要的推动作用。1934年湖北建设厅为了试验打包机效率，购进较为先进的单价650元的打包机。[①] 1934年棉业统治委员会在各产棉省组织产销合作社，1934年和1935年两年共建立产销合作社115个。[②] 合作社组成之后，在棉产集中区设立轧花厂，轧花厂自备打包机。[③] 根据中央棉花掺水掺杂取缔所的统计，从1934年至1936年，江苏省轧户654户，陕西省666户，河南省137户，山东省1195户，湖北省1815户，上海市18户，总计4485户。[④]

其中陕西省木机打包成果比较显著。自1934年陕西棉产改进所成立棉花生产运销合作社后，[⑤] 陕西省棉花打包业购进新式木机打包机，与旧式木机相比，效率较高，不必经过机器打包厂，即可直接运沪销售，每担可节省打包费至少在1元以上。缺点是虽用同一打包机，但轻重不一，打成的棉包有三四百斤重的，也有轻至二百二十斤的。故在1935年，各社加强管理，在打包之前，将皮花装入竹篓内，称其重量后，入厂包装，这样每包的重量趋于统一。此种做法有两个好处，一是纱厂买花时感觉便利，商家乐意推销；一是以件计费，每包所需费用较为平均。陕西每个棉花生产运销合作社都备打包机一架，可以完成本社棉花打包工作。[⑥]

棉业试验场也是推动打包工作的政府力量之一，这一点在湖南省比较典型。1932年，湖南棉业试验场津市轧花厂成立，凡合作棉农之花，均由该厂收买，轧制打包，转运长沙出售。[⑦] 该厂扩厂购地及购买设备的资金主要是由省财、建两厅拨付，该厂建筑较大，有仓库两所，能容花万包。[⑧] 在建厂之前，有打包机一部，建厂之后，又购进两部打包机。[⑨] 打包机采用天津架子，打成的棉包每包重180斤，每年大约可打4500包，打包的旺季从10月至12月。

① 《湖北省政府关于检发拟够置轧花打包机提案及预算表的训令》，1935年3月，湖北省档案馆藏，LS31-3-0000693-001-0010。
② 全国经济委员会棉业统制委员会：《棉统会棉产改进工作概况》，《棉业月刊》第1卷第1期，第6页。
③ 全国经济委员会棉业统制委员会：《棉统会棉产改进工作概况》，《棉业月刊》第1卷第1期，第7页。
④ 全国经济委员会棉业统制委员会：《各省市棉商登记统计》（1934~1936年），《棉业月刊》第1卷第1期，第39页。
⑤ 徐仲迪：《陕西棉花产销合作社之过去与将来》，《棉业月刊》第1卷第1期，第56页。
⑥ 徐仲迪：《陕西棉花产销合作社之过去与将来》，《棉业月刊》第1卷第1期，第69页。
⑦ 孟学思：《湖南棉花及棉纱》，湖南省经济调查所，1935，第98页。
⑧ 孟学思：《湖南棉花及棉纱》，湖南省经济调查所，1935，第100页。
⑨ 湖南棉业试验场：《津市轧花厂第二次报告书》，湖南棉业试验场未刊本，第2页。

打包费用有五项：包皮布、包绳、缝包线、印包颜料、打包工资，总计约 1 元 4 角。① 湖南全省无专业棉花打包厂，棉花打包都由棉花行或轧花店代之。棉花行以常德、津市、注滋口、湘潭为多，各花行均采用人力土式木机。② "各地花行及轧花厂每日可打棉花三四十包，花包形式，各地不同，大多为圆筒长方形，大小轻重不定，有百斤以上者，有百斤以下者，也有二百斤以上者"，从打包费用上来讲，包布用白布或麻布，外束以麻绳，包装费按轻重大小而定，自数角至数元，③ 棉业试验场打包与湖南各棉花原产地花行或轧花店打包相比，无论在打包质量还是打包费用上都具有优势，湖南棉事试验场的打包费用最廉。

从上述情况来看，我国人力木机打包业以不同经营形式大量存在，人力木机的大量存在是有多方面原因的。首先是运输距离的影响。棉花销售市场分为长距离运输销售与短距离运输销售两种，长距离销售多是进入国际市场，销售到国外，或者是销往上海、青岛、汉口等纱厂较多的城市。④ 短距离运输临近终点消费市场，如通县棉、余姚棉临近终点市场上海，运费低廉，无须机器打包。其次是消费习惯不同而决定打包方式，通县棉、余姚棉部分输出至日本内地，以原地之习惯，包装是松装，向来如此，不以少量之输出而变更旧习。打包厂类型也是影响区域打包方式的主要原因，产于湖北的家乡棉，销售于长江下游各厂者居多。习惯由机器打包，紧装运输。产于河北、山东的御河棉、济南棉，不少销售于江苏各纱厂，习惯为松装运输。⑤ 这两地的棉花产地与销售的终点市场远近相似，但包装松紧不同，其原因在于前者有大规模之商号，组织较完备之压包厂，备有强力之压力机（水力压机），后者则无。

除了运输距离以外，棉业统治委员会驻厂检验棉花的举措促进了木机打包的再度兴盛，自1936年起，棉业统治委员会与各产棉大省加强棉检力度，陕西、河南、湖北等省相继颁布了机器打包厂驻厂查验办法，⑥ 并在郑县、汉

① 湖南棉业试验场：《津市轧花厂第二次报告书》，湖南棉业试验场未刊本，第14页。
② 陈明哲：《津市之棉花市场》，《农本》1942年第60期，第46页。
③ 孟学思：《湖南棉花及棉纱》，湖南省经济调查所，1935，第20～21页。
④ 叶元鼎：《中国棉花贸易情形》，工商部上海商品检验局，1930，第24～25页。
⑤ 叶元鼎：《中国棉花贸易情形》，工商部上海商品检验局，1930，第24～25页。
⑥ 关于驻厂查验的具体办法可参见《湖北省棉花掺水掺杂取缔所驻棉花打包厂查验员服务规则》，《湖北省政府公报》1936年第193期，第25页；《豫省机器打包厂驻厂查验暂行办法》，《全国棉花掺水掺杂取缔所通讯》1936年第18期，第10～11页；《陕西省棉花掺水掺杂取缔所派驻机器打包厂查验办事细则》，《全国棉花掺水掺杂取缔所通讯》1937年第20期，第11～13页。

口、陕西等地设立驻厂查验专员办事处，派员分驻各厂，严厉取缔掺水掺杂。各棉商为了规避机器打包厂的检验，多改用木机打包。[①] 在樊城，棉花掺水掺杂取缔所为改进本地出口棉品质，打包前，派人监督检查，为节省人员及开支，派人往各专营打包厂内驻扎，随时检查取缔；并因其他各花行打包者组织散漫，不易管理，从1936年起，一律禁止打包，以便管理。[②] 政府通过对机器打包厂棉包的严格检验和对非专业打包厂的严格管理，间接推动了纯木机打包厂数量的增加和经营的兴盛。

铁路运输章程的变化是影响人力木机打包厂营业绩效的第二个原因。这一点在河南省尤为明显。1931年以前，豫省机力打包厂甚少，木机厂营业颇可观，两年以后，机器打包厂增加，致木机打包营业衰落。但1935年2月铁路运输章程的改变扭转了这种状况。[③] 1935年2月以前，火车一车皮能装17吨棉花，木机松包棉体积大、重量轻，装满一车皮的松包棉重11吨，亏6吨。而对于机器打包厂的棉花包，一车皮可装足20余吨，无亏损之处。自1935年2月起，陇海铁路将木机包运价规则更改，规定木机松包棉花按照整车皮吨位的一半收费，若棉花重量超过车皮吨位一半以上，则按实重收运费，木机包棉整车可装11吨，在铁路运费上已无吃亏之处。从运费上来讲，木机包在1935年以后有优势。[④] 鉴于此情形，各处棉商多就近打成木机包出境，机器打包较前锐减，各厂营业，远不如前，[⑤] 木机厂又呈活跃态势，以安阳、太康、驻马店、新乡、洛阳等处较多，这些木机打包厂采用的人力木机价值有二三百元，也有千元左右，每日每机可打包30包至60包不等，包重百余斤至三百余斤，体积庞大，每皮棉百斤约需打包费八角至一元二三角，较机器打包便宜，这也是木机打包能与机器打包竞争的因素之一。[⑥]

通过对人力木机的打包、经营方式的考察，可以看出，在我国华商机器打包厂广泛建立以后，木机打包厂虽受到一定的冲击，但在原始棉花市场及中级棉花市场中仍大量存在，从木机打包厂经营的情况来看，存在着独立经营、与

---

① 全国经济委员会棉业统制委员会河南省棉产改进所：《河南棉业》，1936，第103页。

② 殷梦霞、李强编《民国铁路沿线经济调查报告汇编》第13卷，国家图书馆出版社，2009，第408页。

③ 全国经济委员会棉业统制委员会河南省棉产改进所：《河南棉业》，1936，第106页。

④ 王惠康：《晋南设立棉花打包厂之调查及意见》，《中华实业月刊》1935年第2卷第8期，第25~27页。

⑤ 全国经济委员会棉业统制委员会河南省棉产改进所：《河南棉业》，1936，第103~104页。

⑥ 全国经济委员会棉业统制委员会河南省棉产改进所：《河南棉业》，1936，第106页。

轧花厂合二为一，或属于棉花贸易机构花栈、棉花公司的附设营业等几种情况。人力木机打包厂的经营状况受到棉花检验、铁路运输章程等因素的影响。

本章小结

中国棉花打包业的兴起与成熟关系着棉花的长途运输效率及对棉花质量的保护，也是发展与完善农产品及工业品流通的重要服务部门。纵观我国近代棉花打包业的发展，在 20 世纪 20 年代以前，我国机器打包业被外国洋行垄断，主要由集中在上海、天津、武汉的英商洋行掌控。1924 年对我国棉花打包业来说是一个重要的分水岭，我国华商机器打包厂开始在郑县建立，随后武汉及河南、陕西、山西先后有规模较大的华商机器打包厂成立，打破了我国机器打包业被外国洋行垄断的局面。华商建立机器打包厂的动机主要有两个方面。一是从发展我国棉业的角度出发，为保证棉花质量，棉花打包业普遍受到关注。二是从经济效益的角度出发，华商逐渐认识到打包业的利润颇为丰厚。外国洋行打包厂的高效率也是重要的刺激因素。自 1924 年到 1937 年，历经十几年的发展，我国华商机器打包厂在河南、湖北、山西、陕西、山东等棉产大省广泛建立，其发展过程并非一帆风顺，受到自然灾害、战争与外国洋行的竞争等诸多因素的影响。以穗丰为代表的华商机器打包厂审时度势，较好地处理并权衡了利害关系，使得企业能够顺利地发展，体现了我国早期华商较强的经营能力。在机器打包厂发展的同时，人力木机打包厂仍然大量存在于棉花原产地及棉花中转市场，并且受到地方政府的支持，木机打包厂在数量上大幅增加，在生产设备方面也有一定的进步，部分木机打包厂尝试使用更为先进的人力木机或铁机以增加效率。从木机打包厂经营的情况来看，存在着独立经营、与轧花厂合二为一，或属于棉花贸易机构花栈、棉花公司的附设营业等几种情况。人力木机打包厂的存在和经营状况受到运输距离、消费习惯、棉花检验、铁路运输章程等因素的影响。从我国民国时期棉花市场转型的角度来看，棉花打包业的发展及成熟是民国时期棉花市场由个人消费的单一市场逐渐向具有初步现代特征的组织市场转型的重要标志之一。考察棉花打包行业，其意义不仅在于观察打包业本身的发展，对我国农产品市场的现代转型研究亦有重要的启示意义。

第十章　国际视野下中西近代棉花检验制度的演变

18~20 世纪，西方在全球经济发展、科技进步及国际贸易管理制度建设方面发挥了主导作用，其中商品检验制度的建立及发展具有代表性。19 世纪，全球棉纺织业急速扩张，棉花在棉、丝、毛、麻等众多纺织品原料中，逐渐处于中心地位。棉花检验与棉花质量等级标准制度建设成为商品检验及贸易管理制度中的重要主题。西方棉商历经 18 世纪至 19 世纪的探索，逐渐确立棉花等级标准制度。中国于 19 世纪 70 年代加入全球棉花市场，面对西方经济发展结构性优势冲击，中国以整合传统、吸收现代、交融互促的方式应对压力。中国棉商群体于 20 世纪 20 年代初步完成了对西方棉花检验制度和等级标准的吸收和建设。20 世纪 20 年代，随着国家权力的介入，中西棉花质量等级标准及相关制度建设均走向了国家管理，完成了国家级权威经济制度的转身。

当制度的生成与建设以科学技术为前提并与社会经济发展相结合时，它向国家及身处其中的商人群体提出了一种的新的范式，这种新的范式诱使或引导社会经济发生结构性的变革。诞生于 17 世纪，在接下来的三个世纪发展起来的商品检验制度便是以生物学、机械学等综合科学技术为前提，促进全球经济发生结构性变革的新准绳，[①] 也是 20 世纪国际贸易规则和标准化营销[②]的重要前身和基础。

在此种新制度建设的过程中，中国呈现出"被示范—主动仿效—积极融合—走自己的路"的特点，中国的这一反馈机制来源于中西走向近代社会进程中产生的有利于西方的"座椅视角"，以及中国在学习和自强过程中对这种视角的辩证对待。

18 世纪中后期以后，西方国家逐渐演进到现代国家阶段，市场经济从国家的控制中获得解放，私人资本获得极大程度的发展，国家与市场力量共生共荣，形成了世界性的资本主义商业帝国。在商业帝国的塑造中，科学探索、技术应用，以及由此引发的各项新制度建设，均处于原创和领先地位，相对于其殖民地和封闭地区来讲，其人文中的理性规划尤其是社会科学的成熟，及其科

---

① The Secretary Treasure, *American Society for Testing Materials Application with The International Association for Testing Materials*, published by The Society, 1915.

② 标准化营销概念早在 20 世纪初期就被提出。参见 T. N. Carver, "Standardization in Marketing", *The Quarterly Journal of Economics*, Feb. , 1917, Vol. 31, No. 2, pp. 341-344。

学技术对物质改造的实践能力，使西方商人群体快速实现对全球资源的整合。承载着诸多优势的西方商人进入中国以后，给近代时期商人群体塑造的中国市场造成了显著的压力格局。这种压力格局体现在技术应用、现代经济管理制度与市场成熟度等诸多方面。[①]

19世纪后期，在君主集权式微和众多沿海港口开放的情况下，中国被迫进入国际贸易体系，[②] 并由此获得了与传统相比较为开放和自由的经济发展环境，虽然这种相对自由的经济发展环境与外国势力的强势介入具有共生性，但其总算给中国商人群体提供了一个可以自我奋进、接受挑战和与西方商人互动的环境。当西方商人带着生产技术、科学知识和较为成熟的现代管理制度来到中国时，中国商人在其特有的商业传统与规则下与西方商人产生了诸多摩擦和参照，这种互动在中国近代棉花市场的现代经济管理制度的建设和完善方面体现得尤其明显。

以棉花市场中的棉花检验制度为例，从19世纪初到20世纪上半期，西方棉商在整合国际棉花市场，建立并完善棉花质量检验及等级标准方面积累了相当丰富的制度性经验，中国于19世纪60年代开始参与全球棉花市场的重新塑造和布局[③]，

---

① 压力格局是基于对全球经济权力级差的分析，主要表现为科学应用、技术应用及现代管理制度的构建三个方面。19世纪中后期，第一梯队指以英美为代表的率先应用科学技术、建立新经济管理制度的资本扩张型国家；第二梯队是指其殖民地或受其影响较多的边缘国家（因其殖民特性或地缘特性，其能接受到工业革命的影响和辐射）；第三梯队为完全封闭的国家（在鸦片战争之前，中国几乎是完全封闭的国家）。随着第二次鸦片战争之后大量港口的开放，中国与第一梯队国家间的压力格局逐渐发生变化，直到1937年全面抗战前，经过近80年的探索和发展，中国内部的经历了制度、科技等多层次的新陈代谢与新旧更迭，中国以艰难但快速的进步逐渐接近或赶超第二梯队，在这80年中，中国商人在面对西方科学、技术、制度这些新的因素时展现了自身的特质，探讨这段时期中国商人的发展特点，对重新认识中国商人群体的特征具有重要的意义。

② 外国在中国各开放港口设厂的权力是在1895年签署《马关条约》时获得的，但事实上，在1895年以前，外国早已实现在中国设厂，如19世纪40年代，在广州、宁波、上海就已经出现了小型的外国工厂。参见汪敬虞：《中国近代工业史资料》，中华书局，1962，第3页。

③ 从全球棉业发展的角度来讲，在二战之前，全球棉业发展经历了两个阶段，第一阶段是从惠特尼发明锯齿轧花机后一直到美国内战之前。这一阶段最大的特征是棉花业因采取农奴制使劳动力成本极低，1865年，由于美国南部奴隶制的解放，南方的劳动力组织和成本发生了翻天覆地的变化，从而导致全球棉花生产包括劳动力组织与资本的进一步转移、扩散和重组；第二个阶段是从1861年一直到第二次世界大战前夕，这一阶段的显著特点是全球棉业的扩散及进一步发展，国家之间的竞争越来越激烈。事实上，中国并未参与全球棉业发展浪潮的第一个阶段，而是在19世纪70年代直接参与全球棉业发展的第二个阶段。此后，在技术的吸收、新的经济管理制度的建立、市场的转型与形塑等方面都逐渐被纳入国际格局中。参见 Sven Beckert, *Empire of Cotton: A Global History*, New York: Vintage Books, 2014, p.124;《清国上海二于テ大阪纺绩会社缫绵机械据付二关シ道台异议一件》，明治十五年10月14日，所藏馆：外务省外交史料馆，Ref: B11100821000。

各种先进的机器设备和经济管理体制以及现代商品检验科技都在冲击着中国传统棉花市场，中国的棉花质量问题很快受到国际棉花市场规范的约束，在此背景下，最早受到外国经济和商人影响的上海和天津两埠，于 20 世纪初期就建立了棉花检验机关和检验制度，只不过两埠棉花检验机关的成立均由外国棉商倡导，其制度建设也都带有移植的特点。①

在这些制度与技术应用的规范下，上海和天津两个港口就像两个向海外吐露白色黄金的巨型航母，在汇集了内地的涓涓棉流之后，不断用增长的数字诉说着中国棉业的变化与发展。在广大内地，棉花种植犹如星星之火，在现代工业火苗的点燃下，在原有的基础上迅速扩展至全国 12 个省份及地区，棉花产量居世界第三位。② 在内地盛产棉花的省份中，随着现代交通和服务设施的完善，一些集棉花销售及加工于一身的棉花中转市场开始涌现，③ 在这些棉花中转市场中，棉花检验的诞生及开展都离不开本地商人的努力。这些棉花中级市场的棉花检验事业都是由本地华商倡导发起并实施，在具体实践的过程中，本地华商展现了不尽相同的自治力度。以近代中西棉花检验制度的建立和发展为案例探讨中西商人特点并进行对比研究，其中包含两部分学术前沿，一是关于棉花检验制度的研究；一是对中西商人群体在全球棉业经济管理制度建立方面所起的作用进行对比研究，近年来，虽然关于商品质量检验

① 关于上海和天津两埠棉花检验机关的建立及发展详情，参见李佳佳：《中国收回棉花检验权始末》，《史林》2020 年第 6 期。

② 第一名为美国，第二名为印度，中国从 1931 年至 1937 年平均每年棉花产量为 143828000 市担，占全世界产量的约 12%。《农林部各省耕地面积与土地总面积比较图及玉米、稻谷、小麦、棉花产量世界排名图》，1933 年~1937 年，南京，中国第二历史档案馆藏，档号：23-3167。

③ 中国的棉花产地主要覆盖 12 个省份，分属不同的经济区，在每个经济区内部都有一到两个核心的终端销售市场或一个重要的中转市场。棉花市场可以分为原始市场、中级市场（也可称为中转市场）和终点市场，此种划分是依据本地销售棉花数量、出口棉花数量的规模，按照此种标准，原始市场和中级市场数量很多，原始市场多是农民所赖以直接出售棉花的市场，此种原始市场多分散在产棉区域的农村或市集里。中级市场的功能较多，集销售、转运、服务三项功能于一体，按照转运量的大小，可分为较大的中级市场和较为次要的中级市场，两种中级市场的位置主要受运输条件决定，较大的棉花中级市场多分布在铁路沿线或沿江口岸，如平汉与长江接运处之汉口，胶济与津浦交叉处之济南，以及陇海与平汉交叉处之郑县，此为中国最大的三个棉花转运市场；比较次要的中级市场，如河北之石家庄、山东之张店与周村、山西之榆次与阳曲、河南之陕州与彰德、湖北之老河口与沙市、浙江之宁波与余姚、湖南之津市、江西之九江、安徽之芜湖等，也都在交通便利之处。终点市场数量最少，主要指上海和天津。参见方显廷：《中国之棉纺织业》，商务印书馆，2011，第 68 页；严中平：《中国棉纺织史稿》，商务印书馆，2011，第 398 页。

的研究成果已见诸刊物，① 但在棉花检验的研究方面，成果较少，进一步探索空间很大。② 本章在相关研究的基础上，③ 进一步揭示中国棉花检验机关的建立及棉花检验工作开展的特点，以期勾勒出 1929 年之前中国商人群体开展棉花检验工作的过程，从而对中西商人在建立现代经济管理制度方面的差异性有所阐明，并揭示其历史意义。

第一节　西方棉花检验标准的起源与发展

商品质量检验起源于欧洲，最早诞生于 1664 年的法国，19 世纪扩散至多个西方国家。1664 年，法国对当时约 150 种以上的商品品质及制造方法均有详细规定，④ 主要包括丝、棉纺织品及植物病虫害等检验法规及取缔法令，政府在各都市设立机关，执行检验，当时权威的检验机关是里昂公断所（Lyon Condition Public）。19 世纪，商品检验在全球开始广泛建立，意大利于 1805 年在米兰设生丝检验所（StazionatorAnonima Milans），开始检验生丝，1880 年，开始病虫害检验；1874 年，德国实施病虫害检验；英国农渔部于 1877 年颁布病虫害法，在英国及威尔士执行检验，苏格兰紧随其后，英属印度海峡殖民地及马来联邦等地也于 1914 年先后执行检验。⑤

美国的商品检验始于与欧洲的肉品贸易冲突，美国肉品本畅销于欧洲，1879 年，美国出口至欧洲的牲畜产品陆续被检验出有传染性病虫害，先是猪

---

① 当代学者的主要论文有：宋石磊：《检权之争：上海万国生丝检验所始末》，《中国经济史研究》2017 年第 6 期；陈晋文：《近代商品检验制度研究》，《北京工商大学学报》（社会科学版）2012 年第 27 卷第 5 期；李佳佳：《中国收回棉花检验权始末》，《史林》2020 年第 6 期。民国时期的学者对民国时期商品检验工作一直给予较高的关注度，从事检验工作的专家、教授梳理了棉花检验的原委，参见邹秉文：《二年来之检政》，《国际贸易导报》1931 年第 2 卷第 1 号；狄建庵：《我国棉花检验之沿革》，《国际贸易导报》1933 年第 5 卷第 7 号；陈天敬：《我国各口岸棉花检验史》，《河北工商月报》1929 年第 1 卷第 10 期。一些从事经济研究工作的专家学者也对检验事项发表看法及建议，参见叶元鼎、顾鹤年：《二十年来之棉业》，《国际贸易导报》1931 年第 2 卷第 1 号；方显廷：《中国之棉纺织业》，商务印书馆，2011（根据 1934 年版排印）。
② 从历史角度专门探讨中国棉花检验的论文有李佳佳：《中国收回棉花检验权始末》，《史林》2020 年第 6 期。
③ 参见李佳佳：《中国收回棉花检验权始末》，《史林》2020 年第 6 期。
④ 邹秉文：《出口商品检验之目的与方法》，《国际贸易导报》1930 年第 1 卷第 1 期，第 2 页。
⑤ 贺兰、徐宗稼：《三十年来中国之商品检验》，《三十年来之中国工程》，中国工程师学会南京总会及各地分会，1946，第 1 页。

肉被检验出卷发虫，遭到意大利禁止，紧接着于 1881 年遭到奥德法三国禁止，1882 年英国又检验出来自美国东部数省的牛患有传染性质的内膜肺炎，遂禁止美国生牛进口，至此，美国畜产品行业受到重大打击。[1] 于是，美国于 1884 年命令农业部设立蓄产局，专门调查研究全国牲畜病害。1890 年，美国国会通过议案，规定出口之肉类必须由政府给予证书，先认证其纯洁卫生，第二年再施行宰前宰后检验，规定必须经过显微镜检查，证实无病虫害后，方给证出口。当时美国设置了多所检验机构（United State：Testing Company），总部设在纽约，并在费城（Philadelphia）、纽裴德福（New Bedford）、帕特逊（Paterson）均设有分所，此外，美国农业部的蓄产局（Bureau of Animal Industry）还负责检验火腿、肉品、牛羊皮及蛋产品；经济局（Bureau of Eonomics）负责检验鸡鸭。[2]

　　日本于 1896 年制定生丝检查法，由丝织业商人联合会执行检验。1926 年商品检验被纳入国家管理，农林省继续完善并颁布出口生丝检查施行规则，归市政府管理。1927 年 1 月 15 日，工商省划分横滨、神户等十二区，横滨生丝检查所由农林省设置，神户生丝检查所则归市政府主持。其后日本对于花席绢织物及进口之苗木果子等商品，亦制定检查专法，工商省在神户设有花席检查所，在门司设有分所。工商省在横滨、神户、京都、鹤岗、福岛、定利、桐生、富山、金泽、副井、名古屋、岐阜十二处设有绢织物检查所，大藏省则在全国税关附设植物检查所，检验进口果苗种子；对于米谷等检查，则由地方政府依据中央颁布之章程执行，同业公会联合会等商业团体依据政府之检查法律执行检查；横滨设有水产检查所；静冈设有茶叶检查所。进口检验方面，在横滨、长崎、神户、门司四处设华棉水气检查所，专门检验中国棉花。[3]

---

① 参见：Rudolf Alexander Clemen, *The American Livestock and Meat Industry*, New York, The Ronald Press Company, 1923, p. 319。亦可参见邹秉文：《出口商品检验之目的与方法》，《国际贸易导报》1930 年第 1 卷第 1 期，第 3 页。

② Rudolf Alexander Clemen, *The American Livestock and Meat Industry*, New York, The Ronald Press Company, 1923, pp. 317-347.

③ 《在天津总领事冈本武三ヨリ外务大臣男爵币原喜重郎宛（机密第 679 号）》，昭和 4 年 10 月 1 日，Ref：B08061973900；贺兰、徐宗稼《三十年来中国之商品检验》，《三十年来之中国工程》，中国工程师学会南京总会及各地分会，1946，第 1~2 页。

随着 19 世纪纺织行业产业的升级，棉花成为全球纺织行业最重要的原材料，[①] 到了 20 世纪初期，几乎所有的产棉大国和纺织业发达的国家均建立了棉花检验机关，棉花检验的出现及其制度的形成有其自身的特点。这些特点主要体现在三个方面，一是与传统人文与管理因素相关，例如在印度，早在1836 年，东印度公司就指出数年来印度棉花存在质量低劣和数量不足的问题，欧洲棉商和殖民官员在接下来的 15 年中，互相指责对方要为印度出口棉花的质量低劣和数量不足负责，东印度公司要求英国商人在购买印度棉花的时候加倍保持警惕，只购买干净的皮棉。[②] 与之形成对比的是，19 世纪 20 年代，埃及棉花也成为主要出口商品，但棉花品质没有受到质疑，埃及棉花生产和销售环节由国家力量参与和主导，政府严格管理棉花分级、质量把控和包装运输等，故埃及棉花品质在国际棉花市场中受到好评。但棉花含水量问题依旧是制约埃及棉花价格的主要因素。[③] 这两种截然不同的人文和管理特点，造就了棉花品质上的巨大差异。

二是与科学技术相关。棉花等级与质量问题的出现，根本原因是机器工业的出现，[④] 机器的大规模使用迫使其加工产品的规格和质量要求必须得到规范，[⑤] 从棉花加工的角度看，是机器的使用，致使针对棉花质量出现了某些特定的要求，如含水量、棉纤维的长短、清洁度等，这些因素都影响着机器的使用效率、寿命及纺出纱线的品质和等级，进而也决定了不同纱线和纺

[①] 在此之前，最主要的纺织原料是毛、麻、丝。Thomas Ellison: *The Cotton Trade of Great Britain*, London, Effingham Wilson, Royal Exchange, 1886, pp. 30-31.

[②] *Reports and Documents Connected with the Proceedings of the East-India Company in Regard to the Culture and Manufacture of Cotton-Wool, Raw Silk, and Indigo in India*, London, printed by order of the East-India Company, 1836, pp. 4-5.

[③] Read P. Dunn, JR., *Cotton in Egypt*, National Cotton Council of America, 1949, pp. 81-84, pp. 77-78.

[④] 由于机器的物理特性，其加工产品的特性受到规范，例如棉花的含水量、洁净程度（是否含有泥沙及泥块、棉籽等，棉纤维的长短及韧度）都影响着机器的使用效率、使用寿命、维修成本等。关于此方面的论述散见于中外档案及文献中。相关论述参见《上海市棉花商业同业公会会同本市棉花贩运业、火机轧花业、花纱业、化行业、棉商联合会等单位反对华商纱厂联谊会实行拣籽扣斤的有关文书》，1934 年 2 月~4 月，件号 39，上海市档案馆藏，S233-1-111；冯次行：《中国棉业论》，上海北新书局，1929，第 178 页。

[⑤] 无论是西方制造商对商品的分类制造，还是机器物理属性的要求，都在不断地将自然界的物品逐渐分级，定出好坏，并标出不同的价格，并逐渐形成法制化的标准等级。参见T. N. Carver, "Standardization in Marketing", *The Quarterly Journal of Economics*, Vol. 31, No. 2 Feb., 1917, pp. 341-344.

织品的价格。① 因此，从棉花本身的特性实现质量的检验和等级标准的划分就成了棉商和制造商关注的重点。

第三个方面与快速增长的棉花贸易量息息相关。棉花贸易的快速增长得益于两个关键因素，一是各种纺织机器的发明促进了纺织行业生产率的提高和纺纱品质的分级和种类的多样化。② 一是锯齿轧花机的发明，锯齿轧花机的出现解决了棉花难于脱籽的难题，③ 之后，棉花作为纺织品原料迅速超过丝、毛、麻的地位，原棉和棉花制成品贸易呈现爆炸式增长，从 1800 年到 1860 年，美国和英国之间的原棉贸易增长了 38 倍；1860 年，埃及的出口量是 1822 年的 14 倍；法国最重要的棉花港口勒阿弗尔的棉花进口量，在 1815 年到 1860 年间增长了近 13 倍，1800 年至 1860 年间，棉产品占出口总值的 40% 至 50%；随着原棉贸易的增长，出现了两个结果，一是棉花贸易的比重提高，例如原棉是几乎整个 19 世纪美国最重要的出口商品；1820 年美国棉花出口额约为 2200 万美元，烟草 800 万美元，小麦不到 50 万美元，棉花占美国商品出口额的 31% 左右。第二个结果是棉花制成品贸易也爆炸性增长，1794 年，英国出口了350448 磅纱线，到 1860 年这个数字增加了 563 倍。可以看出，世界主要经济体都依赖棉花贸易，商人们建立了世界上第一个真正的全球经济体，棉花处于其中心位置。④

在飞速增长的数字背后，是技术进步、制度建设和资本的不断跟进以及

---

① 例如，如果棉花含水量过高，容易导致直接与棉花接触的机器零部件生锈、变钝，进而影响机器的正常运转，甚至使用寿命，且会增加生产成本。例如在国内市场中，因此而致原料霉烂、机械损坏者，价值约在百万两以上，损失巨大，参见《国内外工商消息：商品检验局铲除棉花掺水计划》，《商业月报》1929 年第 9 卷第 11 期，第 4~5 页；《铲除棉花掺水计划》，《纺织时报》1929 年第 646 期，第 182~183 页。

② 见 Thomas Ellison: *The cotton trade of Great Britain*，London：Effingham Wilson, Royal Exchange，1886，p. 29.

③ D. A. Tompkins, *The Cotton Gin：the History of Its Invention*，Charlotte, N. C.，printed by The Author, 1901. pp. 11–13。在锯齿轧花机发明之前，棉花生产扩张缓慢，参见：Edward Baines：*History of the Cotton Manufacture in Great Britain*，Cambridge University Press, 2015 (this edition first published in 1835)，p. 47.

④ Edward Roger, John Owen, *Cotton and the Egyptian Economy*，1820–1914：*A Study in Trade and Development*，Oxford：Clarendon Press, 1969；J. Forbes Royle, *On the Culture and Commerce of Cotton in India and Elsewhere：With an Account of the Experiments Made by the Hon. East India Company Up to the Present Time*，London：Smith, Elder&Co.，1851；Great Britain Board of Trade, *Statistical Abstract for the United Kingdom*，*1856–1870*；Sven Beckert, *Empire of Cotton：A Global History*，New York：Vintage Books, 2014，pp. 205–206.

棉商群体内部构成的专业化，18 世纪末 19 世纪初期的棉花商人群体主要包括经销商、经纪商、代理商、进口商和出口商，这些商人很快就将业务专门化，主要表现为专门从事贸易的特定方面，有的专注于将棉花从种植园运到港口，有的专注从事跨洋贸易，有的集中向制造商销售原棉，有的则是专门经营出口棉花，另一些是在特定的国家或地区分销进口棉花。[1] 全球的棉业商人与制造商一起在实际的棉花买卖网络实践中，以为贸易创造更有利的目的为出发点，积极且温和地重组并构建全球棉花市场结构，并在此过程中创造性地建立关于棉花质量的检验和等级标准划分的规则与制度，从而提高棉花交易的效率。[2] 其中最为重要的棉商群体——棉花经纪人的出现完成了这一制度的建立和发展。

在 18 世纪末 19 世纪初，有几点原因是欧洲棉花经纪人诞生的前提条件，首先，欧洲并不盛产棉花，需要从海外长途运输，才能获得足够的棉花作为纺织品的原材料，这就促使欧洲的制造商需要亲自到港口例如伦敦或利物浦购买并查验出售的棉花，其次，因纺织品制造商对棉花质量和价格的要求多样化，运到港口的巨大棉包和品种多样的棉花无疑增加了制造商或棉花经销商正确购买的科学依据和时间成本，伴随着 19 世纪初期就开始的棉花交易数量的急剧增长，[3] 一个新的棉花商人群体——棉花经纪人出现，[4] 其佣金通常是进口商

---

[1] Sven Beckert, *Empire of Cotton: A Global History*, New York: Vintage Books, 2014, pp. 206-207.

[2] 1781 年，从世界其他地区进口到英国的棉花总量为5198778 磅，1833 年为303656837 磅，在 1781 至 1833 年 50 年间，从世界其他地区进口到英国的棉花总量增长了 57.409 倍，参见 *Report of the Proceedings of the East-India Company in Regard to the Production of Cotton-Wool*, London: East-India Company, 1836, pp. 14-19。

[3] 欧洲需要的原棉大量来自美国、埃及、印度及其殖民地，欧洲本地并不大量生产棉花。19 世纪初，位于英格兰西北部的利物浦港成为英国棉花工业的原材料供应市场的中心。这是因为利物浦毗邻英国主要的棉花纺织中心兰开夏郡，改善了港口与其腹地之间的交通（最重要的是1830 年后铁路的发展），利物浦在英国原棉进口中所占的份额不断增加。18 世纪末，利物浦交付了英国一半的棉花进口，到 19 世纪 20 年代，交付量超过百分之八十。利物浦棉花进口的巨大规模及其惊人的增长意味着，估计到 1913 年，如果把纽约、新奥尔良、不来梅、哈夫尔和孟买的棉花库存加在一起，它们也只是刚好超过利物浦的棉花库存。参见 Nigel Hall, "The Business Interests of Liverpool's Cotton Brokers, c. 1800-1914", *Northern History* XLI: 2, September 2004。

[4] 这种棉花经纪商类似于中国的买办，只不过比中国的买办更加全面，其触及的地理范围更加广阔。他们运作的是全球棉花与整个欧洲著名纺织区域的连接，参见 Francis E. Hyde, Bradbury B. Parkinson, and Sheila Marriner, "The Cotton Broker and the Rise of the Liverpool Cotton Market", *Economic History Review*, 1955, pp. 75-83。

为其支付1%，纺织商或经销商为其支付每磅0.5便士或1便士。① 专业经纪人出现后，纺织品制造商只需将需求传达给经纪人，然后经纪人会为他们找到合适的棉花。这样，纺织品制造商越来越专注于生产特定品质的纱线和商品。② 棉花经纪商最迫切的问题是如何将来自世界各地的棉花按照制造商的需求高效地供应给他们，于是欧洲棉商群体内部组成结构及功能进一步专业化，棉花经纪商为了节约制造商的时间和交易成本，开启了对棉花市场中棉花检验制度及等级标准的探索。③

以利物浦为例，在1790年，利物浦有4位专业的棉花经纪商，到了1860年，棉花经纪商的队伍扩大到322名，并分化成两种，一些人成为采购经纪人，专门为制造商购买棉花；另一些人成为销售经纪人，为进口商贩销售棉花。④

首先，这些经纪商经过多年的经验积累了大量有关棉种的专业知识，运作棉花市场时，他们能够帮助制造商甄选鉴别各种棉花品种，并能帮助制造商快速获得特定纱线所需的棉花品种。从而成为涉及棉花与纺纱新技术的专家，以及棉花市场中的核心人物。⑤ 例如，1814年，棉花经纪人乔治·霍尔特（George Holt）的记录显示，他销售了"13袋劣质吉南棉花，6袋巴巴多斯、10袋帕拉斯、15袋巴希斯、25袋戴拿拉拉斯、10袋南岛，还有一系列数量不明的孟加拉、苏拉特、波旁、德马拉拉和佩南棉花"。⑥ 19世纪初期，棉花经纪人通常的做法是首先处理令人眼花缭乱的来自世界各地的不同棉花，主要是根据它们的原产地简单区分不同棉花的纤维长度、颜色、弹性和清洁度，将这

---

① Thomas Ellison, *The Cotton Trade of Great Britain*, p. 166.
② Nigel Hall, "The Business Interests of Liverpool's Cotton Brokers, c. 1800 - 1914", *Northern History* XLI: 2, September 2004.
③ 从18世纪60年代到80年代，大多数制造商都从纺纱地区的经销商那里购买所需的棉花，而经销商用自己的资金做生意，并向制造商提供贷款，使他们能够购买生棉，例如，1788年，曼彻斯特市共有22位这样的经销商。反过来，经销商从利物浦商人那里购买棉花，后者在18世纪甚至19世纪初仍然大多是一般商人，棉花只是他们提供的诸多商品中的一种。参见 Nigel Hall, The Business Interests of Liverpool's Cotton Brokers, c. 1800–1914, *Northern History* XLI: 2, September 2004.
④ Nigel Hall: The Business Interests of Liverpool's Cotton Brokers, c. 1800–1914; *Northern History*, XLI: 2, September 2004.
⑤ Nigel Hall, "The Emergence of the Liverpool Raw Cotton Market 1800 - 1850", *Northern History* Vol: 21, Issue: 1, pp. 65–81, 2001.
⑥ Sven Beckert, *Empire of Cotton: A Global History*, New York: Vintage Books, 2014, pp. 206-207.

些棉花的天然多样性记录下来，然后向商人出售特定批次的特定棉花，使买方能追溯每个特定的棉花包裹到特定的生产者，并向买方提供可出售的任何一批或多批棉花的标记、船名和存储地点，以便买方可以到仓库检查。[1]就像西方学者认为的那样，只有当棉花供应增加以满足急剧增长的需求时，这种棉花经纪人才能作为专家在这个体系中找到一席之地，但这种棉花经纪人的功能并不仅限于此，有的棉花经纪人同时扮演制造商、进口商和经销商的角色，只不过这种情况并不是主流。[2]

其次，经纪人开始对棉花等级的划分有了初步的概念构建，等级的概念包括纤维长度和特性上的差别。到 1790 年，其他商品如糖和咖啡已经有了等级的区分，开始使用"中等"和"上等普通"等级别，但当时还没有人尝试对棉花进行分级。从 18 世纪末到 19 世纪初，人们都以原产地来粗浅的定义棉花的品质，[3] 例如 1796 年，在查尔斯顿，"佐治亚棉花"和陆地棉首次作为棉花类别被人提到。1799 年在费城，有人提到"佐治亚田纳西棉花"这种分类方式仍然反应的是原产地。同年，《商业地理通用词典》（*Dictionnaireuniversel de la geograohiecommercante*）仍然只按产地列出不同种类的棉花。[4] 然而，1804 年，查尔斯顿商人列出了"普通棉"，到 1805 年，这一分类已经成为"普通陆地棉"。同一年，海岛棉被分为顶级、优质、良、中等和劣等等级。《贸易商》（*The Tradesman*）1809 年谈到"上等和中等棉"；1815 年，新奥尔良市场使用了顶级这个分类，两年后，"一等品"棉花上市，又一年后，在查尔斯顿出现了"中等棉花"的分类，随后的 1822 年，在新奥尔良又出现了"精选顶级棉花"，1823 年出现了"精选良品"。《伦敦杂志》（*The London Magazine*）在 1820 年之前提到了这些类别，在这十年间，上述表示棉花等级的词汇得到了广泛使用。[5] 这些标准是近似的划分，不存在精确定义的性质，交易中也不能被强制执行，但它为可供执行的标准提供了基础，如果没有这样的等级标准，那么使棉花这种大批量的存在巨大多样性的原材料得到较为高效和合理的

---

[1] Thomas Ellison, *The Cotton Trade of Great Britain*, p. 206.

[2] Stanley Dumbell, "Early Liverpool Cotton Imports and the Organization of the Cotton Market in the Eighteenth Century", *The Economic Journal*, Vol. 33, No. 131, Sep., 1923, pp. 362–373.

[3] 中国的棉花贸易最早也是依据原产地来衡量棉花的品质。

[4] Sven Beckert, *Empire of Cotton: A Global History*, New York: Vintage Books, 2014, pp. 209–210.

[5] Allston Hill Garside, *Cotton Goes to Market: A Graphic Description of A Great Industry*, New York: Frederick A. Stokes Company, 1935.

分类进而符合机器生产的要求，几乎是不可能的。①

19世纪上半期，棉花贸易继续呈爆炸式增长，② 棉花经纪人按照棉花原产地规定的简单等级标准以及棉花实物购买模式几乎无法顺利运作，由进口商到经纪人再到制造商的这样一个体系再次受到巨大的压力。例如，在一个非常重要的核心环节，棉花经纪人要在规定的时间内在利物浦港口检查数百个甚至上千个棉袋和棉包，然后确保特定批次的棉花满足特定制造商（需要特殊品质的棉花以生产特定种类纱线）的需求，这是一件无比繁重，几乎无法完成的工作。在机器工业和制造商需求的推动下，棉花经纪人开始寻求新的制度化解决方案。③

棉花经纪人群体探索新方法的这个阶段也可以被看作棉花经济管理制度建设的第二个阶段，在这个阶段中，商会参与进来，同棉花经纪商一起创造了新的行政技能并提高了效率，主要表现为经纪商和制造商产生了更为直接的联系，并通过制定规章制度、分发信息、提供详尽的仲裁服务来组织市场。

第一步是棉花经纪人将实际检查每袋棉花改为按样品采购，采取的方式是从每包生棉中抽取一小批纤维，根据样本确定价格进行售卖，这些样本很容易被运送和邮寄。紧接着，棉花经纪人为棉花品质制定了明确的标准和精确的术语。最后，棉花经纪人不再从特定的地方订购特定的棉花，制造商也不需要检查样品就能够买到特定质量的符合自己生产需要的棉花。这种程序的改变是对棉花行业的彻底重塑。最开始，这种规则并没有被法制化和制度化，而是以一种非正式的，没有形成书面文字，在个人之间达成谅解的公约形式存在。随着棉花样本数量和交易量的增加，要求在经纪商、进口商、出口商和制造商之间形成某种具有"永久性"的规则，这种永久性规则的需求推动了具有法律意义的以公文形式确定下来的棉花检验制度的生成。④

---

① Allston Hill Garside, *Cotton Goes to Market: A Graphic Description of A Great Industry*, New York: Frederick A. Stokes Company, 1935.

② D. A. Tompkins, *The Cotton Industry*, Publications of the American Economic Association, Feb., 1904, 3rd Series, Vol. 5, No. 1, Papers and Proceedings of the Sixteenth Annual Meeting, Part I. New Orleans, pp. 144-153.

③ Thomas Ellison, *The Cotton Trade of Great Britain*, p. 206.

④ Thomas Ellison, *The Cotton Trade of Great Britain*, p. 272; Sven Beckert, *Empire of Cotton*, A *Global History*, New York: Vintage Books, 2014, pp. 206-207; p. 185; John A. Todd, *The Marketing of Cotton: from the Grower to the Spinner*, London: sir Isaac pitman&sons, LTD, 1934.

第二步是棉花经纪人和商会一起推动棉花等级正式化标准的建立。1841年，棉花经纪人在利物浦创建棉花经纪人协会，协会创立之后做的第一件事就是通过一项决议，此决议的主要内容是保证所有按样品出售的棉花都能保证质量符合样本。随后，协会在1844年确定了良和中等棉花的标准。正式化的标准建立以后，很快在国际棉花市场上得到应用。[①] 以美国为例，美国是英国棉纺织业原料最重要的来源地，早在1801年，英国利物浦的棉花经纪人就成立了美国商会（American Chamber of Commerce），在1844年棉花标准确定后，美国商会建议利物浦的棉花经纪人"取走几个美国棉花的样品，交给美国商会处置，以便在所有涉及棉花质量的问题上形成一个参考标准"。[②] 1848年，新奥尔良商会写信给利物浦的美国商会，认为由于"缺乏与利物浦一致且为双方都认同的固定、统一的质量标准，新奥尔良的棉花买家在进行购买操作时经常会遇到极大的不便，并建议为新奥尔良和亚拉巴马州的良、中等以及普通棉花制定相互认证的标准，然后这些相同的标准应该由新奥尔良和利物浦共同维系、以便仲裁纠纷"。利物浦美国商会同意并投票制定了这样的标准。[③]

此后，棉花检验及等级标准经由各种棉花商人的组织进一步向全球扩散，棉花市场不再是单纯地追求利润最大化的个人自发相互作用的场所，而是经由专业的经纪人组织，再由全球棉花商人组织，在市场之外又叠加形成的一套影响深远的制度运转体系。截止到19世纪中期，作为一系列集体表达公约的结果，以利物浦棉花经纪人协会为核心，一个现代棉花市场得以形成。

19世纪中期以后出现的新的交易形式——期货交易，是推动棉花检验制度和等级标准制度进一步升级的动力。期货交易能够诞生和发展并逐渐开始成为全球棉花贸易的主导模式得益于科技和基础设施建设的巨大进步。例如，1866年第一条跨大西洋电报电缆的铺设，使得商业贸易信息在全球传播的速度大大加快，棉花贸易开始抽象化。这种抽象化同时也得益于可量化的、稳定的、持续的机械化生产模式的完善，1850年之前，期货交易只是零星出现。美国内战之后，期货交易开始广泛出现。

① Sven Beckert, *Empire of Cotton: A Global History*, New York: Vintage Books, 2014, p. 210.
② John A. Todd, *The Marketing of Cotton: from the Grower to the Spinner*, London: sir Isaac pitman& sons, LTD, 1934.
③ Sven Beckert, *Empire of Cotton: A Global History*, New York: Vintage Books, 2014, pp. 210-211.

期货交易的核心信息功能是从特定的棉花包裹到特定棉花质量的改变，其中最重要的是棉花本身的标准化和每个标准对应的棉花价格，在这个体系中，每一种棉花品种及其分级都被虚拟成一个标签，如"中级陆地棉"，贸易合同也被标准化，明确指定这一品质的规格和价格。棉花分类的详细规则以及买卖双方争端的仲裁机制的建立，使得整个棉花贸易朝着一个单一市场的理想方向发展，即每一等级的棉花都有一个国际确定的单一价格。这些标准是利物浦棉花经纪人协会在美国内战前确定的。19世纪70年代以后，因为利物浦在全球棉花贸易中处于中心地位，利物浦棉花协会继续承担棉花质量等级定义和标准设定，以及每个标准对应的国际单一价格的执行工作。① 这种由检验棉花质量及不断增长的贸易量引起的棉花贸易标准化制度的生成，导致了两个结果，一个是贸易环节的进一步简化，另一个是交易成本的降低。

贸易环节的简化主要表现在期货交易之前，棉花的流向是从种植园到纺织品制造商的工厂，中间经过了农场主、进口商、经纪人、制造商之手。从19世纪60年代后期，旧式的进口商和经纪人逐渐退出棉花贸易体系，制造商与棉花种植者开始直接联系起来，在此过程中，制造商也就是欧洲资本主义棉花家族，将轧花厂和压平厂直接建在接近棉花种植者的地方，已达到降低交易成本的目的。②这样一来，在1870~1886年间，交易成本占棉花交易价值的比重下降了2.5个百分点。③ 至此，棉花市场运行体制愈加成熟，贸易达到了高度的抽象化和标准化，各种各样的棉花自然品种通过约定准则和合同被分门别类，与抽象资本和稳定的市场价格相对应，实现通用化。

综上所述，在棉纺织机器大工业爆发之前，从西方传统棉花贸易到对棉花质量的关注，到棉花经纪人在实际棉花贸易中逐渐掌握棉花品种知识及分类后，棉花检验、棉花分类和棉花等级标准的划分逐步完善。最后，在期货交易的推动下，棉花交易在质量等级和价格方面实现标准化和抽象化，相应的具有法律效力的公文及规章制度、仲裁程序都逐步确定及实施。在整个过程中，棉花经纪人发挥了核心的作用。截至19世纪80年代，其建立的棉花检验及等级

① 斯文·贝克特：《棉花帝国——一部资本主义全球史》，徐轶杰、杨燕译，民主与建设出版社，2019，第277页。
② John A. Todd, *The Marketing of Cotton: from the Grower to the Spinner*, London, Sir Isaac pitman& sons, LTD, 1934.
③ Thomas Ellison, *The Cotton Trade of Great Britain*, London: Effingham Wilson, Royal Exchange, 1886, p280.

标准制度不仅完成了传统棉花市场的国际现代化转型，同时对处于压力格局中且承受巨大压力的东亚棉花市场的重新塑造也产生了深远影响。

第二节　多维追赶：中国商人的应对

中国真正开始正式加入全球棉花市场是在第二次鸦片战争之后，此时的国际棉花市场格局是西欧处于主导地位，美国和日本处于第二梯队，[1] 而中国在机器的使用和经济管理制度等方面均处于懵懂开化的阶段。[2] 此时西方棉纺织业已经实现了最先进的机器化生产，棉商群体也建立了棉花质量检验与棉花等级标准制度，这样的国际棉花市场不会迁就中国的实际情况。在中国，棉花等级与质量问题制约着棉花能否顺利出口，作为世界第三大产棉国，良好的棉花品质不仅是中国参与国际棉花市场竞争的前提，也是中国纺织业发展的重要基础。面对如此巨大的差序格局和发展本国纺织业的巨大压力，中国棉商群体开启了对西方棉花业中相关科技与先进制度的学习、吸收和转化的过程。

反应最为迅速的是上海的棉商，因为上海的棉花市场最早与国际棉花市场接触融合，同时上海棉花市场也具有良好的历史传承。[3] 例如，早在道光初年，上海地区就有了花业公所，同治七年，上海豫园地区出现了旧花业公所；1897年，江苏南通棉商在上海成立了售花公所等。[4] 第二次鸦片战争后，中国棉花进入国际市场，同时开始采用现代轧花机轧棉，由于近代机械轧棉业的发展，上海棉市逐渐分为南北市，南北市所售之棉花并无分别，只因轧棉方法不同，故名称有异。上海十六铺之南谓之南市，以北谓之北市；南市用人工，北

---

① 关于美国的纺织业发展情况，参见〔美〕福克纳：《美国经济史》，商务印书馆，2018；John A. Todd, *The Marketing of Cotton: from the Grower to the Spinner*, London: sir Isaac pitman& sons, LTD, 1934。关于日本的经济情况，参见孙怀仁、篓壮行：《日货在世界市场》，上海黑白业书社，1937；阿立达·阿托列：《世界市场上英日之对立》，何伟译，东亚图书馆，1937。

② 由于近代科技领域内机器制造及生物学的发展，这些先进的因素逐渐影响了近代全球农业的转型，中国亦不例外，棉花业中的现代科技成分包括轧花机的使用、包装技术的现代化、优良棉花品种的培育和棉花质量检验与等级制定四个方面。

③ 范金民：《明清江南商业的发展》，南京大学出版社，1998年，第297~298页。

④ 范金民：《明清江南商业的发展》，南京大学出版社，1998，第297~289页，见附表四：《江南会馆公所地区分布表》。

市用机械。① 上海棉商对于棉花质量问题也早有自觉。② 1880 年，在上海南市花业，由同业建造公所建立，程鼎经办的花业吉云堂于 1887 年拟定规条，并"禀请上海县，给示勒石，永遵在案，此规章历经三十余载"。③ 此举不仅对行业起到了规范作用，也起到了示范作用，并逐渐辐射到江浙地区，此后，外地棉商也相应建立公所。例如，1891 年，外地商人在上海的"二十五保十三图"成立花树业公所，1897 年，江苏南通棉商成立售花公所，④ 逐渐融入并遵守上海棉市规章。虽然上海的棉花商人在 19 世纪末已经建立了初步组织和规章制度，但这只能被看作与传统相衔接的民间商人群体自发设立的传统经济管理模式。

上海的现代棉花检验机构诞生于 20 世纪初期，1901 年，外国纺织商人在清政府的允许下，于上海附近棉花产地设水气检验所 38 处。⑤ 对于外国商人的这一举动，上海棉商马上有了行动，1902 年，上海棉商程鼎⑥全力顾及主权，禀请上海道设局自验，上海道派专员与程董事共同办理，于是，1902 年 9 月，上海棉花检查局在花业公所成立，负责取缔掺水工作，洋商所办的 38 处水气检查所于 1902 年 10 月停止办公。⑦

从 1902 年一直到 1911 年春，上海地区的棉花检验是由上海花业公所设立的上海棉花检查局负责。在此期间，上海商人注意到日本棉花商人在上海建立的专门检验输往日本棉花的验水部门，并意识到日本人的技术甚好，为中国棉花商人所佩服，⑧ 遂设法效仿学习。清政府虽非常重视上海的棉花检验工作，

---

① 程天绶：《中国棉花贸易概况》，《国际贸易导报》第 1 卷第 2 期，第 9 页。

② 程天绶：《上海棉花检验之过去情形及本局棉花检验处现在之检验状况》，《国际贸易导报》1930 年第 1 卷第 1 期，第 4 页。

③ 《上海某知事公署批准花业吉云堂重整规条备案布告的抄件》，1917 年 3 月，上海市档案馆藏，S233-1-1。

④ 范金民：《明清江南商业的发展》，南京大学出版社，1998，第 298 页。

⑤ 《棉花检验略史》，《纺织时报》第 648 期，1929 年 11 月 8 日，第 190 页。

⑥ 程鼎是对上海棉花市场的组织与进步有重要影响的棉商之一，1880 年，据花业吉云堂董事沈惟耀称，南市花业于 1880 年由同业建造公所定名为花业吉云堂，历由前故董程鼎经办，1887 年拟定规条，禀请上海县，给示勒石，永遵在案。参见《上海某知事公署批准花业吉云堂重整规条备案布告的抄件》，1917 年 3 月，上海市档案馆藏，S233-1-1。

⑦ 李佳佳：《中国收回棉花检验权始末》，《史林》2020 年第 6 期。

⑧ 《沈铺关于筹设出口货物检查局的意见》，1912 年 11 月，上海市档案馆藏，S37-1-57-28。

考虑到上海为通商巨埠，出口棉花甚巨，[①]"饬令沪海关切实查验，并令上海商务总会遴选通晓棉业人员帮助清除棉花掺水弊端"。[②] 但实际上，政府所起到的作用微乎其微。武昌起义以后，该局停止检验。[③] 民国成立后，江苏省政府令上海花业公所在原址恢复上海棉花检查局，并按照旧章，于1912年9月1日开办棉花检验，但由于经费不足和检验技术不完善，上海棉花检查局形同虚设。[④] 1913年，棉花检验局再度成立，但仍面临同样的资金和技术严重不足的局面，棉花质量未见提高，最后该局信用扫地。可见，从1901年开办棉花检验到1913年间，政府层面的所做的努力并不顺利，收效亦甚微。

1914年，中国面临国际市场更大的压力，因美国于1914年制定"美国官方棉花标准"，所有期货交易都需要使用这些已成为美国棉花交易准绳的标准，同时也指导了欧洲棉花交易所的交易，这些标准在全球棉花贸易中发挥着定价的核心地位。[⑤]

此时，国际买家在面对中国棉花时，再也无法忽视精确认定其品级及质量的重要性，当时中国最大的棉花买家日本的纺织联合会在横滨、神户、门司、长崎四处均设立华棉水气检查所，用来专门检验中国输往日本的棉花，规则非常严厉，被验不合格之棉即被退回。[⑥] 在这样的情况下，1921年3月，中外纱厂代表、日本输出商代表、欧洲输出商代表联合成立上海禁止掺水公会（The Shanghai Cotton Anti-Adultoration Association），该会于1921年6月在上海苏州路7号设立上海棉花检验所（The Shanghai Toasting House）。后上海的华商陆续退出该公会，组织管理完全被外商掌控，检验所规定，公会会员购买棉花或在上海出口棉花，均须在该所检验，方许出口。[⑦]

在此期间，上海棉商面对严峻形势再次做出调整，1917年，花业公所吉

---

① 《为整顿棉业严禁掺杂水泥致皇上的奏折》，1911年6月18日，天津档案馆藏，4012068 00-J0128-2-000581-011。

② 《为整顿棉业严禁掺杂水泥诸弊—折事给天津商务总会的札（附原奏折）》，1911年6月 29日，天津市档案馆藏，401206800-J0128-2-000581-012。

③ 邹秉文：《二年来之检政》，《国际贸易导报》1931年第2卷第1期，第7页。

④ 陈天敬：《我国各口岸棉花检验略史》，《河北工商月报》第1卷第10期，1929年8月15 日，第65页。

⑤ John A. Todd, *The Marketing of Cotton: from the Grower to the Spinner*, London: sir Isaac pitman& sons, LTD, 1934.

⑥ 《在天津总领事冈本武三ヨリ外务大臣男爵币原喜重郎宛（机密第679号）》，昭和4年 10月1日，Ref: B08061973900。

⑦ 狄建庵：《我国棉花检验之沿革》，《国际贸易导报》1933年第5卷第7期，第169页。

云堂面对"遵守定章者，固不乏人，不守规条者，亦复难免"的局面，于1917年2月28日下午一时，邀集同业开会公议，重整规条，并一致赞成[①]，其他堂号也纷纷效仿。[②] 此后，上海的棉业商人进一步根据自身的实际情况开展棉花检验工作，1919年成立的证券物品交易所兼营棉花交易，并附设棉花水分检验部门；1920年，华商棉业交易所附设棉花水分检查；成立于1921年的上海华商纱布交易所于1924年将棉花检验处附设于交易所内。上海的棉商组织也进一步加强落实棉花检验工作，例如上海花业公所设立上海棉花检查局，专门检查上海南市之棉花；上海通崇海花业公所为同行十三家所组织，对于同业亦尽劝告监督棉花品质之责任；后通崇海花业公所又分设上海通海花业公所，以通州棉商为主体，对于棉花掺杂作伪之事，亦尽警告及监察之责任；上海中国棉业联合会为各帮同业所组织，展开棉花监察和检查工作；其余沪上各纱厂、公会对于棉花交易时，多有附设棉花水分之检验，其规模之大小，设备之多寡，各视其营业范围之大小以为衡，至于检验设备，各有不同，所采之标准，亦不一致。[③]

上海的棉业公司团体之所以对棉花检验如此重视，是因为上海为全国棉花贸易最盛之处，棉纺织工业之兴办又以上海为最早，[④] 自有第一家纱厂之后，纱厂之数骤增，由数个增至一百多个，锭数也由数万增至数百万锭，出口之棉花亦多经由上海出口，据海关记载，1923年至1926年，上海年均进口棉花3185637担，出口棉花697876担，合计进出口棉花，年均近四百万担之多。[⑤] 上海棉花贸易为中国参与国际贸易之大端，上海棉业界大小公司、棉业团体、棉业商人意识到施行棉花检验提升棉花质量是参与国际棉花市场竞争的重要前提。可见，从上海地区开始出现现代棉花检验机关之前，上海棉商就已经设立了自己的棉花业组织及相应的规章，在外国棉花商人群体及现代机械化生产进

---

① 《上海某知事公署批准花业吉云堂重整规条备案布告的抄件》，1917年3月，上海市档案馆藏，S233-1-1。
② 《存义堂棉业公所定章》，1918年，上海市档案馆藏，S233-1-1。
③ 程天缓：《上海棉花检验之过去情形及本局棉花检验处现在之检验状况》，《国际贸易导报》1930年第1卷第1期，第4~5页。
④ 中国上海机器织布局于1878年成立，是中国第一家现代纺织厂。因前期筹建颇费周折，为保护国家轻工业，清政府给予上海织布十年专利期。《清国上海二于テ大阪纺绩会社缫绵机械据付二关シ道台异议一件》，1875年7月15日，所藏馆：外务省外交史料馆，Ref：B11100821000。
⑤ 程天缓：《上海棉花检验之过去情形及本局棉花检验处现在之检验状况》《国际贸易导报》1930年第1卷第1期，第6页。

入中国之后，上海棉商为了提高中国棉花品质，挽回棉业利源，提高中国棉花在国际市场中的地位，充分发挥商人群体自治的功能。

天津同样是中国重要的棉花出口地，其地位仅次于上海，但天津棉商在开展棉花检验工作方面有所不同。天津棉花检验始于天津洋商会（Tientisn General Chamber of Commerce）的推动，1911 年 8 月，天津洋商会发起建立棉花水气检查所，并于 1911 年 10 月宣告检查所正式成立。此后直到 1929 年，由外商掌控的棉花水气检查所一直处于主导地位，天津棉商在棉花检验方面并未展现出像上海棉商那样强劲的吸收外国先进技术并努力与外商竞争的实践，究其原因有三点：首先是因为两埠由外商建立的棉花检验机关的隶属不同，其次是因为日商的强大影响，第三是因为天津地区纱厂总体规模相对弱小。① 但天津地区棉商在与更广阔的华北棉花市场尤其是县一级的棉产地的棉商互动时，将棉花检验政策及注重科学、提高棉花品质等科学意识不断地传输到棉花原产地腹地，这种影响在 1920 年以后尤为明显。

华北地区县一级的棉花市场从多个方面入手，重视并实施棉花检验工作，首先建立地区棉花品牌，以达到增强棉花品质的效果。例如，河北威县在 1924 年设立棉花检查所后，威县花店代客收买干白净花，经所查验后，加盖"查讫紫印为凭"，后又发明证明书一种，该证明书"盖有商会钤记，凡属注册花店，发给证明书二张以保传用，并于每年 7、8 月间，花样挂齐，以便详细填列，制成威县花店一览表，通知各商会、公会、花行、纱厂查照"，以此达到买卖威棉，只需查阅该花店证明书及威县花店一览表便知真伪，使冒牌钤记不得售的目的。② 青河县组织检查棉业会后，呈请青河县县长派员检查，检查员于 1924 年 11 月初始实行检查，检查的结果如果是干白纯花，即盖"查讫色印"，使自买、代买信用昭彰，销路自畅，并让天津总商会通知各行栈及各纺纱织布厂，待棉货运到时"认此色针印为凭证"，③ 天津总商会将青河县的棉花检验情况通知到天津行商公会、纱厂联合会、棉业公会等。④

---

① 关于这三点原因的阐释，详见李佳佳：《中国收回棉花检验权始末》，《史林》2020 年第 6 期。

② 《为收买干白净棉花开具证明书事致天津总商会的函》，1924 年 8 月 1 日，天津市档案馆藏，401206800-J0128-3-004022-021。

③ 《为寄送检查棉业会查讫色印事致天津总商会函》，1924 年 10 月 30 日，天津档案馆藏，401206800-J0128-3-005798-065。

④ 《为送检查棉纱查讫色印事致天津行商公会纱厂商联合会棉业公会函》，1924 年 12 月 31 日，天津档案馆藏，401206800-J0128-3-005798-082。

其次是在检验方法上，采取灵活的应对方法。例如在南宫县，虽然直至1924年仍没有成立棉花检验机关，但南宫县商会向天津总商会表态："恳总会设法维持以求公理，本县商会与各县棉业检查均附设于商会，采取一致办法。"① 南宫县的棉花检验主要根据老棉商的评判，如有掺水过多的现象，任何人都可以告发，此种组织虽在技术上缺少专业性，但南宫县棉花掺水的现象的确少了很多。② 在安阳县，安阳棉业公会成立，采取的办法是"任用检查员，每日赴各花店及车站和各货栈认真检查，不容再有潮湿棉花出现"。③ 同时，安阳棉业公会积极向天津棉业公会学习棉检办法，并及时"把安阳的棉检措施通报给天津棉业公会，使天津各大商号悉知安阳对于棉检的重视和实施"④，进而提高安阳棉花信誉。

到了1925年，在吸纳天津棉商的总结和经验的情况下，直隶实业厅发布整顿棉业简章，规定"经棉商贩运棉花，不得掺和杂质及所含水分过高，如有违规，交由天津棉业公会协议处罚；棉商与洋商交易时，须格外慎重，以维护国际商誉信用；棉商运棉到津，如拖各棉花货栈代售，应由各货栈妥善保管，不得有操纵货价及欺蒙棉商情事；各棉花货栈对于代售之棉不得有侵蚀斤两事情"。⑤ 从这次发布的简章内容来看，棉商对棉花质量的重视逐渐成系统化，从贩运、交易主体、保管三个方面同时兼顾并采取惩罚措施，其与最初的棉花检验政策相比，更具体更细化，操作性更强，从一开始的只在终端销售环节检验深入到棉花的生产、运销、仓储等环节。可以看出，虽然发布简章的是政府，但其经验及实施的内容均来自天津地区的棉花商人和商会，可以说，在1925年前后，天津地区的棉花商人和商会亦对推动华北地区的棉花检验工作起到了中流砥柱的作用。

在另外一个最为重要的内地棉花市场——武汉，棉花检验工作的开展则呈现了不同于上海和天津的特点，在内地棉花市场中，武汉最早倡导建立现代商

---

① 《为棉业检查附设商会同归事致天津总商会的函》，1924年10月3日，天津市档案馆藏，401206800-J0128-3-004022-027。

② 曲直生：《河北棉花出产及贩运》，商务印书馆，1931，第297页。

③ 《为杜绝潮花再出现的函》，1924年10月05日，天津市档案馆藏，401206800-J0128-2-001969-009。

④ 《为安阳棉业公会杜绝潮花出现致天津棉业公会的函》，1924年10月11日，天津市档案馆藏，401206800-J0128-2-001969-006。

⑤ 《为送整顿棉业简章给天津总商会函附简章》，1925年12月21日，天津档案馆藏，401206800-J0128-3-000772-009。

品检验机关。1924 年，汉口总商会首倡整顿棉业，筹议检验棉花，同时向督军省长请示，获同意后成立湖北全省物产检验处，由胡龙骧任该处督办，并在上海购置烘验机器。[①] 汉口总商会认为各种物产都应进行分类并从严检验，但考虑到品种甚多，手续颇繁，如果同时举办，人力物力必有所不及，遂决定"湖北全省物产检验处先从检验棉花入手，并发出布告，晓谕商民，决定在下新河、皇经堂、沌口、大智门火车站等处设立检验所，待棉花检验工作顺利进行后，再次第开展其他产品的检验"。[②] 在检验规则方面，汉口总商会与检验处磋商拟定了湖北全省物产检验处棉花检验试办规则十一条。[③] 在外商方面，武汉棉检机关的设立不仅无外国势力干涉，还得到了"日本棉花同业会的赞成"。[④]

但在计划成立棉花检验机关之时，武汉棉商的意见出现分歧，检验机关的建立受到了部分本地棉商和外地棉商的反对。[⑤] 持反对意见的棉花团体主要包括汉口市棉花号业同业公会，汉口市棉花进口业同业公会和专事贩运出口的、多属于上海棉花分号的申邦，其中"汉口市棉花号业同业公会代表张星垣、[⑥]汉口市棉花进口业同业公会代表杨显卿、申帮代表梅焕候[⑦]向省政府呈控，指斥商会不公，并要求汉口商会先将派出的检验员一律撤回，再议各节"，这些反对意见使武汉棉花检验工作未能实行。[⑧] 由于棉商棉贩的反对，汉口总商会与检验处磋商拟定的湖北全省物产检验处棉花检验试办规则十一条未能实行。

从以上的过程可以看出，武汉棉花检验机关的建立是由本地华商发起，并无外国棉商操控检权的情形出现；但武汉棉花检验的开展过程却又呈现出与上海、天津诸多不同的特点，这主要是由于武汉棉花市场杂糅了地位的特殊性与市场内部棉商群体结构的复杂性两个特点，首先从市场功能上来看，武汉棉花

---

① 《汉口实行棉花检验》，《纺织时报》1924 年第 137 期，第 1 页。

② 《湖北物产检验处先行检验棉花》，《银行周报》1924 年第 8 卷第 32 期，第 58~59 页。

③ 《湖北全省物产检验处棉花检验试办规则》，《湖北实业月报》1924 年第 1 卷第 10 期，第 26~27 页。

④ 狄建庵：《我国棉花检验之沿革》，《国际贸易导报》1933 年第 5 卷第 7 号，第 172 页。

⑤ 《我国各口岸棉花检验略史》，《河北工商月报》1929 年第 1 卷第 10 期，第 67 页。

⑥ 张星垣，汉口市棉花号业同业公会主席，在汉阳经营棉花号张洪发号，《汉口市棉花号业同业公会章程名册》，1930 年 11 月，中国第二历史档案馆藏，档号：613-1260。

⑦ 杨显卿，湖北黄安人，汉口市棉花进口业同业公会会员，裕丰永经理，应是主席的职位。《汉口市棉花进口业、精盐业同业公会章程名册》，1930 年 9 月，中国第二历史档案馆藏，档号：6-1210。

⑧ 《湖北检验棉花纠葛续闻》，《纺织时报》1924 年第 175 期，第 1 页。

市场不同于上海和天津，上海和天津都是终点市场，而武汉由于其水路交通均便利，是集华中地区最重要的棉花集散市场、内地最为重要的棉花终端销售市场、① 华中棉花转运至上海乃至全国的中转市场三个功能于一身的棉花市场，由此造成了其市场内部棉花商人帮派结构复杂的事实。②

　　虽然 1924 年武汉首次建立现代棉花检验机关的尝试未能成功，但武汉地区棉商深知潮湿棉花的弊端，遂在湖北内地各棉花市场开展棉花检验，由当地商会和棉商共同协商制定同业协议规定，采取非官方，缺少现代科学技术的检验方法进行检验。具体措施为，在每年新棉上市时，由该地县公署或警察署出示布告，每日派遣工作人员到各个花行和花庄检查，对水气过多的棉花，科以罚金，此种办法虽起到一定的作用，但也带来质疑。如时人评论孝感地方罚金之额 "约制钱十吊至百吊不等，此种办法未必可以防止掺水，不过代吏役取贿赂之门路尔"。③ 由此可见，自 1924 年武汉棉商倡导棉花检验开始，因为棉商意见产生分歧，现代棉花检验的开展并未实际进行，而是采取了凭借传统经验而非现代检验技术进行棉花检验的办法，这种情况一直持续到了 1927 年，同年 8 月，随着李书城任湖北省建设厅厅长，倡导各项事业，主张制定各项法规，设立棉花检验处再次受到重视，9 月，湖北省政府制定并公布了湖北棉花检验章程，开始实施棉花检验工作。④

---

① 武汉对原棉的需求量大，湖北的纺织业发达，截止到 1935 年，湖北共有 7 家纺织厂，纱锭、线锭、布机数仅次于上海和江苏，位居全国第三。参见《鄂棉》，湖北棉业改良委员会试验总厂，1936，第 3 页。

② 武汉棉商群体的组织较为复杂，汉口之棉花市场包括棉花进口业（也称棉花号业务）、棉花出口业、棉花打包业三部分。棉花号业务分成两帮，分别是号业公会帮和棉花进口帮，号业公会帮包括里河、府河、樊城、新野、随州、西帮等，营业范围不独湖北全境，还包括陕西、河南等地，贩运来汉之棉商，亦属之。进口业帮方面，仅有黄帮，因经营此业务者为黄州府籍，又主办鄂东各产地之棉，其家数虽不算多，但营业范围甚巨，鄂东棉为其事业之策源地，而鄂西之沙市、鄂北之老河口，以及襄河一带之产棉地，也在其内。棉花出口业向有申、黄二邦，申帮专事贩运出口业，多属于上海棉花分号，而黄帮则是指产地贩运号家，兼带经营出口事业者，后者规模不大，经营数量甚微。参见履任：《中国棉花市场之组织与棉产运销合作》，《农村合作月报》1936 年第 2 卷第 1 期，第 48 页。

③ 狄建庵：《我国棉花检验之沿革》，《国际贸易导报》1933 年第 5 卷第 7 号，第 171~172 页。

④ 当时有姚翰清撰《对于设立棉花检验处之意见》一文，从四个方面阐述棉花检验的性质与重要性。参见湖北省建设厅：《计划：对于设立棉花检验处之意见》，《建设月刊》1928 年第 1 卷第 1 期，第 31 页。关于 1927 年 9 月 26 日公布的《法规：湖北棉花检验处章程》，参见湖北省建设厅：《建设月刊》1928 年第 1 卷第 1 期，第 31~34 页。

在三大棉花市场的棉花检验工作中，商人都起到了举足轻重的作用。棉商在棉花检验制度及技术的探索和推动方面，展现了较强的组织及实践能力，在另外一些重要的棉花中转市场中，当地棉商同样展现出了较强的自治能力。例如，宁波的地位虽远逊于上海，但也是长江三角洲经济区重要的棉花中转市场。① 宁波吸收的棉花一部分直接出口，一部分销到上海、海门、温州等地。② 宁波是江浙最早开展棉花检验的城市，1921 年，宁波棉商为了提高浙江棉花的品质与信誉，组织棉业公会，于公会内部附设验水所，并定名为会稽道棉花验水所。此验水所属于民间组织，官方并未给予认可，宁波海关亦不予合作，出口棉花无须检验合格证书，即可放行。1926 年，宁波棉商计划再设立棉花水气检查所，但自成立后，在具体实施细则方面，因未达统一而作罢。③ 从宁波棉花检验机构的最初建立与实施可以看出，宁波最初的棉花检验机构系纯由棉商自己筹办，并无涉及外人操控检权情形，政府部门也未涉其中，在发展的过程中，宁波棉商对棉花检验的倡导与实践更具进取性，表现为意见分歧较小，自治力度较强，除了自发组织棉花检验机构并实施棉花检验以外，还十分注意发现新问题并探索解决问题的办法。宁波的棉花检验发展历程也展现了较强的棉商自治色彩。沙市作为华中地区另一重要的棉花中转市场，④ 其棉商和商会也展现了较强的自治能力，沙市商会于 1925 建立棉业公会及棉花检验所，采取的办法是派员分途检查，请各县长对当地棉业公会及检验所实行保护与援助，结果是"因各地厅、县未给予该公会检验所保助，故收效甚微"。⑤

综上所述，在三大棉花市场中，以及在以三大棉花市场为中心的产棉经济区中，棉商对棉花检验工作的初期探索和实践都起到了举足轻重的作用，形成

① 在晚清时，随着国际国内棉花商品化的进展，国内棉市也逐渐形成，宁波、上海、天津是最初形成的三个出口市场，其形成时期约在 19 世纪的后半期乃至 20 世纪的前十余年间，虽然后来随着我国铁路交通事业的进步，一大批新的棉花中转市场出现，宁波的棉花市场地位有所削弱，但其仍然是长江三角洲地区十分重要的棉花中转市场。参见严中平：《中国棉纺织史稿》，商务印书馆，2011，第 398 页。
② 《宁波城区棉花布业近况》，《天津棉鉴》1931 年第 4、5、6 期合刊，第 72~73 页。
③ 《棉花检验略史》，《纺织时报》1929 年第 648 期，第 191 页。
④ 沙市作为华中地区重要的产棉地，同时是仅次于武汉的第二重要的棉花集散地，上扼长江上游，下控全鄂，素有小汉口之名，参见胡邦宪：《沙市棉花事业调查记（附表）》，《国际贸易导报》1934 年第 6 卷第 12 期，第 133 页。
⑤ 当时农商部号召整顿棉品，认为须由各地棉商联合会自治。参见《为保护棉业检验所及棉业公会的提案》，1925 年 6 月 25 日，天津市档案馆藏，档号：401206800-J0128-2-001028-34。

了多维追赶的局面，在最重要的上海、天津、武汉三大棉花市场，棉商群体在
建立现代棉花检验制度及吸收西方先进的检验技术等方面进行了最初的探索和
推动；在县一级的棉花市场，棉商及当地商会也展现了较强的组织及实践能
力，它们在力所能及的范围内探索检验方法，由于缺乏现代科学检验技术和人
才的支撑，虽然初期多依靠经验来鉴定棉花的品质与潮湿程度，但同样提高了
本地棉花的质量。在另外一些重要的棉花中转市场，中国棉商同样展现出了较
强的自治能力。在1929年国家建立统一的棉花检验机关、先进的棉花检验技
术得到普及应用之前，中国棉花检验的发展过程大都经历了由棉商或商会推动
本地棉花检验制度及技术的探索过程，在此过程中，棉商群体及其组织均展现
了较强的自治能力。中国在19世纪后半期加入国际棉花市场贸易之后，中国
棉商奋起直追，不断学习、吸收、复制先进经验，并转化和利用这种新的经济
管理制度所带来的冲击和机遇，在近三十年的探索和多维追赶的过程中，中国
初步形成了适合自身特点的棉花检验布局和体系。

第三节　政府的介入与收权

西方棉商经纪人群体和商会历经百余年的探索后，于19世纪末20世纪
初，利用现代科学技术基本完成了棉花定级及棉花检验的政策和商品质量制度
建设，为全球工农业贸易提供了一个新的范式标准，[1] 商品质量检验标准的影
响是广泛的，既有科学技术的准绳作用，又有制度建设过程中对科学及人文因
素的整合。在不断适应大规模贸易发展的情况下，国家力量逐渐介入。20世
纪之后，西方由商人群体历经百年探索建立的棉花分级及检验制度面临着进一
步转型升级，这种转型和升级又加入了若干新的因素。商人在制度建设方面的
核心职能被国家力量替代。

首先替代的是信息搜集职能，这种信息搜集职能是以棉花种植的急速扩张
与棉花交易量的骤增为前提的。1865年，美国废除农奴制后劳动力成本大幅
提高，全球棉花市场在资本和技术输出方面实现重组，棉花业务在经历了短暂
的停顿后，迅速反弹增长，[2] 1871~1872年，光是纽约棉花交易所就交易了

---

[1]　道格拉斯·C. 诺思：《经济史上的结构和变革》，厉以平译，商务印书馆，2016。

[2]　David G. Surdam, "King Cotton: Monarch or Pretender? The State of the Market for Raw Cotton on the Eve of the American Civil War", *Economic History*, LI, 1, 1998, pp. 113-132.

500 万包未来交货的棉花（略高于实际棉花收获量），10 年后的交易量达到
3200 万包棉花——是实际棉花收获量的 7.5 倍。① 进入 20 世纪后，美国的棉
花贸易量更是达到了峰值水平，在这样的背景下，原有的主要由经纪商来搜集
并总结棉种和确定等级的信息职能被国家替代。

美国政府早在 19 世纪 60 年代就开始非常重视棉花贸易及与之相关的棉花种
植等信息的搜集，在此方面，美国政府成为统计数据的重要提供者和组织者。从
1863 年 7 月开始，美国农业部每月发布棉花生产报告。1894 年，其发行《农业
年鉴》（Agricultural Yearbook），这是一份庞大的统计资料汇编，1900 年，它发布
了由 "41 名全职领薪的统计学专家及其 7500 名助手、2400 名县级志愿通讯员及
其 6800 名助理，还有 4 万名镇级或区级志愿通讯员" 收集的作物报告。两年后，
国会责成人口普查局每年收集 "轧花商申报的全国棉花生产统计数据"。②

这种强大密集的信息搜集带来的结果就是棉花检验及棉花标准的国家权力
化，因为国际棉花贸易以合同为准，而对制定合同来说，棉花的分级标准是至
关重要的。棉花的分级标准原本是建立在商人的私人合同的基础上，并由利物
浦棉花协会执行，进入 20 世纪后，这一情况发生了改变，棉花的分级标准越
来越多的由隶属于美国政府的国家分级员来定义和执行，这就意味着制定棉花
分级及规则的权力由利物浦棉花协会等私人协会转移至国家层面，并且这种权
力也随之从英国转移到美国。之所以出现这样的结果，原因有二，一是美国对
全球经济影响日益扩大，二是美国的棉花种植者对自身利益的诉求，他们觉得
自己在利物浦制定的规则面前处于不利地位。③

美国官方制定棉花分级标准始于 1914 年，此后所有期货交易都需要使
用 "美国官方棉花标准"，1923 年，这些标准被进一步完善，形成《棉花标
准法》（Cotton Standards Act），《棉花标准法》规定，在美国的州与州之间和
国外贸易中使用任何其他标准对美国棉花进行分类的做法都是非法的，此后
《棉花标准法》不仅在美国，也在欧洲乃至全球都成为棉花交易的准绳，可
以说，政府分级员进驻棉花交易所，国家在全球棉花贸易的中心位置牢牢站

① 斯文·贝克特：《棉花帝国——一部资本主义全球史》，徐轶杰、杨燕译，民主与建设出版社，2019，第 277 页。
② 斯文·贝克特：《棉花帝国——一部资本主义全球史》，徐轶杰、杨燕译，民主与建设出版社，2019，第 278~279 页。
③ Allston Hill Garside, Cotton Goes to Market: A Graphic Description of A Great Industry, 1935, p. 54.

稳了脚跟。[①]

这种模式很快扩展到其他国家，到 1905 年，意大利国王创建了一个国际农业研究所（International Institute of Agriculture），此研究所拥有自己的统计局，国家集中关注确保廉价原材料可靠且能够源源不断地提供给制造业企业，可说是一手创造了市场。至此，西方国家将棉花检验制度彻底纳入国家权力体系中，正如斯文·贝克特评论的那样："帝国政治家与制造商和新型商品交易商不满足于仅仅将棉花种植者和旧的商人网络边缘化，而是在孜孜不倦地开展长期项目，摧毁仍在许多地区持续存在的旧棉花世界。他们在当时的全球农村地区推动了一个复杂的去工业化动态。"[②]

每一个放弃原始手工业形态的纺纱工和职工都为其创建了一个潜在的新市场，正如同时期在中国或印度表现的那样。[③] 例如，西方的制造商早在 19 世纪初就已经把印度纺织品赶出了世界市场。在 19 世纪晚期和 20 世纪上半期，制造商和经销商在此前棉花世界的中心地带，更加突破了当地对外国棉花产品的壁垒，世界许多地方的农村人和纺织工人开始首次购买欧洲、北美乃至日本的纱线和布料。[④]

在这样的全球格局和背景下，国际棉花市场的快速发展给中国棉花市场的发育和发展带来了巨大的压力，中国商人不可能像西方商人那样用百余年的时间，完成经济管理制度的探索和建设，只能尽快开启多方面的学习和吸收，如前所述，中国商人在 19 世纪末期就开始在组织、制度和技术方面向西方学习，在近三十年的探索中，商人群体发挥了前所未有的自治与创新功能。直到 1928 年南京国民政府成立，国家权力体系才开始在建立棉花检验机关方面发挥了真正的主导作用。

但中国政府的介入，缺乏像美国农业部那样自 19 世纪 60 年代起就开始掌握丰富的棉花特性信息的基础，所以，当中国政府收回检验权后，由政府实施的棉花检验并非一帆风顺，在制度建设和具体的程序和章程制定方面，也离不开与棉商的互动，棉商的反馈和纠错带来的政策法规的修改逐步获得了合理性的安排。

① Allston Hill Garside, *Cotton Goes to Market: A Graphic Description of A Great Industry*, 1935, p. 55.
② 斯文·贝克特：《棉花帝国——一部资本主义全球史》，徐轶杰、杨燕译，民主与建设出版社，2019，第 228 页。
③ 斯文·贝克特：《棉花帝国——一部资本主义全球史》，徐轶杰、杨燕译，民主与建设出版社，2019，第 280 页。
④ 斯文·贝克特：《棉花帝国——一部资本主义全球史》，徐轶杰、杨燕译，民主与建设出版社，2019，第 279 页。

中国政府在 1928 年 5 月，开始对棉花检验工作进行布局和管理，首先是国民政府行政院农矿部计划设立全国棉花检验局，[①] 11 月颁布全国棉花检验局新章和《烘验大纲》。除了加紧建设中央棉花检验机关及开展各项工作外，农矿部在 1929 年年初开始着手建设地方棉花检验机关，为了验证其可行性，计划首先在江苏江北设棉花检验分所，并派员前往南通筹备棉花检验事宜。[②] 农矿部派员前往南通筹备棉花检验事宜时，还未来得及正式建立南通棉花检验机关，棉商便针对具体程序和收费问题提出了质疑和举证。[③] 随后，全国商会联合会将棉商的意见总结为六条呈给国民政府行政院农矿部及工商部。[④] 同年，农矿部在广州设立农产品检查所，粤府表示反对。时人评论：无论是在南通还是在粤府设立棉花检查所，其目的均在利便农商，绝非病农病商之苛捐杂税。[⑤] 中央意识到导致这些现象发生的原因是不同经济区的不同市场之间存在

---

① 《全国棉花检验局致上海市公安局有关委任陆瑞甫、朱奇二人该局棉花检验局正副局长的公函》，1928 年 11 月 7 日。上海市档案馆，431001-Q176-3-15。

② 《公牍：农务：训令南通县政府奉农矿部令知派员前往该县筹备棉花检验事宜转仰知照文》，《江苏省农矿厅农矿公报》1929 年第 16 期，第 17~18 页。

③ 当时江北各县棉商代表成纯一、钱笑吴、顾伯言、陆鲁柯、朱楚良、洪维清、刘屏孙、严敬等到上海分别向农矿部易部长、向全国商会联合会、中华棉业联合会分别请愿反对成立南通棉花检验机关。参见《南通验棉问题》，《纺织时报》1929 年第 657 期，第 407 页。

④ 这六条原因分别是：一、认为棉花是由农家轧去棉籽，售给行庄，再由行庄售给厂家，厂家肯定不会收买潮湿的棉花，故在收买时必定会非常认真地查看棉花的潮湿情况。如果先设江北检验所，不在产地检验农家的棉花，而检验商业流通中的棉花，实为扰商；二、认为经营棉花的行庄多，担心如设棉花检验分所多处，国家是否能承担巨额经费，如果国家不能完全承担，那么此经费最终还是会取之于民，徒增百姓负担；三、认为检验费用收取过高，检验费的标准是皮花百斤，收费五分，复验减半，五十担以下作五十担算，每百担扦样棉五磅或十磅，若运至他处，须受所在地分所第二次检验并再次扦样缴费。反对者认为商民面对这样的收费标准，恐将无法负担；四、影响棉花业的金融周转速度，从而加重棉商负担。以当时棉花最高价每担五十余元计算，如果行庄每日收百担或数十担，需要资本数千元，第一日收买，第二日售厂家得汇票抵借款，为第三日收买之用，如此递转，已为常例。如今检验须先扦样，再加烘验，其间无任何耽搁，亦须三日，若复验则需五日至八日不等，行庄从前借万元或数千元，即可充两日收买之用，今则需三倍至八倍之资本方能周转，负息太重。信用弱者，钱庄不愿借给巨款，直接导致歇业为止，影响社会经济；五、认为处罚规则规定罚款最高额为全部货价的 80%，无异于全数充公，偶一不慎，破家不足以偿；六、认为市价涨落不定，第一日买入货价，第二日若价格下跌，可乘时卖出，以免亏折，今若检验又覆验，无法及时获得检验证书，若不速售，任其亏折，棉商唯有歇业。综上六点，全国商会联合会认为，农矿部拟在江苏江北设棉花检验分所，于理于势，均有不合。参见《商联会请撤江北棉花检验所》，《时事月报》1930 年第 2 卷第 1 期，第 29 页。

⑤ 《棉花检验是否应加反对》，《农业周刊》1929 年第 7 期，第 5 页。

着诸多差异，故在后续拟定检验规则及建制时，要考虑地区差异，增加人力、物力投入及宣传力度。[①]

首先是从中央层面建立现代的全国权威棉花检验机关，1929 年 4 月，国民政府命工商部负责管理各大商业中心城市的商品检验工作，工商部组织成立商品检验局鉴定商品品质等级，[②] 这是中国当时权威的商品质量检验机关。在棉花检验方面，工商部为避免棉花含水量高，扭转在国际市场上时常被退货或被抑价的不力处境，[③] 率先筹设棉花检验处，从严检验。1929 年 4 月，工商部在上海商品检验局设立棉花检验处，聘请美国佐治亚大学农业硕士叶元鼎担任棉花检验处主任，副主任为棉商程幼甫，并向美国农业部订购各色棉花品级标准，包括"棉丝长度标准、德国新式烘棉箱、英国棉丝长度检验机、美国棉丝劲度检验机等机件；同时创设中国棉花品级标准，并派遣高才生前往美国，专门学习棉花鉴定学，培养检验棉花的人才，为施行棉花检验计划做准备"。[④] 完成机构的建制、采用与国际市场接轨的先进检验技术、培养人才等都是第一步的准备工作，紧接着，工商部统一了全国的棉花检验行政管理，并颁布权威检验规则。1929 年 3 月 16 日，工商部上海商品检验局棉花检验处制定检验规则 18 条，[⑤] 规定从 4 月 1 日起检验棉花，其余各项货物之检验逐次筹备展开。[⑥] 1929 年 5 月 25 日，行政院取消一切在通商港口已设的与中央政府法令相抵触的检查机关。[⑦] 棉花检验的行政管理得以统一。

其次是中央统筹全国各地棉花检验工作时，根据不同产棉经济区的差异和特点，提前制定循序渐进的策略，工商部也从宏观上制定了相应的计划。首先

[①] 上海商品检验局成立后，对技术和人才的储备以及展开检验的原则有自己的规定，即不需要检验的商品不检，无相当之设备不检，有设备无人才不检。参见实业部上海商检局编辑《实业部上海商品检验局业务报告》，1934，中国第二历史档案馆藏，档号 617，案卷号 419。

[②] 《工商部商品检验局组织条例附商品检验条例案》，1930 年 4 月 14 日，中国第二历史档案馆藏，档号：613，案卷号：37；《商品检验局开始检验出口棉花》，《商业月刊》1929 年第 9 卷第 3 期，第 2 页。

[③] 《上海商品检验局铲除棉花掺水计划》，《银行周报》1929 年第 13 卷第 43 页、第 78 页。

[④] 《棉花检验处之进行》，《纺织时报》1929 年第 591 期，第 365 页。

[⑤] 《部令：工商部令第二一一号：制定工商部上海商品检验局棉花检验处检验细则十八条公布之此令》，《行政院公报》1929 年第 34 号，第 40~42 页。

[⑥] 《商品检验局开始检验出口棉花》，《商业月刊》1929 年第 9 卷第 3 期，第 2 页。

[⑦] 《市政府令奉令各通商口岸不得设立于中央抵触之检验机关》，1929 年 5 月 25 日。天津市档案馆藏，J0054-1-003673；狄建庵：《我国棉花检验之沿革》，《国际贸易导报》1933 年第 5 卷第 7 号，第 169 页。

规定了渐次施行检验的省份，对苏、浙、皖、赣四省产棉地区销售市场上的棉花，皆须检验，距上海较远的地区，除浙江宁波早有棉花检验分处外，江苏南通、安徽芜湖、江西九江等地均应于二年内酌设分处，使检政系统化。检验的标准亦采取循序渐进，由14%逐年递减至12%，规定1929年下半年的检验标准为14%，1930年为13%，1931年为12%，凡超过以上逐年规定之标准者，不准出口，也不准在苏、浙、皖、赣四省内自由贸易。①

对于棉花检验的深度与广度也采取循序渐进的方法，首先计划自1929年起，先检验出口棉花，直至掺水棉花绝迹于出口市场；其次检验内销和纱厂用花，1929年首先在上海施行，1930年逐渐推广至宁波、南通、芜湖、九江等处；再次进行棉花产地宣传，派专员分赴四省各产地实施宣传，阐明利害，举行轧户登记，以便调查，第一年先在江浙两省重要产地施行，然后逐渐扩展至次要地区。②上海商品检验局棉花检验处计划五年根除江、浙、皖、赣等省棉花过于潮湿的情况；根据中华棉业联合会函请③，针对在"各纱厂中检验厂用棉花"一项，颁布相关管理条例。④

至此，我国棉花检验的大政方针基本确定，为1930年以后的全国棉花检验工作奠定了坚实的基础。当全国有了统一的、技术先进的棉花检验机关之后，棉花检验工作逐渐步入正轨，上海是率先进行严格检验的地区。检验的效果很明显，上海1929年4月出口检验棉花14464担，5月32995担，6月50912担。7月上海商品检验局检验上海本埠棉花4720担，外埠棉花33667担，总数达38387担。⑤ 8月检验的本埠棉花是5926担，外埠棉花是12033担。⑥ 检验合格的棉花数量增加，也意味着出口的增加。

① 《上海商品检验局铲除棉花掺水计划》，《银行周报》1929年第13卷，第43页、第9页。
② 《上海商品检验局铲除棉花掺水计划》，《银行周报》1929年第13卷，第43页、第78页。
③ 中华棉业联合会致检验局来函内容为："查上海地方辽阔，汉港分歧，且来货之源，水道则装运轮船帆船民船、陆路则步担肩挑负贩，能如一一检验乎，以蔽会谬见，欲求彻底检验，清除棉花掺水作伪等弊，只需由贵局于中外各纱厂内派员常驻检验，备以器具，凡经棉商送运棉花到厂时，由驻厂员监视，如无检验证书者，立即扦取样棉检验及格后方能起卸，不合格者，着令退回或摊晒或阴干，以戒其后来者不敢以潮湿不良之货继起混入。"参见《上海商品检验局拟议就各纱厂检验棉花》，《纺织时报》1929年第633期，第129页。
④ 《上海商品检验局拟议就各纱厂检验棉花》，《纺织时报》1929年第633期，第129页。
⑤ 《七月份检验出口棉花》，《纺织时报》1929年第620期，第77页。
⑥ 《八月份检验棉花数量》，《纺织时报》1929年第629期，第115页。

　　虽然在 1929 年，中央制定了循序渐进的方针，但在建立武汉及宁波地区的国家棉花检验机关时，当地棉商对具体规章仍存在怀疑，中央面临更加细致的决策跟进问题。针对华中地区，工商部鉴于汉口是华中地区棉花汇集之地，决定在 1929 年 5 月 1 日成立工商部汉口商品检验局，[①] 该局自 1929 年 5 月 10 日起，先从棉花一项开始检验，棉花检验章程与上海相同。[②] 至此，武汉地区始有正规的棉花检验机关。[③] 武汉棉花检验规章制度的确立，并未获得全体棉商的赞成，先是受到了汉口棉业出口商会和旅汉棉业联合会两方的质疑，汉口棉业出口商会和旅汉棉业联合会于 6 月 12 日就棉花检验问题对工商部发出了四项请愿，首先针对棉花检验细则中"机械大包棉花每百包开样包四件，扦样四筒一项"提出疑问[④]，认为由机械安装的铁带被强制打开后，须依靠人力恢复原包装，这样会使棉商负担不必要的巨额改装手工费[⑤]；其次，针对棉花检验细则中的"样本抽出之后须在两日内检查完毕，若遇公休日或其他放假日则依次延长"[⑥] 一项，提出棉花交易的延期会影响船只的按时起运、引起市价变动、缩短输出票据的有效期等，这些都将使棉商的棉花贸易处于不利的情形[⑦]；再次，认为棉花检验的主旨是提高棉花的声誉，提高国产棉花的国际信用，检验的手续费应该低廉。然而，根据检查细则第 12 条，出口棉花检验手续费为每百斤收检验费银圆 6 分，棉花检验处的检验费大大违背了手续费的本质；最后，针对检验证书的有效期限为两个月一项，认为再次检验时，手续费应该全免，这样可使棉商免去双重负担。[⑧] 面对汉口棉业出口商会及旅汉棉业联合会的四项意见，国民政府工商部于 6 月 14 日的答复是不予采纳。

① 《我国各口岸棉花检验略史》，《河北工商月报》1929 年第 1 卷第 10 期，第 67 页。
② 陈毅民、任耀先：《训令：武汉特别市财政局训令：令各区稽征处：为奉工商部检送商品出口检验规则检验局章程汉口商品检验局棉花检验细则令仰查照由》，《汉口特别市财政局财政月刊》1929 年第 1 卷第 2 期，第 16~17 页。
③ 狄建庵：《我国棉花检验之沿革》，《国际贸易导报》第 5 卷第 7 号，第 171~172 页。
④ 《中央法规：工商部令第二一一号：工商部上海商品检验局棉花检验处检验细则》，《辽宁财政月刊》1929 年第 33 期，第 4 页。
⑤ 《在汉口总领事桑岛主计ヨリ外务大臣田中义一宛（公信电报第 511 号）》，昭和 4 年 6 月 14 日，Ref：B08061973900。
⑥ 《中央法规：工商部令第二一一号：工商部上海商品检验局棉花检验处检验细则》，《辽宁财政月刊》1929 年第 33 期，第 4 页。
⑦ 《在汉口总领事桑岛主计ヨリ外务大臣田中义一宛（公信电报第 511 号）》，昭和 4 年 6 月 14 日，Ref：B08061973900。
⑧ 《在汉口总领事桑岛主计ヨリ外务大臣田中义一宛（公信电报第 511 号）》，昭和 4 年 6 月 14 日，Ref：B08061973900。

在此期间，日本棉花同业会针对汉口棉花检验细则提出了不同意见，认为在棉花输出原产地时，即对棉花进行检验的做法是有害无益的。认为保证棉花品质，对劣质棉花的入市进行取缔，才是真正有效的方法，为此，桑岛总领事与工商部办事处处长赵晋卿就修正汉口棉花检验细则问题进行了交涉。① 很快，国民政府工商部对日本棉商的提议给予了回应，中方首先肯定了国民政府制定的汉口商品检验局棉花检验处的细则，认为自 6 月 12 日施行棉花检验以来，武汉各棉花产地潮湿棉花输入汉口的情况日渐减少。由于这种良好情况的出现，出口日本的棉花品质也大有提升，以往由汉口输入日本棉花的水汽含量为 16% 乃至 17%，而自汉口施行棉花检验以来，该期间内出口到日本的棉花的水气含量大概在 11% 和 12% 之间，水分超过 12% 的棉花禁止输出。② 从国民政府工商部的做法来看，通过肯定工商部自己制定的棉花检验细则，驳回了日本棉花同业会的意见。国民政府工商部为了强调已经实施的棉花检验细则可行，还援引了湖北沙市的例子，指出湖北省棉花中含水量最大的是沙市棉产区所产的棉花，但由于中国政府在沙市也开设了棉花检验分局，禁止含水气超过 12% 的棉花输出，由此，由沙市和汉口输出的棉花品质都有所保障，棉花品质日趋良好。③

在国民政府驳回汉口棉业出口商会和旅汉棉业联合会以及日本棉商的质疑后，汉口总商会于 6 月 17 日再次给当局发出电请，这次电请综合了武汉本地棉商和在汉口的外国棉商的意见，这次共同讨论的结果是，棉花检验细则基本符合武汉棉花业实情，但几点细节有待商榷。

首先，认为棉花检验手续过于繁杂，手续费过多，加之汉口棉业近年来受时局影响日趋陷入不振境地，如果再收取巨额手续费，会更加重棉商的负担，如果政府强制实施，势必会造成棉业的衰微，且棉花作为汉口的重要输出品，其贸易对金融方面亦有重大影响，势必会导致汉口金融的动荡。其次，认为检验棉花时，扦取的样棉数量过大，给棉商再次带来损失。棉商认为首次棉花检验时，每百斤棉花抽出八筒作为检验样本，再检查时会再抽出同样数量的棉花

---

① 《上海驻在商务参事官代理副领事加藤日吉ヨリ汉口日本商工会议所土井米市宛（实第 38 号）》，昭和 4 年 6 月 27 日，Ref：B08061973900。

② 《上海驻在商务参事官代理副领事加藤日吉ヨリ汉口日本商工会议所土井米市宛（实第 38 号）》，昭和 4 年 6 月 27 日，Ref：B08061973900。

③ 《上海驻在商务参事官横竹平太郎ヨリ汉口商工会议所土井米市宛（实第 71 号）》，昭和 4 年 9 月 9 日，Ref：B08061973900。

进行检查,实属是对棉花的浪费。第三,汉口总商会认为对输出棉花的检查重点是除湿,而湿气产生的原因是产地方面的农家洒水所致,因此只在汉口进行检查实际上是徒劳的,结果只会使棉商们再一次受到损失。第四,认为对运往上海的棉花进行检验是没有必要的,[1] 且输往上海的棉花必须要悉数进行检查,而输往其他地方的棉花则可免于检查,同样都是输出的棉花,有检查与不检查的差别,这样处置并不公平。[2] 针对以上电请的内容,国民政府仍旧按照原有的政策施行。

此后,针对棉花检查手续的问题,汉口黄陂帮棉业公会及汉口棉花输出业公会于 1929 年 9 月 10 日再次向南京工商部发出电报:提出"汉口棉花的检验方法直到现在颇欠妥当,致使商民蒙损较大,自 1929 年 5 月以来几度提出改正申请,至今未得回复。近闻工商部派检察员进行检查,但尚未实现修改。然由于新棉已陆续到货,若仍然无所作为,棉花相关的商人所蒙受的损失会愈来愈多,故请快速采取适当对策为宜"。然而全国检验事宜刚刚起步,很多细节问题都有待棉商的反馈与政府的慎重裁决,不可能一步到位,将所有棉商的质疑解决殆尽。因此,在国家棉花检验机关刚刚成立时,棉商与政府之间针对棉花检验细则的修改方面一直存在冲突与博弈,1930 年汉口棉商呼吁请撤棉花检验处就是冲突的最高潮[3],政府面对棉商的不满情绪,此后不得不在棉花检验细则方面陆续做出调整。[4]

由于武汉棉花市场大而杂,棉商帮派较多,棉商意见很难统一,在武汉棉花检验机关的建立与实施过程中,充斥着棉商团体与政府的博弈与互动。很明显,在武汉开展棉花检验工作的过程中,虽然武汉棉商自 1924 年便倡导棉花检验,但从真正建立棉花检验机关再到实施,由于内部意见不一而困难重重。

---

① 《在汉口总领事桑岛主计ヨリ外务大臣男爵田中义一宛(公信電報第 519 号)》,昭和 4 年 6 月 19 日,Ref:B08061973900。
② 《在汉口总领事坂根准三ヨリ币原外务大臣币原喜重郎宛(公信第 801 号)》,昭和 5 年 9 月 17 日,Ref:B09041128600。
③ 《汉口棉商之呼吁:请撤棉花检验处》,《纺织时报》1930 年第 698 期,第 460 页。
④ 武汉在 1929 年之前未能顺利实施棉花检验的另一个重要原因是,作为我国重要的棉花中转市场,武汉的大部分棉花要运往上海出口,如在武汉先进行检验,到达上海后再进行检验,从制度设计上来说,着实加重了棉商的负担,故此举遭到申帮棉商的大力反对,1930 年以后,政府针对舆情陆续对棉花检验细则进行了调整。参见《工商部令:公字第五九〇号:工商部废止上海、汉口、天津各商品检验局棉花检验处及宁波济南分处棉花检验细则令》,《行政院公报》1930 年第 207 期,第 50 页。

虽然武汉政府于 1928 年在上海购办现代烘验机器,[①] 但真正实施棉花检验的时间甚短。就实践这一点来说,武汉与天津和上海比较,相差甚远。

另一重要的棉花中级市场是宁波,其棉商与政府的互动体现了另外一种模式。可以说,浙江省政府的行动效率是较高的,其在实施棉花检验工作时,注重发现棉花业中产生的新问题,并积极分析解决这些新问题,形成了与棉商良好的互动和双向视角的分析,为棉商提供了便利。在检验权收归国家之前,这些举措为摸索及完善棉花管理制度提供了经验上的支持。

浙江省政府介入棉花检验工作始于 1928 年,当时,棉花检验工作由纯商人自办改为官督商办。[②] 浙江省以棉业改良场棉花检查所名义开始棉花检验,并制定了《浙江省立棉业改良场棉花检验所章程》[③]、《浙江省棉花检验规则》[④]、《浙江省棉花检验规则施行细则》。[⑤] 检验证书由省建设厅发给,[⑥] 其出口证书开始为海关承认。1928 年年底,浙江省建设厅进一步加强对棉花检验机构的管理,派专员管理棉业改良场棉花检验所,[⑦] 并将棉花检验所收为省办,定名为浙江省立棉花检验所,地点依旧设立在棉业改良场内。[⑧] 棉花检验所设主任一名,检验员、监察员各若干人。[⑨] 同期,浙江省的棉花检验工作深入到县一级。[⑩]

1929 年 5 月,国民政府工商部发布法令,令各省市政府凡在通商口岸不

① 上海棉花检验机关于 1901 年设立,在上海,除了由外国棉商发起建立的棉花检验机构外,还有一些重要的棉花交易机构也先后建立了自己的棉花检验机构,包括上海华商纱布交易所、证券物品交易所、华商棉业交易所、上海花业公所与公会及部分纱厂。到 1929 年之前,针对出口棉花的检验权和棉花检验机关均由外人把持。参见《上海棉花检验之过去情形及本局棉花检验处现在之检验状况》,《国际贸易导报》1930 年第 1 卷第 1 期,第 5~6 页;天津棉花检验机关于 1911 年 10 月正式宣告成立,隶属于天津洋商会,棉花检验权和棉花检验机关亦由外人掌控。参见《我国各口岸棉花检验略史》,《河北工商月报》1929 年第 1 卷第 10 期,第 68~69 页。
② 《出口商品检验之目的与方法》,《国际贸易导报》1930 年第 1 卷第 1 号,第 7 页。
③ 《浙江省立棉业改良场棉花检验所章程》,《浙江建设厅月刊》1928 年第 18~19 期,第 19~20 页。
④ 《浙江省棉花检验规则》,《浙江建设厅月刊》1928 年第 18~19 期,20~21 页。
⑤ 《浙江省棉花检验规则施行细则》,《浙江建设厅月刊》1928 年第 18~19 期,21~23 页。
⑥ 《棉花检验略史》,《纺织时报》1929 年第 648 期,第 191 页。
⑦ 《公牍·命令:浙江省政府建设厅令:委任王淘为浙江省立棉业改良场棉花检验所主任》,《浙江建设厅月刊》1929 年第 20 期,第 18 页。
⑧ 狄建庵:《我国棉花检验之沿革》,《国际贸易导报》1933 年第 5 卷第 7 号,第 170 页。
⑨ 《浙江省立棉业改良场棉花检验所章程》,《浙江建设厅月刊》1928 年第 18~19 期,19 页。
⑩ 《令省立棉业改良场场长方君强:呈一件呈请委任杜鞠人为棉花检验所杭县分所主任兼检验员由》,《浙江建设厅月刊》1929 年第 21 期,第 99~100 页。

得设立与中央法令抵触之检验机关，如已设立一律取消。① 在中央的统一命令下，1929 年 6 月 19 日，浙江省政府呈行政院，遵令取消宁波棉花检验所，② 1929 年 8 月，工商部上海商品检验局棉花检验处派员赴宁波，筹设分处，1929 年 9 月 20 日成立并开始检验③，至此，浙江省棉花检验机关收归国有，浙江宁波棉花检验开展的整个过程展现了长江三角洲经济区新的经济管理制度的特点。

综上所述，在全球棉花贸易中，西方棉商群体在棉花检验及质量标准的诞生及逐步完善方面，做出了原创性的贡献。1860 年以后，西方国家（美国率先）权力逐渐介入棉花质量和棉花等级标准制定，直到 20 世纪 20 年代，棉花等级标准的制定收归国家权力部门，这个过程自然而顺畅。在 1928 年之前，中国棉商也经历了探索适合本国的棉花检验发展之路，并充分发挥了自治能力。南京国民政府成立后，棉花检验权收归中央，中央建立了权威性的商品质量检验机关，但在开展棉花检验的过程中，呈现了与西方国家不同的发展路径。中国在初期完善检验制度方面，离不开棉商的反馈机制和对新问题的探索与解决。鉴于中国棉花市场的多样性，中央采取从深化检验意识、制定循序渐进的策略等几个方面完成政策制定，为 1929 年以后全国棉花检验工作的顺利开展打下了基础。

本章小结

就中西近代对比而言，在科学探索、技术应用，以及由此引发的各项新制度建设方面，双方存在巨大的差距。从 18 世纪开始到 19 世纪 60 年代，得益于科学技术的发展与进步，西方商人利用自身的经济和科学技术优势逐渐在大规模商品交易和机器化生产中，将商品的物理特性概念化，并逐渐探索出商品质量等级与工业制成品之间的关系，棉花经纪人在实际棉花贸易中掌握棉花品种知识及分类后，逐步完善棉花检验、棉花分类和棉花等级标准的划分。最

---

① 《咨文：浙江省政府咨建字第三三五号：咨工商部准咨请将省立宁波棉花检验所撤销已转饬遵办请查照由》，《浙江省政府公报》1929 年第 743 期，第 28~29 页。
② 《呈文：浙江省政府呈行政院文：为遵令取消通商口岸棉花检验所恳饬工商部迅设浙江省棉花检验处由》，《浙江省政府公报》1929 年第 669 期，第 10 页。
③ 《咨：浙江省政府咨：为咨复事案准贵部咨为上海商品检验局棉花检验宁波分处准自本月二十日起开始检验》，《浙江建设月刊》1929 年第 31 期，80~81 页。

后，在期货交易的推动下，棉花交易在质量等级和价格方面实现标准化和抽象化，在整个过程中，棉花经纪人发挥了核心的作用。

西方棉商经纪人建立的棉花检验及等级标准制度不仅完成了传统棉花市场的国际现代化转型，从而为商品质量标准的形成和规范化奠定了科学和人文两方面的基础，也对东亚棉花市场的重新塑造产生了深远的影响，以至于在整个19世纪，全球交易规模最大商品——棉花——质量等级的认定全部由西方棉商主宰。发展至19世纪末期，南京、上海等地区均已出现较为完善的花业公所，① 但由于国内长途棉花贸易并未实现全国性的发展，故无论是棉商群体，还是国内棉花产业，并未实现现代化转型，但不可否认的是，中国棉花业之所以能够快速向西方学习并融合自己的传统，完全得益于中国棉商早期的组织发展和在实践中积累的生产、运输及对棉花品种的认知等诸多经验。

当中国棉商于19世纪末开始接受并设法效仿西方来提高中国棉花质量问题时，他们发展本国棉业的时间被巨大的压力格局大大压缩了，中国商人自20世纪初期奋力追赶，从制度的建设到技术的学习与实践，历经近三十年，然而对于19世纪晚期刚刚加入国际贸易体系的中国棉商而言，无论哪一方面的吸收与转化，都充满了挑战与无限的未知。

进入20世纪后，在中国的重要的棉花市场上海、武汉、天津、宁波等地，棉花检验机关成立的初期与棉花检验工作的开展都呈现出地方棉商自治的特点。在上海，中国棉商不断吸收外国的先进技术，尽可能地提高中国棉花的品质，外争利源和检权；在广大的内地，中国棉商不断提高对棉花检验的认知，并付诸实践，尽管初期都采用传统的经验检查方法对棉花进行检查，其收效与现代利用机器设备和科学检验技术相比相差甚远，但在现代检验技术未普及之前，也起到了提高棉花品质的作用。

19世纪60年代以后，美国国家力量和权力开始介入棉花等级标准的制定，以对棉花的信息搜集为开端，以1923年《棉花标准法》的制定为标志，有关棉花的质量管理制度正式国家化。虽然与西方存在巨大的差距，但中国最终也同样走上了类似美国的管理之路。1929年，中国的棉花检验权被收归国有，只不过，在将商品检验及标准等级权力收归国家之后，中国和西方呈现了

---

① 《沈镛关于筹设出口货物检查局的意见》，1912年11月，上海市档案馆藏，S37-1-57-28；《上海某知事公署批准花业吉云堂、重整规条备案布告的抄件》，1917年3月，上海市档案馆藏，S233-1-1；《存义堂棉业公所定章》，1918年，上海市档案馆藏，S233-1-1。

不同的发展路径。中国因缺少像美国那样大规模和专业搜集信息的基础，在收回检验权后的一系列制度设定和具体措施实行方面存在诸多问题，进而使中央在面对棉花市场的巨大差异时，采取循序渐进的宏观政策制定方案，并在这个过程中必须吸纳棉商和棉业团体，使他们共同参与棉花检政的建设，从而与中央政府形成了既互相制约、又携手共进的局面。

事实上，就近代中西经济管理制度建设的问题而言，所涉及的内容与参照物极其广泛，其内涵也极其丰富，把视角聚焦在棉花检验制度方面，能够较为清晰地观察到科学、技术、组织、构建等因素在 18 世纪、19 世纪、20 世纪巨大变迁中的镜像细节与演变历程。纵观棉花检验及棉花质量等级标准的发展过程，其对当今经济管理制度的建设也具有重要的现实意义。

第十一章　国际视野下中国轧棉业技术发展
（1880～1937）

　　轧花机是棉花加工领域最重要的生产机器。1793 年锯齿轧花机的发明标志着现代轧花机的诞生。二战前，轧花机的发展分为三个历史阶段。18 世纪开始，现代轧花机不断向全球产棉区扩散。中国棉业于 19 世纪晚期被迫卷入国际棉业市场格局中，此后，中国面临西方棉业优势生产技术冲击。在棉花加工领域，中国民间匠人、铁厂、机器厂等对引进的轧花机不断进行改良与创新，丰富轧花机的类型并提高效能，使之更加适应中国棉农的生产方式；棉业专家对不同类型轧花机的效率和轧棉品质进行试验与对比研究，为棉农和轧花厂提供科学依据，政府也给予一定的政策支持。总体来说，在对西方先进农业生产机器的引进、改良与创新方面，中国棉商、机器厂、民间匠人、政府等呈现出了较强的"干中学"和"协同应对"的能力。20 世纪 30 年代，基本形成了适合中国国情的轧棉技术应用及布局。其整体发展过程体现了中国农业近代化转型中技术要素的发展特点。

　　轧花机是分离棉籽与花衣的工具，在棉花加工领域，轧花机是最重要的加工机器。以轧花机为生产设备、以不同管理形式出现的轧花厂或其他轧花部门，代表了一个国家轧棉业的发展水平，所使用的轧花机是否先进决定了轧棉效率和出产皮棉的品质，进而又影响了纱线及棉纺织品的等级和价格。轧花机的使用及发展历史悠久，以轧棉效率和应用动力为依据，人类使用轧棉机的历史分为四个时代，分别是手工时代；人力木质轧花时代；人力、畜力、蒸汽、电力和各种轧花机被混合使用的近代转型时代；最后是二战后高效率、高质量、标准化生产的现代化时代。

　　考察轧花机的发展历史，其诞生可以追溯到公元前 300 年前后的印度。[①]此后，由印度发明的辊轴木质轧花机（The Churka）在印度本地被广泛使用。伴随其他地区植棉和棉纺织业的发展，印度的辊轴木质轧花机逐渐扩散至其他

---

① 　D. A. Tompkins, *Cotton and Cotton Oil*, Charlotte N. C.: The Author, 1901, p. 10.

产棉区，如南美洲、美国南部、中国南部等，并在当地得到不同程度的改良。直到 1793 年，美国人伊莱·惠特尼（Eli Whitney）发明了铁质锯齿轧花机，标志着现代轧花机的诞生。此轧花机的发明与使用具有重大意义，它解决了棉花难于脱籽的难题，提高了棉花加工效率，使快速获得大量且干净的皮棉成为可能，进而促进了棉花大规模种植和棉纺织业的快速发展，使棉花在 19 世纪超越了丝、麻、毛，成为全球最重要的纺织业原材料。自 19 世纪，美国成为轧棉技术最先进的国家。但辊轴轧花机并未被遗弃，而是经过一系列升级改良，采用铁质或钢制，改用畜力、蒸汽动力或电力等，凭借其构造简单、易修理等优点，依旧在广大产棉区受到欢迎并被广泛使用。

从中国角度看，中国于 19 世纪晚期被迫卷入国际棉业市场。[①] 此时西方的棉花加工技术已经发展较为成熟，中国面对西方的技术优势，不得不引进西方先进的轧花机，并尽快完成吸收及应用，促进中国轧棉业的发展，为中国棉纺织业的现代化转型做好上游产业支撑，从而增强中国棉纺织业与国外的竞争能力。从晚清至抗战前，中国的民间匠人、绅士、小型铁厂、机器厂、政府等均参与进来，探索对西方先进轧花机的引进、改良、创新及应用。

中国是产棉大国，轧花机的引进与应用是中国近代棉业现代化转型的重要内容之一。目前学术界关于中国近代对西方轧花机的引进及应用研究较少。[②]此外，近代西方农业生产技术的创新与外溢一直是国内外学界关注的重点，在讨论近代西方发达国家和欠发达地区农业经济增长时，国内外学者也非常重视考察不同国家对先进农业生产机器的引进及应用的不同效果。[③] 以轧花机为研究对象，对揭示以上问题具有重要的价值。本文依据外文资料、中文档案、民国时期报纸期刊等资料，梳理轧花机的发展及扩散和中国对西方先进轧花机的

---

① 在二战之前，全球棉业发展经历了两个阶段。见李佳佳：《全球视野中近代中国棉花检验制度的建立与演进》，《湖北大学学报》2021 年第 4 期。
② 国内学者仅有赵文榜在论述中国近代轧棉业发展时，简要叙述了晚清及民国时期轧花机的引进情况；谢振生分析了宁波通久源轧花厂的发展情况。贾丝婷、张莉探析了民国时期新疆地区轧花机的引进情况。见赵文榜：《中国轧棉业的发展》，《中国纺织大学学报》1994 年第 3 期；谢振声：《宁波工业化的起点：通久源轧花厂》，《宁波职业技术学院学报》2009 年第 1 期；贾丝婷、张莉：《吐鲁番"洋车"的传入及其社会经济影响——基于民国档案的分析》，《中国农史》2020 年第 3 期。此外，在国内关于棉业的著作中，部分著作对轧花机的使用情况有所提及，但未系统阐述。
③ 在农业发展理论方面，对土壤肥力保持模式、城市工业影响模式、扩散模式的分析中，都提到了西方和亚洲的不同发展模式。见速水佑次郎、弗农·拉坦：《农业发展：国际前景》，吴伟东、翟正惠译，商务印书馆，2014 年，第 40~49 页。

引进、改良与应用等问题，以期揭示在近代农业生产技术扩散的背景下，中国在农业生产技术方面与国际的接轨路径及应对特点。

第一节　发展源流：人力木质轧花时代的技术扩散

轧花机是加工棉花的重要机器，其发展过程体现在各区域的植棉史和机器制造史中。从植棉历史和产棉量角度考察，印度的植棉历史最为悠久，是古代产棉量及棉纺织业发展最繁盛的国家，其次是中国。发展到18世纪末，美国加入植棉大国序列，埃及于19世纪上半期逐渐成为产棉大国，尤其是在出产品质上乘的长绒棉方面，占有重要地位。而英国、日本、美国是19世纪至20世纪上半叶主要生产轧花机并出口的国家，故应用轧花机的产棉大国和制造轧花机的几个国家共同参与了轧花机的发明、创新及应用的发展历程。虽然美国、埃及、中国、印度这几个产棉大国在发展本国棉花加工业的时间维度上相差较大，但几乎都经历了三个发展阶段。

第一个阶段是手工阶段，在轧花工具被发明之前，棉农采取手工方式剥离棉绒和棉籽，工作效率为每天大约生产一磅干净皮棉。[1] 印度、中国、美国均经历了这一阶段，只不过持续的时间尚无法精确考证。

第二个阶段是人力木质轧花阶段，这一阶段持续时间长，轧花技术发展缓慢。最原始的人力木质轧花工具诞生在公元前300年前后的印度。[2] 这种轧花工具由一个辊子组成，使用方法是将少量籽棉放在一块平整的板上，然后用双手前后转动辊子以达到去籽的目的。[3] 中国最早的轧花工具是铁轴（也称辊轴），出现在13世纪末。[4] 从轧棉原理看，印度和中国相同。据国外学者研究，这种轧棉方法在20世纪非洲的部分地区仍被使用。后来，印度又发明了一种叫Carkhi（或The Churka）的轧花机，如图11-1所示，在印度被广泛使

[1] James L. Watkins, *King Cotton: A Historical and Statistical Review, 1790 to 1908*, New York: James L. Watkins & Sons, 1908, p. 11.

[2] D. A. Tompkins, *Cotton and Cotton Oil*, Charlotte: Presses Observer Printing House, 1901, p. 10.

[3] D. Schlingloff, "Cotton-Manufacture in Ancient India", *Journal of the Economic and Social History of the Orient*, Vol. 17, part1, 1974, p. 83.

[4] 王祯：《农书》，浙江人民美术出版社，2015，第718页。

用，并在工业化前的美国被南部棉花种植园仿制。[1] 这种轧花机的工作原理是用紧密相连的辊轴把棉绒拉出，把种子留在原处，[2] 其工作效率是手工的 5 倍。[3] 据斯文·贝克特（Sven Beckert）教授的研究，此种轧花机在印度的使用至少持续到 19 世纪中期。[4] 还有一种加入转轮装置的叫 The Roller Gin，如图 11-2 所示。两者的不同在于 The Roller Gin 需要两个人配合使用。[5]

图 11-1　Carkhi 轧花机

图片来源：Evan Leigh, *The Science of Modern Cotton Spinning*, London：Simpkin, Marshall & Co., 1882, p. 14。

图 11-2　The Roller Gin 轧花机

图片来源：Evan Leigh, *The Science of Modern Cotton Spinning*, London：Simpkin, Marshall & Co., 1882, p. 14。

　　中国[6]作为另一重要产棉国，继铁轴之后，也发明了更高效的木质轧花机——搅车，如图 11-3 所示，《农书》中描述："搅车四木作框，上立二小柱，高约五尺，上以方木管之，立柱各通一轴，轴端俱作掉拐，轴末柱窍不透，二人掉轴，一人喂上棉英，二轴相轧，则子落于内，棉出于外。"[7]

---

① D. Schlingloff, "Cotton-Manufacture in Ancient India", *Journal of the Economic and Social History of the Orient*, Vol. 17, part1, 1974, p. 83.

② D. A. Tompkins, *Cotton and Cotton Oil*, Charlotte：Presses Observer Printing House, 1901, p. 10.

③ D. A. Tompkins, *Cotton and Cotton Oil*, Charlotte：Presses Observer Printing House, 1901, p. 11.

④ 斯文·贝克特：《棉花帝国——一部资本主义全球史》，徐轶杰、杨燕译，民主与建设出版社，2019，第 116~119 页。

⑤ Evan Leigh, *The Science of Modern Cotton Spinning*, London：Simpkin, Marshall & Co., 1882, p. 14.

⑥ 中国的棉花种植晚于印度。在宋代以前，中国的棉花种植局限于新疆少数民族地区，没有在全国广泛推行。参见赵冈、陈钟毅：《中国棉业史》，台北联经出版事业公司，1977，第 1 页。

⑦ 王祯：《农书》，浙江人民美术出版社，2015，第 718 页。

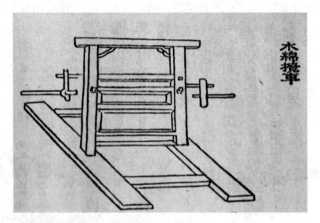

图 11-3 搅车

图片来源：赵冈、陈钟毅：《中国棉业史》，台北联经出
版事业公司，1977，第 100 页。

　　搅车被发明的具体时间尚无确切记载，但 1313 年前后已经被中国广泛使用。① 这是一种利用曲柄转动的手摇轧花机，其效率比辊轴"工利数倍"，② 效果是"凡木棉虽多，今用此法，即去子得棉，不致积滞"，③ 但最大的缺点是需三人协同操作。因为较高的人力成本并不适合中国传统家庭手工业组织的生产方式，所以搅车的使用未超过 50 年，很快被一种单人操作的"踏车"取代。这种踏车又演变成句容式和太仓式，后来，太仓式轧花机经过进一步改良，装了飞轮，提高了效率，使用范围扩至山东一带。这种踏车比搅车的产量低得多。但其节省人力的优点更适合中国小农经济生产方式。其效率是一个轧棉熟手工作 10 小时出净花（皮棉）2 斤；或工人工作 12 小时或 13 小时，轧棉 10 斤，出净花（皮棉）3 斤。④ 从踏车的生产效率看，略微低于印度的木质辊轴轧花机。

　　由此可知，中国发明的搅车比印度发明的 The Churka 更为高效。只不过由于需三人协作，不适应中国小农经济生产组织，故单人踏车在我国引进西方先进的轧花机之前，一直是最主要的轧棉工具。从 14 世纪开始，中国棉农大都自备这种木质脚踏轧车，并一直沿用至清朝。晚清时期，中国传统木质轧车几

---

① 赵冈、陈钟毅：《中国棉业史》，台北联经出版事业公司，1977，第 100 页。
② 王祯：《农书》，浙江人民美术出版社，2015，第 718 页。
③ 徐光启：《农政全书》（中），上海古籍出版社，2020，第 755 页。
④ 赵冈、陈钟毅：《中国棉业史》，台北联经出版事业公司，1977，第 100~102 页。

尽淘汰，但偏僻之处仍在使用。可以看出，在效率更高、使用动力更先进的轧花机被发明之前，中、印作为两大产棉国均采用人力木质轧花机，以人力为动力，采取手拉脚踏的工作方式进行轧棉，轧棉效率低下。

相较印度和中国，美国、埃及、日本等国家的植棉发展起步较晚，故使用人力木质轧花机的历史则相对短得多。其中美国的植棉史可以追溯到 1666 年卡罗莱纳州的第一批殖民地，当时在此定居的殖民者开始种植棉花，后棉花种植逐渐扩散至南部其他地区，如密西西比州、路易斯安那州、乔治亚州、佛罗里达州等。到了 1748 年，南卡罗莱纳开始出口少量棉花。印度发明的 The Churka 辊轴轧花机经西印度群岛及南美洲，于 18 世纪早期传入美国，[1] 对美国南部的棉花种植产生了重要影响。

在输入印度辊轴轧花机之前，美国南部种植园里的轧棉方法也是用手工将棉籽和棉絮剥离。当印度发明的辊轴轧花机传到美国后，随着美国南部棉花种植的快速发展，对轧花机的需求大增，随后，美国南部棉花种植区掀起了一股创造和改良轧花机的高潮。1742 年，杜布里尔（M. Dubrueill）发明的轧花机非常有效地分离了棉纤维和棉籽，极大地促进了路易斯安那殖民地的棉花种植；1772 年，克雷布斯先生（Mr. Krebs）在密西西比河的帕斯卡古拉（Pascagoula）河岸种植棉花，在印度轧花机的基础上制造了一种后来被广泛使用的辊轧机。1777 年，南卡罗来纳的金赛·伯登（Kinsey Burden）用固定在滚筒上的旧枪管制成了一种轧花机。大约在 1790 年，佐治亚州奥古斯塔的约瑟夫·伊夫博士（Dr. Joseph Eve）引进了脚踏式轧花机，并对它进行了很大的改进，将其改造为马或水力发动。乔治亚州的波特尔先生（Mr. Pottle）也做了其他改进，并推出了一种广受欢迎的轧花机，这样，原始的轧棉机每天的生产能力就从 20 磅或 30 磅增加到 60 磅或 70 磅。踏板和辊轴轧花机在 18 世纪后期，甚至 19 世纪初还在使用。[2] 但这种轧花机的效率及产能仍无法满足当时英国棉纺织市场对美国干净皮棉的需求。此外，此种轧花机在轧花过程中，会使部分棉籽在轧花机里裂开，与棉绒混在一起。因棉籽含有大量水分和含氮物质，因此被压碎的棉籽很容易腐烂，从而给干净的皮棉带来难闻气味。[3] 所以

---

① James L. Watkins, *King Cotton: A Historical and Statistical Review, 1790 to 1908*, New York: James L. Watkins & Sons, 1908, p. 11.

② James L. Watkins, *King Cotton: A Historical and Statistical Review, 1790 to 1908*, New York: James L. Watkins & Sons, 1908, pp. 11-12.

③ D. A. Tompkins, *Cotton and Cotton Oil*, pp. 10-11.

美国南部种植园主们非常渴求一种效率更高且皮棉品质更加优良的轧花机。

据西方学者研究，印度的辊轴轧花机不仅影响了美国，在更早期还影响了日本。公元9世纪，棉花从印度引进日本，其加工棉花所使用的工具也是与印度的 The Churka 类似。[1] 但日本学者的详细调查研究发现，日本早期使用的轧花机与中国的更为类似。[2] 从17世纪早期开始，日本棉花种植开始扩张，棉花的经济价值逐渐显著。[3] 直到明治维新之后，日本的棉花加工业开始向现代化方向发展。埃及的植棉史更短，在1820年，埃及的棉花种植局限于尼罗河流域山谷中，且种植的数量很少，只用于本国消费。埃及使用的轧棉工具也是木质脚踏辊轴轧花机。[4] 埃及棉花种植与生产的快速增长始于美国内战爆发后，美国内战的爆发使欧洲纺织厂的棉花供应停顿，棉花价格大幅提高，这给埃及的棉花生产带来了机遇，此后，埃及的棉花种植面积在几年内就从20万英亩增加到50万英亩。[5] 随着埃及棉花种植的不断扩大和长绒棉的广泛种植，埃及的轧棉机器也逐步升级。

综上所述，植棉历史悠久的印度和中国都经历了漫长的人力木质轧花阶段，轧花机虽有改进，但速度极其缓慢，这种生产工具的使用不仅受到了当时科技因素的制约，更受到了生产组织形式及人力资源的限制。美国、日本、埃及的大规模植棉史较短，故其经历的人力木质轧花阶段相对短得多，其中，印度对美国轧花机的发明与改进产生了重要影响。在现代轧花机被发明和现代动力被使用之前，全球棉花加工效率都处于较为低下的水平。但随着18世纪末英国现代棉纺织业的兴起，对原棉的需求急剧增加，而此时美国南部棉花种植园也急迫需要创造出一款效率超高的轧花机，以保证南部棉花种植者的利益。这种利益的驱动为现代轧花机的诞生准备了最为现实的温床。

---

[1] John E. Orchard, *Japan's Economic Position: The Process of Industrialization*, New York: Mcgraw-Hill Book Company, 1930, pp. 58-59.

[2] 角山幸洋：《绵缫具の调查研究》，《关西大学东西学术研究所纪要》1987年第20卷，第9页。

[3] Thomas C. Smith, *The Agrarian Origins of Japan Modern Japan*, California: Stanford University Press, 1959, p. 98.

[4] George R. Gliddon, *A Memoir on the Cotton of Egypt*, London: James Madden & Co., 1841, p. 19.

[5] George R. Gliddon, *A Memoir on the Cotton of Egypt*, London: James Madden & Co., 1841, p. 22.

第二节 发展转型：现代轧花机的诞生及类型多元时期

事实上，18 世纪末，对现代轧花机的急迫需求不仅体现在美国南部种植园主的生产需要上，更体现在棉纺织业的整体发展环节中。从 1765 年到 1785 年的二十年间，棉织品的制造取得了巨大的飞跃。第一个改进是哈格里夫斯在 1767 年发明的詹妮纺纱机，它使操作员可以同时纺 120 根线，虽然这种纱线比较柔软，但这项任务在以前需要 120 人。两年后的 1769 年，阿克赖特发明了一种更好的纺纱机，用来制造更结实的纱线，用作经纱。5 年后，康普顿把这两种操作结合在了一台机器上，瓦特在 1782 年发明了蒸汽机，卡特莱特博士将蒸汽动力运用到纺纱机上，发明了动力织布机，蒸汽机的功率使纺纱的效率增加了 1000 倍。以纺织业为引擎的近代英国工业就这样开始了。一系列先进纺纱、织布机器的创新发明，并与新动力的联合使服装价格下降 90%①，为英国的棉纺织品以低廉成本向全球扩张赢得了价格上无可比拟的优势。但有一件事限制了英国棉纺织品的生产规模，那就是缺乏廉价而充足的棉花原料供应。

这个问题于 1793 年被美国人伊莱·惠特尼解决，他发明了锯齿轧花机。这种轧花机不同于以往任何种类的轧棉机，是一种新的极具创意的发明，并成功地使轧棉效率提高了近 50 倍，一举解决了困扰美国南部棉花种植者的主要难题，使轧棉效率提高到每天可生产约 600 磅至 900 磅皮棉的产量；同时为英国棉纺织产业链的整体发展突破了最后一个技术瓶颈，使获得充足廉价的棉花原材料供应成为现实，为棉纺织工业的腾飞按下了技术链条上最后一个启动按钮。当时南卡罗来纳州的法官约翰逊评价道："锯齿轧花机的发明给世界带来了数不清的福祉。"②

锯齿轧花机被发明之后，率先在美国得到广泛使用，此后，美国的棉花种植及产量便开始以惊人的速度增长。据统计，在 1790 年，也就是惠特尼发明锯齿轧花机的 3 年前，美国出产棉花 150 万磅；1800 年，增长到 3650 万磅；1820 年增长到 16750 万磅。1791 年至 1800 年间，美国向英国出口的棉

---

① Edward Craig Bates, *The Story of the Cotton Gin*, Westborough: The Westborough History Society, 1899, pp. 3-4.

② James L. Watkins, *King Cotton*: *A Historical and Statistical*, *Review 1790 to 1908*, New York: James L. Watkins & Sons, 1908, p. 12.

花增长了 93 倍，仅仅在 1820 年一年，出口数字就增长了 6 倍。美国成为英国棉纺织业最主要的原料来源地。美国棉花销售的剧增造成了两个结果，一是使种植棉花的人均年收入增长了一倍，使种植棉花的土地价格增长了两倍；[1] 二是进一步使纺织品成本降低，进一步增强了西方棉纺织品在国际市场上的竞争优势。

此外，锯齿轧花机还起到了保留棉种的作用，在锯齿轧花机发明之前，最好的棉花品种是"海岛棉"，因生长在海域附近得名，此种棉花具有天然物理属性优势，其棉纤维不仅长而多，且棉纤维与棉籽易被分离，是制造高品质棉纱和棉布的最优质原材料。[2] 1786 年，美国南部种植园引进此种棉花，大力发展种植，但很快达到了种植极限，因为一旦离开海岸，海岛棉的优势便逐渐减弱。棉农不得不考虑种植广泛存在的陆地棉（Upland Cotton），但陆地棉与海岛棉相比，纤维长度稍短，且纤维与棉籽包裹紧密，由印度发明、美国改进的辊轴轧花机很难将棉纤维和棉籽快速分离。[3] 惠特尼发明的锯齿轧花机能够有效地加工陆地棉，进而保留了适应性更强，可以被广泛种植的陆地棉（Upland Cotton）品种。也正是因为锯齿轧花机的发明保留了美国陆地棉棉种，此后，该棉种才得以在晚清时期传入中国并被广泛种植。[4]

但最初发明的锯齿轧花机也并非十全十美，在接下来的使用中，其切棉、结棉及形成丝状或尾状棉的缺点逐渐显露，尤其是切棉的缺点对棉纤维损害最大[5]，并导致了由锯齿轧花机轧出的皮棉的价格下降。问题出现后，锯齿轧花机经过了一系列的改进，发展到 19 世纪后半期时，其功能和效率及样式都比 1793 年惠特尼刚发明锯齿轧花机时要优越得多。来自 19 世纪中晚期的博尔顿

---

① 斯文·贝克特：《棉花帝国——一部资本主义全球史》，徐轶杰、杨燕译，民主与建设出版社，2019，第 96~98 页。

② Evan Leigh, *The Science of Modern Cotton Spinning*, London: Simpkin, Marshall & Co., 1882, p. 1.

③ D. A. Tompkins, *Cotton and Cotton Oil*, Charlotte: Presses Observer Printing House, 1901, p. 11.

④ 美国的陆地棉和海岛棉两种棉种在晚清时期才传入中国，在这以前，引进中国的棉花是非洲棉和亚洲棉，相比而言，陆地棉和海岛棉较优。参见赵冈、陈钟毅：《中国棉业史》，台北联经出版事业公司，1977，第 2 页。

⑤ Christopher P. Brooks, *Cotton: Its Uses, Varieties, Fibre Structure, Cultivation*, Lowell: Butterfild Printing and Binding Co., 1898, p. 228.

的一家大型机械制造公司的图纸足以证明当时的锯齿轧花机的改进程度。①

19 世纪上半期，美国试图将本国的农业生产技术输出，早在 1832 年，美国产的锯齿轧花机就曾在埃及的帕夏博物馆展出，尽管受到赞赏，却无人购买。根据当时在埃及调查棉业的美国财政部官员分析，埃及不引进这种机器有几个方面的原因，一个是在利物浦市场上，当时用锯齿轧花机轧出的棉花价格比用普通辊轴轧花机轧出的棉花每磅低约一便士，第二是使用锯齿轧花机提高了埃及的教育成本和维修成本，因此埃及政府认为引进美国锯齿轧花机无利可图。②

伴随着英国在 19 世纪上半期对原棉需求的急剧增加和美国棉花价格的不断上涨，19 世纪 40 年代，英国的东印度公司支持美国出生的棉花种植者到印度经营试验农场。然后以印度出产的棉花代替美国的棉花，随后几个美国人带着美国棉种、轧花机和其他工具来到孟买，但并未被当地棉农接受，印度人依旧使用传统的辊轴轧花机加工棉花。据斯文·贝克特教授研究，印度锯齿轧花机在印度的失败主要是由于印度的气候、基础设施的局限以及印度当时并不适合这种资本较为密集的生产方式。③ 可见，在 19 世纪上半期，这种先进的锯齿轧花机在全球快速扩散并不成功，无论是在印度还是埃及，锯齿轧花机都未被当地接受。此后英国为了能够获得价格更为低廉的棉花，1857 年，曼彻斯特棉花供应协会成立，协会成员前往世界各地分发轧花机，提供建议，并向农民分发种子和农具，同时收集有关不同棉花品种的信息以及种植的方法，④ 以促进当地植棉的发展和棉花原材料广泛而又稳定的供应。

在锯齿轧花机被发明后，传统的辊轴轧花机也没有退出历史舞台，而是经过后续一系列的改良，包括由木质变成铁制或钢制，在动力上也逐渐适用蓄力、蒸汽或电力等，并凭借其构造简单，易修理等优点，在广大产棉地受到欢迎和广泛使用。只不过其生产效率远不及锯齿轧花机。其中麦卡瑟（Macarthy）轧花机（一种改良后的辊轴轧花机）就是 19 世纪晚期至 20 世纪初期在埃及受欢

① Evan Leigh, *The Science of Modern Cotton Spinning*, London: Simpkin, Marshall & Co., 1882, p. 15.

② George R. Gliddon, *A Memoir on the Cotton of Egypt*, London: James Madden & Co., 1841, pp. 20-21.

③ 斯文·贝克特：《棉花帝国——一部资本主义全球史》，徐轶杰、杨燕译，民主与建设出版社，2019，第 116~117 页。

④ 斯文·贝克特：《棉花帝国——一部资本主义全球史》，徐轶杰、杨燕译，民主与建设出版社，2019，第 114~115 页。

迎的辊轴轧花机。麦卡瑟轧花机特别适合轧长绒棉，也适合短绒棉，它结构简单，虽然效率不及锯齿轧花机，但其轧出的皮棉的质量非常优良。[①] 在 19 世纪晚期，埃及使用最多的就是这种辊轧机。除埃及外，印度的棉农及小型轧花厂也使用这种辊轧机，主要是因为这种轧花机的价格便宜、维修成本低，且在这些区域，劳动力资源不仅丰富，且劳动力成本较低。[②]

与印度和埃及不同的是，由于中国棉业于 19 世纪 70 年代才被迫卷入国际棉花市场，故中国接触外国先进轧花机的时间晚于印度、埃及、日本等国几十年。事实上，从 14 世纪直到 19 世纪 70 年代，中国的轧棉技术几乎没有任何重大改进，直到外国先进轧花机的引进，才逐渐改变了这种状况。在 19 世纪 70 年代以后引进轧花机的历程中，中国呈现出了与印度和埃及不同的特点。首先，中国在被迫加入全球棉花市场后，在棉花加工领域，以浙江通久轧花厂为代表的民间棉商于 1880 年前后率先主动引进日本铁质轧花机，后来该厂还陆续引进了英国的蒸汽机等设备。进一步提高轧棉效率。发现这种轧花机的效率较高，且又比较适合中国棉农后，遂大批量购进，并将这种轧花机分售给当地的棉农，[③] 不仅提高了当地棉农轧棉的效率，也促进了棉农对先进技术的吸收与应用。当时英国领事十分注意此事，并根据观察认为，晚清民间商人如果感到需要，便肯于放弃他们旧日的制造方法，采用新机器。这是晚清民间商人给英国人留下的印象。[④] 此后，伴随中国现代棉纺织业的开展，中国陆续引进不同国家生产的其他类型的轧花机和英国的蒸汽机等。到了 20 世纪初期，中国引进的各种先进的锯齿轧花机和辊轴轧花机，其效率和出产皮棉的品质均受到了较高的评价。[⑤]

19 世纪中期以后，日本加入了生产制造轧花机的行列，日本于 1859 年开始大力发展本国的现代纺纱工业，建立现代纺纱厂，当时其从英格兰引进各种

① Evan Leigh, *The Science of Modern Cotton Spinning*, London：Simpkin, Marshall & Co.，1882, p. 15.

② Evan Leigh, *The Science of Modern Cotton Spinning*, London：Simpkin, Marshall & Co.，1882, p. 17, p. 22.

③ China Imperial Maritime Customs, *Returns of Trade and Trade Reports for the Year* 1893, Shanghai：Order of the Inspector General of Customs, 1894, pp. 280-281.

④ Consular Reports, The North-China Herald and Supreme Court & Consular Gazette, Shanghai, Vol. 37, 1886, 9, 18, 37, p. 305。

⑤ 张延祥、陈志恒：《商品研究：湖北建设厅试验锯齿式轧花机报告》，《汉口商业月刊》1935 年第 2 卷第 2 期，第 116~118 页；《湖北省政府关于湖北省棉产改进处请建设费下拨款开办老河口新式轧花厂的训令、指令及相关材料》，1935 年 11 月 16 日，湖北省档案馆藏，档号：LS031-006-0207-0002。

先进的纺纱工具，并聘请英国人为董事帮助管理纺纱厂，在机器的选择和工人的培训方面都采取了极为谨慎的态度，工厂生产的棉纱质量获得了很高的声誉，[①] 此时期，日本也开始引进美国的轧花机。[②] 明治维新时期，日本注重培养本国技术人才。大阪、名古屋等陆续成为重要的机器生产基地。[③] 从 1872 年前后开始，日本轧花机国产化，并随着产量的增加，大阪产的轧花机开始出口到朝鲜和中国。[④] 在 19 世纪后半期，除了英美继续向全球产棉区推广各种不断改进的轧户机及配套设备，日本也成为生产制造轧花机的重要国家，并特别注重向中国推广自己的产品。19 世纪下半期，因日本地理位置临近中国，所以日本的铁制轧花机不仅率先输入中国，[⑤] 还在此后中国轧花机引进的市场中占据了不小的份额。

日本因为快速掌握了西方先进的机器制造技术，遂逐步分享了国际市场上原本属于英国的部分利润。[⑥] 英国为了保护自己的技术优势，于 1887 年通过了新的商标条例，此条例规定所有机器及零部件必须标明原产国。然而这一规定，恰恰使其他国家认识到除了"英国制"以外，"德国制"的各种机器也非常多样和精良。虽然英国经济史家克拉潘用幽默的语言评价了这个法案对英国所起的作用，[⑦] 但可以肯定的是，在接下来的国际市场上，来自德国、美国、日本的机器零部件，甚至是完整的机器陆续被认可，进一步促进了机器生产及使用的全球化。

综上所述，在锯齿轧花机发明之前，棉花虽然是印度和中国纺织业的重要原料，但其全球性的商品价值并不显著。[⑧] 其中缺乏使棉花快速脱籽，高效出

[①] John E. Orchard, *Japan's Economic Position: The Process of Industrialization*, New York: Mcgraw-Hill Book Company, 1930, p. 92.

[②] 角山幸洋：《绵缲具の调查研究》，《关西大学东西学术研究所纪要》，1987 年第 20 卷，第 9 页。

[③] 全国经济委员会棉业统制委员会编《日本新设纱厂之实绩》，1935，第 11~12 页。

[④] 角山幸洋：《绵缲具の调查研究》，《关西大学东西学术研究所纪要》1987 年第 20 卷，第 9~10 页。

[⑤] 实业部国际贸易局编《中国实业志（卷四江苏省）》，凤凰出版社，2014，第 1161 页。

[⑥] 阿立达·阿托列：《世界市场上英日之对立》，何伟译，东亚图书馆，1937，第 25~26 页。

[⑦] 克拉潘：《现代英国经济史》（下卷），商务印书馆，2014，第 18 页。

[⑧] 在锯齿轧花机发明之前，棉纺织品的全球价值局限于印度。印度是棉花制造业的发源地，希罗多德、阿瑞安、斯特拉波、普林尼等人都记录了印度棉花制造业的古老历史，包括印度棉纺织品的制造工艺和机器，等等。在现代锯齿轧花机发明以前，印度棉产品的贸易遍及全球各地，并且对英国棉制造业的贸易起到了决定性的制约。参见 Edward Baines, *History of the Cotton Manufacture in Great Britain*, Cambridge : Cambridge University Press, 2015（The First Edition Published in 1835），p. 47.

产干净皮棉的生产工具是主要问题。锯齿轧花机的发明解决了这一难题，并使棉花超越丝、麻、毛，成为最重要的纺织业原材料。锯齿轧花机被发明以后，英美等国于19世纪上半期试图将其推广至埃及和印度，但均告失败。19世纪后半期，随着锯齿轧花机和辊轴轧花机的不断改良，其性能更加优越，并逐渐向全球扩散，中国于19世纪晚期进入全球棉花市场，面对西方的农业生产技术优势，中国民间商人、棉业专家和政府在接下来的时间里开启了关于引进、改良应用各种类型轧花机的进程。

第三节　引进、改良与试验：民间与政府的双重努力

19世纪晚期，外国对中国的原棉需求不断增长，尤其是日本。据当时的外交文献记载，1886年以后，日本从中国进口的货物中，棉花占比最大，1889年的进口总量比1887年增加了3倍多，进口商有横滨庄、神户庄和长崎庄，三家同时从上海进口棉花。① 此时的英、德等国也需要进口大量原棉（皮棉），加之美国和日本的轧棉技术在19世纪末期已经发展成熟，尤其是美国率先完善现代轧棉产业，其使用的锯齿轧花机经过不断改进，生产效率处于全球领先水平。②

这些国家为了进一步节约成本，开始在中国开设轧花厂，且呈现出多国合伙经营趋势。如1888年，日、英、美、德四国商人共同出资，在上海建立上海棉花公司（The Shanghai Cotton Cleaning and Working Company），又名上海机器轧花局，厂址设在上海浦东，由三井物产会社代理经营，于1889年正式开工。③ 虽然清政府表示反对，但外商依旧继续开工轧花。有轧花机32架，每日产量达90担，出口之花不仅供给日本本国，还运往利物浦万担有余。④ 1888年5月，英国人格兰特（T. V. Grant）在浦东建立祥生轧花厂，设轧花机16

---

① 李少军编《晚清日本驻华领事报告编译》，李少军等译，社会科学文献出版社，2016，第8～9页。

② Christopher P. Brooks, *Cotton Its Uses，Varieties，Fibre Structure，Cultivation*, pp. 214-232.

③ China Imperial Maritime Customs, *Decennial Reports*, 1882-1891, Shanghai：Order of the Inspector General of Customs, 1898, p. 340.

④ "Shanghai Trade Report for the year 1889", in China Imperial Maritime Customs, *Returns of Trade and Trade Reports for the Year* 1889, Shanghai：Order of the Inspector General of Customs, 1890, pp. 185-186.

具，收买中国棉花，轧成皮棉，贩运外洋。① 此后外商建立的轧花厂越来越多。

面对国外经济势力对中国棉花市场的入侵，中国棉商为了发展本国棉业，也开始建立轧花厂。1886 年，浙江宁波的通久源轧花厂成立，该厂是最早的由民间资本建立的机器轧花厂，此厂开启了中国近代轧棉业的序幕，标志中国近代农产品加工业的现代化起点。通久源轧花厂资本 5 万元，股东是当地棉商，初期只开展买棉、轧棉等业务。通久源轧花厂最先引进的是日本铁质轧花机，包括使用人力的足踏轧花机和人力、畜力、引擎力皆可使用的辊轴轧花机，根据动力不同，轧花机大小不同。小型由单人操作，占地面积小；用蒸汽发动的铁质皮辊轧花机则大得多，直径近 4 寸。据当时在通久源轧花厂参观的美国领事估计，日本制造的铁质轧花机生产效率远不及锯齿轧花机。一台锯齿轧花机一天的工作效率，比 12 台铁质皮辊轧花机一天同时工作还要高。后来通久源轧花厂引进了蒸汽所需的锅炉与发动机后，轧花效率进一步提高。②

1890 年后，伴随中国纱厂逐步设立，中国棉商也创办越来越多的轧花厂，引进的轧花机种类也逐渐增多。20 世纪初期开始，中国使用的轧花机更加多元。英国和美国十分注重向中国推广自己制造的轧花机，也因其效率高，样式多，受到中国棉商关注。例如，在 1916 年，英商祥兴洋行向天津商会推荐单动式辊轴轧花机，可以人力手摇，也可由蒸汽带动，可轧各种品种棉花。③

到了 20 世纪二三十年代，更先进的锯齿轧花机进一步受到大型纱厂及大型轧花厂的欢迎。南通大生纱厂购进新式锯齿式轧花机二具，每具每小时可轧籽花 600 公斤（1300 磅），出品的皮棉干净，④ 使高效及优良的轧棉品质均得到实现。1930 年 12 月 1 日，部分上海棉商集资 15000 元，成立民生轧花厂股份有限公司，向外国订购最新式轧花机十余部，采取最先进的管理方式，开办现代轧花公司。同时还颁布了《民生轧花厂股份有限公司章程》。⑤ 申新纺织

① 《上海机器织布总局九月廿八日奉》，《申报》1889 年 10 月 15 日。
② Consular Reports，*The North-China Herald and Supreme Court & Consular Gazette*，Shanghai，Vol. 37，1888，7，13，p. 45.
③ 《为送单动式轧花机说明致天津商务总会函》，1916 年 8 月 28 日，天津市档案馆藏，档案号：401206800-J0128-3-004382-025。
④ 张延祥、陈志恒：《试验锯齿式轧花机报告》，《工程周刊》1935 年第 4 卷第 7 期，第 100 页。
⑤ 《立信会计师事务所关于民生轧花厂股份有限公司账目审查、代办企业注册、商标注册等文件》，1932 年 12 月~1933 年 4 月，上海市档案馆藏，档案号：Q90-1-834。

总公司之申新一、二、九厂向美商慎昌洋行订购锯齿轧花机。① 在内地，湖北棉产改进处在老河口设立新式轧花打包厂，拟购进美国制造的最先进的气流式锯齿轧花机。②

与此同时，一些小型轧花机仍被棉花原产地的棉农和轧花厂广泛应用，这些小型轧花机以人力为动力，具有廉价、易维修、易改造等特点。民间匠人、绅士、小型铁厂或机器厂也不断对其加以改造和改进，使其更适应中国地方棉农的生产组织形式。1921 年左右是中国引进西方先进机器的高峰期。③ 同时也是我国民间匠人、小型铁厂和机器厂仿制和创新的高峰期。经过仿制并改进后的新式轧花机种类颇多。

山西翼城县绅士杨士英，仿照水磨机械，制成水力轧花机，每日可轧棉五百余斤，农民皆称便利。④ 国内的民间铁厂大量生产轧花机，如天津郭天祥机器厂生产的人力轧花机和马力轧花机，前者每架 21.5 元，每日可轧籽花三百余斤；后者每架 30 元，每日可轧籽花二百余斤。马力轧花机虽价格较高，但一匹马可引 4 具轧花机，实际上每日可轧籽花八百余斤。其他如上海的春发泰机器厂制造的普通轧花机，每架定价 21.5 元，每日可轧籽花三百斤，亦极适用。⑤ 同时，各种"改制新式，种类颇多，引以汽机，益形便利，以轧兼弹。每汽机一座可以运用轧机十五架"。⑥

20 世纪初期，内地的小型民营铁厂和机器厂也开始生产或改进轧花机。1903 年，汉阳洪顺机器厂制造的轧花机销往十余省，购者皆赞许。⑦ 山西省垣协同工厂所制造的轧花机和滤籽机，大受农家欢迎，多被外县购去，该厂厂长

---

① 《申新纺织总公司关于申新一、二、九厂向美商慎昌洋行订购试验仪器、棉保筒及轧花机等有关文件》，1933~1948 年，上海市档案馆藏，档案号：Q139-1-2848。

② 《湖北省政府关于湖北省棉产改进处请缓设立老河口新式轧花厂并请将设立费列入 1936 年预算及开办小轧花厂经费的指令及相关材料》，1936 年 4 月 8 日，湖北省档案馆藏，档案号：LS031-006-0207-0008。

③ 延伸：《我国之机械入口贸易》，《国际贸易导报》1932 年第 4 卷第 6 期，第 99 页。

④ 《政教述闻：本省政教：各地政教现况摘要：新发明之水力轧花机》，《来复》1923 年第 271 期，第 12 页。

⑤ 《通告：哪儿去买轧花机》，《华北合作》1935 年第 21 期，第 11 页。

⑥ 《调查棉业各项条款》，1920 年 11 月 11 日，天津市档案馆藏，档案号：401206800-J0128-2-000772-013。

⑦ 《汉阳洪顺机器厂关于请求代购钻刨等工具以维工业而利生产的呈及英文附件》，1947 年 2 月 13 日，湖北省档案馆藏，档案号：LS030-006-0355-0002。

督工赶造，以应农家之需。① 陕西省华阴农工机器制造厂制造的轧花机，能力大，使用方便，备受各县人民欢迎。后该厂再求改进，将轧花机制成甲、乙、丙三种。甲种带滚珠，每部定价 44 元；乙种不带滚珠，每部定价 38 元；丙种定价 34 元，高陵、临潼各县合作社均大批订购。②

此外，大学的农学系及部分棉业试验场也加入了改进轧花机的行列。金陵大学农学院创制铁质小型手摇轧花机，使用便利。湖北省棉业试验场创制大型足踏轧花机，与普通简易轧花机不同之处在于其功用更加完善，因"下挂一活动之方形盛器，漏斗之口与盛器之口互相衔接，轧花时机面筛中之棉籽经漏斗而落入盛器，故无隐藏棉籽和损失棉花纤维之弊，同时飞轮之轴加弹珠四对，使足踏轻便，一人之力足矣。且此机中、美棉种均适用，极具推广价值"。③ 中国民间匠人、小型铁厂、民营机器厂等对轧花机的仿制和改良不仅丰富了中国轧花机的使用类型，同时也反映了先进农业生产工具在中国逐步被吸收和消化的路径及特点。

南京国民政府成立之后，棉业专家对轧棉效率高度重视。为了比较各种轧花机的效率与适用性，棉业专家总结我国业已引进和使用的轧花机种类，并对各种轧花机的效率进行比较。许震宙在江苏一农校农场所设立的轧花厂里进行试验后指出，从类型上看，中国常用的轧花机有足踏轧花机、辊轴轧花机和锯齿轧花机三种。动力是使用人力、畜力、机器动力皆可，机器动力包括蒸汽、柴油等发动机，效率各有不同。足踏轧花机最为普及，一般是棉农自用或在棉花原产地的小型轧花厂使用。使用此机时，若使用人力，需人工二名，一人喂花，同时足踏使轧花机转动；一人在后助力。就效率而言，在三种轧花机中效率最低。辊轴轧花机（在中国也被称为皮辊轧花机）与足踏辊轴轧花机的价格相差无几。若使用畜力，需要添购一个托盘，价值为二三十元。"若以引擎为动力转动轧花机，效率提高，但购买引擎等设备费至少需数百元，机器之修理费动辄数元。若无修理仪器之学识，维修成本会较高"。④

从型号上讲，辊轴轧花机有 16 寸足踏式，因效率太低，不适用轧花厂；

① 《各地政教现况撷要：轧花机之畅销》，《来复》1924 年第 317 期，第 3 页。
② 《省内消息：农工机器厂改良轧花机》，《陕西棉讯》1935 年第 38 期，第 7 页。
③ 《本省棉业消息：本场创制大型脚踏考种轧花机》，《鄂棉》1937 年第 2 卷第 3~4 期，第 114 页。
④ 许震宙：《各种轧花机之速率比较》，《农学杂志》1928 年第 1 期，第 117、122 页。

28寸、32寸、36寸轧花机可使用畜力和机器动力牵动，其中用机器动力牵动者多为32寸和36寸，因36寸价值较贵，出花量并不多，故实际上使用较少。效率高的辊轴轧花机多为英国制造，分为单轴式和复轴式两种。单轴式需动力1H. P，复轴式需要动力1.25 H. P。单轴式每小时出皮棉30磅至90磅，复轴式每小时可出皮棉40磅至70磅。在我国棉花原产地的小型轧花厂所用的32寸辊轴轧花机，每小时出皮棉24磅至28磅。①

锯齿轧花机分为老式和新式，老式的锯齿轧花机的动力多为人力、畜力或水力转动。新式锯齿轧花机多用电力转动。用电力的新式锯齿轧花机分为两类，一种是刷式锯齿轧花机，工作原理是利用刷轴排出花衣；一种是气流式锯齿轧花机，工作原理是利用空气排出花衣。其中气流式锯齿轧花机更为先进，轧棉品质更高。锯齿轧花机需用的动力比较大，因为锯齿轧花机是整个轧花程序中的重要机件部分，除此以外，还配有其他部件一起使用，如喂花箱、清花机、籽棉分散器、皮棉存集箱、籽棉输送管等。② 为了增加轧花机的使用率，可以用电力或柴油机引擎等带一具锯齿轧花机和二具辊轴轧花机同时工作，使轧花效率大增。③ 在抗战前，使用此种新式锯齿轧花机的多是沿海地区的大型轧花厂和大型纱厂。

鉴于我国使用的轧花机种类较多，型号多样，棉业专家进一步展开了对常用轧花机速率及费用的比较研究。1928年，许震宙将小型轧花厂和棉农大都采用的普通16寸足踏辊轴轧花机和32寸由引擎拖动的辊轴轧花机进行比较，结果是前者每小时轧出皮棉5.18斤，后者21.12斤；在费用方面，前者轧出皮棉1担需1.5元，后者需1.028元。1933年和1934年，胡景良将16寸辊轴轧花机、牛力28寸辊轴轧花机与引擎拖动的有11齿盘的锯齿轧花机进行比较，三种轧花机每小时轧棉效率分别是15.180斤、24.225斤、36.888斤，轧花费用依次是1.75元、1.33元、1.23元。④

1936年，许震宙又进一步将足踏轧花机、牛力辊轴轧花机、引擎拖动之单具锯齿轧花机、引擎拖动之锯齿轧花机与辊轴轧花机组合进行对比，结果是"足踏轧花机最慢，牛拉次之，引擎拖最快。仅以轧花工作时间论，引擎所拖轧花机，轧花费用最省，牛拉轧花机之轧花费用次之，足踏轧花机之轧花工价

---

① 胡竟良：《轧花运销》，《棉业月刊》1936年第1卷第5~6期，第846页。
② 胡竟良：《轧花运销》，《棉业月刊》1936年第1卷第5~6期，第848页。
③ 许震宙：《各种轧花机之速率比较》，《农学杂志》1928年第1期，第121页。
④ 胡竟良：《轧花运销》，《棉业月刊》1936年第1卷第5~6期，第847页。

最贵。就一切设备与工作经济合计之，则以牛拉轧花机最为合算"。① 这些对比结果，为棉农提供了科学和直观的参考数据。

此外，河南棉产改进所安阳轧花厂也对 32 寸皮辊轧花机进行了试验，试验结果与胡景良和许震宙两位棉业专家的结果相近。由此可以看出民国时期轧花机的生产效率，其中人力轧花机效率仅是机力轧花机的五分之一，每百斤费用则多 0.5 元至 0.8 元。如果以每年产棉一千万斤计算，则全国每年轧花费用需多耗费 500 万元至 800 万元；损失甚大。故当时的棉业专家建议建设新式轧花厂是发展现代棉业的关键一环。②

除了关注轧花机效率以外，轧花机的轧棉品质在 30 年代也受到极大重视，以湖北省为例，湖北省为了提高棉花品质，增强市场竞争力，努力引进效率更高且出品皮棉品质更加优良的气流式锯齿轧花机，为此，湖北建设厅先是考察了南通大生纱厂使用的锯齿轧花机，看到其出花迅速，出棉匀净，尘沙除净。于是在 1934 年，湖北省建设厅也购进锯齿轧花机进行试验，③ 并总结锯齿轧花机的其他优点，包括节约人力、节约管理费、节约厂屋、不使籽花堆积仓库等。④

最后，棉业专家依据对各种轧花机效率及轧棉品质的研究结果，指出辊轴轧花机的优点是成本低、使用方便、构造简单、修理便利，适宜棉花原产地的小农家庭工业和微小型轧花厂；辊轴轧花机的缺点是效率低、平均轧棉费用高，构造粗放、常须修理，故不宜大规模轧花厂使用。锯齿轧花机的优点是效率高、构造精确、无须常修理、费用低（若当地有引擎或电力）；缺点是价格贵（若当地无电力需另购引擎价格太高）、构造复杂，难以修理，且修理费用昂贵，适宜大规模轧花厂或纱厂使用。在轧棉品质方面，棉业专家为棉农及轧花厂提供科学建议，认为中国棉花种植的实际情况是棉花品种较多，棉纤维长短不齐，生产不集中。故以家庭生产方式为主的棉产区，农家可自备足踏轧花机或辊轴轧花机。锯齿轧花机可以在

---

① 许震宙：《各种轧花机之速率比较》，《农学杂志》1928 年第 1 期，第 117~121 页。

② 胡竟良：《轧花运销》，《棉业月刊》1936 年第 1 卷第 5~6 期，第 847 页。

③ 张延祥、陈志恒：《试验锯齿式轧花机报告》，《工程周刊》1935 年第 4 卷第 7 期，第 100 页。

④ 《湖北省政府关于湖北省棉产改进处请就建设费下拨款开办老河口新式轧花厂的训令、指令及相关本材料》，1935 年 11 月 16 日，湖北省档案馆藏，档案号：LS031-006-0207-0002。

大规模棉产区使用，这样不仅可以提高轧花的效率及品质，也可进一步改良中国棉花品种。棉业专家还提出了一种构想，若农户生产面积增加，当地棉农可合买锯齿轧花机及引擎，或由合作社代办，因产量多时，用锯齿轧花机较为经济。

综上所述，19世纪晚期，上海及宁波的轧花厂率先引进外国先进的轧花机。此后，伴随着西方轧花机的不断引进，民间匠人、绅士、小型铁厂和机器厂不断地对轧花机加以改造和改进，使其更适应中国棉农及地方棉商的经营方式。南京国民政府成立后，为了给棉农及轧花厂提供科学的建议，棉业专家展开了对各种类型轧花机效率及轧棉品质的比较研究。为面对20世纪30年代竞争更加激烈的国际棉花市场，提升中国轧棉产业技术及效率水平、增强中国竞争能力打下了基础。

第四节　扩散与多元：轧花机在中国的区域分布及特点

随着中国在晚清及民国时期对西方轧花机的引进、改良与应用，中国棉商建立了不同规模的轧花厂，并逐渐覆盖到各产棉区。棉商根据棉产区特点选择不同类型的轧花机。直到抗战前，形成了长江三角洲经济区、华中经济区、华北经济区各有特色的轧棉产业。从棉田及产棉规模看，从1918年至1923年，江苏、湖北、河北、山东位居前四强。[1] 从1923年到1937年，湖北、山东、河北逐渐缩小与江苏的差距。[2] 这四个省份的轧棉产业规模基本可以代表抗战前，中国对轧花机的引进、吸收、应用与分布情况。

江苏是中国近代引进轧花机规模较大和时间最早的省份。在1875年之前，中国棉农皆自备木质轧车，"手拉脚踏，转动木杆以成之"。[3] 随着现代轧花机的引进与轧花厂的建立。截止到抗战前，据不完全统计，江苏拥有现代机器动力轧花厂共35家，其中上海16家，南通县境内6家，川沙县境内5家，奉贤、宝山、太仓县境内各2家，金山、常州两县境内各1家，均为国人开设。这些轧花厂的轧花机以32寸及36寸皮辊轧花机最为普遍，

---

[1]　华商纱厂联合会棉产统计部编《中国棉产统计》，华商纱厂联合会，1923，第1~3页。

[2]　中华棉业统计会编《中国棉产统计》，中华棉业统计会，1937，第6~8页。

[3]　实业部国际贸易局编《中国实业志》（江苏省），1933，第1160~1161页。

共有 1050 部。程恒昌、恒源兴记、礼和等轧花厂规模最大，各拥有百部以上；其次鼎和泰有 90 部，德丰兴记有 70 部，亦属规模较大者；其余皆在 50 部以下。在动力方面，礼和轧花厂和顾天成轧花厂用马达，其余皆用柴油引擎。①

湖北省不仅是华中地区最大的产棉省份，也是内地最先引进并仿制现代轧花机的省份。1903 年，设立于汉阳的洪顺机器厂以制造轧花机闻名，其生产的轧花机品质优良，"行销十余省之多，购买者莫不赞许，供不应求。附带出品的柴油机、煤气机等也备受欢迎"。② 湖北省棉商建立的轧花厂和打包厂提高了华中地区的棉花品质与声誉。③ 其中轧花机的引进与应用是皮棉产量及品质提高的关键。

1934 年，棉业统制委员会派调查团赴华中地区调查棉业产销状况，通过统计报告情况可以看出，④ 在 1934 年以前，湖北省轧花厂多由棉商设立，轧花厂规模不大，动力多样，人力、电力、机器动力均有，轧花数量可观。表 11-1 是 1934 年以前湖北省轧花厂设立的情况。

表 11-1　湖北省轧花厂调查（1934 年 6 月之前）

县名称	轧花厂号牌	数量（部）	轧花机样式、轧花门面宽度	制造	购买年份	动力
武昌县	华丰	20	新式一尺二寸宽	汉阳洪顺	1925	人力
	周升昌	10	新式两尺宽	汉阳洪顺	1930	电力
	黄同泰	13	新式一尺二寸宽	汉阳洪顺	1926	人力
	积昌仁	14	新式一尺二寸宽	汉阳洪顺	1931	人力
	钜兴	8	新式一尺二寸宽	汉阳洪顺	1932	人力
	周祥泰	5	新式一尺二寸宽	汉阳洪顺	1926	人力
	周顺昌	4	新式一尺二寸宽	汉阳洪顺	1926	人力
	周森泰	3	新式一尺二寸宽	汉阳洪顺	1926	人力

① 实业部国际贸易局编《中国实业志》（江苏省），1933，第 1163~1168 页。
② 《汉阳洪顺机器厂关于请求代购钻刨等工具以维工业而利生产的呈及英文附件》，1947 年 2 月 13 日，湖北省档案馆藏，档案号：LS030-006-0355-0002。
③ 李佳佳：《民国时期华商棉花打包业探究》，《中国社会经济史研究》2019 年第 4 期。
④ 《湖北省建设厅关于棉业统制委员会华中区调查团派赴华中区调查棉业产销的训令及柳菊生的函》，1934 年 2 月 22 日，湖北省档案馆藏，档案号：LS31-3-0000608-002。

县名称	轧花厂号牌	数量（部）	轧花机样式、轧花门面宽度	制造	购买年份	动力
安陆县	萧红发	2	旧式宽约一尺三寸	日本产英国产	1924	人力
	梅开泰	2	旧式宽约一尺三寸	日本产英国产	1923	人力
	耿正记大房	2	旧式宽约一尺三寸	英国产	1922	人力
	耿实源札记	2	旧式宽约一尺三寸	日本产	1923	人力
	胡万顺	2	旧式宽约一尺三寸	英国产	1921	人力
	周鸿兴	2	旧式宽约一尺三寸	日本产英国产	1921	人力
	耿实源	1	旧式宽约一尺三寸	日本产	1919	人力
	刘庆记	1	旧式宽约一尺三寸	英国产	1920	人力
大冶县	余润记	6	足踏车	由汉镇购买	1912	人力
	义兴恒	13	足踏车	由汉镇购买	1912	人力
	刘同兴	8	足踏车	由汉镇购买	1912	人力
鄂城县	益丰	8	足踏车，二十四英寸	国产	1932	机器
	何大道生	8	足踏车，二十四英寸七部，十八英寸一部	日本产	1928	机器
潜江县	均系农村花户	800	人力高式牛力轧花机宽约一尺二寸半	国产	年月难查	人力或牛力
应山县广水镇	黄太兴、黄祥兴、梅茂盛	3	长方式，三尺多宽	国产	1928	人力一部畜力二部
天门县	无号	不详	有大小二种，大为折半，小则平部，宽二尺二寸	日本产国产	不详	人力或畜力
黄安县第一区	无号	21	一尺三寸宽	日本产国产	1918	人力
石首县藕池口	行商附带无轧花厂	200	人力脚踏	中国产日本产	不详	人力
宜城县第一区	棉农自购轧花机	20	铁质轧花机	国产	农人自备不能考	人力、畜力，用机器者无

续表

县名称	轧花厂号牌	数量（部）	轧花机样式、轧花门面宽度	制造	购买年份	动力
宜城县第二区	棉农自购轧花机	8	铁质轧花机	国产	不详	人力、畜力，用机器者无
宜城县第三区	棉农自购轧花机	6	铁质轧花机	国产	不详	人力、畜力，用机器者无
宜城县第五区	棉农自购轧花机	4	铁质轧花机	国产	不详	人力、畜力，用机器者无

资料来源：《湖北省建设厅关于请依限填报轧花厂及打包厂调查表的训令》（1934 年 6 月 5 日），湖北省档案馆藏，档号：LS031-006-0064-0001；《安陆县政府关于呈报轧花厂、打包厂调查表的呈》（1934 年 6 月 19 日），湖北省档案馆藏，档号：LS031-006-0064-0003；《大冶县政府关于呈报轧花厂、打包厂调查表的呈》（1934 年 6 月 23 日），湖北省档案馆藏，档号：LS031-006-0064-0005；《鄂城县政府关于填报轧花厂调查表的呈》（1934 年 6 月 26 日），湖北省档案馆藏，档号：LS031-006-0064-0009；《潜江县政府关于报送潜江县轧花厂调查表的呈》（1934 年 6 月 24 日），湖北省档案馆藏，档号：LS031-006-0064-0010；《应山县政府关于检送轧花厂及打包厂调查表的呈》（1934 年 6 月），湖北省档案馆藏，档号：LS031-006-0413-0001；《天门县政府关于填送轧花厂调查表的呈》（1934 年 6 月 30 日），湖北省档案馆藏，档号：LS031-006-0413-0002；《黄安县政府关于填送轧花厂调查表的呈》（1934 年 7 月 10 日），湖北省档案馆藏，档号：LS031-006-0413-0004；《石首县政府关于捡送轧花厂及打包厂调查表的呈》（1934 年 7 月 18 日），湖北省档案馆藏，档号：LS031-006-0413-0005；《宜城县政府关于检送轧花厂及打包厂调查表的呈》（1934 年 8 月 13 日），湖北省档案馆藏，档号：LS031-006-0413-0006；《黄陂县政府关于黄陂县并无轧花厂及打包厂的呈》（1934 年 8 月 16 日），湖北省档案馆藏，档号：LS031-006-0413-0007。

　　由表 11-1 可知，湖北省在 1934 年 6 月以前建立的轧花厂多为小规模，使用的轧花机品牌与型号既有国产也有外国产，只有少数几家轧花厂采用电力和机器作为动力。1936 年，湖北省棉产改进处在老河口开办现代机器轧花厂，[①]拟从美国 Lummuc Cotton Gin 公司采购最先进的气流式锯齿轧花机 4 部、20 匹马力柴油引擎 1 部，发电机 1 部，后因外汇高涨导致原预算不敷，未能如期购买。后以济急需，在老河口、襄阳设立小规模轧花厂各一所，购买辊轴轧花机 30 部，20 匹马力柴油引擎 2 部，发电机 1 部。其中辊轴轧花机向上海周茂兴

① 《湖北省政府关于湖北省棉产改进处请就建设费下拨款开办老河口新式轧花厂的训令、指令及相关本材料》，1935 年 11 月 16 日，湖北省档案馆藏，档案号：LS031-006-0207-0002。

采购，柴油引擎向上海江西路新中公司采购，发电机向汉口西门子洋行采购。① 1937 年，湖北省又计划在鄂北双沟、太平店、小河口、鄂中、天门各设轧花厂一所，继续拟购买锯齿轧花机。②

此外，同属于华中产棉区的湖南省津市，也于 1932 年设立轧花厂。轧花厂原有 20 匹马力柴油引擎 2 具，12 匹马力柴油引擎 1 具，发电机 1 具，32 寸轧花机 62 部。1934 年向上海、汉口、长沙各处购买 45 匹马力煤气引擎 1 具，20 匹马力柴油引擎 1 具，发电机 1 具，30 寸辊轴轧花机 90 部，以及传动机械零件等。③ 可见，以湖北为核心的华中产棉区自 1930 年后整体开启了现代动力轧花之路。与长江三角洲和华中产棉区相比，华北地区对轧花机的引进与布局自成特点。首先表现为华北轧棉业有较强的外国势力涉足。因为民国伊始，一些外国洋行就在华北棉产地建立轧花厂。例如，天津大仓洋行于 1913 年在冀州李家庄开办轧花厂，定名为"天津广业棉花公司李镇轧花厂，随收随轧"；④ 天津祥兴洋行也于 1916 年向天津商务总会推荐英国产单动式轧花机，大力推销英国产的轧花机。⑤ 日本商人在华北的经济势力更是强大，日本在华北的政策是垄断中国华北纺纱工业，并为此制定了"百万纱锭计划"。华北地区是日本最重要的棉花原料供应地，天津、青岛的棉花多出口到日本，又因青岛的纱厂多为日商所有，⑥ 故日本在华北的轧花工作主要在由日本设立的纱厂内完成，并使用日本本国所产的轧花机。

华北产棉区的棉商、机器厂及纱厂面对较强的外国经济势力，也努力发展本地区的轧棉业。在生产轧花机方面，华北地区拥有中国商人自己创办的生产轧花机的铁厂或机器厂，能够为华北地区的棉农提供各种类型的轧花机，并带动西北地区的轧花机生产。如天津郭天祥机器厂可生产人力轧花机、马力轧花

---

① 《湖北省政府关于湖北省棉产改进处请缓设立老河口新式轧花厂并请将设立费列入 1936 年预算及开办小轧花厂经费的指令及相关材料》，1936 年 4 月 8 日，湖北省档案馆藏，档案号：LS031-006-0207-0008。
② 《湖北省政府关于湖北省棉产改进处请拨 1937 年轧花厂设备费的指令及湖北省建设厅的签呈》，1937 年 3 月 11 日，湖北省档案馆藏，档案号：LS031-006-0207-0012。
③ 湖南棉业试验场编《津市轧花厂第二次报告书》，内部资料，1934，第 1~2 页。
④ 《为在冀州开轧花厂请求保护与天津商务总会往来函》，1913 年 1 月 20 日，天津市档案馆藏，档案号：401206800-J0128-3-002909-001。
⑤ 《为寄送单动式轧花机说明单致天津商务会函》，1916 年 8 月 28 日，天津市档案馆藏，档案号：J0128-3-004382-025。
⑥ 《棉业要闻：在华日厂最近发展之趋势》，《棉业月刊》1937 年第 1 卷第 4 期，第 625 页。

机和以汽机为动力的轧花机;① 山西省垣协同工厂②和陕西省华阴农工机器制造厂也能制造不同类型的轧花机。③

民国以前的华北产棉区所用的轧花工具多为脚踏木车，轧出的棉花仅供本地居民之需。民国时，纱厂事业逐渐发达。④ 山东自 1926 年以后，棉业发展旺盛，鲁北之棉花集中于滨县;鲁西之棉花荟萃于临清，此二县轧棉业较发达，轧花厂共有 9 家，滨县 3 家，临清 6 家，轧花机器多为铁质轧花机。⑤ 1934 年山东美棉产销合作社设立动力轧花厂，共设有动力轧花机 25 部，又设 123 部人力轧花机，加上原有的 50 部，共有 173 部。⑥ 河南自 1934 年开始，轧花厂用机器动力的有6 家，3 家用煤气，3 家用柴油，6 家共购置辊轴轧花机 179 部。⑦

从以上三大产棉区的轧花机使用情况可以看出，中国机器动力轧棉业最早诞生在江浙地区，且实力雄厚。华中与华北的机器动力轧棉业均发展于 20 世纪 30 年代。虽然华北地区棉业受外国经济势力尤其是日本的影响较大，但华北的机器厂也努力改良并生产适合当地棉农使用的轧花机，同当地棉商一同发展当地的现代轧棉业。

本章小结

纵观第二次世界大战之前（或中国全面抗战前）轧花机的发明、应用及在全球扩散的过程，可以说轧花机主要经历了两个重要发展阶段。一为传统木质轧花时代，这一时代的主要贡献者为印度和中国。这两个国家都为轧花机的发明做出了原创性的贡献，其中，印度发明的辊轴轧花机影响更为巨大，印度的辊轴轧花机扩散至美国南部棉花种植园后，对美国现代轧花机的诞生产生了

---

① 《调查棉业各项条款》，1920 年 11 月 11 日，天津市档案馆藏，档案号：401206800-J0128-2-000772-013。
② 《各地政教现况撷要：轧花机之畅销》，《来复》1924 年第 317 期，第 3 页。
③ 《省内消息：农工机器厂改良轧花机》，《陕西棉讯》1935 年第 38 期，第 7 页。
④ 济南鲁丰纱厂于 1919 年成立，青岛华新纱厂于 1920 年成立。参见金城银行总经理处天津调查分部编《山东棉业调查报告》，金城银行，1935，第 112 页。
⑤ 实业部国际贸易局编《中国实业志》（山东省），1933，第 788 页。
⑥ 金城银行总经理处天津调查分部编《山东棉业调查报告》，金城银行，1935，第 202 页。
⑦ 河南棉产改进所编《河南棉业》，棉业统制委员会，1936，第 99~102 页。在六家中，中棉公司灵宝轧花厂、中棉公司安阳轧花厂、河南省棉产改进所太康轧花厂、河南省棉产改进所杞县轧花厂这四家均成立于 1934 年，另外的河南省棉产改进所安阳轧花厂、河南省棉产改进所郑县棉场轧花厂成立于 1936 年。

重要影响，为美国开启现代轧棉业的大门提供了原始技术上的积累。

以1793年美国人伊莱·惠特尼发明锯齿轧花机为起点，一直到二战前的这一时期可以被看作轧花机发展的第二个历史阶段。在这个阶段中，锯齿轧花机的发明不仅开启了现代轧棉业的大门，同时也为整个棉纺织业的发展破除了最后一道技术瓶颈。使快速获得干净、大量的皮棉成为现实，保证了棉花原材料的足量供应，从而促进了近代英国棉纺织业的腾飞和全球工业文明的开启。而古老的辊轴轧花机也并没有因为锯齿轧花机的出现而退出历史舞台，而是经过机械师们不断地改进，同锯齿轧花机一起，和现代动力相结合，共同服务于不同国家的产棉区。现代锯齿轧花机的发明以及后续对锯齿轧花机和辊轴轧花机的不断改进，促进了美国、中国、埃及、印度等产棉大国的棉花生产与棉花市场的近代化转型。

考察中国近代对外国先进农业生产技术的吸收与应用，轧花机视角是非常恰当的观察媒介，因为轧花机既是农产品加工机器，也是工业生产的重要内容，涉及上下游产业的配合，轧花机也是考察近代生产技术外溢及不同国家吸收外来生产技术的有力例证。中国自19世纪晚期直到抗战前，自浙江和上海的民间棉商率先引进日本的铁质轧花机后，英、美制造的更为先进的轧花机也陆续被引进中国并得到应用。其间，中国的民间匠人、铁厂、机器厂等对引进的轧花机不断进行改良，不仅丰富了我国轧花机的使用类型，同时也扩大了棉花种植和棉花品种的优化。中国的棉业专家也展开了对轧花机速率及轧棉品质的研究，使各种类型轧花机的效率及费用成本清晰可见，为棉农和轧花厂提供了科学依据。中国政府为了发展本国棉业机械制造业，对农业机器的改进与生产也给予了政策上的支持，在税收上对国产轧花机和民营轧花厂给予一定的保护。例如，1919年11月，政府规定凡是仿造西方先进机器制成的货品经过第一税关纳正税后，沿途所经关卡，不再征收任何厘税。[①] 在运输费用上，1936年7月，铁道部规定，21种机器照原定章减轻一等。[②] 总体来说，在对外来先进农业生产工具的引进、学习与创新的方面，中国棉商、机器厂、民间匠人、政府等呈现出了较强的协同应对能力。

---

① 《命令：财政部训令：训令各省区财政厅长、各常关税务监督、津浦商货统捐局：准税务处咨上海陈全记轧花机皮辊厂运销机器征税办法仰即遵照办理文》，《财政月刊》1919年第6卷第72期，第20~21页。
② 《为运往西安轧花机出具证明致市商会函》，1936年8月8日，天津市档案馆藏，档案号：401206800-J0028-3-007304-008。

　　发展至抗战前，长江三角洲产棉区、华中产棉区、华北产棉区基本形成了符合各产棉区特点的轧花机应用情况。其中，江浙沪地区基本反映了中国现代机器动力轧棉业的发展趋势，且实力雄厚。华中机器动力轧棉业的发展晚于江浙沪地区，在 20 世纪 30 年代之前，有众多小型轧花厂或棉农使用的以人力或畜力为动力的轧花机。1934 年以后，湖北省政府力图改变轧花厂多而小且分散的特点，欲引进当时价格最贵、最先进的气流式锯齿轧花机，但随着抗日战争的全面爆发，引进最先进的锯齿轧花机被迫中断。华北地区的轧棉业发展较晚，并受外国经济势力影响较大，但华北的机器厂努力改良并生产适合当地棉农使用的轧花机，体现了民国时期民营企业在"干中学"的能力，总体来说，中国在这一时期使用的轧花机具有区域多样性和多元性特点。

结　语

作为工业革命发展的引擎，棉业在近代经济全球化及工业、农业走向近代化的过程中，迈着恢宏而又沉重的历史步伐，它像转动着的若干个差速齿轮，在世界不同植棉及发展棉纺织业的地区展现出了不同的发展样貌。就全球棉业发展区域来看，英国、美国、日本、中国、印度、埃及、巴西是全球棉业发展的主体，如果从棉业产业链角度观察，依据育种植棉、棉纺织、制造纺织机器、创设贸易制度、建立棉业金融体系这五个主要参照指标，可将这七个国家分为不同类型。

其中英国棉业产业发展具有两个特点。第一个特点是发展时间最早，在19世纪早期，英国在棉纺织业、纺织机器制造业、贸易制度、棉业金融体系四个方面率先发展，成为世界棉业中心，且其优势地位一直延续到20世纪初期。第二个特点是棉业产业链不完整。因英国本土并不大量种植棉花，故而在育种和植棉方面发展甚少，为了支持其棉纺织业规模生产，需源源不断地从全世界产棉区不断进口棉花，其进口地主要包括美国、印度、埃及、巴西、中国等。

与英国相比，美国为全能型，即在育种植棉、棉纺织、制造纺织机器、创设贸易制度、建立棉业金融体系这五个方面均有强大的发展动力并取得了良好的发展成果。美国南部广大的植棉区为培育植棉提供了广袤的土地，1865年以前，南部奴隶制的存在为植棉扩张提供了海量廉价劳动力。发展至20世纪初期，美国在棉纺织、制造纺织机器、创设贸易制度、建立棉业金融体系几个方面逐渐超过英国，世界棉业中心的地位由美国取而代之。

日本作为亚洲地区最早迈开现代化发展步伐的国家，在引进及学习先进纺织技术后，于19世纪末期，在棉纺织、制造纺织机器、创设贸易制度、建立棉业金融体系这四个方面发展较快。由于其地理风貌的限制，日本同英国一样，本国并不能大量种植棉花，需要从其他产棉国大量进口原棉，在第二次世界大战结束前，日本是亚洲的棉花消费大国，在制造纺织机器方面，居当时的亚洲首位，其生产的各类机器大量出口亚洲国家。

观彼时之中国与印度，则是呈现复杂的发展面貌。印度与中国同为传统纺织大国，纺织业发展不仅历史悠久，且各具特色。印度作为传统的棉纺织大国，传统的棉纺织技术及印染技术均享誉古代世界，而中国作为丝织业的文明古国，丝织品备受全球青睐。在传统纺织业生产模式及销售网络构建中，早已形成传统的发展模式及与之相应的市场网络。

埃及的棉花市场发展独居特色，其棉花种植始于19世纪早期，可以说起步较晚，但由于其地理及环境的优越，埃及所产棉花质量上乘，在国际棉花市场中据有不可替代的地位，但因为其棉花市场的现代性塑造并不像美英日那样迅速，同中国和印度一样，也具有不同程度的非自主性和科技及人力资本的限制性，故其发展模式较为特殊。相比之下，中国棉花市场发展呈现出以下显著的特点。

一 中国古代棉花市场发展中蕴含的现代因素

当一个国家或地区原有的发展模式遭遇到外来因素的强势作用时，其本身固有的传统因素所起的作用几乎会受到所有相关领域学者的极大关注，这种关注中既透露外来因素的权衡，也体现了固有传统因素的反击抑或弱化或强化外来因素的倾向。在全球近代经济转型发展过程中，由于西方全方位的扩张，这种冲击与反应几乎随处可见。无论是日本的急速转型，或是中国的曲折被动融入与奋进，还是纯殖民形式的快速嵌入，这些不同的反映模式都无法与当地传统的地理、人文、经济、制度等因素剥离。

就棉花市场发展而言，中国早在宋代以后，植棉及棉纺织等逐渐成为农业、手工业、商业的重要组成部分，宋元以后，江南地区棉纺织业发展加快，到了明清时期，江南地区棉业发展专业化程度加强，华北棉纺织业也具备相当规模，尤其是在山东、河南、河北，棉花及棉纺织商品化程度大大提高，并与江南地区的棉业发展相融合，成为江南棉花的主要来源地。

在几百年的发展过程中，中国棉业自成系统，在栽培和育种方面，中国古代亦有发展和建树，并形成了自己独有的发展特点。在植棉分布方面，中国古代植棉呈现先边疆再江南，再向华北和华中扩张的趋势，在扩张的过程中，棉花种植与当地的农作物产生地理上的争夺和经济上的互补关系，在扩大古代全国市场流通方面，棉花和棉纺织品起到了主要作用，在棉业商人的组织方面，棉业团体从无到有，到最后形成棉业商会，均对当时的棉业市场流通及制度建设起到了重要的推动作用。

事实上，中国棉业系统已经孕育出部分带有现代因子的管理理念及组织理念，例如明清时期，棉布字号和踹布业的发展孕育出了新的工商管理制度，棉布字号的发展则孕育出民间质检制度。棉布字号将长期合作的染坊、踹坊纳入字号资本的经营范围，使原本分散在染坊和踹坊的染匠与踹匠，逐渐成为这类棉布商业组织雇用的工人。棉布字号中的贾师在看布和配布（检查验收布匹质量）的过程中、形成了写账和质检验收制度。贾师更像是中国古代民间质检专业技术人员，这体现了中国古代工商业质检制度的诞生和发展。江南地区标布的尺寸及重量的演变，体现了中国古代官方与民间合力促成商品标准化的完善过程。这意味着古代中国对商品生产标准化的最初探索。在组织方面，商人团体在晚清时期也以会馆形式存在，以行业为区分原则，进行联络及交易活动，在降低交易成本及扩大市场发面发挥着网络缔造者的作用，如晚清时期江南与北方的花木贸易，江南与福建的花糖贸易，不仅加快全国市场的融通，也不断塑造着农作物种植格局的改变。

在晚清外国势力影响中国棉业的过程中，可以清晰地看出，中国商人立足于传统，并吸收外来因素，逐渐探索适合自身发展的趋势，此特点在中国近代棉花业转型中的三大现代化因素方面，表现都极为明显。

二 近代三大经济区棉业发展特征及差异廓晰

第二次鸦片战争后，中国近代棉业发展中有两个最重要的主线，一是植棉的扩张，植棉的扩张直接决定棉产额的大小；二是棉花市场的发育及成熟，这关系到全国棉花流通的顺畅性和棉花品质，是棉纺织业发展的重要基础。在地理经济层面，中国近代植棉扩张逐渐覆盖到华北经济区、长三角经济区、华中经济区的 11 个省份，三大经济区的植棉及棉花市场在近 80 年的发展中各具特点。

首先就植棉及棉产额发展趋势而言，三大经济区在发展动力、发展进度、植棉趋势方面都呈现出了不同之处。

在发展动力方面，华北地区植棉开始于清末的 1908 年，得益于 1908 年清政府在棉业发展方面施行奖励政策以及当时国际棉价的高涨，华北地区棉花出口额自 1909 年起逐年增加，后来，由于直隶棉业研究所于 1910 年成立，华北棉业改良也拉开序幕。可以说植棉扩张、出口扩大、棉业改良研究机构的成立是促使华北棉业发展的三大动力。华中地区植棉发展早于华北地区，始于1890 年。晚清时，棉花即为湖北省出产大宗，长距离贩运覆盖广东、云南、贵州、四川、陕西等地。可以说，华中地区原本就具有较好的植棉和销售网络基础。张之洞于 1890 年在湖北开设织布官局更是促进了华中地区的植棉发展。而长江三角洲地区的植棉发展又早于华中地区，始于 1862 年。当时国际棉花市场因受美国内战影响，将棉花需求的目光扩展至上海，受国际棉花市场大量需求的刺激后，以上海为中心的长三角经济区的植棉开始快速发展，到了 19世纪 70 年代，江苏上海等地植棉更加普遍，经过晚清时期植棉的扩张，江苏省成为全国产棉最盛之地。故总体而言，就植棉发展来说，长三角最早，华中地区次之，华北地再次之。

　　在发展进度方面，从晚清至 1937 年，三大经济区内部各省的植棉发展趋势各异。在华北经济区的直隶、山东、陕西、山西、河南五省中，直隶、山东、陕西植棉发展最早，河南和山西次之；在华中经济区三省中，湖北发展最早，湖南植棉于清末时期发展加快，尤其是 1912 年本省有了纱厂之后，发展更快；江西植棉受到本省多山环境的限制，棉田面积较少，发展晚于湖南省；在长三角地区，无论在规模上还是发展时间上，江苏省植棉发展均最早，浙江次之，安徽最晚。

　　在植棉趋势方面，就华北而言，整个华北地区的植棉趋势呈现 N 型特征，以清末时期为起点，直到全面抗战前，植棉及棉产量发展出现两个小高峰。第一个是 1918 年至 1923 年，这一时期华北形成了两大成熟的产棉区。这两大产棉区成为支撑华北、西北、东北棉业发展的基础。1924 年前后至 1931 年前后，由于战争、气候、运销、棉种退化等因素的影响，华北植棉和棉产量整体呈下降趋势，华北五省不同程度陷入低谷期，产量骤减，虽偶有个别省份如山东在1929 年和 1930 年棉产增加，但华北整体上棉产量呈现在低谷徘徊的状态。30年代以后，在国家力量的推动下，全国棉业获得更好的发展契机，尤其是棉业统治委员会成立后，华北植棉和棉产量再次达到高峰，直到 1937 年日本全面侵华，中国棉业遭受毁灭性打击，再次跌入谷底。

　　华中地区植棉趋势与华北地区不同，华中地区植棉及棉产量除受到极端灾害天气如 1921 年、1931 年、1935 年大水灾影响以外，其余年份发展趋势均较为稳定，在 100 万担以上，尤其是 1928 年至 1930 年，棉产量达到了最高峰，这三年的平均产量达到 340 万担左右。由于湖北的棉产额在华中三省居绝对主导地位，故湖北植棉及棉产额的发展趋势基本可代表华中地区整体趋势。

　　长三角经济区的植棉发展趋势既不同于华北地区，也不同于华中地区。江苏是整个长三角地区的植棉中心，棉产额在长三角地区一直居于绝对的主导地位。在江苏、浙江、安徽三省中，江苏植棉及棉产额高峰出现在 1920 年，其余年份除了 1931 年未达到 100 万担以外，其余年份棉产额基本稳定，浙江省产棉高峰是在 1924 年至 1930 年，安徽省由于棉产量少，在长三角总棉产额中占比很小，并不对长三角经济区的棉产额增降趋势构成影响。

总体而言，三大经济区在发展动力、发展进度、植棉趋势方面均存在差异。在各省棉产额占比结构方面，长三角地区和华中地区颇为相近，都是一省占主体，其他两省处于次要地位。而华北则是河北、山东、陕西居主体地位，河南和山西居次要地位。每个经济区内部各个省份的植棉及棉产额增幅受气候、运销等因素的影响，发展的时间点、发展趋势也有不同，体现了民国时期棉业发展的多元性和参差性。

就中国近代棉花市场发育进程而言，三大经济区的发展也各有特点。华北经济区棉花市场开始近代化转型始于 1908 年，截止到 30 年代初期，华北经济区棉花市场的发展历经近五十年，阶段性特征较为明显。总体而言，该地区棉花市场的发展历经了三个阶段，第一阶段是 1910 年至 20 世纪 10 年代末期，经过 10 年时间，具有现代化转型特征的棉花市场逐渐构建起来。其中，专门从事棉花交易的花行开始出现，代表新加工技术的轧花工厂也开始出现，这一时期的棉花运输方式以水运为主。第二阶段是 1919 年到 20 世纪 20 年代上半期，在这一时期，华北棉花市场进一步扩大，迈入快速发展时期，运输方式开始有了革命性的转变，如在直隶、山东、山西、河南等省，铁路的开通促使棉花运销量大幅增加，输出范围不仅包括几乎整个华北地区，还涉及东北和汉口。在棉花市场发展方面，不仅天津、济南、郑县等主要棉花市场的花行数量大幅增加，重要的产棉县和次一级棉花转运地的花行数量也逐渐增多；交易制度发展成熟，但同时也存在着棉花交易度量衡和棉花包装不统一，棉花税繁重等弊端。

20 世纪 20 年代中后期至 30 年代初期是第三阶段，在这一时期，棉业产业链、相关服务部门、相关经济管理制度全部建立完成，中国拥有了棉业产业发展的各项基础。其中，最为显著的是棉花检验机关的建立和棉花检验政策的施行、现代棉花加工技术的普及、棉花包装技术的进一步提升。但这一时期，外国势力也进一步掌控了华北棉花市场，外商已经广泛深入华北腹地，深度参与华北棉花业的交易和生产环节，尤其是日本势力，最为强劲。这一时期，华北棉花交易中的度量衡依然极不统一，为交易、运输和税收带来极大不便。

长三角经济区的棉花市场以上海为中心，对全国棉花市场而言，上海棉花市场不仅最早形成，并且对全国棉花市场起到了护盾和龙头的作用，这是由上海棉花市场本身发展特点决定的。

首先，上海棉花市场与国际棉花市场联系极其紧密，不仅自身能够快速获取信息并做出反馈，同时还能带动华中和华北地区的棉花市场做出反馈。晚清民国时期，上海在提高棉花品质、提升棉花贸易竞争力方面积极努力，建立相关管理制度，同外国势力争夺利源和定价权，使中国棉业在很大程度上能够抵抗国际棉业的竞争与压制。在棉花市场发展方面，长三角地区棉花市场的重量度量衡，以及棉花包装形式和重量大小类别均较为统一，这些优势都促进了棉花交易效率的提高。不仅如此，上海棉花市场中的花行经营规模大、资本雄厚，比华中和华北的花行具备更强的抗风险能力。

自 20 世纪 20 年代起直到 1937 年，上海棉花市场的结构越来越完善，交易主体和交易规则越来越完善并与国际接轨，棉花服务部门发展较为完善，机器打包业、轧棉业、堆栈业等发展均较快，且代表了当时全国的最高水平。不仅如此，上海棉花市场对全国各地棉产的特征非常熟悉，能根据市场需要随时替换候补市场之需。上海棉花市场成为全国最重要的终端棉花市场和与国际棉花市场衔接的窗口。

相对于华北和长三角经济区，华中经济区也有自身的发展动因和脉络。近代华中地区棉花市场的现代化转型起步于 1890 年。华中地区现代棉业起步较早得益于两个因素，一是张之洞在湖北开创的现代棉业，二是因为汉口与上海交换商业信息便利，棉花市场活跃，棉花交易、棉花加工及其他棉业服务业兴起也较早。

从 1890 年以后直到 1920 年前后，华中地区的棉花市场渐趋繁盛，其组织形式与专业化程度仅次于上海地区，汉口的棉商商帮发展成熟度较高，不仅较早成立了棉业公会，而且在后期提升棉花品质，实行棉花检验等方面也起到了首倡的作用。

在整个华中地区，汉口是棉花市场的枢纽。1921 年以后，汉口棉花年均输出量达 150 万余担，汉口作为华中地区最重要棉花中转市场的地位愈发凸显。但汉口棉花市场的发展也并非一帆风顺，20 年代之后，汉口棉花市场由于受到政治和军事的影响，一度出现商业萎缩，出现棉业萧条、棉花运输受阻、金融紧缺的现象。但总体而言，发展至 20 世纪 30 年代初期，汉口棉花市场逐步向现代化转型，棉业服务部门发展完善，尤其轧花业、打包业和仓储业都有了显著进步。汉口棉花市场的发展代表了中国内地棉花市场发展的最高水平。

以对比的角度观察三大经济区的发展，可以看出，中国近代三大经济区棉花市场的发展存在差异性。其中，最为明显的是发展起点的差异，长三角经济区棉花市场发展的时间最早，始于1862年。华中地区的棉花市场发展始于晚清张之洞在武汉设立织布局，而华北经济区的棉花市场则始于清末政府颁布的棉业奖励政策，故长三角经济区棉花市场发展最早，华中地区的棉花市场居次，华北经济区最晚。

另外，三大经济区的棉花市场在外国势力的介入与反应方面亦呈现不同特征。在长三角经济区最重要的棉花终端市场上海，外商不仅数量众多，资本强大，而且在棉花市场管理的层面有很深的介入，但同时，上海棉商也与外国棉商展开了激烈竞争，为同外国势力争夺利源，在制度和技术层面做出相应的改革和创新。在华北地区，外国势力尤其是日本在1910年就开始关注直隶、山东、陕西的植棉和棉花市场发展状况，也为日后日式棉花帝国在华北的建立打下了基础。外国势力直接介入最少的是华中地区，但因华中地区的棉花市场与长三角棉花市场的关系较为密切，汉口棉花价格及出口量受到上海棉花市场的影响颇深，故华中地区棉花市场也间接受到长三角棉花市场外商势力的影响。

以上这些差异性主要存在于20世纪30年代初期以前，可以说1933年国家权力介入棉业发展是个重要的分水岭，在国家权力介入之前，各地发展差异较为明显，而在国家权力介入之后，开始全局统筹、分途改进，从关键环节把控，在提升棉业发展关键点和核心点方面，有了明确的专责机构和计划，这意味着中国棉花市场布局将更加有条不紊，逐渐形成一个有机联系的整体。只不过在1937年抗日战争全面爆发后，三大经济区棉花市场的整合进程被迫中断。

三　中国近代棉花市场转型中的三大现代化因素

从科学技术层面讲，在中国棉花市场的近代转型中，有三大棉花市场现代因素形成，它们分别是棉花生产技术中现代轧花机的应用、与棉花运输和质检相配套的棉花打包业的发展，以及棉花的质量检验，这是国产棉花进入国际市场和国内大型纱厂的必备条件。这些新技术的出现和应用是我国近现代棉业市场转型的重要标志和内涵，这三个现代化因素可以说代表着民国时期农业生产部门、服务业部门、管理部门的现代化转型。

轧花机是重要的棉花生产工具，锯齿轧花机是轧花机现代化的标志，作为一种农业生产机器，它对棉农、制造业、商业和文明的贡献巨大，其对英国的制造业、美国的棉农和全球工业文明的开启具有卓越的贡献。在引进中国后，因其在生产过程中的重要作用，中国民间与政府均十分重视，中国民间匠人、小型铁厂、民营机器厂等都对轧花机进行仿制和进一步改良，不仅丰富了轧花机的类型，也提高了中国棉花的产量和质量。但因中国产棉区分布广泛，各地区对技术的吸收能力、管理能力、资本体量和劳动力等因素千差万别，这些因素的合力才是最终决定生产技术吸收和发展的力量。在轧花机生产和应用的过程中，传统因素起到的作用不容忽视，例如宁波商人在政府控制外贸的情况下，能看到先进技术带来的生产进步和利益收获，在购买环节克服困难，并在购买成功后将轧花机售予民间的过程，就充分体现了中国传统商人的经营能力。

南京国民政府成立后，政府对发展棉业高度重视。在政府的支持下，棉业专家和棉业试验场比较各种轧花机的效率与适用性，不仅对我国轧花机的种类加以总结，而且对各种轧花机的速率与出棉品质进行试验、比较，以便为发展棉业服务。20 世纪 30 年代后，在全国重要的棉产区，政府力量介入轧棉业发展，开始推动全国现代轧花厂的建立并实行产销合作制度，与此同时，在税收和运输方面，政府也给予国产轧棉业一定的支持与保护。但在此过程中，也有传统因素的阻挠，如发生在湖北、湖南等地的棉商抵抗合作社产销合作的模式，这也是传统因素受到冲击后的一种应激性保护，只不过这种保护受到了政府的批评和制约。

打包业的发展同样反映了传统和现代交相应用的特点。由于晚清民国时期，中国棉花市场由个人消费品市场向组织市场转变，在组织市场中，商品购买呈数量大且具备较为完善技术知识的特点，全国大范围长途运输也得到充分发展。在这样的背景下，现代包装业应运而生。棉花包装技术的革新提升了棉花在运输过程中的质量保证以及进入国际市场的顺畅性，棉花打包技术的完善是近代棉花组织市场成熟的重要标志。其中华商机器打包厂的广泛建立是棉业服务业现代化转型的重要推动力。

中国机器打包业的快速发展始于 1924 年，华商大力发展机器打包业的同时，中国的传统木机打包业从未退出过历史舞台，因为其成本低、易修理，更适应小农经济和对生产技术需求不高的地区。另外，当国家相关运输政策发生变化时，现代机器打包和传统的木机打包能够对产业的发展起到互补的作用。以往很多学者认为，现代化的技术程度普及越高，标志着经济和管理发展越好，但事实上，从棉业产业特点发展角度看，真正的成熟是在客观条件未充分发展的情况下，实施一种多元化的、灵活的运用和布局。

棉花检验及品级鉴定是经济管理制度现代化转型的典型代表，也是棉业现代化转型的重要组成部分，棉花检验制度及品级鉴定制度可以说是全球经济史的重要转折点，其对国际市场的重塑及布局起到具有法律意义的限制作用。由于此制度在全球近代经济中的应用及普及，各国在全球棉业市场中的地位一目了然，无论是原材料所处的地位还是生产的棉制品所处的地位，都能直观的被全球棉业界人士直接掌握，从而提高了交易效率、降低了交易成本。但也正因如此，整个棉花产业的竞争渐趋透明化，进而加大了各国提升棉业竞争力的难度。

就民国时期中国棉业市场而言，棉花检验及品级鉴定制度对中国整个棉业市场同样起到重塑及规范的作用。因为商品检验及品级鉴定制度并不是以往传统中的经济管理制度，现代商品检验制度中，蕴含着近代科学技术的吸收和生物、化学等知识的运用。其熟练运用及在实施过程中的逐步完善需要检验人员具备相应的基础科学知识，以及民众对科学知识的了解。

由于中国棉产区广阔，各地区的资本体量存在差异、对技术掌握的情况不同、对现代科学知识的了解程度亦不同等特点，传统的检验方法依然起到重要的补充作用。如在 20 世纪 20 年代的湖北、河北县一级的棉产区，传统的触摸和眼观的方法依然被用来对棉花进行质量检验。这也体现了现代制度在民国时期逐步适应并实现本土化的特点。

现代化转型力度最为猛烈和集中的城市是上海和天津，上海和天津在中国近代对外出口贸易中都占有十分重要的地位，两埠的棉花检验技术和制度代表了当时中国最先进的商品质量检验水平，上海棉花检验事业的发展更能反映中国棉商的群体反应机制，上海棉花检验机构的设立主体多元化，既有由外商设立的棉花检验机构，也有由上海较大的华商棉花交易机构和纱厂等附设的棉花检验部门，华商控制了部分本地消费的棉花的检验工作和检验权。

上海的中国棉商在争夺棉花检验权和挽回棉业利源方面，同外国棉商进行了长达近三十年的合作和博弈。除了上海和天津，武汉、济南、青岛、郑县、宁波等地也于 20 世纪 20 年代中期以后相继成立棉花检验机关。但由于各地棉花检验机构成立的主导因素不同及地方社会经济的多样化，棉花检验机构的建立及其具体实践亦呈现出多样性。

地方则呈现出依据当地实际情况适时发展的特点。事实上，北京政府从1915 年开始，在提升棉花品质方面开始实践，在棉花种植、品种改良和棉花检验等方面都制定了相关政策；在内地广大的产棉区，尤其是在县一级的重要产棉地区，当地的棉业公会和棉业商人结合地方实际情况，探索棉花检验方法，同时进一步完善棉花检验制度和检验细则。1929 年 9 月，中国收回检权，并设立国家级正式统一的棉花检验机关。在 1929 年中国收回棉花检权的同时，南京国民政府也收回了生丝、桐油、豆类等所有商品的检验权，并不断调整商品检验细则，完善检验技术，将现代检验制度及检验技术逐渐推广至全国，有效推进了民国时期农产品产业转型升级，并使科学观念逐渐普及。

四　政府及商人对外来新事物的反馈

如果说古代国家之间的竞争包括政治、军事、人口、冶炼技术等方面，那么近代化转型中的较量则是综合而又复杂的，除了传统的政治、军事、人口、冶炼技术外，还融合了新的组织力、科技力、制度建设等因素。第二次鸦片战争以后，中国沿海城市逐步开放，中国商品贸易逐渐被迫融入国际市场。在此过程中，从中国政府及商人在转型时期的反应速度和探索深度来看，其认识和发展并无明显的规律可循，中国政府和商人及团体的反应是错落无序的，这反映了除经济外更深层次的问题，即在政治、主权、军事及科学技术领域的综合较量。

事实上，在外部刺激发生以后，反应最快的是商人。19 世纪 80 年代以后，外国势力以外交人员或公司形式逐步深入接触中国政府机构及部分经济部门，同时也注意观察中国商人的活动与特点。此时外来生产技术如轧花机等新机器因素逐渐改变了中国传统棉花市场的生产技术和产能。但外来因素的刺激所引起的政府和民间的反应是不同的，呈现出了排斥和主动融入这两种反差较大的趋势，一方面，政府呈现出对外来新技术和新事物的排斥或抗拒，如清政府对铁路和现代公司制的冷漠和排斥，但另一方面，民间商人却比较积极地拥抱轧花机这种新生产技术和新事物，尤其是以上海和宁波为代表的沿海地区。在上海，1875 年就有商人买进外国产的轧花机，1882 年，宁波则出现了商办轧花厂，主动寻求购入日本产的轧花机，在成功购入后又推广给当地的棉农，促进了沿海地区生产工具的革新换代及对先进生产机器的推广，当时在中国的英美领事馆人员对此印象深刻，并给予了中国商人较高的评价。

晚清及民国时期轧花机的发展历程展现了中国在参与 19 世纪末 20 世纪初全球化过程的特点，即全球棉业在这一阶段实现扩散及进一步发展，国家之间的竞争越来越激烈。在发展生产及科学技术方面，向西方学习成为必要途径，在向西方学习这个问题上，政府逐渐认可并加强实践力度。如北京政府时期，在政府、高校及科学界的联合倡导下，棉种培育及美国棉种得到推广，并几次欲收回棉花检验权，建立棉花检验机关等。1929 年，南京国民政府收回棉花检验权之后，在全国范围内广泛建立棉花检验机关。虽然在不同地区遇到部分商人抵制，但此种抵制的目的，与以往不同，并不是否定棉花检验机关的建立，而是在深入了解当地棉业贸易情形的基础上，针对相关管理细则提出修正意见。同时，在对外来先进的农业生产工具的引进、学习与创新方面，中国部分商人呈现出了较强的主动吸收和转化的能力，其中民间匠人、小型铁厂和机器厂展现了创新力，将经济效益与创新相结合。

在轧棉业方面，20 世纪 30 年代，国家为了提高棉花质量，直接介入轧棉业，建立多家大型机器轧花厂，采取新的产销合作制度，此种具有官方性质的现代轧花厂对棉花的生产、品质的提升、运销的便捷、现代管理制度的建立都有促进的作用。

官方的介入符合当时实际生产的需要，稳定了当时社会动荡所带来的商业经营上的风险性，政府开始展现对农业的整体规划和管理，这些过程均体现了现代技术以及管理制度对中国农业的嵌入和塑造。由于新的产销合作制度损害了部分棉商的利益，故遭到部分棉商反对甚至衍生出了短暂的抵抗行为，此种行为在湖北湖南均有体现。

概而言之，在中国棉业近代化转型过程中，传统与现代的矛盾具有多元性，既有固有传统与外国因素的对抗，也有在吸收外来因素的过程中，中央政策与地方商人之间的矛盾。传统与现代的衔接也同样具有多元性，既有商人率先拥抱外来技术的事实，也有政府吸收外来技术并结合本国特点的深度实践，在相关政策实施的过程中，也一直伴随着根据本国实际情况进行的自我调整。这是中国现代化转型时期的发展特点。

附 录

附录一 1936年河北省各县棉花市场初级市场、距县城里数、运销中转市场、最终市场统计

地名	棉田占全县耕地面积的比例(%)	交通状况	初级市场名称	与县城距离	运销中转市场	最终市场
北平	1.52	多运南苑,交通极为便利***	海淀	12	北平	天津
			圆明园	15		
宛平县	2.35	交通极为便利,多运至长辛店、清河镇、南苑***	长辛店镇	5	丰台	南苑、天津
			清河镇	50	北平	南苑
大兴县	9.57	交通甚便,多运往南苑***	南苑	10	北平	天津
			采育镇	60	本县境	南苑
			青云店镇	45	本县境	南苑
安次县	10.48	北宁铁路东西斜贯县之北部,该县境内有落垡、廊坊、及万庄三车站,各站皆有花店及花庄。距棉区近,运输便利,就地销售、天津南苑***	落垡镇	18	由北宁路至天津	天津,上海
			得胜口	50	由大车直至天津	天津
			裹狼城	40	同上	天津
			万庄	60	由万庄站经北宁路至天津	天津
			廊坊	30	由廊坊站经北宁路至津转申	天津,上海
武清县	16.40	棉花除了自供外,余运津销售,有北宁路及运河直达天津,水陆交通均方便***	城内	0	落垡	天津
			河西务	30	杨村	天津
			蔡村	25	杨村	天津
			大良镇	55	杨村	天津
			梅厂	70	杨村	天津
			杨村	50	杨村	天津
			黄花店	40	落垡	天津

地名	棉田占全县耕地面积的比例(%)	交通状况	初级市场名称	与县城距离	运销中转市场	最终市场
静海县	2.09	运河，交通尚称方便***	静海城内	0	运河独流	天津
			惠丰桥	70	马涧河、唐官屯、县城、独流镇	天津
			唐官屯	50	县城、独流	天津
			大瓦子头	25	子牙河、当城	天津
			独流镇	18	南运河	天津
			王家院	13	南运河、独流	天津
			良王庄	25	南运河	天津
宁河县	7.34	水路交通均方便，大量运销非易事，芦台为最大市场，东及东北部所产之花，皆由丰润县属河头棉商收买，河头距北宁路胥各庄车站仅二里。该地花栈甚多，多运天津或关外销售***	宁河县城	0	经潘庄用大车抵军粮城	天津，河头
			芦台镇	30	1. 经北塘入金钟河 2. 经宝坻县属王庄	天津
			潘庄镇	70	同上	天津
			新河镇	110	经军粮站海河	天津
			塞上镇	60	经北塘入金钟河 汉沽、塘沽	天津
香河县	7.58	灌溉运输，均称便利，主要为水运***	县城	0		天津
			渠口镇	18		天津
			刘宋镇	30		天津
			河北屯	44		天津
			安头屯	18		天津
平谷县	13.29	水路、陆路尚称便利，运平津销售居多**	城内	0	胥各庄宝坻县	天津

续表

地名	棉田占全县耕地面积的比例(%)	交通状况	初级市场名称	与县城距离	运销中转市场	最终市场
宝坻县	5.25	交通便利,运销甚易,多运往天津***	县城	0	武清	天津
			王卜庄镇	35	同上	天津
			大口屯镇	36	武清	天津
			辛开口镇	25	同上	天津
卢龙县	9.14		县城	0		本地居民自用
			油榨	20		
			燕河营	50		
			双望	35		
			九百户	70		
			大横河	20		
			陈官屯	35		
遵化县	3.20		县城内	0	唐山	天津
			铁厂镇	60	唐山	天津
			平安城镇	50	唐山	天津
			当峪镇	50	唐山	天津
迁安县	4.93		县城北街		滦县	天津,唐山
			建昌营鼓楼下	40	县城,滦县	天津,唐山
			罗屯新街	50	滦县	天津,唐山
			三屯营鼓楼下	110	唐山	天津,唐山
			新集市	65	唐山	天津,唐山
			汤店子	30	雷庄	天津,唐山
昌黎县	4.19	北宁路横贯县内,汽车路可通乐亭,沿海有请海口、新开口可行帆船,运输甚便***	昌黎	本城	车站	唐山,河头
			哈泊	30	安山	唐山,河头
			靖安	50	石门	唐山,河头
			施各庄	30	安山	唐山,河头
			荒佃庄	40	安山	唐山,河头

地名	棉田占全县耕地面积的比例(%)	交通状况	初级市场名称	与县城距离	运销中转市场	最终市场
乐亭县	3.45	多运至唐山天津销售春水泛滥,汽车道路多被冲坏,运销殊感不便***	乐亭县城	0	北宁线昌黎站	长春,哈尔滨
			胡坨	18		唐山
			汤家河	20	唐山,胥各庄	唐山,天津
			闫各庄	20		天津
滦县	4.83	往年销售于东北各省,近年来由北宁路运往唐山及天津。北宁铁路横贯境内,滦河可行帆船较远处车驮事赖***	贯城	40		唐山、天津
固安县	4.87	交通不便,运输困难*	城内	0	陆路至天津	天津
			彭村	24	同上	天津
			柳泉	18	同上	天津
			牛驼	40	大车运至霸县苑家口船运至天津	天津
			马庄	60	同上	天津
永清县	2.50	陆路有大车及长途汽车往来,水路有民船可达天津运输尚称便利**	城内	0	陆路直至天津	天津
			南关镇	5	同上	天津
			韩村	30	同上	天津
			后奕	25	大车运至霸县苑家口或苏桥	天津
			李家口	30	用船由大清河运天津	天津
霸县	19.40	交通有大清河,可行帆船,水路极为便利**	南梦镇	18	大车由大清河船运至天津	天津
			辛店镇	15	同上	天津
			叶家庄	18	同上	天津
			岔河集	15	同上	天津
			煎茶铺	18	车运苏桥由大清河船运天津	天津
			信安镇	50	车运胜芳船运天津	天津

续表

地名	棉田占全县耕地面积的比例(%)	交通状况	初级市场名称	与县城距离	运销中转市场	最终市场
霸县	19.40	交通有大清河,可行帆船,水路极为便利**	堂二里	60	同上	天津
			策城镇	80	车运天津	天津
			苏桥镇	18	由大清河船运直至天津	天津
新镇县	6.17	河流有赵王、大清两河,直达天津,交通尚称便利**	县城	0	苏桥杨柳青	天津
文安县	0.52	交通有小船及帆船,可通天津,水路尚称便利,陆路则仍用大车运输。颇感困难**	县城	0	石沟	天津
			韩村	20	石沟	天津
			苏桥	35	石沟	天津
			胜芳	50	石沟	天津
大城县	0.40	水路有大清、子牙两河、可行民船及小轮船,直通天津,陆路离铁道太远**	大城县城内棉市	0		供本县自用
			里坦镇棉市	40		
			王口镇棉市	60		
任邱县	2.58	陆路有平大及津保公路,水路有白洋淀可达天津***	任丘城内棉布	0	籽棉商贩多由村庄自行购买	天津
			梁召镇棉布	40	同上	天津
			青塔镇棉布	15	同上	天津
			郑县镇棉布	40	同上	天津
雄县	2.95	由大清河直运天津,交通甚便**	中兴里	1	在本处上船至天津	天津
			东西里	30	在赵村上船至天津	天津
			赵村	18	在本处上船至天津	天津
新城县	3.21	有大清河可资航行,平汉铁路经过西境,有平大津白两汽车公路交通极为便利***	县城	0	由本县至定兴车站装车(市场集中,细布所产多由定兴棉商购买,东部所产,小贩转售霸县。①	天津

---

① 第79页。

续表

地名	棉田占全县耕地面积的比例(%)	交通状况	初级市场名称	与县城距离	运销中转市场	最终市场
房山县	4.64	由平汉路至琉璃河宝店及长辛店等站运出***			临县花商一至秋后，即来县收买	
涿县	3.32	陆路交通有平汉路及平大公路，水路有大清河可行帆船交通极为便利***	县城	0	涿州，丰台	天津
			码头镇	30	南苑，良乡县境	南苑及天津
			刘河营	30	码头镇，良乡县境	南苑及天津
			松林店	18	由大清河运往	南苑及天津
			长沟镇	18	涿州车站，琉璃河	南苑及天津
涞水县	2.67	城南有平汉支线横过东西，交通尚属便利**	富位村	20	任村，五里窑	定兴
			聂村	18	南北濠，店上	定兴
			石亭镇	30	高村、西疃、西城坊	涿县
			永阳镇	18	南山北，龙王庙	易县
易县	3.65	有小火车与平汉铁路衔接，运输极为便利***，除自用外，均为小贩收买向外运销极少	易县西关	1	易县高碑店，丰台等车展	天津
			梁各庄	15	梁各庄高碑店，丰台等车展	天津
			塘湖镇	40	用大车运到易县车站经过高碑店丰台等车展	天津
			白堡镇	70	用大车运往完县及定兴县之固城镇	零售于内地花店①
			西山北镇	60	同上	同上
良乡县	4.93		本城	0	小贩运销南苑	同上
			宝店镇	30	同上	天津
			交道镇	23	同上	天津
			琉璃河镇	40	同上	天津

---

① 第88页。

续表

地名	棉田占全县耕地面积的比例(%)	交通状况	初级市场名称	与县城距离	运销中转市场	最终市场
安新县	2.22	境内棉花除了自给外，多由大清河船运，或由津保公路汽车运往天津销售，交通便利***	新安镇	20	本镇南开水码头	天津
			板桥镇	45	高阳	天津
			陶口镇	30	水路铜口镇漕河	天津
			煎盐窝	45	铜口镇	天津
			三台镇	18	南经新安镇西经徐水	天津
			张村	10	同上	天津
			大杨村	50	南经新安镇北经雄县	天津
高阳县	11.29		季朗村	8	高阳县城	天津
			高阳县城	0	用汽车直运天津	天津
容城县	8.38	棉花均销售于天津，河未冻时，由大清河船运，河冻时由平汉路之徐水、固城，定兴等站起运、津保间近有汽车行驶，运输亦便***	城内	0	平汉线固城水路经后台西转入拒马河航运	天津
			午方村	3	同上	天津
			胡村镇	15	平汉路徐水固城水路白沟河	天津
			张市镇	14	同上	天津
			北剧村	15	水路白沟河张市胡村镇	天津
			小里镇	15	平汉路固城徐水水路新安后台	天津
			野桥	15	固城公路杨村	天津
定兴县	4.88	该县为固城棉运中心，所产棉花大部运津，有平汉路纵贯境内，交通便利***	县城	0	定兴	天津
			天官寺	25	同上	同上
			杨村	30	大清河	同上
			固城	40	平汉路	同上
			高里村	25	定兴	同上

地名	棉田占全县耕地面积的比例(%)	交通状况	初级市场名称	与县城距离	运销中转市场	最终市场
徐水县	8.19	交通便利***	徐水县城	0	平汉路徐水固城	天津
			崔家庄	15	平汉路徐水	天津
			漕河	25	平汉路保定漕河	天津
			大王店	50	平汉路徐水固城	天津
			田村铺	20	平安路固城	天津
满城县	18.00	平汉路斜惯境内，交通便利。所产棉花除供自用，多运往天津销售***	满城城内	0	保定	天津
			南齐	15	同上	同上
			江城	25	同上	天津
			大固店	20	同上	天津
			北堡	30	方顺桥或保定	天津
			方顺桥	50	方顺桥	天津
			大栅营	15	保定	天津
			西庄	20	保定	天津
			石井	20	保定	天津
完县	28.09	除供自用外，多由大车运至保定，转经铁路运至天津销售。交通尚称便利**	城内	0	满,徐,保	天津
			吴村集	20	满,徐,保	天津
			下叔集	8	满,徐,保,望都,定州	上海,天津
			尧城集	8	同上	同上
			郭村集	15	保,望都,定州	同上
			招庄市	20	同上	同上
			东魏村市	10	满、保、望都、定州	同上
			南陈候市	12	满城,保定	同上
清苑县	9.21	所产棉花，除了自供外，咸运销天津，水路有大清河，陆路有平汉路，运销甚盛，棉商在内地设庄收买者极多***	大激店	25	保定	天津
			西藏村	30	保定,固城	同上
			魏村	40	保定	同上
			大庄	50	保定	同上
			王盘	60	保定或安新同口	同上
			扬城	50	保定	同上
			南大关	25	保定	同上

续表

地名	棉田占全县耕地面积的比例(%)	交通状况	初级市场名称	与县城距离	运销中转市场	最终市场
望都县	16.18	所产棉花,除自用外,多为花店收买,转运天津销售,平汉路横贯境内,交通甚便***	县城	0	平汉路	天津
			贾村	50	保定,平汉路	同上
定县	15.28	所产棉花,多运天津销售,交通甚便,平汉路经过县城,有帆船可由沙河直达天津***	县城	0	定县车站	天津
			翟城	30	同上	同上
			东内堡	70	高庙上船	同上
			清风店	30	清风店车站	同上
安国县	8.76	所产棉花运往天津或石家庄等处销售,因有保安、津安两汽车路直达天津,又有潴龙河,夏日可资航行,运输甚易***	县城	0	重河町上船	天津
			石佛镇	25	童口上船	天津
			西伯章镇	30	重河町上船	天津
博野县	30.01	陆路有津安、保安两汽车路,水路有潴龙河,均可直达天津***	县城	0	吕汉上船	天津
			北杨村	15	同上	同上
蠡县	25.25	陆路有津安汽车路,水路有潴龙河,交通便利***	县城	0	高晃上船	天津
			南庄	20	吕汉上船	同上
			大白尺	30	同上	同上
唐县	13.56	交通不便*				
行唐县	14.34	平汉路经过县境,交通便利,所产棉花多运往口外销售***				
正定县	33.39	所产棉花,多运往天津销售,因有平汉铁路纵贯南北,运输甚易***	县城	0	保定丰台	天津
			白伏	25	石庄	天津
			北贾村	10	正定	天津
			北孙村	20	同上	天津
			岸下	8	同上	天津
获鹿县	17.79	运销方面,有平汉,正太两铁路通过境内,交通堪称便利,所产棉花,大部运往天津,太原等处***	李村集	25	用大车运石门,平汉路	天津
			于底集	15	同上	天津,石家庄
			镇头集	30	同上	同上

续表

地名	棉田占全县耕地面积的比例(%)	交通状况	初级市场名称	与县城距离	运销中转市场	最终市场
获鹿县	17.79	运销方面,有平汉,正太两铁路通过境内,交通堪称便利,所产棉花,大部运往天津,太原等处 ***	南甘集	30	用大车运往镇头	镇头
			方寸集	50	用大车运石庄,平汉路	天津,石家庄
平山县	6.90	该县交通不便,运输依赖大车,所产棉花,多运往石庄,转运天津太原等处销售 *	县城	0	用大车运石庄	天津
			南甸	30	用大车运灵寿,转石庄	天津
			东回舍	20	用大车运平山城内再以大车转石庄	天津,山西
			洪镇	60	用骡马运山西。	山西
灵寿县	3.40	该县交通不便,运输艰难,所产棉花,多由大车运至平山,转运天津等处销售 *	县城	0	由大车运至正定。	天津
藁城县	24.18		县城	0	城北装船	天津
			兴安镇	12	牛辛庄,石家庄	天津
			梅花镇	40	南河,李家庄,藁城	天津,济南,山东
			南董镇	24	河西营装船及平汉路转郑县至济南	天津,济南,山西
无极县	28.46	所产棉花,除供自用,均以大车运至深泽,由浮沱河运往天津销售 *	县城	0	乘马	天津
			张段固	10	同上	同上
			郭庄	20	石家庄	太原
			北苏	30	乘马	天津
深泽县	18.14		县城	0	乘马	天津,
东鹿县	29.26	所产棉花,均由深泽、浮沱河运往天津,济南销售。	旧城镇	40	吕汉、乘马、桑园上火车	天津,济南
			王山口	70	乘马河口上船	天津
			位伯镇	50	乘马,桑园	天津,济南
			辛集镇	18	冀州范家庄	天津,济南
			木邱镇	25	同上	天津,济南
			南智邱	30		去年未收皮花

地名	棉田占全县耕地面积的比例(%)	交通状况	初级市场名称	与县城距离	运销中转市场	最终市场
晋县	42.57	交通有沧石路能通汽车,浮沱河能行舟楫,运输尚便**	县城	0	乘马,石家庄,桑园	天津,济南
			樵镇	20	乘马,石家庄,正定。	天津
新乐县	2.03	所产棉花,仅够自用,无运销可言,平汉路纵贯全境,交通尚便**	青铜镇	40	平汉路长寿	天津,北平
肃宁县	1.70	该县有汽车西北通保定,南达饶阳,冬至河间,交通尚便**	县城	0		当地
			梁家村	25	津保路	天津
			东谈论	25		同上
			北石宝	28		当地
饶阳县	0.96	交通便利,浮沱河可行帆船,汽车经肃宁县直达天津,运输甚便,棉花除自用外,多运往天津销售***	大尹村	18	浮沱河	天津,本地
深县	1.84	交通甚便,有汽车可通饶阳,束鹿,定县,与平汉路相衔接,所产棉花,除了当地自用外,多运往天津、济南等处销售***	县城	0	津浦路桑园,浮沱河	济南,天津,本地
衡水县	1.35	无水利,交通有滏阳河可通天津,所产棉花除供本地外,多运往济南天津销售**				
沧县	3.88	水路有运河纵贯南北,陆路有津浦路经过境内,更有沧石汽车路,运销十分便利***	县城	0	沧县,青县	天津
			王寺镇	75	同上	同上
青县	0.86	交通有运河及津浦路,运销极为便利***	流河镇	29	静海	天津
			马厂	18	同上	同上
			兴济镇	30	静海	天津,沧县
			杜林镇	60	静海,沧县,青县	沧县,天津

地名	棉田占全县耕地面积的比例(%)	交通状况	初级市场名称	与县城距离	运销中转市场	最终市场
东光县	13.58	多运往济南、天津,当地留用者极少,多由津浦路运津,运河使用极少***	县城	0		天津,济南
			秦村,灯明寺	25,35		
			于家集	18		
			燕台,仓上	20,15		
南皮县	12.46	所产棉花,均由产地运至东光、连镇及泊头等车站,转运天津、济南交通尚称便利***	县城,半壁店			
			董村、马村			
			王木匠庄			
宁津县	9.69	运输极不便利*	长官、大柳	40,20		
			王家庙	25		
吴桥县	24.90	县城无正式花店,直接运销以五区之连镇、梁集,咸运济南、天津	于家集	18	用车连运上火车	济南,天津,青岛
			无花市			
			避雪店	30		
			曹洼、安陆	10,25		
			连镇、梁家集	40,36	连镇	除津、济、青尚有售于申厂者
故城县	5.87	交通水路有运河,能行舟楫,旱路有汽车,由彰德直达南宫,所产棉花除了自给外,悉行运出,境内夏庄、三郎镇、郑家口及县城内均设有花店,棉花多运至济南天津上海	县城,夏庄	15	大车运德州上火车	津、济、户
			三郎镇	40		
			郑镇	25	郑镇上车	
景县	3.73	安陆东站,距县城18里,修有汽车公路,交通尚便,棉产尚少,无大批运销**	榆林、孙镇	20,40	经连镇上火车	天津、济南
			龙华镇	50	德县	济南

续表

地名	棉田占全县耕地面积的比例(%)	交通状况	初级市场名称	与县城距离	运销中转市场	最终市场
阜城	13.97	棉花除自用外,以古城镇附近之魏家枣桁最多,均运至连镇或东光车站转运济南	县城	0	轧贩运古城,大魏庄	济南
			剑桥	30	同上	同上
			漫河	20	同上	同上
			古城	20	连运上火车	同上
新河县	26.77	所产棉花,多由津浦路经德州运往济南销售,水路有滏阳河,能达天津,交通便利***	白神首	8	郑家口	济南
			菜园镇	10	同上	济南
			辛章镇	30	德州	同上
			西溜镇	22	同上	同上
			苏田镇	15	同上	同上
冀县	31.22	该县交通尚称便利,水路有滏阳河可通天津,陆有平大,冀津等汽车公路可达平津济南**	县城	0	德州	济南
			北褚宜	25	同上	同上
			提王村	9	同上	同上
			南武村	35	同上	同上
			南王村	50	同上	同上
			码头李	45	金阳河	天津
			官道李	45	德州	济南
枣强县	4.41	交通便利有德南汽车路,往来德州津冀汽车路可通天津多运往天津、德州**	县城	0		本地自用
			王均镇	25		同上
			卷镇	25	德州	济南
			流常	25		本地自用
清河县	13.36	交通水路有南运河,可达天津及德县陆路交通不便,赖大车,陆路运往济南*	葛仙庄	5	直达济南	济南
			连塚集	25	同上	同上
			黄金庄	12	同上	同上
			刘宝庄	10	同上	同上
			霸营	15	同上	同上
			王官庄	15	同上	同上
威县	51.49	有平汉铁路、运输便利,运往天津、济南***	七级堡	70	德州	天津、济南
			方家营	15	油坊	同上
			寺庄镇	70	德州	同上
广宗县	4.18	该县交通,有平大汽车路及滏阳河,交通尚称便利**				天津、济南

续表

地名	棉田占全县耕地面积的比例(%)	交通状况	初级市场名称	与县城距离	运销中转市场	最终市场
南宫县	27.31	运输极易***	县城	0	德州	天津、济南
			王道寨	15	同上	同上
			郝家屯	50	同上	同上
			垂杨	50	同上	同上
			桥村	55	同上	同上
			段镇	75	同上	同上
			苏村	18	同上	同上
			寻寨	45	同上	同上
栾城县	35.63	距平汉路不远,交通殊便***	县城	0	石家庄	天津、济南、河南、石庄
			高阳邱	15	石家庄	天津
			冶河	20		
			城朗	13	石家庄	天津、济南、河南
			宝妪	25	宝妪车站	河南
			北陈村	15	宝妪车站	河南
赵县	46.63	县城距铁路40里,水路,佳通尚属方便**	县城	0		天津、济南
			大石桥	5		同上
			大安	50		同上
			沙河店	20		天津、济南、河南
			西封斯	30		同上
			马平	20		同上
			南三相	12		天津、济南、
			贾店	20		天津、济南、河南
			韩村	15		天津、石家庄
宁晋县	28.22	交通有公路,能行汽车,多用大车,交通不便*	县城	0		天津、南济、上海
			换马店	20		天津、济南、上海
			司马	60		天津、济南

续表

地名	棉田占全县耕地面积的比例(%)	交通状况	初级市场名称	与县城距离	运销中转市场	最终市场
宁晋县	28.22	交通有公路,能行汽车,多用大车,交通不便*	苏家庄	45		天津、济南
			尧台	18		天津、济南
			东陈	25		济南、天津
			百侯	30		济南、天津
			唐邱	20		天津、济南
			大陆村	25		天津、济南
柏乡县	29.25	距平汉路高邑站二十余里,距河路码头五十余里。交通尚便**	县城	0	镇内车站	天津、济南
			西南鲁	25		
			固城店	25		同上
			龙华	12	镇内车站	石家庄
临城县	1.30	交通尚称便利**	城内	0		天津、河南
			东鸦鸽营	20		
			郝庄	50		
			石城	25		
高邑县	35.72	境内平汉铁路通过,交通极为便利***	县城	0		
			高邑车站	5	高邑车站	济南上海河南天津
			坊	12		
			洞颐村	10		
			中韩	15	高邑车站	济南上海河南天津
			万成	15	高邑车站	济南、天津
赞皇县	4.61	境内交通不便*	城内	0		当地自用集散
			院头镇	30		
			野草湾	30		
			南邢郭	20		
			蒲宏	20		
元氏县	22.94	有平汉路,交通尚便**	城内	0	元氏车站	河南、天津、济南、石家庄
			车站	5	同上	河南,天津、济南

续表

地名	棉田占全县耕地面积的比例(%)	交通状况	初级市场名称	与县城距离	运销中转市场	最终市场
元氏县	22.94	有平汉路,交通尚便 **	董堡	20	同上	同上
			南因	20	同上	同上
			褚固	20	直至石家庄	石家庄
任县	1.29	交通不便距车站甚远 *	邢穆寨花市	60	南宫,德州	济南
隆平县	14.40	城内有花厂八九家,扎花机一百余架,多运往天津济南交通有滏洋二河运输尚便 **	县城	0	高邑车站	天津
			北自庄市场	50	德州车站	济南、上海
尧山县	13.28	该县交通不便,所产棉花多运往天津济南 *	县城	0	高邑车站	天津、济南
内丘县	5.59	有平汉铁路纵贯南北,交通便利,所产棉花除自供外,无运销可言 ***				
沙河县	15.80	交通十分方便 ***				
邯郸县	41.09	运输极便 ***	邯郸车站	1	郑县,彰德	天津济南青岛上海
			张庄桥	10	邯郸,磁州	天津济南上海
			河砂镇	30	同上	天津上海
			尚壁	25	同上	天津上海
			户村	20	同上	同上
磁县	15.46	植棉历史悠久,交通极便,南运彰德,北运天津 ***	县城	0		上海
			商城	40		上海
			岳城	35		上海
			岳城	35		上海
			林坛	30		上海
成安县	45.25	运销济南者为多,近二年来平汉路北连天津,南运上海及卫辉 **	东吴西吴	0	邯郸。磁州	天津、济南、卫辉
			漳河店	25	成安、邯郸、磁州	天津、济南
			店上堡	20	同上	同上
			北张堡	12	邯郸	同上

续表

地名	棉田占全县耕地面积的比例(%)	交通状况	初级市场名称	与县城距离	运销中转市场	最终市场
广平县	10.87	大部就地销售,小部分经由邯郸销济南,青岛等地	城内大集	0		
			胜营集	30	磁州码头	济南青岛
			平固店集	25		
肥乡县	25.50	无铁路,无河流,运输极感不便*	县城	0		济南,上海
			旧店	25		济南
			崔庄	18		济南,上海
曲周县	19.24	滏阳河帆船可通天津,近有平大汽车路通过县境,运输尚便**	县城	0	临清,济南	天津,青岛
			安寨镇	20	同上	天津,青岛
			河南町	40	同上	天津,青岛
			侯村	45	同上	天津,青岛
			孝固村	45	同上	天津,青岛
			枣园	120	同上	天津,青岛
永年县	33.87	运输尚便**	车马营	25	临洺关、邯郸	天津、济南
			东大由镇	30	同上	同上
			辛庄堡	30	同上	同上
			张西堡	20	同上	同上
			南沿村	8	邯郸,彰德	同上
			周村镇	25	临洺关、邯郸	同上
			临洺关	45	邯郸,彰德	同上
			大北汪	35	临洺关	同上
			正西	45	临洺关	同上
			刘固	50	临洺关	同上
鸡泽县	10.07	运输不便***	小寨子镇	18	威县	山东、济南
大名县	2.29	运输不便*	魏县镇	45		
			王村集	35		
清丰县	1.56	运输甚便***	县城			济南、邯郸、彰德、上海

续表

地名	棉田占全县耕地面积的比例(%)	交通状况	初级市场名称	与县城距离	运销中转市场	最终市场
濮阳县	0.97	不能敷用,无运销可言	县城			就地销售
			各市集			
			各市集			
			各市集			
			各市集			

注：交通状况不易量化，本表用星号代表交通方便程度，＊代表不方便，只有公路，运输工具只有大车或水路，＊＊代表陆路有大车或长途汽车往来，水路有民船尚可称便利。＊＊＊代表铁路，水路都可，交通极为便利。在交通状况中对有的县补充说明了运输目的地，这样做是因为笔者发现，在二级市场及终端市场方面有遗漏之处。

河北省棉田数量很少，棉田面积占本县耕地面积在1%以下的县主要包括以下各县：

昌平县，不易植棉，棉田面积占全县耕地面积总数的0.56%，第20页。

顺义县，不宜植棉，棉田面积占全县耕地面积总数的0.37%，第22页。

兴隆县，不宜植棉，棉田面积占全县耕地面积总数的0.60%，第45页。

曲阳县，植棉甚少，棉田面积占全县耕地面积总数的0.34%，第126页。

献县，棉田甚少，棉田面积占全县耕地面积总数的0.82%，第152页。

河间县，无水利，棉田面积占全县耕地面积总数的0.53%，第154页。

武邑县，无水灌溉，棉田面积占全县耕地面积总数的0.44%，第163页。

武强县，不宜植棉，无水灌溉，棉田面积占全县耕地面积总数的0.90%，第165页。

盐山县，无灌溉，交通非常不便，棉田面积占全县耕地面积总数的0.03%，第169页。

庆云县，无灌溉，棉田面积占全县耕地面积总数的0.03%，第170页。

南和县，交通不便，棉田面积占全县耕地面积总数的0.86%，第227页。

邢台县，棉产不多，棉田面积占全县耕地面积总数的0.90%，第237页。

长垣县，棉田甚少，棉田面积占全县耕地面积总数的0.63%，第266页。

巨鹿县，棉田面积占全县耕地面积总数的0.86%，交通不便，无棉花市场，除自用外，多由小贩收买，无运销可言，第229页。

阜平县，棉田甚少，棉田面积占全县耕地面积总数的0.20%，第124页。

交河县，无灌溉之力，棉产甚少，尚不足自给，无运销可言。棉田面积占全县耕地面积总数的0.45%，无灌溉之力，棉产甚少，尚不足自给，无运销可言，第176页。

资料来源：直隶省视学：《直隶风土调查录》，上海商务馆，1915；河北省棉产改进会编《河北省棉产调查报告》，1936。

附录二　1890~1937年华北地区纱厂建立情况统计

年份	地点	创办人	名称	备注
1909	安阳		广益—豫新—广益	1924年停业,1928年出租
1916	天津		直隶模范纱厂	1918年与恒源帆布厂合并为恒源纺织有限公司,1937年因债务关系由中国、金城、大陆、中南管理
1918	天津		裕元纱厂—公大第六厂(日商)	1917年成立,36年售予日商钟纺经营
1918	天津		华新纱厂—公大第七厂	1936年售与日商公大
1919	青岛		华新纱厂—青岛华新纱厂	1931年改组称青岛华新纱厂
1919	济南		鲁丰纱厂—成通纱厂北厂—成大纱厂	潘复、王占元、靳云鹏创办,1937年苗杏村以850,000元收购,改名成大纱厂
1919	武涉(河南)		成兴纱厂—巨兴廷记	当地布商鲁连城独资创办 1932年出租
1920	天津		恒源纺织有限公司	1935年7月由四行合并并租与城孚信托公司接管营业
1920	郑县		裕丰纱厂	穆藕初等创办,后由慎昌洋行租办,1934年由中国银行贷款收回自办
1920	宝坻		利生纱厂—新集纱厂—宝记纱厂	1932年停工,或谓以毁灭
1921	青岛		富士纱厂(日商)	本厂为日本富士瓦斯纺织会社投资
1921	天津		北洋商业第一纱厂—北洋新记—北洋公记	1936年宣布破产,中国、交通、金城、大陆四行合组诚孚信托公司接管
1921	天津		裕大纱厂	一直亏损,后由日商经营
1922	天津		宝成纱厂—宝成第三纺织公司—天津纱厂	1936年被日商东洋拓殖会社及大阪伊藤忠商事会社合租之天津纺绩公司购买
1922	唐山	周学熙、杨昧云、林虎候	华新纱厂唐山厂	1932年日资注入,实以成为日资工厂

年份	地点	创办人	名称	备注
1922	石家庄	鄂商徐荣廷创办	大兴纱厂	
1922	汲县	周学熙、徐世昌、田中玉陈光远	华新纱厂卫辉厂	
1922	青岛	日商	隆兴纱厂	日清纺绩会社投资，1922年4月开车
1923	青岛	日商	宝来纱厂	本厂为长崎纺绩株式会社分设
1923	青岛	日商	钟渊纱厂	上海制造绢丝株式会社青岛支店设
1924	榆次	徐一清、王世毅	晋华纺织公司	1934年接受同一股东之祁县益晋织染公司，合成晋华纺织公司
1927	新绛	赵作肃、薛士选、鲁锡爵	大益成纱厂	
1931	新绛	王襄、史邦庆、吴达中、李芳斋等创办		
1932	天津	达生制线厂	达生制线厂	
1932	太原	徐一清、王世毅	晋生纺织染工厂	
1933	济南	成通纺织公司		
1934	济南		仁丰纺织公司	
1935	西安	穆伯仁、崔景三	大兴纺织公司第二厂	

注：全国纱厂总数为122家，其中华北地区共成立28家，占全国总数的23%。

资料来源：严中平：《中国棉纺织史稿》，商务印书馆，2011，第426~457页。

附录三　湖北省棉产改进处合作社办理轧花运销
各项办法汇总[①]

《湖北省棉产改进处协助棉区合作社办理轧花运销办法》

一、本处为集中良种以备推广集中良棉，以备需要并协助棉区各合作社办理轧花运销起见遵照，省政府核定棉产改进计划就种籽区内或换种区内合作组织就绪之处，设立轧花厂一切进行除法令别有规定外，悉依照本办法办理。

二、本处所建设各轧花厂分别租赁与各该区域合作社联合社办理轧花运销业务，由各区联合社理事会主持之本处居于指导及协助地位。

三、各区合作社联合社轧花运销业务计划及预示须送由本处审定进行状况须报告本处备查簿账单表须接受本处稽核。

四、各区合作社联合社对于本处种子整理办法，良种良棉集中办发以及委办关于棉产改进各事项，均应遵照办理。

五、各区合作社联合社轧花运销所需资金得由本处介绍向金融机关贷用所运产品得本处介绍向厂家销售其他关于经营业务一切手续，本处均可量力协助办理之。

六、本处轧花厂厂屋机械器具等设备租赁与合作社联合社只计官息折旧，不计租金。并以最短时间能将其移转于联合社所有本处以收回之资金，另建新厂于他地位原则。

七、轧花运销经营盈亏照社章分配，但盈余之种子，如本处认为须留作推广之用者，此部分盈余须待次年种价收回时，始行处分。（其余的都已经拍照）

八、每届轧花运销业务结束时，各联合社轧花厂均须将其财产日录资产负债表损益表业务报告及盈余处分案报请本处备查。

九、本办法如有未尽事宜得随时呈准修改之。

十、本办法自呈准省政府备案施行。

《区合作社联合社轧花厂租赁办法》

一、本处为集中良种良棉改进棉产起见，特建设轧花厂以供各区合作社联

① LS031-003-0644-0008，《湖北省政府关于湖北省棉产改进处报送协助棉区各合作社办理轧花运销办法、轧花厂租赁办法等的指令》，1936 年 12 月 18 日，湖北省档案馆藏。

合社之租赁。

二、各联合社租赁轧花厂时应立具租约，并须将房屋机件开具点单，分别记明价值，如有损坏照价赔偿。

三、轧花厂不计租金，只计官息及折旧费，照设备费百分之五计之。

四、轧花厂暂由本处建设各区联合社运销有盈余时，随时可照原价移转之。

《区合作社联合社轧花厂组织章程》

一、轧花厂名称以所属之区联合社名称冠之

二、轧花厂设经理一人综理全厂事物，对联合社负其责任，由联合社理事会提请社员代表大会通过经棉产改进处核准聘任之。

三、经理对外为轧花厂之代表，但遇有重大事项须随时提请联合社理事会商订办理之。

四、轧花厂设左列各课

甲总务科　办理文书事物会计出纳各事项，设文书员，事务员、会计员、出纳员各一人助理员若干人。

乙营运科，办理籽花收入，皮花棉籽售出各事项，设营运员，验花员各一人，助理若干人。

丙工务课，办理机械之装修运用及材料之经管，工人之管理训练各事项，设工务员、监工员各一人，助理员若干人。

丁仓库课，办理籽花皮花棉籽之入仓保管，整理各事项，设仓库员，验花员各一人，助理员若干人。

戊轧花厂各课应事实之需要得酌用雇员及工丁。

五、轧花厂各业务职员由经理提交理事会，通过聘请之以选用社员为原则，但社中技术人员缺乏时得向各方聘用之。

六、社员担任业务职员以不支薪金为原则，但为事实上需要关系，得酌量支给薪给数额由理事会核定之。

七、各轧花厂关于文书、会计、运输、销售、资金、筹划花价酌定等事项，应行统筹者，得于棉产改进处所在地设立联合办事处暨销售市场设立联合运销处分别办理之联合办事处，及联合运销处之组织，与其职员之设置，派定由各区联合社理事长及各轧花厂经理联席会议定之。

八、轧花厂籽花之收集，除社员径行送厂者，外由各合作社设所自行办理，如各社有联合设立收花所之必要时，轧花厂应协助设立之。

九、会计出纳收花运输销售工务管理仓库管理诸办法另定之。

十、每届轧花运销业务结束时轧花厂经理须做成财产目录资产负债表，损益表业务报告及盈余处分案，分别送由联合社理事会提经社员代表大会通过备查。

十一、本章程如有未尽事宜，得由理事会提出社员代表大会修改之

十二、本章程经社员代表大会通过施行。

《区合作社联合社轧花厂会计办法》

各轧花厂，各收花所，以及各厂共同设立之联合办事处：关于开机事宜，分之固有各个独立单位，合之乃为整个会计组织，故并行列举，俾能脉络相同，得愿关联所在，各厂各收花所工作人员多系出自合作棉农，且账表公开，负有对方审核之责者，亦属合作棉农，故除各厂联合办事处选聘会计专才，完全采用新式簿记外，其余各轧花厂，各收花所，以及集中运销之各合作社，所用账表，多仍直行方式，并以自己为主题而妆册，科目求简，使无扞格难通之弊，然其组织规划精神，仍一秉新式簿记原理原则，正如日本全国各种合作社之簿记，依照人民惯习，妆册以自己为主体，而不以科目为立场者相同也。

《区合作社联合社轧花厂现金出纳办法》

一、出纳员对于款项收入应依左列规定办理，

甲各轧花厂出纳员收入款项须备具两联收据除以一联持向银行或其他拨款出兑取现金外，其存根一联留厂备查，并随时记入现金收入薄，附现金收入薄格式

乙各收花所出纳员收入款项时须备具领处径向主管轧花厂领款随时入账

二、各出纳员对于款项付出应依左列规定办理

甲各轧花厂出纳员须根据合法有效凭证得经理许可方得付款，并应随时填入现金付出薄

附现金付出薄格式。

乙各收花所出纳员付给花款应按户处理分别核算慎重手续。

三、各出纳员对于库存应依左列规定办理

（甲）各轧花厂出纳员每日出纳完毕须将库存金额填入现金库存表并与会计方面账册中应存数目核对无讹，然后送请经理核阅盖章。

附现金库存表格式

（乙）各收花所出纳员应将每日库存数目填入收花日报表款项结存栏内以备查核

收花日报表格式见会计办法第四款己项。

《区合作社联合社轧花厂收花办法》

一、轧花厂收花分门市收花及收花所收花两种。

二、社员以籽花送交各轧花厂门市时先由验花员加以检验合格者即行过称计数给予收花付款证，附收花薄及收花付款证格式。

三、社员领得收花付款证后，将籽花送交仓库覆秤如无差误即由仓库负责人在收花付款证上加盖印章。

四、社员俟收花付款证加盖印章后再持向出纳处领取花款。

五、社员以籽花送交各收花所者收花所验收以后，应依品级分别暂为贮藏，如有潮湿随时晒干，集满五十担时，即应运往各该管轧花厂交与仓库贮存。

六、各轧花厂仓库收到门市及各收花所籽花时应按品级分别存仓库，并计入账簿。

七、社员送交之子花如有左列情事之一者，各轧花厂门市及各收花所皆得拒绝收受。

甲、品种或品质夹杂不纯者。

乙、未经晒干或故意发潮者

八、籽花标价应由联合办事处依照汉口市价随时通告各轧花厂门市及各收花所不得任意增减。

九、各厂门市每日收花若干付出花价若干，以及库存情形应由经理逐日加以总核。

十、各收花所每日收花若干付款若干以及库存情形应填具日报表送由各该管轧花厂经理核阅日报表格式详会计办法第四项己项。

《区合作社联合社轧花厂皮花运输办法》

一、下河、双沟、太平三处轧花厂所产皮花之运输暂由樊城船行承办。

二、徐马轧花厂所产皮花暂交轮船运输

三、皮花运输应否派遣押送人随时斟酌情形决定之。

四、皮花交运时由厂填具码单及三联转运单，其三联转运单除以存根一联由厂留存外，其余两联交承运之帆船或轮船连同货物至卸货地点由负责验收人按照验收填注到埠覆秤数及失称或余斤两欄后，以第一联发还船户退转轧花厂，第二联转存武昌办事处俾资核算。

附转运三联单格式。

五、货物运输概交保险公司保险，但在保险责任以外如有其他损失应由承办人负责赔偿。

六、运到指定之卸货地点时由船行或轮船将运输单连同货物向受货人交割清楚。

《区合作社联合社轧花厂棉花运销办法》

一、区合作社联合社棉花运销办法可分左列三种

（一）七成付价办法，各合作社将籽花送交联合社轧花厂分别等级照当地市值估价预付代价七成，其余三成俟运赴汉口或他埠销售后除去轧花运输保险及预付代价利息代运手续等费外，再行结算支付其余三成所有之赢亏，概归各合作社负责。

（二）全部附价办法 各合作社将籽花送交联合社轧花厂分别等级照当地市值全部付价以后运销赢亏由联合社任之各合作社概不过问。

（三）代为加工后全部付价办法，各合作社将籽花送交联合社轧花厂厂中代将籽花轧出收相当扎花费，棉籽由各社自行运归皮花，照市值全部付价以后运销赢亏由联合社任之，各合作社概不过问，

二、轧花运销所需资金得由本处介绍金融机关贷用之。

三、本办法未尽事宜照运销业务规则办理之。

《区合作社联合社轧花厂工务管理办法》

一、工人管理

（一）进厂手续 男女工人入厂时须觅有担保人填具担保字，经经理应允，交工务课分别登入工人名册发给符号指派工作。

（二）工作时间 男女工人每日工作时间以八小时为标准，如因赶货加开夜工仍以八小时换班一次，加工时间，工资照加，例如工作 12 小时，则加发半日工资，但包工制如打包拣花喂花论货给资者不在此限。

（三）考勤 1. 每日始工休工或换班时技工由领班点名小工由工头点名，领班工头于休工后将工作人数及迟到早退工人姓名填入日报表送交工务课转载考勤册及工务日报表。2. 工作之勤惰与能否遵守厂规由工务助理员或领班工头随时监察，遇有犯规及息工情事，随时报告记入考勤册。3. 工人遇有疾病或其他不得已事故需请假时，应报告工务课邀准登记请假册上销假时亦需同样之报告及登记。4. 每日终工务员将各个工人请假时数，犯规次数统计以为惩奖之张本，惩奖细则另定之。4. 假期 无星期及一切例假之休工，但每月十六日及月底日停工打扫厂屋检查机械工事，完毕工务员认为妥善后剩余时间为工

人休息时间。

二、机械工具及轧花家具管理

（一）所有机械工具及轧花家具分别种类编列号次登入册簿，由工务助理员保管。

（二）引擎及电机开工时由工务课点交引擎间领班保管使用轧花机、清子机、打包机点交轧花间领班保管使用，停工时各领班交还工务课修理工具，由使用工人随时向工务课具条领用使用完毕，即须缴还取回领条，如有损坏，由工务课查明原因，其非不可避免而损坏者由领用人赔偿。

（三）原动及制造机每月十六日及月底由工务员督同各领班举行检查清理各一次，平日由各使用技工随时留心检查修理。

（四）竹木器具由工头向工务课具领分发各小工领用过有损坏须随时报告工务课查核非不可避免者归使用人赔价，其不可避免者注销。

（五）工务科每日须将机械工具及竹木用具之损失情形列表登记以备查核。

三、材料管理

（一）五金材料机械零件总务科购到时，交工务科保管逐项登记材料账册工人需用时填单领用，由保管人审核发给登记账册，每月底将各项材料收付总额及盘存填表具报。

（二）燃油机油及日常消耗之件总务科购到时，交工务科保管登记，账册由引擎间及轧花间领班向保管人分别领用逐日将开车时数消耗数量分别填载引擎及轧花间日报表送交工务科汇填工务日报表以凭审核。

（三）工务科每月底须将各种消耗材料之收付数量填表报告。

四、原料及出品管理

（一）原料籽花每日由轧花间领班向仓库领用休工后将领用若干轧完若干剩余若干，产出皮花油花棉籽各若干分别品类填载轧花间日报表送交工务科汇填工务日报表并将成品衡交仓库取得收条。

五、厂屋制管理，厂屋每日休工后由工头督同小工打扫一次每月十六日及月底日，大扫除一次。

《区合作社联合社轧花厂仓库管理办法》

一、籽花管理。甲、各处交到籽花时，须切实检验如有潮湿应先晒干然后按照品种分别归纳仓库，并将数量分别计入账簿。乙、籽花入仓后须雇工拣选黄花去尽夹杂并将拣出之黄花及夹杂物衡计重量登入该项明细簿。丙、交轧之籽花除登入账簿外，每日须检查底货一次填具日报表。丁、贮存之籽花每日至少应检查一次以上，如有发酵危险即须翻晒并禁止携带火烛入内。

二、皮花管理。甲、皮花入仓须检查品种分别归仓。乙、皮花交仓或出仓应将数量记入账簿并填具日报表。

三、棉籽管理。甲、棉籽如有潮湿应先晒干再按品种分别归仓。乙、棉籽入仓出仓均须记入账簿。丙、棉籽存仓以后每隔三日应检查一次以上，验其有无发酵情事。

四、仓库方面应备左列薄表。甲、籽花入仓过秤码薄。乙、籽花出纳总登薄。丙、籽花出纳分户薄。丁、籽花品种类别区分簿。戊、拣选黄花去尽夹杂明细薄。已、皮花出纳分户薄。庚、皮花出仓过称码薄。辛、棉籽出纳分户薄。壬、棉籽品种类别区分薄。癸、仓库日报表。

参考文献

一 中文文献

（一）晚清民国时期

档案资料

《陈志恒、刘钦晏等关于报告调查沙洋一带轧花厂情形的呈》（1934 年 8 月 8 日），湖北省档案馆藏，档案号：LS031-006-0413-0008。

《存义堂棉业公所定章》，1918 年，上海市档案馆藏，档案号：S233-1-1。

《调查棉业各项条款》，1913 年 11 月 8 日，天津市档案馆藏，档案号：401206800-J0128-2-000772-013。

《发起天津棉业公会宣言书》，1920 年 1 月 2 日，天津市档案馆藏，档案号：401206800-J0128-2-000772-007。

《发起天津棉业公会宣言书》，1920 年 1 月 2 日，天津市档案馆藏，档案号：401206800-J0128-2-000772-007。

《关于拟设农工化验所、电表校验所及在老河口设轧花厂所需经临各费等的签呈及相关材料》（1935 年 6 月 29 日），湖北省档案馆藏，档案号：LS031-006-0207-0001。

《汉口市棉花号业同业公会章程名册》，1930 年 11 月，中国第二历史档案馆藏，档案号：613-1260。

《汉口市棉花进口业、精盐业同业公会章程名册》，1930 年 9 月，中国第二历史档案馆藏，档案号：6-1210。

《汉口穗丰股份有限公司第一届 1931 营业报告书》，1932 年 10 月，湖北省档案馆藏，档案号：LS31-5-000301-001。

《汉口穗丰股份有限公司关于报送 1932 会计年度营业报告书、资产负债表、损益表等件的呈》，1933 年 9 月，湖北省档案馆藏，档案号：LS31-5-000302-002。

《汉口穗丰股份有限公司关于报送 1933 会计年度营业报告书、资产负债表、损益表等件的呈》，1934 年 12 月，湖北省档案馆藏，档案号：LS31-5-000303-003。

《汉口穗丰股份有限公司关于报送 1934 会计年度营业报告书、资产负债表、损益表等件的呈》，1935 年 11 月，湖北省档案馆藏，档案号：LS31-5-000304-004。

《汉口穗丰股份有限公司关于报送 1934 会计年度营业报告书、资产负债表、损益表等件的呈》，1935 年 11 月，湖北省档案馆藏，档案号：LS31-5-000304-004。

《汉口穗丰股份有限公司关于报送 1935 会计年度营业报告书、资产负债表、损益表等件的呈》，1937 年 4 月，湖北省档案馆藏，档案号：LS31-5-000305-005。

《湖北省建设厅关于湖北省棉产改进处呈请变更设立老河口新式轧花厂办法的签呈》（1936 年 3 月 25 日），湖北省档案馆藏，档案号：LS031-006-0207-0005。

《湖北省建设厅关于棉业统委会调查团团长柳菊生到汉日期请保护的呈及湖北省政府的训令、指令》（1934 年 3 月 2 日），湖北省档案馆藏，档案号：LS31-3-0000608-003。

《湖北省建设厅关于棉业统制委员会华中区调查团派赴华中区调查棉业产销的训令及柳菊生的函》（1934 年 2 月 22 日），湖北省档案馆藏，档案号：LS31-3-0000608-002。

《湖北省建设厅关于棉业统委会调查团出发请通知所属各机关予以便利的训令及湖北省政府的训令》（1933 年 12 月 19 日），湖北省档案馆藏，档案号：LS31-3-0000608-001。

《湖北省建设厅关于请依限填报轧花厂及打包厂调查表的训令》，湖北省档案馆藏，档案号：LS031-006-0064-0001。

《湖北省棉产改进处关于请购料委员会照轧花厂设立书中厂家定购机械的电》（1936 年 3 月 19 日），湖北省档案馆藏，档案号：LS031-006-0207-0009。

《湖北省棉产改进处关于请核发本处轧花厂开办费通知书的呈》（1936 年 3 月），湖北省档案馆藏，档案号：LS031-006-0207-0007。

《湖北省政府关于湖北省棉产改进处报送协助棉区各合作社办理轧花运销办法、轧花厂租赁办法等的指令》（1936 年 12 月 18 日），湖北省档案馆藏，档案号：LS031-003-0644-0008。

《湖北省政府关于湖北省棉产改进处呈报太平店棉商邹心田等雇佣浪人包围轧花厂等的电、指令、训令》（1936 年 12 月 30 日），湖北省档案馆藏，档案号：LS031-003-0645-0006。

《湖北省政府关于湖北省棉产改进处请拨 1937 年轧花厂设备费的指令及湖北省建设厅的签呈》（1937 年 3 月 11 日），湖北省档案馆藏，档案号：LS031-006-0207-0012。

《湖北省政府关于湖北省棉产改进处请缓设立老河口新式轧花厂并请将设立费列入 1936 年预算及开办小轧花厂经费的指令及相关材料》（1936 年 4 月 8 日），湖北省档案馆藏，档案号：LS031-006-0207-0008。

《湖北省政府关于湖北省棉产改进处请就建设费下拨款开办老河口新式轧花厂的训令、指令及相关本材料》（1935 年 11 月 16 日），湖北省档案馆藏，档案号：LS031-006-0207-0002。

《湖北省政府关于湖北省棉产改进处请就建设费下拨款开办老河口新式轧花厂的训令、指令及相关本材料》（1935 年 11 月 16 日），湖北省档案馆藏，档案号：LS031-006-0207-0002。

《湖北省政府关于检发拟够置轧花打包机提案及预算表的训令》，1935 年 3 月，湖北省档案馆藏，档案号：LS31-3-0000693-001-0010。

《立信会计师事务所关于民生轧花厂股份有限公司账目审查、代办企业注册、商标注册等文件》，1932 年 12 月~1933 年 4 月，上海市档案馆藏，档案号：Q90-1-834。

《农工商部为调查各地种植棉纺织情形给天津商会的札》，1908 年 2 月 6 日，天津市档案馆藏，档案号：J0128-2-000773-004。

《农林部各省耕地面积与土地总面积比较图及玉米、稻谷、小麦、棉花产量世界排名图》，1933-1937 年，中国第二历史档案馆藏，档案号：23-3167。

《全国棉花检验局致上海市公安局有关委任陆瑞甫、朱奇二人该局棉花检验局正副局长的公函》，1928 年 11 月 7 日，上海市档案馆藏，档案号：431001-Q176-3-15。

《上海某知事公署批准花业吉云堂重整规条备案布告的抄件》，1917 年 3 月，上海市档案馆藏，档案号：S233-1-1。

《上海市棉花商业同业公会章程、业规办事细则和棉花检验处保证金、公断委员简章》，1933 年 4 月 11 日，上海市档案馆藏，档案号：431001-S233-1-5。

《申新纺织总公司关于申新一、二、九厂向美商慎昌洋行订购试验仪器、棉保筒及轧花机等有关文件》，1933～1948 年，上海市档案馆藏，档案号：Q139-1-2848。《沈镛关于筹设出口货物检查局的意见》，1912 年 11 月，上海市档案馆藏，档案号：S37-1-57-28。

《石首县政府关于检送轧花厂及打包厂调查表的呈》1934 年 7 月，湖北省档案馆藏，档案号：LS31-6-0000413-005-0005：

《市政府令奉令各通商口岸不得设立于中央抵触之检验机关》，1929 年 5 月 25 日，天津市档案馆藏，档案号：J0054-1-003673。

《天门县政府关于检送轧花厂调查表的呈》，1934 年 6 月，湖北省档案馆藏，档案号：LS31-6-0000413-002-0006。

《为安阳棉业公会杜绝潮花出现致天津棉业公会的函》，1924 年 10 月 11 日，天津市档案馆藏，档案号：401206800-J0128-2-001969-006。

《为保护棉业检验所及棉业公会的提案》1925 年 6 月 25 日，天津市档案馆藏，档案号：401206800-J0128-2-001028-34。

《为保护棉业检验所及棉业公会的提案》1925 年 6 月 25 日，天津市档案馆藏，档案号：401206800-J0128-2-001028-34。

《为本处成立事给天津商务总会函》，1919 年 8 月 22 日，天津市档案馆藏，档案号：401206800-J0128-2-000772-001。

《为筹议棉花检验办法事给天津商务总会函》，1916 年 1 月 10 日，天津市档案馆藏，档案号：401206800-J0128-2-000771-018。

《为筹议棉花检验办法事给天津商务总会函》，1916 年 9 月 27 日，天津市档案馆藏，档案号：401206800-J0128-2-000771-019。

《为筹议棉花检验办法事禁止棉花掺和会函》，1916 年 9 月 27 日，天津市档案馆藏，档案号：401206800-J0128-2-000771-020。

《为杜绝潮花再出现的函》，1924 年 10 月 05 日，天津市档案馆藏，档案号：401206800-J0128-2-001969-009。

《为寄送检查棉业会查讫色印事致天津总商会函》，1924 年 10 月 30 日，天津市档案馆藏，档案号：401206800-J0128-3-005798-065。

《为棉业检查附设商会同归事致天津总商会的函》，1924 年 10 月 3 日，天津市档案馆藏，档案号：401206800-J0128-3-004022-027。

《为拟计划事给天津总商会函附计划》，1919 年 10 月 1 日，天津市档案馆藏，档案号：401206800-J0128-2-000772-003。

《为拟计划事给天津总商会函附计划》，1919 年 10 月 1 日，天津市档案馆藏，档案号：401206800-J0128-2-000772-003。

《为拟奖励棉业化分矿质局及工会各章程事给天津商务总会的劄》，1910 年 3 月 9 日，天津市档案馆藏，档案号：401206800-J0128-2-000581-005。

《为拟奖励棉业化分矿质局及工会各章程事照会天津商务总会》（附章程），1911 年 3 月 26 日，档案号：401206800-J0128-2-000581-006。

《为派员出席会议给棉花检验所函附名单》，1920 年 9 月 28 日，天津市档案馆藏，档案号：401206800-J0128-2-000772-006。

《为启林公司转往西洋棉花解包改榨事致天津总商会函》，1929 年 9 月 30 日，天津市档案馆藏，档案号：401206800-J0128-3-006142-094。

《为如何完善棉花市场的事致天津总商会的呈》，1924 年 8 月 2 日，天津市档案馆藏，档案号：401206800-J0128-3-005591-008。

《为收买干白净棉花开具证明书事致天津总商会的函》，1924 年 8 月 1 日，天津市档案馆藏，档案号：401206800-J0128-3-004022-021。

《为送检查棉纱查讫色印事致天津行商公会纱厂商联合会棉业公会函》，1924 年 12 月 31 日，天津档案馆藏，档案号：401206800-J0128-3-005798-082。

《为送整顿棉业简章给天津总商会函附简章》，1925 年 12 月 21 日，天津档案馆藏，档案号：401206800-J0128-3-000772-009。

《为整顿棉花市场事与天津商务总会往来函》，1918 年 1 月 31 日，天津市档案馆藏，档案号：401206800-J0128-2-000771-024。

《为整顿棉花市场事与天津商务总会往来函》，1918 年 1 月 31 日，天津市档案馆藏，档案号：401206800-J0128-2-000771-024。

《为整顿棉业掺杂水泥——折事照会天津商务总会（附抄原奏折）》，1914 年 7 月 3 日，天津档案馆藏；档案号：401206800-J0128-2-000581-013。

《为整顿棉业掺杂水泥诸弊——折事照会各分会》，1914 年 7 月 9 日，天津市档案馆藏，档案号：401206800-J0128-2-000581-016。

《为整顿棉业严禁掺杂水泥致皇上的奏折》，1911 年 6 月 18 日，天津档案馆藏，档案号：401206800-J0128-2-000581-011。

《为整顿棉业严禁掺杂水泥诸弊——折事给天津商务总会的札（附原奏折）》，1911 年 6 月 29 日，天津市档案馆藏，档案号：401206800-J0128-2-000581-012。

《为直省棉业利奖明定章程事照会天津商务总会》，1911年5月24日，天津市档案馆藏，档案号：401206800-J0128-2-000581-008。

《孝感县政府关于填送棉花打包厂调查表的呈》，1934年9月，湖北省档案馆藏，档案号：LS31-6-0000413-011-0005。

《孝感县政府关于填送棉花打包厂调查表的呈》，1934年9月，湖北省档案馆藏，档案号：LS31-6-0000413-011-0009。

《孝感县政府关于填送棉花打包厂调查表的呈》，1934年9月，湖北省档案馆藏，档案号：LS31-6-0000413-011-0017。

《宜城县政府关于检送轧花厂及打包厂调查表的呈》，1934年8月，湖北省档案馆藏，档案号：LS31-6-0000413-006-0005。

《宜城县政府关于检送轧花厂及打包厂调查表的呈》，1934年8月，湖北省档案馆藏，档案号：LS31-6-0000413-006-0007。

《宜城县政府关于检送轧花厂及打包厂调查表的呈》，1934年8月，湖北省档案馆藏，档案号：LS31-6-0000413-006-0009。

《宜城县政府关于检送轧花厂及打包厂调查表的呈》，1934年8月，湖北省档案馆藏，档案号：LS31-6-0000413-006-0011。

《应山县政府关于检送轧花厂及打包厂调查表的呈》，1934年6月，湖北省档案馆藏，档案号：LS31-6-0000413-001-0007。

专著

阿立达·阿托列：《世界市场上英日之对立》，何伟译，东亚图书馆，1937。

本位田祥男：《欧洲各国农村合作制度》，王大文、孙鉴秋、唐易庵译，中国合作学社，1935。

丁振一：《堆栈业经营概论》，商务印书馆，1931。

冯次行：《中国棉业论》，上海北新书局，1929。

冯和法：《中国农村经济资料续编》，华世出版社印行，1935。

河北省建设厅第一科统计室编《河北省建设厅统计概览》，河北省建设厅，1929。

贺兰、徐宗稼：《三十年来之中国工程》，中国工程师学会南京总会及各地分会，1946。

胡竟良：《胡竟良先生棉业论文选集》，中国棉业出版社，1948。

湖北省棉产改进所编《湖北省棉产改进所报告书》，湖北省棉产改进所，

1937。

湖南棉业试验场编《津市轧花厂第二次报告书》，内部资料，1934 年。华商纱厂联合会调查部：《民国八年棉产调查报告》，华商纱厂联合会，1920。

金城银行总经理处天津调查分部编《天津棉花运销概况》，金城银行，1937。

金国宝：《中国棉业问题》，商务印书馆，1936。

金陵大学农学院农业经济系编《豫鄂皖赣四省之棉产运销》，金陵大学农业经济系，1936 年。

梁庆椿、钱英男、李权、杨玉昆：《鄂棉产销研究》，中国农民银行经济研究处，1944 年。

吕调元、刘承恩修；张仲炘、杨承禧纂：《湖北通志》《风俗》第 21 卷，1921 年刻本，第 32 页。

孟学思：《湖南棉花及棉纱》，湖南省经济调查所，1935。

南满洲铁道株式会社产业部：《支那经济综览》，日本评论社，1940。

农工商部：《棉业图说》，农工商部，1910。

（清）文龄、孙文俊修，史策先纂：《随州志》（物产）卷 13，1869。

曲直生：《河北棉花出产及贩运》，商务印书馆，1931。

全国经济委员会棉业统制委员会编：《日本新设纱厂之实绩》，全国经济委员会棉业统制委员会，1935。

全国经济委员会棉业统制委员会河南省棉产改进所：《河南棉业》，全国经济委员会棉业统制委员会，1936。

实业部国际贸易局编《武汉之工商业》，实业部国际贸易局，1932。

实业部汉口商品检验局沙市检验分处编《沙市棉检》，武汉印书馆，1937 年。

孙怀仁、篓壮行：《日货在世界市场》，上海黑白业书社，1937。

严中平：《中国棉业之发展》，商务印书馆，1943。

叶元鼎：《中国棉花贸易情形》，工商部上海商品检验局，1930。

整理棉业筹备处：《中国棉业调查录》，华新印刷局，1922。

整理棉业筹备处：《最近中国棉业调查录》，新华印刷所，1920 年。

直隶省视学：《直隶风土调查录》，上海商务馆，1915。

中国纺织建设公司青岛分公司青纺编委会：《山东棉花概况》，中国纺织建设公司青岛分公司，1947。

期刊报纸

《国际贸易导报》《经济汇报》《金融周报》、《工商半月刊》、《中国经济评论》《建设评论》《实业部月刊》《银行杂志》《工商新闻百期汇刊》《中央银行旬报》《海关贸易报告》《通商各关华洋贸易总册》《国货月报》《银行杂志》《实业杂志》《银行周报》《中外经济周刊》《商业杂志》《银行月刊》《商业月报》《经济半月刊》《钱业月报》《行政院公报》《建设月刊》《农矿月刊》《来复》《实业季报》《交行通信》《时报》《并州官报》《大公报（天津）》《京报》《中华全国商会联合会会报》《军需杂志》《神州日报》《中国华洋义赈救灾总会丛刊·乙种》《市政月刊》《工业周刊》《国际劳工通讯》《工程周刊》《农村月刊》、《农村合作月报》《农学杂志》《农建月刊》《农村合作月报》《农本》《农学报》《农友》《农业周报》《农学丛书》《棉产调查报告》《河北棉产调查报告》《棉报》《天津棉鉴》《华北棉产丛报》《棉业月刊》《全国棉花掺水掺杂取缔所通讯》《工商部上海商品检验局丛刊》《天津棉鉴》《鄂棉》《中国棉产统计》《华商纱厂联合会季刊》《棉花》《纺织时报》《上海华商棉业公会周刊》《中华棉产改进会月刊》《聚星》《棉讯》《全国棉花掺水掺杂取缔所通讯》《湖北省棉花掺杂取缔所月刊》《检验年刊》《社会科学杂志》《财政月刊》《教会新报》《申报》《萃报》《时务报》《汇报》《北洋官报》、《农商公报》《中华实业界》《农商公报》《农事月刊》《纺织周刊》《华北合作》《华北棉产汇报》《北京银行周刊》《河北工商月报》《东省经济月刊》《辽宁财政月刊》《山东工商公报》《河南统计月报》《海光（上海1929）》《江苏省公报》《江苏建设公报》《江苏省农矿厅农矿公报》《浙江省政府公报》《浙江教育官报》《浙江公报》《浙江实业月刊》《浙江建设厅月刊》《浙江省政府公报》《上海总商会月报》《湖北商务报》《汉口商业月报》《汉口特别市财政局财政月刊》《经济通讯（汉口）》《江西省农会丛刊》《福建商业公报》《云南实业公报》《陕西省银行汇刊》《陕西棉讯》

（二）新中国时期

专著

白长虹、范秀成：《市场学》，南开大学出版社，2007。

陈诗启：《中国近代海关史》，人民出版社，2002。

陈维稷：《中国纺织科学技术史（古代部分）》，科学出版社，1984。

陈向元：《中国关税史》，河南人民出版社，2018。

道格拉斯·C.诺思：《经济史上的结构和变革》，厉以平译，商务印书馆，

2016。

段本洛、张圻福：《苏州手工业史》，江苏古籍出版社，1986。

范金民：《明清江南商业的发展》，南京大学出版社，1998。

方显廷：《中国之棉纺织业》，商务印书馆，2011。

何顺果：《美国"棉花王国"史——南部社会经济结构探索》，中国社会科学出版社，1995。

湖北省志贸易志编辑室：《湖北近代经济贸易史料选辑》，1984年（内部资料）。

黄赞雄、赵翰生：《中国古代纺织印染工程技术史》，山西教育出版社，2019。

冀朝鼎：《中国历史上的基本经济区》，商务印书馆，2014。

金世宣、徐文述：《中国铁路发展史》，中国铁道出版社，2000。

克拉潘：《现代英国经济史》（下卷），商务印书馆，2014；李伯重：《江南的早期工业化（1550—1850）》，社会科学文献出版社，2000。

李强、李斌：《图说中国古代纺织技术史》，中国纺织出版社，2018。

李仁溥：《中国古代纺织史稿》，岳麓书社，1983。

李少军编：《晚清日本驻华领事报告编译》，李少军等译，社会科学文献出版社，2016。

李文治：《中国近代农业史资料》第一辑，三联书店，1957。

李义波：《民国时期长江三角洲棉业研究》，中国社会科学出版社，2015。

刘岩岩：《民国武汉棉纺织业问题研究（1915—1938）》，中国社会科学出版社，2016。

龙登高：《江南市场史——十一至十九世纪的变迁》，清华大学出版社，2003。

马孟若：《中国农民经济——河北和山东的农民发展（1890-1949）》，江苏人民出版社，2013。

〔美〕福克纳：《美国经济史》，商务印书馆，2018。

彭慕兰：《腹地的构建——华北内地的国家、社会和经济（1853~1937）》，马俊亚译，社会科学文献出版社，2005。

彭慕兰：《腹地的构建——华北内地的国家、社会和经济（1853-1937年）》，社会科学文献出版社，2005；滨下武志：《中国近代经济史研究——清末海关财政与通商口岸市场圈》，江苏人民出版社，2008。

皮明庥、冯天瑜等：《武汉近代经济史料》，武汉地方志编纂办公室，1981。

漆侠：《宋代植棉考》，《求实集》，天津人民出版社，1982。

羌建：《近代南通棉业变革与地区社会变迁研究（1884-1938）》，中国农业科学技术出版社，2013。

森时彦：《中国近代棉纺织业史研究》，袁广泉译，社会科学文献出版社，2010。

山西省社会科学研究所编《中国社会经济史论丛》，山西人民出版社1981年第1辑。

施坚雅：《中国农村的市场和社会结构》，史建云、徐秀丽译，中国社会科学出版社，1998。

水野幸吉：《中国中部事情：汉口》，武德庆译，武汉出版社，2014。

斯文·贝克特著：《棉花帝国——一部资本主义全球史》，徐轶杰、杨燕译，民主与建设出版社，2019。

速水佑次郎、弗农·拉坦：《农业发展：国际前景》，吴伟东、翟正惠译，商务印书馆，2014。

孙敬之编《华东地区经济地理》，科学出版社，1959。

孙敬之：《华中地区经济地理》，科学出版社，1958。

汪敬虞：《中国近代工业史资料》，中华书局，1962。

汪时维主编《上海纺织工业一百五十年》，中国纺织出版社，2014。

王菊：《近代上海棉纺业的最后辉煌（1945-1949）》，上海社会科学院出版社，2004。

王强主编《近代中国实业志》第11册，凤凰出版社，2014。

王兆麟：《武汉的棉花行》，《武汉文史资料》，1982。

王祯：《农书》，浙江人民美术出版社，2015。

徐光启：《农政全书》（中），上海古籍出版社，2020。

徐润：《徐愚斋自叙年谱》，江西人民出版社，2012。

徐新吾、黄汉民：《上海近代工业史》，上海社会科学院出版社，1998。

徐新吾主编、上海社会科学院经济研究所编写：《江南土布史》，上海社会科学院出版社，1992。

严中平：《中国棉纺织史稿》，商务印书馆，2011。

杨敬敏：《中国近代棉纺织进口替代工业研究（1867-1936）》，齐鲁书社，2020。

杨·卢腾·范赞登：《通往工业革命的漫长道路》，隋福民译，浙江大学出版社，2016。

殷梦霞、李强编：《民国铁路沿线经济调查报告汇编》13 卷，国家图书馆出版社，2009。

于新娟：《长江三角洲棉业外贸研究》，上海人民出版社，2010。

于新娟：《以上海为中心的长三角城乡经济互动研究（1912-1936）》，学林出版社，2021。

苑书义、孙华峰、李秉新：《张之洞全集》第七册，河北人民出版社，1998。

苑书义、孙华峰、李秉新：《张之洞全集·电牍》第七册，第 5478 页。

张仲礼编《中国近代经济史论著选译》，上海社会科学院出版社，1987。

章有义：《中国近代农业史资料》第 2 辑，三联书店，1957。

赵冈、陈钟毅：《中国棉业史》，台北联经出版事业公司，1977。

赵冈、陈钟毅：《中国棉业史》，台北联经出版事业公司，1977。

赵冈、陈锺毅：《中国棉业史》，台北联经出版事业公司，1977。

中国近代纺织史编辑委员会编著《中国近代纺织史（1840-1949）》，中国纺织出版社，1997。

中国农业科学院棉花研究所编：《中国棉花栽培学》，上海科学技术出版社，2019。

中国社会科学院科研局组织编选：《陈翰笙集》，中国社会科学出版社，2002。

庄伟民：《近代山东市场经济的变迁》，中国社会科学出版社，2015。

期刊

曹杰：《浅析近代铁路敷设对山西农业发展的历史意义——以三晋棉业发展情况为例》，《山西青年职业学院学报》2019 年第 3 期。

曹秋玲、王琳：《基于文献记载的元代以前棉花在我国的利用》，《纺织科技进展》2015 年第 4 期。

常青：《近三百年陕西植棉业述略》，《中国农史》1987 年第 2 期。

陈冬生：《明代以来山东植棉业的发展》，《中国农史》1992 年第 3 期。

陈冬生：《明清山东运河地区经济作物种植发展述论——以棉花、烟草、果木的经营为例》，《东岳论丛》1998 年第 1 期。

陈梅龙：《试论近代这浙江的棉花出口》，《史林》2005 年第 4 期；张利民：《试论近代华北棉花流通系统》，《中国社会经济史研究》1990年第1期。

慈鸿飞：《近代中国镇、集发展的数量分析》，《中国社会科学》1996年第2期。

邓亦兵：《清代前期棉花棉布的运销》，《史学月刊》1999年第3期。

刁莉、金靖壹、胡娟：《全球化视野下的近代中俄贸易：以棉布和茶叶为中心》，《清华大学学报》（哲学社会科学版）2019年第2期。

杜君立：《明清时期的棉花革命》，《企业观察家》2015年第11期。

杜黎：《关于鸦片战争前苏松地区棉布染踹业的生产关系》，《学术月刊》1962年第12期。

杜玛蕾：《康熙乾隆年间南翔诸镇布商字号经营方式的变革》，《上海经济研究》1982年第6期。

樊红爽：《明代上海地区棉纺织业的形成原因和历史特点》，《黑龙江史志》2013年第7期。

樊卫国：《华商纱厂联合会成立与民初关税会议》，《社会科学》2006年第12期。

范金民、罗晓翔：《清代江南棉布字号的竞争应对之术》，《安徽史学》2009年第2期。

范金民：《明清时代的徽商与江南棉布业》，《安徽史学》2016年第2期。

范金民：《清代江南棉布字号探析》，《历史研究》2002年第1期。

方行：《论清代前期棉纺织的社会分工》，《中国经济史研究》1987年第1期。

方行：《中国封建社会的经济结构与资本主义萌芽》，《历史研究》1981年第4期。

冯小红、光梅红：《近20年来中国近代手工业史研究述评》，《河北大学学报》（哲学社会科学版）2004年第4期。

高建刚：《垂直分工、官牙制与明清棉纺织业的效率》，《华南农业大学学报》（社会科学版）2007年第1期。

高王凌：《棉业历史与清代农村经济结构》，《清史研究》1997年第4期。

高王凌：《中国传统经济的发展序列》，《史学理论研究》1994年第3期。

高王凌：《中国传统经济的发展序列（续）》，《史学理论研究》1994年第4期。

耿占军：《清代陕西经济作物的地理分布》，《中国历史地理论丛》1992年第 4 期。

    龚关：《近代华北集市的发展》，《近代史研究》2001 年第 1 期。

    郭海成：《近代关中棉业发展论析》，《安徽农业科学》2010 年第 21 期。

    郭海成：《陇海铁路与民国时期陕西棉业的现代转型》，《农业考古》2011 年第 4 期。

    郭赛飞：《抗战前棉业的改良与推广研究——以河南棉产改进所为例》，《农业考古》2018 年第 6 期。

    郭世佑：《研究中国近代棉纺织业史与近代经济史的重要资料——〈上海机器织布局〉评介》，《中国社会经济史研究》2002 年第 4 期。

    郭卫东：《印度棉花：鸦片战争之前外域原料的规模化入华》，《近代史研究》2014 年第 5 期。

    韩大成：《对黎澍同志"关于中国资本主义萌芽问题的考察"一文的几点意见》，《历史研究》1956 年第 7 期。

    何泉达：《明代松江地区棉产研究》，《中国史研究》1993 年第 4 期。

    洪成和：《清朝前中期苏州地区踹匠的存在形态》，《中国社会历史评论》2008 年第 9 卷。

    洪焕椿：《明清封建专制政权对资本主义萌芽的阻碍》，《历史研究》1981 年第 5 期。

    洪用斌：《元代的棉花生产和棉纺业》，《中国社会经济史研究》1984 年第 3 期。

    侯杨方：《明清上海地区棉花及棉布产量估计》，《中国史研究》1997 年第 1 期。

    胡星儒：《由〈御题棉花图〉谈中国古代对杂种优势的认识和利用》，《社科纵横》2005 年第 6 期。

    黄华平：《铁路交通与淮河流域农业近代化（1897-1937）》，《淮北师范大学学报》（哲学社会科学版）2018 年第 3 期。

    贾丝婷、张莉：《吐鲁番"洋车"的传入及其社会经济影响——基于民国档案的分析》，《中国农史》2020 年第 3 期。

    贾中福：《近代华北棉田的增长及其特点》，《古今农业》2002 年第 3 期。

    井园园：《豫北的棉花种植与农业商品化困境（1900-1937）》，《河南大学学报》（社会科学版）2018 年第 5 期。

    康金莉：《20 世纪 30 年代前期河北棉花产销合作贷款探析》，《河北师范大学学报》（哲学社会科学版）2012 年第 3 期。

康金莉：《抗战前华北农业合作事业委员会业务活动述略》，《河北师范大学学报》（哲学社会科学版）2014 年第 6 期。

李伯重：《"上海现象"与明清以来江浙地区纺织业的发展》，《光明日报》2002 年 8 月 15 日。

李伯重：《英国模式、江南道路与资本主义萌芽》，《历史研究》2001 年第 1 期。

李辅斌：《清代直隶山西棉花种植和蚕桑业的变化及分布》，《中国历史地理论丛》1996 年第 4 期。

李佳佳：《近代农业生产技术全球扩散与中国的协同应对——以轧花机为视角》，《清华大学学报》（哲学社会科学版）2022 年第 6 期。

李佳佳：《棉花市场的分工与扩大分析（1890-1937）——以河北棉花市场为视角》，《中国经济史评论》2018 年第 1 期。

李佳佳：《民国时期华商棉花打包业探究（1920-1937）》，《中国社会经济史研究》2019 年第 4 期。

李佳佳、牛青叶：《晚清民国时期湖北省轧棉业发展探究》，《中国农史》2023 年第 2 期。

李佳佳：《中国收回棉花检验权始末》，《史林》2020 年第 6 期。

李靖莉：《黄河三角洲近代棉业改良及其影响》，《齐鲁学刊》2005 年第 6 期。

李靖莉、王爱民：《20 世纪 30 年代中国农村合作运动的典型范例——论鲁北的棉花产销合作》，《东岳论丛》2017 年第 9 期。

李令福：《明清山东省棉花种植业的发展与主要产区的变化》，《中国历史地理论丛》1998 年第 1 期。

李茂盛、梁娜：《打包民国内地棉花技术设备引进中的近代化趋势——以山西棉花打包机厂筹建为例》，《中国社会经济史研究》2017 年第 2 期。

李三谋：《明代耕织政策下的种棉织棉业及其贸易活动》，《古今农业》1996 年第 2 期。

李唐、程虹：《品种质量改进与农业生产率提高——基于近代棉业调查的实证研究》，《湖北大学学报》（哲学社会科学版）2016 年第 3 期。

李阳、杨富学：《高昌回鹘植棉业及其在世界植棉史上的地位》，《石河子大学学报》（哲学社会科学版）2018 年第 1 期。

李义波、王思明：《民国时期长三角棉业组织研究》，《中国农史》2012 年第 3 期。

李中庆：《近代中国工业化路径在试错中探索：张謇棉铁主义思想再审视》，《清华大学学报》（哲学社会科学版）2019 年第 4 期。

梁娜：《1916~1936 年间国民政府棉业政策与绩效——基于技术创新的视角》，《经济问题》2016 年第 5 期。

梁玉振：《第一次世界大战与中国棉纺织业发展综述》，《黑龙江史志》2014 年第 15 期。

林琳：《古代广西的棉花种植与纺织》，《学术论坛》1983 年第 1 期。

刘晖：《略论铁路与民国时期河南省植棉业的现代转型》，《历史教学》2009 年第 8 期。

刘晖：《铁路与近代郑州棉业的发展》，《史学月刊》2008 年第 7 期。

刘洁、李立涛：《近代河北植棉迅速发展原因探析》，《河北大学学报》（哲学社会科学版）2005 年第 4 期。

刘咸、陈渭坤：《中国植棉史考略》，《中国农史》1987 年第 1 期。

刘阳：《抗战前棉业统制委员会改进棉花产销事业述评》，《华东理工大学学报》（社会科学版）1999 年第 3 期。

刘玉皑：《清代民国时期新疆棉业发展》，《农业考古》2016 年第 4 期。

卢惠民：《我国古代棉花播种保苗技术》，《农业考古》1991 年第 1 期。

卢美松：《福建植棉的历史》，《农业考古》1991 年第 1 期。

卢农：《论我国棉业史的几个问题》，《华中农业科学》1957 年第 5 期。

卢徐明：《改烟植棉：近代陕西禁烟与作物替代》，《农业考古》2018 年第 1 期。

卢徐明：《抗战时期陕西棉业研究》，《中国经济史研究》2019 年第 4 期。

马万明：《宋代以后太湖地区棉业兴盛的原因》，《中国农史》2002 年第 2 期。

马雪芹：《明清时期河南省棉花的种植与地理分布》，《农业考古》2000 年第 3 期。

马义平：《铁路与近代河南的棉业发展（1906~1937）》，《中国历史地理论丛》2010 年第 1 期。

梅莉：《历史时期湖北的植棉业》，《农业考古》1991 年第 1 期。

梅莉：《清代湖北纺织业的地理分布》，《湖北大学学报》（哲学社会科版）1993 年第 2 期。

庞雪晨：《近代云南美棉改植木棉缘由的考证》，《云南农业大学学报》
（社会科学版）2009 年第 2 期。

彭南生：《近 50 余年中国近代乡村手工业史研究述评》，《史学月刊》
2005 年第 11 期。

彭雨新：《从清代前期苏州的踹布业看资本主义萌芽》，《江汉论坛》1959
年第 12 期。

彭泽益：《"织工对"史料能说明中国手工业资本主义萌芽的问题
吗？——兼论中国资本主义萌芽研究在运用史料与论证方法上存在的问题》，
《中国资本主义萌芽问题讨论集续编》，三联书店，1960。

漆侠：《宋代植棉续考》，《史学月刊》1992 年第 5 期。

钱克金：《明清太湖流域植棉业的时空分布——基于环境"应对"之分
析》，《中国经济史研究》2018 年第 3 期。

秦际芬：《抗战时期四川棉业推广述论》，《农业考古》2016 年第 1 期。

邱澎生：《18 世纪苏松棉布业的管理架构与法律文化》，《江海学刊》2012
年第 2 期。

邱澎生：《由放料到工厂：清代前期苏州棉布字号的经济与法律分析》，
《历史研究》2002 年第 1 期。

权伟东：《棉花入晋考》，《农业考古》2014 年第 6 期。

权伟东：《棉花入晋考》，《农业考古》2014 年第 6 期。

沙比提：《从考古发掘资料看新疆古代的棉花种植和纺织》，《文物》1973
年第 10 期。

沈志忠：《近代中美农业科技交流与合作初探——以金陵大学农学院、中
央大学农学院为中心》，《中国农史》2002 年第 4 期。

沈志忠：《美国作物品种改良技术在近代中国的引进与利用——以金陵大
学农学院、中央大学农学院为中心的研究》，《中国农史》2004 年第 4 期。

施正康：《近代上海华商纱厂联合会与棉纺业的自救》，《上海经济研究》
2006 年第 5 期。

石涛：《从农业资源配置看全面抗战时期的陕西植棉业》，《陕西师范大学
学报》（哲学社会科学版）2021 年第 5 期。

石涛：《上海银行业与抗战前的陕西棉业——以棉花产销合作贷款为中心
的考察》，《青海民族研究》2017 年第 2 期。

史建云：《从市场看农村手工业与近代民族工业之关系》，《中国经济史研究》1993 年第 1 期。

宋晓轩：《20 世纪 30 年代我国棉产改进工作概述——中华棉产改进会概略》，《中国棉花》2005 年第 12 期。

苏秋月：《近代云南植棉运动失败原因初探》，《云南农业大学学报》（社会科学版）2020 年第 3 期。

孙炳芳、张学：《直隶商会与近代棉业的发展（1903-1937）》，《河北学刊》2008 年第 4 期。

王士花：《华北沦陷区棉花的生产与流通》，《清华大学学报》（哲学社会科学版）2008 年第 5 期。

王廷元：《论明清时期江南棉织业的劳动收益及其经营形态》，《中国经济史研究》1993 年第 2 期。

王廷元：《明清徽商与江南棉织业》，《安徽师范大学学报》（人文社会科学版）1991 年第 1 期。

王兴亚：《明清时期北方五省棉纺织业的兴起与发展》，《郑州大学学报》（哲学社会科学版）1999 年第 1 期。

王璎：《对我国植棉史分期的探讨》，《棉花》1980 年第 4 期。

王璎：《我国古代的棉花品种及选种技术》，《华中农业科学》1956 年第 5 期。

王璎：《我国古代主要植棉业文献评介》，《华中农业科学》1956 年第 4 期。

王永年：《明清湖北的植棉业与棉纺织业》，《中南民族学院学报》（社会科学版）1987 年第 3 期。

王志军：《1934-1937 年河南棉花产销合作析论》，《兰台世界》2016 年第 21 期。

王志军：《抗战前河南省棉花产销合作社研究》，《洛阳理工学院学报》（社会科学版）2016 年第 3 期。

王仲荦：《明代苏松嘉湖四府的租额和江南纺织业》，《文史哲》1951 年第 2 期。

魏上叽：《近代中国的纺织行业团体》，《中国纺织大学学报》1994 年第 3 期。

吴川灵、施敏俊：《上海近代纺织报刊的行业分布与影响》，《纺织科技进展》2022年第5期。

吴川灵、施敏俊：《中国近代纺织报纸整理与研究》，《武汉纺织大学学报》2022年第2期。

吴川灵：《中国近代纺织期刊统计分析及其研究意义》，《东华大学学报》（自然科学版）2018年第3期。

吴晗：《明初社会生产力的发展》，《历史研究》1955年第3期。

吴孟显：《美棉推广与近代华北腹地的市场变动》，《农业考古》2015年第6期。

吴鹏程：《民国纺织专家朱仙舫棉纺织业发展对策述论》，《武汉纺织大学学报》2022年第6期。

伍国强、龚春生：《中国古代植棉技术的浅究》，《农业考古》2011年第1期。

伍国强：《关于我国古代植棉业的发展和元、明时代植棉技术的研究》，《江西棉花》1987年第3、4期。

武俊杰：《近代华北棉田增长原因探析》，《山西大学学报》（哲学社会科学版）2000年第2期。

夏如兵、由毅：《科学与企业的耦合：穆藕初与中国近代植棉业改良》，《中国农史》2021年第3期。

萧国亮：《关于清前期松江府土布产量和商品量问题》，《清史研究通讯》1985年第6期。

肖爱丽、杨小明：《〈申报〉有关我国近代纺织业的史料发掘》，《理论探索》2012年第2期。

谢振声：《宁波工业化的起点：通久源轧花厂》，《宁波职业技术学院学报》2009第1期。

徐畅：《抗战前河北棉花生产和运销改进述析》，《河北大学学报》（哲学社会科学版）2003年第4期。

徐畅：《抗战前陕西棉花产销合作》，《中国农史》2004年第3期。

徐畅：《抗战前中国棉花产销合作述论》，《中国社会经济史研究》2004年第3期。

徐浩：《清代华北的农村市场》，《学习与探索》1999年第4期。

徐凯希：《近代汉口棉花贸易的盛衰》，《江汉论坛（武汉）》1990年第9期。

徐凯希：《近代湖北植棉业初探》，《中国农史》1991 年第 2 期。

徐凯希：《近代荆沙地区植棉业的发展和演变》，《荆州师专学报》（哲学社会科学版）1990 年第 3 期。

徐㲉萍：《明代松江府农村棉纺织业形成的基础条件》，《黑河学刊》2010 年第 8 期。

徐新吾：《关于对〈木棉谱〉中所记布商业资本性质的商讨》，《社会科学》1980 年第 1 期。

徐新吾：《中国和日本棉纺织业资本主义萌芽的比较研究》，《历史研究》1981 年第 6 期。

许大龄等：《十六世纪十七世纪初期中国封建社会内部资本主义的萌芽》，《北京大学学报》（哲学社会科学版）1956 年第 3 期。

许檀：《明清时期华北的商业城镇与市场层级》，《中国社会科学》2015 年第 11 期。

由毅：《关于近代我国植棉业改良的研究综述》，《西部学刊》2019 年第 17 期。

于新娟：《长江三角洲棉花对外贸易态势考察（1912-1936）》，《中国经济史研究》2010 年第 3 期。

于新娟：《长江三角洲棉业进口贸易的整体评估（1912-1936）》，《安徽史学》2009 年第 2 期。

于新娟：《国际背景下的近代中国棉业危机——以民国初年长江三角洲为例》，《厦门大学学报》（哲学社会科学版）2012 年第 2 期。

于新娟：《海外贸易与近代江南乡镇民营经济的发展——以棉业为例》，《厦门大学学报》（哲学社会科学版）2019 年第 6 期。

于新娟：《近代长江三角洲棉业外贸研究述评》，《史林》2008 年第 5 期。

于新娟：《20 世纪初期中日贸易下手工棉纺织业之境遇——以江浙沪为中心》，《厦门大学学报》（哲学社会科学版）2014 年第 5 期。

于新娟：《挑战与机遇：近代国际化背景下的江南棉商》，《厦门大学学报》（哲学社会科学版）2016 年第 2 期。

俞智法：《清代贵州棉业规模经营及其原因探微》，《古今农业》2018 年第 2 期。

苑朋欣：《论清末新政时期植棉业发展的原因》，《河北师范大学学报》（哲学社会科学版）2016 年第 2 期。

苑朋欣:《清末美棉的引种、推广及其影响》,《中国社会经济史研究》2010 年第 2 期。

苑朋欣:《商部——农工商部与清末棉业的改良》,《南京农业大学学报》(社会科学版) 2008 年第 2 期。

张海英:《明清江南地区棉花市场分析》,《上海社会科学院学术季刊》1992 年第 2 期。

张丽:《江苏省近代植棉业概述》,《中国经济史研究》1991 年第 3 期。

张诗波:《清代直隶手工棉纺织业发展原因探析》,《北京史学论丛》2017 年第 1 期。

张谢:《明清时期河北棉业述略》,《河北学刊》1982 年第 1 期。

赵红艳等:《海上丝绸之路视域下中国南路棉花传播研究》,《丝绸》2019 年第 8 期。

赵文榜:《中国近代轧棉业的发展》,《中国纺织大学学报》1994 年第 3 期。

仲伟民、王正华:《作为区域的"华北":概念渊源及流变——兼析明清社会经济史视野下的"华北"》,《天津社会科学》2021 年第 1 期。

朱军献:《近代郑州棉花市场与城市发展》,《史学月刊》2009 年第 3 期。

庄维民:《近代山东棉花科学试验改良的发展及其影响》,《中国科技史料》1999 年第 1 期。

二 外文文献

档案资料

《上海驻在商务参事官代理副领事加藤日吉ヨリ汉口日本商工会议所土井米市宛 (实第 38 号)》,昭和 4 年 6 月 27 日,Ref:B08061973900。

《上海驻在商务参事官横竹平太郎ヨリ汉口商工会议所土井米市宛 (实第 71 号)》,昭和 4 年 9 月 9 日,Ref:B08061973900。

《在汉口总领事坂根准三ヨリ币原外务大臣币原喜重郎宛 (公信第 801 号)》,昭和 5 年 9 月 17 日,Ref:B09041128600。《在汉口总领事桑岛主计ヨリ外务大臣男爵田中义一宛 (公信电报第 519 号)》,昭和 4 年 6 月 19 日,Ref:B08061973900。

《在汉口总领事桑岛主计ヨリ外务大臣田中义一宛 (公信电报第 511 号)》,昭和 4 年 6 月 14 日,Ref:B08061973900。

《在南京领事冈本策ヨリ外务大臣男爵田中义一あて宛（普通送電報第419 号）》，昭和 3 年 10 月 26 日，Ref：B08061973900。

《在天津总领事冈本武三ヨリ外务大臣男爵币原喜重郎宛（机密第 679号）》，昭和 4 年 10 月 1 日，Ref：B08061973900。

专著

China Imperial Maritime Customs, *Decennial Reports, 1882 – 1891*, Shanghai：Order of the Inspector General of Customs, 1898.

China Imperial Maritime Customs, *Returns of Trade and Trade Reports for the year* 1893, Order of the Inspector General of Customs, 1894.

Christopher P. Brooks, *Cotton：Its Uses, Varierties, Fibre Structure, Cultivation*, Lowell：Butterfild Printing and Binding Co. , 1898.

D. A. Tompkins, *Cotton and Cotton Oil*, Charlotte：Presses Observer Printing House, 1901.

Edward Baines, *History of the Cotton Manufacture in Great Britain*, Cambridge：Cambridge University Press, 2015.

Edward Craig Bates, *The Story Of The Cotton Gin*, Westborough：The Westborough History Society, 1899.

Evan Leigh, *The Science of Modern Cotton Spinning*, London：Simpkin, Marshall &Co. , 1882.

Evan Leigh, *The Science of Modern Cotton Spinning*, London：Simpkin, Marshall &Co. , 1882.

George R. Gliddon, *A Memoir on the Cotton of Egypt*, London：James Madden &Co. , 1841.

George R. Gliddon, *A Memoir on the Cotton of Egypt*, London：James Madden &Co. , 1841.

James L. Watkins, *King Cotton：A Historical and Statistical Review*, 1790 *to* 1908, New York：James L. Watkins & Sons, 1908.

John A. Todd, *The Marketing Of Cotton ：From The Grower to the Spinner*, London, Sir Isaac Pitman &Sons, Ltd, 1934.

John E. Orchard, *Japan's Economic Position：the Process of Industrialization*, New York：Mcgraw-Hill Book Company, 1930.

John E. Orchard, *Japan's Economic Position：the Process of Industrialization*,

New York: Mcgraw-Hill Book Company, 1930.

Read P. Dunn, JR. *Cotton in Egypt*, *National Cotton Council of America*, 1949.

Report of the Proceedings of the East-India Company in Regard to the Production of Cotton-Wool, London: East-India Company, 1836.

Rudolf Alexander Clemen, *The American Livestock and Meat Industry*, New York , The Ronald press company, 1923.

"Shanghai Trade Report for the year 1889", in China Imperial Maritime Customs, *Returns of Trade and Trade Reports for the Year* 1889, Shanghai: Order of the Inspector General of Customs, 1890.

Sven Beckert, *Empire of Cotton: A Global History*, New York: Vintage books , 2014。

The Secretary Treasure, *American Society for Testing Materials Application with the International Association for Testing Materials*, published by The Society, 1915.

Thomas C. Smith, *The Agrarian Origins of Modern Japan*, California: Stanford University Press, 1959.

Thomas Ellison, *The Cotton Trade of Great Britain*, London: Royal Exchange, 1886.

〔日〕根岸佶:《清国商业综览》, 丸善株式会社, 1906。

期刊

Consular Reports, *The North-China Herald and Supreme Court & Consular Gazette*, Shanghai, Vol. 37, 1886.

Consular Reports, *The North-China Herald and Supreme Court & Consular Gazette*, Shanghai, Vol. 37, 1888.

David G. Surdam, "King Cotton: Monarch or Pretender? The State of the Market for Raw Cotton on the Eve of the American Civil War", *Economic History*, LI, 1, 1998.

D. Schlingloff, "Cotton-Manufacture in Ancient India", *Journal of the Economic and Social History of the Orient*, Vol. 17, 1974.

Ella M. Wilson, Zagazig: A Cotton Market, *Geographical Review*, Vol. 24, 1934.

Francis E. Hyde, Bradbury B. Parkinson, and Sheila Marriner, "The Cotton Broker and the Rise of the Liverpool Cotton Market", *Economic History Review*,

Vol. 8, 1955.

Nigel Hall, "The Emergence of the Liverpool Raw Cotton Market 1800-1850", *Northern History*, Vol: 21, 2001.

Nigel Hall, The Business Interests of Liverpool's Cotton Brokers, c. 1800-1914, *Northern History* XLI: 2, September 2004.

Stanley Dumbell, "Early Liverpool Cotton Imports and the Organization of the Cotton Market in the Eighteenth Century", *The Economic Journal*, Vol. 33, 1923.

T. N. Carver, "Standardization in Marketing", *The Quarterly Journal of Economics*, Feb., Vol. 31, 1917.

角山幸洋:《绵缲具の调查研究》,《关西大学东西学术研究所纪要》1987年第 20 卷。

后　记

时光荏苒，自研究棉业史开始，已有八个春秋，在这八年中，幸得学界同仁、家人、工作单位的支持，始有学术心得。

2018 年至 2023 年，我主持了国家社会科学基金一般项目"基于上海、武汉、天津三大棉花市场考察的中国棉花市场转型研究（1890-1937）"，该项目于 2023 年上半年完成，本书的部分内容以该项目的结项成果为基础。

本书的出版得到了江苏科技大学马克思主义学院省重点项目经费的资助，在此，特别感谢江苏科技大学马克思主义学院院长洪波教授的支持和提携。另外，在本书修改的过程中，感谢隋艺、于振洋、王梅梅、何威亚等青年学者在补充和校对外文文献方面提供的帮助。

棉业史研究一直是晚清以来社会经济史、农业史甚至是工业史关注的重要内容之一。民国时期，随着近代纺织工业的勃兴，重要的纺织史著作随之诞生，棉业史的研究范畴也发生了分化，本书在众多前辈学人的基础上继续开拓进取，历经八年，终成一著。这部著作的问世离不开前辈学人在中国近代棉业和棉纺织业研究方面的积淀，更离不开博导于化民先生和硕导周积明先生对我的谆谆教诲。本书的出版过程较为顺畅，在此要感谢社会科学文献出版社的支持和刘学谦编辑在本书定稿、校对、出版过程中给予的中肯建议。

因个人能力和精力所限，本书依然存在诸多不足之处，衷心希望学界同仁和读者提出宝贵的批评意见。中国近代棉业现代化转型问题研究仍有待进一步丰富和深化，我也会继续在这一领域耕耘，努力将后续的研究工作推向完善。

李佳佳

2024 年 12 月于南山润园

图书在版编目（CIP）数据

中国棉业现代化转型研究：1862~1937 / 李佳佳著 .
北京：社会科学文献出版社，2025. 1. -- ISBN 978-7-
5228-4757-3

Ⅰ. F326. 12

中国国家版本馆 CIP 数据核字第 2024LH5570 号

中国棉业现代化转型研究（1862~1937）

著　　者／李佳佳

出 版 人／冀祥德
责任编辑／刘学谦
责任印制／王京美

出　　版／社会科学文献出版社 · 文化传媒分社（010）59367004
　　　　　　地址：北京市北三环中路甲 29 号院华龙大厦　邮编：100029
　　　　　　网址：www. ssap. com. cn
发　　行／社会科学文献出版社（010）59367028
印　　装／三河市龙林印务有限公司

规　　格／开 本：787mm×1092mm　1/16
　　　　　　印 张：30　字 数：539 千字
版　　次／2025 年 1 月第 1 版　2025 年 1 月第 1 次印刷
书　　号／ISBN 978-7-5228-4757-3
定　　价／168.00 元

读者服务电话：4008918866